Elke Regina Maurer
Fremdes im Blick, am Ort des Eigenen

Sozioökonomische Prozesse in Asien und Afrika

Band 12

Elke Regina Maurer

Fremdes im Blick, am Ort des Eigenen

Eine Rezeptionsanalyse von
»Die weiße Massai«

Centaurus Verlag
Freiburg 2010

Zur Autorin: Elke Regina Maurer studierte zunächst Biologie und Geografie an der Universität Karlsruhe Fridericiana und arbeitete als Lehrerin. Nach einem Zweitstudium der Ethnologie, Soziologie und Philosophie an der Albert-Ludwigs-Universität Freiburg i. Br. promovierte sie 2009 im Fach Völkerkunde. Die Autorin ist Mutter von drei Kindern, sie lebt in Offenburg und Luzern.

Die vorliegende Arbeit ist unter dem Titel »Fremdes im Blick, am Ort des Eigenen. Rezeptionsanalyse im Kontext von Rezeption als interaktivem, kognitiv-emotionalem Prozess am Beispiel von ›Die weiße Massai‹« von der Albert-Ludwigs-Universität Freiburg als Dissertation angenommen worden.

Bibliografische Informationen der Deutschen Nationalbibliothek

Maurer, Elke Regina:
Fremdes im Blick, am Ort des Eigenen. Eine Rezeptionsanalyse von »Die weiße Massai« / Elke Regina Maurer. – Centaurus-Verl. 2010
   (Sozioökonomische Prozesse in Asien und Afrika; Bd. 12)
   Zugl.: Freiburg, Univ., Diss., 2009

ISBN 978-3-8255-0768-8

ISSN 1423-6057

Alle Rechte, insbesondere das Recht der Vervielfältigung und Verbreitung sowie der Übersetzung, vorbehalten. Kein Teil des Werkes darf in irgendeiner Form (durch Fotokopie, Mikrofilm oder ein anderes Verfahren) ohne schriftliche Genehmigung des Verlages reproduziert oder unter Verwendung elektronischer Systeme verarbeitet, vervielfältigt oder verbreitet werden.

© CENTAURUS Verlag & Media KG, Freiburg 2010

Umschlaggestaltung: Jasmin Morgenthaler

Umschlagabbildung: Kenya, Massai, Foto: Tom Brakefield; Premium Stock Photo GmbH

Satz: Vorlage der Autorin

Es geht darum zu lernen, wie man das, was unser ist, als fremd, und das, was uns fremd war, als unsriges betrachtet.
(Maurice Merleau-Ponty)

Für meinen Mann

Danke

Bedanken möchte ich mich bei all denen, die mich ermuntert und unterstützt haben, mir ihre Zeit als ZuhörerIn, Interview- und GesprächspartnerIn geschenkt haben, die sich in der Schreibphase, ohne mir ein schlechtes Gewissen zu machen, mit weniger Zuwendung und Gesellschaft von meiner Seite her zufrieden gegeben haben.

Im Besonderen gilt mein Dank meinem Doktorvater Herrn Prof. Dr. Stefan Seitz, der immer an meine Arbeit geglaubt hat, sowohl was deren Gelingen als auch was deren Relevanz betrifft. Er hat mich immer unterstützt, wenn Zuspruch nötig war, mir aber auch viel Freiraum gelassen für eigene Methoden und Ideen. Sein großes Interesse an dem Thema und seine hilfreichen Anregungen haben in Phasen von Irritiertheit mein Vertrauen in meine Arbeit wieder hergestellt. Bedanken möchte ich mich bei Herrn Dr. Boike Rehbein – insbesondere für sein hartnäckiges Insistieren bei der Klärung der Forschungsfrage – und bei Frau Prof. Dr. Nina Degele, die sich ohne zu zögern mit großem Interesse als Zweitgutachterin zur Verfügung gestellt hat.

Ich danke meinem Mann Wolfgang für sein nie nachlassendes Interesse, unsere Gespräche und sein geduldiges Zuhören, die manchmal nötige Aufmunterung und seine Fürsorge, auch für mein leibliches Wohl, das in arbeitsreichen Zeiten gern vergessen wird. Ich danke Susanne Einfeld für ihre Freundschaft, die intensiven Gespräche und das Lesen von Teilen des Manuskriptes. Ich danke Dr. Sacha Szabo für die Möglichkeit, in seiner Gegenwart vor allem zu Beginn der Studie „wildes Denken" und ebenso wissenschaftliche Disziplin zu üben, Johanna Basler für die „Kamingespräche", Sophie Kaiser-Diekhoff und Stefanie Bethmann für den Verständnis fördernden Gedankenaustausch. Ich danke Philipp Maurer für das Lesen von Teilen des Manuskriptes und die Hilfe beim Erstellen des Layouts, seine kritischen Fragen und unsere Diskussionen, ebenso Dr. Patrick Schemitz und Christa Peiseler.

Ich danke meiner Familie, den vielen KommilitonInnen, FreundInnen und Bekannten für ihr vielfältig gezeigtes Interesse an dieser Studie, die dadurch, oft ohne es zu wissen, meine Begeisterung für das Thema, meine Ausdauer und meinen Forscherdrang gestärkt haben.

Ganz besonders danke ich meinen InterviewparterInnen, deren Offenheit es ermöglicht hat, dass dieser transkulturelle Raum in den Blick kam, der schließlich in der Studie eine solch wichtige Rolle spielen sollte.

Nicht zuletzt möchte ich mich bei allen Verlagen, Agenturen und Privatpersonen bedanken, die mir großzügig die Rechte für Abbildungen meist kostenlos gewährt haben. Ausdrücklich bedanke ich mich bei Albert Völkmann vom A1 Verlag München, bei der Constantin Film Verleih GmbH, der Autorin Corinne Hofmann, der Schauspielerin Nina Hoss, dem Schauspieler Jacky Ido, dem Redakteur Michael Müller und Bernd Göddeke von der Premium Stock Photography GmbH.

Inhaltsverzeichnis

Einleitung 13

Teil I Vorbereitung der Studie 23
1. Forschungsinteresse und erste Fragen 23
2. Forschungsfrage und Thesen 25
3. Quellen und Datenkorpus 28
   - 3.1. Kundenrezensionen über das Buch 29
   - 3.2. Bilder 29
   - 3.3. Interviewtranskripte und Gedächtnisprotokolle 30
   - 3.4. Aufzeichnungen von Beobachtungen 31
   - 3.5. Asynchrone Netzwerkkommunikation 33
   - 3.6. Medienresonanz 34
4. Wahrnehmungslinien und Beziehungslinien 35
5. Methoden und Forschungsdesign 36
6. Grundlagen und Aufbau der Studie 42
   - 6.1. Empirische Grundlage 42
   - 6.2. Aufbau der Studie 45
   - 6.3. Theoretische Grundlage 46
     - 6.3.1. Rezeption als Dekodierung 47
     - 6.3.2. Rezeption als Interaktion 48
     - 6.3.3. Filmverstehen – ein kognitiv-emotionaler Prozess 50
     - 6.3.4. Text und Körper 51
     - 6.3.5. Rezeptionsstile 52
     - 6.3.6. Rezeption von Bildern 53
7. Zur Transparenz und Komplexität der Forschungssituation 56

Teil II Fakten und Kontext 61
1. Die Samburu 61
   - 1.1. Geschichtliches, Lebensraum und traditionelle Subsistenzgrundlage 61
   - 1.2. Sozialstruktur 63
   - 1.3. Samburu*moran* 65
   - 1.4. Wandel wohin? 66
2. Tourismus in Kenia 70
   - 2.1. Kenias Attraktionen 70

	2.2. Nach Malindi der Liebe wegen	72
	2.3. Die touristische Entwicklung	74
	2.4. Tourismus heute	75
3.	Zur Autorin	77
4.	Das Buch: sieben Jahre ein Bestseller	79
5.	Der Film	82
6.	Publikatorische Wirkung – Beobachtungen und Befunde	85
	6.1. Befunde in Printmedien und Internet	85
	6.2. Beobachtungen: Wer sind die RezipientInnen?	90
	6.2.1. Alter	91
	6.2.2. Geschlecht	92
	6.2.3. Soziale Stellung	93

Teil III   Analyse und Interpretation   97

1. Die Macht der Bilder   97
   1.1. Das Buchcover   98
      1.1.1. Eine visuelle Inszenierung   98
      1.1.2. Der Titel „Die weiße Massai"   104
   1.2. Der Blick ins Fotoalbum   107
   1.3. Das Filmplakat   112
   1.4. Stills als Medienbilder   119
      1.4.1. Das Hochzeitsfoto   120
      1.4.2. Die Provokation der Braut in weiß   127
2. Afrika – der gefährliche Kontinent?   132
   2.1. Afrikabilder   133
      2.1.1. Kontinent der Katastrophen   133
      2.1.2. Der hoffnungslose Fall   134
      2.1.3. Der vergessene Kontinent   136
      2.1.4. Der Kontinent, der süchtig macht   137
      2.1.5. Der dunkle Kontinent   139
      2.1.6. Alles so schön bunt hier?   140
   2.2. Mut contra Leichtsinn   143
      2.2.1. Achtung: Kenia!   144
      2.2.2. Das Paradigma der Rationalität   146
      2.2.3. Ärgernis Naivität   148
   2.3. Mythos Massai   154
      2.3.1. Der mythische Begriff   154

	2.3.2. Der Archetyp des Kriegers	155
	2.3.3. Reaktionen auf einen Mythos	159
	2.4. Wer hat Angst vorm schwarzen Mann?	163
	2.4.1. Es geht doch nur um Sex!	166
	2.4.2. Sehnsucht nach Exotik	173
3.	Vom Umgang mit dem Fremden	182
	3.1. „Die weiße Massai" – eine provokante Figur : Die Wertung im öffentlichen Diskurs zwischen Bewunderung und Verachtung	183
	3.1.1. Skandalöse Verrückte	186
	3.1.2. Bewundertes Vorbild	192
	3.2. Das Fremde als Erlebnis	197
	3.2.1. Der Wunsch nach spannender Unterhaltung	197
	3.2.2. Erlebe dein Leben!	200
	3.3. Im Gefängnis von Kulturbildern	203
	3.4. Zwischen Anpassung und culture clash	208
	3.5. Kolonialismus light? Die Wahrnehmung durch die koloniale Brille	212
4.	Das Lachen im Kino	228
	4.1. Auf der Suche	231
	4.1.1. Kontext und Sequenzanalyse	231
	4.1.2. Analyse und Interpretation	233
	4.2. Erste Nacht in der Manyatta	243
	4.2.1. Kontext und Sequenzanalyse	243
	4.2.2. Analyse und Interpretation	245
	4.3. Die erste Fahrt mit dem Pick-up	249
	4.3.1. Kontext und Sequenzanalyse	249
	4.3.2. Analyse und Interpretation	253
	4.4. Please, no more credit!	260
	4.4.1. Kontext und Sequenzanalyse	260
	4.4.2. Analyse und Interpretation	264
	4.5. Gericht unter der Schirmakazie	271
	4.5.1. Kontext und Sequenzanalyse	271
	4.5.2. Analyse und Interpretation	273
5.	Im transkulturellen Raum	284
	5.1. Die Schwierigkeiten der Übersetzung – über Missverständnisse, Interpretationsversuche, Falschaussagen	288
	5.1.1. „Wer hat hier was nicht verstanden?"	289

5.1.2. „Ich kann nicht mehr" – das Scheitern der Ehe in der Interpretation der RezipientInnen ... 298
5.2. Von der Erweiterung des Sehens und dem anderen Blick ... 304
    5.2.1. Das Aufweichen der eigenen Ideen und Konzepte durch Betroffenheit und Berührtsein ... 305
    5.2.2. Die Begegnung mit fremden Konzepten von Zeit und Krankheit ... 313
5.3. Grenzen, Grenzüberschreitungen und die Liebe ... 321
    5.3.1. Grenzen, überall Grenzen ... 322
    5.3.2. Liebe als Grenzen auflösende Macht ... 328
5.4. „That's our tradition" oder: Wie fremd darf das Fremde sein? ... 338
    5.4.1. Die Irritation der Polygynie ... 340
    5.4.2. Hexerei – die Furcht vor dem Bösen ... 342
    5.4.3. Von der Starrheit der Geschlechterrollen ... 348
    5.4.4. Beschneidung – die große Herausforderung im transkulturellen Raum ... 351

Fazit und Schlussbemerkung ... **365**

Literaturverzeichnis ... **375**

Kritiken ... **412**
    Zeitungen und Zeitschriften ... 412
    Kritiken aus Online-Ausgaben ... 412

Internetadressen ... **415**
    Datenkorpus ... 415
    Weitere Foren ... 415
    Websites zu Kenia, Samburu und Massai ... 415
    Websites zu Buch, Autorin und Film ... 416
    Filmbilder und Plakat ... 417
    Sonstige Websites ... 417

Kataloge, Zeitungen und Zeitschriften ... **420**

Sendungen ... **421**

Abbildungsverzeichnis ... **422**

„Nee, also nee – das tu' ich mir nicht an!"
„Das Buch, das hab' ich gleich in den Müll geschmissen!"
„Ein wunderschöner Film, der mich sehr berührt hat".
„Ich hab das Buch in zwei Tagen gelesen. Es hat mich total fasziniert. Jetzt freu ich mich auf den Film."
„Afrika? Das interessiert mich nicht."
„Elegischer Ethnokitsch."
„Sexueller Kick beim Ziegenhüter." – „Kolonialismus light."
„Ich war in der Weltpremiere in der Roy Thompson Halle in Toronto zugegen. Die Halle war ausverkauft und der Film bekam eine Standing Ovation."
„Ich war drei Jahre als Ärztin bei den Massai. Der Film hat in mir so viele Erinnerungen wachgerufen. Ich bewundere diese Frau."
„Diese strunzdumme Frau, die ganze Geschichte so was von hohl. Der Leichtsinn kaum zu überbieten!"
„Die Frau soll ja so was von naiv sein. Ich kann naive Frauen nicht ausstehen. Ich lese das Buch auf keinen Fall."
„Vor allem Corinne Hofmanns Buch ist an Naivität kaum zu überbieten."
„Ich finde, die Frau war nicht naiv, sondern ganz offen und unvoreingenommen – und sehr mutig."
„Der ging's doch nur um Sex!"[1]

Einleitung

In dem Buch „Die weiße Massai"[2] erzählt eine junge Europäerin,[3] wie sie sich bei einem Keniaurlaub in einen Samburukrieger verliebt, nach Kenia auswandert, mit ihm in den Busch zieht und wie sie dort in seinem Dorf mit ihm und seiner Familie lebt. Bevor sie nach vier Jahren im Busch mit der inzwischen geborenen kleinen Tochter schließlich nach dem Scheitern der Ehe in die Schweiz zurückkehrt, versucht sie noch – ohne Erfolg – in Mombasa Fuß zu fassen. Das Buch wurde ein so ge-

---

[1] Überblick über gesammelte Zitate unterschiedlicher RezipientInnen, auf die im Laufe der Studie näher eingegangen wird.
[2] In der Studie wird die deutsche Schreibweise Massai durchgängig beibehalten. Die englische Schreibweise wäre Masai, die von den Massai selbst favorisierte (da Maa-Sprecher) Maasai. Siehe auch: http://www.maasai-infoline.org/welcome.html [22.10.2005].
[3] Genauer: eine in der Schweiz geborene und lebende Deutsche. Corinne Hofmann ist in der Schweiz geboren, hat aber einen deutschen Pass.

nannter Megaseller, wurde mehr als drei Millionen Mal verkauft.[4] Es war sieben Jahre auf den Bestsellerlisten von FOCUS, DER SPIEGEL, Stern und Gong. Es wurde verfilmt, der Film wurde zum erfolgreichsten deutschen Film im Jahr 2005 und mit dem Prädikat „besonders wertvoll" versehen. Millionen Menschen haben ihn gesehen.

Beide, Buch und Film, sind ein überwältigender Medien- und Publikumserfolg und haben eine immense öffentliche Resonanz erfahren – in Foren und Chats des Internet, in der Presse, in den Medien: mehr als 3 Millionen Einträge listet die Internetsuchmaschine Google unter „Die weiße Massai" im September 2005 auf. Mit großer Vehemenz, Polemik und Emotionalität wurde und wird über das Buch und den Film diskutiert. Dabei kommen äußerst konträre Sichtweisen und Bewertungen zum Ausdruck. Die einen werfen das Buch gleich in den Müll, andere lesen es vor Spannung und Begeisterung in einer Nacht. Die einen halten ihm (und dem Film) Stereotypisierung, Voyeurismus und Ethnozentrismus vor, andere bewundern den Mut und die Offenheit der Protagonistin und die Authenzität von Buch und Film.

Vielleicht ist das das Besondere: Das Buch „Die weiße Massai" kann nicht einfach als Fiktion vom Tisch gewischt werden. Es beschreibt eine Realität, wie sie eine junge europäische Frau ganz persönlich erlebt hat, und die sie völlig unprätentiös erzählt. Zu was diese Geschichte dann instrumentalisiert wird, was darin gesehen wird und wie darauf reagiert wird, hat mit den Denk- und Wahrnehmungsmustern der RezipientInnen zu tun. Die Fähigkeit der Ethnologie, universale Annahmen unserer Gesellschaft in Frage zu stellen (Sprenger 2005: 23), hat sich denn auch schnell bewahrheitet: beispielsweise die allgemeine Annahme, dass es sich bei den RezipientInnen, denen Buch und/oder Film gefällt, allein um „schlichte Gemüter" handeln sollte oder ausschließlich um Frauen oder um Personen, die keine Ahnung von Afrika haben oder naiv von Afrika schwärmen, wie manche Printmedien glauben machten. Schon durch die ersten Interviews erwiesen sich solche Annahmen als unzutreffend.[5]

In dieser Studie geht es um die Analyse und Interpretation der Rezeption von „Die weiße Massai" – einem Mediengroßereignis.[6] Zu diesem Phänomen gehören die lan-

---

[4] In der Universitätsbibliothek Freiburg ist das Buch „Die weiße Massai" zwei Mal angeschafft worden. Es ist einmal unter einer FZ-Nummer, einmal unter einer GE-Nummer in den Bestand aufgenommen worden.
[5] Bereits meine ersten InterviewpartnerInnen waren weit gereiste AkademikerInnen. Sie machten mit ihren Äußerungen solche möglichen Annahmen schnell zunichte.
[6] Unter Medienereignis ist nach Andreas Hepp ein „verschiedene Medienprodukte und Formate übergreifendes, auf einen spezifischen thematischen Kern bezogenes medial vermitteltes Sinnangebot zu verstehen". In diesem Sinn kann ein Medienereignis als ein „Konnektivitätsgefüge" angesehen werden, das thematisch fokussiert und das kommuniziert wird (Hepp 2006: 232).

gen Schlangen vor dem Kino ebenso wie die vehementen Leserbriefe, das Lachen und Weinen im Kino genauso wie die Rezensionen von Amazon, die Debatten im Internetforum, der Filmpreis und die Standing Ovations, die polemischen, abfälligen Kritiken der Printmedien, die ausverkauften Lesungen mit Corinne Hofmann, die Bemerkungen im Regionalexpress und im Doktorantenkolloquium. Wenn man mit Clifford Geertz davon ausgeht, dass Kulturmuster „Programme für die Anordnung der sozialen und psychologischen Prozesse" liefern, die das öffentliche Verhalten steuern (Geertz 1983: 51), dann kann die Frage nach der Bedeutung der Reaktionen und Äußerungen der RezipientInnen gestellt werden. Beispielsweise kann man fragen, welche kulturell geprägten Vorstellungen über den Umgang mit Fremdem und Fremden in der Rezeption zum Vorschein kommen. Wenn man mit Karl-Heinz Kohl davon ausgeht, dass die Werte und Verhaltensweisen der eigenen Kultur internalisiert wurden und als kulturelle Selbstverständlichkeiten die Art und Weise bestimmen, wie man seine Außenwelt wahrnimmt und wie man darauf reagiert (Kohl 1993: 115), wird die Analyse einer Rezeption auch für EthnologInnen spannend, aussagekräftig und attraktiv.

Innerhalb der weit gefassten, von jeher interessanten ethnologischen Thematik „Eigenes und Fremdes" liegt der Fokus dieser Studie auf den RezipientInnen selbst, die sich in einem Prozess der Interaktion mit einem Buch, mit Bildern und einem Film befinden – innerhalb einer medienvermittelten öffentlichen Kultur, die ihrerseits eine Interaktion mit Fremdem zum Inhalt hat. „Wie die Menschen die Dinge sehen und auf sie reagieren, wie sie sich die Dinge vorstellen, sie beurteilen und mit ihnen umgehen, entzieht sich zunehmend unserer Kenntnis" (Geertz 1996: 23). Doch das genau ist das Terrain, das in dieser Studie untersucht wird. Sich konkreten Sachverhalten zuzuwenden, „um situationsbezogene Vergleiche in Gestalt spezifischer Untersuchungen von spezifischen Differenzen anzustellen", darin sieht Clifford Geertz eine Art und Weise, in einer „zersplitterten Welt" Anhaltspunkte für ein Navigieren zu finden – in „geduldiger, bescheidener Näherungsarbeit. […] Wir müssen so genau wie möglich herausfinden, wie das Terrain beschaffen ist" (Geertz 1996: 22).

Dabei wird in den neuen Rezeptionstheorien davon ausgegangen, dass Medientexte (Bücher, Filme, Bilder) keine abgeschlossenen Bedeutungen enthalten, die RezipientInnen oder WissenschaftlerInnen objektiv frei legen könnten, sondern „ihre Bedeutung entfaltet sich erst in der Rezeption und der Aneignung durch die Zuschauer" (Mikos/Prommer 2005: 164). In diesem Sinn wird für die Ethnologie ein Feld fruchtbar gemacht, das nicht zu den gewohnten Untersuchungsfeldern der Ethnologie gehört: das komplexe Phänomen einer Rezeption – als „ein Splitter" in einer zersplitterten Welt (Geertz 1996: 19). Es ist eine Analyse von Diskursen[7] über Bilder, über einen Film und ein Buch, die durch Interaktion generiert wurden. Dabei sind Wahrnehmungen, Denken und Handeln, Urteile und Emotionen der RezipientInnen im Blick, die eingebettet sind in die westliche Kultur bzw. eine Sozialisation in Deutschland als Ort des Eigenen, von dem aus auf ein Fremdes geschaut und mit ihm interagiert wird.

Dazu kommt: Die Rezeption ethnografischer Filme[8] nennt Hans J. Wulff eine „Terra incognita" (Wulff 1995: 269) und „Populärkultur (*popular culture*) ist ein Forschungsfeld, das erst seit kurzem zögernd in der Ethnologie akzeptiert wird" (Antweiler 2005: 24). Das betrifft vor allem auch deren Rezeption. In dieser Studie wird das Phänomen mit den Methoden und im Sinn der Ethnologie als einer holistischen, vergleichenden, analysierenden und verstehenden Wissenschaft beschrieben, untersucht und interpretiert. Um dem komplexen Phänomen gerecht zu werden, ist die Studie interdisziplinär angelegt und erfordert ein triangulatives Forschungsdesign. „Der durch das Studium fremder Kulturen geschulte ethnologische Blick" (Kohl 1993: 95) richtet sich bei einer solchen Analyse verfremdend auch auf die eigene Kultur. Die einfachen Fragen in Bezug zu den RezipientInnen: „Was sagen sie?" „Was machen sie?" Und: „Was bedeutet das?" lenken den Fokus auf Schnittstellen von Eigenem und Fremden, auf Vorurteile und Imaginationen, auf mögliche Probleme in der eigenen Gesellschaft und Irritationen der eigenen Kultur. In diesem Kontext wird die Rezeption für unseren sozialen und kulturellen Raum ein Seismograph, der anzeigt, was Menschen in ihm bewegt.

Ansätze und entsprechende Studien, die sich mit der unmittelbaren Wirkung von Kinoerfahrung auf die Körper der RezipientInnen beziehen, stehen noch am Anfang, insbesondere die Verschränkungen zwischen Text und Körper, wie sie sich beispielsweise im Lachen und Weinen zeigen. Das Somatische wird zum neuen Forschungsgegenstand – hier in dieser Studie fruchtbar gemacht für die Ethnologie. In dieser Studie werden die neuen Rezeptionstheorien auf ein konkretes Beispiel angewandt. Sie gehen von einem dialogischen, interaktiven Geschehen aus – sowohl bei der Rezeption von Bildern, wie auch von Texten und Filmen. Gerade die Analyse der Rezeption eines so populären und konträr diskutierten Buches und Films wie „Die weiße Massai" kann (verborgene) Zusammenhänge und Mechanismen aufdecken,

---

[7] Mit Diskurs werden in dieser Studie „im weiteren kulturtheoretischen Sinne regulierte Möglichkeiten des Sprechens/Kommunizierens über etwas bezeichnet, die ein bestimmtes Wissen und bestimmte Repräsentationen mit produzieren" (Hepp 2006: 71). Ein Diskurs verweist immer auch auf einen Gesamtzusammenhang hin, „auf bestimmte soziokulturelle Konventionen, die zu diesem Zeitpunkt über das betreffende Thema hergestellt werden können" (Hepp 2006: 180).
[8] „Es gibt keinen ethnologischen Film sui generis, sondern lediglich Filme mit ethnologischem Inhalt" (Schlumpf 1987: 50).

sowie Denk- und Wahrnehmungsmuster, Illusionen und Ängste spiegeln und damit erst bewusst machen. Sie ermöglicht an einem konkreten Beispiel die Untersuchung der Konzepte von Transkulturalität und Hybridität über bloße Denkfiguren hinaus. In diesem Sinn versteht sich die Studie zum einen als Arbeit im Kontext neu eröffneter Forschungsfelder für die Ethnologie, zum anderen als Beitrag zu den Diskursen um die Wahrnehmung und den Umgang mit Fremdem und letztlich zu den Möglichkeiten und Problemen interkultureller Kommunikation.[9]

Die Analyse stützt sich insbesondere auf den praxisorientierten Ansatz des französischen Soziologen Pierre Bourdieu und seine Theorie. Der Grundgedanke dabei ist, dass der Blick auf eine andere Kultur durch die gesellschaftlich geprägten Wahrnehmungs-, Denk- und Handlungsmuster der RezipientInnen gelenkt wird.[10] Die Aussagen der RezipientInnen werden als Ausdruck der Auseinandersetzung von Menschen mit ihrer kulturellen Wirklichkeit gesehen und Kultur als Feld von Praktiken und Diskursen (Fuchs 1997: 146). Je nach Fokus und Thema werden auch andere Theoretiker herangezogen. Was die Kapitel zusammenhält, „ist ein Netz aus roten Fäden, das sich immer wieder an befremdlichen Stellen zusammenzieht. Der Zusammenhang entwickelt sich nach Art eines Themas mit Variationen" (Waldenfels 1998: 8). Die Aussagen und Reaktionen der LeserInnen und KinobesucherInnen werden in diesem Kontext als Ergebnis der Interaktion von Buch und Film mit innewohnenden Bildern, Erwartungen und Hoffnungen, geheimen Wünschen und Erfahrungen, Phantasien und dem Vorwissen der RezipientInnen gedeutet.

In Teil I werden die Vorbereitungen für die Studie dargelegt. Um der Transparenz des Forschungsprozesses Genüge zu tun, werden die Entstehung des Forschungsinteresses, die Entwicklung der Forschungsfrage und die der Thesen sorgfältig beschrieben. Datenkorpus und Methoden werden verdeutlicht. Das Feld der Rezeption ist sehr weit, voller Verschränkungen und Verflechtungen, mit unterschiedlichsten Wahrnehmungssträngen und Interpretationsmöglichkeiten. Eine solche Analyse ist von einer Einzelperson nur zu bewältigen, wenn der Datenkorpus genau festgelegt wird. Die Quellen müssen deshalb eingegrenzt, passende Methoden gefunden und die Verflechtungen simplifiziert werden. Die Lösung besteht in einem triangulativen Forschungsdesign, und zwar sowohl eine Datentriangulation als auch eine Methodentriangulation und Theorientriangulation (Flick 1995: 249). Die Rezeption von

---

[9] Unter interkultureller Kommunikation wird hier nach Andreas Hepp ganz schlicht die Kommunikation von mindestens zwei Menschen bzw. Menschengruppen unterschiedlicher Kulturen verstanden. (Hepp 2006: 21). Mit der Kategorie der Kultur werden über das Gesprochen-Sprachliche hinausgehende Differenzen von Praktiken und Handlungsmustern erfasst (Hepp 2006: 62).
[10] Die Idee dazu hat mir die Aufforderung von Boike Rehbein gegeben, „mit Bourdieu zu forschen und zu denken" (Rehbein 2006: 9).

"Die weiße Massai" soll aus verschiedenen Perspektiven betrachtet werden. Das Einsetzen unterschiedlicher Methoden (sowohl bei der Erhebung der Daten als auch bei ihrer Auswertung) ermöglicht es, deren jeweilige Beschränkungen auszugleichen. Zum Datenkorpus gehören verschriftlichte Äußerungen zu Bildern, Beobachtungsprotokolle, transkribierte Interviews, Kritiken der Printmedien, Amazonrezensionen und die Aufzeichnung einer asynchronen Internetkommunikation. Aus der Auswertung der Amazonrezensionen gehen verschiedene Diskurskategorien hervor. Deren Hauptdiskurse und Unterdiskurse sowie ihre Verflechtungen bilden die Grundlage für die Analyse und Interpretation. Die Analyse der Interviews, der eigenen Beobachtungen, der Kritiken der Printmedien und der asynchronen Netzwerkkommunikation hat diese Diskurse in ihrer Relevanz bestätigt. Diese Diskurse werden dort jedoch in unterschiedlicher Intensität aufgegriffen – auch diese Tatsache ist Inhalt der Analyse.

Um ein tiefes, intensives Verständnis für den zu erforschenden Gegenstand zu ermöglichen (Mikos et al. 2007: 11), ist eine Theorientriangulation erforderlich, d. h. die Anwendung unterschiedlicher Perspektiven und Hypothesen, um die Daten zu interpretieren (Treumann 2005: 211). Es geht um eine möglichst große Multiperspektivität, auch wenn, wie hier, eine Einzelperson die Studie durchführt.[11] Die theoretische Grundlage um das Feld der Rezeption wird in Kap. 6.3 umrissen. Es geht um neue Ansätze in der Rezeptionsforschung von Bildern und Filmen, in denen Rezeption als dialogisches, interaktives Geschehen gesehen wird und Bild- bzw. Filmverstehen als kognitiv-emotionaler Prozess. Diese Ansätze sind Grundlage für die Studie. Sowohl die Analyse von Filmen als auch die von Bildern haben ihren Anfang in der Literaturwissenschaft genommen. Viele Konzepte stammen von dort. Das Interaktionsparadigma im Sinn der Text-LeserInnen-Interaktion wurde vom Film adaptiert als Film-ZuschauerInnen-Interaktion (Hackenberg 2004:203). Auch die Bildwissenschaften gehen inzwischen von einer Bild-BetrachterInnen-Interaktion aus (Michel 2006: 23).

In Teil II werden Grundinformationen vermittelt und Fakten beschrieben, die als Kontextwissen zum Verstehen des Phänomens "Die weiße Massai" wichtig sind und in Bezug auf die Rezeption eine Rolle spielen. Dies sind Informationen zu den Samburu, ihrer traditionellen Subsistenzgrundlage und ihrer Sozialstruktur. Insbesondere der Status des Kriegers, des Samburu*moran*, spielt in der Interaktion eine große Rolle, ebenso der Wandel, dem die Kultur der Samburu in Kenia unterliegt. Der Ehemann der Protagonistin war ein Samburukrieger, kein Massai, wie der Titel von

---

[11] Ein solcher multiperspektivischer Ansatz hat meist Konsequenzen für den Forschungsprozess, da Forschungsteams zusammengestellt werden müssen (Mikos et al. 2007: 12).

Buch und Film auf den ersten Blick glauben machen könnte. Das ist insofern wichtig, weil nur in diesem Kontext die Darstellung des Lebens der Protagonistin in Barsaloi im Film und ihre Schilderungen im Buch adäquat beurteilt werden können. Die RezipientInnen kennen mit wenigen Ausnahmen Kenia meist nur als TouristInnen. Auch Corinne Hofmann kam zunächst als Touristin nach Kenia, bevor sie dorthin auswanderte. Viele negative wie positive Äußerungen der RezipientInnen, viele Fehlinterpretationen, viele Missverständnisse sind auf mangelndes Kontext- und Faktenwissen zurückzuführen. Die Informationen zu Kenias Attraktionen sowie zur Entwicklung und jetzigen Situation des Tourismus in Kenia werden in diesem Kontext wichtig. Angaben zur Autorin, zum Buch und zum Film vervollständigen den Kontext. Dazu gehören die Beobachtungen und Befunde über die publikatorische Wirkung von „Die weiße Massai" in den Printmedien und im Internet. Dieser Teil der Studie enthält auch eine kurze Analyse als Orientierung über die Frage, wer sich hinter *der* Rezeption als Abstraktum real versteckt.

In Teil III, Analyse und Interpretation, wird in Anlehnung an Bernhard Waldenfels eine heuristische Perspektive angeboten, in der sich „manches Verstreute zu einem Muster zusammenfügt und sich ein bestimmtes Deutungspotential entfalten kann" (Waldenfels 1998: 246). Die Diskurse, die sich in der Rezeption am häufigsten auftun und/oder am heftigsten geführt werden, werden in den einzelnen Kapiteln bzw. Unterkapiteln aufgegriffen. Sie sollen beschrieben, analysiert und Kultur vergleichend im Hinblick auf die Thesen interpretiert werden. Die Binnengliederung der Arbeit rückt zum einen die Schwelle zwischen Eigenem und Fremdem ins Blickfeld, zum anderen die Schnittstelle von Realität und Imagination, an der sich die RezipientInnen befinden. Es ist die Grenzlinie, an der interkulturelle Begegnung stattfindet – oder eben nicht –, personifiziert in den beiden Hauptfiguren von Buch und Film, der Autorin Corinne Hofmann alias Carola und dem Samburukrieger Lketinga alias Lemalian. Ob vom Kinosessel oder von der Leseecke aus – an dieser Linie haben die RezipientInnen an der medial vermittelten bikulturellen Liebesgeschichte in Form einer fiktionalen Begegnung mit dem Fremden teil und nehmen gleichzeitig ihre eigenen realen Erfahrungen mit dem Fremden und ihre Imaginationen mit hinein.

Im ersten Kapitel von Teil III, „Die Macht der Bilder", stehen Fotografien und Collagen im Mittelpunkt der Analyse. Über sie wurde der Erstkontakt mit Buch und Film hergestellt: das Buchcover, das Plakat und die Stills. Die Ergebnisse der Interaktion mit diesen Bildern werden hinsichtlich der Forschungsfrage und der Thesen analysiert und interpretiert. Da Bilder grundsätzlich vieldeutig sind, hängt ihre Interpretation und Sinnzuschreibung eng mit der Wahrnehmung der RezipientInnen zusammen. Der wahrnehmende Blick des Auges ist wiederum nicht so klar wie allgemein angenommen. Das Auge blickt durch eine Art Brille oder Filter. Diese kann kulturelle, psychische oder soziale Färbungen annehmen. Erinnerungsbilder, Imaginationen, Träume, Vorstellungen überlagern materielle Bilder. „Wir projizieren unsere mentalen auf physische Bilder. Unsere eigene Imagination nistet sich in den Blick ein, den wir auf Bilder werfen" (Belting 2005: 134). Aber genau das kann das Feld der Rezeption für die Ethnologie als analysierender, vergleichender und verstehender Wissenschaft so interessant und fruchtbar machen. Die Wirkungen des Gebrauchs von Bildern in der Gesellschaft sind wissenschaftlich kaum erforscht, weder quantitativ noch qualitativ, weder kulturphilosophisch noch sozialtheoretisch (Liebert/Metten 2006: 9/10).

Vom Buchcover und vom Plakat her war für die Öffentlichkeit evident: Dies ist eine Geschichte, die in Afrika spielt. Im zweiten Kapitel von Teil III werden deshalb die konträren Äußerungen und Reaktionen der RezipientInnen in Bezug auf Afrika und Afrikaner analysiert und hinsichtlich ihrer Bedeutung interpretiert. Die innewohnenden Afrikabilder der RezipientInnen und die in der Öffentlichkeit kursierenden, die sie beeinflussen, interagieren mit Buch und Film. Die Reaktionen spiegeln diese Bilder wieder, geben Aufschluss über Erwartungen, Vorurteile und Ängste, über Sehnsüchte und Kenntnisse bezüglich Afrika. Dieses Kapitel greift den Hauptdiskurs aus der Analyse der Amazonrezensionen auf, einschließlich der Diskursstränge, die sich daraus entfalten. Der Mythos Massai spielt dabei eine besondere Rolle, ebenso das Bild des schwarzen Afrikaners. Dabei ist der Titel „Afrika – der gefährliche Kontinent?" bereits eine qualitative Aussage über den Diskurs.

Dass dieser Film/dieses Buch keiner/keines der üblichen in Afrika spielenden Filme/Bücher ist, merken die RezipientInnen recht schnell. Buch und Film haben Afrika nicht nur als Kulisse, sondern eine Europäerin *lebt* dort – im Busch, in einem Dorf, mit den Einheimischen, mit ihrem Mann, praktisch ohne Kontakt zu anderen EuropäerInnen. Im dritten Kapitel von Teil III, „Vom Umgang mit dem Fremden", wird die Rezeption dahingehend analysiert, wie die LeserInnen bzw. KinogängerInnen das Leben der Protagonistin wahrnehmen, die in einer fremden Kultur agiert und versucht, dort zurecht zu kommen. In diesem Kapitel interessieren Vorstellungen und Wertungen, Ängste und Wünsche, die durch die Interaktion hinsichtlich eines Umgangs mit Fremdem und Fremden sichtbar werden. Dabei steht die Frage, welche Faktoren bei den unterschiedlichen Bewertungen eine maßgebliche Rolle spielen und was das bedeutet, im Vordergrund der Analyse. Damit findet der zweite Hauptdiskurs mit den beiden Schlüsselbegriffen fremde Kultur und Faszination Beachtung.

Bisher standen Texte (im weitesten Sinn), die nach der Interaktion mit Buch und/oder Film entstanden, im Fokus der Untersuchung – mündliche und schriftliche Äußerungen, manchmal nüchtern, meist aber hochgradig emotional vorgetragen bzw.

niedergeschrieben. In Kapitel vier von Teil III steht die direkte Beobachtung der RezipientInnen vor und im Kino im Mittelpunkt. Wie der Titel des Kapitels, „Das Lachen im Kino", aussagt, geht es hier um einen direkt beobachtbaren Effekt der Interaktion. Im Kontext dieser Studie werden die Lachstellen als Indikatorstellen betrachtet. Hier kreuzen sich die Imaginationen, Erwartungen, Vorurteile der ZuschauerInnen mit den Bildern auf der Leinwand. Sie bestätigen sich oder werden vielfältig gebrochen. Das Eigene berührt das Fremde, reibt sich an ihm. Manche Szenen können kognitive Konstruktionen so irritieren, dass die Brillen für einen Moment zerspringen und der Körper antwortet: durch Lachen – unverstellt, spontan und unbewusst. Die Analyse dieser Szenen und die Interpretation der Interaktion an ganz konkreten Beispielen sind der Schwerpunkt und die Stärke dieses Kapitels.

Die Rezeption ist überwiegend durch konträre, laute, öffentliche Diskussionen und Statements gekennzeichnet. In der Analyse der Lachstellen, teilweise auch der der Interaktion mit dem Buchcover und mit dem Plakat und in der Analyse der Interviews wurde deutlich: Es gibt neben der „lauten", medienwirksamen, vehementen auch eine „leise" Rezeption. Das fünfte Kapitel von Teil III nimmt die RezipientInnen in den Blick, die nachdenklich reagieren, berührt sind, sich mit Wertungen zurückhalten, keine Antworten wissen. Buch und Film scheinen einen Raum zu eröffnen, der eine Begegnung mit dem Fremden, einen anderen Blick auf das Fremde, einen Dialog möglich macht. Ich nenne dieses Kapitel in Anlehnung an das Transkulturalitätskonzept von Wolfgang Welsch[12] „Im transkulturellen Raum". Hier scheinen die rigiden Ein- und Abgrenzungen von Kultur, von Ideen und Konzepten aufzuweichen (Anzaldua 1987: 135). Die RezipientInnen befinden sich ganz augenscheinlich in einem „Dazwischen" als einer Kontakt- und Grenzzone, in der Übersetzungen notwendig und grenzüberschreitende Diskurse möglich werden. Der letzte Teil der Arbeit thematisiert die Interaktion in diesem Raum, den Homi Bhabha als dritten Ort, als Zwischenraum, als „Ort der Differenz ohne Hierarchie", als Hybridität, bezeichnet hat (Bhabha 2007: XIII). Die Analyse richtet sich darauf, inwieweit sich dieser Raum in der Interaktion auftut und wie eine (eventuelle) transkulturelle Verfasstheit die RezipientInnen verändert. Sie richtet sich darauf, wie diese Verfasstheit in ihren Äußerungen und Handlungen sichtbar wird und welche Folgen sie hat. Dieser Teil der Arbeit ist zugleich der Versuch, für die Ethnologie auszuloten, inwieweit „solche dritten Räume über bloße Denkfiguren und metaphorische Ver-

---

[12] Den zunehmenden Eindruck von „Hybridisierung" und „Verflechtungen" heutiger Kulturen fasst Wolfgang Welsch in seinem theoretischen Ansatz der Transkulturalität zusammen. Damit sind neue Strukturen der Kulturen gemeint, die über den traditionellen Kulturbegriff *hinaus*gehen und die durch traditionelle Kulturgrenzen *hindurch*gehen (Welsch 2000: 327, 330, 335/336).

wendungen hinaus zu Analysekatagorien entfaltet werden können" (Bachmann-Medick 2006: 205).

Teil I   Vorbereitung der Studie

1.   Forschungsinteresse und erste Fragen

Mein Forschungsinteresse begann mit einer Irritation. Auf meine harmlose Frage: „Gehst du mit mir heute ins Kino, in „Die weiße Massai"?" antwortete eine Freundin ziemlich prompt und ungewohnt heftig: „Nee, also nee – das tu' ich mir nicht an!" Gerade zwei Stunden zuvor hatte mir eine Bekannte – nach eigenem Bekunden Afrikaliebhaberin und Afrikatouristin (sie war allein in Kenia fünf Mal) – von dem Buch vorgeschwärmt, dass alles dort so sei wie beschrieben und wie sehr sie sich auf den Film freue.

Ich sah in Luzern die langen Schlangen vor dem Kino bis auf die Straße und den Andrang vor dem CinemaxX in Freiburg. Dort lief der Film 10 Wochen, drei davon im größten Saal. In den Bestsellerlisten von DER SPIEGEL, Stern und FOCUS hatte das Buch unter der Rubrik Sachbuch noch immer einen Platz unter den ersten zehn – und das seit sieben Jahren. Die Reaktionen in der Presse waren äußerst konträr. In DER SPIEGEL stand unter der Überschrift „Braut im Busch" (Wolf, DER SPIEGEL 12.9.2005) ein polemischer Verriss des Films. Der kritische Kommentar in der FAZ trug den Titel „Kolonialismus light" (Kilb, FAZ 16.9.2005). Beim Film gingen die Beurteilungen von Spott über Kitschvorwürfe bis zum Prädikat „besonders wertvoll". Auch im privaten und universitären Bereich stieß ich auf äußerst heftige Kontroversen, wenn das Thema „Die weiße Massai" angeschnitten wurde. Von der Vehemenz und Emotionalität, mit der die Meinungen geäußert wurden, war ich völlig überrascht und irritiert.

Diese Aufzählungen zeigen nur einen winzigen Teil der Äußerungen und Reaktionen, mit denen ich dann im Laufe der Studie vermehrt konfrontiert wurde. Die ersten Fragen, die sich stellten, waren: Wie kommt es, dass ein Buch bzw. Film über das Leben in einer fremden Kultur derartig unterschiedlich wahrgenommen wird? Was genau löst diese heftigen Reaktionen aus? Welche Themen darin sind so brisant?

Mein Doktorvater, Herr Prof. Stefan Seitz, unterstützte das Vorhaben von Anfang an. Ihm sei an dieser Stelle einmal mehr herzlich gedankt. Das Phänomen „Die weiße Massai" fing jedoch an, mich auch auf einer persönlichen Ebene zu interessieren.

Dazu bemerken Anselm Strauss und Juliet Corbin: „Sich ein Forschungsthema auf der Grundlage von beruflicher oder persönlicher Erfahrung zu suchen, erscheint gewagter, als eines durch einen Themenvorschlag oder Literaturstudien zu finden. Das ist aber nicht notwendigerweise so". Und: „Ein Forschungsbemühen, das dem prüfenden Blick der eigenen Erfahrung entspringt, zieht mit größerer Wahrscheinlichkeit auch ein erfolgreiches Forschungsergebnis nach sich" (Strauss/Corbin 1996: 21).

Ich beschäftigte mich genauer mit diesem Phänomen, fragte fremde Personen im Buchladen, warum sie sich „Die weiße Massai" kauften, suchte Gespräche mit Personen, die von Buch und/oder Film begeistert waren, jetzt aber auch gerade mit solchen, die beidem ablehnend gegenüber standen. Ich machte erste kleine Interviews und besuchte Internetforen, wo sich regelrechte Fangemeinden gebildet hatten. Kurz: Ich begab mich auf Feldforschung und begann, gezielt Quellen für die Studie zu suchen. Ich las das Buch, kaufte mir den Film auf DVD einschließlich einer Bonus-DVD, die ein Making-of umfasst, über Hintergründe informiert, Interviews und Kommentare zu den Dreharbeiten enthält.[13]

Es tat sich ein weites und äußerst interessantes Feld auf. Und das besonders auch deshalb, weil sich das Forschungsinteresse nicht allein auf die Kultur einer fremden Ethnie richtete, sondern weil der ethnologische Blick durch das Untersuchen der Rezeption auf die eigene Kultur gelenkt wurde, auf Schnittstellen, Wahrnehmungsmuster, Imaginationen, Vorurteile der RezipientInnen. Kein populärer Film, kein Megaseller entsteht und verbreitet sich in einem gesellschaftlichen Vakuum. „Ein Film kann beispielsweise nur zu einem Kultfilm werden, wenn es ihm gelingt, sich im sozialen Netz spezifischer Zielgruppen mit bestimmten dort zirkulierenden Bedeutungen zu verankern" (Mikos/Prommer 2005: 164).

Es entwickelten sich neue Fragen: Inwieweit spiegeln diese teilweise heftigen Diskussionen um „Die weiße Massai" die gegenwärtigen Debatten um Integration, Leitkultur und Globalisierung wieder? Welche Sehnsüchte und Ängste werden im Umgang mit dem und den Fremden, hier vor allem dem afrikanischen Fremden, sichtbar? Welche Rolle spielen eigene – auch touristische – Erfahrungen oder solche mit binationalen Ehen? Wie beeinflussen die Medien die Wahrnehmung einer fremden Kultur? Welche Imaginationen über die Massai und Afrika spiegeln sich hier wieder? Wie viel Rassismus oder Eurozentrismus zeigt sich? Inwieweit sind die Reaktionen auf das *befremdliche* Verhalten der Corinne Hofmann Synonym dafür, wie man generell mit Fremdem in Deutschland umgeht?

Das ganze Phänomen „Die weiße Massai" war voller Verschränkungen und Verflechtungen. Die Repräsentationen des Fremden zeigten sich wie in einem Kaleido-

---

[13] Die DVD erschien am 23. März 2006 im Handel.

skop, die Wahrnehmungsstränge und Interpretationsmöglichkeiten oszillierten, je nach Blickwinkel. Je mehr ich mich mit der Thematik beschäftigte, umso klarer wurde, dass alle üblichen Klassifikationsmöglichkeiten hier nicht funktionierten. Es schien schnelle, einfache Erklärungen zu geben, aber bei näherer Beschäftigung mit dem Phänomen gab es sie eben gerade nicht. Dazu gehörten Befürchtungen, dass sich in bester kolonialer Tradition der Trivialmythos „King Kong, der Schwarze Kontinent und die weiße Frau" (DIE ZEIT, 28.12.2006) oder „Die ewige Safari" (Wolf, DER SPIEGEL spezial 2/2007) nur in einem anderen Gewand zeigte oder die Vermutung, dass z.b. die, die den Film gut fanden, einen romantischen Blick auf fremde Kulturen hätten, und die, die den Film ablehnten, die RealistenInnen waren. Ich musste mich eines Besseren belehren lassen – es ist genau umgekehrt. Aber das zeigte sich erst durch die genaue Beschäftigung mit der Rezeption. Oder – wie in der Einleitung erwähnt – dass Buch und Film nur schlichten Gemütern gefällt oder nur Frauen oder nur solchen, die eben keine Ahnung von Afrika haben – nichts davon trifft zu. Auch „Afrikafans und -liebhaberInnen" gibt es auf beiden Seiten der Bewertung von Buch und Film.

2. Forschungsfrage und Thesen

Es handelt sich um die Rezeption eines Buches und eines Filmes. Beide erzählen zwar die gleiche Geschichte, aber mit unterschiedlichen Mitteln. Der Kontakt mit dem Fremden wird in beiden Fälle medial vermittelt, wobei sich das Fremde auf einen fremden Kontinent, ein fremdes Land, vor allem auf eine fremde Kultur und einen fremden Mann bezieht. Der Fremde tritt hier in einer doppelten Bestimmtheit auf, als „Fremder im *sozialen* (oder alltäglichen) Sinn, der mir nicht persönlich bekannt ist und nicht zu meiner sozialen Gruppe gehört" und als Fremder „im *kulturellen* (oder strukturellen) Sinn" als derjenige, „mit dem ich nicht die mein Weltbild bestimmenden Gewissheiten teile" (Schetsche 2004: 14). Aber es ist kein vollkommen Fremdes. Reale Erfahrungen und imaginierte Bilder über dieses Fremde überlagern die Geschichte. Die RezipientInnen befinden sich auf einer Schnittstelle zwischen Eigenem und Fremden, zwischen Realität und Imagination, wenn sie das Buch lesen oder den Film sehen und wenn sie darüber sprechen. Diese Schnittstelle bildet den Mittelpunkt meines Forschungsinteresses. Von einem Ort des Eigenen richten die RezipientInnen ihren Blick auf Fremdes.

Das wirklich Neue ist ja nicht die binationale schwarz-weiße Ehe,[14] sondern die Tatsache, dass sich die Protagonistin in einen *Moran*[15] verliebt und bei ihrem Mann im afrikanischen Busch lebt. Sie lebt in Barsaloi im Samburudistrikt, bei einer in Kenia zwar marginalisierten, in Europa aber bewunderten Ethnie, den Samburu, die kulturell und sprachlich eng mit den Massai verwandt sind. Letztlich kreisen die RezipientInnen an dieser Schnittstelle um die Frage: Wie kann eine Frau aus der reichen Schweiz dort leben? Und vor allem: Wie tief darf, kann oder soll Aufgehen in einer anderen Kultur gehen? Diese Frage betrifft dann wieder die RezipientInnen selbst im Umgang mit den Fremden, die hier in Deutschland leben, und den an sie gestellten Erwartungen. So werden Buch und Film zur Projektionsfläche für Eigenes.

Diese Studie geht davon aus[16], dass Rezeption von Bildern, Filmen und Texten zum einen Dekodierung beinhaltet, zum anderen ein interaktives, dialogisches Geschehen ist, und Äußerungen und Handeln von Menschen nur dann verstanden werden können, wenn „ihre subjektiven Hintergrundinformationen berücksichtigt" werden (Schulze 1992: 42). Beispielsweise erklärt den RezipientInnen niemand die Gestaltung des Buchcovers oder des Plakates oder den Inhalt des Buches während des Lesevorgangs. Lesen ist ein Vorgang, „bei dem die eigene, orale, umgangssprachliche Kultur an den geschriebenen Text herangetragen wird" (Fiske 2006: 45). Es wird hier grundsätzlich davon ausgegangen, dass die verschiedenen medialen Ausprägungen in Bezug zu den kognitiven und emotionalen Aktivitäten der RezipientInnen stehen und zu der sozialen Kommunikation, in die sie in ihrem Alltag eingebunden sind (Mikos et al. 2007: 11). Im Hinblick auf die Analyse der Rezeption von Populärkultur ist es zudem wichtig zu beachten, was traditionelle Kritiker (z.B. der Printmedien) in populären Texten und Filmen ignorieren oder anschwärzen, was sie ablehnen bzw. verspotten (Fiske 2006: 43).

Im Film gibt es viele Szenen, in denen keine Off-Stimme etwas erläutert oder in denen Untertitel benutzt werden. Das hat auf die RezipientInnen die Wirkung, als wären sie unmittelbar mitten im Geschehen in Kenia. Medial werden sie in eine fremde Welt versetzt und haben im kognitiv-emotionalen Prozess des Verstehens

---

[14] Binationale Ehen, auch schwarz-weiße Ehen, sind keine Seltenheit, auch in Deutschland nicht. In Berlin ist eine von 4 Ehen inzwischen binational (ARD-exclusiv, 13.9.2006). Durch Tourismus, Globalisierung, Migration nehmen binationale Ehen zu und mit ihnen die Irritationen. Ein Titel in der Zeitschrift BRIGITTE woman vom Oktober 2008 lautet sehr treffend: „Die globale Familie: Plötzlich sitzt sie uns gegenüber, die hinduistische Schwiegertochter". Populärstes schwarz-weißes Ehepaar ist zur Zeit das blonde deutsche Model Heidi Klum und der schwarze amerikanische Sänger Seal. Vgl. die Zeitschrift BUNTE Nr.36 vom 31.8.2006.
[15] *Moran* werden die jungen Samburu und Massai genannt, die der Altersklasse der Krieger angehören. Vgl Teil II Kapitel 1"Die Samburu", dort besonders Kap. 1.3 „Samburu*moran*".
[16] Vgl. Teil I Kapitel 6.3 „Theoretische Grundlage".

Teil am alltäglichen Leben im Samburuland. So ist die Interaktion eine zwar simulierte, aber wirkliche Interaktion mit dem Fremden, nicht nur ein Blick darauf. Da die Begegnung mit dem Fremden medial ist und viele irritierende Sinneseindrücke dadurch wegfallen (z.B. die Gerüche, der Lärm, die Hitze u.ä.), ist die Begegnung zwar nur partiell, dafür aber angstfreier möglich.[17] Das heißt, im Interaktionsgeschehen werden nicht von vorneherein kognitive und emotionale Barrieren aufgebaut bzw. können sie, wenn vorhanden, leichter durchbrochen werden.

Diese Prämissen erlauben es, die Rezeption von „Die weiße Massai" so analysieren und zu interpretieren, wie es hier geschieht und unter der es erst sinnvoll ist, die Frage nach der Bedeutung zu stellen. So werden folgende Forschungsfrage und Thesen formuliert:

Forschungsfrage:
„Wie wird die medial vermittelte autobiografische Geschichte einer jungen Europäerin wahrgenommen und interpretiert, die versucht, in einer fremden Kultur im afrikanischen Busch in einer transkulturellen Ehe zu leben und was bedeuten in diesem Zusammenhang die Äußerungen und Reaktionen der RezipientInnen?"

Thesen:
These 1: Hinter den konträren Bewertungen von Buch und Film und den heftigen Debatten in der Öffentlichkeit verbergen sich konträre Kulturbilder und Afrikabilder.

These 2: In dem überwältigenden Publikumserfolg drücken sich Sehnsucht und Bedürfnis nach Orientierung für den Umgang mit Fremdem und für den Sinn im eigenen Leben aus.

---

[17] Macht das Miterleben aber auch schwieriger, denn „wenn man allerdings wissen will wie Kenia wirklich ist, muss man selber hinfahren! Die Kinoleinwand wird da wohl nicht ausreichen"; „man muss Kenia riechen, fühlen, hören und mit eigenen Augen sehen!!!" (Forum). Oder: „Ich muss sagen, wenn jemand schon mal die Atmosphäre, den Geruch, die Menschen, von Kenia erlebt hat, der versteht den Film noch besser" (Forum). http://www.massai-special.film.de/ unter ‚Gästebuch' [20.2.2006]. Im nachfolgenden Text wird diese Quelle als „Forum" zitiert, eine Plattform im Internet, eingerichtet von der Constantin Film Verleih GmbH.

These 3: Hinter den vehementen Diskussionen verstecken sich zwei konträre tief sitzende Ängste – „die Angst vor Globalisierung als Vereinheitlichungsmaschine und die Angst vor einer Fragmentierung der Welt" (Finke 2006: 20-22).[18]

These 4: In der Interaktion mit Bildern, Buch und Film wird den RezipientInnen ein transkultureller Raum eröffnet, der sich durch Ambivalenzen und Verunsicherung auszeichnet und der gleichzeitig die Erfahrung von Gemeinsamkeiten und Überschneidungen zwischen Kulturen ermöglicht.

3. Quellen und Datenkorpus

Bildverstehen und Filmverstehen wird hier als interaktiver, kognitiv-emotionaler Prozess verstanden, der sich in Diskursen,[19] Körperreaktionen und Gefühlsäußerungen der RezipientInnen niederschlägt. Auch das Lesen eines Buches ist ein dialogisches, kognitiv-emotionales Geschehen, bei dem der Film im Kopf der LeserInnen generiert wird. Die Rezeption stellt sich überwiegend als Text dar, schriftliche und mündliche Äußerungen von LeserInnen und KingängerInnen, die analysiert und interpretiert werden. Sie äußert sich in Handlungen und Emotionen[20] z.B. in der Weigerung, ins Kino zu gehen, in Begeisterung, Spott, Empörung, Ärger, Enttäuschung und Lachen. Sie wird angekurbelt und aufrechterhalten durch Bilder – Erinnerungsbilder, Filmbilder, reale Bilder und Imaginationen z.B. über Kulturen, Liebesbeziehungen oder kulturelle Verständigung.

Als Datentriangulation wird die Nutzung von Daten bezeichnet, „die zu verschiedenen Zeitpunkten, an differierenden Orten und Personen entstehen" (Treumann 2005: 209). In diesem Sinn bilden unterschiedliche Texte, Bilder und Aufzeichnun-

---

[18] Die Vehemenz in der Rezeption zeigt, dass hier, wie Peter Finke formuliert, Bereiche angesprochen werden, die „man nicht einfach unter Toleranz und Multikulturalismus abbuchen kann". Die Rezeption macht eine tiefe Betroffenheit und Irritation deutlich, die mit rationalen Argumenten allein nicht erklärt werden kann. Mit der These greife ich einem Vorschlag von Peter Finke vom Max-Planck-Institut für ethnologische Forschung in Halle auf, der darin ein wichtiges Thema sieht, mit dem sich die Ethnologie auf ihrer nächsten Tagung 2007 beschäftigen sollte. Vgl. Neueste Mitteilungen der Deutschen Gesellschaft für Völkerkunde, Nummer 36, Mai 2006: 20-22.
[19] Diskurse werden nach Achim Hackenberg als zentrale Themen und „Verdichtung der Kommunikation" betrachtet (Hackenberg 2004: 188).
[20] Wie bereits mehrfach erwähnt, sind die Äußerungen und Handlungen außerordentlich emotional.

gen von Handlungen die Ausgangsdaten, mit denen der Versuch des Verstehens beginnen kann (Schulze 1992: 83). Als ergänzende Quellen dienen der Film und das Buch „Die weiße Massai", dazu die beiden Folgebände „Zurück aus Afrika" und „Rückkehr nach Barsaloi".

3.1. Kundenrezensionen über das Buch

Das Internetversandhaus Amazon hat die Kundenrezensionen über das Buch ins Internet gestellt.[21] Dort wurde eine Beurteilung innerhalb einer 5-Sterne-Skala vorgeschlagen, die die Kunden, neben ihrem persönlichen Text, benutzen sollten. Verglichen mit vielen anderen Kritiken und Bemerkungen im Internet kam so eine brauchbare Rezensionssammlung über das Buch zustande, denn die LeserInnen äußern sich in längeren Texten, begründen ihre Entscheidung der Sternevergabe und äußern sich sehr offen. Sie geben nicht nur die Meinungen und Wertungen der RezipientInnen wieder, sondern geben auch Auskunft über die Ergebnisse der Interaktion mit dem Buch und den Bildern, sowohl auf der kognitiven wie emotionalen Ebene. Für diese Studie wurden 235 Kundenrezensionen im Zeitraum von November 1989 bis März 2006 herangezogen.

3.2. Bilder

Diese Arbeit ist vor allem auch eine Studie zur Rezeption von Bildern – Bilder über eine fremde Kultur und Kulturkontakte. Dabei geht es sowohl um die Bilder, die beim Lesen des Buches generiert werden, z.B. durch Beschreibungen, als auch um solche, die bereits im Kopf der RezipientInnen sind und die beim Lesen abgerufen, verstärkt oder in Frage gestellt werden. Es ist nicht unwesentlich, ob diese Bilder durch eigene Anschauung und Erfahrung in die Kognition gewissermaßen eingepflanzt wurden oder beispielsweise durch die Erziehung, die Schule, die Medien oder durch die so genannten Metaerzählungen über einen bestimmten Topos. Hier wären das „Afrika", „Afrikaner" oder „Massai". Es sind dieselben Imaginationen über fremde Kulturen und Landschaften, von denen auch der Tourismus lebt (Mader 2004: 189).

---

21 http://www.amazon.de/exec/obidos/tg/stores/detail/-/books/3426614960/customer-reviews/qid%3D1141319573/sr%3D8-1/ref%3Dsr%5F8%5Fxs%5Fap%5Fi2%5Fxgl/028-1649717-1615709 [23.3.2006]. Im nachfolgenden Text wird diese Quelle als „amazon.customer" zitiert.
Anmerkung: Der besseren Lesbarkeit wegen werden alle Nachweise für Zitate aus Internetquellen als Fußnoten wiedergegeben.

Ein Film – das sind *laufende* Bilder. In einer verdichteten Form wird eine Geschichte erzählt und zwar in erster Linie durch Bilder – das macht das context-enrichment des Films gegenüber dem Text aus. Verdichtung und Anreicherung sind nach Peter Loizos eine qualitative Eigenschaft von Filmen (Loizos 1992: 60f). Die KinobesucherInnen sehen Bilder, die sie in ihren Erfahrungs- und Wissenskontext einzuordnen versuchen, die sie zu verstehen suchen. Die Reaktionen der LeserInnen und KingängerInnen sind bei „Die weiße Massai" zu einem großen Teil Reaktionen auf Bilder. Da Bilder grundsätzlich vieldeutig sind, hängt ihre Interpretation und Sinnzuschreibung eng mit der Wahrnehmung der RezipientInnen zusammen. „Wir projizieren unsere mentalen auf physische Bilder. Unsere eigene Imagination nistet sich in den Blick ein, den wir auf Bilder werfen" (Belting 2005: 134).

In vielen Fällen wurde über Bilder der Erstkontakt zu Buch und Film hergestellt. Deshalb sind Bilder eine wichtige Quelle für diese Studie und ihre Rezeption Teil der Untersuchung. Analysiert und interpretiert wird die Interaktion mit dem Kinoplakat, dem Buchcover, den Fotos der Autorin im Buch und mit zwei der in den Medien am häufigsten abgedruckten und von RezipientInnen vehement kommentierten Filmstandbildern, die beiden Hochzeitsfotos.

3.3. Interviewtranskripte und Gedächtnisprotokolle

Face-to-face-Interviews sind als Ergänzung zu den Meinungen der Buchrezensionen gedacht, wo mehr das allgemeine Reden darüber eingefangen ist und als Gegenüberstellung und Ergänzung zur Netzwerkkommunikation, die als anonyme Gruppendiskussion ganz anderen Gesprächsregeln folgt. Die narrativen sowie themenzentrierten Interviews gaben Gelegenheit, gezielte Fragen zu den Diskursen stellen oder Themen anzuschneiden, die bei den Kundenrezensionen und im Internetforum fehlen. Es gab zudem viele kurze Kontakte zu RezipientInnen – in Buchhandlungen, in der Warteschlange vor dem Kino, im Regionalexpress, im Café und ähnlichen Situationen. Die Fragen und Antworten sowie die aufgeschnappten Gesprächsfetzen wurden in Gesprächsnotizen und Gedächtnisprotokollen notiert. Sie kamen zusammen mit den Transkripten der Interviews zum Datenkorpus.

Mit 20 Personen in unterschiedlichen Settings, was Alter, Beruf, Geschlecht und Nationalität betrifft, wurden längere Gespräche geführt. Manchmal ergaben sie sich ganz zwanglos und unorthodox. Meist wurden sie explizit – auch wiederholt – verabredet.

Alter:	zwischen 18 und 90 Jahren; Durchschnittsalter 41.
Berufe:	Ärztin, Lehrerinnen, StudentInnen, DoktorantInnen, EthnologInnen, Soziologe, Buchhändlerin, Abteilungsleiter, Psychologin, Verwaltungsrätin, Geologen, Logopädin, Hausfrauen, Lehrling, Altenpflegerin.
Nationalität:	Deutschland, Norwegen, Kenia, Schweiz, Eritrea.
Dauer der Interviews:	zwischen 20 Minuten und drei Stunden; auch wiederholte Treffen.

Die Auswahl der InterviewpartnerInnen basierte zunächst auf der Methode des „convenience sampling" (Flick 2002: 110). Nach dem Schneeballsystem (Flick 2002: 93) habe ich Bekannte und wiederum deren Bekannte angesprochen. Ganz von selbst ergab sich damit eine Konstellation, wie sie von Pierre Bourdieu für Interviews gefordert und als besonders günstig angesehen wird: Das geringe soziale Gefälle zwischen mir als Forscherin und meinen GesprächspartnerInnen[22] schaffte eine Vertrautheit mit den Interviewten und ihrer Umgebung, die sinnvollere Fragen, Ungezwungenheit und geringere Täuschung ermöglichten (Rehbein 2006: 227-229).[23] Die Interviews, die letztlich transkribiert wurden und die zum Datenkorpus kamen und als Quellen dienen, wurden bewusst ausgewählt,[24] so dass zusammen mit den Interviewmitschriften die oben genannte Zahl von 20 Interviews zustande kam. Die Geschlechterverteilung der InterviewpartnerInnen entspricht in etwa der Geschlechterverteilung im Kino und in den Diskussionsforen im Internet (soweit sie dort zumindest formal erkennbar ist). Es sind sieben Männer und dreizehn Frauen. Es handelt sich dabei sowohl um InterviewpartnerInnen, die Buch und/oder Film kennen, als auch solche, die sich geweigert haben, ins Kino zu gehen oder das Buch zu lesen; solche, die Buch und/oder Film ablehnen und solche, die beide positiv bewerten.

3.4. Aufzeichnungen von Beobachtungen

Aufzeichnungen teilnehmender und systematischer Beobachtungen bei zwei Lesungen bzw. Veranstaltungen mit Corinne Hofmann und von sechs Kinobesuchen

---

[22] Interessanterweise spielte der Altersunterschied eine ganz geringe Rolle, je länger das Interview mit jüngeren PartnerInnen dauerte, umso weniger.
[23] Zudem wollte ich ja gerade der Frage nachgehen, ob Buch und Film, wie von vielen Medien dargestellt, AkademikerInnen auf keinen Fall gefallen können.
[24] Auswahlkriterium war beispielsweise der Umfang des Interviews, neue Gesichtspunkte, besondere Betroffenheit des Rezipienten oder der Rezipientin.

dienen als weiteres Quellenmaterial.²⁵ „Der Forscher muss den Rezipienten auch beim Filmbeobachten beobachten" (Hackenberg 2004: 187) oder – wie im Fall von „Die weiße Massai" – die RezipientInnen und Fans in der Interaktion mit der Autorin. In Anlehnung an die neuen Filmtheorien, in denen „Kino als Ereignis" (Nessel 2008: 29) konzipiert wird, gilt in diesem Zusammenhang auch „Lesung als Ereignis". Wichtiger als verbale Äußerungen (Fragen, Bemerkungen) waren hier die deutlich wahrnehmbaren, körperlichen Affizierungen wie Lachen, Lächeln, Augenverdrehen, Kopf schütteln, Gähnen ebenso das Erfassen und Erfragen der allgemeinen Gestimmtheit, das, was Edward Hall die stumme Sprache unseres Verhaltens, „the silent language", nennt (Hall 1959: 15f).²⁶ Bei den Kinobesuchen habe ich beispielsweise protokolliert, an welchen Stellen die ZuschauerInnen lachten, was eine höchst aussagekräftige Sache zu sein schien. Die Lachstellen werden als Indikatorstellen angesehen, die es wert sind, näher untersucht zu werden. Als der Film dann im März 2006 als DVD herauskam, wurden zu den notierten Lachstellen Sequenzprotokolle angefertigt, die als Quellenmaterial zum Datenkorpus kamen.

Bei den Kinobesuchen handelt es sich um eine Nachmittagsvorstellung in Offenburg und eine Spätnachmittagsvorstellung in Kehl ziemlich zu Beginn der Spielzeit, also Mitte September 2005, dazu eine Abendvorstellung in Freiburg im größten Kino der Stadt Anfang Oktober 2005. Der Fokus meiner Beobachtungen richtete sich dabei einmal auf die Zusammensetzung der Besucher und ihr Verhalten vor und nach dem Kino, zum anderen auf Verhalten, Unruhe, Lachen und Reden während der Vorstellung. Beobachtungen vor dem Kino in Freiburg, Luzern, Offenburg, Kehl und Karlsruhe bezogen sich vor allem auf das Verhalten der KinobesucherInnen danach, also die Stimmung, mit der die ZuschauerInnen das Kino verließen und über was sie redeten. Zielsetzung der Beobachtung war auch, konkrete Aussagen über Geschlechterkonstellationen und Alter machen zu können. Die besuchte Lesung fand in Luzern am 12.12.2005 in der Buchhandlung Stocker statt; der mit Filmen und Bildern begleitete Vortrag zweieinhalb Jahre später in der Badnerlandhalle in Karlsruhe am 16.4.2008. Alle Notizen und Aufzeichnungen der Beobachtungen einschließlich der Gedächtnisprotokolle sind Teil des Datenkorpus.

---

[25] Drei der Kinobesuche dienten zur Beobachtung der RezipientInnen während des Filmes, drei der Beobachtung der Reaktionen und Vorgänge vor und nach einem Kinobesuch.
[26] Vgl. Teil I Kap. 6.3.4 „Text und Körper".

3.5. Asynchrone Netzwerkkommunikation

Eine weitere Quelle ist die Aufzeichnung einer asynchronen Netzwerkkommunikation, die in der Zeit von August 2005 bis Januar 2006 beobachtet wurde, d.h. ein Monat vor dem Kinostart bis vier Monate danach. Sie hat einen Umfang von fast 50000 Wörtern[27] und ist eine von vielen Foren und Chats, die es im Internet über „Die weiße Massai" gibt bzw. gab. Die Plattform wurde im Zusammenhang des offiziellen Internetauftritts der Constantin Film Verleih GmbH errichtet.[28] Sie wurde deshalb ausgewählt, weil sie sehr kontinuierlich über einen verhältnismäßig langen Zeitraum im Netz stand, leicht einsehbar und deshalb auch leicht erreichbar war – sowohl für die RezipientInnen als auch für mich als Forscherin. Als „Grenzen überschreitendes Medium par excellence operiert das Internet in einem virtuellen Raum, der nationalen oder regionalen Einteilungen nicht unterworfen ist" (Mikos et al. 2007: 184). So wird auch hier der Diskurs auf internationaler Ebene geführt; die Teilnehmer kommen aus verschiedenen europäischen Ländern, aus Afrika, Asien, Kanada und den USA.

Die Beiträge werden als themenzentrierte Gruppendiskussion aufgefasst, in der Diskurse neu generiert und in der Öffentlichkeit kursierende aufgegriffen werden. Diskurs meint hier im Sinn von Andreas Hepp nicht allein den thematischen Zusammenhang verschiedener Medientexte bzw. -produkte, sondern „geht davon aus, dass dieser Gesamtzusammenhang auch auf bestimmte soziokulturelle Konventionen verweist, die zu diesem Zeitpunkt über das betreffende Thema hergestellt werden können (Hepp 2006: 180). Hier sind das beispielsweise Themen wie bikulturelle Ehen, Sex, Liebe, Afrikabilder, Umgang mit Fremdem(n). In diesem Sinn ist das Internet in Anlehnung an Clifford Geertz, ein System „mit dessen Hilfe die Menschen ihr Wissen vom Leben und ihre Einstellungen zum Leben mitteilen, erhalten und weiterentwickeln" (Geertz 1987: 46).

Das Internet bietet nicht nur eine Möglichkeit sich zu informieren (was sehr häufig Thema ist: „Wer weiß, wo ...", „wann kommt der Film ...", usw.). Es bildet auch eine Kommunikationsplattform, ja ein Veranstaltungskalender für Fans (Mikos et al. 2007: 186). Im Kontext dieser Studie wird das Internetforum im Prozess eines kognitiv-emotionalen Filmverstehens auch als Ort des Aushandelns von Bedeutung betrachtet.[29]

Im Rahmen der Studie habe ich mich darauf beschränkt, ähnlich wie bei den Buchrezensionen von Amazon, als Datenkorpus Diskursfelder zu entschlüsseln, um

---

[27] Wortzählung mit Word Microsoft 2003.
[28] http://www.massai-special.film.de/ unter ‚Gästebuch' [20.2.2006]. Im nachfolgenden Text wird diese Quelle wie bereits angemerkt als „Forum" zitiert.
[29] Vgl. Teil II Kap. 6.1 „Befunde in Printmedien und Internet".

diese dann später zu analysieren und dann mit den anderen Daten zu verknüpfen und zu interpretieren. Es geht wie bei den Amazonrezensionen darum herauszufinden, was die Beteiligten in Bezug zu „Die weiße Massai" am häufigsten thematisierten, hier vor allem aber, *wie* sie, in einem internationalen, anonymen Feld, miteinander darüber redeten, wie heftig die Äußerungen waren, wie empathisch oder abwertend. Das Internet gilt als hochgradig emotional bestimmt (Schmidt 2005b: 33). Emotionen sieht Siegfried Schmidt auch insofern eng mit Kommunikation verbunden, als dass sie „als kollektive Wissensstrukturen von den Mitgliedern einer Kultur durch die Teilnahme am gesellschaftlichen Kommunikationsprozess über Emotionen verinnerlicht werden" (Schmidt 2005b: 15).

3.6. Medienresonanz

Kritiken und Kommentare aus Zeitschriften und Zeitungen gehören ebenfalls zum Datenkorpus. Diese Daten sind im Medienzeitalter und in Bezug zu einem Medienprodukt wichtig, wenn „es darum geht, kulturell spezifische Sinnzuschreibungen, Wahrnehmungskontexte und Wirkungshorizonte näher zu bestimmen" (Mikos et al. 2007: 166). Es sind Texte, die im Zusammenhang mit der Rezeption des Buches bzw. des Filmes zwar von ganz bestimmten, namentlich zitierbaren Journalisten entstanden. Doch die „Wirklichkeitsentwürfe der Medien" werden hier in Anlehnung an Siegfried Weischenberg als Ergebnis sozialer Handlungen betrachtet, nicht als „Werk einzelner publizistischer Persönlichkeiten" (Weischenberg 1994: 428).

Printmedien sind heute in ihrem Erscheinungsbild und ihrer Verlagsstruktur außerordentlich vielgestaltig (Röper 1994: 509). Das wirkt sich auf die Reichweite der Zeitung aus, auf ihre Gesamtauflage, auf die Erscheinungshäufigkeit, ihre „Gesamtstrategien der Wirklichkeitskonstruktion" (Schmidt/Weichenberg 1994: 235) und auf ihr Image. Neben die traditionellen Printmedien sind seit der Mitte der 1990er Jahren zunehmend Online-Medien getreten. Sie unterliegen zwar einer anderen Logik des Informationsflusses und des kommunikativen Austausches (Mikos et al. 2007: 166), was für die Zielsetzung dieser Untersuchung jedoch nicht ins Gewicht fällt. Insgesamt 37 Kritiken aus Zeitschriften, Zeitungen und Online-Kritiken wurden analysiert. Darunter sind Kritiken aus Tageszeitungen wie die Badische Zeitung, aus Wochenzeitungen wie DIE ZEIT, aus Zeitschriften wie DER SPIEGEL und Stern. Auch Kritiken ausländischer Zeitungen – aus der Schweiz und aus Österreich – wurden in den Datenkorpus aufgenommen.

Die Kritiken und Kommentare in den Printmedien werden hier ganz allgemein auf der einen Seite als öffentliches Echo und eine Art gesellschaftlicher Stimmungsspiegel betrachtet, auf der anderen Seite als Stimmungsmacher und meinungsbildend. Medial hergestellte Öffentlichkeit hat eine ausgeprägte Eigenlogik. „Massenmedien sind auf Konfliktstilisierung, Skandalisierung und auf Markierung von Differenzen geeicht" (Helbling 2007: 25). Manchmal genügt es schon, sich mit den Überschriften zu beschäftigen. Sie sind teilweise sehr aussagekräftig.

In der Tat haben einige InterviewpartnerInnen gesagt, dass sie auf Grund der Filmkritik ihrer Zeitung nicht ins Kino gegangen seien oder nicht das Buch gelesen hätten (oder umgekehrt) bzw. dass sie beispielsweise ihre Meinung in den Medien wieder gefunden und sich so bestärkt gefühlt hätten. Oder aber, dass sie den Eindruck hätten, vor allem manche Printmedien würden Buch und Film und damit auch die Autorin absichtlich „schlecht machen".

4. Wahrnehmungslinien und Beziehungslinien

Diese unterschiedlichen Quellen befinden sich nicht in einem luftleeren Raum isoliert voneinander, sondern haben vielfältige Beziehungen und Verflechtungen, von denen sich einige, in diesem Zusammenhang relevante, in einem Schaubild darstellen lassen.

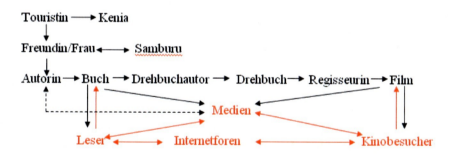

Abbildung 1: Wahrnehmungslinien (eigene Grafik)

Corinne Hofmann nimmt Kenia zuerst als Touristin wahr. Sie trifft den Samburu Lketinga und geht mit ihm eine Beziehung ein: Aus der Touristin wird die Freundin eines Samburu. Sie wird seine Frau. Sie lebt bei den Samburu und hat dadurch eine veränderte Wahrnehmung der Samburukultur. Zurück in der Schweiz wird sie zur Autorin, schreibt ein Buch über ihre Ehe und die Jahre im Samburudistrikt und in Kenia. Aus dem Buch wird dann ein Drehbuch, das verfilmt wird. Die Rezeption von Buch und Film schlägt sich in den Äußerungen und Reaktionen bei LeserInnen und KinobesucherInnen nieder, in den Medien und in Internetforen.

Rezeption wird hier, wie bereits ausgeführt, als Interaktion gesehen, als dialogischer Prozess zwischen LeserInnen und Buch, zwischen Film und ZuschauerInnen. LeserInnen und KinobesucherInnen lesen in den Medien und werden durch sie beeinflusst. Die Medien wiederum ermöglichen LeserInnen und KinobesucherInnen, sich über Buch und Film zu informieren, aber auch sich zu äußern. In den Internetforen tauschen sich LeserInnen und KinobesucherInnen aus. Es gibt auch eine Beziehung zwischen Medien und Autorin. Die Medien nutzen ihre Popularität, laden sie ein, schreiben über sie, dadurch wird sie wiederum noch bekannter und Buch und Film vermarkten sich noch besser. Aber auch Anfeindungen laufen über die Medien. Die Pfeile geben die Hauptrichtung der Wahrnehmung an bzw. das Ergebnis des Aneignungsprozesses. Eine wichtige und interessante (hier nicht dargestellte) Beziehung stellte sich erst während der Feldforschung und der Analyse heraus: die zwischen der Autorin und den LeserInnen/KinobesucherInnen, die sich selbst als Fan bezeichnen, eine Beziehung, die durch Begeisterung und einen fast familiären Umgang miteinander gekennzeichnet ist.

5. Methoden und Forschungsdesign

Ziel der Studie ist, unterschiedliche Facetten der Rezeption im deutschsprachigen Raum in die Analyse einzubeziehen und ethnologische Methoden wie teilnehmende und systematische Beobachtung und Tiefeninterviews, sowie empirisch quantitative und analytisch qualitative Methoden anzuwenden. Das war in diesem Rahmen für mich als Einzelperson nur machbar, indem ich das Feld der Untersuchung absteckte und mich bewusst auf den oben beschriebenen, aussagekräftigen Datenkorpus festlegte. So fanden mediale Ereignisse mit der Autorin, wie Fernsehauftritte, Lesereisen, Talkshows, Reportagen, Vorstellung auf der Frankfurter Buchmesse, Radiointerviews u. ä., nur als ergänzender Kontext bzw. im Sinn von Erläuterung Eingang in die Analyse und Interpretation.

Um diesem komplexen Phänomen „Die weiße Massai" gerecht zu werden, habe ich mich in meiner Vorgehensweise für ein triangulatives Forschungsdesign entschieden: wie oben dargelegt Datentriangulation als auch eine Methodentriangulation und Theorientriangulation. Triangulation soll hier in Anlehnung an Uwe Flick (Flick 1995: 249) als Kombination verschiedener Theorien, Methoden und Datenquellen in der Auseinandersetzung mit einem Phänomen verstanden werden, eine Kombination quantitativer und qualitativer Methoden. Es geht hier zum einen darum, das zu untersuchende Phänomen aus verschiedenen Perspektiven zu betrachten, zum anderen darum, verschiedene Methoden einzusetzen, um deren „eigene, singuläre Beschränkungen überwinden zu können" (Mikos et al. 2007: 12). Es geht um eine größtmögliche Multiperspektivität.[30] Theorientriangulation beinhaltet „die Anwendung unterschiedlicher Perspektiven und Hypothesen, um die Daten zu interpretieren" (Treumann 2005: 211), und dadurch ein tiefes, intensives Verständnis für den zu erforschenden Gegenstand zu ermöglichen (Mikos et al. 2007: 11). Das hat zur Folge, dass diese Studie einen starken interdisziplinären Charakter hat. Dieser kann auch als Validierungsstrategie angesehen werden. Die durch verschiedene Methoden (=Methodentriangulation) gewonnenen und ausgewerteten Daten bilden die Grundlage für die Konstruktion aufeinander bezogener Interpretationen über den untersuchten Forschungsbereich (Treumann 2005: 215).

Konkret heißt das: Bei der Datengewinnung und der Auswertung der Daten werden die Quellen, also Kundenrezensionen, Zeitungskritiken, Bilder, Internetplattform, Interviews, Aufzeichnungen über die gemachten Beobachtungen, getrennt behandelt. In der Analyse und Interpretation werden sie zusammen geführt und aufeinander bezogen. Dabei handelt es sich sowohl um eine „interpretativ-analytische Feinanalyse von textförmigen Daten" als auch um eine „interpretativ-hermeneutische Analyse bildförmiger Daten" (Keller 2004: 91). Dabei werden die Themen der Studie nicht übergestülpt. Sie entwickeln sich aus der Auswertung der Daten heraus. Die für die Rezeption typischen und wesentlichen Diskurselemente, die in der öffentlichen Diskussion eine Rolle spielen, werden herausgearbeitet (Mikos/Prommer 2005: 166). Sie werden analysiert und interpretiert, um so die Leitfrage zu beantworten und die aufgestellten Thesen zu prüfen.

---

[30] Ein solch multiperspektivischer Ansatz hat für den Forschungsprozess fast immer zur Konsequenz, dass Forschungsteams zusammengestellt werden müssen. Ein einzelner Forscher ist allein aus forschungsökonomischen Gründen kaum mehr in der Lage, so viele (oder gar alle) Perspektiven zu berücksichtigen. Im Forschungsteam hat sich das *Babelsberger Modell* bewährt (Mikos et al. 2007: 12; Mikos/Prommer 2005: 162f).

Vor einer Untersuchung kann nicht „empirisch begründet gewusst werden, wie viele unterschiedliche Diskurse in einem spezifischen Untersuchungsfeld vorfindbar sind" (Keller 2004: 109). Es ging also zunächst in erster Linie darum, herauszufinden, worüber genau die RezipientInnen in Bezug auf „Die weiße Massai" (überhaupt und) am häufigsten redeten. Von den Kundenrezensionen von Amazon wurden für die Studie 61 Höchstwertungen (5 Sterne) und 53 Niedrigstwertungen (1 Stern) ausgesucht und anonymisiert. Voraussetzung war ein mindestens fünfzeiliger Text. In Anlehnung an die Methode von Barney Glaser und Anselm Strauss, die sie im Rahmen ihrer „grounded theory" als dreigliedriges Kodierparadigma entwickelt haben, wurden sie kodiert, um Schlüsselbegriffe, zentrale Thematiken und Diskurskategorien herauszufinden (Glaser/Strauss 1998: 108-116; Strauss 1991: 56-67). Die Anzahl der Niedrigst- und Höchstbewertungen sollte in etwa gleich sein, um beide Gruppen in einer Grafik darstellen und vergleichen zu können.[31]

Die quantitative Auswertung der Daten wird in Teil I Kap. 6.1 „Empirische Grundlage" in Kreisdiagrammen dargestellt. Auch in ihren Gesprächsinhalten und Aussagen konnten die beiden konträren Gruppen auf diese Weise besser erfasst und verglichen werden. Nach Klaus Peter Treumann ist immer dann, wenn es im Prozess der Datenauswertung gelingt, „qualitativ erhobene Datenmengen kategorial in nominalskalierte Variablen zu scheiden, eine quantifizierende Auswertung möglich", die nach der Häufigkeit des Auftretens der einzelnen Kategorien fragt (Treumann 2005: 214). So kommt es zu einer Verbindung quantitativer und qualitativer Methoden.

Eine ganzheitlich deutende Annäherung an soziale Phänomene „kann nur über qualitative Methoden geleistet werden" (Treumann 2005: 214). Zu solchen Methoden gehören Interviews. Formal handelt es sich hier um unstrukturierte, offene Interviews, sowohl narrative wie problem- bzw. themenzentrierte.[32] Ein grober Leitfaden enthielt „die wichtigsten Aspekte, die im Interview zur Sprache kommen sollten" (Schlehe 2003: 79). Er war allerdings nur als Ergänzung zu den Tiefeninterviews (und für mich) gedacht. Im Gegensatz zu den festen Statements der Rezensionen von Amazon, die entsprechende Diskurskategorien generierten, waren bei den Interviews zusätzlich die Einwürfe meinerseits, in Gestalt von Nachfragen, Ergänzungen oder

---

[31] „Um zu Aussagen über den oder die Diskurs(e) in einem diskursiven Feld zu gelangen, müssen die Ergebnisse der einzelnen Feinanalysen im Forschungsprozess aggregiert werden. Dabei handelt es sich um eine Konstruktionsleistung der ForscherInnen [...] (Keller 2004: 109).

[32] Die Interviews mit der Regisseurin, der Autorin und den beiden Hauptdarstellern (als Experteninterviews) wurden nicht von mir geführt, sondern übernommen und an entsprechenden Stellen in die Analyse einbezogen. Ich danke an dieser Stelle Chantal Imholz, die mir ihr Leitfadeninterview zur Verfügung gestellt hat. Sie hat es am 12.12.2005 mit Corinne Hoffmann in Luzern nach einer Lesung in der Buchhandlung Stocker geführt.

Anregungen besonders wichtig. Boike Rehbein nennt dies „herauskitzeln" von dem, was die interviewende Person stillschweigend in den Thesen bereits vorformuliert hat (Rehbein 2006: 227).

Die Interviews waren ganz und gar darauf ausgerichtet, die Perspektiven der RezipientInnen in Erfahrung zu bringen, Zugang zu ihrer Sichtweise zu erlangen und Einsichten in ihre „subjektive Sinngebung" zu bekommen (Schlehe 2003: 73). Eine gewisse Offenheit auf beiden Seiten ist für das Verstehen Bedingung, ebenso die Bereitschaft zu lernen und sein Vorverständnis zu korrigieren (Rehbein 1997: 202). Die multiplen Aspekte waren deshalb fassbar, weil über die drei Jahre hinweg, die ich an der Dissertation arbeitete, wiederholte Gespräche und Interviews mit denselben RezipientInnen möglich waren. So erfüllen diese Interviews die Anforderungen an qualitative ethnographische Interviews (Tiefeninterviews). Sie beruhen auf Gesprächen, die eine große Offenheit und Verständigungsbereitschaft auf beiden Seiten auszeichnete (Schlehe 2003: 71). Ich möchte die spezielle Bedeutung dieser langen privaten Gespräche betonen, die eine „neue Art anthropologischer Beziehung – eine interaktive – geschaffen" haben, die reiche Resultate im Rahmen meiner Feldforschung und der nachfolgenden Analyse eingebracht haben – ähnlich, wie Christian Bromberger das für seine Studie beschreibt (Bromberger 1998: 291). Meinen InterviewpartnerInnen habe ich es zu verdanken, dass in der Interaktion mit ihnen dieser transkulturelle Raum in den Blick kam, der im Verlauf der Studie schließlich eine so große Rolle spielen sollte.

Systematische, verdeckte Beobachtung wurde als Methode bei drei Kinobesuchen eingesetzt. Systematische Beobachtung ist die „an einer konkreten Fragestellung orientierte, vorher geplante und sorgfältig dokumentierte Wahrnehmung mit allen Sinnen" (Beer 2003: 119). Sie sollte zum einen zur Kontrolle der sprachlichen Verfahren dienen (der Rezensionen, Kritiken, Netzwerkkommunikation), zum anderen neue Erkenntnisse bringen. Der Übergang zur teilnehmenden Beobachtung ist hier fließend. Da ich auch mit Freunden ins Kino ging, konnte von einer, bei der systematischen Beobachtung typischen, sozialen und manchmal auch räumlichen Distanz (Beer 2003: 122) zu den RezipientInnen keine Rede sein – im Kino nicht, und erst recht nicht bei den Lesungen mit Corinne Hofmann. So kann hier auch von teilnehmender Beobachtung gesprochen werden. Ein wichtiges Kriterium für eine echte teilnehmende Beobachtung fehlt allerdings. Beispielsweise habe ich nicht über längere Zeit eine „soziale Rolle in der untersuchten Gemeinschaft" übernommen (Beer 2003: 121). Andere wichtige Kriterien einer teilnehmenden Beobachtung konnten erfüllt werden: So das wirkliche empathische Mitfühlen und Miterleben mit den RezipientInnen, situationsgerechtes Verhalten wie die Menschen um mich herum – „dabei sein und das gleiche tun" (Hauser-Schäublin 2003: 44) – und gleichzeitig die bewusste Aufmerksamkeit „all den Dingen gegenüber, die den ‚normalen' Teilnehmern gar nicht auffallen" (Hauser-Schäublin 2003: 37). Entsprechende Notizen, Beobachtungsprotokolle und Aufzeichnungen wurden angefertigt, auch während des Films bzw. Vortrages.[33]

Die Stärke der Beobachtungsverfahren zeigt sich insbesondere im Hinblick auf die Lachstellen im Kino. Zwischen dem, was Menschen sagen und den sie umgebenden Normen, und dem, was sie tatsächlich tun, können große Diskrepanzen auftreten. Lachen wird hier als paraverbale Äußerung verstanden – reflexartig, spontan und unverstellt. Ein Film kann „persönliche Konstrukte so irritieren, dass keine andere aktuelle, also vor allem keine kognitive, Verarbeitung, der Irritation möglich ist" (Hackenberg 2004: 21) – nur noch der Körper antwortet. Für die Lachstellen als Indikatorstellen wurden später, als der Film als DVD zu kaufen war, als Grundlage einer Analyse und Interpretation, Filmtranskripte in Form von Sequenzprotokollen angefertigt. Das ist eine gängige Methode der visuellen Anthropologie und Filmanalyse, um eine Grundlage für eine Bearbeitung und Interpretation von Filmen zu schaffen (Maier 1995: 234).

Die methodisch entscheidende Problemstellung für die Analyse der Lachstellen besteht darin, Aussagen über Filmstrukturen mit Aussagen über Zuschauergefühle zu verknüpfen. So muss hier zunächst die Frage beantwortet werden: Was wird im Film dargestellt? Zu den einzelnen Lachstellen wird also die Vorgeschichte kurz wiedergegeben und so ein Kontext hergestellt. Dann folgt die Sequenzanalyse der jeweiligen Lachstelle und als dritter Schritt Analyse und Interpretation.

> „Aussagen über den Zusammenhang von Filmstrukturen und ZuschauerInnenreaktionen sind immer risikoreich, weil dieser Zusammenhang überaus kompliziert ist. Die Brückenhypothesen, die solche Aussagen stützen, sollten dieser Komplexität gerecht werden, indem sie möglichst viele einzelwissenschaftlich abgesicherte Erklärungsangebote einbeziehst" (Eder 2005: 117).

Kulturwissenschaft und Soziologie, Philosophie und Psychologie, Biologie und Kommunikationstheorie sollen hier für eine glaubwürdige und stichhaltige Analyse und Interpretation herangezogen werden. Die Reaktionen und Handlungen der ZuschauerInnen und die Äußerungen aus den Rezensionen, Kritiken, der Netzwerkkommunikation und vor allem aus den Interviews dienen der weiteren Plausibilisierung und Validierung.

Die Inhalte der Kritiken in den Printmedien lassen sich bereits an den aussagekräftigen Überschriften ablesen. Ihre Texte werden als Kommentare zum Phänomen

---

[33] Das waren dann Situationen, in denen von „indirekt" nicht mehr die Rede sein konnte. Ich wurde denn auch einmal gefragt, ob ich mit meinem Notizbuch von der Presse käme.

„Die weiße Massai", als Ergebnis eines Interaktionsprozesses, als Diskursbeiträge behandelt. Allerdings darf man hier nicht vergessen, dass diese Texte einen großen Einfluss in der Öffentlichkeit haben, nicht nur eine Meinung wieder geben, sondern Meinung bilden. So ist Elisabeth Beck-Gernsheim zuzustimmen, wenn sie einen vorherrschenden selektiven Blick der öffentlichen Wahrnehmung – insbesondere der Printmedien – konstatiert, der nicht so harmlos sei wie er erscheine. Wenn beispielsweise immer wieder von „Grenzen" und „Welten" zwischen den Kulturen die Rede ist, seien das mehr als Bilder. „Sie entfalten eminent politische Folgen" (Beck-Gernsheim 2007: 11/12).[34] In diesem Sinn gelten die öffentlichen Austragungen in den Printmedien über „Die weiße Massai" als „zentrale Arena der gesellschaftlichen Wirklichkeitskonstruktion" (Keller 2004: 38).

Bei den Kritiken in den Printmedien und der asynchronen Netzwerkkommunikation geht es im Kontext der Studie wie bei den Amazonrezensionen darum herauszufinden, was die Beteiligten und die Kritiker in Bezug zu „Die weiße Massai" am häufigsten thematisierten, hier vor allem aber *wie* sie darüber redeten. Im Sinn von Filmverstehen als kognitiv-emotionalem Prozess sind Beurteilungen und Wertungen, Gefühlsäußerungen und Stimmungen wichtig. Sie sagen beispielsweise etwas aus über Erwartungen, Wertmaßstäbe, Ängste und den Sinnhorizont der RezipientInnen. In virtuellen Netzwerken erscheint die Welt ausschließlich als Text. Viele Bedingungen für eine Rekonstruktion wesentlicher Anhaltspunkte über die RezipientInnen fehlen – wie Gesten, Kleidung, Tonfall der Antworten, Dialekt, Habitus (von Kardorff 2006: 88). Die Teilnehmer versuchen, mit Hilfe von Icons Zusatzinformationen zu geben, mit „aus Comic-Sprechblasen entnommenen Lautmalereien Ironie („dz, dz, dz"), Ärger („grummel, grummel") oder Spott („hä, hä") auszudrücken" (von Kardorff 2006: 90). Gefühlsäußerungen und Wertungen werden bei einer Netzwerkkommunikation meist in Form von Emoticons deutlich artikuliert: :-), :-(oder ;-). Das Schriftbild und entsprechend verwendete Zeichen drücken Gefühle (Irritation, Ärger, Freude, Engagement, Wut, Begeisterung) aus, z.B. Großschreibung und Fettdruck als Betonung: KLASSE, NIEMALS, **viermal** oder Fragezeichen, Ausrufezeichen, Gedankenstriche hintereinander: ?????, !!!!!!, ------, ??!!. Verdopplungen und Wortmalereien ersetzen Körpersprache und dienen zum Ausdruck von Wichtigkeit: ätsch ätsch, sooooo, toll-toll-toll. Das Internet hat eine virtuelle Kommunikationsstruktur und stellt dabei im Sinne Clifford Geertz einen „Apparat" dar, „dessen sich die Individuen und Gruppen von Individuen bedienen, um sich in einer andernfalls unverständlichen Welt zurechtzufinden" (Geertz 1987: 136).

---

[34] Vgl. Teil III Kap. 3.3 „Im Gefängnis von Kulturbildern".

6. Grundlagen und Aufbau der Studie

6.1. Empirische Grundlage

Ausgangsbasis für die Studie ist die Auswertung von 53 Niedrigst- und 61 Höchstbewertungen der Kundenrezensionen von Amazon. Durch die diskursanalytische Methode des mehrfachen Kodierens konnten Kategorien gefunden werden. Im Sinn von Michel Foucault können sie als Diskurse betrachtet werden, als „eine Menge von Aussagen, die einem gleichen Formationssystem zugehören" (Foucault 1973: 156) und gleichzeitig als „komplexe und differenzierte Praxis" (Foucault 1973: 301).[35] Die gefundenen Schlüsselbegriffe bezeichnen die Themen, um die die Diskussionen kreisen. Sie sollen als Hilfe für einen kurzen Einblick beschrieben werden. Diese Beschreibung ist keineswegs als Vorwegnahme von Analyse oder Interpretation zu betrachten.

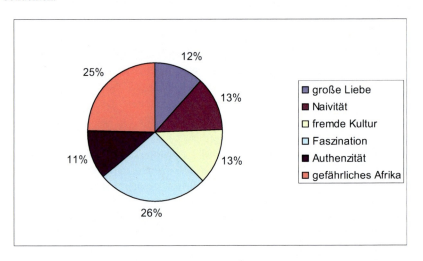

Abbildung 2: Diskurskategorien 5-Sterne-Höchstbewertungen (eigene Grafik)

---

[35] So sind nach Michel Foucault Diskurse „als Praktiken zu behandeln, die systematisch die Gegenstände bilden, von denen sie sprechen" (Foucault 1973: 74).

Die PositivbewerterInnen äußern ihre Meinungen meist ohne Polemik[36] mit einer offenen Haltung, durchaus differenziert, auch stellenweise mit kritischen Anmerkungen und Einschränkungen. Ihre Rezensionen sind nahezu ausschließlich aus der Sichtweise der 1. Person geschrieben, eindeutig persönliche, individuelle Stellungnahmen. Sie sind meist sachlich und unaufgeregt verfasst, auch wenn Begeisterung und Faszination geäußert werden. Sie sind fast immer gepaart mit Nachdenklichkeit und Bewunderung, auch mit staunender Ungläubigkeit im Sinn von „dass es so was gibt", wobei das „so was" sich auf verschiedene Sujets beziehen kann: auf die große Liebe, für die man alles aufgibt, ebenso wie auf die fremdartige Kultur. Die grundsätzliche Echtheit und Wahrheitstreue ist wichtig und wird niemals in Frage gestellt, vielmehr wird sie von eigenen Erfahrungen bestätigt.

Die dichte Teilhabe am Leben der Autorin in einer fremden Kultur wird als Bereicherung erlebt. Die so genannte Naivität der Protagonistin ist durchweg positiv konnotiert und wird als Offenheit, Unvoreingenommenheit und Vertrauen gesehen. Die Faszination als Hauptdiskurskategorie speist sich aus den anderen Kategorien (mit Ausnahme der Kategorie Schreibstil). Sie bezieht sich auf die fremde afrikanische Kultur, die authentisch miterlebt werden kann und auf die große Liebe, die fast ebenso erstaunt bis befremdlich aufgenommen wird.

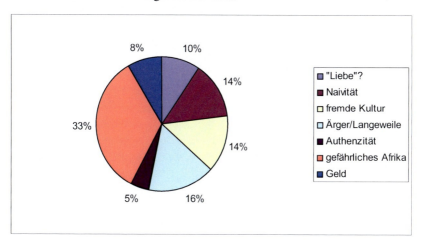

Abbildung 3: Diskurskategorien 1-Stern-Niedrigstbewertungen (eigene Grafik)

---

[36] Kennzeichen von Polemik sind oft scharfe und direkte Äußerungen, teilweise auch persönliche Angriffe.

Im Gegensatz zu den Höchstbewertungen wirken die Niedrigstbewertungen häufig polemisch, vehement und sehr emotional Es sind oft scharfe und direkte Äußerungen, teilweise auch persönliche Angriffe. Sie arbeiten mit Unterstellungen, Interpretationen und Annahmen. Die Kommentare sind dabei oft in der 3. Person verfasst, d.h. sie haben einen starken normativen Charakter: „Es" gehört sich nicht, „man" tut das nicht, das Buch..., die Autorin..., in Kenia...usw. So irrational und unvorbereitet verhält „man" sich einfach nicht. Dementsprechend spielt die Kategorie der großen Liebe keine Rolle. Ebenso ist die Kategorie Authenzität, auf die die PositivbewerterInnen so viel Wert legen, hier entweder nicht relevant oder wird massiv in Frage gestellt. Eine neue Kategorie taucht hier auf, die bei den PositivbewerterInnen überhaupt keine Rolle gespielt hat: Geld. Sei es, dass bedauert wird, Geld für das Buch ausgegeben zu haben oder dass moniert wird, dass die Autorin mit dem Buch jetzt Geld verdient und das Buch und die Geschichte vermarktet werden.

Die Kategorie Kultur zeigt sich hier in ganz anderem Gewand: Es geht weniger darum, die Erfahrungen des Lebens einer Europäerin in einer fremden Kultur kennen zu lernen. Diese wird überwiegend unter dem Blickwinkel einer möglichen oder tatsächlichen Veränderung durch die Protagonistin gesehen, als etwas zu Bewahrendes betrachtet, das die Autorin gestört hat, durch ihre Anwesenheit, durch die Veränderungen, die sie mitbringt. Auch werden ihr mangelnde Anpassung, Interesse und Feinfühligkeit der fremden Kultur gegenüber vorgeworfen. Ein intensiver Diskurs befasst sich mit dem Schreibstil der Autorin, der sehr negativ bewertet wird und allein dadurch – fast unabhängig vom Inhalt über das Leben in einer fremden Kultur – ist das Buch in den Augen der Rezensenten nichts wert. Die unterstellte Naivität der Autorin wird hier durchweg negativ als Dummheit oder Leichtsinn wahrgenommen.

Allgemein gesprochen fallen bei den NegativbewerterInnen zwei größere Gruppen ins Auge: Da ist zum einen die Gruppe der RezipientInnen, die eindeutig einem rassistischen Denken zuzuordnen ist, deren Äußerungen gegen „Schwarze", gegen Afrika gerichtet sind: „Die hätte bei ihrem Nigger bleiben sollen" (amazon.custo mer).[37] Die andere Gruppe zeichnet eine paternalistische Haltung aus. Sie glaubt, Afrika und die Afrikaner schützen zu müssen – vor Stereotypisierungen, vor Veränderung, vor westlicher Zivilisation. Die ihrer Wahrnehmung nach falsch in Buch und Film dargestellten Sachverhalte will diese Gruppe richtig gestellt wissen.

---

[37] Rassistische Äußerungen bis hin zu Fremdenhass sind in den Amazonrezensionen sehr selten zu finden. Sie fallen häufiger im Forum, so z.B.: „[...] ihr neger seid alle frustriert [...] wir Weissen wissen es besser, deswegen regieren wir auch die Welt", und in den Printmedien.

6.2. Aufbau der Studie

Die Hauptdiskurse lassen sich leicht voneinander abgrenzen (Jäger 2006: 332), doch sie verlaufen natürlich weder geradlinig noch getrennt voneinander. Die Diskursstränge sind mit einander verschränkt, überlappen und überschneiden sich. Oder mit Michel Foucault: „Diskurse müssen als diskontinuierliche Praktiken behandelt werden, die sich überschneiden und manchmal berühren, die einander aber auch ignorieren oder ausschließen" (Foucault 1974: 36). Die Effekte solcher Verschränkungen sind für die Analyse und Interpretation sehr interessant (Jäger 1999: 161). Sie können sich verstärken oder abmildern, kumulieren oder praktisch in ihrer Wirkung auslöschen. Beispielsweise verstärkt der Diskurs über den Leichtsinn den über „gefährliches Afrika", während der über die Liebe ihn abmildert. Die Verschränkungen werden bei der Analyse und Interpretation mit einbezogen. Ein Diskursstrang besteht aus Diskursfragmenten gleichen Themas. Ein synchroner Schnitt durch einen solchen Diskursstrang hat „eine bestimmte qualitative (endliche) Bandbreite". Er zeigt, was zu diesem Zeitpunkt „gesagt wurde bzw. sagbar ist oder war" (Jäger 1999: 160).

Die heftigen konträren Debatten in der Rezeption werden mit ihren Hauptdiskursen in folgenden Kapiteln analysiert und interpretiert: Der Hauptdiskurs bei den beiden konträren Bewertungen ist „gefährliches Afrika" mit 25% und 33%. Die Gefährlichkeit Afrikas zieht sich durch die gesamte Rezeption und kommt in mehren Facetten zum Ausdruck – insbesondere in den diversen Afrikabildern, im Mythos der Massai- bzw. Samburukrieger, in der „Angst vorm schwarzen Mann", in der Debatte um Mut und Leichtsinn der Protagonistin. In diesen Kontext gehört auch der Diskurs um die vermeintliche Naivität der Protagonistin, die vor dem Bild eines gefährlichen Afrika artikuliert wird. Der Diskurs über Naivität (und den Schreibstil, der damit eng zusammen hängt) macht 13% und 14% aus. Beide Schlüsselbegriffe ergeben zusammen bei den Höchstbewertungen 38% und bei den Niedrigstbewertungen 47%.

Die Kategorien Faszination bzw. Ärger/Langeweile und fremde Kultur ergeben zusammen 36% bei den Höchstbewertungen und 30% bei den Niedrigstbewertungen. Die gewählte Überschrift „Vom Umgang mit dem Fremden" subsumiert beide Schlüsselbegriffe als zweiten Hauptdiskurs. Das ist innerhalb dieser Arbeit deshalb legitim, da die beiden Begriffe miteinander in dem Sinn verzahnt sind, dass die fremde Kultur der Samburu als Faszination erlebt wird bzw. diese ausbleibt. Die Faszination richtet sich darauf, wie die Protagonistin das Leben in der fremden Kultur bewältigt, wie sie darin agiert und sich zurechtfindet. Vom Blickwinkel der RezipientInnen aus wird das entweder bewundert oder verspottet. Der Umgang mit dem Fremden offenbart sich in den Facetten verschiedener Kulturbilder, der Dichotomie von Anpassung und culture clash, dem Erlebnis des Fremden und einer Sicht durch die koloniale Brille.

Diese für die Rezeption wesentlichen Diskurse bilden die Grundlage für die Analyse und die Konstruktion aufeinander bezogener Interpretationen, in die die anderen (z.b. durch Beobachtung und Interviews gewonnenen) Daten aufgenommen werden. Die Auswertung der Rezensionen, der Interviews, des Internetforums, der Kritiken in den Printmedien ist nicht nur eine empirisch quantitative Größe, sondern vor allem eine analytisch qualitative. Nicht nur der Inhalt der Diskurse spielt eine entscheidende Rolle, sondern die unterschiedliche Art, wie mit ihnen umgegangen wird, *wie* sie geäußert werden und was in ihnen wie bewertet wird.

Die Auswertung der Sternevergabe bei Amazon zeigt, dass es neben den vehementen, konträren, medienwirksamen, „lauten" Debatten die kleine Gruppe der Drei-Sterne-Vergabe gibt.[38] Diese RezipientInnen äußern sich über die gleichen Themen d.h. sie nehmen an den gleichen Diskursen teil, doch auf gänzlich andere Art: abwägend, vorsichtig, nachdenklich, berührt und „leise". Zu ihr gehören auch die meisten meiner InterviewpartnerInnen. Die „leise" Rezeption wird hinsichtlich der ersten These in Teil III Kap. 5 „Im transkulturellen Raum" analysiert und interpretiert.

Auf diesen Ausgangsdaten soll der Versuch des Verstehens basieren. Die Diskurse entpuppen sich unter diesem Fokus auch als gemeinsame Konstruktion von Wirklichkeit. Sie bilden in Anlehnung an Michel Foucault einen „Fluss des Wissens" (Foucault 1973: 238f). Sie enthalten Bewusstseinsinhalte. Damit transportieren *und* formen sie, wie Siegfried Jäger ausführt, Bewusstsein: „An den Diskursen stricken alle mit" (Jäger 2006: 331). Sie üben insofern Macht aus, weil durch sie bestimmte Sichtweisen und Bewertungen kursieren. Der Satz „Afrika ist gefährlich" fällt so natürlich kein einziges Mal. Er ist bereits eine komprimierte, qualitative Aussage über den Diskurs.

6.3. Theoretische Grundlage

Rezeptionstheorien der Film- und Medienwissenschaften, der Psychologie oder der Kognitionswissenschaften über Wahrnehmung und Filmverstehen[39] ausführlich zu erörtern geht über den Rahmen dieser Arbeit hinaus und ist auch nicht ihr Ziel. Wohl aber basieren Analyse und Interpretation auf bestimmten theoretischen Überlegungen und Konzepten zur Rezeption von Texten und Filmen. Diese sollen hier kurz umris-

---

[38] Vgl. Abbildungen in Teil I Kap. 6.1 „Empirische Grundlage".
[39] Unter „Rezeption" wird hier in Anlehnung an Hackenberg der Prozess der Wahrnehmung und Verarbeitung medialer Angebote verstanden (Hackenberg 2004: 10).

sen werden. Es sind dies Anmerkungen im Kontext von Rezeption als interaktivem, kognitiv-emotionalem Prozess, der auch für Bilder postuliert wird. Die hier relevanten Theorien über die Rezeption von Bildern haben in den letzten Jahren eine vergleichbare Entwicklung genommen, obwohl Bildrezeption einige tausend Jahre älter ist als Filmrezeption – bis die Bilder eben Anfang des 20.Jahrhunderts „laufen lernten."[40] Die Zahl der Einzelwissenschaften, die sich mit Bildphänomenen beschäftigt, ist beträchtlich höher als die bei der Rezeption von Filmen.[41] Bislang ist es allerdings nicht gelungen sie alle in einer *Wissenschaft vom Bild* zu vereinen.

6.3.1. Rezeption als Dekodierung

Nach der grundlegenden Wende vom „passiven Rezeptor zum aktiven Rezipienten"[42] gilt zunächst das Modell vom Film als Text. Ein Film wird in diesem Modell als objektives Produkt betrachtet, in dem „die Bedeutungen des Filmes gegeben sind" (Maier 1995: 230), die es nur zu entschlüsseln gilt. Die Aktivität liegt eindeutig und einseitig auf der RezipientInnenseite. Filmrezeption ist im Konzept von Dekodierung[43] das, was James Monaco eine „Einbahn-Kommunikation" nennt (Monaco 1995: 164).

Seit den 1960er Jahren wird der Film vor allem im Kontext von Semiotik, Strukturalismus und Psychoanalyse fast ausschließlich als Form von Textualität verstanden. Die Aktivität der ZuschauerInnen besteht in diesem Modell darin, den Text zu verstehen, in dem die innewohnenden und verwendeten Codes und Subcodes[44]

---

[40] Die theoretische Beschäftigung mit Bildern hat eine lange, bis in die Antike zurückreichende Geschichte. Die menschliche Bilderpraxis gehört zu den ältesten Kulturtechniken (Sachs-Hombach 2003: 30/31). Die Rezeption beginnt mit den ersten Höhlenmalereien!
[41] Die Heterogenität der Bildphänomene hat dazu geführt, dass sich sehr unterschiedliche, z.T. auch konkurrierende Disziplinen herausgebildet haben, die sich jeweils aus ihrem Blickwinkel mit Bildphänomenen beschäftigen: Kunstwissenschaft, Kunstgeschichte, Philosophie, Psychologie, Semiotik, Informatik, Kognitionswissenschaften, Neurowissenschaften, Kommunikationswissenschaften, Medienwissenschaften, Soziologie, Literaturwissenschaften, aber auch Volkskunde, Ethnologie, Politikwissenschaften, Medienpsychologie und Computervisualistik (vgl. Sachs-Hombach 2003: 16-19). Sie alle in *einer* Bildwissenschaft zusammenzuführen ist bislang gescheitert.
[42] Vom passiven Rezeptor spricht Theodor W. Adorno. In einer Massenkultur lässt sich der ZuschauerInnen im Kino berieseln und sieht im Kinobesuch ein „entspannte[s] sich Überlassen an bunte Assoziationen und glücklichen Unsinn" (Adorno 1984: 164).
[43] Häufig wird in der Filmwissenschaft auch von „Dekonstruktion" gesprochen. Der Begriff wird hier nicht in der Bedeutung der Soziologie verwendet (Dekonstruktion als Sichtbarmachung von Ausgeschlossenem, Verworfenem), wohl aber, um den grundsätzlichen Konstruktionscharakter von Filmen deutlich zu machen und zu entlarven. In diesem Sinn geht es sehr wohl auch – wie in der Soziologie – um eine Hinterfragung des Gezeigten und Gesagten.
[44] Die filmische Codierung gestaltet sich als ein System von Subcodes. Dazu gehören beispielsweise narrative, sprachliche, kinematographische, musikalische Codes (Hackenberg 2004: 83).

entziffert werden.[45] „Semiotics, was said to be trying to ‚hold off' questions of the value of different stories or images in order to explore the ways meanings are constructed through signs" (Branston 2000: 135). Der Film wird hier als symbolisches Material betrachtet, als Zeichensystem, das dekodiert wird, als ein objektives Produkt, das auf ZuschauerInnen hin konzipiert wurde und das von ihnen verstanden werden will und soll. Der Film hat, so James Monaco, „keine Grammatik, aber er hat ein System von > Codes <. Er hat, streng genommen, kein Vokabular, aber er hat ein Zeichensystem" (Monaco 1995: 61). Wie die Semiologie irgendeines anderen Gegenstandes ist Semiologie des Films, so Christian Metz, eine Untersuchung von Diskursen oder von Texten (Metz 1973: 13). Auch in der Rezeption entfaltet der Film immer eine Struktur, die Texte kreiert – als Reden über den Film, als Kritiken, als Diskurse und Erzählungen. So werden immer neue Texte und Bedeutungen produziert.[46]

Im Kern hat jeder Film Fremdes als Inhalt – eine fremde Epoche in der Vergangenheit oder in der Zukunft, eine fremde Gesellschaftsschicht, fremde Milieus oder eine fremde soziale Situation. Aber die dort verwendeten Zeichen sind durch Sozialisation vertraut und die Muster (schon als Genre) wieder erkennbar z.B. Mittelalter, Antike, Western, Krimi, Piraten, ja sogar die Aliens in Science-Fiction-Filmen.

Wenn Film als Text und Zeichensystem verstanden wird, dann bedeutet Dekodieren Interpretation von kulturellen Zeichen und deren Bedeutung. Die Grade von Verstehen und Missverstehen hängen hier von den Graden der Störung des Kommunikationsprozesses ab, insbesondere vom Umfang der Codes, den Rezipierende und Produzierende teilen. Zwischen beiden können „unterschiedliche Wissensvorräte bestehen" (Hepp 1999: 113). Für Filme mit ethnografischem Inhalt betrifft das Kulturelemente, für die die RezipientInnen häufig keinen Schlüssel zur Dekodierung haben, um das Filmgeschehen und die Zeichen und Symbole zu entziffern und einzuordnen. Mehr noch als in anderen Filmen spielt hier das Kontextwissen der RezipientInnen eine Rolle – im Fall von „Die weiße Massai" würde das beispielsweise die Kultur der Samburu, die Situation des Tourismus in Kenia, aber auch historisches Wissen und solches um Kulturwandel betreffen.

6.3.2. Rezeption als Interaktion

Die große Kulturwende besteht nach Heinz-Bernd Heller im Wesentlichen darin, dass in Filmen gerade nicht ausschließlich ein objektives Produkt, sondern ein

---

[45] Vertreter dieser Richtung sind u.a. Umberto Eco, Christian Metz, James Monaco.
[46] Vgl. auch Pauleit, Winfried: http://www.kino46.de/index.php?id=47&0= [17.1.2007].

Medienereignis gesehen wird, das „sich freilich erst im Kino, in der Konfrontation der Bilder mit den Erwartungen, Hoffnungen und geheimen Wünschen und Phantasien des Zuschauersubjekts realisiert" (Heller 1987: 54). Die Einbahn-Kommunikation der Rezeption als Dekodierung bzw. Dekonstruktion wird in den 1990er Jahren endgültig verlassen. Filmrezeption bedeutet nicht mehr ein lineares Erhalten von Filmbedeutungen durch einen Empfänger, sondern ein eigenständiges Konstruieren von Filmbedeutung durch die ZuschauerInnen (Hackenberg 2004: 14). Rezeption wird nun als dialogischer Prozess zwischen Film und ZuschauerInnen betrachtet. Erst in einem Interaktiongeschehen zwischen beiden entfalte sich die Bedeutung des Filmes. „In der Rezeption wird der Text auf der Leinwand weiterentwickelt zu einem verstandenen Text. Der Zuschauer ist in einem komplexen Prozess an der Ausarbeitung dessen, was der Film vorgibt, beteiligt" (Wulff 1995: 277).

Der Film gibt in dieser Theorie keine Bedeutung vor. Filmwahrnehmung ist in der konstruktivistischen Theorie[47] ein dynamischer Prozess, der auf der einen Seite zwar durch die Filmstruktur, auf der anderen Seite jedoch durch das Zuschauerwissen, durch dessen Erfahrungen, Annahmen und Erwartungen, beeinflusst wird. Ohne ZuschauerInnen ist ein Film unvollständig. Erst in der Rezeption würde sich die vollständige Konstitution einer Filmgeschichte zeigen: „[…] ein Film allein besteht nur aus aneinandergereihten Zelluloidbildern, erst in der Wahrnehmung, der Interaktion zwischen Film und Rezipient, wird ein verstehbares und verstandenes Kunstwerk daraus" (Bordwell 1985: 30). Dabei würden die ZuschauerInnen keine speziellen Codes benötigen, es würden eher gewöhnliche Denkmuster befolgt (Bordwell 1985: 153). Und auf die Frage, wie denn Verstehen gelingen könnte, hat die philosophische Hermeneutik Hans Georg Gadamers, so Günter Figal, eine „verblüffend einfache Antwort: Man muss sich auf die Sache, um die es geht, einlassen, statt sie wie einen Gegenstand von außen zu betrachten; Verstehen ist im Grunde nichts anderes als das" (Figal 1996: 32).[48]

Für das Verstehen von Filmen mit ethnografischem Inhalt hat das enorme Konsequenzen, denn um einen Film zu verstehen benötigen ZuschauerInnen zum einen „einen Wissensbestand über die Wirklichkeit" (Meyer 1996: 35), zum anderen den Mut, sich auf die Interaktion mit dem Film und dem Fremden, das er thematisiert, einzulassen. Mit dem Verstehen eines Filmes korrespondieren immer Hypothesen, wie der Film (bzw. die durch ihn erzählte Geschichte) weitergegeben wird. Doch „Hypothesen kann man nur dann aufstellen, Erwartungen können nur dann entstehen,

---

[47] Vertreter dieser Theorie sind u.a. David Bordwell, Hans J. Wulff, Joachim Schmitt-Sasse.
[48] Vgl. Gadamer, Hans Georg. 1999: Gesammelte Werke. Band 8. Ästhetik und Poetik 1: Kunst als Aussage. Tübingen. S. 391.

wenn das Vorhandene begriffen worden ist" (Wulff 1995: 279). Die Bedeutung entwickelt sich zwischen Film und RezipientIn, dabei können sich ZuschauerInnen immer auch irren, wenn sie beispielsweise falsche Klischees anwenden, zu wenig über das Thema wissen oder nicht konzentriert zuschauen und wahrnehmen. Vorwissen, individuelle Erfahrungen und Vorannahmen beeinflussen die Wahrnehmung, subjektive Faktoren lenken die Zuwendung zu einem Film und die Intensität der Teilnahme (Wulff 1995: 272). Oft sind ZuschauerInnen so auf ihre Annahmen fixiert, dass sie nur noch das wahrnehmen, was diese Annahmen stützt, anderes wird ignoriert, ausgeblendet oder passend gemacht.

Beim Film „Die weiße Massai" hat sich herausgestellt, dass in nicht unerheblichen Maß Afrikabilder, Medienberichte, Kulturbilder oder eine koloniale Brille die Aufmerksamkeit beeinflussen. Internetforen können in diesem Kontext als Orte des Aushandelns und der kommunikativen Validierung betrachtet werden. Im Austausch über die gemeinsame Filmerfahrung werden Bedeutung und neue Gemeinsamkeiten über das semiotische Filmmaterial ausgehandelt (Hackenberg 2004: 30-33).

6.3.3. Filmverstehen – ein kognitiv-emotionaler Prozess

Nach David Bordwell sei Filmverstehen eine rein rationale, konstruktive Tätigkeit. Interpretieren und verstehen bedeute für ihn in erster Linie kognizieren und sich eigene Gedanken machen. Das emotionale Moment, so Corinne Meyer, spiele für David Bordwell keine Rolle (Meyer 1996: 34). Doch Filmverstehen kann mit rein kognitivistischen Modellen nicht vollständig erfasst und erklärt werden. „Emotion und Kognition treten in der Rezeption simultan auf und sind auf unterschiedliche Weise miteinander verflochten" (Mikos 1994: 74).

Ein Film löst nicht nur Emotionen aus – die ZuschauerInnen bringen sie bereits mit. Die Emotionen begleiten beispielsweise die Erwartungshaltung oder die Vorerfahrungen der RezipientInnen, färben die Wahrnehmung, intensivieren oder hemmen die Interaktion. Folgerichtig versuchen neueste Konzepte – die diesbezügliche Forschung steht erst am Anfang (Hackenberg 2004: 12) – die Wirkung von Emotionen auf den Wahrnehmungsprozess und in der Interaktion im Kino mit ein zu beziehen. Filmverstehen wird in Hackenbergs Konzept als komplexer Prozess betrachtet. Man kann sich einen Film zwar mehrmals ansehen, meist jedoch ist es ein einmaliges, in seinem ganzen Kontext nicht wiederholbares Ereignis. Die Validierung über das, was man wahrgenommen und verstanden hat, geschieht durch Kommunikation mit anderen – wie z.B. im beobachteten Internetforum. Hier werden Bedeutungen ausgehandelt und als Kultur verortet (Hackenberg 2004: 30-33).

Bei der Rezeption von „Die weiße Massai" kann das sehr gut gesehen werden. Er ist gerade kein Film, dessen Verstehen allein durch semiotische Dekodierung und rein kognitive Interaktion beschrieben werden kann. Sowohl während des Kinoerlebnisses als auch danach in der Rezeption zeigen Vehemenz, Polemik, Faszination und Spott, wie groß die Wirkung von Emotionen auf Wahrnehmung, Verstehen und Bewertung sein kann. Im Fall von „Die weiße Massai" kommt dazu die enorme Beeinflussung durch die Medien, die bereits emotionale Vorerwartungen an den Film anheizten.

Bei einem Film mit ethnografischem Inhalt kann die filmische Umwelt (hier die fremde Kultur der Samburu und das *befremdliche* Verhalten der Corinne Hofmann alias Carola) „persönliche Konstrukte so irritieren, dass keine andere aktuelle, also vor allem keine kognitive, Verarbeitung, der Irritation möglich ist" (Hackenberg 2004: 21). So können emotionale Reaktionen Aufschluss darüber geben, was persönlich-informationell (kognitiv) nicht verarbeitet werden kann (Hackenberg 2004: 36). Versteht man Rezeption als dialogischen Prozess zwischen Film und ZuschauerInnen, zeigen sich in der Rezeption als kognitiver Ausdruck z.B. Werte und Normen – ob die Protagonisten oder andere Personen etwas richtig oder falsch gemacht haben. Emotional äußert sich die Bewertung in Unbehagen, Ärger oder Begeisterung. Tief sitzende Ängste werden von den KinobesucherInnen mitgebracht. Durch die Interaktion im Prozess des Filmverstehens können sie verstärkt oder unterdrückt, rationalisiert oder (wie in der These formuliert) überhaupt erst einmal zum Vorschein kommen und wahrgenommen werden. Das gilt ebenso für den dialogischen Prozess zwischen Buch und LeserInnen. Ich möchte an dieser Stelle noch einmal daran erinnern, dass das Paradigma einer Film-ZuschauerInnen-Interaktion aus der Literaturwissenschaft adaptiert wurde.

6.3.4. Text und Körper

Kino sieht Winfried Pauleit[49] historisch gesehen eingereiht in Jahrmarktattraktionen, die bekanntermaßen direkt auf körperliche Effekte und körperlich erfahrbaren Genuss gerichtet sind. Dennoch: Kino sei nie ohne Text ausgekommen. Ein Drehbuch stellt bis heute die textuelle Grundlage für Filme dar. Selbst Filme ohne Drehbuch und Dialoge[50] haben zu Beginn zumindest einen erklärenden Text.

Seit den neunziger Jahren spielt jedoch auch die Dimension des Körpers im Diskurs der Medien- und Filmwissenschaft eine Rolle, rückt Kino auch als körperlich

---

[49] Vgl. Pauleit, Winfried. 2006: http://www.kino46.de/index.php?id=47&0= [17.1.2007].
[50] Als Beispiel wird in oben zitiertem Text Dziga Vertovs Film „Der Mann mit der Kamera" genannt.

erfahrbare Unterhaltung und Erlebnis als Untersuchungsobjekt in den Blick von Wissenschaft. Ansätze und entsprechende Studien, die sich mit der unmittelbaren Wirkung von Kinoerfahrung auf die Körper der RezipientInnen beziehen, stehen noch am Anfang, insbesondere das Spannungsfeld zwischen Text und Körper, also die Verschränkungen und Relationen zwischen beiden. Das Somatische wird zum neuen Forschungsgegenstand: „Gerade die Filmrezeption gestaltet sich als ein Wechselbad von Textproduktion und körperlicher Affizierung, die in Tränen, Lachsalven und Gänsehaut ihren Ausdruck findet" (Nessel/Pauleit 2008: 7).[51] Im Sinn von Filmverstehen als kognitiv-emotionalem Prozess kann der filmische Affektgehalt nach Hackenberg als Indikator für die „Irritation kognitiver Antizipationen" fungieren (Hackenberg 2004: 208). Kognitiv-emotionale Aktivitäten können (je nach Intensität) zu Körperreaktionen führen (Hackenberg 2004: 194). Diese neuesten Ansätze finden in der Studie in Teil III Kap. 3.2 „Das Fremde als Erlebnis", besonders aber in Kap. 4 „Das Lachen im Kino" ihre Beachtung.

6.3.5. Rezeptionsstile

Studien der Psychologie beschäftigen sich unter anderem mit der Art und Weise, in welcher inneren Haltung Filme wahrgenommen werden. Dabei geht man von zwei grundsätzlich verschiedenen Rezeptionsstilen aus: dem distanzierten und dem involvierten Rezeptionsstil. Oder wie Michael Klemm formuliert, sind prinzipiell zwei Haltungen möglich, „die die Pole einer Skala von Aneignungsmöglichkeiten ausmachen: Distanzierung und Mitgefühl" (Klemm 2004: 191).

Menschen mit distanzierter Haltung stellen eine Distanz zum Filmgeschehen her, in dem sie sich verschiedener Distanzierungsstrategien wie beispielsweise Abwertung, Trivialisierung oder das Suchen von Widersprüchen bedienen. Der distanzierte Rezeptionsstil ist beurteilend, wertend und wenig offen für die im Film kreierten Stimmungen und Gefühle. Er entsteht durch Irritation. Die Wirkung des Films wird als manipulativ und/oder belehrend empfunden. Beim involvierten Typ ist die Distanz aufgehoben. Die Haltung ist einlassend, mitfühlend, offen für Gefühle und Stimmungen, die der Film bewirkt, und für berührende Szenen. Man lässt sich auf das Filmgeschehen durch Identifikation und Empathie ein. Dies ermöglicht Sinnverstehen und erhöht die Erlebnisqualität.[52] Einige RezipientInnen bewahren die einge-

---

[51] Vom 18. - 21.1.2007 fand in Bremen das 12. Internationale Bremer Symposium zum Film statt. Das Thema: „Wort und Fleisch. Kino im Spannungsfeld von Text und Körper". Vgl.: Pauleit: http://www.kino46.de/index.php?id=47&0= [17.1.2007].
[52] Vgl. dazu die Versuche mit der Methode der gruppengestützten dialogischen Introspektion nach Kleining und Witt in: Burkart, Thomas / Wilhelm, Monika: http://www.introspektion.net/html/filmrezeptionburkart.html [26.6.2006].

nommene Haltung generell Filmen gegenüber. Andere wechseln je nach Film und Genre oder innerhalb eines Filmes je nach Szene. Bei manchen Szenen kann die Distanzierung nicht aufrechterhalten werden oder umgekehrt bricht die Identifikation zusammen und kehrt Ernüchterung ein.

Bei der Rezeption von „Die weiße Massai" sind die beiden konträren Rezeptionsstile bei manchen Gruppen sehr deutlich zu erkennen z.b. der distanzierte Stil bei vielen ZeitungskritikerInnen, der involvierte Stil bei den Afrikafans[53]. Die Wahrnehmung eines Filmes und die anschließende Beurteilung hängen nicht unerheblich von diesen Haltungen ab. Sie bestimmen mit, wie weit man sich in die Filmgeschichte hineinbegeben kann und will, färben die Bewertung und sagen etwas aus über die Erwartungen an den Film. In der Analyse und Interpretation dieser ethnologischen Studie ist das psychologische Modell der Rezeptionsstile präsent, es spielt jedoch eine untergeordnete Rolle.

6.3.6. Rezeption von Bildern

Bilder, so schreibt Stefan Majetschak in seinem Vorwort (Majetschak 2005: 7-9) zeigen sich heute in einer solchen Mannigfaltigkeit und Präsenz, dass eine traditionelle akademische Disziplin wie die Kunstgeschichte als historische Wissenschaft mit dem Fokus auf Kunstbilder der Hochkultur ihrer „alleine nicht mehr wissenschaftlich Herr" werde (Majetschak 2005: 7). Der Ruf nach einer allgemeinen Wissenschaft vom Bild ist nicht neu, wird gegenwärtig aber verstärkt laut.[54] Allein die Frage „Was ist ein Bild" müsste zunächst konsensfähig beantwortet werden. Aber dass diese neu zu etablierende Bildwissenschaft ein interdisziplinär angelegtes Fach sein sollte, darüber sind sich nahezu alle an der Diskussion beteiligten Wissenschaftler einig.[55] Zu schillernd sei das Phänomen Bild, als dass eine Disziplin allein es in aller Vielfältigkeit untersuchen könne. „Wer nach dem *Bild* fragt, fragt nach *Bildern*, einer unübersehbaren *Vielzahl*. Sie lässt es fast aussichtslos erscheinen, einen gangbaren Weg der Debatte zu finden. Welche Bilder sind gemeint? Gemalte, gedachte, geträumte? Gemälde, Metaphern, Gesten?" (Boehm 2006: Text auf dem Innenumschlag).

Die Rede ist von einer Bildwissenschaft, einer neu zu definierenden, bislang allerdings kontrovers diskutierten Ikonologie, in der auch solche Bilder erfasst

---

[53] So bezeichnen sich viele RezipientInnen selbst. Vgl. Teil II Kap. 6.2 „Beobachtungen: Wer sind die RezipientInnen?".
[54] Analog zur linguistischen Wende, dem linguistic turn, spricht man von iconic turn, pictural turn, imagic turn, visual turn und/oder visualistic turn (Sachs-Hombach 2003: 10).
[55] Vgl. dazu beispielsweise Günter Abel, Hans Belting, Gottfried Boehm, Klaus Sachsen-Hombach, Jörg R.J. Schirra, Martin Schulz.

werden, die nicht Kunst sind (Schulz 2005: 13). Die neu zu etablierende *Wissenschaft vom Bild* setze zudem nicht nur eine interdisziplinäre, sondern auch interkulturelle und intermediale Diskussion voraus (Sachs-Hombach 2005: 13-18). Diese Forderung ist berechtigt, denn der Prozess der Bildwahrnehmung ist schillernd und vielschichtig. Angedacht ist eine interdisziplinäre Beschäftigung mit der Welt der Bilder, die Erkenntnisse und Methoden u.a. der Philosophie, Theologie, Ethnologie, Kunstgeschichte, Medienwissenschaft, Kognitionswissenschaft, Psychologie, der Naturwissenschaften integriert.[56]

In der Philosophie gibt es gegenwärtig zum Thema Bild zwei dominierende konträre Positionen.[57] Semiotiker und Sprachphilosophen betonen den Zeichencharakter der Bilder. Für sie sind Bilder Zeichen. Kraft der Zeichen besitzen sie Sinn, Bedeutung und Expressivität (Abel 2005: 13). Jedes erfolgreiche Verstehen und Verwenden von Zeichen setzt eine entsprechende Praxis des Interpretationsprozesses in Bezug zu Bildern, Bildwelten und Bildwissen voraus, die deshalb auch misslingen kann. Bilder sind aber ebenso eng mit der sinnlichen Wahrnehmung verknüpft. Das ist der Zugang der Phänomenologen und der Wahrnehmungspsychologie. Hier stehen Bilderleben, Bilderfahrung und das phänomenal Wahrgenommene im Vordergrund (Abel 2005: 20).

Dass Bilder beide Aspekte – zeichen- *und* phänomenbezogene – haben, wird in der Analyse der Rezeption ganz deutlich. Für eine Verbindung beider Paradigmen plädiert ohnehin Klaus Sachs-Hombach (Sachs-Hombach 2003: 23). Auch Hans Belting wehrt sich entschieden gegen die reine Semiologie der Bilder ebenso wie gegen eine reine Phänomenologie. Für ihn wäre es ein Irrtum, Bilder und ikonische Zeichen gleich zu setzen (Belting 2005: 135).

> „Auch Bilder lassen sich als Zeichen benutzen, aber sie haben ein Surplus in der Anschauung von Wirklichkeit, einer vermeintlich von Deutung und Entstellung freien Wirklichkeit, weshalb sie für uns gefährlich oder verführerischer sind: sie halten unsere Sinne und unsere Imaginationen gefangen (Belting 2005: 8).

---

[56] Innerhalb der verschiedenen daran beteiligten Disziplinen wird der Aufbau einer interdisziplinär angelegten Bildwissenschaft gegenwärtig intensiv und kontrovers diskutiert.

[57] Die beiden anderen, ebenso konträren Richtungen – Hermeneutik und Konstruktivismus – werden im Augenblick von den Wissenschaftlern, die sich mit der Rezeption von Bildern befassen, vernachlässigt. Auch Hermeneutik und Konstruktivismus leisten ihren Beitrag zum Erkennen und Verstehen von Bildern. Erstere postuliert einen vorgegebenen Sinn in Bildern, Handlungen, Filmen und/oder Texten, den man herausfinden und damit verstehen kann, während strenge Konstruktivisten jegliche Idee eines vorgegebenen Sinns ablehnen. Es gibt keinen neutralen Zugang zur Realität – auch der Bilder nicht – so die konstruktivistische These. Der Sinn wird in Dinge und Handlungen hinein konstruiert. „Verstehen ist eine operative Fiktion", so Siegfried J. Schmidt auf der Tagung „Verstehen" vom 15./16.2.2008 in Freiburg.

Bilder zeigen eine sinnliche Macht im Blickraum des Auges (Müller 2005: 78) – ohne Körperlichkeit, ohne Sinnesorgane kein Bild. Sehen wird in diesem Kontext im Wesentlichen körperlich betrachtet. „Das Auge erschließt sich eine prae- oder nonverbale Sinnwelt, deren Reichtum nur unvollkommen in Sprache umgesetzt werden kann" (Boehm 1986: 296).

Wenn das Bild nicht als Abbild, sondern als Sinnbild verstanden wird, kommt der Aktivität der RezipientInnen eine besondere Bedeutung zu (Michel 2006: 23). Damit ist der Prozess gemeint, auf den Axel Müller hinweist: dass sich inmitten der Materialität eines Bildes eine bedeutsame, Sinn generierende bzw. sinnstiftende Differenz einstellt (Müller 2005: 83). Nach dieser Theorie bildet und konstruiert sich dieser Sinn erst in der Interaktion zwischen Bild und Rezipientin. Es gibt nicht einen Sinn, den man im Bild fertig vorfindet und der nur herausgeschält werden muss oder – in der Sprache der Semiotik – decodiert wird. Der wahrnehmende Blick des Auges ist wiederum nicht so klar, wie dies Phänomenologen oder Semiotiker gern hätten. Der Blick kann kulturelle oder psychische oder soziale Färbungen annehmen. Erinnerungsbilder, Imaginationen, Träume, Vorstellungen überlagern materielle Bilder.

Eine Eigenschaft von Bildern ist der mimetische Aspekt, d.h. Bilder können in komprimierter Weise komplexe Sachverhalte vermitteln und verständlich machen, was im bekannten Spruch „Ein Bild sagt mehr als tausend Worte" zum Ausdruck kommt (Sachs-Hombach 2003: 24). Um den Sachverhalt aber tatsächlich zu verstehen, bedarf es kognitiver Leistungen. Vergleichbar mit den in Teil I Kap. 6.3.5 „Rezeptionsstile" beschriebenen Rezeptionsstilen wird in Zusammenhang mit Bildrezeption in der Psychologie von Unbestimmtheitstoleranz gesprochen. Damit ist die unterschiedlich ausgeprägte Neigung unterschiedlicher Menschen gemeint, mehrdeutige Objekte, Ereignisse oder Situationen entweder als Herausforderung oder als Bedrohung zu empfinden. Ein Unbestimmtheitstoleranter übersieht beispielsweise häufig das Vertraute, Bekannte, während der Unbestimmtheitsintolerante das Irritierende, Neue in Bildern nicht wahrnimmt (Lantermann 2005: 186).[58] Ein und dasselbe Bild kann – in einem anderen Kontext, zu einer anderen Zeit, in anderer emotionaler Verfasstheit – sogar von derselben Person ganz anders wahrgenommen werden und unterschiedliche Wirkung entfalten. „Unser Anteil, die <interne Repräsentation>, und der Anteil der Bilder, die <externe Repräsentation>, stehen miteinander in einem Austausch, der sich nicht auf die Wahrnehmung der Dinge eingrenzen lässt" (Belting

---

[58] Auch diese psychologischen Tatsachen dürfen – vergleichbar mit den Rezeptionsstilen der Filmrezeption – bei einer Analyse nicht aus den Augen verloren werden. Mit ihr ließen sich die konträren Reaktionen vergleichsweise einfach erklären. Da es sich hier aber um eine ethnologische und nicht um eine psychologische Studie handelt, liegt ihr Schwerpunkt nicht in erster Linie auf diesem Fokus. Zu ihrer genauen Erforschung wären zudem andere Methoden erforderlich als die hier angewandten.

2005: 135). Dazu kommt, dass Bildzeichen und Bildphänomene in die Interpretationsprozesse eingebettet sind und zu Praxis und Handlungen eine Wechselbeziehung haben. Deshalb – so auch der Anspruch in Teil III Kap. 1 „Die Macht der Bilder" in dieser Arbeit, der sich explizit mit der Rezeption von Bildern als interaktivem, kognitiv-emotionalen Prozess beschäftigt – sollte sich eine Rezeptionsanalyse aus Respekt vor der Vielschichtigkeit der Bildphänomene vor monokausaler Verengung hüten, um diesem komplexen Sachverhalt einigermaßen gerecht zu werden.

7. Zur Transparenz und Komplexität der Forschungssituation

Die Komplexität der Rezeption von Bildern wurde im vorigen Kapitel ausführlich dargelegt. Das Untersuchungsobjekt findet sich in der Formulierung im Titel: „Die weiße Massai" – das sind (neben den Bildern) als Primärquellen ein Buch *und* ein Film. Dazu einige Bemerkungen zu dieser Besonderheit der Forschungssituation: Die Schwierigkeit war hier zunächst, dass sich Buchrezeption und Filmrezeption im Kontext von Interaktion mehr unterscheiden als ich zunächst angenommen hatte. Es gab RezipientInnen, die nur das Buch gelesen hatten, solche die nur im Film waren und solche, die beides kannten und sich zu beidem äußerten, dann aber häufig unterschiedliche Positionen bezogen. Sie fanden das Buch dann besser (oder genauer, ausführlicher, authentischer usw.) als den Film und umgekehrt. Wie bei Literaturverfilmungen üblich, richtete sich das Augenmerk darauf, wie gut die Verfilmung des Buches gelungen war. In dieser Konstellation kann ein Film äußerst schwer von RezipientInnen als etwas eigenständig Anderes wahrgenommen werden.[59]

In Bezug zur Interaktion ist der Kontext, in dem das Buch gelesen, die Bilder angeschaut oder der Film betrachtet wird, enorm wichtig. Für die Wahrnehmung macht es bekanntermaßen schon einen erheblichen Unterschied, ob jemand allein ins Kino geht oder mit einer Clique oder mit der besten Freundin oder dem Ehemann. Für die Geschichte als Film braucht man zwei Stunden Zeit, für das Buch meist einige Tage. Beim Lesen werden Pausen gemacht, man kann den Text wiederholt lesen, es sich auf dem Sofa bequem machen, seinen Gedanken nachgehen – was für die Rezeption einen gewaltigen Unterschied macht. Der wichtigste bekannte Unterschied zwischen Buch und Film ist die Tatsache, dass ein Film die Wahrnehmung (und dadurch die

---

[59] Vgl. Teil III Kap. 5.1.1 „Wer hat hier was nicht verstanden?".

Emotionalität) bedeutend mehr lenkt, z.B. durch Montage, Kameraführung, Musikuntermalungen. Auch enthalten ein Filmbild und Filmsequenzen als visuelle und akustische Medien mehr Informationen auf ein Mal. Dagegen lässt ein Buch für Imaginationen viel Raum. Landschaften und Personen und Handlungen werden zwar beschrieben, ermöglichen aber eigene Phantasien und Vorstellungen. Die Bilder (Cover, Plakat, Fotos, Stills) werden eher im Vorübergehen wahrgenommen und nicht länger studiert, entfalten aber dennoch ihre Wirkung sowohl auf kognitiver wie auf emotionaler Ebene.

Eine andere Schwierigkeit war, dass nur wenige RezipientInnen die verschiedenen Ebenen von Realität und Imagination, Buch und Film auseinander halten können. Realität und Imagination verschwimmen: Zwischen der Corinne Hofmann, die als 27-jährige in Kenia Urlaub machte, der realen Frau Hofmann als Autorin, die jetzt Lesungen hält, der Figur Corinne, von der im Buch erzählt wird, und der Carola als Filmfigur wird selten unterschieden.[60] Dass Realität und Imagination verschwimmen, macht für viele die Faszination der Geschichte aus und lässt wohl bei allen biografischen Erzählungen deren Konstruktionscharakter leicht vergessen. Wenn hier aber beispielsweise heftige Kritik am Verhalten der Frau Hofmann geübt oder sie bewundert wird, ist nie ganz sicher, welche der vier Figuren eigentlich gemeint ist – mal ganz abgesehen davon, dass alle LeserInnen (und KingängerInnen) das Gelesene (oder Gesehene) ohnehin einer Konstruktion unterziehen und mit ihrem Interpretationsschema lenken (Bourdieu 1997: 800). Nicht zuletzt könnten die Reaktionen in der Öffentlichkeit über das befremdlich empfundene Verhalten der realen Frau Hofmann einiges aussagen, wie mit Fremdem generell hierzulande umgegangen wird.

Hinter *der* Rezeption verstecken sich reale Personen, die ich beobachtet und befragt und deren schriftliche und mündliche Äußerungen zu Buch und Film ich untersucht habe. Die realen Personen waren zu Interviews und Gesprächen gern bereit, waren offen, spontan, nachdenklich, aber auch heftig und emotional. Natürlich hatte ich sie darüber aufgeklärt, wofür ich die Interviews brauchte, hatte ihre Erlaubnis eingeholt, die Gesprächsaufzeichnungen wissenschaftlich verwerten zu dürfen. Die Problematik begann, als sie so richtig realisierten, dass das, was sie als zum Teil sehr persönliche Überlegungen und Betroffenheiten sagten, das war, was ich untersuchen und verstehen wollte. Auch wenn es meist gelang, mich selbst als objektivierende Forscherin in den Objektivierungsprozess mit ein zu beziehen (Bargatzki 1992: 18), fühlten sich die Interviewten manchmal doch – so mein Eindruck – als Untersuchungsobjekt in einem fast schon als intim gekennzeichneten Bereich eigener

---

[60] Dazu kommt noch ihre Rolle als Stellvertreterfigur für „Europäerin" und für die „weiße Rasse".

Gefühle, Gedanken und innerer Bilder. So baten mich einige, diese intimen Äußerungen nicht in der Arbeit zu verwerten, auch anonymisiert nicht.

Der Blick auf fremde Kulturen, Gruppen und Länder ist ein gewohnter Blick. Selbst als RezipientInnen (und damit die eigene Sozialisation und Kultur) in das Blickfeld von Analysen zu geraten war ungewohnt. Vor allem manchen akademischen KollegInnen war dieser Rollentausch – sie diesmal nicht Forscher, sondern Erforschte – fast unangenehm, für manche aber auch eine erhellende Erfahrung. Auch für mich war die Position ungewohnt: Plötzlich waren meine KommilitonInnen oder Bekannte meine „Untersuchungsobjekte". Rezeption war nicht einfach ein Text, ein abstrakter Diskurs, sondern es waren reale Themen von realen Menschen, deren Wahrnehmungs- und Denkmuster ihrerseits auf Kultur und Sozialisation basieren. Es waren reale Manifestationen von „Kultur"[61] in Gestalt der Inhalte, der Diskurse, der Haltungen und der Art der Äußerungen realer Personen. Meine „eigene diskursive Position und das eigene Engagement" kamen dabei notwendigerweise mit ins Spiel (Jäger 1999: 8).

Die meisten Interviews verliefen so, wie Pierre Bourdieu sie idealerweise in „Das Elend der Welt" vorstellt: Es gab Vertrautheit, ich ließ erzählen, fragte nach; es gab kaum Hierarchien, und es gab genügend Raum, die andere Person zu verstehen (Bourdieu 1997: 792). Ich wollte verstehen, was die Leute so ärgerte, und was sie so bewunderten. Um die Perspektive der Interviewten zu verstehen, brauchte es Offenheit, Zeit zum Nachfragen, Zeit zum Nachdenken, wiederholte Gespräche und Tiefeninterviews, um den Zusammenhang zwischen Position und Perspektive zu erfassen und schließlich zu interpretieren. Der Effekt war, dass auch die Interviewten plötzlich von mir wissen wollten, ob ich das Buch gelesen hätte, wie es mir gefiele und wie ich den Film finden würde. Plötzlich war *ich* im Mittelpunkt des Interesses. Dreimal habe ich mich in der strengen Auffassung einer narrativen Interviewsituation ziemlich unprofessionell verhalten und mich emotional in heftige Dispute hineinziehen lassen. Kurz – es gab Diskussionen, die über ein problemorientiertes Interview hinausgingen. Danach waren wir beide – meine Gesprächspartner und ich – nachdenklich, irritiert, betroffen. Die InterviewpartnerInnen reflektierten ihre Bewunderung oder ihre heftige spontane Kritik, gingen bewusster mit den Bildern im Film und ihren eigenen (positiven wie negativen) Vorurteilen um. Manche sahen sich daraufhin überhaupt erstmal den Film an.

Doch durch das unbotmäßige Einmischen habe ich ein wichtiges Interview verloren. Dafür sind aus den beiden anderen Interviews wertvolle Gespräche geworden, die mehr und vor allem andere Erkenntnisse brachten als jedes Leitfadeninterview. In

---

[61] Zur Definition von „Kultur" vgl. Teil III Kap. 3.3 „Im Gefängnis von Kulturbildern".

diesen Situationen wurde sehr klar, wie wichtig es ist, die Frage zu klären, „inwieweit sich der Objektivierende selbst in die Objektivierungsarbeit mit einbeziehen soll und kann" (Bargatzki 1992: 18). Das Bemühen Distanz zu wahren und die Weigerung, auch sich selbst in der Interviewsituation als Objekt aufzufassen und als Objekt erfasst zu werden, könnte beispielsweise nach Pierre Bourdieu mit in die Analyse einbezogen werden (Bourdieu 1997: 41). Der „Spagat zwischen Nähe und Distanz" (Hauser-Schäublin 2003: 37) ist nicht immer leicht aufrechtzuerhalten. Auf der einen Seite sind Offenheit und vertrauensvolle Atmosphäre für Tiefeninterviews unabdingbar, auf der anderen Seite „beinhaltet der Gesprächscharakter keine wirkliche Reziprozität", weil eine Person von der anderen möglichst viel erfahren möchte (Schlehe 2003: 72).

Die Rezeption von „Die weiße Massai" zeichnet sich durchweg durch hochgradige Emotionalität aus. Das Problem der Beobachtbarkeit von Emotionen wird häufig so gelöst, dass Emotionsausdrücke synonym mit Emotionen behandelt werden. Beobachtbar ist jedoch stets nur die Kommunikation, die durch die Ausdrucksmöglichkeiten eingeschränkt ist, die die jeweilige Kultur bereit stellt (Danelzik 2005b: 41/44). Im Fall dieser Rezeptionsanalyse konnte ich auf ein breites gemeinsames Spektrum an Wahrnehmung, Ausdruck und Sprache mit den RezipientInnen zurück greifen, da wir in der gleichen Kultur sozialisiert wurden –, allerdings mit dem distanzierten Blick eines von außen kommenden Beobachters auf eben diese eigene Kultur (Kohl 1993: 95). In den Interviews wurden die Beobachtungen durch Fragen ergänzt. Das half auch bei der Validierung der Aussagen der unbekannten RezipientInnen im Internet. Auch das Internet – hier die asynchrone Netzwerkkommunikation – ist hochgradig emotionell bestimmt (Schmidt 2005: 33). Hier halfen die Emoticons bei der Interpretation, die Emotionen typisieren und standardisieren, sowie sprachliche und grammatikalische Ausdrucksformen wie Verdopplungen, Ausrufezeichen u.ä.[62]

Persönliche Betroffenheiten und Berührtsein durch die Lebensgeschichte von Corinne Hofmann in Buch und Film hatten in den Interviews einen sehr großen Raum und ermöglichten einen völlig anderen Zugang zur Rezeption. Die in den Tiefeninterviews gewonnenen Äußerungen wurden mit eigenen Feldnotizen verknüpft, um so eine Perspektive, die den Untersuchten zum Objekt eines voyeuristischen Blickes macht, zu vermeiden und den Erfahrungen und Praktiken der RezipientInnen im Sinne einer interpretativen Ethnologie so gerecht wie möglich zu werden (Winter 2006: 85/86). Um das Wichtigstes noch einmal zu betonen: Meinen InterviewpartnerInnen, ihrer und meiner Offenheit, habe ich es zu verdanken, dass in der Interaktion

---

[62] Vgl. Teil I Kap. 5 „Methoden und Forschungsdesign".

mit ihnen dieser transkulturelle Raum in den Blick kam, der im Verlauf der Studie schließlich eine so wichtige Rolle in der Analyse und in der Studie insgesamt spielen sollte.

Teil II   Fakten und Kontext

1.   Die Samburu

1.1.   Geschichtliches, Lebensraum und traditionelle Subsistenzgrundlage

Im Vielvölkerstaat Kenia mit seinen etwa 42 offiziell anerkannten ethnischen Gruppen leben heute ungefähr 180.000 Samburu. Bei einer Gesamtbevölkerung von derzeit 37 Millionen sind das weniger als 2% der Bevölkerung des Landes.[63] In Kenia werden drei wichtige Sprachgruppen unterschieden: Bantu, Niloten und Kuschiten. Die Samburu gehören zur ostnilotischen Sprachgruppe, innerhalb der man die Teso-Turkana-Gruppe und die Maa-Gruppe unterscheidet. Zusammen mit den Njemps und den Massai gehören sie zu den Maa-Sprechern (Reckers 1992: 62). Erst im 16. Jahrhundert, so wird vermutet, ist diese Gruppe vom Sudan her kommend in das Gebiet zwischen dem heutigen Turkana See und dem Mount Kenya gewandert.[64] Im Laufe ihrer Wanderung den Nil hinab haben sie sich von den Massai getrennt, die weiter nach Süden zogen. Kulturell wie sprachlich sind Samburu und Massai eng verwandt (Nakamura 2005: 3).

Die Samburu leben in der Provinz Rift Valley, überwiegend in den Distrikten Samburu, Isiolo und Marsabit. In diesem Teil ist das Rift kein fruchtbares Farmland, sondern eine semi-aride Region mit der Vegetation einer Dornsavanne und Buschland, eine Übergangszone zwischen Feuchtsavanne und Halbwüste. Die Distrikte

---

[63] Es gibt außerordentlich unterschiedliche Angaben zur Bevölkerungszahl. Neueste Daten (August 2006) über Bevölkerungszahlen siehe: https://www.cia.gov/cia/publications/factbook/geos/ke.html. [25.8.2006] und http://www.ethnologue.com/show_country.asp?name=Kenya [25.8.2006]. Andere Zahlen und Angaben stammen von 1996: http://endor.hsutx.edu/~obiwan/profiles/samburu.html [25.8.2006]. (Profiles of the Samburu People of Kenya). Gemäß der nationalen Volkszählung 1999: Schätzungsweise 29 Mill. Vgl.: http://www.africa.de/kenia/ [25.8.2006].

[64] Über Einwanderungsbeginn und Wanderungsrichtung lassen sich zeitlich nur Vermutungen anstellen (Sheikh-Dilthey 1985: 218). „Woher der Stamm kam und wie er sich von seinen Nomadenbrüdern, den Maasai, trennte, basiert nur auf Vermutungen. Es scheint so, als kämen sie aus dem Gebiet, das sich heute Sudan nennt." Vgl. http://www.hanka.de/ostafrika/kenya_samburu.html [29.7.2006].

zählen wie alle Trockenräume zu den wirtschaftlichen Marginalzonen Kenias[65] (Reckers 1992:137). Noch 1996 steht im Profile of the Samburu People of Kenia: "Health Care Quality: Poor; Water: Limited; Transportation: Walking; Electricity: None."[66]

Abbildung 4: Kleine Übersichtskarte von Kenia[67]

Traditionsgemäß leben die Samburu als Hirtennomaden, züchten Rinder, Schafe und Ziegen.[68] Als Pastoralisten haben sie ihr Leben ihren Herden angepasst: Wenn

---

[65] In der Zeit, als Corinne Hofmann dort lebte, gab es beispielsweise im Samburudistrikt keine geteerten oder asphaltierten Straßen; nur in Maralal, der Distrikthauptstadt, elektrischen Strom und Telefonverbindung, eine mobile Bank und ein Postamt. Einmal täglich gab es eine Busverbindung von Nairobi nach Maralal bzw. nach Wamba (Walz 1992: 128).
[66] Vgl.: http://endor.hsutx.edu/~obiwan/profiles/samburu.html [25.8.2006].
[67] Quelle und Copyright by CIA World Factbook unter https://www.cia.gov/library/publications/the-world-factbook/maps/maptemplate_ke.html [6.11.2009].
[68] Alle ethnografischen Angaben aus Spencer 1965, 1973, Holtzman 1995, Nakamura 2005 und den oben genannten Links.

die Weidegründe erschöpft sind, etwa alle 5 Wochen, siedeln sie um. Im Allgemeinen leben fünf bis höchstens zehn Familien in einem Lager zusammen. Die Frauen bauen rundliche Hütten aus Ästen, die mit Schlamm und Dung bestrichen werden. Eine Dornenhecke schützt Mensch und Vieh vor wilden Tieren. In der Trockenzeit leben die erwachsenen Männer, die Frauen und Kinder mit den Milchkühen in Lagern in der Nähe nicht ausgetrockneter Wasserstellen (,settlements'). Die jungen Männer ziehen mit den anderen Rindern und einem Teil der Ziegen und Schafe in Nebenlager (camps). In der Regenzeit sind die Lager gleichmäßiger über das Land verteilt.

Was die Menschen zum Leben brauchen, bekommen sie durch ihre Tiere – sei es direkt mit der Milch als Nahrung oder dem Blut und Fleisch zu besonderen Anlässen, den Häuten und Fellen, dem Dung, als auch indirekt im Tausch oder Verkauf, um andere Lebensmittel wie Maismehl, Zucker und Salz zu erwerben oder andere Gegenstände ihres Bedarfs. Die Tiere haben ebenso eine wichtige Funktion im Sozialsystem der Samburu, dienen als Geschenke zwischen den Familien, insbesondere bei einer Hochzeit oder durch Abgabe als Strafe bei rechtlichen Streitigkeiten. Der Brautpreis bei den Samburu beispielsweise beträgt acht Rinder. Sie zeigen den Reichtum und Status sowohl eines Einzelnen, der sich als Besitzer sieht, der Familie, als auch eines ganzen Klans.[69] Nicht zuletzt haben die Tiere eine wichtige Bedeutung für die ganze Gemeinschaft durch das Netz sozialer Verpflichtungen, das durch sie errichtet wird: „[…] the stock owner, far from being quite independent and autonomous, is in reality enmeshed in a web of diffuse ties that are expressed in a complex set of rights over cattle" (Spencer 1973: 78). Für Pastoralisten wie die Samburu sind große, gesunde Herden das Wichtigste für ihr Leben. Das Vieh ist ihre Lebensgrundlage, auf ihm basieren Lebensstil und Identität. Ähnlich wie bei den Massai gilt jede andere Beschäftigung als die mit dem Vieh traditionsgemäß als niedrig stehend.[70]

1.2. Sozialstruktur

Zu den „letzten relativ frei lebenden Menschen der Erde" würden sie gehören, schreibt Tibor Ridegh im MERIAN-Heft Ostafrika 1987 (Ridegh 1987: 39). „For Europeans who encountered this ‚nomad warrior race', Maasai *ilmurran* (warriors) represented the epitome of a wild and free liefestyle" (Hodgson 2003: 214). Was auch immer ein Europäer unter „frei lebend" verstehen mag – wenn damit allerdings

---

[69] Die Tiere werden patrilinear vererbt.
[70] Über die Massai vgl. Sheikh-Dilthey 1985: 235, Saitoti 1981.

individuelle Freiheit gemeint sein sollte, wäre das ein großes Missverständnis. Die traditionelle Samburugesellschaft ist streng hierarchisch gegliedert, mit entsprechend festen Regeln und Ritualen und ebenso festen Rechten und Pflichten für beide Geschlechter und jedes Alter.

Wie in fast allen pastoralen Gruppen in Ostafrika teilt ein komplexes Altersklassensystem die Samburugesellschaft in Kategorien, in denen jedem Mitglied jeweils unterschiedliche Rollen zukommen.[71] Das Leben eines Mannes wird nach einer Baby- bzw. Kleinkindzeit bis etwa zum Alter von drei bis fünf Jahren in drei Altersgruppen eingeteilt: Junge, Krieger und Älterer („boyhood, *moran*hood, and elderhood", Nakamura 2005: 5). Den Kindern (auch den Mädchen) werden etwa im Alter von elf Jahren die unteren Schneidezähne entfernt und die Ohrläppchen durchstochen. Jungen werden im Alter von etwa 15 bis zu 25 Jahren während eines Initiationsrituals beschnitten und sind ab da Mitglieder einer Altersklasse.[72] Jede Altersklasse bekommt einen eigenen Namen. Ihre Mitglieder betrachten sich als Brüder und sind sich lebenslang verpflichtet. Die Beschneidung führt die Jungen in die Altersklasse der Krieger, in der Maasprache: *lmurani* oder *lmuran*. Die Zeit als *moran* dauert etwa 12 bis 16 Jahre und endet mit einer großen Zeremonie, die *lmuget la laigoni* genannt wird. Von diesem Zeitpunkt an darf (und soll) ein Samburu heiraten und gehört nun zu den Älteren. Innerhalb der gerontokratischen Struktur der Samburugesellschaft, in der die Älteren die Macht haben, ist er nun mit frühestens etwa 30 Jahren zunächst als Junior dann als Senior ein vollwertiges Mitglied.

Da die Männer als älter als Frauen angesehen werden, stehen sie in der Hierarchie über den Frauen. Bei Mädchen und Frauen gibt es keine Altersklassen. Das Leben einer Frau ist in zwei Abschnitte geteilt: verheiratet sein bzw. unverheiratet sein. Üblicherweise werden die Mädchen vor ihrer arrangierten Heirat beschnitten.[73] Es gibt also auf der einen Seite die unbeschnittenen, unverheirateten Mädchen. Sie sind, wenn sie etwa zehn Jahre alt sind, eng mit der Altersklasse der *moran* verbunden. Sie können mit ihnen Liebesbeziehungen eingehen, werden von ihnen beschenkt und beschützt, was ihr Prestige hebt. Sie dürfen sie jedoch nicht heiraten, da sie norma-

---

[71] Auch diese Darstellung kann im Rahmen dieser Arbeit nur in groben Zügen erfolgen. Wie die verschiedenen Rollen im Schmuck, Haartracht, Kleidung und der Körperverzierung sichtbar werden und sich darstellen, damit hat sich sehr ausführlich Kyoto Nakamura beschäftigt. Leider sind die meisten ihrer Veröffentlichungen nur auf japanisch erschienen. Vgl. Nakamura 2005.
[72] Einen Monat lang leben die Initianten im Busch, schießen mit Pfeil und Bogen nach Vögeln und haben während dieser Zeit eine Reihe strenger Verhaltensregeln zu befolgen (Spencer 1973: 88).
[73] Bei den Samburu handelt es sich um eine Klitoridektomie, d.h. um die Entfernung der Klitorisvorhaut oder die vollständige Entfernung der Klitoris.

lerweise aus demselben Klan stammen wie ihre Geliebten und nur exogam geheiratet wird. Ehre und Prestige eines Liebhabers hängt von der Treue seines Mädchens ab.

Auf der anderen Seite gibt es die verheirateten, beschnittenen Frauen und die Witwen.[74] Die Beschneidung markiert den Übergang in den neuen Status als verheiratete Frau. Solange sie Kinder bekommen können, haben verheiratete Frauen den Status einer jungen verheirateten, danach den Status einer älteren verheirateten Frau. Wenn ihr ältester Sohn *moran* wird, wird die Beziehung zum Sohn enger als die zum Ehemann, der, da die Samburu polygam leben, meist schon wieder eine jüngere Frau hat. Sie lebt mit ihrem Sohn in einer Hütte. Diese Hütte hat dann zwei Schlafbereiche, einen für sie und einen für den Sohn. Im Alltag leben und arbeiten Männer und Frauen getrennt. Frauenarbeit ist Wasser und Feuerholz holen, das Melken der Ziegen und das Kochen, das Bauen der Hütten und alle Hausarbeit. Frauen halten sich meist in den Siedlungen auf.

1.3. Samburu*moran*

Wenn ein junger Samburu in die Altersklasse der *moran* aufgenommen ist, verändert sich sein Aussehen auffallend. „They are sharply in contrast with boys on the one hand or elders on the other, in their appearance, their code of behaviour and their values" (Spencer 1973: 73). Niemals würde er die Dinge oder die Kleidung tragen, die er vor der Beschneidung getragen hat. Rote Ockerfarbe ist die typische und symbolische Farbe eines *moran*. Für Jungen ist sie verboten. Die Krieger benutzen die Farbe täglich für ihren Kopf, ihre Haare, manchmal für den ganzen Körper. Die Haare tragen sie lang, in viele Zöpfe geflochten. Sie schmücken ihren Körper, vor allem Hals, Arme und Finger, mit Perlenschnüren, Ringen, Metallreifen und Lederriemen. Sie tragen Ohrringe und Ohrpflöcke und einen Kopfputz und verbringen viel Zeit damit, sich zu schmücken und dekorativ zurechtzumachen.[75]

Schmuck wird in der Samburugesellschaft – das gilt für alle – nicht allein als Dekor oder Schutzamulett getragen sondern primär, um die soziale Stellung einer Person deutlich zu machen. Die soziale Position der Krieger liegt etwas außerhalb vom Rest der Gesellschaft, bilden sie mit ihrem Verhaltenskodex doch einen Gegensatz zu den Älteren, deren Ideale Friede und Harmonie beinhalten. Die Aufgabe der *moran* ist es, sich um die Rinder zu kümmern, sie im Busch vor wilden Tieren und

---

[74] Heiratsfähige Mädchen müssen mit ihrer Verheiratung warten bis ihre älteren Brüder beschnitten sind (Spencer 1973: 85).
[75] Ein verheirateter Mann ist weniger geschmückt (Ohrgehänge und ein paar Reifen). Sein Kopf ist kahl rasiert. Viele Abbildungen sind in den Büchern von Paul Spencer und Jon Holtzman zu finden. Leider habe ich trotz großer Bemühungen keine Abdruckgenehmigung bekommen.

Diebstahl zu verteidigen oder von anderen Stämmen Vieh zu erbeuten, Feinde in die Flucht zu schlagen, ja zu töten. Ihre traditionellen Waffen sind der klassische Speer, der Stock, der Degen und der Schild, dazu Pfeil und Bogen. Schmerzen ertragen zu können, zählt bei den Samburu generell als Tugend und ist mit hohem Prestige verbunden. Das gilt insbesondere für die Krieger, die bei Kämpfen oder Viehdiebstählen im Busch schwer verletzt werden können. Mut und Furchtlosigkeit, Respekt und Ehre, absolute Verbundenheit und Verpflichtung den Mitgliedern ihrer Altersgruppe gegenüber stehen in ihrer Werteskala ganz oben.

Die Zeitspanne von etwa 15 Jahren als *moran* ist auch reich an gemeinsamen Zeremonien, Festen und Tänzen. Spencer zitiert einen Kolonialbeamten, der von ihnen als einer „idle class of irresponsible youths" spricht (Spencer 1973: 175). Da die jungen Männer durch eine Reihe von Vorschriften und Restriktionen vom Rest der Gesellschaft getrennt sind und in einem sozialen Vakuum leben, sind Gesetzesübertretungen eher möglich. Doch die *moran* immer als Delinquenten und „hooligans" (Spencer 1973: 177) zu bezeichnen, was häufig getan wurde und wird, ist sicher falsch. Auch die Krieger sind nicht so „frei lebend" (um noch einmal Ridegh zu zitieren) wie es den Anschein hat: „[…] they unquestioningly accepted indigenous tribal conventions and tribal control" (Spencer 1973: 177). Sie bleiben den rituellen und sozialen Einschränkungen (insbesondere strengen Nahrungsregeln) unterworfen, die ihr Stamm für diese Zeit vorgesehen hat, und die so lange dauern, bis die jungen Männer geheiratet haben. So gelten in dieser Zeit Verbote wie: Ein *moran* sollte verheirateten Frauen aus dem Weg gehen, keinen Alkohol trinken, kein Fleisch essen, das eine verheiratete Frau angesehen hat; ohne die Gesellschaft anderer darf ein *moran* keine Milch trinken (Spencer 1973: 94). Die Kontrolle über die jungen Männer wird durch die Älteren in Form der so genannten *firestick relationship* (olpiroi) ausgeübt. Durch sie wird ihnen moralische Erziehung zuteil und ein Gefühl für Respekt eingeschärft.[76]

1.4. Wandel wohin?

Da der Lebensmittelpunkt von Pastoralisten ihre Herden sind, mit denen sie umherziehen, hat alles, was diese Grundlage verändert, Auswirkungen auf ihre Gesellschaft, ihre Kultur und Identität. Immer schon gab es in diesem kargen Land – mitunter kriegerische – Auseinandersetzungen um die Ressourcen Weideland, Vieh und Wasserstellen zwischen den Samburu und den Nomaden in ihrer Nachbarschaft. Im-

---

[76] Alle ethnografischen Angaben aus Spencer: 1965 und 1973.

mer schon gab es Austausch und Anpassungsvorgänge zwischen den verschiedenen Ethnien des Northern Frontier District von Kenia (Nakamura 2005: 4).[77] Immer schon wurde dieser Distrikt im Norden sowohl von den Kolonialherren als auch von anderen Ethnien aus Zentralkenia und aus dem Westen als kritische Zone betrachtet „[…] as an isolated territory, where only pastoral groups lived, where life was difficult, and where raiding and violence were part of a geographical, cultural, and political insecurity" (Aguilar 1999: 152).

Durch fortschreitende Einschränkung der Weidegebiete werden diese Konflikte verschärft, die Probleme vergrößert und Veränderungen erzwungen. Zu Kolonialzeiten waren es weiße Farmer, die den fruchtbaren Teil des Rift Valley besiedelten, es landwirtschaftlich nutzten und so die Pastoralisten verdrängten. Heute geht bisher zugängliches Land durch weitergehende Landregistrierung und das Eindringen von Bauern aus dem Süden verloren (Walz 1992: 136). Dazu kommt die Ausdehnung der Nationalparks und Reservate, die die Weideflächen verkleinert. Wild lebende Tiere sind ein wichtiges Thema der kenianischen Politik in Hinblick auf den Tourismus. Seit der Gründung des ersten Nationalparks, dem Nairobi National Park 1945, sind die Schutzflächen immer mehr ausgedehnt worden (Bachmann 1988: 194). Im Samburudistrikt sind das Samburu Game Reserve und der Samburu National Park am bekanntesten. Nach dem Wildlife Conservation Act von 1989 ist in Nationalparks jede menschliche Nutzung – außer einer touristischen – verboten. In den National Reserves dürfen nur bestimmte Zonen als Weidegrund für Viehherden benutzt werden (Resch 1997: 11).

Der Wandel, der mit der Eingrenzung der Weidegebiete verbunden ist, ist also ein langer Prozess, der schon in der Kolonialzeit (und teilweise davor) begann. Eine wichtige Rolle bei den Veränderungen spielten und spielen ebenso Missionsstationen und feste Siedlungen. Im Nationalstaat Kenia ist das Land in Provinzen und die wiederum in Distrikte aufgeteilt, mit den entsprechenden festen Orten als Verwaltungsmittelpunkten. Im Samburudistrikt ist das Maralal.[78] Dort findet man städtische Strukturen, Behörden, staatliche Dienststellen, Schulen, Dienstleistungsbetriebe für das Gesundheitswesen, für Handel und Verkehr (z.B. Tankstellen, Werkstätten, Versorgungsmärkte, Läden u.ä.).[79] Kleinere feste Siedlungen wie Barsaloi, Opiroi und Kismoru zählen zu den *Local Centres*. In einem solchen Zentrum hat der *Chief* der

---

[77] Ein Beispiel: Das kleine Fischervolk der El Molo am Turkanasee sprach letztes Jahrhundert noch eine ostkuschitische Sprache, während es heute mehr und mehr die Sprache seiner Nachbarn, der Samburu, also ostnilotisch, spricht und sich auch zunehmend so kleidet und schmückt (Sheikh-Dilthey 1985: 217).
[78] Regionale Raumordnungspläne werden in Kenia seit 1967 erstellt. Sie sehen ein hierarchisch gegliedertes System zentraler Orte vor (Walz 1992: 143).
[79] Noch 1985 gab es weder in Maralal noch in Marsabit einen Gerichtshof (Walz 1992: 143).

Location seinen Wohnsitz, auch befindet sich dort oft eine Missionsstation. Bei den meisten Siedlungen sind Schule, Laden und die Missionsstation die einzigen festen Gebäude, um die herum die Hütten (manyattas) der Samburu erbaut werden. Die Veränderungen, die von den Missionsstationen und den festen Siedlungen ausgingen und ausgehen, sind – wie unten ausgeführt – vielfältiger Art.[80] Maralal ist für den Samburudistrikt ein Knotenpunkt.

Als Hauptort ist die Stadt wie alle größeren festen Siedlungen

> „Kern und Träger der externen Einflüsse, die von ihnen in den nomadischen Raum ausstrahlen, sei es physisch über die hier verfügbaren Dienstleistungen, juridico-politisch über die hier lokalisierten staatlichen Kontroll- und Durchführungsorgane oder subtiler über die in ihnen demonstrierten und vermittelten Werte und Normen" (Walz 1992: 146).

Doch die eigentlichen Siedel- und Wandergebiete der Nomaden werden von infrastrukturellen Versorgungslinien nicht erreicht, selbst die *flying doctors* landen nur auf Landebahnen von Dauersiedlungen, nicht bei den Manyattas. Die Siedlungen haben sich nicht in Wechselbeziehung mit ihrem Umland entwickelt, sondern auf Grund externer Gegebenheiten. Gabriele Walz bezeichnet sie als Fremdkörper, die überwiegend Fremden Arbeitsplätze verschaffen. Die Nomaden haben in den zentralen Orten ihres eigenen Gebietes durch ihre Armut eine ökonomisch und sozial marginale Stellung (Walz 1992: 147-148).

Aus unterschiedlichen Motiven heraus ist es (halbherziges) Ziel der kenianischen Politik, die Integration der Pastoralisten in den Nationalstaat zu fördern.[81] Zwar verfolgt die Regierung in Nairobi nicht explizit die Sesshaftigkeit der Nomaden, doch werden für diese überwiegend wirtschaftliche Alternativen vorgeschlagen, die damit verbunden sind (Walz 1992: 252). Der Samburudistrikt und noch mehr die nördlicher gelegenen Gebiete sind Marginalzonen Kenias. Dabei muss gesagt werden, dass die wirtschaftliche Rückständigkeit der Trockengebiete nicht allein auf naturräumlichen Gegebenheiten beruht, sondern ein Bestandteil kenianischer Politik ist. Es sind u. a. „die ungünstigen Marktstrukturen und *terms of trade* in Abhängigkeit von der Distrikt- und Nationalwirtschaft" (Reckers 1992: 90).[82] Inzwischen wird ohnehin klar,

---

[80] Corinne Hofmann beschreibt solche Veränderungen in ihrem dritten Buch „Rückkehr nach Barsaloi". Nach 15 Jahren kehrt sie für einen Besuch in das Gebiet zurück, wo sie gelebt hat. Auch dieses Buch wurde ein Bestseller.
[81] Motive waren weniger Versorgungsverantwortung, eher die Möglichkeit der Kontrolle über die Nomaden und eine Absicherung der unsicheren Grenze nach Äthiopien und dem Sudan.
[82] Das gilt noch mehr für die von ihr untersuchten Ost-Pokot als für die Samburu.

dass ökologisch in diesem kargen Land nur eine pastorale Lebensweise sinnvoll ist,[83] ganz abgesehen davon, dass die meisten Samburu ihre traditionelle Lebensweise gar nicht aufgeben wollen. Wie bereits ausgeführt basiert ihre ethnische Identität, die Sozialstruktur ihrer Gesellschaft, ihre ganze Kultur auf einer pastoralen Lebensweise. Nach wie vor betrachten sie ihre Herden als Reichtum und wirtschaftliche Absicherung und haben aus schlechten Erfahrungen heraus wenig Vertrauen in die Geldwirtschaft. Sie würden ohne Zweifel dem Appell des Maasai Kakuta Ole Maimai auf der Homepage der Maasai Association zustimmen: „If we abandon our way of life, our next step could be extinction. Help us to conserve our way of life".[84]

Gabriele Walz lässt in ihrer Arbeit Samburu zu diesem Thema zu Wort kommen: So bejahen sie die Schulbildung für Kinder. Ebenso ein Ja zur Verbesserung der Infrastruktur und damit zur Möglichkeit einer kontinuierlichen Anbindung an den Markt, zu Verbesserungen und Hilfen für die Vermarktung, zu Verbesserungen der medizinischen Versorgung.[85] Offensichtlich gibt es eine Menge Veränderungen, durch die die befragten Samburu ihre traditionelle Lebensweise, ihre Werte und Identität, nicht direkt gefährdet sehen.[86] Die hohe Wertschätzung des Bestehenden und eine positive Einstellung gegenüber manchem Wandel müssen sich nicht widersprechen. Nur sollte der Wandel, der eine Integration beinhaltet, nicht ohne Mitsprache und Mitbestimmung der Betroffenen, also über ihre Köpfe hinweg, verordnet werden. „Change is inevitable. We would like to be agents of our change rather than victims of change".[87] Auch diesem Satz von Kakuta Ole Maimai würden Samburu zustimmen. Gabriele Walz in ihrem Resumée: „Es wäre wünschenswert, wenn die Stammesbevölkerung die Möglichkeit erhielte, die Entwicklung der Region ihren Bedürfnissen entsprechend zu gestalten. Unter den gegebenen Kräfteverhältnissen scheint dies jedoch keine realisierbare Perspektive zu sein" (Walz 1992: 255).

Das von den *Oxfam*-Mitarbeitern und Samburu gemeinsam aufgebaute Netz von Läden, in denen Mais zu vernünftigen Preisen verkauft wurde und versucht wurde, den Samburufrauen bessere Verkaufsmöglichkeiten zu schaffen, war durch die Hun-

---

[83] Trotz Viehfutter, Wassertanks, Beratern, Veterinären und importierten Maschinen würden die reichen Massai (die „Mercedesmänner") auf ihrem Land weniger Vieh produzieren als die traditionell lebenden Nomaden, die vor ihnen dort lebten. Was Monbiot bei den Massai beobachtete, gilt ähnlich für die Samburu (Monbiot 1996: 94).
[84] Vgl.: http://www.maasai-infoline.org/welcome.html [22.10.2005].
[85] Ausführliche Auswertung von Interviews mit Ältesten der Samburu vgl. Walz 1992: 228 – 242 unter: „Die Haltung der Nomaden zum Wandel".
[86] Oder wo sie Möglichkeiten sehen, wie sie ihre Identität und Ethnizität erhalten, und sich sogar wieder vorstellen können, ähnlich wie Aguilar das von den Waso Boorana beschreibt (Aguilar 1994: 149). „There is a symbolic dramatization of the ritual of old that has survived all cultural and political changes and at the same has been revived by new generations (Aguilar 1999: 157).
[87] Vgl.: http://www.maasai-infoline.org/welcome.html [22.10.2005].

gersnot und deren Folgen (Korruption, Hamsterkäufe) 1992 verschwunden (Monbiot 1996: 211). Die Samburu sind nicht nur abgeschnitten von den (erwünschten) Errungenschaften der Zivilisation wie Läden oder gute Straßen. Ihr für Europäer pittoreskes Aussehen als nicht zu unterschätzender Beitrag für Kenia als Urlaubsland, täuscht darüber hinweg, dass sie in der sozialen Differenzierung der kenianischen Gesellschaft ganz unten stehen. Die Anpassung der Samburu in Form der Vermarktung ihrer Kultur innerhalb des Tourismus, im Dienen in der kenianischen Armee, in ihrer Tätigkeit als Wächter, für die sie bevorzugt in den Städten eingesetzt werden,[88] oder dem Verkauf von Schmuck und Schildern an den Stränden von Mombasa, wird man wohl kaum als gelungene Integration in den Nationalstaat Kenia bezeichnen können.

2. Tourismus in Kenia

Ist das Reisen für Menschen allgemein eine sehr alte Beschäftigung, so gibt es Tourismus im heutigen Sinn erst seit etwa 150 Jahren. Massentourismus ist eine Erscheinung der letzten 30 Jahre (Bachmann 1988: 45). Nach der Definition der World Tourism Organization (WTO) umfasst Tourismus „die Aktivitäten von Personen, die an Orte außerhalb ihrer gewohnten Umgebung reisen und sich dort zu Freizeit-, Geschäfts- oder bestimmten anderen Zwecken nicht länger als ein Jahr ohne Unterbrechung aufhalten" (Freyer 2004: 5). Touristische Reisen sind stets mit einer baldigen Rückkehr zum Ausgangsort verbunden: Von einem „Zu Hause" führt die Reise in „Die Fremde" und wieder zurück (Freyer 2005: 3/5).

2.1. Kenias Attraktionen

Das Image einer Urlaubsregion ist im Prinzip das Ergebnis eines Meinungsbildungsprozesses. Teilweise aufgrund objektiven Wissens, teilweise aufgrund subjektiver Empfindungen und Gefühle entwickelt sich eine Vielzahl individueller Vorstellungsbilder über eine Region (Wohlmann 1998: 219). In Afrika sind es fünf Länder, die aus unterschiedlichen Gründen Hauptziele von TouristInnen sind: Tunesien, Ägypten, Marokko, Kenia und die Republik Südafrika (Bachmann 1988: 57/58). Was

---

[88] Tausende Samburu dienen in der Armee und der Polizei (Monbiot 1996: 194).

Kenia als Urlaubsland und Touristenziel besonders für EuropäerInnen so attraktiv macht, sind in erster Linie seine natürlichen und kulturellen Gegebenheiten.[89] In der Bebilderung diverser Reisekataloge werden diese Attraktionen sofort sichtbar: die Weite der ostafrikanischen Savanne, ein angenehmes Klima, Sonne, schneebedeckte Berge, eine einzigartige Tierwelt[90], grünes Hochland, schneeweiße, feinsandige Strände am Indischen Ozean, fremde Kulturen.[91] Christiane Schurian-Bremecker nennt in ihrer Studie noch Kenias relative politische Stabilität, seine Öffnung zum Westen und die Unterstützung des damaligen Staatsoberhauptes Jomo Kenyatta zu Beginn des Massenferntourismus (Schurian-Bremecker 1989: 1).

Das Titelblatt des Katalogs von Meier's Weltreisen[92], dem „Spezialist für alles Ferne", ziert der Kopf eines Massai-Mädchens, den TUI-Katalog ein Elefant[93]. Im Innern sind Fotos von gut ausgerüsteten neuen Minibussen und von Hotelanlagen, die allen europäischen Komfort erwarten lassen. Die großzügigen Hotelanlagen am Strand und die Lodges und Camps der Savanne lassen mit Swimmingpool, Wellnessangeboten, romantischem Lagerfeuer bei Sternennacht, Animationen, Showdarbietungen und Folkloreveranstaltungen, Zeltunterkünften inklusive Dusche, WC und Moskitonetz, Komfortbetten und Zeltservice keine TouristInnenwünsche offen. Sie demonstrieren den hohen Standard touristischer Infrastruktur in Kenia, wie es ihn in Schwarzafrika nur noch in der Republik Südafrika gibt (Resch 1997: 46). Die einzigartige Verbindungsmöglichkeit von Entspannung (als Badeferien unter Palmen mit entsprechenden sportlichen Angeboten wie z.B. Tauchen) auf der einen Seite und Spannung (Buschabenteuer und Wildnis hautnah erleben) auf der anderen Seite lockt seit Jahrzehnten TouristInnen vor allem aus Europa und den USA an.

Das Zauberwort der ostafrikanischen Tourismusindustrie heißt Safari. Das Wort mobilisiert eine Fülle von Assoziationen und Imaginationen in westlichen Köpfen, die die Tourismusindustrie reproduziert und zu verwirklichen versucht. Die ersten „Touristen" kamen in der Mitte des 19. Jahrhunderts als Missionare und Forscher. Der Bau der Eisenbahnlinie von Mombasa nach Nairobi, die 1899 fertig gestellt und dann weiter nach Uganda geführt wurde, erleichterte den Zugang ins Landesinnere (Resch 1997: 35). Schon damals galt es als das Abenteuer für Reiche aus der westlichen Welt, in British East Africa auf Jagd zu gehen. Aus der Welt dieser Abenteurer erzählen die berühmten Romane von Ernest Hemingway „Die grünen Hügel Afrikas"

---

[89] Bei Befragungen über Qualität im Tourismus steht bei allen Befragten eine „schöne Landschaft" an erster Stelle; Strandurlaub ist als Urlaubsform ein Klassiker (Opaschowski 2001: 171/146).
[90] Abgebildet sind meist Löwen, Elefanten, Flamingos, Giraffen, Zebras, Geparde, Nashörner.
[91] Wobei sich die Abbildungen nahezu ausschließlich auf Massai und Samburu konzentrieren: tanzende Krieger, lachende kleine Mädchen mit den typischen bunten Halsringen.
[92] Katalog Afrika Sommer 2006.
[93] TUI-Katalog Afrika, November 2005-April 2006.

und „Schnee am Kilimandscharo". Auch Tania Blixens Roman „Afrika, dunkel lockende Welt", der sehr erfolgreich 1985 in Hollywood verfilmt wurde[94], erzählt von der Jagdleidenschaft der Europäer in Ostafrika. Die Bücher (und die damit generierten Imaginationen) haben nicht unerheblich zur Popularität Kenias beigetragen und werden bis heute touristisch vermarktet.[95] Für deutsche TouristInnen wird das Image von Ostafrika zudem geprägt durch Bücher und Filme von Bernhard Grzimek, allen voran das 1959 erschienene „Serengeti darf nicht sterben".

Sowohl Ernest Hemingway als auch Tania Blixen vermitteln in ihren Büchern eindrucksvolle Beschreibungen einheimischer Ethnien, zwar mit spürbar kolonialistischem Blick, aber, was die Massai betrifft, voller Respekt, ja Bewunderung. In heutigen Reiseprospekten wird die besondere Herzlichkeit der einheimischen Bevölkerung hervorgehoben und eindeutig mit der Fremdheit und exotischen Farbenpracht besonders der Nomadenstämme Massai und Samburu geworben. Dazu findet sich auf jeder Seite eines Kataloges eine entsprechende Abbildung.[96] Die Nomadenstämme Kenias sind eine nicht zu unterschätzende Attraktion für TouristInnen: Einmal einen *echten* Massai sehen ist ein (unausgesprochenes oder dezidiertes) Ziel vieler Reisenden.

Heute kann man nicht nur entsprechende exotische Souvenirs kaufen wie Speere, Schilde oder Schmuck. Das schönste Souvenir ist ein Foto inmitten von traditionell gekleideten, geschmückten Massai, das man gegen Geld auch machen kann. Man hat die Möglichkeit ein echtes Massaidorf zu besuchen und wird gegen Geld in ihre Hütten geführt. Abends gehören die Sprungtänze der Samburu inzwischen zum Standardprogramm in den Hotels und Lodges: „Am Abend erfreuen Sie die Samburu Moran mit ihren farbenfrohen Stammestänzen" (TUI-Katalog Afrika November 2005 - April 2006: 26).

2.2. Nach Malindi der Liebe wegen

Was natürlich in keinem Reiseprospekt erwähnt wird, ist das fünfte „S" europäischer Urlaubswünsche. Neben den geschilderten S wie Sonne, Sand, Strand und Safari gilt in Kenia für beide Geschlechter: „S" wie Sex. Es ist ein offenes Geheimnis, dass

---

[94] Filmtitel: „Out of Africa", mit Robert Redford und Meryl Streep.
[95] So gibt es in Nairobi ein „Tania-Blixen-Museum", das auf dem Gebiet der ehemaligen Farm „am Fuße der Ngongberge" (Blixen 1986: 9) liegt. Man kann auf Finch Hattons ebenso wie auf Hemingways Spuren wandeln. (Meier's Weltreisen Afrika, Sommer 2006: 86/87).
[96] Selbst in DIE ZEIT Nr.47, Reisen vom 17.11.2005, ist unter der Überschrift „Kenia/Tansania – .Wildnis hautnah" ein Foto eines Massaikriegers mit Speer abgedruckt – nicht etwa Savannenlandschaft oder wilde Tiere.

schon in den 1980er Jahren besonders für alleinreisende Frauen Kenia aus diesem Grund ein beliebtes Urlaubsziel war. Zu einem Flirt, der in den Augen von europäischen TouristInnen ohnehin unabdingbar zu einem gelungenen Urlaub dazugehört (Interviews), kommt hier die Leichtigkeit der Kontaktaufnahme mit afrikanischen Männern, die für die Zeit des Aufenthaltes gern – so scheint es zumindest – Begleiter und Liebhaber weißer Frauen sind. In meinen Interviews haben sowohl Männer als auch Frauen von entsprechenden Beobachtungen und eigenen Erfahrungen berichtet.

Prostitution ist in Kenia offiziell verboten, wird aber geduldet. Aber so würden die Urlauberinnen und ihre afrikanischen Freunde ihre „unkomplizierte, fröhliche Beziehung"[97] ohnehin niemals nennen oder empfinden. Viele haben ihren (oft erheblich jüngeren) afrikanischen Freund geheiratet und mit nach Deutschland oder die Schweiz genommen. Die meisten Afrikaner haben wechselnde Beziehungen zu Urlauberinnen, die sie am Strand oder in der Disco kennen lernen.[98] Die europäischen Urlauber und Urlauberinnen dagegen, so auch Christiane Schurian-Bremecker in ihrer Studie, würden längerfristige Freundschaften anstreben und nicht täglich wechselnde (sexuelle) Beziehungen. Sie resümiert: „[…] handelt es sich nicht um Prostitution in herkömmlichen Sinn" (Schurian-Becker 1989: 291/292). „Viele Beziehungen zwischen weißen Frauen und schwarzen Männern sind mit ganz normalen Urlaubsbekanntschaften vergleichbar" (Schurian-Bremecker 1989: 290).[99]

Touristinnen unterhalten feste Beziehungen von Europa aus und unterstützen nicht nur den Freund, sondern dessen ganze Familie finanziell. Sie kommen mindestens einmal im Jahr nach Kenia und leben dann dort im Kreis der Familie ihres Liebhabers. Inzwischen ist das weder ein Geheimnis noch ein Tabu: Unter Titeln wie „Nach Malindi der Liebe wegen" und „Liebes-Safari in Kenia" erzählen Frauen in Radio und Fernsehen von ihren Liebesabenteuern.[100] Die meisten Paare, die ernsthaft zusammen sind, wollen allerdings in Europa leben. Inzwischen können sich Europäerinnen im Internet beraten lassen, wie sie ihre afrikanischen Männer nach Europa bekommen, was sie alles beachten müssen und welche Papiere nötig sind.[101]

---

[97] So jedenfalls wurden mir diese Beziehungen in den Interviews geschildert, sowohl von Europäerinnen als auch von afrikanischen Männern.
[98] Für Einheimische ist das Betreten der Hotelanlagen untersagt. Es sei denn, sie arbeiten dort.
[99] Lamu, so Christiane Schurian-Bremecker, gelte in Deutschland innerhalb bestimmter Frauenkreise als bekannt für die Männer. „Ein El-Dorado für alleinreisende Frauen", so das Zitat aus einem ihrer Interviews (Schurian-Bremecker 1989: 290). Zum Verhalten alleinreisender Frauen in Drittweltländern Vgl. Stock, Christian. 1997: Trouble in Paradise. Düsseldorf.
[100] Die Frauen sind dabei recht realistisch, was ihre Lage und Stellung betrifft, und machen überwiegend in den Gesprächen einen glücklichen Eindruck. So am 16.1.2006 in der Sendung „Eckpunkt" im SWR2 „Weiße Frauen suchen schwarze Männer" oder am 24.8.2006 in der ARD: „Liebes-Safari in Kenia. Weiße Frau sucht schwarzen Mann".
[101] Vgl.: http://www.kenyainfo.ch/bination/bination.htm [25.8.2006].

2.3. Die touristische Entwicklung

Die touristische Erschließung Kenias begann systematisch nach dem 2. Weltkrieg, als die britische Kolonialregierung die ersten Nationalparks gründete und so günstige Voraussetzungen für eine touristische Erschließung des Landes schuf. Die Anreise war noch lang und teuer und verlief damals auf dem Seeweg durch den Suezkanal (Resch 1997: 35). Der erste große Touristenboom erfolgte zwischen 1963 und 1972. Kenia hatte die Unabhängigkeit erlangt,[102] und die Regierung setzte die von den Briten begonnene Tourismuspolitik fort und investierte in touristische Infrastruktur: Hotelbau, Straßenbau, Schulungen für das Personal, Erweiterungen und Erhöhung der Zahl der Nationalparks u.ä. (Resch 1997: 37). Begünstigt wurde die Entwicklung durch die Einführung von Charterflügen und Pauschalarrangements, die das Reisen nach Kenia für eine immer größer werdende Zahl von TouristInnen erschwinglich machte. 1971 jedoch wurde die Grenze zu Uganda geschlossen, 1977 die „East African Community" aufgelöst. Das blieb nicht ohne Folgen für den Tourismus in allen drei Ländern der Community. Eine unsichere politische Lage führt fast zwangsläufig zu einer Abnahme der Urlauberströme. Die Stagnationsphase dauerte bis 1984, die Besucherzahlen gingen um 20% zurück (Resch 1997: 40). Danach erholte sich die Branche nicht nur wieder, sondern erlebte einen Boom, der bis etwa 1990 anhielt.[103]

Auch der schon seit den 1970er Jahren veränderte Fokus auf das Phänomen Tourismus „from purely economic to social, cultural and ecological aspects" (Bachmann 1988: 63), der in der Wissenschaft, aber auch zunehmend in der Öffentlichkeit, eingenommen und diskutiert wurde und noch immer wird, bis hin zur Frage, ob Tourismus in vieler Hinsicht eine oder gar „the worst form" (Bachmann 1988: 63) des Neo-Kolonialismus sei, blieb nicht ohne Folgen für den Tourismus. Nicht zuletzt stelle sich, so Philipp Bachmann, in dem Zusammenhang die Frage, ob der Tourismus wirklich so viel zur Völkerverständigung und zum Gelingen einer interkulturellen Kommunikation beiträgt, wie man ihm nachsagt. Beide Teile, die TouristInnen und die einheimische Bevölkerung des bereisten Landes, haben stereotype Bilder voneinander, die durch diese Art des Reisens eher reproduziert und verfestigt würden (Bachmann 1988: 70-89).

Von der Reproduktion dieser Bilder lebt der Tourismus. Im Grunde will sie niemand ändern. Auch die einheimische Bevölkerung möchte, dass, um ein Stereotyp herauszugreifen, alle TouristInnen *reich* sind. Dass Reichtum ein relativer Begriff ist, und viele TouristInnen in ihrem Heimatland ein ganzes Jahr arbeiten, um es sich in

---

[102] Am 12.12.1963.
[103] Ausführlich haben diese Entwicklung und ihre Hintergründe Philipp Bachmann und Erich Resch in ihren Arbeiten dargelegt.

Kenia zwei Wochen gut gehen zu lassen, kann nicht gesehen werden. Den meisten MassentouristInnen gefällt es, gerade diesem Bild von sich als reich wenigstens ein Mal im Jahr zu entsprechen.[104] So spielt man sich gegenseitig etwas vor. Die stereotypen Bilder könnten, wenn denn gewünscht, nur durch wirklich persönliche Beziehungen jenseits von organisierten all-inclusiv-Angeboten gebrochen werden – und zwar für beide Seiten.[105] Im Grunde betrifft der Kontakt zwischen TouristInnen und Einheimischen jedoch ohnehin nur einen winzigen Teil der Bevölkerung. Wohl werden vor allem bei jungen KenianerInnen Wünsche nach den materiellen Gütern geweckt, die die TouristInnen vorführen, nach Uhren, Kameras, Autos, Geld – doch von allzu großem direktem gegenseitigem Einfluss könne keine Rede sein, so Philipp Bachmann (Bachmann 1988: 74).

2.4. Tourismus heute

Seit 1990 stagnieren die BesucherInnenzahlen erneut. Was an den scheinbar stabilen Pfosten, auf denen die Tourismusindustrie basiert, nagt, hat nichts mit Kenias Attraktionen zu tun. Sie bestehen nach wie vor, werden von der kenianischen Regierung gehütet[106] und von TouristInnen geschätzt. Doch viele Begleiterscheinungen eines Urlaubs in Kenia haben auf UrlauberInnen abschreckende Wirkung. Ein Stranduralub ist durch die vielen Beachboys und Verkäufer nicht mehr sehr geruhsam. Die offensive Vermarktung traditioneller Kultur hinterlässt einen faden Geschmack. Die organisierten Safaris sind allzu perfekt, eine wirkliche Begegnung mit der einheimischen Bevölkerung ist kaum möglich und auch nicht vorgesehen. Nachrichten über „Hunger im Urlaubsparadies"[107], Korruption, Aids und Armut verderben den Urlaubsgenuss.[108] In Kenia sind nach Auskunft des Auswärtigen Amtes

---

[104] Dank der Währungsverhältnisse sind die Urlauber im Vergleich zur Bevölkerung ja tatsächlich „reich". Sich wirklich tief mit den Problemen des Gastlandes zu beschäftigen, würde den Urlaubsgenuss für die „schönsten Tage im Jahr" trüben. Die Diskussion um die Problematik und Ambivalenzen zu Reisen in Drittweltländer kann hier nicht ausführlich dargelegt werden. Sie geht im Übrigen vorwiegend von kritischen europäischen Intellektuellen aus, nicht von der dortigen Politik oder der einheimischen Bevölkerung. Vgl. Teil III Kap. 3.5 „Kolonialismus light? Die Wahrnehmung durch die koloniale Brille".
[105] Der Begriff „Stereotyp" ist in der Ethnologie nahezu ausschließlich negativ konnotiert. In den Kommunikationswissenschaften gilt er als wichtiges, absolut nötiges und nützliches Instrument zur Strukturierung der Phänomene und zur Orientierung in einer sonst unübersichtlichen Welt.
[106] Der Tourismus ist immerhin der größte Devisenbringer, vor den Exportgütern Tee und Kaffee.
[107] Die Schirmherrin der Deutschen Welthungerhilfe, Ingeborg Schäuble, im Offenburger Tageblatt vom 2.1.2006.
[108] Im Korruptions-Index rangiert Kenia unter 159 Ländern an 144. Stelle. Eine Schätzung besagt, dass der durchschnittliche kenianische Stadtbewohner 16-mal pro Monat besticht, z.B. Polizisten an Straßensperren. http://de.wikipedia.org/wiki/Kenia#Geographie [26.4.2006].

terroristische Anschläge nach wie vor nicht auszuschließen.[109] Wenn das *Abenteuer Afrika* darin besteht, gleich auf der Fahrt ins Hotel ausgeraubt zu werden, ist das kein guter Beginn einer Reise und die mit Maschinenpistolen bewaffneten Wächter um die Hotelanlagen wirken nicht beruhigend, sondern irritierend. Als rundum friedliches Paradies wurde Kenia nie vermarktet. Abenteuer, ja – doch die Touristenströme stagnieren, wenn das Urlaubsziel zu unsicher wird – zumal für die Reisewilligen auch andere Ziele locken und die Konkurrenz für das Urlaubsland Kenia wächst.[110]

Die Bewertung von Urlaubsreisen in Drittweltländern hat sich in den letzten Jahren sehr verändert. „Es gab eine Zeit", so Peter Holden[111] im Interview mit Christian Stock,

> „als wir den Dritte-Welt-Tourismus aus der Perspektive der reichen Westler betrachtet haben, die die armen Menschen der Dritten Welt für ihre Ferien benutzt haben und die ihre Bedürfnisse den dortigen Gesellschaften aufdrängten. Jetzt sehen wir, dass nicht alle Touristen mehr aus dem Westen kommen, und auch die Wahrnehmung der Dritten Welt ändert sich. Wir beobachten eine Globalisierung von Kapital, Wertvorstellungen und Konsumverhalten."

Diese Entwicklung könnte die Besucherzahlen wieder erhöhen: Es ist die Einbeziehung der indigenen Bewertung der Auswirkungen von Tourismus. Die einzig richtige Strategie sei, den betroffenen Menschen mehr Entscheidungsfreiheit zu ermöglichen (Stock 1989: 237). Der falsche Glaube, dass „wir Europäer dabei helfen können" die Probleme zu lösen, sei nichts anderes als eine eurozentrische Perspektive der Entsenderländer des Tourismus, so Paul Gonsalves. „Es ist unbedingt notwendig einzusehen, dass die Probleme des Tourismus alle betreffen, und dass nur gegenseitiger Respekt und die Teilhabe aller uns weiterführen" (Gonsalves 1989: 231).[112]

---

[109] http://www.auswaertiges-amt.de/diplo/de/Laenderinformationen/Kenia/Bilateral.html#t6 [20.9.2006].
[110] Die Stagnation von Touristenzahlen ist ein sehr komplexes Phänomen, für das es auch Gründe im Herkunftsland der Urlauber gibt wie z.B. zunehmende Arbeitslosigkeit und Verschuldung, instabile Währungslage und ungünstige Konjunktursituation oder globale Gründe wie Terrorwarnungen und Anschläge (Kaspar 1998: 22/23). Doch haben diese Gründe die Urlauberströme mehr gelenkt, keineswegs signifikant verringert.
[111] Reverend Peter Holden ist seit Beginn der internationalen Organisation ECTWT (Ecumenical Coalition on Third World Tourism) Mitglied, war eine Zeit lang Geschäftsführer. Diese Organisation wurde ursprünglich gegründet, um Opfer der Tourismusentwicklung zu unterstützen (Stock 1997: 235).
[112] Inzwischen gibt es viele Beispiele von Projekten, die den neokolonialen Charakter des Reisens durchbrechen und dafür sorgen, „dass sich Menschen wieder auf gleicher Ebene begegnen können" (Betz 1989: 210).

Auf der Internationalen Tourismus Börse ITB Berlin jedenfalls konnten sowohl FachbesucherInnen als auch EndverbraucherInnen „den Duft der großen weiten Welt erschnuppern und ihren nächsten Urlaub planen." Sie ist die führende Fachmesse der internationalen Tourismus-Wirtschaft. In einem dort aufgebauten (bezeichnenderweise) traditionellen Dorf mit typischen „Manyattas" standen das Kenya Tourist Board und 39 Leistungsträger der kenianischen Tourismusindustrie für Gespräche zur Verfügung. Offenbar hat sich der kenianische Touristenmarkt wieder erholt: Mit erneuten Zuwächsen bei den Einreisezahlen und einer Steigerung der touristischen Einkünfte von 15,9 Prozent habe Kenia das Jahr 2005 äußerst positiv abschließen können.[113] So reisten aus Deutschland 2005 mit 75.557 um 13,6 Prozent mehr Gäste nach Kenia, die Ankünfte aus aller Welt stiegen um 23 Prozent auf 1.670.429 Besucher. Auch auf der ITB im März 2006 in Halle präsentierte sich eine starke Kenia-Delegation.[114]

3. Zur Autorin

Am 4. Juni 1960 wird Corinne Hofmann, zurzeit eine der populärsten Bestsellerautorinnen im deutschsprachigen Raum, in Frauenfeld im Kanton Thurgau, in der Schweiz geboren. Ihre Mutter ist Französin, ihr Vater Deutscher. Sie besucht die Grundschule und Sekundarschule im Kanton Glarus. Nach der Berufslehre findet sie eine Stelle als kaufmännische Angestellte bei einer Versicherungsgesellschaft. Nach zwei Jahren macht sie sich selbstständig und eröffnet in Biel/Schweiz ein Geschäft. Dort verkauft sie in den folgenden fünf Jahren erfolgreich Brautmode und exklusive Second-Hand-Kleider.

1986 fliegt die junge Frau mit ihrem langjährigen Freund Marco zum Urlaub nach Mombasa. Am Ende dieser zweiwöchigen Kenia-Reise trifft sie den Samburukrieger Lketinga und verliebt sich in ihn. Zurück in der Schweiz trennt sie sich von ihrem Freund. Nach langem Hin und Her, wiederholten Reisen nach Kenia, kündigt sie ihre Wohnung, verkauft ihren Laden und wandert Mitte 1987 definitiv nach Kenia aus, um mit Lketinga in seinem Dorf Barsaloi im Samburudistrikt zusammenzuleben. Die beiden heiraten und bekommen eine kleine Tochter. Ende 1990 zieht sie mit dem inzwischen eineinhalbjährigen Kind zurück in die Schweiz.

---

[113] http://www.kenia-facts.de/blog/posts/article/kenia-auf-der-itb-2006/2006/03/06/ [14.1.2006].
[114] http://www.berlin.de/kultur-und-tickets/events/itb.html [24.9.2006].

In der Schweiz arbeitet sie wieder im Außendienst verschiedener Firmen. Auf Anregung einer Kollegin beginnt sie 1995, ihre Erlebnisse in Kenia aufzuschreiben und von ihrem Leben im afrikanischen Busch zu erzählen.[115] Diverse Verlage, denen sie das Manuskript vorlegt, winken ab. Im August 1998, also fast acht Jahre nach ihrer Abreise aus Kenia, veröffentlicht der A-1-Verlag München schließlich das Buch als Sachbuch.

Abbildung 5: Corinne Hofmann 1999 auf der Frankfurter Buchmesse[116]
(Hofmann 2003: 218)

(© 2003 A1 Verlag München)

---

[115] Dazu Frau Hofmann: „Mir ist durchaus klar, dass das Buch nicht jedem gefallen kann, und eine Doktorarbeit in Germanistik habe ich auch nicht abgelegt. Ich schrieb mir meine Erlebnisse zwischen Vollzeitarbeit und der Erziehung meiner Tochter nachts vom Herzen und freue mich nun, dass so viele Menschen dabei etwas Positives für sich gewinnen können" (Hofmann 2004: 156).
[116] Foto aus ihrem zweiten Buch „Zurück aus Afrika".

Corinne Hofmann wird in viele reichweitenstarke Talkshows eingeladen, unter anderem in Boulevard Bio, Stern-TV, Johannes B. Kerner-Show, 3 nach 9.[117] Am 16. September 2005 ist sie bei Wieland Backes im Nachtcafé, das Thema: „Leben in einer anderen Welt". Auf der Frankfurter Buchmesse und auf ausverkauften Lesereisen stellt sie ihr Buch vor. Dieses hat inzwischen zwei Nachfolgebände: „Zurück aus Afrika" und „Rückkehr nach Barsaloi". Beide Bücher kommen sofort nach ihrem Erscheinen auf die Bestsellerlisten.[118]

Frau Hofmann ist inzwischen auch nach kenianischem Recht von ihrem Mann geschieden. Sie lebt heute mit ihrer Tochter in Malvaglia im Tessin.[119]

4. Das Buch: sieben Jahre ein Bestseller

Der Verlag ist vorsichtig, schließlich ist die Autorin unbekannt und der Verlag klein. Die erste Auflage mit 10 000 Exemplaren jedoch ist rasch vergriffen. Der endgültige Erfolg kommt schnell und leise, von der Öffentlichkeit erst einmal unbemerkt. Am 16. September 1998 ist die offizielle Buchvorstellung in Winterthur. Ende November ist das Buch in der Schweiz auf allen Bestsellerlisten auf Platz 1 vorgerückt (Hofmann 2003: 145-151). Am 11.1.1999 taucht das Buch zum ersten Mal in der Spiegelbestsellerliste, Rubrik Sachbuch, auf: von Null auf Platz 10.[120] Dabei muss man bedenken, dass es in Deutschland pro Jahr etwa 60 Tausend Ersterscheinungen gibt.

Niemand hat offenbar mit diesem Erfolg gerechnet, am wenigsten die Autorin. Das Hardcover steht 52 Wochen auf der Bestsellerliste der Zeitschrift DER

---

[117] www.massai.ch/de/Erfolgsstory.asp [24.11.2005].
Beide Bücher sind noch im Februar 2007 auf der Taschenbuchbestsellerliste. (Buchhandlung Rombach Freiburg). http://www.spiegel.de/kultur/charts/0,1518,458992,00.html [26.2.2007].
[118] „Rückkehr nach Barsaloi" HC auf der SPIEGEL-Bestsellerliste im September 2006 noch immer auf Platz 10. Als Taschenbuch am 25.2.2007 seit sechs Wochen auf Platz 1 (Buchhandlung Rombach Freiburg).
[119] Die biografischen Angaben sind entnommen aus: www.massai.ch/de/Biografie.asp [24.11.2005] und www.3sat.de/specials/84423/index.html [6.4.2006] sowie einem Interview mit der Autorin. Ich danke an dieser Stelle noch einmal Chantal Imholz, die mir dieses Interview zur Verfügung gestellt hat. Sie hat es am 12.12.2005 mit Corinne Hoffmann in Luzern nach einer Lesung in der Buchhandlung Stocker geführt.
[120] DER SPIEGEL 2/1999.

SPIEGEL und ist dort Jahresbestseller im Jahr 1999 (Platz 3). Im März 2000 erscheint im Knaur-Verlag München die Taschenbuchausgabe. Auch die Taschenbuchausgabe steht in allen einschlägigen Bestsellerlisten von Gong, Stern, FOCUS und DER SPIEGEL und ist Jahresbestseller in den Jahren 2000 (Platz 4) und 2001 (Platz 2).[121] Noch am 30.4.2006, also mehr als sieben Jahre nach der Erstveröffentlichung, ist das Taschenbuch auf Platz 10 der Liste der TV-Zeitschrift Gong.[122]

Vor der neuen Manyatta
In diesem ersten Zuhause lebte ich gemeinsam mit Lketinga und seiner Mutter mehr als ein Jahr lang

Abbildung 6: Fotografien aus dem Buch „Die weiße Massai" (Hofmann 1999: 311)

(© 1999 A1 Verlag München)

Der Begriff Sachbuch ist im Literaturbetrieb nicht ganz eindeutig. Er dient in einem weit gefassten Sinn dazu, die Bestsellerlisten zweizuteilen. Als Sachbuch gilt in diesem Sinne alles, was nicht Belletristik, also nicht fiktional ist. In diesem Sinn bezeichnet DER SPIEGEL seit Beginn der 1960er Jahre die nichtfiktionale Literatur auf seiner Bestsellerliste als Sachbuch (Oels 2005b: 324). Das Buch „Die weiße Massai" fällt deshalb unter diese Rubrik, weil hier eine – reale – autobiografische Geschichte beschrieben wird. Wie alle Sachbuchautoren lässt die Autorin „den Leser nach dem Muster von Abenteuer- oder Detektivgeschichten teilhaben an der Entdeckung neuester >Wahrheiten<, ferner Länder oder historischer Ereignisse" (Oels 2005b: 326).

Hier können die LeserInnen am Leben einer Schweizerin teilhaben, das sie fast vier Jahre im afrikanischen Busch mit ihrem Mann, einem Samburukrieger, geführt

---

[121] Vgl.: www.massai.ch/de/Erfolgsstory.asp [1.8.2006].
[122] Ausgehängte Liste der Buchhandlung Rombach in Freiburg.

hat. Auf rund 300 Seiten beschreibt sie dieses Leben aus der Ich-Perspektive nahezu chronologisch: von der Ankunft in Kenia („Herrliche Tropenluft empfängt uns bei der Ankunft auf dem Flughafen Mombasa", Hofmann 1999: 7) bis zur Rückkehr in die Schweiz („Erst jetzt rollen meine Tränen. Ich schaue aus dem Fenster [des Busses] und verabschiede mit jedem Blick die vorbeiziehenden, vertrauten Bilder", Hofmann 1999: 300). Im Anhang ergänzen persönliche Fotografien und Briefe an ihren Mann, ihren Schwager, den Pater und eine Freundin in Kenia das Buch.

Ob ein Buch ein Bestseller wird, lässt sich nicht vorhersagen. Als landläufige Bedingungen für einen Erfolg werden z.b. ein eingängiger Stil, ein populärer Autorname, ausgeklügelte Werbemaßnahmen, eine Spannung erzeugende Konzeption und/oder ein aktuelles, womöglich kontroverses Thema genannt – hinreichend sind sie nicht (Oels 2005a: 51). Alle üblichen Marktstrategien werden hier zu Beginn gar nicht angewandt. Dazu gehören finanziell aufwändiges und systematisch betriebenes Marketing, gleichzeitige multimediale Verwertung, zum Erscheinungstermin veröffentlichte Rezensionen, Preisverleihungen u.ä. (Rautenberg 2003: 56). Zu Beginn ist das Buch ein reiner Selbstläufer, was in dieser Branche eher selten vorkommt. Hier scheinen mehr die kaum kalkulierbaren Multiplikatoreffekte zu greifen, die dafür sorgen, dass ein Buch wirklich ein Bestseller wird: „Jemand liest das Buch, es gefällt, er erzählt anderen davon, die es wiederum weiterempfehlen [...]" (Oels 2005a: 51).[123]

Es gibt keine verlässlichen Zahlen darüber, wie viele Bücher für eine gute Platzierung auf der Bestsellerliste verkauft sein müssen. Derzeit gehen Verleger und Agenturen von etwa 20 000 Exemplaren aus (Oels 2005a: 50). Von „Die weiße Massai" werden seit dem Erscheinen im August 1998 mehr als 3 Millionen Exemplare (HC und TB) in Deutschland, Österreich und der Schweiz verkauft.[124] Am 1. September 2005 erscheint die lang gewünschte englische Ausgabe. Insgesamt 26 Auslandslizenzen werden vergeben.[125] Das Buch „Die weiße Massai" ist ein überwältigender Publikumserfolg.[126]

---

[123] Wobei in diesem Fall gerade die kontroversen Diskussionen später in der Öffentlichkeit nicht unbeträchtlich den Verkauf angetrieben haben. Ich habe in diversen Buchhandlungen Kundinnen gefragt, warum sie sich das Buch kaufen. Die Antwort war häufig, über das Buch würde so kontrovers diskutiert (vor allem nach dem Filmstart), sie wollten sich jetzt selbst ein Bild machen und das Buch lesen.
[124] Stand: August 2006.
[125] http:// www.massai.ch/de/Erfolsstory.asp [1.8.2006].
[126] Ebenso die beiden Nachfolgebände. In „Zurück aus Afrika" schildert die Autorin ihre Erfahrungen in der Schweiz nach ihrer Flucht. In „Rückkehr nach Barsaloi" beschreibt sie u.a. ihr Wiedersehen mit ihrer afrikanischen Familie nach 15 Jahren, die Veränderungen im Samburudorf und die Reaktionen der Samburu auf die Popularität durch die Filmaufnahmen und den Film.

5. Der Film

Ende September 2004 beginnen in Kenia die Dreharbeiten zum Film. Prof. Dr. Günter Rohrbach[127] produziert den Film in Kooperation mit Herbert und Alena Rimbach für die Constantin Film Verleih GmbH. Die Constantin Filmproduktion wird vom FilmFernsehFonds Bayern (FFF), dem Bayrischen Bankenfonds (BBF) und der Hamburger Filmförderung insgesamt finanziell in Millionenhöhe unterstützt. Aus einer epischen, autobiografischen Geschichte wird zunächst ein Drehbuch. Es macht aus einem 315 Seiten starken, relativ nüchtern geschriebenen Sachbuch eine Filmgeschichte für zwei Stunden, Genre: Liebesgeschichte, Melodram.

Die Dramatisierung ist, so man das Buch kennt, an vielen Stellen deutlich zu sehen. Drei Beispiele sollen hier genügen: So verlässt Carola ihren Freund im Film plötzlich am Flughafen direkt vor dem Abflug und bleibt gleich in Kenia. In Wirklichkeit war das ein langes Hin und Her zwischen der Schweiz und Kenia, bis sie endgültig auswandert. Der Schluss entspricht dem dramatisierten Beginn: Nach viel Spannung, ob ihr Mann seine Unterschrift gibt, reist sie mit dem Bus in letzter Minute ab. In Wirklichkeit hat sie Monate erst mit ihrem Mann, später allein mit der Tochter in Mombasa gelebt und wollte eigentlich mit ihrer Arbeitserlaubnis in Kenia bleiben. Eifersucht, Streitereien, Schläge und die Auswirkungen von Alkohol und Miraa werden im Buch vergleichsweise nüchtern erzählt, wirken im Medium Film außerordentlich heftig und entsprechend emotional. Drehbuchautor ist Johannes B. Wetz. Corinne Hofmann darf Einwände vorbringen und Vorschläge machen und ist am Schluss im Großen und Ganzen mit dem Ergebnis zufrieden.[128]

Es entsteht eine eigene Geschichte, die mit filmischen Mitteln, den visuellen und akustischen Möglichkeiten des Films, erzählt wird. Verdichtung, „context-enrichment", ist dabei die wesentliche, inhärente Eigenschaft von Filmen (Loizos 1992: 50-65). Die narrative Struktur des Films orientiert sich am Buch. Die Kamera begleitet die Protagonistin. Sie nimmt fast durchgängig eine Perspektive von außen, die Beobachterperspektive, ein, manchmal auch die Erlebnisperspektive der weiblichen Hauptrolle. Keine Off-Stimme erklärt den RezipientInnen die Vorkommnisse und Gegebenheiten oder kommentiert Handlungen. Dadurch entsteht auf der einen Seite

---

[127] Die Idee zur Verfilmung hatte Günter Rohrbach, nachdem er Corinne Hofmann in einer Talkshow mit Alfred Biolek gesehen hatte, in der sie das Publikum mit ihrer ungewöhnlichen Geschichte fesselte.
http://www.djfl.de/entertainment/djfl/1120/112064produktionsnotizen.html [22.1.2006].
[128] Sie sagt aber auch im Interview: „Es fehlt im Film so viel, was man nur im Buch erfahren kann."
http://www.kino-zeit.de/news/artikel/1199_constantin-film-verfilmt-corinne-hofmanns-bestseller-quotdie-weiszlige-massaiquot.html?PHPSESSID=dc07d55c853f03c252188ba8768368fc [22.10.2005].

der Eindruck einer Dokumentation (Perspektive der 3. Person). Auf der anderen Seite wird die Illusion des Dabeiseins und damit eines Betroffenseins, ja der Identifikation, (durch die Perspektive der 1. Person) ermöglicht.[129]

Die beiden Titelrollen werden von der deutschen Schauspielerin Nina Hoss und dem in Paris lebenden, aus Burkina Faso stammenden Schauspieler Jacky Ido verkörpert.[130] Er kommt Monate vor Drehbeginn in das Samburuland, lebt dort, lernt die Sprache, die Tänze und die Kunst der Krieger, sich zu bewegen, zu schminken und zu kleiden. [131] Auch für ihn als Afrikaner ist die Lebensweise der Samburu fremd, eine Tatsache, die durch die Generalisierung *der* Afrikaner Europäern häufig nicht bewusst ist. Jacky Ido in einem Interview:

> „Ich wusste überhaupt nichts von Ostafrika. Ich kannte nur Westafrika. Man vergisst immer, dass dieser Kontinent kein monolithischer Block ist, sondern ungemein vielfältig. Afrikaner sind keineswegs alle gleich. Hinzu kommt, dass die Samburu-Massai nur ein einziger von 42 kenianischen Stämmen sind. Auch die Kenianer kennen sie nicht sehr gut."[132]

Auch Nina Hoss verbringt vor Drehbeginn längere Zeit bei den Samburu. Erklärtes Ziel der Regisseurin ist es, „ein genuines Bild von Afrika zu transportieren". Bewusst werden Afrika-Klischees vermieden. Es kommt weder eine Giraffe noch ein Löwe oder Zebra vor. Gezeigt werden soll nicht das touristische Kenia, sondern die Landschaft, in der die Samburu wirklich leben. Und dort „sieht man außer Pavianen oder Hyänen nur Ziegen und Kühe."[133]

Die Regisseurin Hermine Huntgeburth recherchiert über Wochen vor Drehbeginn an den Orten, an denen Corinne Hofmann gelebt hat und macht sich mit der Lebensweise der Samburu vertraut. Als Drehland ist auch Südafrika mit seiner Infrastruktur und gut funktionierenden Filmwirtschaft im Gespräch. Doch Authenzität ist ein wesentliches Ziel der Verfilmung. In Ngelai, mitten Busch im Norden Kenias, werden das Dorf und die Missionsstation aufgebaut. Unter Berücksichtigung besonderer Anforderungen der Set-Designer bauen Samburufrauen aus der Gegend die Hütten,

---

[129] Manche Szenen sind tatsächlich dokumentarisch in dem Sinn, dass z.B. bei den Massenszenen auf dem Busbahnhof oder auf der Fähre einfach so, ohne Inszenierung, mit Steadicam aus der Hand gefilmt wurde. Siehe dazu ausführlich das Regiegespräch mit Hermine Huntgeburth unter: www.kino.de/newsvoll.php4?nr=188258&PHPSESSID=185e [3.8.2006].
[130] Die Auswahl eines Samburu oder Massai für die männliche Titelrolle scheiterte daran, dass es für sie unmöglich war, einige Szenen – vor allem die Sexszenen und Umarmungsszenen – zu spielen.
[131] http://www.merkur-online.de/nachrichten/kultur/film/art368,432730.html [6.4.2006].
[132] http://www.br-online.de/kultur-szene/film/kino/0411/04055/index.shtml [6.4.2006].
[133] Regiegespräch: www.kino.de/newsvoll.php4?nr=188258&PHPSESSID=185e [3.8.2006].

wie es bei ihnen Brauch ist.[134] Um den Hütten die entsprechende Patina zu verleihen, werden sie von ihnen eingewohnt. Es wird an weiteren Originalschauplätzen gedreht, so in Nairobi, Maralal und in dem Städtchen Wamba. Die meisten Laiendarsteller und Komparsen sind Samburu.[135] Für alles, was im Film mit der Kultur der Samburu zu tun hat – Sprache, Kleidung, Essen, Gesten, Schmuck, Haartracht usw. – ist täglich ein Samburu als Berater am Set.[136]

Der Film wird von der FBW (Filmbewertungsstelle Wiesbaden) mit dem Prädikat „besonders wertvoll" ausgezeichnet. In §6 (2) der Beurteilungskriterien heißt es:

> „[…] daß man das Einzelwerk nur in Abhängigkeit von jenen Standards beurteilen kann, die die Gattung selbst erreicht hat. Allein dieses Kriterium ist ausschlaggebend und nicht etwa die Frage, ob es sich um einen ernsthaften oder einen nur unterhaltenden Film handelt!"

Der Film wird der Gattung Liebesdrama zugeordnet. Die Begründung lautet: „Die authentische Geschichte einer großen Liebe und ihres Scheiterns ist ein adäquater Kinostoff, in dessen Mittelpunkt afrikanische Kultur und Landschaften stehen. Ein schöner und bewegender Film".[137]

Der Film kommt am 15. September 2005 in die Kinos und wird ein überwältigender Erfolg. Er führt sechs Wochen die Kino-Hitliste an.[138] Er ist der erfolgreichste deutsche Film im Jahr 2005. Er ist unter den TOP TEN Filmen 2005, in Konkurrenz mit Filmen wie „Harry Potter" und „Star Wars III". Bis Mitte November 2005 haben in Deutschland über 2,5 Millionen Kinobesucher den Film gesehen.[139] Im Freiburger CinemaxX z.B. ist man auf den Ansturm nicht vorbereitet. Es muss umdisponiert werden – der Film wird drei Wochen im größten Saal gezeigt (Interview). Insgesamt läuft er dort zehn Wochen. In der Roy Thompson Halle in Toronto bekommt der Film bei der Weltpremiere in der ausverkauften Halle eine Standing Ovation. Die Schauspielerin Nina Hoss wird am 13.1.2006 mit dem Bayrischen Filmpreis 2005 für ihre überragende Darstellung der Carola in „Die weiße Massai" ausgezeichnet.[140] Am 19.5.2008 wird der Film das erste Mal im deutschen Fernsehen gezeigt.

---

[134] Eine Anforderung war z.B. die Größe der Hütten und dass sie Fensteröffnungen hatten, weil im Innern ohne Scheinwerfer oder Lampen gedreht werden sollte.
[135] Siehe: http://www.djfl.de/entertainment/djfl/1120/112064produktionsnotizen.html [22.1.2006].
[136] Siehe auch Bonus-DVD zum Film.
[137] Siehe: http://www.fbw-filme.de/beurteilungskrit/kriterien.html [11.4.2006].
[138] FOCUS 41/ 2005.
[139] Siehe: http://www.massai.ch/de/Erfolgsstory.asp [6.4.2006].
[140] Siehe: http://www.br-online.de/kultur-szene/film/kino/0601/05666/ [3.8.2006].

6. Publikatorische Wirkung – Beobachtungen und Befunde

6.1. Befunde in Printmedien und Internet

Es gibt kaum eine regionale Tageszeitung, die am 15. September 2005 keine Filmbesprechung oder keinen Kommentar zum Film „Die weiße Massai" abdruckt. Auch überregionale Tageszeitungen wie FAZ, Süddeutsche Zeitung und Neue Zürcher Zeitung reagieren mit Beiträgen auf den Filmstart. Ebenso äußern sich zum Film Wochenzeitschriften wie DER SPIEGEL und Stern und diverse Online-Ausgaben. Das sind jeweils keine kurzen An- oder Bemerkungen, sondern bebilderte, ausführliche, lange Beschreibungen zum Filminhalt und entsprechende Stellungnahmen und Kritik.[141] Dabei sind es vor allem zwei Filmstandbilder, die zur Illustration herangezogen werden: das Hochzeitsbild und das Bild, auf dem die lachende Protagonistin im weißen Hochzeitskleid inmitten von Samburufrauen sitzt.[142]

Der erfolgreiche populäre Film wird in den Medien als Fortsetzung einer Reihe von anderen in Ostafrika spielenden Filmen gesehen. Dabei geht es insbesondere um zwei Verfilmungen ebenfalls autobiografischer Buchvorlagen. Das ist zum einen „Afrika – dunkel lockende Welt" von Tania Blixen. Das Buch wurde von Sydney Pollak unter dem Titel „Out of Africa" verfilmt und kam unter dem Titel „Jenseits von Afrika" 1986 in die deutschen Kinos. Zum anderen ist es das Buch „Nirgendwo in Afrika" von Stefanie Zweig, das unter dem gleichnamigen Titel 2001 von Caroline Link verfilmt wurde.

---

[141] Beispielsweise in DER SPIEGEL 1 ½ Seiten, in der FAZ eine halbe Seite.
[142] Quelle der Fotos: http://outnow.ch/Media/Img/2005WeisseMassai/ [3.8.2006].

Abbildung 7: Stills – Hochzeitsbilder

(© 2005 Constantin Film Verleih GmbH)

In manchen Artikeln wird dem Film vorgeworfen, er würde die Popularität und den Erfolg dieser beiden Filme für sich ausnutzen. Es gibt in der Tat einige Gegebenheiten (sogar Szenen), die die drei Filme gemeinsam haben: Sie sind autobiografisch, von Frauen geschrieben und spielen im Gebiet des heutigen Kenia. Doch „Die weiße Massai" spielt weder *jenseits* noch *nirgendwo* in Afrika, weder zur Kolonialzeit unter den Engländern noch während des 2. Weltkriegs unter jüdischen Emigranten, jeweils mit den Savannen und den Menschen Ostafrikas als Kulisse, sondern heute und mittendrin. Es ist eine gänzlich andere Geschichte.[143] Der in Europa erfolgreiche Film „Der ewige Gärtner", der von Fernando Meirelles verfilmt wurde und 2006 in die deutschen Kinos kam, hat nun tatsächlich Kenia nur noch als Kulisse. Er hat in der kenianischen Presse großen Protest hervorgerufen, wurde doch der Standort Kenia nur wegen der cineastischen Infrastruktur gewählt und hat ein negatives Image aber auf Kenia übertragen.[144]

---

[143] Die gänzlich anders rezipiert wurde. Die beiden genannten Filme wurden in Europa und in den USA in den Medien sehr gelobt, mit Oscars ausgezeichnet. David Budd schreibt in Bezug zu „Out of Africa", dass uns hier zwei Modelle kolonialen Verhaltens gegenüber Afrika und Afrikanern präsentiert werden (Karen alias Tania Blixen und Denys Finch Hatton, ihr Geliebter): „For Denys the wide-open continent belongs to anyone and no one, and he leads safaris, sells elephant tusks, and leaves natives to their indigenous state, in both sickness and health. Karen unabashedly brings European ideas of education, medical care, justice, and behaviour to her plantation" (Budd 2002: 114).
[144] Vgl. dazu unter „The Africans – true or false?" von John Kariuki im Weekend Magazin vom 27.1.2006: http://www.nationmedia.com/dailynation/nmgcontentry.asp?premiumid=0&category_id=31&newsid=6596C.

Abbildung 8: Kommentare und Kritiken in Printmedien

In den Printmedien entfaltet sich eine äußerst konträre Wahrnehmung der erzählten Filmgeschichte und deren Beurteilung. Das beginnt beim erleichtert-erstauntem Lob, dass es endlich einmal einen in Afrika spielenden Film ohne die üblichen Klischees gäbe (Stadler, Salzburger Nachrichten 19.12.2005), der Wahrnehmung des Filmes als „sehenswert" (Bernhard, ZDF aspekte 26.8.2005), „ohne falsche Romantik" (Vogel, Berliner Zeitung 13.9.2005) und mit einer „faszinierenden Geschichte" (Mühlheims, Stern 14.9.2005). Es geht über die eher sachlichen, neutralen, differenzierten Kommentare in der FAZ, dem Rheinischen Merkur und den Nürnberger Nachrichten bis hin zum polemischen Spott der Berliner Morgenpost – „mit Ethnokitsch durchtränkter Schmachtfetzen" (Zander, 15.9.2005) – zum „Kitschopus" und dem „Rausch in und durch Exotik" (Luttmann, journal ethnologie 2/2008), dem „Sextourismus in gehobener Form" (Suchsland, Telepolis 23.9.2005), einem Film für die „Durchgeknallten dieser Erde" (Graetz, cineZone 15.9.2005). Allein die Überschriften der verschiedenen Artikel spiegeln eine erstaunlich emotionale Vehemenz wieder: „Zum Scheitern verurteilt" (Schäfer, Basler Zeitung 15.9.2005), „Buschtrommeln und Kuhglocken" (Zander, Berliner Morgenpost 15.9.2005), „Bye-bye, schöner Wilder" (Koll, Rheinischer Merkur 16.9.2005), „Sexueller Kick beim

Ziegenhüter" (Suchsland, Telepolis 23.9.2005), „Keine Küsse und kein Kuscheln in Kenia" (Meier, Nürnberger Nachrichten 16.9.2005), „Culture Clash" (Bohlmann, Filmmagazin 15.9.2005) oder „Kriegerin in weißer Mission" (Koll, Kieler Nachrichten 15.9.2005), um nur ein paar zu nennen.

Zusammen mit den darauf reagierenden Leserbriefen entwickelt sich so in der Öffentlichkeit der Printmedien eine heftige Debatte, die nicht zuletzt mit den Anstoß für diese Arbeit gab. Populärer Journalismus möchte, so zitiert Rudi Renger Hermann Bausinger, „auf der Basis von sensationeller Berichterstattung zwischen Fakten und Fiktionen zu maximalem unternehmerischen Profit gelangen und vermarktet Schicksale und Gefühle mit dem Suggestionsmittel der journalistischen Glaubwürdigkeit" (Renger 2006: 273). Das gilt auch für polemische Kritiken über Medienereignisse wie „Die weiße Massai".

Die ersten Rezensionen über das Buch stammen aus dem Jahr 1999 – von der breiten Öffentlichkeit ziemlich unbemerkt: In der Neuen Zürcher Zeitung vom 3.6.1999 unter dem Titel „Verfehlte Begegnung. Kenyanisch-deutsche Ehegeschichten" (Brunold NZZ) und in den Berliner LeseZeichen Ausgabe 11+12/99 unter dem Titel „Bittere Erfahrungen in Zentralafrika" (John 1999). Eine andere bezieht sich bereits auf das Taschenbuch und stammt vom Goethe-Institut (Sow, 2000).[145] Auch hier zeigt sich, sozusagen von Beginn an, die Polemik und Kontroverse, aber auch eine unaufmerksame, um nicht zu sagen schlampige, Recherche und Wiedergabe, die die Rezeption von öffentlich-offizieller Seite über Buch und Film weitgehend bestimmen sollte.[146]

Der Internetbuchversand Amazon stellt gleich zu Beginn des sich anbahnenden Erfolgs eine Plattform bereit, auf der Kunden eigene Rezensionen, ihre Meinung und Kommentare zum Buch schreiben können. Der erste Eintrag datiert vom 11. November 1998, also drei Monate nach dem Erscheinen des Buches. Hier zeigen sich von Anfang an konträre Wahrnehmungen, Beurteilungen und Reaktionen des Publikums.

Die Auswertung von 235 Kundenrezensionen im Zeitrahmen von 1998 bis 2006 nach Verteilung der Sterne macht im Schaubild diese konträre Verteilung deutlich.

---

[145] http://www.goethe.de/ins/cm/yao/prj/dla/wer/wma/aut/de157390.htm [18.4.2006].
[146] Ohne dieser Arbeit vorgreifen zu wollen, muss gesagt werden, dass das Buch hier ganz offensichtlich nicht aufmerksam gelesen wurde. All zu viele Falschzitate und Voreingenommenheiten in Bezug auf gesehene Zusammenhänge lassen sich in der Rezension von Georg Brunold von der NZZ zeigen. Die Rezension von Alioune Sow des Goetheinstitutes ist sachlicher, enthält aber auch falsche Angaben und diskussionswürdige Darstellungen, die so im Buch nicht vorkommen. Bei Hans-Rainer John von Berliner LeseZeichen ist schon der Titel peinlich, verlegt er doch Kenia schlicht nach Zentralafrika. Seine Rezension ist dann zwar sehr sachlich, ja wohlwollend, aber auch er sieht Dinge, die so im Buch einfach nicht vorkommen.

Die Kunden können hier zu ihren schriftlichen Kommentaren BeurteilungsSterne vergeben: 5 Sterne als Höchstbewertung, 1 Stern als Niedrigstbewertung.

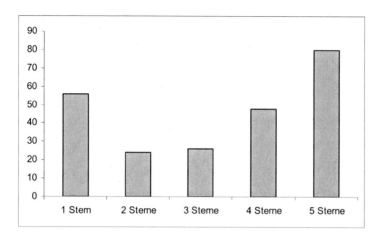

Abbildung 9: 235 Kundenrezensionen / Verteilung der Sterne, Zeitrahmen: 1998 - 2006[147]
(Eigene Grafik)

Gleichzeitig zu diesen verschiedenen Möglichkeiten, im Internet Kommentare in Form von Statements zum Buch abzugeben, entstehen Chatrooms und Netzwerke, in denen zuerst über das Buch, später vor allem über den Film diskutiert wird.[148] Die Äußerungen sind, wie bei synchroner und asynchroner Netzwerkkommunikation üblich, anonym bzw. mit dem Vornamen oder mit Nicknames versehen. Die Teilnehmer tauschen sich unverblümt und umgangssprachlich über Film und Buch aus. Die Reaktionen des Publikums sind überwiegend positiv, doch wiederholt sich auch hier die Beobachtung einer ausgesprochen konträren Sichtweise und Bewertung. Die Diskussionen sind heftig und emotional. Es bilden sich Gruppen, die sich gegenseitig in ihrer Argumentation unterstützen oder heftig gegeneinander argumentieren.

---

[147] http://www.amazon.de/exec/obidos/tg/stores/detail/-/books/3426614960/customer-reviews/qid%3D 1141319573/sr%3D8-2/ref%3Dsr%5F8%5Fxs%5Fap%5Fi2%5Fxgl/028-1649717-1615709 [23.3.2006].
[148] So beispielsweise http://www.bboard.de/foren-archiv/1/32000/31560/die-weisse-massai-36112009-1818-62330.html. [20.10.2005] oder das hier ausgewertete http://www.massai-special.film.de/ unter ‚Gästebuch' [20.2.2006] oder unter: http://www.bol.de/shop/bde_bu_hg_startseite/suchartikel/die_ weisse_massai_filmbuch/corinne_hofmann/ISBN3-426-61496-/ID1567206.html [23.11.2005] oder http:// www.discussioncorner.de/catalogue/report,3426614960,2,0,Die_wei%DFe_Massai.html [23.11.2005].

Ein für Bücher und Einzelfilme ungewöhnliches Phänomen ist das Auftauchen des Begriffs Fan.[149] Auffallend viele LeserInnen und KinogängerInnen bezeichnen sich selbst als Afrika-Fan oder als Kenia-Fan, häufig als Grund dafür, überhaupt das Buch gekauft zu haben bzw. ins Kino gegangen zu sein. Viele schreiben, dass sie das Buch mehrmals gelesen hätten und mehrmals im Kino waren. Hier also trifft die publikatorische Wirkung auf eine Gruppe, die ein leidenschaftliches Interesse für den afrikanischen Kontinent bekundet.[150] Das Interesse richtet sich aber auch auf die Autorin und die Figur der „weißen Massai": So wird von Corinne-Hofmann-Fans und von Weiße-Massai-Fans gesprochen. Das ist deshalb ungewöhnlich, weil im Kontext von Filmen sich der Terminus normalerweise entweder auf einen berühmten Schauspieler oder Regisseur (z.b. Woody-Allen-Fan) bezieht oder auf die Vorliebe für ein Genre (z.B. WeStern-Fan) oder für eine Serie (z.B. Star-Trek-Fan). *Fan sein* ist ein positiver Begriff, der Zuwendung und Begeisterung für etwas oder jemanden ausdrückt. Viele bekunden damit eine ungewöhnlich emotionale Verbundenheit mit der Autorin und dem, was sie erzählt. Corinne Hofmann bedankt sich auf Lesereisen und in Fernsehsendungen für die Fanpost, die sie erhält. Entsprechende Foren und Chats ähneln Fanpages, auf denen man sich mit anderen austauschen kann.

6.2. Beobachtungen: Wer sind die RezipientInnen?

Millionen Menschen haben das Buch gelesen und den Film gesehen. Genaue Aussagen zu machen, wer die RezipientInnen sind, ist unmöglich. Es gibt kein Datenmaterial, das exakte Angaben über LeserInnen und KinogängerInnen macht, und das ausgewertet werden könnte. Aber welche Beobachtungen würden einer annähernd korrekten Antwort auf diese Frage dienen?

Zwei Gruppen von RezipientInnen wurden oben bereits genannt: Das sind einmal die JournalistInnen. Sie schauen sich Filme von Berufswegen an, um anschließend in den Medien darüber zu berichten und Kritiken zu schreiben. Wenn man bedenkt,

---

[149] Im Bereich der Literatur spricht man gewöhnlich nicht von ‚Fan' sondern von ‚Liebhabern'.
[150] Diese ausgeprägte Topophilie, die sich hier auf ein ganzes Land bzw. einen Kontinent bezieht, als geliebter, auch für das Identitätserleben bedeutungsvoller Raum, ist ein Topos, dem im Rahmen dieser Arbeit leider nicht genug Aufmerksamkeit geschenkt werden kann. Siehe dazu: Wöhler 2002: 153.

unter welchen Umständen solche Berichte entstehen[151] und welchem Zweck sie in der Medienwelt unter Umständen dienen – wie z.b. dem Zweck eines maximalen unternehmerischen Profits –, haben Aussagen über die Person des Berichterstatters meist wenig Bedeutung. Bedeutung haben das Image und die Reichweite der Zeitung und Zeitschrift, in der der Artikel erscheint. Daraus rekrutiert sich die Zahl der LeserInnen und die Breite und Beeinflussung durch die erschienene Kritik. So haben einige meiner InterviewpartnerInnen auf die Frage, warum sie sich nicht den Film angesehen haben, geantwortet, sie hätten eine schlechte Kritik z.b. in der von ihnen als Autorität betrachteten Süddeutschen Zeitung oder in DER SPIEGEL gelesen.

Die andere bereits genannte Gruppe ist die der professionellen wie privaten AfrikainteressiertInnen und AfrikaliebhaberInnen, wobei diese Tatsache allein die Beurteilung von Film und Buch sowohl in die positive wie – in selteneren Fällen – negative Richtung beeinflussen kann. Meist werden die Vorkommnisse im Film und die Beschreibungen im Buch jedoch durch eigene Afrika- und Keniaerfahrungen bestätigt. Alle meine InterviewpartnerInnen beispielsweise, von denen einige auch von Berufs wegen längere Zeit in Kenia waren (als Ärztin, als Geologe, als Entwicklungshelferin, als Ethnologe), haben einstimmig die Authenzität des Films bestätigt: „Es ist einfach so dort".

6.2.1. Alter

Über das Alter der RezipientInnen können einige Aussagen gemacht werden. Der Film wurde in Deutschland ab 12 Jahre frei gegeben.[152] Aus den Aussagen und Formulierungen in den Beiträgen im Internet, den Beobachtungen in und vor den Kinos und bei den Lesungen mit Corinne Hofmann kann man schließen, dass die KinogängerInnen (und LeserInnen) im Alter zwischen 12 und 70 Jahren waren, dass also eine sehr breite Gruppe Interessierter angesprochen wurde.[153] Manche geben im Internetforum direkt ihr Alter an: „Ich bin 15 Jahre alt" oder „Mit meinen 65 Jahren

---

[151] An erster Stelle wäre der enorme Zeitdruck zu nennen, unter dem die Berichte entstehen. Dazu *muss* man – anders als private RezipientInnen – als Kritikprofi (vor allem bei kleinen Tageszeitungen) in Filme gehen, unabhängig davon, ob man das Genre, die Schauspieler oder den Regisseur usw. mag oder nicht oder man überhaupt an diesem Abend Lust dazu hat. Die Zeitungen, für die man schreibt, haben ein Image und einen Stil zu vertreten und zu verteidigen, die im Artikel zum Ausdruck kommen sollen, unabhängig von persönlichen Vorlieben und Abneigungen. Meist gibt es auch einen vorgeschriebenen Umfang (Zeilenbegrenzung). Das sind nur einige, aber sehr wichtige Einwände, wenn man bei der Rezeption von Filmen von einem dialogischen, kognitiv-emotionalen Prozess ausgeht. Siehe auch Bourdieu 1997: Post-Scriptum.
[152] Ich selbst konnte im Kino auch einige wenige Jüngere entdecken. Manche RezipientInnen fanden die Altersbeschränkung wegen einiger Szenen „unverantwortlich" und hätten sich den Film erst für 16-jährige freigegeben gewünscht (amazon. customer).
[153] Meine 90jährige Interviewpartnerin war eine Ausnahme, denke ich.

habe ich [...]". Bestimmte Formulierungen lassen Rückschlüsse auf das Alter zu: z.B. „GeStern war ich mit meiner Mama im Kino" oder „Ich war schon vor 30 Jahren in Kenia" oder „Zweimal war ich da, im Abstand von 12 Jahren". Sprachliche Äußerungen im „Internetslang", Kleinschreibungen und Formulierungen wie „Hi Leute, also ich bin echt begeistert" oder „Den Film fand ich soooooooo toll" oder „Du hast doch echt keine ahnung!!!!!" oder „Der Film ist so geil!!!" lassen eher auf ein Publikum unter 35 Jahren schließen, zu deren Alltagshandeln es gehört, in dieser Art im Hinblick auf Austausch über Filme das Internet und Chatrooms zu benutzen oder zu besuchen.

6.2.2. Geschlecht

Was das Geschlecht der LeserInnen und KinogängerInnen betrifft, überwiegt eindeutig das weibliche. Britta im Forum drückt das so aus: „Ich war im Film ‚Die weiße Massai'. War Ladiesnight. Nur Frauen im Kino und dann der Film. Wow! Ich bin immer noch begeistert." In den meist schon lange vorher ausverkauften Lesungen sind mehr als 70% Mädchen und Frauen.[154] Können sich im Internet hinter weiblichen Namen grundsätzlich auch Männer verstecken, „outen" sich Männer als Männer und betonen: „Bin auch als Mann sehr gespannt auf den Film.

Die Regisseurin Hermine Huntgeburth wurde in einem Interview gefragt, ob es nicht schwierig gewesen sei, einen „Frauenstoff" auch für Männer interessant zu machen. Sie antwortete darauf: „Das Verrückte ist ja, dass die Männer den Film bei einer Testvorführung gar nicht als Frauenstoff empfunden haben und ihn für genauso interessant oder relevant hielten wie die Frauen."[155] Es sind eindeutig überwiegend Rezipienten weiblichen Geschlechts, die sich im Internet zu Buch und Film äußern. Zwischen all den Ninas, Ulrikes, Dianas, Alexandras und Brittas gibt es dann auch einen Matthias oder Angelo. Beobachtungen vor dem Kino zeigen Männer fast ausschließlich in weiblicher Begleitung. Es gehen also viele Paare (vor allem signifikant viele binationale Paare) ins Kino und Frauengruppierungen unterschiedlichster Kombination: Freundinnen, Mutter und Tochter, Oma und Enkelin, Kolleginnen. Diese Konstellationen wiederholen sich auch in den Lesungen und Vorträgen mit Corinne Hofmann.

---

[154] Diese Konstellation fand sich auch in Luzern in der Buchhandlung Stocker am 12.12.2005. Siehe auch: http://www.literaturschock.de/autorengefluester/000088 [22.9.2006].
[155] Das Regiegespräch ist zu lesen bei: http://kino.de/newsvoll.php4?nr=188258&PHPSESSID=185e [16.9.2005].

6.2.3. Soziale Stellung

Die Frage, welcher Gesellschaftsschicht die RezipientInnen angehören, lässt sich nur indirekt beantworten. In der dieser Arbeit zugrunde liegenden Theorie über die Sozialstruktur bei Pierre Bourdieu würden die RezipientInnen in ihrer Mehrheit der mittleren Klasse resp. dem (Klein)Bürgertum zugeordnet.[156] Dort finden die Auseinandersetzungen um „Die weiße Massai" statt. Die Zuordnung kann auf Grund von Zeichen als Differenzierungsmerkmale (z.B. Statussymbole materieller Art), auf Verhaltensmodi sowie verbale und schriftliche Äußerungen erfolgen. Sie lassen Rückschlüsse zu auf die Wahrnehmungs-, Denk- und Handlungsmuster der RezipientInnen, auf ihren Lebensstil (exakter im von Bourdieu verwendeten Vokabular: ihren Habitus) und damit auf ihre soziale Positionierung (Bourdieu 1992: 33/34). In diesem Zusammenhang wurden die Interviews wichtig, denn direkte Auskünfte über die soziale Herkunft der AmazonrezensentInnen oder der ForumteilnehmerInnen gibt es nicht, nur indirekte – in der Ausdrucksweise, Wortwahl, Wahl der Vergleiche, Schreibfehler, Interpunktionsfehler u. ä. Aber um zu verstehen, welche Leute sagen, was sie sagen, waren die Interviews außerordentlich wichtig, die vielen kurzen Gespräche im Vorübergehen, ebenso die Besuche im Kino, bei den Lesungen und Vorträgen von Corinne Hofmann.

Auf der Amazon-Plattform wird deutlich, dass die LeserInnen über den Inhalt des Buches reflektieren und sich äußern können. Das sind wirkliche Texte, in denen eine Meinung und Betroffenheit (im weitesten Sinn, negativ wie positiv) zum Ausdruck gebracht werden, und es auch ein Anliegen ist, dies zu tun. In den schriftlichen und mündlichen[157] Äußerungen kommt insbesondere jene Bildungsbeflissenheit zum Ausdruck, die Bourdieu als signifikant für diese Gruppe sieht (Bourdieu 1982: 503f). Diese Bildungsbeflissenheit zeigt sich z.B. in den heftigen Vorwürfen zu möglichen Stereotypen, Klischees oder Ethnozentrismus, die man in Film und Buch auszumachen glaubt, die aber weder benannt noch begründet werden. Sie zeigt sich in Äußerungen darüber, wie oft man schon in Kenia respektive anderen afrikanischen Ländern war, um sich damit als Kenner zu positionieren. Sie offenbart sich im angestrengten und naiven Ernst, mit dem die Meinungen geäußert werden und in dem debattiert wird, im Gegensatz zu den „ungezwungenen, leichten und eleganten Umgangsformen" der gehobenen Gesellschaftsschicht (Jurt 2003: 70/71). Sie verrät sich in der Empörung darüber, dass Massai und Samburu zu Beginn der Geschichte

---

[156] Wobei sich Bourdieus Sozialstruktur nicht auf ein einfaches Schichten- oder Klassenmodell reduzieren lässt, da er die Gesellschaft nicht nur nach „unten" und „oben", sondern auch entlang einer horizontalen Achse differenziert (Rehbein 2006: 117).

[157] Meine InterviewpartnerInnen sind überwiegend AkademikerInnen oder haben Abitur. Bei ihnen können exakte Angaben über Bildung und Beruf gemacht werden.

gleichgesetzt werden, wo „doch jeder halbwegs Gebildete auf den ersten Blick" (amazon.customer) den Unterschied erkennen würde.

Sie bekundet sich vor allem in den Kommentaren zum Schreibstil der Autorin – auch wenn der eigene Text vor Rechtschreibfehlern strotzt und der Stil keineswegs besser ist. Damit würde einem „das Lesen verdorben", er sei eine „Frechheit", eine „Zumutung" (amazon.customer). Pierre Bourdieu dazu: „[…] und die, wie auch die sogenannte populäre Literatur, deren >Naivität< und >Unbeholfenheit< Produkte des gebildeten Blickes sind, aller Wahrscheinlichkeit nach vor den Augen der meisten Leser, selbst derer mit den besten Absichten, keine Gnade finden" (Bourdieu 1997: 800). Man selbst verortet sich mit entsprechenden Äußerungen als LiteraturkennerInnen und LiteraturliebhaberInnen. Oder der Schreibstil wird als genau dem Sachbuch und der biografischen Schilderung angemessen betrachtet – auch so kann man sich als gebildeten Kenner darstellen. Hinter der Kritik des defizitären Charakters populärer Texte, so John Fiske, liege die „unhinterfragte Annahme, dass ein Text mit großer Kunstfertigkeit geschrieben und vollkommen sein sollte, ein sich selbst genügendes Objekt, gegenüber dem man Respekt aufbringen muss" (Fiske 2006: 55). Und weiter – ganz im Sinn von Pierre Bourdieus Unterscheidung von Populär- und Hochkultur im Kontext einer Distanz von Ästhetik und Alltag: „Nur der vollständige, verehrte Text, der von Angehörigen der bürgerlichen Schicht heiß geliebt wird, ist es, der von dieser ästhetischen Distanz profitiert" (Fiske 2006: 58).

Noch andere Überlegungen sprechen dafür, dass die Mehrheit der RezipientInnen aus der mittleren Schicht stammt. Sie können an dieser Stelle jedoch nur angedacht werden: Menschen mit höherem ökonomischen, symbolischen und/oder kulturellem Kapital, um Bourdieus Termini zu gebrauchen, würden ihre Reisen und Aufenthalte in anderen Kontinenten als selbstverständlich zu ihrem globalen Lebensstil betrachten und nicht als Argument für Kennerschaft benutzen. Auch wäre diese schwarzweiße Liebesgeschichte im afrikanischen Busch trotz globaler Lebensweise in ihrer Welt eher nicht denkbar und Buch und Film für sie uninteressant.[158] Zudem würden sie kaum in dieser Art über das Internet als Diskussionsforum oder über Amazon Stellung zu einem Buch oder Film nehmen.

Menschen aus niedrigen sozialen Schichten tendieren entweder eher zu rassistischen Vorurteilen mit entsprechenden Formulierungen und verbalen Entgleisungen:

---

[158] Heiraten zwischen Menschen unterschiedlicher Hautfarbe sind z.B. im Adel und der „gehobenen" Gesellschaft (auch der nichteuropäischen) nach wie vor äußerst selten. Eine offiziell bekannte Ausnahme stellt z.B. die Ehe von Prinz Joachim von Dänemark mit seiner asiatischen Frau dar. Vom Hof aus wurde ständig betont, dass sie ‚nur' Halbchinesin sei und aus einem wohlhabenden, gebildeten Elternhaus stamme. Inzwischen ist der Prinz mit einer Französin verheiratet. http://www.lycos.de/royals/news.html [23.8.2008].

„[...] die mit ihrem Nigger [...]" oder: „Der ging's doch nur ums Ficken." Oder: „Wenn ihr alle so begeistert seid, von Kenia, Massai, Afrika usw. warum bleibt ihr noch in Deutschland?" oder: „Man kann doch nicht a nigger heiraten, oder? Das IST DIE BLAMAGE DER WEIße RASSE!" (Forum)[159] Oder sie tendieren zu Gleichgültigkeit, die sich darin äußert, dass sie generell wenig lesen und ein Buch mit diesem Titel gar nicht erst kaufen und nicht in einen Film mit dieser Thematik gehen würden.[160] Auch in ihrer sozialen Welt ist diese Geschichte eher nicht nachvollziehbar. Der Topos der romantischen Liebe, der Liebe auf den ersten Blick, um die es im Film ja auch geht, ist zudem nach Faulstich eine Kulturerscheinung der bürgerlichen Gesellschaft (Faulstich 2002b: 24).[161]

Schließlich wird ein Film des Genres Melodrama in der Filmwissenschaft ohnehin dem kleinbürgerlichen Milieu zugeordnet. Es sei das Drama der Mittelklasse und dramatisiere kleinbürgerliche Ideologie. „In jedem Fall geht es beim Melodrama um die Initiation der Frau in der kleinbürgerlichen Gesellschaft. Das Melodrama behandelt das Frauenschicksal, es erzählt eine Liebesgeschichte aus weiblicher Sicht" (Faulstich 2002a: 36). Aber (gerade gebildete) Kleinbürger wollen eben keine Kleinbürger sein. Hierzu würde die erstaunlich große Gruppe von Personen gehören, die sich eine feste Meinung zu Buch und Film gebildet haben, ohne sie zu kennen. Allein von der vermuteten Geschichte her (reduziert auf: ‚Weiße heiratet Schwarzen und zieht in den Busch') und der großen Popularität von Buch und Film war das für sie gewissermaßen unter ihrem Niveau: „Ich lese grundsätzlich keine Bestseller"; „[...] populäre Massenkultur lehne ich ab" (Interview). Das heißt, gerade die so begründete, heftige Weigerung, sich den Film anzusehen oder das Buch zu lesen (Wie eine Interviewpartnerin: „Nee, also nee, das tu' ich mir nicht an!"), zeigt auch diese RezipientInnen als der Mittelschicht zugehörig, zumal wenn sie sich mit Argumenten aus bürgerlichen Zeitungen und Zeitschriften versehen haben. So kann hier Stephanie Bethmann zugestimmt werden, die Ähnliches im Kontext des Filmes „Herr der Ringe" feststellt. Denn was in vielen Kritiken viel eher zum Ausdruck komme als berechtigte Kritik, „ist eine pauschale Geringschätzung populärer Kultur und ihrer

---

[159] Ich würde sagen, höchstens 10 von mehreren hundert haben sich in das von mir untersuchte Forum „verirrt" und Kommentare auf diesem Niveau abgegeben.
[160] Vgl. Zick, Andreas. 1997: Vorurteile und Rassismus. Eine sozialpsychologische Analyse. Münster / New York / München / Berlin.
[161] Faulstich sieht die romantische Liebe als eines der drei zentralen Idiome frühbürgerlicher Weltsicht. Bei der ‚Liebe auf den ersten Blick' werden dabei Schicksalshaftigkeit, Unsagbarkeitstopos, Spontanität, Bedingungslosigkeit, Einzigartigkeit u.a. als Merkmale genannt. (Faulstich 2002b: 24 und 33/34). Vgl. Teil III Kap. 2.4 „Wer hat Angst vorm schwarzen Mann?" und Kap. 5.3.2 „Liebe als Grenzen auflösende Macht".

KonsumentInnen. Diese Geringschätzung zeugt von einem System kultureller Hierarchisierung" (Bethmann 2008: 91).

Geschmacksäußerungen sind nach Pierre Bourdieu die praktische Bestätigung unabwendbarer Differenz (Bourdieu 1982: 105). Im Kontext zu populärer Kultur könnte man mit ihm sagen: „Die Ablehnung alles Leichten im Sinn von >einfach<, >ohne Tiefe<, >oberflächlich< und >billig< deshalb, weil seine Entzifferung mühelos geschieht, von der Bildung her wenig >kostet<, führt ganz natürlich zur Ablehnung [...]." Das vulgäre Werk bildet eine Beleidigung des Kenners (Bourdieu 1982: 757/758). Was in der vielfachen Abwertung und Aufregung um „Die weiße Massai" übersehen wird, ist, dass diese Geschichte nur einfach *erscheint*. Die Entzifferung kommt den RezipientInnen zwar mühelos vor. Sie enthält aber, wie die Analyse zeigt, viele Fehler, u. a. auch deshalb, weil die Geschichte nicht in Europa, sondern im afrikanischen Busch spielt. Die Kritiken (positive wie negative) und Reaktionen sind häufig oberflächlich und vorschnell, voller Vorurteile und Ressentiments: Der „Kenner" ist beleidigt, merkt aber nicht, dass er im Kontext zu einer fremder Kultur nicht wirklich ein Kenner ist. Dann würde er sich zumindest nachdenklicher äußern.

All diese Zusammenhänge und Überlegungen zeigen, dass die RezipientInnen in ihrer Mehrheit eindeutig der mittleren Klasse resp. dem (Klein)Bürgertum zugeordnet werden können.

Teil III Analyse und Interpretation

1. Die Macht der Bilder

Bilder wollen etwas zur Darstellung bringen, ins Bild setzen, zur Präsenz bringen (Abel 2005: 22). Sie üben kognitive und orientierende Funktionen aus. Sie verfügen, wie Günter Abel ausführt, über „organisierende und normierende Kraft hinsichtlich unseres Welt-, Fremd- und Selbstverständnisses" (Abel 2005: 27). „Bilder strömen aus allen Winkeln des Globus und strahlen zugleich in die privatesten Räume" (Sachs-Hombach 2005: 9). Sie erweitern unsere Vorstellungskraft, irritieren kognitive Konstruktionen, berühren emotional. Bilder fungieren als Medium von Kommunikation. „Sie sind wortlos, wie jeder weiß. Sie sind auf eine geradezu intensive Weise stumm und doch handeln bzw. >sprechen< sie auf ihre Weise [...]" (Müller 2005: 80). Bilder als nonverbale Stimuli beeinflussen in erheblichem Maß die bewusste, kognitive Beurteilung (Frey 2000: 91). Sie veranlassen den Betrachter etwas zu glauben. Selbst ein nur wenige Sekunden dauernder Eindruck löst sowohl auf der kognitiven wie affektiven Ebene erstaunliche Wirkungen aus (Frey 2000: 113). Bilder können zu Umdenken führen, Abwehr oder Faszination hervorrufen. „Bilder informieren und erzeugen Wissen. [...] Sie haben enormen Einfluß auf das Verhalten und die Imaginationen ihrer Konsumenten" (Sachs-Hombach 2005: 9). Und: Sie führen zu Handlungen bei denen, die sie betrachten – im Fall von „Die weiße Massai" ganz profan z.B. zum Kauf des Buches, aber auch zu einer Reise nach Kenia oder zur Formulierung eines wütenden Leserbriefes, zu Bewunderung oder Spott.

In diesem umfassenden Sinn wurde der Titel „Die Macht der Bilder" gewählt. Die „Macht" realer Bilder – hier Fotografien und Collagen davon – entfaltet sich allerdings, auch das wird deutlich, nicht uneingeschränkt. Nach der Analyse der Rezeption scheint es eher so zu sein, dass die inneren Bilder eine mindestens ebenso große Macht haben wie die realen Bilder. Auf der einen Seite ist das materielle Bild und auf der RezipientInnenseite individuelle Sehgewohnheiten und „visuelle Gedächtnisspuren" (Rock 1998: 19), die sich im eigenen Gehirn hartnäckig halten und an denen entlang sich die Wahrnehmung der RezipientInnen (auch) orientiert. Geht man wie hier davon aus, dass Bilder von RezipientInnen als prinzipiell sinnvoll erlebt werden (Michel 2006: 17), so wird dieser Sinn nicht dem Bild gewissermaßen extrahiert, sondern in einer Interaktion mit dem Bild innerhalb eines individuellen wie auch kulturellen, historischen und sozialen Kontextes hergestellt. Die Polysemie von Bildern ist offenkundig. Es gibt unterschiedliche Interaktionen und verschiedene Sinnkonstruktionen zu ein und demselben Bild. Sehgewohnheiten, Geschmack, Erfahrung, Vorstellungen, Erinnerungsbilder eines Einzelnen und einer Gruppe beschränken und ermöglichen die Wahrnehmung gleichermaßen und lenken sie. Dabei wird klar, dass Fotos „multivokale Darstellungen" sind, d.h. unterschiedliche Sichtweisen auf sie machen implizite Relevanzurteile und Wertungen deutlich (Guschker 2002: 41). In diesem Kontext wird Bildwissenschaft und die Beschäftigung mit der Rezeption von Bildern für Ethnologen interessant. In Termini von Pierre Bourdieu würde man von Strukturen sprechen, innerhalb derer sich die Macht der Bilder ausdrückt, dem jeweiligen Feld und Habitus angemessen, also entsprechend der Wahrnehmungs-, Denk- und Handlungsmuster der RezipientInnen. Oder wie es der Titel der Arbeit deutlich macht, dass der Blick auf Fremdes immer von einem Ort des Eigenen ausgeht. Wie in Teil I Kap. 6.3.6 „Rezeption von Bildern" ausführlich erläutert, sollte sich dabei eine Rezeptionsanalyse aus Respekt vor der Vielschichtigkeit der Bildphänomene vor monokausaler Verengung hüten, um diesem komplexen Sachverhalt einigermaßen gerecht zu werden.[162]

1.1. Das Buchcover

1.1.1. Eine visuelle Inszenierung

Im Buchmarketing hat ein Schutzumschlag bzw. ein Cover im Wesentlichen zwei Aufgaben[163]: Es soll das Produkt eindeutig identifizierbar machen und zum Kauf anreizen (Erben 2005: 97). Durch ein Motiv wird dem Buch ein Produktcharakter gegeben, der für eine schnelle Ansprache entscheidend ist, da rund 70 % der Kaufentscheidungen in den Buchhandlungen spontan sind und so die Bedeutung des Covers potenziert wird (Schütz 2005: 98). Wie spontan bzw. unbewusst dieser Vor-

---

[162] Die Wirkungen auf den Gebrauch von Bildern in der Gesellschaft sind wissenschaftlich kaum erforscht, weder quantitativ noch qualitativ, weder kulturphilosophisch noch sozialtheoretisch. (siehe Liebert/Metten S.9/10). Vgl. Weibel, Peter. 2006: Das Bild in der Gesellschaft. Neue Formen des Bildgebrauchs. Electronic document. http://on1.zkm.de/zkm/stories/storyReader$4928; Stand: 21. Januar 2006 [20.6.2008].
[163] Ich beziehe mich hier auf das Cover der Originalausgabe des A1 Verlages München. Die Taschenbuchausgabe des Knaur-Verlags hatte die gleichen Motive, wobei die beiden Einzelfotos und der Titel allerdings anders platziert waren.

gang abläuft, zeigt die Tatsache, dass sich nur wenige RezipientInnen explizit und ohne Nachfrage direkt zum Coverbild äußern.

Bei der Gestaltung des Coverbildes ist die Motivsuche gewöhnlich die schwierigste Aufgabe. Sie wird meist von Grafikern und Designstudios übernommen (Erben 2005: 99). Dabei spielen Bildsprache, Farbwahl und Typographie eine ebenso große Rolle wie Wiedererkennung, Imaginationspotential und Erinnerung. Unter diesen Gesichtspunkten ist das Coverbild von „Die weiße Massai" als gelungen anzusehen.

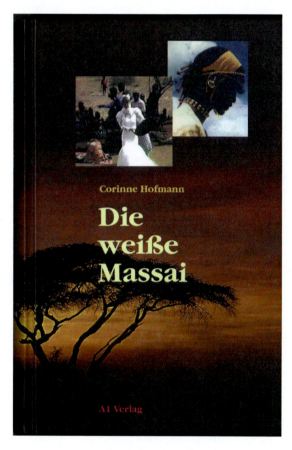

Abbildung 10: Buchcover der gebundenen Originalausgabe
(© 1999 A1 Verlag München)

Die Farben dominieren – rot und schwarz: schwarze Silhouette eines Baumes vor einem roten Himmel. Das zu erkennen, benötigen wir, würde Roland Barthes sagen, kein anderes Wissen als das mit unserer Wahrnehmung verknüpfte (Barthes 1990: 32). In der Terminologie Erwin Panofskys ist es ein vor-ikonografisches Wissen, eine rein phänomenale Beschreibung, die nichts weiter voraussetzt, als dass man sich das Bild genau anschaut (Panofsky 1979: 190). In einem nächsten – ikonografischen – Schritt wird der Baum vielleicht als Schirmakazie erkannt, der Himmel als blutroter Sonnenuntergang beschrieben. Damit aber werden bildlich und farblich zwei Hauptattribute dargestellt, die mit Afrika assoziiert werden – dunkel und heiß. Hier greifen RezipientInnen auch auf kulturspezifisches Wissen zurück, um das Bild zu verstehen und ihm einen Sinn zu verleihen (Michel 2006: 179). Auch ohne Titel würde die Botschaft – zumal wenn der junge Mann als Afrikaner oder gar als Samburukrieger erkannt wird – sofort verstanden, denn das Cover rekurriert auf eine bekannte, bewährte Assoziationskette. Ein Bild, das in jeder Diashow, jedem Bildband über Afrika gezeigt wird und jeden Afrikareisekatalog ziert.

Das Cover von „Die weiße Massai" enthält Motive und Zeichen, die den potentiellen Käufer veranlassen, das Buch zumindest in die Hand zu nehmen. In diesem Sinn würde ich es als gelungenes Kommunikationsmedium betrachten, durch das Kontakt mit dem Buch aufgenommen wird. Ist das gelungen, hat es in den Augen der Marketingstrategen seinen Zweck erfüllt. Es spricht durch die Farben und das Motiv zunächst alle an, die sich in irgendeiner Weise für Afrika interessieren oder sich mit Afrika verbunden fühlen: „Ein Muss für alle Afrika-Fans" (amazon, customer), „[…] habe sie natürlich alle gelesen. Da ich selbst mit einem Afrikaner zusammen bin und schon immer von Afrika fasziniert bin", „[…] nur wer Afrika liebt, der kann da mitfühlen"(Forum).

Die schnörkellose Typographie des Titels und die rechteckige Form der beiden kleinen Fotos unterstreichen den Sachbuchcharakter, der dem Buch zugesprochen wird. Die Erwartung zielt auf die Beschreibung einer realen, lebendigen, afrikanischen Wirklichkeit. Doch durch die beiden Fotos – das eine mit dem Kopf eines Samburukriegers, das andere mit einer weißen Braut im Hochzeitskleid inmitten von Samburufrauen – wird das Bild mit dem Sonnenuntergang zur Kulisse, vor der sich offenbar eine Lebensgeschichte abspielt. Das Buch scheint auf eine persönliche Ebene herunter gebrochen, als Liebesgeschichte, die unmittelbar von der Betroffenen erzählt wird. Im kurzen Augenblick der Interaktion zwischen möglichen KäuferInnen und Cover wirken „kognitive und emotionale Schlüsselreize" (Frey 2000: 91), die über das Thema „Afrika" hinausgehen. Das ist eben kein Buch über Afrika, auch keines aus afrikanischer Feder. Keine Feldforscherin, keine Journalistin, keine Touristin berichtet hier über ihre Erfahrungen. Das Brautfoto signalisiert sehr klar: Das hier ist *eine von uns*, eine ganz normale europäische Frau, die tief in eine afrikanische Kultur eintaucht und davon erzählt.

Im Cover greifen Imagination und Realität ineinander. Es enthält als konstruierten Sinn die Verlockung einer imaginären Reise in afrikanische Realität, eine Verheißung, die das Buch auch – für die meisten LeserInnen – erfüllt: „Die Geschichte bietet jedem Leser einen Ausflug in eine ganz andere Welt"; „Ich empfehle dieses Buch, denn man erfährt viel über Kenia jenseits der Touristenströme"; „Die Autorin zeigt uns eine Seite von Kenia, welche man als Europäer eigentlich nie kennenlernt" (amazon.customer). In der Interaktion wird das Coverbild (da gewissermaßen Verpackung) als attraktives Versprechen wahrgenommen, das für einige RezipientInnen allerdings nicht hält, was es versprochen hat: „Als ich dieses buch kaufte, hoffte ich, etwas über kenia, seine menschen und das leben in afrika zu erfahren, es steht auch einiges darüber drin, aber – es hat mich nicht vom hocker gerissen" (amazon. customer).

Um eine ikonografische Deutung leisten zu können, muss man, so Erwin Panofsky, neben der praktischen Welt der Gegenstände auch mit den Bräuchen und kulturellen Traditionen vertraut sein, die zu einer bestimmten Zivilisation gehören (Panofsky 1979: 208). Man muss den Mann und die abgebildeten Frauen als Angehörige einer fremden Kultur, gar als Massai bzw. Samburu erkennen. Damit werden zunächst all die Personen angesprochen und angezogen, die ganz allgemein von fremden Kulturen fasziniert und/oder neugierig auf ungewöhnliche Biografien sind: „Es handelt sich hier um ein außerordentlich ungewöhnliches Leben"; „Allen, die Interesse an einer außergewöhnlichen Erzählung und an einer völlig anderen Kultur haben, kann ich, ja muss ich dieses Buch einfach empfehlen" (amazon, customer). Das Cover spielt mit bekannten, aber eher neutralen, friedlichen Bildern: Sonnenuntergang, Braut, der geneigte Kopf des Samburu. Wer aus der Bildkomposition auf übliche Afrikaabenteuer setzt und dessen Imaginationen bei den Termini Afrika und Massai um exotische Sensationen kreisen, wird vom Buch enttäuscht: „[…] eine Chronologie langweiliger Ereignisse oder es schlichtweg alles langweilig ist. Kein spannendes Buch"; „Es ist ein Buch, das ein Sensationsbuch sein will, das mit seinem Titel und der Idee locken will und wilde Geschichten verspricht, […] übrig bleibt ein enttäuschter Leser" (amazon.customer). Ebenso werden alle enttäuscht, die aufgrund des Covers etwa ausführliche Landschaftsbeschreibungen erwarten oder eine ethnologische Abhandlung über die Kultur der Samburu. „Wer als Leser jedoch erwartet, mehr über Kenia im allgemeinen oder mehr über die Lebensweise und Traditionen der Massai im besonderen zu erfahren, wird – wie ich – sehr enttäuscht, keine tiefergehenden Hintergrundinformationen […]"; „Ich habe Beschreibungen der wunderschönen Landschaft, der Dörfer, der Unterkünfte, der Menschen und ihrer Kultur vermisst" (amazon.customer).

Die enttäuschte Erwartung, die, so könnte man sagen, aus falscher Dekodierung und eigenen Imaginationen entspringt, wird allerdings dem Buch angelastet, das falsche Versprechungen mache. Erbost wird dann von einem „exotischen Titelbild" gesprochen, das auf das Buch „geklatscht" worden sei, um „Kunden zu fangen" (amazon.customer). Hier spricht ein gebranntes Kind westlicher Kultur: Wir sind umgeben von Werbung, die mit Bildern lockt, übertreibt und selten hält, was sie verspricht. Offensichtlich wird Exotik – in was auch immer sie hier gesehen wird – große Anziehungskraft und Verlockung unterstellt. Doch die Sehnsucht nach Sensation und Exotik erfüllt dieses Buch gerade nicht. Das Adjektiv „exotisch" wird hier folgerichtig abwertend benutzt, seine Wirkung als Manipulation der Werbung empfunden und heftig abgelehnt – nicht ohne Stolz als europäischer, aufgeklärter Bürger diesen Mechanismus durchschaut zu haben.

Doch nur auf den ersten, vor-ikonografischen Blick geht es hier um Afrika mit all den auslösenden Imaginationen von Abenteuern, die damit für Europäer verbunden sind. Auf einer ikonografischen Ebene als Thema geht es um eine Liebesgeschichte mit einem Samburu im afrikanischen Busch, um die autobiografische Erzählung der Protagonistin. Die dritte – ikonologische – Ebene ist weitgehend unbewusst und erfolgt intuitiv. Das ist auch der Grund, warum selten jemand erklären kann, warum genau er ein bestimmtes Buch gekauft hat, wenn er doch den Inhalt noch gar nicht kennt. Zumal im Fall eines Buchkaufes niemand das Coverbild genauer reflektiert oder gar – wir jetzt hier – analysiert. Auf der ikonologischen Ebene geht es um Weltanschauungen, Einstellungen und um symbolische Werte (Panofsky 1978: 38-41; Michel 2006: 185).

Im Fall des Covers von „Die weiße Massai" könnte man sagen, geht es ganz allgemein um Kulturkontakte. *Das* ist die eigentliche, die tiefe Bedeutung und der ikonologische Gehalt des Bildes. Afrika ist nur ein Szenario unter vielen anderen denkbaren Schauplätzen. Das Thema „Kontakt zwischen fremden Kulturen" oder „Kontakt des Eigenen und des Fremden" wird im Cover subtil vorweg genommen. Die beiden kleinen Fotos, die jeweils die eine Kultur repräsentieren, haben engen Kontakt, berühren sich, ja überlappen sich, ganz wie Bernhard Waldenfels formuliert: „Die Linien, die bestimmte Ordnungen ausgrenzen, überschneiden sich auf vielfältige Weise; die absolute Eigenheit ist eine ebensolche Konstruktion wie die absolute Fremdheit. Es gibt Überlappungen, Konsonanzen, Äquivalente und vieles mehr" (Waldenfels 1998: 51). Die Frage nach einer wie auch immer gearteten „Kulturanpassung", die später in den Diskussionen eine wichtige Rolle bekommt, wird hier bereits visuell angerissen, auch wenn das den RezipientInnen selten bewusst ist und, wenn überhaupt, nur in den Interviews reflektiert wird. „Der Betrachter ist meist völlig außerstande, anzugeben, wodurch der Eindruck, der sich ihm im Sinne eines unbewußten Schlusses aufdrängte, hervorgerufen wurde" (Frey 2000: 91).

Die visuelle Inszenierung beruhigt sowohl die in der These formulierten Ängste vor einer Fragmentierung als auch die vor einer Vereinheitlichung der Welt: Die weiße Frau auf dem Foto darf ihr europäisches Hochzeitskleid tragen, der Samburu bleibt Krieger – aber sie berühren sich, sind sich nah. Im Grunde wurde hier visuell inszeniert, was Bernhard Waldenfels als Text im Hinblick auf das Verhältnis von Eigenem und Fremdem so ausdrückt: „[…] so zu denken, dass Eigenes und Fremdes sich zwar nicht vermischen, wohl aber ineinandergreifen und aufeinander übergreifen, fern aller Selbstauflösung, fern aber erst recht aller Aneignung des Fremden und aller Assimilation an das Eigene" (Waldenfels 1998: 8/9). Die über Jahre hinweg hohen Verkaufszahlen des Bestsellerbuches und die noch immer vollen Hallen, die Frau Hofmann auf Vortrags- und Lesereisen füllt,[164] basieren, so kann man der These folgend sagen, nicht (allein) auf der Neugier von Abenteuerlustigen oder der Begeisterung von Afrikafans. Mögen die Marketingstrategen bei der Covergestaltung Kaufanreiz und Produktidentifizierung im Auge gehabt haben – bei genauer Beschäftigung mit den Äußerungen der RezipientInnen wird das echte Interesse an fremder Kultur „außerhalb der Touristenwege" (amazon.customer) deutlich, besonders nach Beantwortung der Frage, wie ein Leben dort mit einem Mann aus dieser Kultur „fern aller Selbstauflösung" und „Assimilation" gelingen könnte.

Das Brautfoto signalisiert unmissverständlich: Es ist die „Geschichte einer ganz großen Liebe" (amazon.customer), einer Liebe, die in einer globalisierten und mobilen Welt auch für andere möglich und immer wahrscheinlicher wird. Viele RezipientInnen schreiben davon, selbst mit einem Afrikaner bzw. einem Mann oder einer Frau aus einer fremden Kultur liiert zu sein oder als betroffene Eltern, deren Schwiegertochter oder -sohn eine andere Hautfarbe hat. Hinter dem Publikumserfolg stecken offenbar, wie in der These ausgedrückt, die Sehnsucht und das Bedürfnis nach Orientierung im Umgang mit Fremdem. Das scheint mir der nicht zu unterschätzende, tiefere Grund für den Griff zu diesem Buch mit genau diesem Coverbild zu sein, das auf einer vor-ikonografischen Ebene Afrikanisches bezeichnet, dessen Anziehungskraft nicht bezweifelt wird. Auf einer ikonografischen und ikonologischen Ebene jedoch hat das Bild andere Bedeutungen. Der Vorwurf des Exotismus und Voyeurismus, der den LeserInnen dieser Biografie (und entsprechend den Kino-

---

[164] Wie die innerhalb der Feldforschungen zuletzt besuchte Veranstaltung in einer fast ausverkauften Badnerlandhalle mit 800 Plätzen in Karlsruhe am 16.4.2008.

besucherInnen) häufig vor allem von den Kritikern der Printmedien unterstellt wird, greift zu kurz und erfasst diese Ebene nicht.

1.1.2. Der Titel „Die weiße Massai"

Die Typographie macht den Titel zum Bestandteil des Covers. Durch ihn wird dem einzelnen Buch eine Individualität in einem unüberschaubar gewordenen Büchermarkt verliehen. Wie Filmtitel nähren auch Buchtitel vorweg Imaginationen, als Schlagwort bleiben sie im Gedächtnis.[165] Im Cover wird dieses Schlagwort visuell inszeniert. (Heiz 1995: 17). Auch das ist hier gut gelungen. Hier steht ein Adjektiv, das ein Substantiv näher erläutern soll, in Widerspruch zu diesem. Als *Contradictio in adjecto* ist dem Titel die Aufmerksamkeit sicher: „Das Buch besteht von Anfang an aus unverständlichen Gegensätzen. Es beginnt mit dem Titel und genau der war es, der mich auf das Buch aufmerksam gemacht hat" (amazon.customer). Die RezipientInnen äußern sich – wie gesagt – kaum direkt zu den Bildern des Covers, sehr wohl aber zum Titel. Sie gestehen, dass genau dieser Titel sie angesprochen und neugierig gemacht habe. „Der Blick schweift über ausgestellte Bücher. Ja, und bleibt da hängen" (Interview).

Der Titel stützt sich auf den *Mythos Massai*,[166] der für EuropäerInnen attraktivsten und bekanntesten Ethnie Schwarzafrikas. Massai sind für uns fremd (in allem, was man von ihrer Kultur zu kennen glaubt) und vertraut zugleich (durch allzu viele bereits gesehene Bilder von ihnen und ihrer Kultur). Das Buch aber ist gerade kein Sachbuch im Sinn einer wissenschaftlich-ethnologischen Beschreibung, auch keine fiktionale Literatur, sondern erzählt von gelebtem Leben. Die attraktive Verheißung heißt in diesem Kontext: So nah kann man dem Mythos kommen. Der Titel lässt ahnen, dass Afrika – symbolisiert im Stereotyp Schirmakazie vor Sonnenuntergang – nicht nur Kulisse sein wird, sondern lebendige Alltagswirklichkeit. In ihm wird genau jenes Aufgehen des Eigenen im Fremden wiederholt, das die Bilder bereits verheißen.

Der Titel von Buch und Film „Die weiße Massai" ruft mit dieser verwirrenden Wortkombination auch Assoziationen solcher Art hervor, als habe sich Corinne Hofmann selbst als *weiße Massai* stilisiert und präsentiert. Die emotionalen Reaktionen vieler RezipientInnen (vor allem der NegativbewerterInnen) auf diese Vermutung sind ausgesprochen ärgerlich. Auf der Suche nach einem Titel für ihr Buch habe

---

[165] Übliche Titel von neueren Büchern, die in Afrika spielen bzw. von Afrika handeln: „Abenteuer Afrika", „Die schwarze Sonne Afrikas", „Magisches Afrika", „Geheimnisvoller Kontinent Afrika", „In der Hölle: Blicke in den Abgrund der Welt", „Afrika – Magie eines Kontinentes".
[166] Vgl. Teil III Kap. 2.3 „Mythos Massai".

sie die Verlegerin gefragt, so die Autorin in einem Interview[167], wie sie denn in Kenia gerufen wurde. In Maralal hätten sie alle immer nur „mzungu massai" genannt. So sei der Titel entstanden. Er hätte allerdings von einer PR-Agentur nicht besser erfunden werden können, denn ein Buchtitel soll einprägsam sein, prägnant, das behandelte Thema bezeichnen, die Emotionen des Käufers ansprechen (Rautenberg 2003: 348) und eine Vielzahl von Projektionen in Gang setzen (Magener 1995: 10). Mittlerweile ist dieser Titel „Die weiße Massai" zu einem geflügelten Wort, einem festen Terminus, zu einer Metapher für einen Topos geworden, der in anderen Kontexten – meist spöttisch – benutzt wird.[168] Auch wenn Frau Hofmann inzwischen auf Veranstaltungen als „weiße Massai" angekündigt wird, wird der Titel in diesem Sinn als Synonym gebraucht für einen bestimmten Sachverhalt, nicht etwa für die reale Person.

NegativbewerterInnen regen sich auf, weil die Bezeichnung der Ethnie falsch ist, denn in der Realität handelt es sich um Samburu. Auch wenn Samburu und Massai kulturell wie sprachlich eng miteinander verwandt sind, wird auf diese Unterscheidung von Seiten einiger RezipientInnen größter Wert gelegt. Ethnologen jedoch betonen ausdrücklich die außerordentliche sprachliche und kulturelle Nähe von Massai und Samburu (Nakamura 2005: 3) Oder mit Paul Spencer: „In their language and culture, the Samburu are very similar to the Masai" (Spencer 1965: XVII). Gleichwohl meint Christoph Antweiler recht spitzfindig in Bezug zu „Die weiße Massai": „Vier Jahre hätten ausreichen müssen, um zumindest zu merken, was andere schon am Schmuck erkennen: dass es sich bei ihrem ‚Massaikrieger' eigentlich um einen Samburu handelt." (Antweiler 2005: 77)[169]; „[...] aber ‚die weiße Samburu' klingt halt vielleicht nicht so schön als Buchtitel" (amazon.customer). Schon hier wird ein statisches Kulturbild sichtbar bzw. eine Rolle, in der sich RezipientInnen (überwiegend die NegativbewerterInnen) gern sehen: die paternalistische Rolle eines Anwaltes.[170]

---

[167] Interview mit Frau Imholz am 12.12.2005 in Luzern.
[168] Beispiele dazu: In einem Nachmittagssoap erkundigt sich eine Person spöttisch, wie es der Freundin ginge mit den Worten: „Na, wie geht's denn deiner *weißen Massai?*" und meint damit aber eine Frau, die sich für längere Zeit in Australien aufhält [August 2007]. In einem Fernsehfilm will die Familie Urlaub auf einem abgelegenen Bergdorf in Österreich machen. Die 16-Jährige Tochter nörgelt herum und sagt pampig: „Ja bin ich denn eine *weiße Massai?*"[November 2007].
[169] Um Corinne Hofmann gerecht zu werden: Wer auch immer diese „anderen" sind, der normale Massentourist Ende der 1980er Jahre kannte die Verschiedenheit der Ethnien wohl eher nicht. Die penible Unterscheidung ist für die Geschichte selbst irrelevant. Sie wusste im Übrigen sehr wohl, dass er ein Samburu war – spätestens als sie in Barsaloi wohnte (Im Buch bereits auf Seite 66). Es ist zudem eine Fiktion ernsthaft anzunehmen, die „Gesellschaften Afrikas würden sich in einheitliche, homogene und stark integrierte Stämme gliedern" (Ivanov 2001: 360).
[170] Der Topos dieser – sehr aussagekräftigen – Rolle wird später wieder aufgegriffen.

Europäische Imagination über die Massai beinhaltet insbesondere den Topos des Stolzes. So wird die Benennung Corinne Hoffmanns als „weiße Massai" empört als Anmaßung und „Beleidigung eines sehr stolzen Volkes" betrachtet (amazon. customer). „Wie diese Frau darauf kommt, sich als weiße Massai zu bezeichnen, ist mir ein Rätsel"; „Der Titel ist irreführend, denn die Autorin war nie eine richtige Massai, dafür hätte sie sich nämlich wirklich auf diese Kultur und ihre Regeln einlassen müssen" (amazon.customer). Die Erwartungen zielen auf die Beantwortung der Frage, wie soll das gehen, wenn eine Europäerin im afrikanischen Busch in einer transkulturellen Ehe lebt? Wie weit, wie tief wird, darf und soll ihre Anpassung gehen? Zugespitzt wird hier allen Ernstes offenbar eine Anpassung für wahrscheinlich gehalten, die an Mimikry grenzt und als spektakuläre Sensation erwartet wird. Die enttäuschte Erwartung wird allerdings dem Buch angelastet. Bereits in den Äußerungen der RezipientInnen zum Titel zeigen sich ansatzweise die in der Hypothese formulierten konträren Ängste: das im Titel thematisierte Aufgehen von Eigenem im Fremden, eine sprachliche Hybridisierung, macht für die Einen die Faszination aus, für die Anderen hat sie nicht genug bzw. gar nicht stattgefunden. Letztere fühlen sich durch den Titel betrogen: „Ein Buch, das ein Sensationsbuch sein will, das mit seinem Titel und seiner Idee locken will" (amazon.customer).

Stereotype haben im Zusammenhang mit der Covergestaltung einen nicht zu unterschätzenden Wiedererkennungswert. Die Botschaft, die unmissverständlich und unmittelbar durch das Cover ankommt, ist die einer Liebesgeschichte in Afrika. Doch ganz so einfältig, wie es auf den ersten Blick scheint, ist das Cover nicht: Die Stereotype werden hier zwar wachgerufen (durch Schirmakazie-vor-Sonnenuntergang und Krieger), aber sofort wieder gebrochen – sowohl sprachlich im Titel als auch visuell mit der weißen Braut inmitten der Samburufrauen. Im Fremden steckt das „Eigene" in Gestalt der Braut, im Unbekannten das Bekannte.

Die Covergestaltung habe für den Auftritt und den Erfolg eines Buches zunehmend an Bedeutung gewonnen, so Ursula Rautenberg (Rautenberg 2003: 142). Auch wenn das Cover aus unterschiedlichen Gründen als gelungen und erfolgreich anzusehen ist, sollte seine Wirkung im Fall von „Die weiße Massai" nicht überschätzt werden. Der Erfolg hing nicht in erster Linie vom Cover ab, sondern eher von Mundpropaganda und Weiterempfehlungen.[171] Allzu oft wird in den Äußerungen der RezipientInnen davon gesprochen, dass man das Buch empfohlen oder geschenkt bekommen habe. „Meine Mutter hat mir das Buch geschenkt"; „Ich habe das Buch empfohlen bekommen und werde es in jedem Fall weiter empfehlen" (amazon. customer); „Meine Freundin hat mir gesagt, das musst du gelesen haben. Das ist eine unglaubliche Geschichte" (Interview).

---

[171] Teil II Kap. 4 „Das Buch: sieben Jahre ein Bestseller".

1.2. Der Blick ins Fotoalbum

„Respekt verlangt sie einem allemal ab, denn als ich mir am Ende des Buches die abgebildeten Fotografien zu Gemüte führte, konnte ich meinen Augen kaum trauen. Es schien mir unvorstellbar, unter welchen primitivsten Bedingungen die Autorin einige Jahre ihres Lebens verbracht hatte. Während der Lektüre des Buches hatte ich mir zwar Vorstellungen gemacht, wie die Lebensumstände für Corinne Hofmann ausgesehen haben müssen, jedoch war ich über die tatsächlichen Gegebenheiten dann doch sehr überrascht" (amazon.customer).

Diese Rezipientin soll so ausführlich zu Wort kommen, weil hier der kognitiv-emotionale Prozess der Interaktion mit den Fotografien im Buch und seine möglichen Folgen gut beschrieben werden und dies stellvertretend für ähnliche Äußerungen gelten soll. Zum einen sagen Bilder offensichtlich tatsächlich mehr als tausend Worte. Zum anderen können sie die eigenen, durch das Lesen imaginierten „falschen" Vorstellungen in Richtung Realität und „Wahrheit" korrigieren. Sie rufen als emotionale Reaktionen Betroffenheit und Staunen hervor.

Vor der neuen Manyatta   In diesem ersten Zuhause lebte ich gemeinsam mit Lketinga und seiner Mutter mehr als ein Jahr lang

Abbildung 11: Fotografien aus dem Buch „Die weiße Massai" (Hofmann 1999: 311)

(© 1999 A1 Verlag München)

In der Tat bezeugen diese Fotos für die RezipientInnen das Wirkliche an dieser Geschichte, eine Realität und Echtheit, die überzeugt und staunen macht. Die Frage, was denn ein echtes Bild sei, wird nicht erst gestellt, seit es Fotografie gibt, stellt

Hans Belting fest und zu Recht konstatiert er diesen menschlichen Wunsch nach Echtheit, nach Objektivität. (Belting 2005: 7). Man könnte auch sagen nach Wahrheit oder Authenzität. Dieser Wunsch spielt bei der Rezeption von „Die weiße Massai" eine große Rolle.[172] In diesem Zusammenhang werden die Bilder im Anhang des Buches wichtig:[173] Fotos aus dem Familienalbum der Autorin, ursprünglich nicht zur Veröffentlichung gedacht, Schnappschüsse, die – so suggerieren sie – keine Zeit für Inszenierungen ließen. Sie verbürgen eben jene Wahrheit und Echtheit, die LeserInnen von einem Sachbuch erwarten. „Wenn schon Bilder, dann sollen sie die Wahrheit zeigen" (Belting 2005: 7). Zu den Bildern, die eindeutig nicht gefälscht sind, gehören die Fotos aus Jedermanns Familienalbum ebenso wie Urlaubsfotos (Albrecht 2007: 30).

Erst jetzt beim Blättern und Lesen entdecken die LeserInnen, dass die beiden Fotos auf dem Cover tatsächlich authentische und nicht extra für ein Buch gestellte (und damit in diesem Kontext „verfälschte") Bilder sind. Die Bedeutung aller Fotos liegt neben der Illustration vor allem im Beweis: Beweis dafür, dass alles tatsächlich wie beschrieben stattgefunden hat und nicht erfunden ist. Das fotografische Bild besitzt eine bestätigende Kraft, eine Zeugenschaft (Barthes 1985: 99). Die Fotografie sagt mit Sicherheit etwas aus über das, was gewesen ist. Ihr Wesen, so Roland Barthes, besteht in der Bestätigung dessen, was sie wiedergibt (Barthes 1985: 95). „Der Name des Noemas der Photographie sei also: >Es-ist-so-gewesen< (Barthes 1985: 87). So unterstreichen diese Fotos in der Mitte des Buches den Sachbuchcharakter, bezeugen für die LeserInnen Realität und Authenzität.

Die Bilder werden zu Fenstern zu einer Wirklichkeit, die den LeserInnen normalerweise verschlossen ist: „Sehr realistisches Buch. Ich habe selbst eine Zeitlang unter den Massai gelebt, nicht in den feinen Häusern daneben, sondern in ihren Enkaajis. Die Geschichte von Corinne Hofmann ist sehr gut berichtet"; „[…] dass wir Touristen sicherlich das Land ein wenig beschnuppern können und uns ein kleiner Einblick in diese andere Welt gewährt wird, doch die Realität – das wirkliche Leben dort, uns Gästen für immer verborgen bleiben wird". Beim Anschauen der Fotos, daheim, auf dem Sofa, am Ort des Eigenen geht das „Hier und Jetzt mit dem Da und Damals eine ungeheure, unlogische Verbindung" ein. In ihr wird – wie Régis Durand mit Roland Barthes darlegt – ein neues Bewusstsein einer Realität erfunden, die es gegeben hat, „vor der wir uns aber in einem Schutzraum befinden" (Durand 2001: 23). Ehrliche, betroffene Äußerungen der RezipientInnen drücken die Erleich-

---

[172] Siehe ermittelte Diskurskategorien der Rezensionen von Amazon, Teil I Kap. 6.1 „Empirische Grundlage".
[173] Beim Taschenbuch sind die Fotos in der Mitte, in der Hardcoverausgabe sind sie am Ende.

terung über diesen „Schutzraum" aus: „Nein, danke, selber erleben muss ich das nicht" (Interview); „[…] über ein Erlebnis zu schreiben, wie es die wenigsten Menschen unserer Breiten wohl jemals haben werden – so aber auch nicht unbedingt haben wollen"; „Man sollte dankbar sein, durch sie und ihre Erfahrungen einen Einblick in die Welt […] der Massai-Krieger zu bekommen" (amazon.customer).

Das hat nichts mit Voyeurismus zu tun, denn die RezipientInnen – so sie sich denn darauf einlassen – partizipieren im Interaktionsprozess an dieser Wirklichkeit kognitiv und emotional: „Man versetzt sich richtig in die Lage der Frau und erlebt das ganze Buch mit"; „Das Buch hat mir sehr gefallen, da es sich um eine WAHRE GESCHICHTE handelt. Ich-Erzählungen mag ich gerne, da ich mich so am besten in das Geschehen einfühlen kann"; „[…] hat dieses Buch sehr mitfühlend und für den Leser ‚nah' geschrieben. Man kann sich sehr gut in ihre Lage versetzen und ihre verschiedenen Situationen nachfühlen!" „Die Geschichte hat mich in der Tat sehr ergriffen" (amazon.customer). Die, die Corinne Hofmann als Exhibitionistin aburteilen – „das gehört nicht öffentlich gemacht", „mit so was privatem auch noch Geld verdienen", „eine durchaus persönliche Geschichte, die eigentlich niemanden etwas angeht" (amazon.customer) – tun nichts weiter als damit ihren eigenen Voyeurismus einzugestehen (Burgin 2001: 262).

Die eingefügte Abbildung einer Karte von Kenia hat den gleichen bezeugenden Effekt wie die Fotos. Dort sind die wichtigsten Aufenthaltsorte der Autorin markiert, so dass die LeserInnen die im Buch genannten Orte auffinden und so die Reisen – imaginär – mitmachen können. Alle genannten Orte, alle genannten Personen existieren tatsächlich und die unglaubliche Geschichte, die da erzählt wird, hat wirklich stattgefunden: Das ist die Botschaft dieser Abbildungen. „Eine Fotografie gilt als unwiderleglicher Beweis dafür, dass ein bestimmtes Ereignis sich tatsächlich so abgespielt hat" (Sontag 1978: 11). Der Effekt für die RezipientInnen ist nicht zu unterschätzen. Bei der Auswertung der Kundenrezensionen von Amazon äußern sich viele LeserInnen dazu. Vor allem für die PositivbewerterInnen ist die Kategorie Authenzität wichtig. Die grundsätzliche Echtheit und Wahrheitstreue ist für sie wesentlich und wird niemals in Frage gestellt, im Gegenteil von eigenen Erfahrungen in Kenia bzw. in Afrika bestätigt. Die Fotos evozieren Nachdenklichkeit, erhöhen die Faszination für das Buch wie auch die Bewunderung für die Autorin. In den Amazonrezensionen hört sich das so an: „authentische Literatur", „harte Realität", „so ehrlich", „sehr wahrheitsgetreu", „Realität, das wirkliche Leben dort", „eine wahre Geschichte" (amazon.customer). „Ich war schon einige Male in Afrika und habe auch die Massai kennengelernt und kann sagen: Genau so!" (Forum). Auch für meine InterviewpartnerInnen, die schon in Kenia waren – eine Ärztin, zwei Ethnologen, ein

Geologe, eine Touristin, die kenianischen Studenten – war es besonders wichtig, diese in Buch (und Film) dargestellte Realität zu bekräftigen.

Macht man sich die Meinung über die soziale Funktion von Fotografien bei Pierre Bourdieu zueigen, so liegt die hauptsächliche Aufgabe von Fotos im Beweis oder Indiz für die Einheit der Familie (Bourdieu 1981: 31). Und in der Tat waren diese Fotos zunächst nur für das Familienalbum gedacht, das Festhalten eines „Augenblicks", der „Kontingenz", der „Gelegenheit", eines „Zusammentreffens", um mit Barthes zu sprechen (Barthes 1985: 12). Es sind Erinnerungsfotos üblicher Szenen, die Familie dokumentieren, „Zeugnis familiärer Verbundenheit" (Sontag 1978: 14) für die Autorin selbst und die neue afrikanische Familie, aber auch für die Familie in der Schweiz. Die Frage, wie das gehen soll, wenn die Tochter im Busch mit einem Samburu lebt, wurde visuell auf diese Weise beantwortet. Die Ängste werden beruhigt – auch für die LeserInnen. Die Tochter ist keine *echte* Massai geworden, nach den Fotos hat Vereinheitlichung nicht stattgefunden. Lachende Gesichter zeugen davon, dass es ihr dort in der Fremde gut geht. Sie überdecken damit neben vielen anderen Ängsten[174] auch die Angst vor Fragmentierung. Gleichzeitig werden diesbezügliche Fragen auch für die LeserInnen visuell beantwortet, der auf diese Weise Teil einer realen Familie wird. Die Entstehung der Fangruppen ließe sich so erklären, der Fanpost und die Art der Fragen nach Lesungen und Vorträgen mit Corinne Hofmann. Dort wird beispielsweise nachgefragt, wie es der oder jener Person, die im Buch erwähnt wird, jetzt gehe, ob ihr Exmann wieder verheiratet sei, wie es um die Augen der „Mama" inzwischen bestellt sei u. ä., nicht distanziert-neugierig, sondern so, als erkundige man sich einfühlsam nach dem Befinden eines Familienmitgliedes.

Bilder können lügen und tun das auch häufig. Doch der fast grundsätzlichen Glaubwürdigkeit fotografischer Bilder können wir uns kaum entziehen. Sie macht uns willens, Fotos sozusagen einen „eingebauten Wahrheitswert" zuzuerkennen, obwohl man weiß, dass allein Bildausschnitt oder Kamerastandort die Objektivität eines Fotos massiv beeinträchtigen (Schreitmüller 2005: 11). Doch im Bilderfluss und seinen Täuschungen versuchen wir doch immer wieder die „echten Bilder" herauszufinden (Belting 2005: 29). Von öffentlichten Fotos von Profis z.B. in Zeitschriften ist den meisten bekannt, dass viele bearbeitet bzw. manipuliert wurden, beispielsweise geschönt, nachgebessert, geglättet, retuschiert, inszeniert, gedreht (Schreitmüller 2005: 31). Das Vertrauen in die Wahrhaftigkeit der Fotos hier im Buch ist deshalb so groß, weil es Amateurfotos einer Privatperson sind. Ganz wie

---

[174] Vgl. Teil III Kap. 2 „Afrika – der gefährliche Kontinent?", insbesondere Kap. 2.2.1 „Achtung: Kenia!".

Susan Sontag es formuliert hat: „Je weniger frisiert, je weniger kunstfertig fabriziert, je naiver ein Foto ist, desto eher wird es für glaubwürdig gehalten" (Sontag 1978: 52). Auch wenn sich RezipientInnen über die schlechte Qualität beklagen – die die schlechte Qualität des Buches insgesamt dokumentiere –, („Schön sind die, leider wenigen, Bilder. Allerdings darf man auch hier nicht hoffen, die Personen gut erkennen zu können" amazon.customer) ist es genau dieses Amateurhafte, Private, das für die Authenzität bürgt. Wer perfekte Hochglanzfotos wie in der Tourismusbranche erwartet, zeigt sich bestenfalls als Kind der eigenen (Werbe)Kultur.

Die Fotos fungieren als Zeugen für die Alltagswirklichkeit der Samburu und den ernsthaften Versuch einer Europäerin, in dieser Wirklichkeit zu recht zu kommen: „[…] zahlreiche private Fotos illustrieren, wie solch ein Leben, solch eine Liebe aussehen kann" (amazon.customer). Das Eigene (personifiziert in der Autorin) kommt dem Fremden tatsächlich ganz außerordentlich nah.[175] Die Fotos geben den erhofften Einblick in eine fremde Kultur. Sie sind, wie Susan Sonntag es formuliert, „tatsächlich eingefangene Erfahrung" (Sontag 1978: 10). Sie beantworten ein wenig aber eindrucksvoll die Frage, wie das Leben einer Europäerin dort im Busch ausgesehen hat. Geräusche, Gerüche, Temperatur oder Wind sind bei visueller, medialer Wahrnehmung ausgeklammert. Doch selbst diese eingeschränkte Informationskraft über die Wirklichkeit verursacht Staunen. Der Ruf nach Anpassung und die erwartete Mimikry in eine „weiße Massai" werden angesichts der Fotos bei manchen relativiert. „Erst als ich diese Minihütte auf dem Foto gesehen habe, wurde mir richtig klar, was es bedeutete, darin zu leben" (amazon.customer). Meine Interviewpartnerin, die einige Jahre bei den Massai als Ärztin gearbeitet hat, meinte dazu nur:

> „Beschreibungen und Fotos sind ja gut und helfen auch, sich alles etwas vorzustellen. Aber was es wirklich bedeutet da zu leben, wie es da riecht in den Hütten, die Hitze, das Essen oder diese Stille nachts und die Geräusche, na, all das, das können weder Bilder noch Texte wirklich wiedergeben. Ich bewundere diese Frau."

---

[175] So lange und so nah, dass jede Feldforschung von EthnologInnen dagegen verblasst und für manche RezipientInnen gekünstelt – eben nicht echt – und nicht sehr überzeugend ist und die Berichte darüber auch nicht. Einige meiner InterviewpartnerInnen erklären z.B. die erstaunlich heftigen, polemischen Äußerungen mancher Ethnologen zu Buch und Film einfach mit Neid. Diesbezügliche Fragen hatte ich an die Ärztin und den Geologen gestellt, die beide jahrelang in Kenia/Tansania gearbeitet haben, an die Psychologin und an eine Ethnologin (Interview).

1.3. Das Filmplakat

„Das Filmplakat steht in einem Verbund von Bildern, die den Film gezielt präsentieren und ihn verkörpern möchten: als kulturelles Artefakt, als visuelles Ereignis, als soziale Erfahrung" (Beilenhoff/Heller 1995:38). Im Fall von „Die weiße Massai" sind das nicht nur wie üblich die Bilder der Zeitungsanzeigen, der Standfotos und des Trailers, sondern auch die Bilder, die das Buch, auf das sich der Film bezieht, bereits präsentiert und in den Köpfen generiert hat. Wer ins Kino ging, brachte seine Bilder mit. Millionen LeserInnen warteten bereits sehnsüchtig auf den Film. Das zeigt sich deutlich bei der Analyse der asynchronen Netzwerkkommunikation: „Bin gespannt, wie der Film ist"; „[…] und wir wollen jetzt sobald der Film im Kino ist, ihn uns ansehen, wir freuen uns darauf"; „Doch jetzt wo ich den Trailer gesehen hab, kann ich es auch kaum erwarten".

Wichtig war, dem potentiellen Publikum den veränderten Plot des Films auf einen Blick hin mitzuteilen: Aus dem Sachbuch war durch das Drehbuch ein Melodram geworden. Auch sollten durch das Plakat als Marketinginstrument die Personen ins Kino gelockt werden, die das Buch nicht kannten oder nicht mochten. Zu letzterer Gruppe gehörten z.B. alle, die den Schreibstil der Corinne Hoffmann massiv kritisierten – „ein Machwerk", „der gehört das Schreiben verboten", „grauenhaft schlechter Schreibstil" usw. – , aber der Geschichte durchaus etwas abgewinnen konnten: „interessante Story, grauenhafter Schreibstil"; „Eigentlich ist die Geschichte dieser Frau sehr interessant und unglaublich" (amazon.customer).

Der Titel wurde beibehalten. Es gab keinen Grund, ihn zu ändern. Zum einen erfüllt er genau die Aufgabe, die ein Filmtitel hat: Er versucht, auf die im Kino mögliche Wahrnehmung vorzubereiten. „Er ist ein Kürzel für eine Geschichte und für eine umfassende Erfahrung; man hat einen Film nicht nur gesehen, man ist in einem Film gewesen" (Magener 1995: 12). Filmtitel nähren – wie Buchtitel – unsere Imagination. Darüber hinaus funktionieren sie wie Etiketten für die verschiedenen Genres, nach denen sich wiederum richtet, wer den Film auswählt. In der Forderung, dass ein Titel „etwas Neues versprechen und doch an Bekanntes anknüpfen soll, damit das Publikum ins Kino strömt" (Heiz 1995: 22/23), kommt zum Ausdruck, dass der Ort des Eigenen beim Blick auf Fremdes nicht verlassen wird.

Eine Besonderheit des Mediums Plakat ist es, dass es seine RezipientInnen erst auf sich aufmerksam machen muss. In der Regel wird es nur im Vorübergehen wahrgenommen, häufig nicht bewusst reflektiert. Seine entscheidenden Wirkungsfaktoren sind optischer Blickfang, unmittelbare Verständlichkeit und besondere Einprägsamkeit. (Dorn 2004: 324). Was nimmt die BetrachterInnen mit ihrem „streunenden, zerfransenden Blick, in dem sich Erinnerungen miteinander verhaken und ein diffuses Geflecht bilden" (Beilenhoff/Heller 1995: 46) beim Anschauen dieses Filmplakates wahr? Welche ikonografischen Zeichen enthält es und welche Assoziationen werden möglicherweise dadurch ausgelöst? Und was bedeuten die Äußerungen und Handlungen der RezipientInnen als Ausdruck der Interaktion mit diesem Plakat?

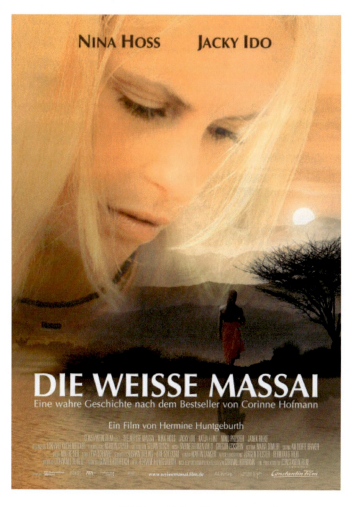

Abbildung 12: Das Filmplakat
(© 2005 Constantin Film Verleih GmbH)

Um den Betrachter schon im Voraus „in die fernen Erlebniswelten zu entführen" bedient sich auch dieses Filmplakat einer Collage von „Inhaltspartikeln, in deren Mittelpunkt die Hauptdarsteller dominierend erscheinen" (Kamps 1999:74) und die das Zusammenspiel von Erinnern und Vorstellung unterstützt. Mühelos kann der Betrachter die Zeichen, Figurenkonstellationen, Handlungsorte und „Ereigniskondensate" entziffern (Beilenhoff /Heller 1995: 46). So ist der Kopf der blonden jungen Frau unschwer als Hauptdarstellerin und Protagonistin, als *weiße Massai*, zu identifizieren und die Landschaft als *afrikanische Savanne mit Krieger*. Die beiden Collageteile sind in einer Diagonalen getrennt. Eine diagonale Komposition erzeugt eine dynamische Wirkung, die noch durch Überschneidungen transparenter Formen gesteigert wird (Kamps 1999: 42). Die Trennlinie ist kein radikaler Schnitt, sondern durch diffuses Licht, sanfte Farben und die blonden Haare der Frau verwischt. Die Angst vor Fragmentierung wird dadurch besänftigt. Es kommt hier ein Grenzverhalten zum Ausdruck, das Bernhard Waldenfels als eines beschreibt, „das sich auf Fremdes einlässt, ohne es dem Eigenen gleichzumachen, […] dass man die Schwelle zum Anderen überschreitet, ohne die Grenzen aufzuheben und hinter sich zu lassen" (Waldenfels 1998: 39). Dadurch beruhigt sich auch zunächst die in der These genannte Angst vor einer Vereinheitlichung.

Die Collage versucht – ähnlich wie der Titel –, auf die im Kino mögliche Wahrnehmung vorzubereiten. Im Kontext dieser Arbeit wäre die Frage: Inwieweit weist das Plakat auf die in der These genannte Möglichkeit des Betretens eines transkulturellen Raumes hin und wie reagieren die potentiellen KinobesucherInnen darauf? Im Plakat werden die Grenzen zwischen dem Eigenen (dem Kopf der weiblichen Hauptperson) und dem Fremden (dem Samburukrieger und der afrikanischen Landschaft) als durchlässige Grenzen inszeniert, wie sie im Transkulturalitätskonzept gedacht werden, nicht als Mauern oder tiefe Gräben. „Die Linien, die bestimmte Ordnungen ausgrenzen, überschneiden sich […]" (Waldenfels 1998: 51). Es kommt ein „Dazwischen" in den Blick, das Erfahrung der Transkulturalität als neue Form der Differenz (Saal 2007: 25) möglich macht und das Michiko Mae „Zone der Unbestimmtheit" nennt (Mae 2007: 47).

„Nachdenklich" würde die Protagonistin schauen, so die meisten meiner InterviewpartnerInnen. „Wehmütig", traurig", „ein bisschen verstört", „irritiert", „staunend", „perplex", „träumerisch", „offen", „verletzlich", so die weiteren Antworten auf meine Frage, wie sie den Gesichtsausdruck empfinden würden. Im Plakat kommen die Nachdenklichkeit des transkulturellen Raumes, seine Ambivalenz, Unsicherheit und seine Offenheit zum Ausdruck. Das wurde von vielen RezipientInnen auch so wahrgenommen. Die subtile Botschaft lautet in diesem Kontext: „Lass dich in eine fremde Welt entführen", „lass dich nachdenklich machen", „lass dich irritieren", "sei offen" (Interviews). Potentielle KinogängerInnen reagieren darauf völlig unbewusst, werden davon angesprochen oder reagieren ablehnend (Interviews).

Böhmisches Madonnenbild   Schlesisches Madonnenbild   Marienklage

Meister Francke: Die Geburt Christi   Botticelli: Madonna del Magnificat

Abbildung 13: Marienabbildungen[176]

Der Kopf der jungen Frau ist nach unten geneigt, in jener Haltung, die in der Ikonografie als Marienhaltung bekannt ist. Ob in der Malerei oder als Plastik, ob bei der

---

[176] Oben links: Böhmisches Madonnenbild, München; oben Mitte: Schlesische Madonna, Thorn, Johanniskirche. Aus: Pinder, Wilhelm. 1924: Die deutsche Plastik vom ausgehenden Mittelalter bis zum Ende der Renaissance. Wildpark-Potsdam. S.169. Oben rechts: Marienklage, 2.Viertel des 14.Jahrhunderts, Aachen, Städt. Suermondt-Museum. Aus: Grimme, Ernst Günter. 1976: Deutsche Madonnen. Köln. S. 21 und 145. Unten links: Meister Francke. Die Geburt Christi; 1424 Kunsthalle Hamburg. Aus: Fischer, F.W./Timmers J.J.M. 1980: Spätgotik. Baden-Baden. S. 161.Unten rechts: Madonna del Magnificat. Botticelli ca 1485, Florenz/Uffizien. Aus: Wundram, Manfred. 1970: Frührenaissance. Baden-Baden. S. 151.

Verkündigung, an der Krippe bei der Geburt Jesu, unterm Kreuz, als Pietà oder bei der Krönung und Himmelfahrt – überwiegend wird Maria in dieser Haltung dargestellt: ein Gestus der Hinwendung und des Hinnehmens, der als ikonologischen Gehalt Demut und Hingabe ausdrückt. In dieser Haltung kommt – wie die Ausschnitte der Abbildungen zeigen – ein kodifiziertes Bildmotiv unserer Kultur zum Ausdruck (Bronfen 1995: 122). In einer einzigen Geste zeigt sich, was sich als Topos durch den ganzen Film zieht: die Hinwendung und Liebe zu Kenia und zu diesem Mann, die als Himmelsmacht, als schicksalhafte Begegnung erlebt wird, gegen die sich zu wehren man machtlos ist, als etwas, das ihr widerfahren ist, das geschehen sollte und geschehen ist. Mit Bernhard Waldenfels könnte man sagen: „Fremdes, das uns außer uns selbst geraten lässt, kann nichts sein, was wir selbständig herbeiführen. Es ist nur zu denken als ein *Pathos,* das uns widerfährt. Die Ambivalenz, die in diesem Wort liegt und die das Leiden einschließt, bewahrt uns vor einer harmlosen Deutung des Fremden" (Waldenfels 2006: 131). Abwehr und Weigerung vor dem Kino wären auch von daher zu begreifen: Eine harmlose Deutung des auch den RezipienInnen widerfahrenden Fremden in der Interaktion mit dem Film scheint durch das Plakat zumindest in Frage gestellt.

Doch unabhängig von diesen, im christlichen Abendland tradierten Sehgewohnheiten („Mariengestus") sollte man generell die Wirkung der Lateralflexion nicht unterschätzen. „Aus bisher ungeklärten Gründen misst unser optischer Apparat den Veränderungen in der Lateraldimension der Kopfhaltung ein enormes Gewicht bei" (Frey 2000: 138). Siegfried Frey zeigt eindrucksvoll, wie durch Drehung des Kopfes der Madonna von Botticelli in die Senkrechte aus einer demütigen, hingebungsvollen eine selbstsichere, ja, arrogante, herrische Frau wird. Dass wir uns dieses Eindrucks nicht erwehren können, liegt, so Frey, an der prä-rationalen Natur der visuellen Wahrnehmung (Frey 2000: 139). Dass dieser scheinbar ganz nebensächliche Aspekt offensichtlich auf die nonverbale Kommunikation und den Eindruck, den wir von einer Person bekommen, einen maßgeblichen Einfluss hat, wie Frey ausführt (Frey 2000: 138), zeigen die Äußerungen und Handlungen der RezipientInnen.

Durch diese Kopfgeste ist im Plakat nichts von einer eurozentrischen, kolonialen Haltung zu erkennen, die in den Reaktionen vieler NegativbewerterInnen dem Film gegenüber als Vorwurf auftauchen,[177] sondern im Gegenteil Hinwendung, Nachdenklichkeit, Zurückhaltung, ja, Demut. Demut wird offensichtlich als unzeitgemäße Eigenschaft betrachtet, weil darin eine Haltung zum Ausdruck kommt, die sagt: Es ist nicht alles machbar und rational erklärbar - im Blick auf Afrika nicht und überhaupt. Das aber steht im Gegensatz zum üblichen Selbstverständnis westlicher

---

[177] Vgl. Teil III Kap. 3.5 „Kolonialismus light? Die Wahrnehmung durch die koloniale Brille".

Kultur.[178] Moderne Individuen sehen sich lieber als Akteure ihres Lebens, nicht als Menschen, mit denen etwas Unerklärliches geschieht. Bereits im Plakat wird jene „Naivität" wahrgenommen (und abgelehnt), die später vehemente Debatten auslöste und offenbar vor allem mit dem Selbstverständnis vieler moderner Frauen kollidiert.[179] Schon vor dem Kino folgt man dem Paradigma der Rationalität der eigenen Kultur entweder oder trachtet, ihm zu entkommen.[180] Abgesehen davon, dass Melodramen und Liebesfilme nicht jedermanns Geschmack sind, ließen sich so die kontroversen Reaktionen auf das Plakat teilweise erklären: Während für die einen die subtile Botschaft des Plakates im Film gar nicht eingelöst wird (statt Demut und Anpassung zeigt sich die Protagonistin in ihren Augen als zu aktiv, zu selbstständig, ja, als kolonialistisch), wird sie für die anderen im Film zu sehr eingelöst: Die Protagonistin „hechelt" nicht nur „einem afrikanischen Macho hinterher" (Zander, Berliner Morgenpost 15.9.2005), sondern ist mehrere Male vor lauter Anpassung und Hingabe dem Tode nahe.

Die ebenso unbewusste wie heftige Ablehnung gegen diese „unzeitgemäße" Haltung dem Leben, der Liebe und dem Fremden gegenüber, die im Plakat zum Ausdruck kommt, äußert sich in Schlagworten wie „Schmachtfetzen", „Ethnokitsch", „[…] ein Affront gegen jeglichen Emanzipationsgedanken" (Zander, Berliner Morgenpost 15.9.2005), „Schmonzette" (Interview) und führt zur strikten Weigerung, ins Kino zu gehen: „Das Plakat ist schrecklich. Nee, also nee, das tu ich mir nicht an" (Interview). Manche gehen nicht wegen, sondern eher trotz des Plakates ins Kino: „Das Plakat ist so was von kitschig. Bin aber trotzdem ins Kino. Habe es nicht bereut" (Interview). Das „Schreckliche" oder „Kitschige" ist durch die prä-rationale Natur visueller Wahrnehmung kognitiv nicht zu fassen und kann von den RezipientInnen kaum wirklich begründet werden. Als emotionale Äußerungen und Handlungen zeigen sie sich in Unmut, Kopfschütteln, Empörung, Heftigkeit und Ungeduld.

Auf dem Plakat ist ganz klar: Es ist der Blick einer Weißen (auf Landschaft und Krieger), es ist ein europäischer Blick auf Afrika.[181] Die *wahre Geschichte* (siehe Untertitel des Plakats) wird aus einem ganz und gar persönlichen Blickwinkel erzählt. Hier wird ein retrospektiver und damit imaginierender Blick auf eine reale Lebenszeit in Afrika dargestellt, eine Geschichte mit dem Thema „wie es mir dort ergangen ist". In der unteren Hälfte der Diagonalen wird dieses *dort* visuell mit den

---

[178] Es gibt allerdings auch die gegenteilige Ansicht, dass uns Europäern – generell – etwas mehr Demut gut anstünde.
[179] Vgl. ausführlich Teil III Kap. 2.2.3 „Ärgernis Naivität".
[180] Vgl. ausführlich Teil III Kap. 2.2.2 „Das Paradigma der Rationalität".
[181] Um genauer zu sein: ein weiblicher Blick und noch dazu oder wie es RezipientInnen formulieren „Ein Blick der Liebe" (amazon.customer).

bekannten Zeichen dargestellt: dunkle Farben für den dunklen Kontinent, Samburukrieger mit Schirmakazie vor grandioser afrikanischer Landschaft. Das ist in der Tat ein durch und durch europäischer Blick, wie die FAZ in ihrer Filmbesprechung sehr richtig anmerkt „In der Eingeborenenkunst, ganz gleich aus welchem Winkel der Erde sie stammt, gibt es keine Landschaftsmalerei. Es gibt Bäume, Tiere, Hütten, Menschen, zahllose Details, aber kein Panorama. Der Panoramablick ist eine europäische Erfindung" (Kilb, FAZ 16.9.2005).

Nun, das ist keine Malerei, sondern ein Foto, aber eines, das genau den gewohnten Blick (vom Ort des Eigenen) aufgreift. Der Blick auf fremde Landschaften gehört für EuropäerInnen so sehr zum Repertoire einer Reise oder eines Aufenthaltes in einem anderen Land, dass die Enttäuschung darüber, dass der Film eben gerade nicht das übliche Afrikaszenario mit Savanne und wilden Tieren aufgreift, sehr deutlich artikuliert wird: „Hatte mir Großes erwartet, vor allem die wunderbare afrikanische Landschaft" (Forum). „Ich habe mir schöne Landschaftsbilder erhofft. Ich war sehr enttäuscht" (Interview). Aber der Film zeigt dann nur – mit Ausnahme eben jener im Plakat aufgegriffenen Sequenz – die karge Umgebung des Samburudorfes mit Ziegen und Gestrüpp und „den zunehmend tristen Alltag" (Wolf, DER SPIEGEL 12.9.2005).

Im Verhältnis zum dominierenden Kopf wirkt die Landschaft winzig. Dadurch scheint der Kopf als Repräsentant des Eigenen real, die afrikanische Landschaft mit Samburukrieger als Repräsentant des Fremden imaginär. Im Bild wird die Beziehung eines Paares ausgedrückt, das sowohl topografisch als auch kulturell – und inzwischen zeitlich – weit voneinander entfernt ist.[182] Die in der These genannte Angst vor einer Vereinheitlichung wird dadurch gebannt. Ebenfalls die Angst vor einer Fragmentierung der Welt, denn der verbindende Hinwendungsgestus des Kopfes ist überdeutlich.

Die Rhetorik der Erwartungshaltung, die durch die Interaktion mit dem Plakat in Gang gesetzt wird, gründet auf dieser jungen Frau und der afrikanischen Landschaft mit Samburukrieger. Für viele RezipientInnen zeigt das Plakat genau ihre eigene (reale) Situation: das Changieren zwischen Sehnsucht nach Afrika, Träumen von Afrika, Erinnern an Afrika, dem buchstäblich „dunklen Kontinent". Eigene Erfahrungen von Aufenthalten in Kenia und Erinnerungen werden wach gerufen oder Sehnsüchte geweckt: „[…] krieg ich richtig Lust, auch mal hinzugehen"; „Ich würde auch gern mal in Kenia leben"; „Wenn man nur diese Bilder hier sieht, kriegt man wirklich Heimweh nach Afrika" (Forum). Doch die Rhetorik wirkt nicht bei allen

---

[182] Da der Film retrospektiv erzählt wird, beschreibt das Plakat auf diese Weise sowohl den Beginn und als auch das Ende der Beziehung. Dazwischen liegt die Spannung des Films.

gleichermaßen und Sehnsüchte unterscheiden sich. Die wehenden blonden Haare, der gesenkte nachdenklich-träumerische Blick, die sanften Farben, die Romantik, Gesülze und Schmonzette suggerieren (und als solche bei vielen auf Ablehnung stoßen), täuschen. Die durch das Plakat (auch) versprochene bittersüße Liebesgeschichte, entpuppt sich im Film als harte Realität, als Alltag und Überlebenskampf, „dorthin, wo sich kein Tourist verirrt" (Zander, Berliner Morgenpost 15.9.2005), „fernab von jedem Drittweltromantismus" (amazon.customer).

Durch die visuelle Inszenierung des Plakates fühlen sich zunächst all die angesprochen, die sich einen der üblichen Afrikafilme mit wunderschönen Landschaftsbildern wünschen. Positive Reaktionen drücken dann Zufriedenheit aus, dass diese Erwartungen erfüllt wurden bzw. wird gerade der Mangel an Landschaftsbildern als das besonders Positive empfunden, was ihn von den üblichen Afrikafilmen positiv abhebe. Denn es geht im Film um das Leben einer Europäerin im Busch. So fühlen sich vor allem die angesprochen, deren tieferes Interesse auf die in der These formulierte Frage hinaus läuft: Wie soll das gehen, wenn eine Europäerin in einer derart anderen Kultur leben will? Im Plakat sind die Ängste gebannt. Weder Erinnerungen an noch Sehnsüchte nach Fremdem scheinen gefährlich. Die im Titel thematisierte Hybridisierung wird durch das Bildmotiv zurückgenommen. Hier auf dem Plakat gibt es keine Grenzen zwischen Eigenem und Fremdem, aber es ist eine unsichtbare, diffuse, aber eindeutig wahrnehmbare Trennlinie sichtbar. Das Fremde scheint nur über Erinnerung oder Träume erreichbar. Und die Trennlinie zwischen Imagination und Realität verwischt ohne gefährliche Folgen für die RezipientInnen. Aber das genau ist Kino.

1.4. Stills als Medienbilder

Sie hängen in den Schaukästen vor dem traditionellen Kino, im Eingangsbereich oder in den Foyers. Man sieht sie beim Durchblättern von Filmzeitschriften oder anderen Printmedien, als Illustrationen für die Kommentare und Kritiken zum Film: Stills, Filmstandbilder. Filmstandbilder kann man zur „inszenierten Fotografie" zählen. Der Begriff kommt eigentlich vom Theater und bezeichnet eine bestimmte Art der Fotografie. (Walter 2002: 23). Ursprünglich wurden sie von einem Kameramann als Arbeitsfotos zur visuellen Kontrolle aufgenommen, um z.B. nach einer Drehpause auf dem Set für die richtigen Anschlüsse zu sorgen. Heute werden die meisten von einem Standfotografen gemacht. Sie dienen neben Plakat und Trailer und anderen Möglichkeiten als flankierende Werbemaßnahme für den Film (Pauleit 2004:23). Sie müssen die Imagination des möglichen Publikums in Gang setzen, sollen den Betrachter verführen und verlocken. Deshalb wird von Standfotografen die Fähigkeit des Erzählens und Stilisierens verlangt (Beilenhoff/Heller 1995: 44). Die Bilder liefern wichtige Informationen zum Film, ergeben aber – auch wenn sie zu mehreren in den Schaukästen aushängen – keine exakte Beschreibung der Handlung, wohl aber zum Genre des Films. Über kodierte Ähnlichkeiten kann man aus Filmstandbildern z.b. ableiten, ob der entsprechende Film ein Western oder ein Liebesfilm ist (Pauleit 2004: 86).

Für den Film „die weiße Massai" gibt es zwei Filmstandbilder, die als Schlüsselbilder gelten können, im Sinn von Pauleits Metabildern, „das kinematografische Ereignis abbildbar und reflektierbar machen" (Pauleit 2004: 149) und deren Rezeption analysiert werden soll. Es sind dies die Bilder von der Hochzeit der beiden Hauptpersonen, Carola und Lemalian. Diese beiden Fotos sind die im Zusammenhang des Films meist abgedruckten und veröffentlichten Bilder.[183] Die kodierte Ähnlichkeit führt in das Genre des Liebesfilms und mitten hinein in das Thema. Die Szenen sind Teil eines erzählerischen Ganzen. Ihre narrative Struktur wird in einer Handlung verdeutlicht, die im Foto natürlich eingefroren ist, aber ein Vorher und ein Nachher impliziert (Walter 2002: 57). Es geht um die Liebe einer Europäerin in einem extrem fremden afrikanischen Kontext.

1.4.1. Das Hochzeitsfoto

Filmstandbilder und Film zeigen ähnliche Bilder in unterschiedlicher Form, das heißt, ein Filmstandbild ist nicht einfach ein Einzelbild der Filmrolle (Pauleit 2004: 49). So stellt dieses Bild keine tatsächlich existierende Filmszene nach – es kommt im Film überhaupt nicht vor. Natürlich wird die Hochzeit gefeiert, aber es gibt kein Hochzeitsfoto als Erinnerung für ein Album oder zum Verschicken an Verwandte in der Schweiz. Der Standfotograf hat hier die Rolle eines Hochzeitsfotografen übernommen, denn zum Heiraten gehört, dass fotografiert wird: „[...] daß es keine Hochzeit ohne den Fotografen gibt" (Bourdieu 1981: 32). Ein Betrachter wird in eine Art familiären Kontext hineingezogen, wie ein Hochzeitsgast oder Familienmitglied. Als paratextuelles bzw. zusätzliches Element des Filmes verweist das Foto als Zeichen auf den Film und im Kontext der Filmwahrnehmung auf eine stattgefundene Hoch-

---

[183] Verschiedene Printmedien, Zeitschriften und Zeitungen, haben in unterschiedlichen Settings diese Fotos benutzt. Sie wurden aber ebenso im Internet veröffentlicht und verbreitet. Es gibt noch zwei Fotos, die auch häufig abgedruckt wurden: eine Umarmungsszene der beiden Hauptdarsteller und die Abschiedsszene am Bus. Ich werde mich hier jedoch auf die Analyse und Interpretation der beiden Hochzeitsfotos und deren Rezeption beschränken.

zeit. Hier hat sich das Eigene mit dem Fremden verbunden: „Aber doch nicht für immer" – „Doch, für immer"[184].

Abbildung 14: Das Hochzeitsbild
(© 2005 Constantin Film Verleih GmbH)

Es ist keines der üblichen Hochzeitsfotos, keine der üblichen Brautposen, wo sich die Braut an den Bräutigam schmiegt oder zu ihm aufschaut, keines, das die Braut als Symbol von Weiblichkeit schlechthin zeigt, kein demutsvoller Brautblick nach unten, kein aufwendiges Arrangement, kein Weichzeichner (Glasenapp 2002: 131-139). Keinem kommt es normalerweise bei einem solchen Anlass in den Sinn, „sich den Anordnungen des Photographen zu widersetzen, mit seinem Nachbarn zu sprechen oder nicht zur Kamera zu blicken" (Bourdieu 1981: 35).

Hier aber stehen zwei Menschen nebeneinander, ungekünstelt, gleichberechtigt, aufrecht, lachen sich an. Die Freude über das „I have got him/her" ist ihnen anzumerken. Sie tragen beide das in ihrer jeweiligen Kultur traditionelle Hochzeitsgewand – sie ein weißes Brautkleid mit Schleier, er einen weißen Kanga mit entsprechendem Schmuck. Wenn hier von „exotischer Anziehung" geredet werden soll,

---

[184] Zitat aus dem Film; Szene: Dialog mit dem Bruder beim Besuch in der Schweiz.

dann gilt das durchaus für beide und nicht, wie in der Rezeption häufig geäußert, nur für sie. Auch sie ist für ihn in ihrem weißen Anderssein (mit allem was damit verbunden ist) „exotisch" und außerordentlich attraktiv.[185] Das können viele RezipientInnen nicht wahrnehmen.

Die Botschaft des Bildes ist durch und durch optimistisch. Für einen Moment scheinen in diesem Hochzeitsfoto beide in der These genannten Ängste gebannt: sowohl die Angst „vor einer Fragmentierung der Welt" als auch die „vor einer Vereinheitlichung". Das jeweils Fremde darf sein und es ist möglich, dass sich Fremdes und Eigenes gleichwertig miteinander verbindet. Von vielen RezipientInnen wurde es in diesem Sinn als verdichtete Darstellung einer gelungenen binationalen Ehe aufgenommen, als Imagination und Realität gleichermaßen. Es verkörpert die Hoffnung bzw. Überzeugung, dass Rassen und Kulturen gleichwertig sind und Verständigung möglich. Es ist ein Paradebeispiel für projektive Bilder: „Sie zeigen nicht, wie die Welt ist, sondern wie sie sein kann oder soll" (Guschker 2002: 90). Es ist der alte Traum von der Ergänzung der Gegensätze zu einer Einheit.[186] „Über Differenzen reden wir genug. Die Protagonisten der Geschichte und ihre Umgebung wagten die Gemeinsamkeit", so ein Kommentar aus einer Amazonrezension.

Gemeinsamkeit meint nicht Gleichmacherei und dennoch würde Fragmentierung in ihr aufgehoben. In gleichberechtigter Gemeinsamkeit wären beide Ängste verschwunden. Doch wie groß die Ängste sind und wie unwahrscheinlich die Realisation solcher Gemeinsamkeit in den Augen von Europäern, zeigt die Rezeption sehr klar. Es wird von einer „Unmöglichkeit interkultureller Beziehungskonstruktionen" gesprochen (Sannwald, Tagesspiegel 15.9.2005). Auch von denen, die Buch und Film positiv bewerten, kommen Kommentare wie: „Multikulturelle Liebesgeschichten funktionieren nicht" – von vornherein, „eine unglaubliche Geschichte" (amazon. customer), auch in dieser Hinsicht, nicht nur weil die Protagonistin alles so „falsch" angepackt hat, sondern weil es grundsätzlich unmöglich ist. Die Imaginationen über das optimistische Hochzeitsbild werden hier nicht geteilt. In diesen europäischen Augen hat sie einen armen Schlucker geheiratet, in der kenianischen Gesellschaft in die unterste soziale Schicht.[187] Und vor allem: Aus Europa geht man nach Afrika, um Afrikanern zu helfen, nicht um einen zu heiraten und mit ihm im Busch zu leben.

---

[185] So gestanden mir beide Interviewpartner aus Kenia, dass sie sehr gern eine möglichst blonde, weiße Frau hätten und dass in Kenia weiße Frauen mit blonden Haaren ein Schönheitsideal darstellen. Auch deshalb – und nicht allein wegen des Geldes – können sich Europäerinnen in Afrika vor Verehrern kaum retten. Hier wird auch dieses Klischee gebrochen, denn zunächst geht die Initiative von Carola aus (wie im Übrigen immer von der Frau die Signale ausgehen, wie man aus der Verhaltenspsychologie weiß), sie dann aber auf ihn tagelang warten muss.
[186] In der chinesischen Philosophie gibt es dafür das Yin-Yang-Symbol.
[187] Vgl. Teil III Kap. 2.2.3 „Ärgernis Naivität".

Auch andere Äußerungen und Reaktionen auf das Bild sind bemerkenswert. Ich möchte hier noch einmal daran erinnern, dass Fotos „multivokale Darstellungen" sind, d.h. unterschiedliche Sichtweisen auf sie machen implizite Relevanzurteile und Wertungen deutlich (Guschker 2002: 41). Zum einen gibt es den in der Rezeption häufig genannten Vorwurf des Klischees und der Stereotypisierung, der offenbar als erfüllt gilt, weil beide sich in der jeweils üblichen Hochzeitskleidung zeigen.[188] Wenn Stereotype jedoch verstanden werden als „Darstellungen einer identifizierbaren sozialen Gruppe, die diese Gruppe mit spezifischen Wesens- oder Verhaltensmerkmalen verknüpfen" (Kiefer 2001: 201), dann stellt dieses Foto eben gerade kein Stereotyp dar. Es gibt keine Vor-Bilder für ein solches Bild: keinen Samburukrieger, der verlegen am Schleier seiner Braut zupft, keine blonde Braut, die verliebt mit ihrem Samburubräutigam flirtet. Viele RezipientInnen bleiben bei den textilen Zeichen stehen und nehmen sie als Stereotyp wahr. Doch die beiden Brautleute gehen über ihre eventuellen Stereotypisierungen hinaus, posieren und verhalten sich anders. Aber das irritiert und wird abgelehnt. Genau die RezipientInnen, die dem Bild Stereotypisierung vorwerfen, fordern sie im Grunde damit ein. Das Zupfen am Schleier der Braut wird als nicht passend zum Image des Kriegers deklariert. Manche sehen darin eine Europäisierung oder gar Kolonialisierung. Offenbar sollen sich Samburukrieger auf Fotos so präsentieren, wie man es als Klischee gewöhnt ist. Alle von diesen starren Imaginationen abweichenden Darstellungen werden abgelehnt.

Die gleiche Ebene der beiden Hauptdarsteller, die das Foto inszeniert, ist in den Köpfen der wenigsten RezipientInnen überhaupt denkbar. Postmoderne Brüche und „Unordnungen" irritieren ungemein. Hier wurde ins Bild gesetzt, was Homi Bhabha „die Möglichkeit einer kulturellen Hybridität, in der es einen Platz für Differenz ohne eine übernommene oder verordnete Hierarchie" gibt (Bhabha 2007: 5). In diesem Foto kommt eine transkulturelle Beziehung zum Ausdruck, im Sinn einer neuen Gleichheit und gerechten „Ordnung in der Vielfalt des Differenten, ohne Diskriminierungslinie" (Mae 2007: 49). Die Reaktionen auf dieses Bild sind heftig und polemisierend.

Auch auf viele JournalistInnen als RezipientInnen muss das Hochzeitsbild ungeheuer provokant gewirkt haben. Das Foto wird zwar zu den Kommentaren und Kritiken in den Printmedien und im Internet abgebildet, aber nicht immer als Illustration zum Text sondern eher als Kontrast. „Braut im Busch" tituliert beispielsweise der Spiegel. Im Text ergießen sich Spott und Häme über den Film, damit inklusive über

---

[188] Wobei nicht ganz klar ist, was die RezipientInnen wirklich damit meinen. Beide Worte werden aber durchweg negativ benutzt. Stereotype sind für sie grundsätzlich etwas Negatives – unabhängig davon dass sie - wie es etwa die Kognitionswissenschaften oder die Psychologie sieht – als notwendige und wichtige Mittel der Komplexitätsreduzierung und Orientierung fungieren.

die reale Geschichte, die dahinter steht. Das heißt, nicht nur der Film wird lächerlich gemacht, sondern mit ihm die Möglichkeit einer solchen binationalen Liebe und eines Lebens im afrikanischen Busch: „Doch da war es bereits geschehen um die Schweizer Boutiquenbesitzerin Corinne Hofmann, der die Welt diese eindrucksvolle afrikanische Triebstudie verdankt […]"; „[…] libidinöse Leibesübungen als elegischer Edelkitsch"; „Anfangs trinkt er Ziegenblut direkt aus der Halsschlagader, später lieber Bier aus der Flasche" (Wolf, DER SPIEGEL 12.9.2005). Immerhin macht sich niemand über die langen Haare, den Schmuck und den Rock von Lemalian lustig – das wäre dann doch zu offensichtlicher Rassismus. Der zeigt sich unverblümt nur in der Anonymität des Internetforums: „Man kann doch nicht a nigger heiraten, oder? Das IST DIE BLAMAGE DER WEIße RASSE!" (Forum).

Betrachtet man diese vehementen Reaktionen auf das Foto[189] mit Roland Barthes, so könnte man sagen, dass dieses Foto offenbar etwas hat, das „besticht, anzieht, trifft, gar verwundet" (Barthes 1985: 51), das „mitten ins Auge springt", etwas, das etwas mit „mir geschehen läßt" (Barthes 1985: 28). Er nennt dieses Etwas das *punctum* eines Bildes. Es fesselt den Blick und man kann nicht wirklich sagen, womit genau. „Häufig ist das *punctum* ein <Detail>, das heißt ein Teil des Abgebildeten. Beispiele für das punctum anzuführen bedeutet daher in gewisser Weise, *sich preiszugeben*" (Barthes 1985: 53). Und meist zeigt sich das *punctum*, so Barthes, erst im Nachhinein. Journalisten schreiben jedoch sofort, meist unter Zeitdruck. Sie haben einen eher distanzierten Rezeptionsstil und würden sich niemals *preisgeben*. Das heißt, sie würden über ihr *punctum* im Hochzeitsbild nicht schreiben. Das, was trifft, was etwas geschehen lässt, wird – nicht nur von Journalisten – stattdessen zynisch kontextualisiert, persifliert und ins Lächerliche gezogen. Das ehrliche Reden über das *punctum* hat tatsächlich etwas mit *sich preisgeben* zu tun, was im öffentlichen Raum (auch in der Netzwerkkommunikation und in den Amazonrezensionen) vermieden wird, z.B. weil man auf jeden Fall jener „Naivität" zu entgehen sucht, die der Protagonistin angelastet wird.[190] Über das *punctum* eines Bildes wurde nur in den Interviews – und auch da nur zögernd und unter meiner Zusicherung, nicht darüber zu schreiben – gesprochen. Das *punctum* trifft, macht (bestenfalls) nachdenklich (Barthes 1985: 47/48). In der Rezeption äußert es sich dementsprechend nur indirekt in Aussagen wie: „[…] hat mich sehr nachdenklich gemacht"; „ […] eine nachdenklich machende Geschichte" (amazon.customer).[191]

---

[189] Diese Interpretation könnte auch für das zweite Hochzeitsbild gelten und ebenso für manche Fotos aus dem Buch bei den anderen RezipientInnen.
[190] Vgl. Teil III Kap. 2.2.3 „Ärgernis Naivität".
[191] Vgl. Teil III Kap. 5 „Im transkulturellen Raum".

Noch ein wichtiger Gesichtspunkt bei der Rezeption von Standbildern wäre zu bedenken: „Wie ein konkretes Bild angemessen zu interpretieren ist, hängt dabei entscheidend davon ab, dass der Bildkontext korrekt bestimmt und berücksichtigt wird" (Sachs-Hombach 2003: 220). Stills werden von den RezipientInnen häufig als eigenständige Bilder wahrgenommen, ohne zu bedenken, dass sie eine narrative Struktur haben, die im Foto natürlich eingefroren ist, aber ein Vorher und ein Nachher impliziert (Walter 2002: 57). Auch Stills fokussieren und polarisieren – wie andere Fotos auch – bestimmte Vorstellungen der Betrachter (Lieber/Metten 2007: 14/15). Aber sie müssten als visuelle Angebote innerhalb eines aktiven Rezeptionsprozesses mit einer dargestellten Handlung gedeutet und interpretiert werden, nicht als übliches Foto. So sieht manch ein Rezipient den nackten Oberkörper von Lemalian auf diesem Foto, als einen „unübersehbaren Rückgriff" auf die Fotoästhetik von Leni Riefenstahl: „[…] mit den entsprechenden wohlgeformten Körperrundungen und idealen Proportionen dargeboten, neu erschaffen im künstlichen Licht und in der gewünschten Perspektive der Kamera." (Luttmann, journal ethnologie 2/2008).[192] Dabei geht es in diesem Kontext nicht um Stilisierung im Sinn einer faschistischen Ästhetik, sondern die einfache Darstellung des Bräutigams in seiner traditionellen Kleidung. Was hätte er auch sonst nach Meinung der Rezipientin anziehen sollen? Der Punkt aber ist, dass eben zu diesem Bild der Rezipientin Frau Riefenstahl einfällt, der nackte, auch für europäischen Geschmack gut aussehende Oberkörper eines Afrikaners[193] als Referenzpunkt, der sofort unabhängig vom konkreten Bildkontext, derartige Assoziationen – zumindest in der Bildungsbürgerschicht – wachruft. So scheint jeder nackte, wohl proportionierte, dunkelhäutige Männerkörper nicht mehr

---

[192] Im Alter von 60 Jahren hat Leni Riefenstahl 1962 die Nuba fotografiert, fast 20 Jahre nach dem Nationalsozialismus. Wie Leni Riefenstahl zu ihren Fotos gekommen ist, siehe auch Duerr 1990: 341f. Allerdings wird an dieser Stelle Nacktheit im Zusammenhang mit dem Thema Scham und Zivilisation diskutiert. Die Welt der Nuba sei 1963 zur Zeit ihres ersten Besuches bei den Nuba, so zitiert Hans-Peter Duerr Frau Riefenstahl, noch „in Ordnung" gewesen (Duerr 1990: 548) – ein Mythos, wie Hans-Peter Duerr anmerkt. Im Jahr 1973 veröffentlichte sie den Bildband „Die Nuba – Menschen wie von einem anderen Stern".

[193] Man kann nur spekulieren, welche Reaktionen ein „hässlicher" Körper an rassistischen Vorwürfen evoziert hätte. Natürlich – das ist das Medium des Films – werden für die Rolle eines Liebhabers nahezu immer gut aussehende Männer gecastet, gleichgültig mit welcher Hautfarbe. Und abgesehen davon, dass Frau Hofmann ihren Mann Lketinga als außerordentlich gut aussehend, ja, als schön beschreibt und dieser in einer Verfilmung natürlich auch so dargestellt werden sollte. Der mediale Charakter und die Eigentümlichkeiten von Film und Foto werden zu wenig reflektiert.

denkbar ohne gleichzeitig Riefenstahls Bilder der Nubas mit der implizierten (Ab)Wertung.[194]

Hier wird nun ganz deutlich, wie Leni-Riefenstahl-Assoziationen kulturell d.h. hier deutsch geprägt sind, aus einem „Gehäuse der Zugehörigkeit" (Bienfait 2006: Titel) heraus wird dieses Foto betrachtet, eingeordnet und bewertet. Gedächtnisspuren anderer Bilder schieben sich mit solcher Macht zwischen Wahrnehmung und Bild, dass nicht einmal mehr – um mit Panofsky zu sprechen – die ikonografische Information des Fotos adäquat entschlüsselt wird. Mentale Bilder werden auf materielle projiziert. „Unsere eigene Imagination nistet sich in den Blick ein, den wir auf Bilder werfen" (Belting 2005: 134). Die Interaktion zwischen Bild und Rezipient wird von individuellen wie auch kulturell und gesellschaftlich geprägten Sehgewohnheiten – als Orte des Eigenen – gelenkt. Andere, ähnliche Bilder überlagern das Gesehene und machen eine vorurteilsfreie Wahrnehmung, Bewertung und Einordnung unmöglich, ja in diesem Fall wird die eigene Riefenstahlassoziation der Regisseurin als Absicht unterschoben – nicht ohne Entrüstung und (bildungsbürgerlichen) Stolz, diese Absicht entlarvt zu haben.

In der asynchronen Netzwerkkommunikation kommt zum nackten Oberkörper von Lemalian[195] eher eine latente Vulgärkultur zum Vorschein. Dort wird vom „geilen body" gesprochen, ein Diskurs, der Körperkultur und Fitness als topoi hat und an (amerikanische) Fitnesskultur erinnert und nicht an ein ästhetisches (deutsches) Massenphänomen. Vielleicht, so könnte man argumentieren, sind die Teilnehmer einfach zu jung oder apolitisch, um in ihnen Riefenstahlassoziationen wach zu rufen. Vielleicht sind sie aber auch viel anti-rassistischer als der Ausdruck „geiler body" auf den ersten Blick vermuten lässt. Denn was sie vor allem nicht machen, ist, diesen „geilen body" auf Afrikaner oder Massai/Samburu zu beziehen – ihre Aussagen verweisen explizit auf den Schauspieler. Nicht die Körper der Massai sind „geil" sondern der von Jacky Ido. „Jacky Ido du bist sooo geil!" (Forum). Sie zeigen sich damit als Kinder der Medienkultur, die sehr gut zwischen dem Dargestellten und den Darstellern unterscheiden können. Sie machen keinen Unterschied zwischen den Hautfarben. Sie schwärmen, ganz im Sinn des Fitnessdiskurses unserer Gesellschaft,

---

[194] Es liegt im Wesen des Mediums der Fotografie, dass jeder – ob weiß, ob schwarz, – vor einer Fotolinse zwangsläufig zum Objekt wird. Der Akt des Fotografierens verwandelt Menschen – per se – in Objekte. (vgl. Sontag 1978: 20). Hier sei noch einmal der Hinweis wiederholt, der schon in Teil III Kap. 2.4.2 „Sehnsucht nach Exotik" gegeben wurde: dass es außer Frau Riefenstahl viele andere Fotografinnen gibt und gab, die Männer, auch schwarze Männer, nackt fotografiert haben Und umgekehrt haben auch männliche Fotografen wie z.B. George Rodger im Sudan nackte Einheimische fotografiert (Cooper 2004: 74/75).

[195] Es ist interessant, dass Nacktheit in der Rezeption überhaupt ein Thema wird. Siehe dazu auch Teil III Kap. 2.4 „Wer hat Angst vorm schwarzen Mann?".

für gut gebaute Männer – für (den schwarzen) Jacky Ido genauso wie für (einen weißen) Brad Pitt oder Til Schweiger.

1.4.2. Die Provokation der Braut in weiß

Abbildung 15: Carola als Braut inmitten von Samburufrauen
(© 2005 Constantin Film Verleih GmbH)

Im Gegensatz zum Hochzeitsbild gibt es im Film eine Szene, aus der dieses Standfoto sein könnte. Wie bei einer Samburuhochzeit – und auch sonst in der Samburukultur – üblich, sitzen die Frauen getrennt von den Männern.[196] Im Film lachen und schäkern sie, haben Spaß, schauen den Männern beim Tanzen zu. Hier, als „geronnenes Bild des Films" (Pauleit 2004: 15), muss man sehr genau hinschauen, um von dieser fröhlichen Stimmung etwas zu merken. Die Badische Zeitung, die dieses Foto als Illustration ausgewählt hat, interpretiert es denn auch als „dunkler diffuser Hin-

---

[196] Was im Film allerdings nicht expressis verbis gesagt wird. Überhaupt ist es die Eigenheit des Films, dass keine Off-Stimme irgendein Vorkommnis erklärt. Diese Tatsache allein erklärt viele Ungereimtheiten der RezipientInnen, denn Bilder können immer auch fehl interpretiert werden.

tergrund, vor dem sich die Errungenschaften der westlichen Zivilisation strahlend abheben", wobei mit den „Errungenschaften westlicher Zivilisation" wohl das Hochzeitskleid gemeint ist. Untertitel: „Weiße Frau (Nina Hoss) unter schwarzen Kriegern." (Glombitza, Badische Zeitung 15.5.2005). Offenbar ist der Hintergrund (oder das Vorwissen) so dunkel, dass die Kritikerin nicht erkennen konnte, dass es sich dabei nicht um Krieger sondern um Samburufrauen handelt.[197]

Im Gegensatz zum Plakat zeigt sich hier eine fröhliche, selbstbewusste Frau. Aber das ist in manchen RezipientInnenaugen in diesem Kontext unangebracht, wird diese selbstbewusste Haltung doch als koloniales Erbe und eurozentristisch deklariert. Für viele RezipientInnen gibt das Foto die Offenheit und den Mut der Protagonistin wieder, sich so ganz allein in eine extrem fremde Kultur einzulassen, buchstäblich mittendrin zu sein. Für sie zeigt sich darin die optimistische Möglichkeit eines Miteinanders, hier als Frau unter anderen Frauen.[198] Es ist für sie eine Verbildlichung einer ersten Annäherung, ja Aufnahme dieser fremden Weißen in die Samburugemeinschaft der Frauen. „Das Bild scheint zu sagen – schaut her, habt keine Angst, nicht vor Afrika, nicht vor dem Fremden, nicht vor der Liebe"; „habt Mut, auch Ungewöhnliches zu wagen" (Interviews). Sie nehmen dieses Bild so wahr, wie Ingeborg Bachmann schreibt: „[...] haben wir den Blick gerichtet auf das Vollkommene, das Unmögliche, Unerreichbare, sei es in der Liebe, der Freiheit oder jeder reinen Größe." (Bachmann 1993c: 276). Für andere zeigt sich in diesem Standbild ganz im Gegenteil jene Naivität der Protagonistin, sich völlig unvorbereitet in diese Ehe und diese Kultur zu stürzen.[199] Für wieder andere (für die, die den Film ablehnen) ist sie der optische Störfaktor in der exotischen Idylle – nicht für die betroffenen Samburu, sondern für die KinobesucherInnen, deren Bild von einer unberührten, traditionellen Kultur durch ihre Anwesenheit gestört wird. Doch auf dem Foto sitzt die junge Braut da – inmitten des Fremden: strahlend, zuversichtlich, unerschütterlich (Interviews) oder mit Ingeborg Bachmann: „ordnungslos, hingerissen und von höchster Vernunft" (Bachmann 1993b: 260).

„Dann dieses weiße Kleid, also so was Peinliches"; „[...] und dieses Brautkleid, na, das ist ja wohl mehr als kitschig und unpassend"; „so richtig eurozentrisch, dieses Brautkleid" (amazon.customer/Interviews). Zum ersten Mal fällt auch das Wort von

---

[197] Solche Fehler bzw. mangelnde (lieblose) Recherchen kommen im Übrigen häufiger vor. In einer Rezension von Hans-Rainer John wird Kenia z.B. in Zentralafrika vermutet: „Bittere Erfahrungen in Zentralafrika" in: www.berliner-lesezeichen.de/lesezei/Blz99_11/text17.html [28.1.2006].

[198] In der Tat hat sich Frau Hoffmann mit ihren weiblichen angeheirateten Verwandten, besonders mit ihrer Schwiegermutter, auch ohne (oder gerade ohne?) Sprachkenntnisse sehr gut verstanden: die anthropologische Konstante der Sympathie. (Interview mit Frau Imholz; Interview in der Bonus-DVD zum Film).

[199] Vgl. Teil III Kap. 2.2.3 „Ärgernis Naivität".

der mangelnden Anpassung der Protagonistin. Das weiße Kleid wirkt – als Hochzeitskleid – zwar vertraut, aber in diesem Kontext äußerst fremd.[200] Das Eigene, oft selbst sehnsüchtig Gewünschte („der schönste Tag im Leben einer Frau"), wird das Fremde und Irritierende. Die weiße Braut wird als Fremdkörper und Störenfried in einer anderen Kultur empfunden. Dieser Diskurs zieht sich durch die Rezeption als ablehnende Haltung.

Im Zusammenhang mit der Frage: Wen stört das Brautkleid? ist interessant, dass der Ehemann und die Samburu das weiße Brautkleid zwar neugierig begutachtet, aber es keineswegs als störend für ihre Kultur betrachtet haben. Auch die Schwiegermutter hatte gegen das Brautkleid nichts einzuwenden.[201] Ihr Sohn wollte eine Europäerin heiraten – man kann nur spekulieren, ob diese Tatsache sie stolz gemacht hat, ob ihre Haltung Ausdruck von Gastfreundschaft und Toleranz war oder ob sie bereits wusste, dass auch afrikanische Bräute in Nairobi an ihrer Hochzeit inzwischen mit Vorliebe ein weißes Kleid tragen.[202] Gestört hat das weiße Hochzeitskleid nur einige RezipientInnen. Auch wenn meine Frage in Interviews, ob es nicht viel fremder gewirkt hätte, sie in Samburukleidung zu sehen, nicht beantwortet wurde, blieb die ablehnende Haltung: „So eben auf keinen Fall".

Inmitten der Samburufrauen wird plötzlich die Europäerin, das Eigene, zum Fremden, ja Exotischem. Hier kommt eine postmoderne Ambivalenz zum Ausdruck. Exotik ist ein oszillierender Begriff geworden. Es zeigt sich, „that exotism is not necessarily undirectional (West appropriating East) but actually essentially multidirectional and polyvalent", mit der nur wenige RezipientInnen umgehen können (Santaolalla 2000: 13). Betrachtet man die ganze Hochzeitskleiddebatte unter dem Blickwinkel von Multikulturalität, so scheint Slavoj Zizeks These zuzutreffen, dass der Andere nicht multikulturell sei (sein darf?). Der Multikulturalismus funktioniere höchstens für uns, nicht für ihn. (Charim 2004),[203] denn umgekehrt wird es in Europa ganz selbstverständlich als multikulturelle Bereicherung begrüßt, wenn z.B. bei einer

---

[200] Im Vorspann des Bonusfilms „Die Hochzeit der weißen Massai" auf der DVD „Wiedersehen in Barsaloi", der Originalaufnahmen der Hochzeit aus dem Jahr 1988 zeigt, erklärt Frau Hofmann in einem Text: „Bevor ich die Schweiz verlassen habe, um an der Seite Lketingas zu leben, verkaufte ich unter anderem meinen Brautkleiderladen. Ein Geschäftspartner schenkte mir zum Abschied ein prachtvolles, langes Brautkleid. Ihm musste ich damals versprechen, das Kleid zu tragen, falls ich jemals heiraten sollte. Dieses Versprechen habe ich mit Freude gehalten." Im Übrigen sieht man in diesem Film neben der traditionellen Kleidung viele der 200 Hochzeitsgäste in Jeans, T-shirt und Hemden, die kleinen Mädchen in europäischen Kleidchen.
[201] Interview mit Frau Imholz in Luzern.
[202] Das weiße Brautkleid als kodifiziertes Bildrepertoire unserer Kultur wurde ohnehin inzwischen ‚globalisiert': Überall auf der Welt lassen sich Paare an ihrer Hochzeit ablichten - nicht nur in Europa, auch in asiatischen und afrikanischen Ländern – die Braut dabei im weißen Kleid.
[203] Charim, Isolde.2004: http://www.taz.de/pt/2004/12/07/a0185.1/text [15.5.2006].

deutsch-indischen Hochzeit in Deutschland die Braut im Sari oder bei einer deutschghanesischen Hochzeit die Braut in der Landestracht erscheint.

Das Standbild mit den Samburufrauen hat neben den inhaltlichen Aspekten eine andere wichtige Funktion. Es stellt die visuelle Verbindung zum Buch her. Der Untertitel des Films heißt „Eine wahre Geschichte nach dem Bestseller von Corinne Hofmann". Durch das Bild wird die Wahrheit dieser Geschichte unterstrichen. Es ist nämlich genau die Szene, die sich als echtes Foto auf dem Cover und im Buch bei den Familienfotos wieder findet: Corinne Hofmann alias Carola als Braut inmitten der Samburufrauen. Die Realität in der Imagination, dieses wirklich Geschehene, ist auch für den Film als Massenmedium ein ausschlaggebender Faktor für den Publikumserfolg. Das Eigene ist so nah am Fremden, wie es kaum für RezipientInnen Realität sein kann und wird. Hier in diesem Standfoto wird die Frage des Covers danach, wie weit das Aufgehen in einer fremden Kultur gehen kann, soll und darf, aufgegriffen und für potentielle Filmbesucher neu thematisiert.

Beide Hochzeitsfotos markieren den Beginn einer binationalen Ehe im afrikanischen Busch. Die Rezeption zeigt deutlich unterschiedliche Kulturbilder und die beiden konträren Ängste. Da ist auf der einen Seite die Angst vor dem culture clash, der sich in Befürchtungen äußert: „Das kann nicht gut gehen", sie sind zu verschieden"; „sie hätte das nicht tun sollen" (amazon.customer). Die Basler Zeitung überschreibt ihren Kommentar zum Film mit „Zum Scheitern verurteilt".[204] Auf der anderen Seite ist die Angst vor der Synkretisierung und dem damit befürchteten Verschwinden der einzelnen, als abgegrenzt gedachten Kultur. Beide Ängste werden versteckt. Manche verstecken sie hinter einer paternalistischen (und damit im Grunde kolonialistischen) Haltung gegenüber den Samburu, die man vor bestimmten westlichen Einflüssen schützen zu müssen glaubt.[205] Das Zurückziehen auf Kritik von Formalien wie z.B. den Schreibstil oder den Umgang mit der Kamera kann als Angstvermeidungsstrategie gesehen werden.

Auch Häme und Spott sind schon immer beliebte Mittel gewesen, um Angst zu verstecken. In ihren Kommentaren sind viele Kritiker nicht zimperlich und äußern sich teilweise ausgesprochen abfällig und arrogant: „[…] einer Ehe zwischen schwarzem Krieger und seinem weißen Herzchen" (Wolf, DER SPIEGEL 12.9.2005), von der „Alpen-Dame" ist die Rede, von „seelischem Bluterguss" und einem „unsinnigen Lebensentwurf" (Graetz, CineZone 15.9.2005). In dieser Art Kritik in den Printmedien zeigt sich jedoch wohl weniger die Angst vor einer Fragmen-

---

[204] www.mybasel.ch/freizeit_kino_archiv.cfm?cmd=detail&id=1444 [20.4.2006].
[205] Das wird an anderen Stellen noch viel deutlicher werden.

tierung von Kultur als die einer narzisstischen Kränkung des weißen Mannes.[206] „Von der Polemik mit dem Wort war es nur ein kleiner Schritt zur Polemik mit dem Bild. In dieser Absicht werden Karikaturen eingesetzt" (Belting 2005: 198), die es natürlich auch über „Die weiße Massai" gibt:

Abbildung 16: Karikatur zu "Die weiße Massai"[207]

Schließlich können beide Ängste als Ambivalenzen in einer Person vorhanden sein. Wenn sich die Protagonistin ganz „verkleidet" hätte, respektive ganz in der anderen Kultur aufgegangen wäre, sich den dort üblichen Hochzeitsritualen angepasst hätte, d.h. Kopf geschoren, barbusig, vor der Heirat beschnitten worden wäre u. ä., nein, das wollten die InterviewpartnerInnen dann doch auch nicht. Nach solchen Fragen wurden sie nachdenklich und ratlos, und die Frage nach dem Umgang mit Frem-

---

[206] Vgl. Teil III Kap. 2.4 „Wer hat Angst vorm schwarzen Mann?".
[207] Copyright by Michael Müller: http://www.schandmaennchen.de/ impressum.html [16.7.2007].

dem und wie das nun gehen soll mit der Anpassung an eine andere Kultur, stand dringlicher im Raum als zuvor.[208]

2. Afrika – der gefährliche Kontinent?

Es gibt einige in den letzten 30 Jahren erschienene Studien, die sich mit dem Afrikabild in den deutschen Medien, in Schulbüchern und in Jugendbüchern, in Reklame oder in der öffentlichen Meinung befassen. Sie basieren auf diskursanalytischen Methoden und haben zu einem tieferen Verständnis des deutschen Afrikadiskurses beigetragen (Arndt 2001: 35).[209] Manche Afrikabilder haben eine lange Geschichte, und die heutigen Afrikabilder sind ohne die vorkolonialen und kolonialen Bilder nicht zu verstehen.[210] Deren historischen Kontext darzustellen oder zu analysieren, ist hier nicht Anliegen. In dieser Arbeit interessieren Afrikabilder nur in Bezug zu den RezipientInnen – gleichgültig wie alt oder neu sie sein mögen. Die Bilder über Afrika wirken beim Lesen bewusst oder unbewusst und werden mit ins Kino gebracht. Im Kontext von Filmverstehen als kognitiv-emotionalem Prozess können die konträren Aussagen und Reaktionen als Ergebnis der Interaktion von Buch und Film mit innewohnenden Afrikabildern gedeutet werden. Fragen dazu sind: Welche Afrikaimaginationen werden in den Äußerungen und Reaktionen der RezipientInnen deutlich? Wie beeinflussen kursierende Afrikabilder Wahrnehmung, Bewertung und Reaktionen auf Buch und Film? Auf welchen Bildern oder Erfahrungen beruht die Faszination für diesen Kontinent? Was bedeuten die Ergebnisse dieser Interaktion?

---

[208] Abgesehen von der Meinung der Betroffenen, die offenbar gar nicht zählt: „Mein Ex-Mann hat nie gewollt, dass ich barbusig, mit roter Farbe und Massai-Schmuck rumlaufe. Ich wollte mir sogar mal die Ohrläppchen einschlitzen lassen, für die großen Massai-Ohrringe, aber mein Ex-Mann wollte das überhaupt nicht". Interview mit Frau Imholz in Luzern.
[209] Eine lange Liste entsprechender Literatur siehe Arndt 2001: 64.
[210] Siehe dazu Bitterli 1970, Hemme 2000, Herkenhoff 1990, Mary 1978, Honold 2004.

2.1. Afrikabilder

2.1.1. Kontinent der Katastrophen

Ach, Afrika.[211] Da ist das Afrikabild, das den Kontinent als marginalisiert betrachtet: zwischen Kriegen, Genozid, Korruption, Kriminalität, Hungersnöten, Umweltkatastrophen, Aids und Armut. Ein ganzer Kontinent, so merkt Susan Arndt an, würde vorzugsweise in den Medien auf diese Aspekte reduziert (Arndt 2001: 45). Assoziiert wird Afrika hier mit ganz realen, konkreten Gefahren. Bereits in der Schule würde dieses Bild transportiert und durch die Medien bekräftigt (Ripken 2001: 332). In Film und Buch werden diese Aspekte nicht ausgespart. Corinne Hofmann schildert ihre Erfahrungen diesbezüglich ohne Polemik. Im Film werden Krankheit, Kriminalität, Aids, Korruption und Armut in kleinen Szenen und glaubhaft kontextbezogen thematisiert, weder näher beleuchtet oder analysiert noch aufgebauscht. Keineswegs wird afrikanische Realität auf diese Aspekte reduziert.[212] Dennoch – mit diesem Afrikabild im Hintergrund werden diese Szenen von manchen RezipientInnen wie durch ein Vergrößerungsglas wahrgenommen. Damit bestätigen sich kursierende Afrikabilder. Corinne Hofmann würde nur erzählen, „wie schlecht es ihr geht und wie schlecht alles in Kenia überhaupt ist"; „[…] das Buch zeigt nur die schlechten Seiten Afrikas". Andere wiederum sehen vor diesem Afrikabild die geschilderten „widrigsten Umstände", das „Leben im Busch mit katastrophalsten Bedingungen" realistisch beschrieben bis hin zu „[…] schildert das Leben im Busch in meinen Augen als zu rosarot". Sie empfinden den Film als „geschönt" (amazon.customer).

Frau Hofmann ist nicht als Ärztin, Entwicklungshelferin oder Forscherin dort im Busch geblieben, das könnte man noch verstehen, sondern als Privatperson. Der Tenor in der Rezeption vor diesem Afrikabild: „Ich kann nicht nachvollziehen, wie man alles aufgeben und sich in eine so unzivilisierte Welt stürzen kann", eine Welt, die „für Europäer den Inbegriff von Primitivität verkörpert". Positiv vermerkt wird in diesem Kontext, dass die Schilderungen in Buch und Film „so manchem Dritt-Welt-Romantismus widersprechen" würde: „Der Film zeigt, wie öde es dort ist, den ganz

---

[211] Diesen Titel hat Bartholomäus Grill, seit vielen Jahren Afrikakorrespondent der ZEIT, seinem Buch gegeben. Der Untertitel: „Berichte aus dem Inneren eines Kontinents". Je nach Artikulation und Interpunktion kristallisieren sich in diesen beiden Worten gleich mehrere, sich teilweise widersprechende Afrikabilder, die in der Rezeption sichtbar werden bzw. ihre Wirkmächtigkeit entfalten.
[212] Meines Erachtens ist dem Film eine gute Balance gelungen: Ein wenig mehr Fliegen in den Gesichtern der Kinder, die Kamera länger auf stehende Hände oder schmerzverzerrte Gesichter – und er hätte sich (noch mehr?) Eurozentrismus- und Rassismusvorwürfen ausgesetzt gesehen; ein wenig mehr lachende Menschen, bunte Röcke und Tänze – und der Exotismus- und Folklorevorwurf wäre ihm nicht erspart geblieben.

normalen, eintönigen Alltag" (amazon.customer). Üblicherweise wollen Europäer vor diesem Afrikabild in Afrika helfen oder nach einem Aufenthalt anschließend Hilfsprojekte gründen, Kinder adoptieren oder sich als Charity Ladies engagieren. Nichts davon macht Corinne Hofmann. Es erbost manche Leser, dass sie mit ihrem Buch und Film angesichts afrikanischen Elends auch noch Geld verdient.

Einen „fragilen Kontinent" nennt Bartholomäus Grill Afrika (Grill 2003:9). Unsicherheit wird in Europa als Gefahr empfunden. „Nichts klappt wie verabredet! Auch heute wieder kam der bestellte Fahrer mehr als eine Stunde zu spät zum Hotel" (Hermann 1980: 15). Das fängt mit solchen Banalitäten an, dass man als TouristIn nicht darauf vertrauen kann, dass Bus oder Taxi pünktlich kommen oder das Visum verlängert wird, und geht bis in die Politik, die sich auf afrikanische Staatsmänner als Partner nicht verlassen kann, außerdem Putsch und Bürgerkrieg als Ausdruck von Fragilität und Unzuverlässigkeit. Zu diesen Unsicherheiten kommt hier noch eine hinzu, die EuropäerInnen zutiefst irritiert: Samburu leben als Nomaden, ohne festen Wohnsitz. Sozial werden bei uns alle Menschen ohne festen Wohnsitz als suspekt betrachtet und marginalisiert: Sinti und Roma („Zigeuner"), Kirmesbetreiber, Landstreicher, Nichtsesshafte. Mit diesem Afrikabild im Hintergrund staunen die RezipientInnen, dass Frau Hofmann „ihr gutes, sicheres Leben in der Schweiz aufgegeben hat". Sie reagieren sehr verständnisvoll, dass Carola alias Corinne „soviel Strapazen, Schereien und Schikane ertragen hat", „dem Leben im Busch schon rein körperlich nicht gewachsen war" und wieder „in die sichere Schweiz" geflüchtet ist. Insbesondere im Hinblick von Tropenkrankheiten gilt Afrika schon seit den Kolonialzeiten als gefährlich. Aufgrund diverser exotischer Krankheiten hätten sich, so Stephan Besser, tropische Regionen mit einigem Recht den Beinamen „white man's grave" erworben (Besser 2004: 217). Andere sind empört, dass Frau Hofmann es dort nicht lange genug ausgehalten hat, wo doch „die einheimische Bevölkerung alle diese Unannehmlichkeiten auch aushalten" müsse (amazon.customer).

2.1.2. Der hoffnungslose Fall

Ach – Afrika: Da ist das Afrikabild, das den Kontinent als hoffnungslos beschreibt, der nicht zu retten, dem nicht zu helfen ist, ein bedauernswerter Kontinent. Assoziiert wird. Afrika hier mit Aussichtslosigkeit, inzwischen mit dem Schlagwort „Afropessimismus"[213] bezeichnet (Jakobeit 2001: 447). Alle Hilfsmaßnahmen und guten Ratschlägen, alle Spenden und Hilfsorganisationen, die die Gefahr zu bannen suchen,

---

[213] Nicht jede Berichterstattung unerfreulicher Tatsachen über afrikanische Politik ist Afropessimismus, sondern nur die, die solche Tatsachen einseitig recherchiert und sie im Geiste der Hoffnungslosigkeit bezüglich einer besseren Zukunft interpretiert (Tetzlaff/Jakobeit 2005: 36).

verlaufen im Sand bzw. haben offenbar keinerlei Erfolg. Die Gefahr scheint weit weg. Doch es ist eine Gefahr, die vom Kontinent nach Europa strahlt. Was ist, so einige RezipientInnen im Interview, wenn dieser Kontinent seine Probleme nicht in den Griff bekommt? Immerhin stehen an der Grenze zu Spanien Tausende Afrikaner und wollen in das gelobte Land Europa. Sie riskieren ihr Leben, um nach Europa zu kommen, erbitten Asyl, heiraten und gehen Scheinehen ein oder leben als „sans papiers" in Frankreich, der Schweiz und in Deutschland. Afrikas Probleme sind dann plötzlich ganz nah und sehr real.

Post-Koloniale und ethnozentrische Überheblichkeitskonstruktionen können sehr subtil sein: RezipientInnen fragen dann in Lesungen oder im Forum vorwurfsvoll, warum Corinne Hofmann denn nicht ihren Mann mit in die Schweiz genommen hätte.[214] Als verheirateter Mann hätte er Aufenthaltsrecht und wäre „gerettet" und könnte die Errungenschaften westlicher Zivilisation genießen.[215] Mit diesem Afrikabild im Hintergrund richtet sich die Wahrnehmung hier auf einen bedauernswerten Menschen, der in einem bedrohten Kontinent lebt, den man retten und dem man helfen muss. Sie ist gekoppelt mit großem Verständnis für die Protagonistin, die es dort dann doch, nach all ihren Bemühungen, nicht aushält und „nach langen, entbehrungsreichen Jahren" in die Schweiz zurückkehrt. Allgemeines Kopfschütteln über „soviel Selbstbetrug und Leidensfähigkeit" begleitet die unter diesem Afrikabild beeinflusste Wahrnehmung (amazon.customer). Der eigene Afropessimismus wird bestätigt und mit ihm auf deutliche oder subtile Weise die alte europäische Überlegenheit demonstriert.

Andere zeigen sich positiv überrascht vom Film, hatten sie doch mit diesem Afrikabild im Hintergrund wieder eine dieser üblichen Konstellationen in Afrika spielender Filme befürchtet, in denen hilfreiche Weiße sinnvolle Betätigung suchen, in dem sie den Armen helfen oder afrikanische Kinder adoptieren. Oder wo Geschichten unter Europäern erst mit einer Afrikakulisse so richtig spannend werden. Vertraut und beliebt sind im Allgemeinen eher die Filme, in denen Afrika als exotische Kulisse dient und im Grunde die alte koloniale Geschichte von Herren und Knechten aufgeführt wird. Die Hauptakteure sind weiß, Afrikaner agieren in Nebenrollen als Kellner, Gärtner, Farmarbeiter, Fahrer, Köche, als Kindermädchen oder Putzfrauen. Ende 2006/Anfang 2007 gab es auffallend viele Fernsehfilme dieser Art im Deut-

---

[214] So auch geschehen in der Lesung in Luzern am 12.12.2005.
[215] Ihre Situation darf nicht mit Asyl suchenden Menschen aus Kriegs- oder Hungergebieten in einen Topf geworfen werden. Es darf nicht vergessen werden, dass ihr Mann in Kenia nicht gefährdet war, sondern im Gegenteil im Grunde glücklich in Barsaloi. „Was – der wollte gar nicht nach Europa? Das glaub ich nicht" (Interview).

schen Fernsehen.[216] Empörung haben solche Filme noch nie hervorgerufen. Ein gängiges Helfersyndrom beim Thema Afrika als hoffnungsloser Kontinent kann man bei Corinne Hofmann gerade nicht finden – sie will dort einfach mit ihrem Mann leben und traut sich das auch zu.

2.1.3. Der vergessene Kontinent

Ach – Afrika? Manche RezipientInnen sagen, wenn sie nach dem Grund gefragt werden, warum sie nicht ins Kino gegangen sind: „Afrika? Das interessiert mich nicht. Und so eine Liebesgeschichte mit einem Afrikaner erst recht nicht" – Kopfschütteln, Unwilligkeit bei den Interviewfragen. Afrika ist hier kein wirklich leeres Blatt. In der Reaktion schwingt schlechtes Gewissen mit. Mit fehlendem Wissen und Interesse konfrontiert reagiert man mit Abwehr. Da scheint es keine Imaginationen über Afrika zu geben und die Realität interessiert nicht. Das ist das Afrikabild des vergessenen Kontinents. Susan Arndt spricht diesbezüglich von einem stark ausgeprägten gesellschaftlichen und individuellen Desinteresse am afrikanischen Kontinent, eine fehlende Sensibilisierung und ausgesprochene Unwissenheit (Arndt 2001: 35). Afrika, der Kontinent, den man am liebsten vergessen würde, von dem man gar nichts wissen will, der „abgeschriebene" Kontinent (Grill 2003: Umschlagseite).

Im Kontext dieser Arbeit könnte dies auch als Reaktion auf Gefahr gelesen werden: Verdrängung als Ausdruck von Angst. Die vermeintliche Gefahr geht nicht zuletzt auch vom Afrikaner als Mann aus. Immerhin kann einem, wie in Buch und vor allem im Film dargestellt, dort die Freundin ganz plötzlich abhanden kommen, weil sie sich in einen Afrikaner verliebt. Mit diesem Afrikabild als Hintergrund ist es nicht nachvollziehbar, dass die Protagonistin sich überhaupt in einen Samburu verlieben und ihn gar heiraten konnte und warum sie „gleich in den Busch zieht" (amazon.customer). Eine andere Möglichkeit, auf vermeintliche Gefahr zu reagieren und sie dadurch zu bannen, ist rassistischer Spott: Vom „schönen Wilden" (Sannwald, Tagesspiegel 15.9.2005), vom „durchtrainierten Massai-Oberkörper" (Weber, taz 15.9.2005), von einem „schwarzen Adonis" (amazon.customer) ist dann die Rede und gönnerhaft wird ihr zugestanden, dass sie „dann eben in den Busch ziehen soll zu ihrem Nigger" (Forum).

---

[216] In der ARD am 19.12.2006: „Folge deinem Herzen", eine Liebesgeschichte unter Weißen in einem Buschkrankenhaus in Namibia, am 6.1.2007:‚Mein Traum von Afrika", eine Liebesgeschichte unter Weißen in einem südafrikanischen Kinderheim, am 8.1. ‚10.1. und 14.1.2007 der Dreiteiler „Afrika, mon amour" auch eine Geschichte unter Weißen, diesmal in „Deutsch-Ostafrika". Anfang Februar 2007 im ZDF der Zweiteiler „Momella – eine Farm in Afrika". Am 22.12.2008 in der ARD „Afrika im Herzen", ein Arztroman mit Afrika als Kulisse.

2.1.4. Der Kontinent, der süchtig macht

Ach, Afrika! Da ist das Afrikabild der Folklore, der Fröhlichkeit und Feste. „Immer wieder gibt es die Aussage: Afrika ist >in<" (Ripken 2001: 332). Und in der Tat ist Afrika auf multikulturellen Festen inzwischen sehr präsent.[217] Auf Afrofestivals kann man dann afrikanisch essen, Kleidung und Schmuck kaufen, in Workshops trommeln lernen und afrikanischen Musikgruppen lauschen und vor allem tanzen.[218] Afrorestaurants schießen aus dem Boden: Afrika als Erlebnis.[219] Assoziiert wird Afrika hier mit Lebensfreude, Musik und Tanz.[220] Die „Gefahr" ist hier eine ganz andere. Sie besteht darin, „an diesen Kontinent sein Herz zu verlieren", von diesem Kontinent verzaubert zu werden, ja, nach ihm süchtig zu werden – nach Reisen dorthin, nach Büchern über Afrika, nach afrikanischen Bekanntschaften. RezipientInnen verstehen dann Corinne Hofmann, und „wie man dem Charme von Land und Leuten verfallen kann"; „Eine Erzählung kann nicht mal annähernd beschreiben wie schön es da wirklich ist"(amazon.customer). Unter den RezipientInnen sind das insbesondere diejenigen, die sich als Afrika-Fans verstehen: „Ein Muss für alle Afrikafans" sei das Buch, das so fasziniert, dass man es in einer Nacht „regelrecht verschlingt" oder mehrmals hintereinander liest (amazon.customer).

Aber auch alle InterviewpartnerInnen, die längere Zeit in Afrika gearbeitet haben, geben mit leuchtenden Augen übereinstimmend an,[221] trotz aller Arbeit und Mängel dort, von Afrika fasziniert zu sein und „nicht mehr los zu kommen". Unter Geologen heißt es: „Wenn du vier, fünf Jahre dort warst, bist du für Europa verloren. Du willst immer wieder zurück".[222] Das gilt auch, das zeigt die Rezeption, für viele UrlauberInnen,[223] die „ihr Herz an das bezaubernde Land Kenia verloren haben"; „Es war mein schönster Urlaub, das kann man gar nicht beschreiben, wie schön dieses

---

[217] Auch der Sommerball der Universität Freiburg stand 2006 unter dem Motto „Afrika".
[218] So beispielsweise der Workshop „Tanz die Trommel" mit heißen Ethno-Grooves zum 16. Mal in Essen: http://www.afropott.de/a_bt_sim/TdT.htm [18.10.2006]; oder das Festival Afro-Berlin 2006 siehe: http://www.werkstatt-der-kulturen.de/index2.htm [19.10.2006] und die Afrikatage in Emmendingen und Karlsruhe Sommer 2006. Diese sollen hier als Beispiele genügen.
[219] Eine lange Liste unter: http://www.afrika-start.de/afrikanische-gastronomie.htm [19.10.2006].
[220] Tetzlaff/Jakobeit sprechen von afrikanischer „Vitalität" als einer weit verbreiteten Bezeichnung für afrikanische Wirklichkeit (Tetzlaff/Jakobeit 2005: 37).
[221] Das war bei den Interviews wirklich auffallend, besonders bei meiner Interviewpartnerin, die als junge Ärztin drei Jahre bei den Massai gearbeitet hat. „Alles ist wie gestern. Durch das Interview ist alles wieder ganz präsent". Die Augen meiner 90-jährigen Interviewpartnerin fingen an zu leuchten, als sie mir von ihrem Aufenthalt in Afrika erzählte. Der lag immerhin schon über 20 Jahre zurück, war aber präsent und ihre Liebe zu Afrika glaubhaft spürbar.
[222] Interview mit zwei Geologen, die für eine deutsche Firma in mehreren afrikanischen Ländern gearbeitet haben.
[223] Und für viele, die noch nie in Kenia oder Afrika waren. In ihnen wird die Sehn-Sucht geweckt: „[…] endlich auch einmal dorthin zu fliegen, ist mein größter Wunsch" (amazon.customer).

Land ist und die Leute so freundlich, immer gut gelaunt"; „ich war schon fünfmal in Kenia und werde wieder hinfliegen"; „ich hatte dort the time of my life, wirklich!"[224]; „Über den Bann Afrikas brauchen wir gar nicht zu reden, der erwischt jeden, sobald er/sie Fuß auf diesen Kontinent setzt." (Forum). Die Realität speist die Imagination und umgekehrt. Mit diesem Afrikabild im Hintergrund kann die Liebesgeschichte sehr gut nachvollzogen werden und damit alle Aussagen über die Landschaft, die gastfreundschaftlichen Menschen, über deren Herzlichkeit und Fröhlichkeit und das Leben in der Großfamilie eines afrikanischen Dorfes: „Hier wird die Faszination eines Kontinentes wirklich glaubwürdig nahe gebracht" – „Nur wer Afrika liebt der kann da mitfühlen" (amazon.customer). RezipientInnen, die solche Afrikabegeisterung nicht teilen, reagieren mit Spott, reden von „Verrücktheit", von Frauen, die auf Exotik hereinfallen und von positivem Rassismus.

Diese „Liebe zu Afrika" ist nicht zu verwechseln mit einer oberflächlichen Schwärmerei (die es natürlich auch gibt) oder einer Sehnsucht von Europäern nach einem Paradies, wie es häufig im Zusammenhang mit Tahiti thematisiert wird. Afrika war nie als Paradies in der Imagination von Europäern – friedlich, üppig, sorgenfrei. „Paradiese liegen anderswo" (Hermann 1980: 45). Hier wird ausdrücklich von „Liebe" gesprochen, die auch Katastrophen, Strapazen und Krankheiten überdauern kann. Sie geht über eine reine Topophilie weit hinaus. In einer modernen Gesellschaft[225] wie der unseren, so könnte man interpretieren, richtet sich die Sehnsucht eher auf Lebensfreude und Vitalität (im Sinn von Tetzlaff/Jakobeit), die trotz aller Probleme in Afrika spürbar bleiben. Sie richtet sich auf Gemeinschaft, auf Familie, auf Gesellschaft und Zusammengehörigkeit.[226] „In Afrika war ich nie allein. Das war sehr ungewohnt. Immer war jemand da, sogar wenn ich aufs Klo wollte oder mich gewaschen hab'. Am Anfang hat das genervt. Aber es war dann doch gut – ich hab' mich nie so wohl gefühlt in meinem Leben", sagt eine Interviewpartnerin, die einige Monate in Ghana war. In einer individualisierten Gesellschaft wie der unseren, wo

---

[224] Die Rezipientin verbrachte einige Zeit bei den Xhosa in Südafrika.

[225] Als Kennzeichen einer modernen kapitalistischen Gesellschaft sollen in diesem Zusammenhang z.B. Rationalisierung, Individualisierung und Differenzierung, Bürokratisierung, Effizienzdenken, Funktionalität und Schnelligkeit in Arbeitsprozessen gesehen werden (van der Loo/van Reijen 1997: 32/158) und entsprechende Erscheinungen wie Stresserkrankungen, Vereinsamung insbesondere im Alter.

[226] Es gibt im Film eine Sequenz, die diese Thematik dramatisiert und in Bildsprache umsetzt. Carola ist in die Schweiz zurückgekehrt, um ihren Laden zu verkaufen. Dort ist nichts als Kälte: triste Straßen in Biel, die Farben schwarz und grau, Winterlandschaft und zu Hause bei Tisch mit Mutter, Bruder und Schwägerin kühles Schweigen, Desinteresse, ernste Mienen. Corinne Hofmann redet bis heute von „ihrer afrikanischen Familie". Das ist durchaus afrikanisch gemeint, d.h. dazu zählt der ganze Klan, fast das ganze Dorf. Mit ihrer Schwiegermutter hatte sie definitiv ein herzliches Verhältnis auch ohne Sprachkenntnisse: die anthropologische Konstante der Sympathie.

der Einzelne lernen muss, sich nötiges Wissen selbst zu verschaffen, sich selbst als Handlungszentrum in Bezug zu seinen Fähigkeiten, Orientierungen und seinen Lebenslauf zu begreifen (Beck 2003: 217), scheint es eine Sehnsucht zu geben nach einem festen Platz, nach einer sinnvollen Rolle, nach dem Gefühl zu wissen, was von einem erwartet wird und wo man sich nicht dauernd vor unzählige Wahlmöglichkeiten gestellt sieht – kurz: zu wissen, wo man hingehört.

2.1.5. Der dunkle Kontinent

Afrika als schwarzer bzw. dunkler Kontinent ist wohl das älteste Afrikabild. Es rekurriert zum Einen auf die Hautfarbe seiner Bewohner, zum Anderen auf die lange „Dunkelheit" was die Kenntnisse in Europa über ihn betrifft, was teilweise an der imaginären Mauer lag, die islamische Staaten im Norden Afrikas bis zum 15. Jahrhundert errichtet hatten, aber auch schlicht am Desinteresse Europas (Mary 1978: 33/40). Es rekurriert auf das Bild der Finsternis im Denken und Glauben, die es dann durch Aufklärung und Missionsstationen zu erhellen galt. Der dunkle Kontinent ist hier der unbekannte und der unwissende Kontinent, dessen Kontakt mit Europäern zu Beginn allerdings nicht von Verachtung und Hass, sondern von Neugier und gegenseitiger Achtung geprägt war (Tetzlaff/Jakobeit 2005: 35).[227]

Im Titel der deutschen Übersetzung des autobiografischem Romans der dänischen Schriftstellerin Tania Blixen kommt dieses Afrikabild treffend zum Ausdruck: „Afrika – dunkel lockende Welt". Die Verlockung bestand historisch zunächst in Entdeckungs-, Forschungs- und Eroberungsmöglichkeiten. Reisebeschreibungen und Expeditionsberichte[228] von andersartigen Landschaften – vom undurchdringlichen Dschungel bis zur menschenfeindlichen Wüste –, ungewöhnlichen Pflanzen und Tieren und fremdartigen Menschen und Kulturen schufen ein „gefährliches" Afrikabild, das bis heute wirkt und seine Faszination nicht verloren hat. Die Anziehungskraft der gefährlichen Tiere Afrikas – Löwen, Nashörner, Elefanten, giftige Schlangen und Skorpione – ist ungebrochen.[229] Das gilt auch für die Abteilungen der Museen mit ihren ethnologischen Sammlungen, die Jagdtrophäen wie Tierfelle und Elefantenstoßzähne, Zauberfiguren, Fetische und Masken zeigen, besonders aber diverse Waffen, die dazu geeignet sind, „die Wildheit und Gefährlichkeit des Kontinentes" zu

---

[227] Es ist nicht Anliegen dieser Arbeit, einen historischen Abriss über die Entdeckungsgeschichte und Entwicklung Afrikas zu geben.
[228] Trotz aller Wissenschaftlichkeit sind die Entdeckerberichte eher Beschreibungen gewagter Reisen in unerforschte, unbekannte Länder, also zugleich echte Abenteuergeschichten (Mary 1978: 16).
[229] Das gilt auch für Zoobesuche, entsprechende Tierfilme, Tierbücher und Safaris.

symbolisieren und entsprechende Afrikabilder dadurch zu bestätigen und zu bekräftigen (Ivanov 2001: 354/368).

Dunkelheit gilt als gefährlich – dunkle Machenschaften, dunkle Geschäfte, der dunkle Wald im Märchen. Dunkelheit verspricht Abenteuer und Spannung. Dunkelheit hat den Nimbus von Geheimnis. So ist Afrika bis heute auch für moderne, aufgeklärte, Reise erfahrene Europäer der geheimnisvolle Kontinent, wo es Magie, Zauberei und Fetischrituale gibt, Initiationsbräuche, Medizinmänner und Hexenglaube, Ahnenkulte und Geister[230], in dessen Geheimnisse man nicht eingelassen wird und in die einzudringen man auch nicht wagt – eine fremde, bedrohliche und zugleich anziehende, faszinierende Welt. „Einerseits bewundernswert, was manche Leute sich so trauen, andrerseits vollkommen hirnrissig, sich auf einen Wilden einzulassen"(amazon.customer), drückt jene alte Ambivalenz zwischen Faszination und Gefahr aus, die Europäer beim Thema Afrika befällt. Buch und Film wird in diesem Kontext vorgeworfen, genau diese alten Ängste zu reproduzieren und Afrika als gefährlich darzustellen. Aber wie noch zu zeigen ist, bleiben RezipientInnen, die sich in dieser Weise äußern, an ihren eigenen Bildern stehen, denn die Protagonistin geht über diese Ängste hinaus – und mit ihr in der Interaktion LeserInnen und KinobesucherInnen, die sich darauf einlassen.

Auch heute besteht die Verlockung, in das reale Afrika zu reisen oder aber zumindest – ganz ungefährlich, da imaginär – Bücher zu lesen oder ins Kino zu gehen, um wenigstens ein wenig das dunkle Geheimnis zu lüften. Was „Die weiße Massai" betrifft, so scheint es hier genau diese Möglichkeit zu geben. Im Coverbild werden bildlich und farblich genau diese beiden Hauptattribute dargestellt, die mit Afrika assoziiert werden – dunkel und heiß. Dort wird – wie Teil III Kap. 1.1 „Das Buchcover" ausgeführt – eine imaginäre Reise in afrikanische Realität verheißen: Eine ganz normale europäische Frau erzählt, wie tief sie in eine afrikanische Kultur eingetaucht ist, wie es ihr dort ergangen ist und was sie erlebt hat.

2.1.6. Alles so schön bunt hier?

Man könnte auch formulieren: „Alles so schrecklich hier". Was hier wichtig ist, ist das Wort „alles". Von Afropessimisten, Afrooptimisten, Afroschwärmern und Afrorealisten ist heute die Rede. Aber gleichgültig welche Afrikabilder noch vorgestellt

---

[230] Diese Bilder über Afrika beschrieb schon Le Vaillant Ende des 18. Jahrhunderts (Loth 198: 100).

würden[231], auffallend ist eine ihnen allen gemeinsame Verallgemeinerung von Afrika, ganz so, als könne man den riesigen Kontinent – immerhin der zweitgrößte und dreimal größer als Europa – grundsätzlich als etwas Einheitliches betrachten. Die Verallgemeinerungen hören sich in der Rezeption so an: „Ich bin fasziniert von Afrika"; „ich liebe afrikanische Kultur und die afrikanische Landschaft"; „ich bin ein Afrikafreund"; „Afrikaluft ist etwas ganz Besonderes"; „wir können uns von Afrika einiges abgucken" (Forum). Verallgemeinerungen in Schulbüchern, deren Sozialisation die RezipientInnen durchlaufen haben, bemühen sich recht wenig, länderspezifisches Wissen zu vermitteln. Meist wird Afrika unter der allgemeinen Überschrift „Dritte Welt" abgehandelt und so z.b. die Assoziationskette Afrika = Leid verfestigt (Arndt 2005: 45).

Afrika ist mit seinen Hunderten von Ethnien, Völkern und Sprachen strukturell so heterogen, dass man sich vor Generalisierungen hüten muss, um den realen Gegenwartsverhältnissen der verschiedenen Staaten und Gruppen gerecht zu werden. Mehr noch als Europa und Lateinamerika gibt es Afrika, so Rainer Tetzlaff und Cord Jakobeit, „*nur im Plural*" (Tetzlaff/Jakobeit 2005: 40/41). Aber genau diese Differenzierung fehlt häufig in der Rezeption. Sie ist damit ein Spiegel der allgemeinen deutschen Wahrnehmung Afrikas als etwas Einheitliches und der verbreiteten Tendenz zur Generalisierung. Hinsichtlich der These ließe sie sich als Angst vor einer Fragmentierung der Welt deuten. Angst vor der Gefahr der Fragmentierung fokussiert den Blick auf ein vermutetes oder reales Afrikanisches und betont Gemeinsamkeiten.[232] Die Angst vor Verallgemeinerung und Globalisierung würde dagegen Differenzen betonen. Die verschiedenen Afrikabilder sind jeweils nur Ausschnitte einer sehr komplexen Wirklichkeit. Und in der Tat sollte man, wie Rainer Tetzlaff und Cord Jakobeit formulieren, nicht vergessen, dass unser Wissen von der Wirklichkeit konstruiert ist (Tetzlaff/Jakobeit 2005: 34).

„Die weiße Massai" ist ja gerade kein Buch und kein Film über Afrika, sondern über die ganz persönlichen Erlebnisse einer jungen Frau aus der Schweiz, die einen Samburukrieger heiratet und mit ihm in seinem Dorf lebt. Die autobiografische Ge-

---

[231] Z.B. Afrika als Kontinent der Überbevölkerung, der Überschuldung, der Unterentwicklung, siehe auch: Tetzlaff/Jakobeit 2005: 34. Am präsentesten im öffentlichen Bewusstsein ist in dieser Hinsicht derzeit Afrika als Kontinent, in dem das „abscheuliche Ritual" der weiblichen Beschneidung durchgeführt wird. Vgl. Teil III Kap. 5.4.4 „Beschneidung – die große Herausforderung im transkulturellen Raum".

[232] Solche Gemeinsamkeiten (auch da gibt es Ausnahmen) wären nach Tetzlaff/Jakobeit z.B. die Erfahrung der Kolonisation, Armut, hohe Wertschätzung von Gemeinschaft u.ä. (Tetzlaff/Jakobeit 2005: 64). Einige von Afrikanern ausgehende politische Vereinheitlichungsbestrebungen z.B. von Panafrikanismus, Négritude oder der Organisation for African Unity waren bisher weder langlebig noch erfolgreich.

schichte, die in einem afrikanischen Land, in Kenia, spielt, wird eindeutig aus dem Blickwinkel dieser jungen Frau erzählt. Das Buchcover, mehr noch das Kinoplakat, lassen darüber keinerlei Zweifel. Doch vor diesem Hintergrund von Generalisierungen kann die Geschichte von „Die weiße Massai" offensichtlich nur von wenigen RezipientInnen als individuelle Geschichte gesehen werden. „Ja, gut, ich hätte manches anders gemacht. Aber sie hat es nun mal so gemacht. Das muss man akzeptieren. Ich verstehe nicht, dass die Leute sich so aufregen. Bei uns wird Andersartigkeit eher respektiert", so eine Interviewpartnerin, eine Gastdozentin aus Norwegen.

Es gibt in Buch und Film auch viele individuelle Problemlösungsstrategien oder Entscheidungen der beiden Personen Carola und Lemalian alias Corinne und Lketinga, die vor entsprechenden Afrikabildern einfach nicht wahrgenommen werden (können). Viele Debatten und Äußerungen haben ihre Ursache in dieser generalisierenden Haltung. Sie drehen sich beispielsweise darum, dass Sachverhalte „richtig" gestellt werden sollen, es soll erklärt werden, wie es in Afrika (nicht etwa im Samburudistrikt oder gar in Barsaloi, wo die Geschichte spielt – das wäre schon zu viel Vielfalt und Fragmentierung) *wirklich* ist. Manche RezipientInnen und Journalisten sehen sich regelrecht zu einer Art Aufklärungsarbeit aufgerufen.[233] Die eigenen generalisierenden Afrikabilder sind sehr hartnäckig, d.h. die Imaginationen werden verteidigt, als wären sie Realität mit absolutem Wahrheitsanspruch.

Diese Besserwissereien und Erklärungen gehen nicht von Afrikanern oder Kenianern oder gar Samburu aus, sondern von Europäern in dieser paternalistischen Haltung, die Afrikanern abspricht, für sich und über sich selbst eine Meinung äußern zu können.[234] Viele Afrikaner sehen nämlich den Film „Die weiße Massai" keineswegs negativ, freuen sich über den Erfolg des Films, finden ihn gut – so auch meine beiden Interviewpartner und ihre Freunde. Das vor allem deshalb, weil hier wirklich ein interkulturelles Thema zur Sprache komme und Afrika nicht nur Kulisse sei – obwohl die männliche Hauptfigur *nur* ein Samburu ist, der weder lesen noch schreiben kann (Interview). Aber so sei eben diese Geschichte. Dagegen gibt es kritische Stimmen für Filme, die bei uns hoch gelobt und mit Oscars dekoriert wurden: So „Der ewige Gärtner"[235] und „Jenseits von Afrika"[236]. Ein Gast aus Nairobi im Fo-

---

[233] Viele sind recht schnell bei der Hand mit Begriffen wie Klischee, Stereotyp, Exotismus, Eurozentrik usw., ohne zu benennen, was genau sie damit meinen. Es scheint manchmal, als ob damit eher Ärger, Unwohlfühlen und/oder Ablehnung ausgedrückt werden.
[234] Es ist in der Tat sehr aufschlussreich, dass es kaum jemanden interessiert wie Afrikaner, speziell Kenianer, den Film wahrnehmen und was sie dazu sagen.
[235] Siehe dazu noch einmal: „The Africans – true or false?" von John Kariuki im Weekend Magazin.

rum: „Es macht mich glücklich zu lesen wie ihr Deutschen oder Weißen so über uns Afrikaner schwärmt oder unsere Kultur unbedingt kennen lernen wollt oder schon kennen gelernt habt".

2.2. Mut contra Leichtsinn

Die größte Kategorie in der Auswertung der negativen Amazonrezensionen und die zweitgrößte der positiven ist die, die ich „gefährliches Afrika" genannt habe. Vom „großen Mut" der Autorin, von einer „unglaublichen Geschichte voller Mut und Wagnis" ist da die Rede, von „großem Mut und Offenheit", von einem Lande, „in dem man als Fremder ohne einheimische Hilfe kaum überlebt", aber auch von „bodenlosem Leichtsinn, sich so unvorbereitet in dieses Wagnis zu stürzen"; davon dass sich die Protagonistin „ohne jegliche Grundkenntnisse der fremden Kultur" verliebt habe, und vor allem wird ihr „unglaubliche Naivität" (amazon.customer) bescheinigt. Solange von Mut und Leichtsinn im Hinblick auf das Verhalten der Protagonistin die Rede ist, könnte im Verweis auf das vorhergehende Kapitel gesagt werden, dass sich das Afrikabild, das Afrika in erster Linie als gefährlich figuriert, zwischen die RezipientInnen und die Wahrnehmung des Filmes schiebt. Beide wären so nur die zwei Seiten der Medaille „gefährliches Afrika".

In Anlehnung an Pierre Bourdieu könnte man aber auch sagen: Die Äußerungen und Reaktionen beruhen auf Wahrnehmungs- und Denkmustern, die Afrika aus der Position einer Sozialisation in Deutschland, Österreich oder der Schweiz als gefährlich empfinden und beurteilen. Dann wären die Reaktionen und Äußerungen der RezipientInnen ein Weg um zu erkennen, was Menschen hier in Mitteleuropa verunsichert, ihnen Angst macht und welche Werte und Normen damit verteidigt werden. Gleichgültig beispielsweise wie unvoreingenommen (da unwissend) und offen Corinne Hofmann respektive Carola in die Kultur der Samburu stolpert, bei den RezipientInnen schieben sich in der Interaktion im Kino und beim Lesen Afrikabilder dazwischen und verändern die Wahrnehmung und Bewertung des Geschehens in Buch und Film. Die Unvoreingenommenheit wird vor einem gefährlichen Afrikabild als Naivität wahrgenommen und angekreidet. Das gute Leben in der Schweiz auf-

---

[236] „Out of Africa" is the most important recent example of the ‚beautiful Africa' approach to Africans in the West"; " We are far from Tarzan, but the white man – and the white lady – continue to be the dominant figures in the Western image of Africa"; "Out of Africa" takes white superior and dominance for granted" (Gugler 2003: 23/25).

zugeben und völlig unvorbereitet nach Afrika in die Wildnis zu ziehen und zu glauben, dass man dort als Europäerin leben könne, ist für NegativbewerterInnen Naivität pur.[237] Da die große Liebe als Begründung hier wegfällt, bleibt nur Unverständnis. Naivität wird zu Dummheit. Das Interessante aber ist – unabhängig davon, ob Corinne Hofmann tatsächlich naiv war[238] –, dass in unserer Gesellschaft Naivität als eine überaus empörende Eigenschaft bewertet wird, über die sich die RezipientInnen furchtbar ärgern, liegt an unserer eigenen Kultur.

2.2.1. Achtung: Kenia!

Wenn man die Empfehlungen des Auswärtigen Amtes liest, bevor man sich entschließt nach Kenia zu reisen oder gar beabsichtigt, sich dort niederzulassen, scheint in der Tat Mut vonnöten. Das Auswärtige Amt empfiehlt allen Reisenden nachdrücklich sicherheitsbewusstes und situationsgerechtes Verhalten. Beispielsweise sollten sich Reisende vor und während einer Reise sorgfältig über die Verhältnisse in ihrem Reiseland informieren und sich impfen lassen. In Kenia wird vor allem Impfschutz gegen Tetanus, Diphtherie, Polio und Hepatitis A, bei Langzeitaufenthalt über drei Monate auch Hepatitis B empfohlen. In einem persönlichen Beratungsgespräch mit einem Tropenarzt bzw. einem Impfarzt mit tropen- und reisemedizinischer Erfahrung sollen diese Impfentscheidungen getroffen werden. Wenn Fahrten oder Aufenthalte außerhalb der Städte durchgeführt werden, wäre eine gültige Gelbfieberimpfung sinnvoll. In Kenia ist HIV/Aids ein großes Problem und eine Gefahr für alle, die entsprechende Risiken eingehen: ungeschützte Sexualkontakte, unsaubere Spritzen oder Kanülen und Bluttransfusionen können ein erhebliches lebensgefährliches Risiko bergen.

Gefährliche Durchfälle und viele Infektionserkrankungen können durch hygienisches Essen und Trinken (nur abgekocht, nicht nur lau aufgewärmt) und konsequenten Mückenschutz vermieden werden. Für TouristInnen ist in Kenia das Malariarisiko besonders hoch. Bei der Malariaprophylaxe sollte unbedingt die Auswahl und persönliche Anpassung sowie Nebenwirkungen bzw. Unverträglichkeiten mit anderen Medikamenten mit einem Tropen- oder Reisemediziner besprochen werden.

---

[237] Wohlgemerkt, das ist die Wahrnehmung und Wertung von RezipientInnen. Sie sagt nichts aus darüber, was Corinne Hofmann diesbezüglich geglaubt hat. Sie selbst sieht sich als nüchterne Frau, die sehr wohl kommende Schwierigkeiten einschätzen konnte (Interview mit Frau Imholz in Luzern).
[238] Sie selbst sagt im erwähnten Interview in Luzern, sie sei ganz und gar nicht naiv, weder damals noch heute. Immerhin hatte sie mit 24 Jahren ihr eigenes Geschäft in der Schweiz. Wenn man sie in Lesungen erlebt, sieht man eine freundliche, selbstbewusste Frau, die diese Lesungen sehr professionell abwickelt.

Auch für das Verhalten im Land gibt es Empfehlungen, die zu befolgen dringend angeraten wird. So sind in Kenia terroristische Anschläge nach wie vor nicht auszuschließen. Es wird zu besonderer Vorsicht und Wachsamkeit geraten, insbesondere auf öffentlichen Plätzen, beim Besuch von westlichen Einrichtungen und touristischen Sehenswürdigkeiten. Auf den Reiserouten auf dem Landweg in die Nordostprovinz sowie in die nördliche Küstenprovinz besteht erhöhte Gefahr, Opfer von bewaffneten Überfällen zu werden. Reisen in diese Gebiete sollten mit dem Flugzeug durchgeführt und bei Fahrten mit dem Auto in die vorgenannten Regionen unbedingt der Schutz in einem bewachten Konvoi gesucht werden.[239]

Bei selbst organisierten Fahrten sollte die Route so geplant werden, dass das Ziel noch bei Tageslicht erreicht wird. Nachts besteht die Gefahr bewaffneter Überfälle. Der teilweise schlechte Straßenzustand kann sich als unüberwindliches Hindernis erweisen. Überlandfahrten mit öffentlichen Bussen oder den „Matatus" genannten Kleinbussen sollten vermieden werden. Die Fahrzeuge sind oft nicht in verkehrssicherem Zustand. Nachts sind die Innenstädte Nairobis und Mombasas generell zu meiden, bestimmte Gegenden des Stadtinnern Nairobis (dazu gehört auch das Machakos Bus Terminal) möglichst auch bei Tag. Die medizinische Versorgung im Lande ist mit Europa nicht zu vergleichen und ist technisch, apparativ und/oder hygienisch häufig hoch problematisch. Ein ausreichender, dort gültiger Krankenversicherungsschutz und eine zuverlässige Reiserückholversicherung werden dringend empfohlen.[240]

Wenn man diese Ratschläge liest, so hat Corinne Hofmann in der Tat nahezu nicht einen einzigen befolgt: Sie ist nicht ausreichend geimpft, die Malariaprophylaxe reicht nicht, sie hat ungeschützten Sexualkontakt, benutzt die Reiseroute in das nordöstliche Gebiet Kenias, treibt sich nachts allein in Nairobi auf dem Busbahnhof herum, benutzt schrottreife Überlandbusse, fährt später allein in ihrem Lastwagen ohne bewachten Konvoi auf schlechten Pisten, trinkt und isst, was ihr vorgesetzt wird und nimmt schließlich ohne Reiserückholversicherung die dortige medizinische Versorgung in Anspruch. Kurzum – sie lebt dort in dieser Beziehung wie eine Einheimische – völlig ohne Angst.

---

[239] Vergleiche dazu: http://www.auswaertiges-amt.de/diplo/de/Laenderinformationen/Kenia/Bilateral.html#t6 [23.3.2006].
[240] Alle Informationen siehe: http://kenya.de/pages/resources_faq_de.html [5.6.2006] und http://www.auswaertigesamt.de/diplo/de/Laenderinformationen/Kenia/ Bilateral.html#t6 [23.3.2006], die RiskMap 2007 in: http://onnachrichten.t-online.de/c/97/68/97/9768972.pdf [30.11.2006], in der vor allem die Küste Kenias als äußerst gefährlich, das Innere als sehr gefährlich eingestuft wird.

2.2.2. Das Paradigma der Rationalität

Je besser RezipientInnen informiert sind, je mehr sie wissen, was man eigentlich alles für einen Aufenthalt in Kenia beachten muss, umso irritierender wird für sie dieses unbekümmerte, angstfreie Verhalten der Protagonistin. Der Streit in der Rezeption entbrennt zwischen denen, die das Verhalten als mutig sehen (und ein bisschen bewundern) und denen, die es als leichtsinnig beurteilen (und ablehnen). Selbst offenbar bestens informiert, vorbereitet und überzeugt davon, dass alle diese Vorsichtsmaßnahmen absolut nötig sind,[241] ist es für sie nicht nachvollziehbar, ja empörend,[242] wie man sich „derartig leichtsinnig" oder „mutig" verhalten kann (amazon. customer).[243] Doch die Dichotomie von Mut und Leichtsinn entpuppt sich bei näherem Hinsehen als die zwei Seiten einer anderen Medaille – der des Paradigmas der Rationalität. Ein solches Verhalten wie das von Corinne/Carola gilt als unverständlich, als „unvernünftig" und damit in unserer Kultur als ablehnenswert, auf alle Fälle für eine Erwachsene. In diesem Sinn wird ihr Entschluss, im afrikanischen Busch zu bleiben, als „Verrücktheit" (amazon.customer) bezeichnet. Mit dem Philosophen Zizek könnte man sagen, dieser Akt beinhaltete „ein radikales Risiko, das Derrida Kierkegard folgend als den *Wahnsinn* einer Entscheidung bezeichnete: Er ist ein Schritt ins Offene, ohne die Garantie des Endergebnisses – eben weil der Akt die Koordinaten selbst verändert, in die er eingreift. Dieser Mangel an Garantie ist es, den die Kritiker nicht hinnehmen können" (Zizek 2002: 155).

Ein Idealbild unserer Kultur ist der informierte Mensch. Bevor man sich als EuropäerIn in das gefährliche Afrika stürzt, muss man sich gut informieren und sich wappnen gegen allen Unbill, der einem dort eventuell widerfahren kann. Krankheiten und der mögliche Tod – ob durch Malaria, Aids oder einen bewaffneten Überfall – machen Angst. Strategisches, vernünftiges Vorgehen deutet hier auf ein großes Sicherheitsbedürfnis und auf Angst hin, die bewältigt werden will – in Europa üblicherweise mit Vernunft und Vorsorge. Auch die Betonung der Wichtigkeit von Sprache gehört hierher, als könne Sprache Probleme immer verhindern und sie nicht

---

[241] Es ist hier nicht Thema zu analysieren, welche Vorsichtsmaßnahmen tatsächlich notwendig und welche Panikmache sind. Aber sie sind auf alle Fälle notwendig aus der Sicht von EuropäerInnen für EuropäerInnen.
[242] Das zeigt die Emotionalität und Vehemenz, mit der die Bewertungen vorgebracht werden.
[243] Mut bekommt in diesem Zusammenhang fast die Bedeutung von Über-Mut.

auch erst erschaffen.[244] Nonverbaler Kommunikation wird misstraut, sie wird unterschätzt. „Embodiment", die Kommunikation auf der Ebene der Körpersprache, wird von den RezipientInnen (und in unserer Kultur) gering geschätzt und vernachlässigt.[245] Vor allem aber verunsichert sie. Rationales Denken und Verhalten wird gefordert. Rationalität ist heute eine für uns unmittelbar einleuchtende Verhaltensnorm. Corinne Hofmann alias Carola hält sich nicht an diese Norm. Das Übertreten dieser Norm wird entweder als Mut oder als Leichtsinn (= Dummheit) gewertet. Die große Aufregung darüber in der Rezeption lässt sich als Zeichen für deren Priorität in unserer Kultur deuten und als Ausdruck der beiden, in der These genannten, konträren Ängste.

Im Hinblick auf die Hauptthese können die Reaktionen auch als Angst vor einer Fragmentierung der Welt verstanden werden, denn die Fragmentierung, die wirklich Angst macht, ist die, die Werte und Normen betrifft. Da gibt es die Befürchtung, die „reinen, überzeitlichen Erkenntniskategorien" (Rehbein 2006: 10), die schon von Immanuel Kant entwickelt wurden, und die entsprechenden universellen Wertekategorien existieren womöglich gar nicht. Die Gefährlichkeit Afrikas würde hier in der potentiellen Auflösung dieser Kategorien liegen. Im Fall der abendländischen Tradition führt das dazu, so Bernhard Waldenfels, „daß die eigene Lebensform nicht nur verteidigt (wogegen nichts zu sagen wäre), sondern schrankenlos verteidigt wird als Vorhut einer universalen Vernunft" (Waldenfels 1998: 62). Die Vehemenz in der Rezeption ließe sich so als Verteidigung von abendländischen Werten und Normen sehen. Rationalität entpuppt sich als Ort des Eigenen. Während er bei den NegativbewerterInnen offensichtlich ist, ist er bei den PositivbewerterInnen eher versteckt. Indem sie bewundern, staunen, „den Kopf schütteln" (amazon.customer) zeigen auch sie sich durchdrungen von westlicher Rationalität, dass es das, was da passiert ist, vernünftigerweise eigentlich nicht geben kann. Corinne Hofmann kehrt nicht nur der europäischen Zivilisation den Rücken,[246] um bei den Samburu zu leben, sondern mit ihrem Verhalten auch entsprechenden Werten und Normen, allen voran denen der

---

[244] Das Credo unserer Kultur: „Darüber müssen wir reden". Die Betonung von Kommunikation kann als Ausdruck westlicher Vorstellungen über eine gelungene, glückliche Ehe angesehen werden. Die ideale Liebe sei, so Eva Illouz in ihrer Studie, im westlichen Verständnis eine eminent redselige Liebe. (Illouz 2003: 214). Das kulturelle Ideal des Redens bringe einen großen Glauben an die „Bedeutung der Konversation als erlösender Kraft" zum Ausdruck (Illouz 2003: 217). Vgl. Teil III Kap. 5.1.2 „Ich kann nicht mehr" – das Scheitern der Ehe in der Interpretation der RezipientInnen und Kap. 5.3.1 „Grenzen, überall Grenzen".
[245] Auch in der ethnologischen Wissenschaft stehen Untersuchungen von „embodiment" z.B. in der Feldforschung noch in den Anfängen (Nadig 2000: 37/38).
[246] Wichtig dabei ist es, nicht aus dem Blick zu verlieren, dass das ganz und gar nicht die Motivation von Frau Hofmann war. Zivilisationsflucht, Leben in Einfachheit oder in unberührter Natur waren nicht ihre Gründe, um im Samburudistrikt zu leben.

Rationalität. Das ist, so könnte man sagen, eine kulturnarzistische Kränkung, auf die vor allem viele Printmedien mit Hohn und Spott reagieren.[247]

2.2.3. Ärgernis Naivität

„Diese Naivität ist ja wirklich unbegreiflich"; „Wie Frau Hofmann mit einer grenzenlosen Naivität durch die Weltgeschichte marschiert"; „[...] diese unbeschreibliche und schon nicht mehr normale Naivität dieser Frau. So hohl kann man echt nicht sein"; „Naivität hoch drei"; „Wenn jemand schon so naiv ist und sich bedenkenlos in diese Welt stürzt und dabei erwartungsgemäß scheitert, sollte er dieses Missgeschick nicht noch in dieser Form in die Öffentlichkeit bringen"; „Naiver geht's nicht mehr"; „[...] habe mich permanent über diese naive frau geärgert"; „[...] dass Corinne Hofmann sich in erster Linie durch erschreckende Naivität auszeichnet"; „Zusätzlich macht einem die Naivität dieser Frau schon fast wütend". Das sind Auszüge aus Amazonrezensionen von NegativbewerterInnen (amazon.customer). Meine erste Anfrage innerhalb des Freundeskreises, ob jemand das Buch gelesen hätte, wurde vehement von einer jungen Frau kommentiert. Sie habe gehört, dass die Autorin so naiv sei, und naive Frauen könne sie überhaupt nicht leiden, das würde sie furchtbar aufregen. Deshalb würde sie das Buch auf gar keinen Fall lesen. Der diesbezügliche Kommentar von Christoph Antweiler in „Ethnologie, ein Führer zu populären Medien": „Vor allem Hofmanns Buch ist an Naivität kaum zu überbieten" (Antweiler 2005: 77).

Doch was genau beschreiben und meinen die RezipientInnen mit dem Begriff Naivität? Was bedeutet es, wenn man sich einer fremden Kultur naiv nähert und was ist nach Meinung der RezipientInnen falsch daran? Schon die erste Frage ist nicht leicht zu beantworten. Nicht einmal Christoph Antweiler erläutert, was er unter Naivität versteht und wie sie sich genau bei Frau Hofmann zeigt. Sie wird von den RezipientInnen behauptet bzw. unterstellt und ist immer und ausschließlich negativ konnotiert.[248]

Häufig wird vom Schreibstil der Autorin auf Naivität geschlossen und der Schreibstil nicht vom Inhalt getrennt. Das Buch ist „stilistisch einfach schlecht", „wie ein Schulaufsatz geschrieben", „eine dämliche Geschichte einer strunzdummen Frau, naiv erzählt und haarsträubend wenig Inhalt" und dokumentiert damit das

---

[247] Aus diesem Blickwinkel wäre ihre Rückkehr in die Schweiz ein Sieg der Vernunft.
248 „Naivität" wird in dieser Arbeit mit Hilfe der Synonyme analysiert. Das Synonymwörterbuch listet bei „naiv" 25 Synonyme auf, u. a.: kindlich, treuherzig, gutgläubig, leichtgläubig, unbefangen, arglos, vertrauensselig, unerfahren, einfältig, kritiklos, unfertig, unkritisch, unschuldig, unvorbereitet, nichts ahnend, ahnungslos, ohne Hintergedanken, natürlich, jung, unbedarft, infantil, harmlos (Synonymwörterbuch Bertelsmann Lexikon Institut 2004: 457).

„schriftstellerische Können einer Primarschülerin" (amazon.customer). An eine erfolgreiche europäische Buchautorin werden offensichtlich Erwartungen geknüpft, die einem nicht näher bezeichneten literarischen Standard entsprechen sollten – nicht gerade Goethe und Schiller, aber unter dem Ärger ist so etwas wie Scham herauszuhören, die man als Mitglied der gleichen Kultur der Dichter und Denker empfindet. Es ist einfach peinlich, dass Frau Hofmann als Autorin so großen Erfolg in vielen Ländern mit diesem (schlecht geschriebenen) Buch haben konnte. Populärkultur, so John Fiske, würde häufig wegen ihres Ge- bzw. Missbrauchs von Sprache angegriffen (Fiske 2006: 44). Pierre Bourdieu würde diese Empörung über den Schreibstil als Ausdruck der Hierarchisierung von Kultur sehen und als Zeichen der Bildungsbeflissenheit der mittleren Schicht. „Die Geschmacksäußerungen und Neigungen (d.h. die zum Ausdruck gebrachten Vorlieben) sind die praktische Bestätigung einer unabwendbaren Differenz" (Bourdieu 1982: 105).[249]

Positiv gesehen wird von einem „einfachen Schreibstil" gesprochen, einer „erfreulich einfachen Sprache", von „einer Schreibweise, die nicht der eines Deutschprofessors entspricht" und das aber auch nicht erwartet wird. Von einer „wunderbaren Schlichtheit" ist in diesem Zusammenhang die Rede und dass die Autorin „in einer einfachen, aber dadurch nachvollziehbaren und interessanten Weise" erzählt (amazon.customer). Der Begriff Naivität wird hier im Sinn von Schlichtheit, Einfältigkeit und Unerfahrenheit, ja Dummheit („hohl") benutzt. Das alles sind Begriffe, die dem Anspruch und der Realität unserer Gesellschaft zutiefst widersprechen. In einer komplexen und komplizierten Gesellschaft werden von einem Erwachsenen Wissen, Erfahrung, Informiertsein, Durchblick und Cleverness geschätzt und erwartet: Naivität – ein Ärgernis.[250]

Doch wie anders als naiv kann man einer wirklich fremden Kultur begegnen, meint eine Interviewpartnerin, die als Ärztin Jahre bei den Massai verbrachte, wenn man sich ihr unvoreingenommen, unbefangen, im gewissen Sinn „unschuldig" nähern will? Naivität in diesem Sinn hat etwas mit Verzicht auf Hierarchie, Macht und Rechthaberei zu tun, auch mit der vollkommenen Aufgabe einer paternalistischen Rolle einschließlich des gönnerhaften Gestus. So gesehen bedeutet naiv im Gegensatz zu Macht und Paternalismus kindlich, arglos und vertrauensselig. Die Rolle des Besserwissers, jener, der weiß, wo es langgeht und was richtig und falsch ist, wie man sich benehmen muss, was politisch korrekt ist, diese Rolle des Informierten und Starken wird hier gerade aufgegeben. Dort im Busch ist die Europäerin

---

[249] Vgl. Teil II Kap. 6.2 „Beobachtungen: Wer sind die RezipientInnen?".
[250] Wenn dann allerdings die mutmaßlich Naive erfolgreich ihr Buch vermarktet, wird diese Art Cleverness von genau diesen RezipientInnen gar nicht gern gesehen.

nicht die Überlegene, sondern die Unwissende, die, die Fehler macht. Das zu akzeptieren fällt EuropäerInnen bis heute – selbst in der Fiktion eines Filmes – außerordentlich schwer. Wenn schon Einlassen auf eine fremde Kultur, dann mit Überlegung, Vorbereitung, Vorsicht, Nachsicht und Kenntnissen – und nicht eine naive Begegnung auf gleicher Ebene ohne Hintergedanken, wie sie Kinder praktizieren. In der Aufregung über die Naivität der Autorin wird in der Rezeption die Identifikation mit der eigenen europäischen Kultur sichtbar, zeigt sich in Eurozentrismus und einem Gefühl der Überlegenheit. Die konstatierte Naivität der Protagonistin „erschreckt" und „macht wütend". Die Angst vor Vereinheitlichung erscheint in einem anderen Gewand. Naivität – ein Ärgernis.

In der Rezeption wird zum einen kritisiert, *dass* Frau Hofmann in der Samburukultur lebt, vor allem aber *wie* sie das macht – naiv eben: bedenkenlos, unbedarft, unvorbereitet. Die zu Beginn des Kapitels zitierte junge Frau soll hier als Modell dienen, denn dieser Vorwurf hat offenbar mit dem Rollenverständnis moderner Frauen zu tun. Sie solidarisiert sich, ohne das Buch oder den Film zu kennen, mit anderen Frauen und ärgert sich mit ihnen, d.h. mit vielen Leserinnen und Kinobesucherinnen, vehement über diese Figur der naiven Frau. Was sie auf keinen Fall sein wollen, ist naiv. Als moderne Frauen wollen sie selbstständige, effizient und vernünftig denkende Individuen sein – nicht kopflos und impulsiv handeln, sondern rational und wohlüberlegt (van der Loo/van Reijen 1997: 163).

Von dem fröhlichen Hochzeitsfoto lassen sie sich nicht täuschen. Realistisch betrachtet bedeutet diese Hochzeit für die junge Frau eine Marginalisierung, einen sozialen Abstieg – nicht nur in der Schweiz. Tiefer kann man auch in der kenianischen Gesellschaft kaum sinken. Nur ihr Weißsein und ihr Geld retten sie ab und zu. Als Urlaubsliebe – ja, wie man das von anderen Ländern her auch kennt[251] – aber dort bleiben? Es gibt keine rationalen Gründe für dieses beschwerliche Leben in Barsaloi.[252] Sich als Europäerin freiwillig in eine solche Situation zu begeben, wird als „verrückt", bestenfalls „als Sieg der großen Liebe" wahrgenommen. Eva Illouz stellt eine Krise der Bedeutung der Liebe als Kennzeichen der Moderne fest. „Da wir versuchen, unser Leben durch den rationalen Umgang mit unseren Beziehungen unter Kontrolle zu behalten, werden Erfahrungen, welche die Rationalisierung übersteigen,

---

[251] Siehe dazu die ausführlichen Forschungen von Judith Schlehe in Indonesien (z.B. Schlehe 2002: 205-221).
[252] Die gängigen rationalen Klischees über akzeptable Gründe für ein Leben im Busch sind allenfalls Entwicklungshilfeprojekte, Hilfsorganisationen, Missionen, auch Zivilisationsflucht oder Sehnsucht nach Abenteuer oder unberührter Natur. Nichts davon trifft hier zu. Weder Abenteuerlust noch Helfersyndrom haben sie nach Afrika gehen lassen – und genau das gefällt afrikanischen RezipientInnen. Sie hat sich schlicht in einen von ihnen verliebt.

schwerer greifbar [...]" (Illouz 2003: 276/277).[253] Die jungen Frauen wollen sich weder Hals über Kopf verlieben noch unvorbereitet in einem fremden Land bleiben (Interviews).

Leidenschaftliche Liebe bedeutet eine Verzauberung. Eines ihrer Kennzeichen ist Dringlichkeit. Dadurch wird sie zu einem irrationalen Vorgang: Die Routinen des alltäglichen Lebens, mit denen sie konsequenterweise in Konflikt gerät, werden durch sie durchbrochen (Giddens 1993: 48/49). Das Leben wird dadurch unberechenbar, unkontrollierbar. Doch man muss Realist sein, lautet ein Imperativ unserer Zeit. Diesem Statement von Umberto Galimberti würden diese Rezipientinnen zustimmen. „Eine erbarmungslose Ökonomie der Vernunft bringt uns dazu, [...] sehr vielen Erfahrungen auszuweichen" (Galimberti 2006: 99). Die Liebe gehört auch dazu.

Postmoderne bedeutet, dass man den Meta-Erzählungen keinen Glauben mehr schenkt (Lyotard 1994: 69f). Auf die Meta-Erzählung „große Liebe" oder „leidenschaftliche Liebe" mögen offenbar viele (post)moderne Frauen nicht (mehr) so recht vertrauen. Ja, „selbst die Sehnsucht nach der verlorenen Erzählung ist für den Großteil der Menschen selbst verloren" (Lyotard 1994: 122). Naivität wird hier als Synonym für Kindlichkeit, Unbedarftheit und Unreife empfunden. Sich dem Fremden (und der Liebe) völlig schutzlos – vor allem auch ohne Sprachkenntnisse – auszusetzen, hat etwas von der Naivität eines Kindes. Eine Interviewpartnerin spricht gar von „Verrat", den Corinne Hofmann begangen hat, an allem, „was wir errungen und erreicht haben als Frauen, für was wir gekämpft haben. Wie kann sie sich nur diesem Macho unterordnen, völlig kritiklos". Ihre neue Geschlechterrolle wird wahrgenommen, als wäre „die blonde Naive auf dem Altar afrikanischer Machoattitüde geschlachtet" worden (Kühn, berlinonline 15.9.2005). „Eine selbständige Frau hechelt einem archaischen Macho hinterher" (Zander, Berliner Morgenpost 15.9.2005).

In der Samburugesellschaft haben Frauen in der Tat eine völlig andere Rolle, die Corinne Hofmann als Integrationsleistung auch, so gut sie kann, übernimmt. Aber sie kann natürlich nicht wirklich ihre europäisch-schweizerische Sozialisation vergessen oder verleugnen. Pierre Bourdieu würde vom Habitus sprechen, inkorporiertem Denken und Handeln, das letztlich immer wieder sichtbar wird und in einer fremden Kultur für Probleme sorgt – auch im Hinblick auf Geschlechterrollen. Zu glauben, man könne diese völlig ablegen, – wie manche NegativbewerterInnen sich das offenbar vorstellen –, wäre wohl tatsächlich naiv.

Die Einstellung der Protagonistin wird in einem Satz im Film deutlich: „Da wo Lemalian lebt, da kann auch ich leben". Zu glauben, dass das tatsächlich ohne große

---

[253] Vgl. Teil III Kap. 5.3.2 „Liebe als Grenzen auflösende Macht".

Probleme möglich ist, ist vielleicht naiv. Doch selbst Ethnologen auf Feldforschung haben vor allem die physische Grenzen, was das „going native" betrifft, unterschätzt.

> „Ich war schon nach wenigen Wochen in Neuguinea schlecht ernährt von einseitiger und ungewohnter Nahrung, erschöpft vom Klima und dem Mangel an Schlaf, von Moskitos und Anti-Malaria-Mittel geplagt, hatte Durchfälle und gelegentlich Fieber […]. Mir dämmerte bei diesem ersten längeren Marsch, daß ich mit meinen Kräften würde haushalten müssen, daß ich mich besser ernähren mußte, daß ein klein wenig Komfort (vielleicht eine Art Matratze zum Schlafen) nötig sein würde",

schreibt der Ethnologe Hans Fischer (Fischer 2002: 32/33). Auch der Anthropologe Nigel Barley schreibt in seinem Buch „Traumatische Tropen" ehrlicherweise darüber, wie froh er war, Kamerun einigermaßen heil entronnen zu sein. „Wie viele Feldforscher hatte ich meine Gesundheit auf Jahre hinaus ruiniert" (Barley 1998: 248).

Sowohl im Buch als auch im Film ist sich die Protagonistin über mögliche kommende Schwierigkeiten sehr wohl im Klaren und vor allem: Sie hält diese Schwierigkeiten ziemlich lange aus. Ohne eine gewisse Naivität jedoch – im Sinne von Unbefangenheit und kindlich-treuherziger Neugier – wäre ein solches Unterfangen wie auch viele wissenschaftliche Forschungen, Entdeckungen und Erfindungen gar nicht möglich gewesen. Platon hat die Geburt der Philosophie aus dem Staunen heraus erklärt.[254] Die Haltung der Offenheit, Zuversicht und Unbefangenheit ist zudem Voraussetzung für eine transkulturelle Verfasstheit und das Betreten des transkulturellen Raumes.[255]

Naiv in den Äußerungen der RezipientInnen kann noch eine andere Bedeutung und Bewertung bekommen – als kritiklos, unkritisch, einfältig. Das ist in unserer modernen Gesellschaft eine absolute Antihaltung.

> „Mir scheint, dass es im modernen Abendland .... zwischen der erhabenen Unternehmung Kants und den kleinen polemisch-professionellen Aktivitäten, die den Namen Kritik tragen, eine Gemeinsamkeit gibt: eine bestimmte Art zu denken, zu sagen, zu handeln auch, ein bestimmtes Verhältnis zu dem, was existiert, zu dem, was man weiß, zu dem, was man macht, ein Verhältnis zur Gesellschaft,

---

[254] Dass für Platon und Aristoteles das Staunen der Anfang oder der Ursprung der Philosophie war, kann man in allen gängigen Philosophiegeschichten nachlesen. Dabei beruft man sich vor allem auf Platons Dialog *Theaitetos*: "Dieser Zustand kennzeichnet deutlich einen Philosophen, das Staunen (to thaumazein); denn es gibt keinen anderen Anfang der Philosophie als diesen" (155d 2-4). Auch die frühen griechischen Denker wie Homer, Solon und Thales sind Beispiele für den staunenden Blick auf die Welt (Martens, Ekkehard: http://www.kindergartenpaedagogik.de/1055.html. electronic document [30.11.2008].
[255] Vgl. Teil III Kap. 5 „Im transkulturellen Raum".

zur Kultur, ein Verhältnis zu den anderen auch – etwas, was man die Haltung der Kritik nennen könnte" (Foucault 1992: 8).

Diese kritische Grundhaltung sei typisch für die moderne Zivilisation, so Michel Foucault, und nicht nur das – sie wird dort als Tugend betrachtet (Foucault 1992: 9). Das ist der springende Punkt, denn genau diese kritische Grundhaltung allem gegenüber – auch einer fremden Kultur – fehlt einem Naiven. Ihr Fehlen wird als Fehlen einer Tugend wahrgenommen, mit der sich Europäer seit der Aufklärung identifizieren – ihr Fehlen „regt furchtbar auf" und „ärgert". Vielleicht auch, weil sie zu erlangen Anstrengung gekostet hat, und es daraus keinen Weg zurück in Vertrauensseligkeit, Ahnungslosigkeit und Natürlichkeit zu geben scheint.

Wenn denn jemandem der Weg zurück gelingen sollte, und wenn auch nur für kurze Zeit, ist das für viele nicht etwa eine Freude, sondern ein Ärgernis. Sicher auch, weil sie ahnen, dass „eine Wiederverzauberung, die alle Entzauberung rückgängig machen soll", eine Illusion oder „ein fauler Zauber" ist (Waldenfels 1998: 197). Von „Entzauberung" sprach vor allem Max Weber in Zusammenhang mit der von ihm untersuchten Rationalisierung aller menschlichen Lebensbereiche (van der Loo/van Reijen 1997: 132). Offensichtlich ist sie so weit gediehen, dass eine „wiederverzauberte" Realität von vielen nicht geglaubt und auch nicht wahrgenommen werden kann. Und doch sieht es so aus, als hätten sich die Imaginationen vieler RezipientInnen beim Kauf des Buches und dem Entschluss, ins Kino zu gehen, genau um diese „Wiederverzauberung" gedreht. Intention der Autorin war das nicht. Für Corinne Hofmann ist diese Geschichte gelebte Realität und kein naiver „fauler Zauber", auch wenn sie von manchen so wahrgenommen wird. „Etwas kann je nach Gewicht, das ihm im Gravitationsfeld unserer Interessen, Begierden und Neigungen zufällt, mehr oder weniger wirklich sein" (Waldenfels 1998: 207). Der Anteil von Realität an der Imagination und von Imagination an der Realität bei den RezipientInnen changiert, je nach dem wie viel Platz dem Zauber oder der Rationalität im kognitiv-emotionalen Filmverstehen oder beim Lesen eingeräumt wird. „Wirklichkeit ist nicht, was schlicht der Fall ist, sondern was sich unter bestimmten Auswahlbedingungen ver-wirklicht" (Waldenfels 1998: 207).[256]

---

[256] Das trifft auch auf die Beantwortung der Frage zu, ob nun Corinne Hofmann *wirklich* naiv war oder nicht. Hier in der Rezeptionsanalyse aber geht es um die Frage, wie die RezipientInnen ihr Handeln wahrnehmen, unter „welchen Auswahlbedingungen" ihr Handeln als naiv beurteilt wird oder nicht. Mit Pierre Bourdieu würden diese Auswahlkriterien auf Wahrnehmungs- und Denkschemata beruhen, die in einer bürgerlichen (abendländischen) Sozialisation erworben wurden, einer Sozialisation, die, wie ausgeführt, auf einem Paradigma der Rationalität beruht.

2.3. Mythos Massai

2.3.1. Der mythische Begriff

„Corinne (Carola), schau, da drüben, das ist ein Massai!" (Hofmann 1999: 8). So beginnt in Buch und Film an Bord der Likoni-Fähre nach Mombasa ein Mythos zu greifen – nicht nur für die beiden TouristInnen Marco und Corinne, auch für die LeserInnen und KinobesucherInnen. Zwischen Neugier und Ehrfurcht wird ein Foto gemacht, wie es die meisten TouristInnen machen, so sich die Gelegenheit bietet; denn *richtige* Massai gesehen zu haben, ist eines der Hauptziele einer Reise nach Kenia. Doch das im mythischen Begriff Massai „enthaltene Wissen ist konfus, aus unbestimmten, unbegrenzten Assoziationen gebildet" (Barthes 2003: 99). Massai sind für uns fremd. Gleichzeitig scheint das Fremde auf seltsame Weise vertraut durch allzu viele bereits gesehene und beschriebene Bilder dieser Ethnie und ihrer Kultur. Realität und Imagination verschwimmen.

Die Bilder, die durch die Metaerzählung Massai generiert und durch vielerlei Quellen gespeist und aufrechterhalten werden (Literatur, historische und neue Berichte, Bildbände, Tourismuswerbung usw.), spielen eine große Rolle beim Entscheid über den Kauf des Buches und den Besuch des Kinos. Die Aufregung darüber, dass es sich um Samburu und nicht um Massai handelt, ist in dieser Hinsicht bezeichnend.[257] Viele RezipientInnen fühlen sich regelrecht „irre geführt, ja, hereingelegt" (amazon.customer).[258] Auch wenn Samburu und Massai kulturell wie sprachlich eng miteinander verwandt sind, wird auf diese Unterscheidung von Seiten einiger RezipientInnen größter Wert gelegt. Doch betonen EthnologInnen ausdrücklich die außerordentliche sprachliche und kulturelle Nähe der beiden Ethnien (Nakamura 2005: 3). „In their language and culture, the Samburu are very similar to the Masai" (Spencer 1965: XVII). In der Encyclopedia of African peoples steht als einziger Eintrag zu dieser Ethnie: "The Samburu (or Lokop or Sampuro) are a Masai (q.v.) people of Kenya" (S.182).[259] Umgekehrt könnte man natürlich ebenso annehmen, die

---

[257] Vgl. auch Teil III Kap. 1.1.2 Der Titel „Die weiße Massai".

[258] Ein Buch oder Film mit dem Titel „Die weiße Samburu" hätte wohl tatsächlich, so wage ich zu behaupten, nicht diese Popularität erreicht. Heute, nach dem Erfolg von Buch und Film, wäre das vielleicht anders. Im Übrigen gibt es ein solches Buch: „ Mit der Liebe einer Löwin. Wie ich die Frau eines Samburukriegers wurde" von Christina Hachfeld-Tapukai. Es steht auf keiner Bestsellerliste!

[259] Um Corinne Hofmann gerecht zu werden: der normale Massentourist Ende der 1980er Jahre kannte die Verschiedenheit der Ethnien wohl eher nicht. Die penible Unterscheidung ist für die Geschichte selbst irrelevant. Sie wusste im Übrigen sehr wohl, dass er ein Samburu war – spätestens als sie in Barsaloi wohnte (Im Buch bereits ab Seite 50). Der Mythos aber bezieht sich nur auf die Massai. Es ist zudem eine Fiktion ernsthaft anzunehmen, die „Gesellschaften Afrikas würden sich in einheitliche, homogene und stark integrierte ‚Stämme' gliedern (Ivanov 2001: 360).

Autorin bleibt ganz bewusst (berechnend?) bei dem symbolträchtig aufgeladenen Begriff Massai – die ersten 50 Seiten im Buch ohnehin und auch später immer wieder.[260] Der empörte Aufschrei zeigt an, dass man sich mit einem Mythos keine Ungenauigkeiten erlauben darf. Instrumentalisieren dürfen ihn nur andere – wie beispielsweise zu Werbezwecken der Tourismusindustrie oder anderen Produkten.[261]

Die Bilder über die Massai werden mit ins Kino gebracht. Sie lenken und beeinflussen die Wahrnehmung. Denn der Mythos hat effektiv eine zweifache Funktion: „Er bezeichnet und zeigt an, er gibt zu verstehen und schreibt vor" (Barthes 2003: 96). Das stellt ihn in die Nähe von Stereotyp und Klischee und unterscheidet sich von beiden fundamental. Der Sinn des Mythos hat einen eigenen Wert. „Der Sinn ist bereits vollständig, er postuliert Wissen, eine Vergangenheit, ein Gedächtnis, eine vergleichende Ordnung der Fakten, Ideen und Entscheidungen". Das Eigentümliche am Mythos, so Barthes, ist die Umwandlung von Sinn in Form oder genauer: ein unaufhörliches Versteckspiel von Sinn und Form (Barthes 2003: 97/98). Die Form hebt den Sinn nicht auf. Er verliert an Wert, bleibt aber am Leben, und „die Form des Mythos nährt sich davon" (Barthes 2003: 97). Das heißt, ein Mythos existiert auch mit verändertem Inhalt – als Form. In diesem Gedankengang besteht im Fall der Massai der Mythos weiter, auch wenn die reale Lebenswelt (als Inhalt) sich geändert hat. Der Mythos als Aussage bezeichnet, aber – und das ist viel wichtiger – der Mythos als Botschaft hat eine Bedeutung. Meist wird ein Mythos, wie noch zu zeigen ist, jedoch als Faktensystem gelesen und nicht als semiologisches System, wozu er eigentlich gehört (Barthes 2003: 115).

2.3.2. Der Archetyp des Kriegers

Wie jeder Mythos ist auch der Mythos Massai eine Aussage, eine Botschaft, die etwas bedeutet (Barthes 2003: 85). In diesem Fall ist er ohne die Altersklasse der *moran* nicht denkbar. Auf ihm basiert er, durch sie wird er aufrechterhalten. Das fängt im Äußeren an und endet mit den durch sie symbolisierten Werten und ihren vermuteten wie tatsächlichen Fähigkeiten und Tugenden.

So schreibt Ernest Hemingway:

> „Dies waren die größten, bestgewachsenen, prächtigsten Menschen, die ich je gesehen hatte, und die ersten wirklich fröhlichen, glücklichen Menschen, die ich in Afrika gesehen hatte. Als wir schließlich fuhren, fingen sie an, strahlend und

---

[260] Dann wird zum ersten Mal von seiner Heimat als Samburudistrikt geschrieben. Es ist klar, er ist ein Samburu. Im Film ist das spätestens nach 15 Minuten ab der Szene im Bus klar: Sie sucht einen Samburu.
[261] Vgl. Teil III Kap. 2.3.3 „Reaktionen auf einen Mythos".

lachend neben dem Auto herzulaufen, und zeigten, wie mühelos sie laufen konnten, . . . bis nur noch zwei mit uns rannten, die besten Läufer von allen, die mühelos mit dem Auto Schritt hielten, wie sie sich langbeinig, locker und mit Stolz vorwärts bewegten" (Hemingway 1964: 138/139).

Im Brockhaus Völkerkunde:

„Seine Schönheit ist legendär. Er vereinigt die Behendigkeit und Grazie des schwarzen Niloten mit den edlen starkknochigen Zügen der Somali. Er schmückt sich mit rotem Ocker. Die Wirkung der hohen Backenknochen, der Adlernase, der vollen Lippen und der hochmütig blickenden Augen wird noch durch den Kopfputz ergänzt. . . „ (Bloch 1974: 110).

Die Imaginationen der RezipientInnen beziehen sich auf solche Beschreibungen aus Romanen und Lexika, der Film greift sie auf, reale Erfahrungen als TouristIn in Kenia bestätigen sie nahezu immer: Das ist der Stoff, aus dem ein Mythos sich immer wieder erneuert. Die Geschichte, die hier erzählt wird, ist eine Liebesgeschichte mit einem *moran*. Auch wenn die RezipientInnen, so sie sich denn dazu äußern, das gute Aussehen der männlichen Hauptperson bewundern, sagt Corinne Hofmann, sie sei über Jacky Ido, der Lketinga im Film verkörpert, zunächst enttäuscht gewesen, denn in Wirklichkeit sei der viel schöner gewesen.

Eine ausgeprägte männliche Eitelkeit, die so viel Wert auf Körperschmuck legt und so viel Zeit in das Aussehen investiert wie ein Massai- oder Samburu*moran*, wird in unserer Kultur eher als unmännlich empfunden. Auch wenn in Deutschland die Schönheitswelle längst die Männer erfasst hat, der Anteil von Männern an Schönheitsoperationen deutlich gestiegen ist (Degele 2004: 19/29) und die Männerserien der Kosmetikbranche boomen, sind geschminkte Männer bei uns selten anzutreffen. „Nur die schönen Schwulen pflegen einen Körperkult" (Degele 2004: 114). Bei den Samburu ist dieses Schönheitshandeln im Kontext ihrer Kultur weder eine Wohlfühlmaßnahme[262] noch Kompensation für körperliche und seelische Mängel. Es dient der deutlichen Geschlechterkonstruktion und der sichtbaren sozialen Positionierung in der gerontokratischen Hierarchie ihrer Gesellschaftsordnung. Nur wenige RezipientInnen wissen das.[263]

---

[262] Früher oder später würden, so Nina Degele, fast alle in ihrer Studie höchst unterschiedlichen, diskutierenden Gruppen einen Bezug herstellen zwischen „Sich-schön-machen" und Wohlfühlen (Degele 2004: 91).
[263] Vgl. Teil II Kap. 1.3 „Samburumoran".

Abbildung 17: "Samburu warriors often paint their faces and wear elaborate hairdressings" (siehe auch Holtzmann 1995: 14). **Hier ein Still aus dem Film.**
(© 2005 Constantin Film Verleih GmbH)

Durch die vielen in unserer Kultur dem weiblichen Geschlecht zugeordneten Merkmale wie lange Haare, Zöpfchen, Bemalungen, Halsketten, Armreifen, Ohrringe und der Kanga als rockähnliche Bekleidung wirkt ein Massai- wie ein Samburukrieger für EuropäerInnen im besten Fall metrosexuell.[264] Mit dem Mythos als Wissen im Hintergrund erscheinen sie aber selbst europäischen Männern nicht feminin, weich oder gar weibisch. Die Merkmale, die dem Mythos Massai ganz und gar (auch in unserer Geschlechterkonstruktion) männliche Eigenschaften zuordnen, verleihen ihm eine besondere Aura von Würde und Stolz, Mut und Ausdauer. Die körperlichen Leistungen hat schon Ernest Hemingway bewundert. Die Lebensweise der Massai- und Samburu*moran* nötigt verwöhnten europäischen – männlichen wie weiblichen – Rezipienten Achtung ab. Hierher gehört insbesondere das Wissen um

---

[264] Unter dem Begriff Metrosexualität wird keine sexuelle Ausrichtung verstanden, sondern ein Lebensstil heterosexueller Männer, die keinen Wert auf Kategorisierung in ein maskulines Rollenbild legen. Der Definition nach lassen metrosexuelle Männer auch die feminine Seite ihrer Persönlichkeit zu. Metrosexualität ist ein moderner Lebensstil, der von der modischen Ausrichtung nicht mehr zwischen Frau und Mann differenziert.

die Fähigkeit der Krieger, Schmerzen aushalten zu können, Beschneidung, Mutproben und Einsamkeit zu ertragen. „Ein Europäer könnte da nicht überleben" (amazon.customer/Interview). Eine Periode vieler Prüfungen macht ihn stark, nicht schwach – den realen Menschen und den Mythos, den er verkörpert. Auch die in dieser Gesellschaft hochgehaltenen Werte Ehre und Respekt sind bei uns fast verloren, auch zwiespältig geworden. Sie werden – das macht die Rezeption deutlich – dennoch vermisst.[265]

Für den Psychoanalytiker Carl Gustav Jung gibt es universell vorhandene Urbilder in der Seele aller Menschen, unabhängig von ihrer Geschichte und Kultur. Nach seinen Forschungen stellte er die These auf, dass religiöse und kulturelle Zeugnisse verschiedener Völker in begrenzten Variationen ähnliche Motive, Vorstellungen und Ausdrucksformen hätten. Jung untersuchte sehr viel Material aus unterschiedlichen Zeiten und aus vielen Kulturen. Er stellte fest, dass bestimmte Bilder, Motive und Symbole sich immer wiederholen, ohne dass die Kulturen voneinander beeinflusst worden waren.[266] Diese Gemeinsamkeiten in Form universeller symbolischer Bilder nannte er Archetypen (Jung 1976: 11-55).[267]

Eines dieser archetypischen Bilder ist das des Kriegers. Der Mythos Massai ist eng verknüpft mit dieser Idee und Konstruktion von Männlichkeit. Auch ohne die Archetypen zu bemühen, hat dieses Männlichkeitsbild in der abendländischen Geschichte eine lange Tradition. Schon Cicero schreibt in seinen Tusculanae disputationes: „Dem Manne aber ist vorzugsweise die Tapferkeit eigen, die zwei vornehmste Eigenschaften hat, die Verachtung des Todes und die des Schmerzes. Diese muss man also bewahren, wenn wir der Tugend teilhaft, oder vielmehr: wenn wir Männer sein wollen […]" (Cicero 1976: 151). Die Botschaft hinter diesem Archetyp ist in unserer mitteleuropäischen Kultur heute verkrüppelt, versteckt, verdreht, aber, so zeigt die Rezeption, dennoch als Bild wirksam – für beide Geschlechter. Im positiven Sinn verkörpert ein Krieger jemanden, der stets wach und achtsam ist. Er kann seine eigenen Fähigkeiten und seine Stärke genau beurteilen. Nicht nur der Körper

---

[265] Unsere Gesellschaft auf der Suche nach Sinn und Werten: So hat die Zeitschrift Stern genau Ende 2005 in sieben Folgen untersucht, welche Tugenden Menschen hier und heute (wieder) wichtig sind. „Neue Sehnsucht nach Werten: Während gesellschaftliche Moral im Großen und Kleinen zu verfallen scheint, wächst der Wunsch nach Halt und Orientierung". Im 1. Teil: Ehrlichkeit und Fairness, Folgeserie: Respekt, Familie usw.
In: http://www.stern.de/magazin/heft/548714.html?nv=ma_ah [8.12.2006].
[266] Ähnlich wie das Theodor Waitz und Adolf Bastian für die Völkerkunde formuliert haben – die Annahme, dass gleichartige Kulturphänomene mehrfach, unabhängig voneinander entstehen und bestehen können.
[267] Die weit verbreiteten Ähnlichkeiten in ansonsten voneinander unterschiedenen Kulturen in Bezug zu männlichen Leitbildern wurden von anderen Forschern >Tiefenstruktur von Maskulinität< genannt (Tolson 1977 nach Gilmore 1991: 3).

wird trainiert, sondern auch der Geist, der flexibel reagieren kann und entschlossen handelt (Moore/Gillette 1992: 110-112). Es geht um Kraft, Geschick, Genauigkeit und um eine äußere und innere, körperliche und geistige Beherrschung. Ein Krieger in diesem Sinn besitzt großen Mut, ist furchtlos, übernimmt Verantwortung für sein Tun und verfügt über Selbstdisziplin. Die Konfrontation mit Gefahr und Tod sind nicht niederdrückend, sondern machen ihn frei, stark und bewusst. Ein wichtiges Kennzeichen ist auch die Übernahme überpersönlicher Ziele und Verpflichtungen, die sich in Fürsorge, Treue und Loyalität zeigen (Moore/Gillette 1992: 116/117; 122).[268] Kriegersein in diesem Verständnis ist eine innere Haltung, keine Bezeichnung für eine Tätigkeit oder gar einen Beruf.

In dieser kurzen Skizzierung wird eine Vorstellung von Männlichkeit deutlich, deren Kodex traditionelle Samburu und Massai in ihrer Kultur unterliegen und den sie zu erfüllen scheinen. In Bezug zu den männlichen Archetypen ist der Krieger in Europa (wenn überhaupt) einer unter vielen, bei den Samburu und Massai allerdings der einzige in ihrer Kultur akzeptierte. „Maasai men who in some way embraced aspects of modernity, and therefore did not conform to this dominant configuration of masculinity, were stigmatized and ostraciced" (Hodgson 2003: 212). Der Mythos als semiologisches System zielt auf Bedeutung. Er existiert, wie noch zu zeigen ist, ungeachtet der Marginalisierung und der Veränderungen, die inhaltlich das reale *Moran*sein im heutigen Kenia mit sich bringen. Krieger als Archetypen wären weder cool noch brutal, weder Helden noch Soldaten, weder Rächer noch Sadisten, weder Machos noch Schläger. In der Terminologie von Jung wären das die Schatten, in Bezug zu Roland Barthes wäre das nicht die Bedeutung des Mythos Massai.

2.3.3. Reaktionen auf einen Mythos

Die oben geschilderte idealtypische Beschreibung des Archetyps des Kriegers hat für unsere Kultur eine ungeheure Anziehungskraft[269] – gerade weil dieser Archetyp

---

[268] Auch Cicero verknüpft in seinen Tusculanae disputationes Schmerz aushalten und Furchtlosigkeit mit Ehre, männlicher Tugend und Großzügigkeit. Letzteres würde bei den Samburu dem *worthy man* (*lee*, pl. *lewa*) entsprechen. Vgl. dazu Teil III Kap. 4.4 „Please, no more credit!".

[269] So könnte auch die Attraktivität der Prärieindianer, der Tuareg, der japanischen Samurei usw., die diese Gruppen für unsere Kultur haben, erklärt werden oder auch – als Ersatz – der Boom der Kampfsportarten. Ebenso mit Jung die vehemente Ablehnung, in seinen Termini die Verdrängung in den Schatten. In den Debatten um den edlen Wilden kommen solche Überlegungen zu kurz. Auf die Attraktivität der Prärieindianer rekurrieren z. B. junge Musiker indianischer Abstammung aus Peru, die sich zu ihren Auftritten mit eindeutig südamerikanischer Indiomusik als Prärieindianer verkleiden. Die entsprechenden Accessoires (Federschmuck) werden von Europäern wieder erkannt – nicht als Stereotyp, sondern als Puzzleteile eines Mythos. (So gesehen bei einem Musikfestival in Luzern Sommer 2006).

aus ihr verdrängt oder scheinbar überflüssig wurde. Beide, der Mythos Massai und die Bedeutung des darin enthaltenen archetypischen Männlichkeitsbildes des Kriegers, haben einen nicht unbeträchtlichen Anteil daran, dass ein Film wie „Die weiße Massai" zu einem Erfolg wurde,[270] aber auch zu einer Provokation. Nicht nur die Suche nach Abenteuer, sondern eine diffuse Sehnsucht nach Sinn und Werten wird in der Rezeption deutlich. Aus dem Umstand, dass in der Moderne „Ich-Selektion schwieriger wird" (Luhmann 1984: 349) folgt ein persönlicher Orientierungsbedarf. Entwurzelung, Sinnverlust, Kontaktunfähigkeit, Einsamkeit als Folge des eigenen individualisierten Lebensentwurfs (Schulze 1992: 18; 74-77).[271] Sieht man Beiträge in angesehenen überregionalen Zeitungen als Spiegelung gesellschaftlicher Diskurse, könnte man auch sagen: Mut und Stolz, Disziplin und Loyalität scheinen in unserer Gesellschaft Mangeleigenschaften zu sein.[272]

Viele RezipientInnen lesen den Mythos als Faktensystem und nicht als semiologisches System. Das verändert Wahrnehmung und Bewertung vollkommen. Die RezipientInnen schimpfen dann über das Machogehabe, einen überholten Ehrbegriff und eine maskuline Selbstherrlichkeit von Lketinga. Szenen im Film wie „Blut trinken", „Sprungtänze" und „auf einem Bein stehen" werden als Stereotype wahrgenommen und nicht als Formen eines Mythos. Spöttische Titel in Zeitungskritiken bestätigen diese Vermutung: „Nicht ohne meinen Samburukrieger" (Keilholz, critic 15.9.2005), „Kriegerin in weißer Mission" (Koll, Kieler Nachrichten 15.9.2005), „Wen die Wildnis ruft" (Weber, taz 15.9.2005) oder „Liebe zum schwarzen Krieger" (Bernard, ZDF aspekte 26.8.2005). Darin offenbart sich nach Roland Barthes eine statische und analytische Einstellung zum Mythos. Der Mythos wird zerstört – entweder, indem seine Intention zur Schau gestellt oder indem er demaskiert wird. Das eine ist zynisch, das andere entmystifizierend (Barthes 2003:111). Zwischen „Fragmentierung" und „Globalisierung" rettet man sich in Spott. Die rassistische Komponente liegt darin, dass ein gebildeter, aufgeklärter Europäer von einem Wilden nichts lernen kann. Die meisten LeserInnen und KinogängerInnen jedoch erleben den Mythos in einer dynamischen Einstellung in der Art einer „wahren und zugleich irrealen Geschichte" (Barthes 2003:111). Der Mythos verbindet auf eigenartige – für manche bedrohliche – Weise Realität und Imagination.

---

[270] Und der ihn damit vollkommen von Filmen wie „Jenseits von Afrika" und „Nirgendwo in Afrika" unterscheidet.
[271] Ein anderer Orientierungsbedarf betrifft die Rolle des Mannes in unserer Gesellschaft. So fragt DIE ZEIT und widmet sich dem Thema in vier Folgen: „Was ist männlich?" DIE ZEIT Nr.25, 26, 27, 28, Juni 2006. In Ausgabe 27, Teil III: „Krieger und Helden".
[272] Diese Interpretation lässt beispielsweise auch die wiederholten Appelle von Politikern und Theologen für mehr Zivilcourage zu.

„Der Stolz der Massai", so steht es im Brockhaus Völkerkunde von 1974, „und ihre Verachtung für jede Art von Autorität[273] könnte jedoch trotzdem den Sieg davon tragen. Ihr Stern ist im Sinken, aber er leuchtet noch wie ein Juwel am klaren afrikanischen Himmel" (Bloch 1974: 115). Der Stern leuchtet in der Tat noch. Selbst wenn RezipientInnen von den psychologischen, literarischen und historischen Vorlagen nichts wissen sollten, ist der Mythos Massai lebendig und gehört keineswegs der Vergangenheit an. Der „imperative und interpellatorische Charakter" des Mythos (Barthes 2003: 106) wird nicht allein von der kenianischen Tourismusindustrie aufgegriffen, ja benutzt, wenn sie beispielsweise auf der Internationalen Tourismusbörse in Berlin nicht etwa ein modernes Kenia vorstellt, sondern typische Manyattas aufbaut, um dort Verhandlungen zu führen und Messebesucher auf Kenia einzustimmen. Die realen Massai sind sich ihres Stellenwertes in dieser Beziehung sehr wohl – wenn auch zwiespältig – bewusst.

Abbildung 18: Beliebtes Motiv: Schirmakazie vor Sonnenuntergang mit Kriegern
(© 2009 Premium Stock Photography GmbH)

---

[273] Ich denke, dass das so wenig zutrifft wie die Behauptung der letzten „freien Menschen", dies wurde in Teil II Kap. 1.2 „Sozialstruktur" ausreichend dargelegt.

Durch Fotos, ja, allein durch den Namen wird der Mythos von Schönheit und Gesundheit, Mut und Stolz, den die Massai verkörpern, in Europa noch für andere Zwecke instrumentalisiert: z.b. zur Illustration von Büchern und Reiseprospekten über Afrika, für Anzeigen und Informationstexte zu Reisemedizin und entsprechenden Impfungen, für einen Rooibostee[274], für Gesundheitstipps[275], für spezielle Sandalen und Schuhe.[276] Man kann ohne Übertreibung sagen, sie sind die bekannteste Ethnie Schwarzafrikas. In der Generalisierung der EuropäerInnen, und somit auch der RezipientInnen, symbolisieren sie einen ganzen Kontinent: die Massai – das ist Afrika.[277]

Die von Gefahr umgebene, geheimnisumwitterte Aura eines Massaikriegers beschreibt treffend die dänische Schriftstellerin Tania Blixen in einer kurzen Passage:

> „Plötzlich lief durch den Ring der Tänzer eine Welle der Erregung, eine Überraschung oder Besorgnis, ein seltsames Rauschen, als bliese der Wind durch ein Schilfröhricht. Der Tanz verlangsamte sich mehr und mehr, wurde aber nicht abgebrochen. Ich fragte einen der alten Männer, was los sei. Er antwortete rasch mit leiser Stimme: <Massai wana kuja> – die Massai kommen" (Blixen 1986: 208).

Das ist koloniales Afrika – der Mythos Massai überdauert. Auch im heutigen Kenia wirkt der Mythos, trotz der marginalen Stellung der Ethnie, noch immer. Samburu und Massai werden vornehmlich als Wächter eingesetzt, weil viele Leute vor ihnen großen Respekt, ja, Angst haben (Interview). Im Film gibt es zwei kleine, sehr aussagekräftige Szenen, die diese Ambivalenz thematisieren: Marco und Carola wer-

---

[274] Dazu muss man wissen, dass die Pflanze ausschließlich in Südafrika gedeiht und hier der Name instrumentalisiert wird.
[275] Besonders in Bezug zu Bewegung als Prophylaxemaßnahme für schwächliche, von Übergewicht und Herzinfarkt bedrohte Mitteleuropäer. Als Vorbild gilt der aufrecht laufende schlanke Mensch = Massai. Beim gekrümmt vor dem Computer Sitzenden geht es evolutionsmäßig gewissermaßen schon bergab. Siehe Titelgeschichte Spiegel Nr. 5/30.1.2006.
[276] Mit Schuhen der Masai-Barefoot-Technology, MBT, einer Schweizer Firma, soll durch deren Bauweise ein natürliches Geh- und Abrollverhalten erreicht werden. Die Schuhe ermöglichen europäischen Stadtmenschen ein Gehen wie auf Naturboden, ein aufrechtes, gesundes Gehen wie es die Massai haben – so die Botschaft mit entsprechenden Abbildungen von Massaikriegern. Die Schuhe und Sandalen sind zur Zeit *der* Verkaufserfolg. Siehe auch: http://www.medizin.uni-tuebingen.de/sportmedizin/forschung/p_mbt.htm [9.10.2006].
[277] Die Kenia-Barbie-Puppe ist eine Massai-Eingeborene mit Kanga-Umhang und Shuka-Kleid, sie ist die erste Barbie mit Kraushaar, 1993 von Mattel produziert. Das Begleitbuch der Ausstellung „Fremde. Die Herausforderung des Anderen" des Museums für Völkerkunde, Frankfurt am Main 1994, das für Kinder konzipiert wurde (Titel: „Anna im Fremdenland") hat auf dem Titelblatt ein blondes Mädchen – natürlich – mit Massaischmuck, auf der Rückseite ein Massaimädchen. „Women felt deep pride in their identity as pastoralists, and as Maasai" (Hodgson 2003: 215).

den in einer Hetzjagd von drei Kenianern verfolgt. Plötzlich treffen sie auf die beiden Samburu. Es genügt ein einziger kurzer Blick von Lemalian, und die drei lassen von ihrer Verfolgungsjagd ab. Doch vor dem Verwaltungsgebäude in Nairobi wird ihm wegen seiner traditionellen Kleidung der Eintritt verwehrt. Ein Interviewpartner, ein kenianischer Student (ein Luo), sagt dazu:

> „Being Massai[278] – das ist bei uns ein Schimpfwort. Es bedeutet so viel wie Dummkopf. Es bedeutet ungebildet, hinterwäldlerisch, zurückgeblieben, dumm zu sein. Sie wollen nicht in die Schule gehen, führen ihr traditionelles Leben. Sie gehören zur untersten Schicht der kenianischen Gesellschaft. Als Wächter sind sie gern gesehen. 90% der Wächter sind Massai. Sie gelten als mutig – (dann nach einer langen Pause nachdenklich) ja, sie *sind* mutig, die Leute haben Angst vor ihnen."

Es ist sehr interessant, dass er, ein gebildeter junger Kenianer, im Gegensatz zu empörten RezipientInnen keinen Unterschied zwischen Samburu und Massai macht. Aus einer übergeordneten Sicht sind sie Ostniloten, Maa-Sprecher. Er als Luo gehört zur Sprachgruppe der Westniloten. Mehr Differenzierung ist nicht nötig und im aufstrebenden Nationalstaat Kenia auch nicht opportun.[279] In der kenianischen Flagge erinnern Schild und Speer an den Mythos Massai. Viele Äußerungen der RezipientInnen kann man dahingehend interpretieren, dass für EuropäerInnen die traditionelle Kultur der Massai und Samburu als besonders schützens- und erhaltenswert gilt[280], basierend auf dem Mythos Massai und einer bestimmten Vorstellung von Kultur.[281]

2.4. Wer hat Angst vorm schwarzen Mann?

Wie in den vorherigen Kapiteln dargelegt, hat die Angst vor Afrika viele (alte und neue) Gesichter. Hier in „Die weiße Massai" wird noch eine Angst angesprochen, die in globalisierten, reisefreudigen Zeiten inzwischen sehr aktuell ist. Auf einer Reise nach Afrika kann offenbar etwas passieren, das auf eine andere Art Angst macht: Die

---

[278] „Being ‚Maasai' [...] came to be understood by Maasai themselves as being a pastoralist and a warrior: a dominant masculinity forged in opposition to ‚modernity' and sustained by certain economic and social interventions.[...] (Hodgson 2003: 212).
[279] „Zahlreiche Forschungen haben zudem mittlerweile nachgewiesen, dass viele >Ethnien< [...] in ihrer heutigen Ausprägung eine Schöpfung der Kolonialverwaltung sind, die einfache Klassifikationskriterien brauchten, um die Bevölkerung zu unterteilen, zu besteuern und in die Arbeit der Kolonien einzubeziehen" (Ivanov 2001: 360). Auch gelten im modernen Staat Kenia eher die Differenzierungen nach arm-reich, Stadt-Land, traditionell-modern, gebildet-ungebildet.
[280] In einer ähnlichen Einstellung, wie man seltene Tier- und Pflanzenarten vor dem Aussterben schützen will.
[281] Vgl. Teil III Kap. 3.3 „Im Gefängnis von Kulturbildern".

Freundin kann einem ganz plötzlich abhanden kommen, weil sie sich in einen Afrikaner verliebt. Denn es kann sein, dass „westliche Frauen vordergründig attraktiven Kriegern verfallen" (amazon.customer). Als Kennzeichen der leidenschaftlichen Liebe nennt Anthony Giddens – wie oben angesprochen – die Dringlichkeit, die sie von den Routinen des alltäglichen Lebens unterscheidet und mit denen sie konsequenterweise in Konflikt gerät. Leidenschaftliche Liebe bedeutet eine Verzauberung. Sie ist nach ihm ein mehr oder weniger universelles Phänomen, das von der romantischen Liebe unterschieden werden sollte (Giddens 1993: 48/49).[282] Doch gleichgültig, ob die Protagonistin noch einmal mit nach Europa fliegt (wie im Buch autobiografisch beschrieben) oder plötzlich am Flughafen umdreht und gleich dort bleibt (wie im Film dramatisiert) – sie ist dem (europäischen) Mann weggelaufen in die Arme eines Afrikaners. Nicht dass das nicht schon schlimm genug wäre – das wirklich Schlimme ist, dass sie bei dem „Schwarzen" in Afrika bleibt.

Im Bild vom „schwarzen Mann" kulminieren gleich mehrere mit Angst besetzte Topoi.[283] Schwarz ist als tradierte Farbsymbolik in Europa negativ konnotiert:

> „Schwarz sind die die Dunkelheit, die Nacht und alles Bedrohliche, im Christentum steht es für Tod und Teufel. Schmuggler und Verbrecher waren nachts unterwegs und schwärzten sich die Gesichter, um nicht erkannt zu werden, Übeltäter wurden auf *schwarze Tafeln* geschrieben, Strafen in *schwarzen Büchern* vermerkt" (Badenberg 2004: 176).

Dazu kommen hier die Ambivalenz des Exotischen als gleichzeitig anziehend und bedrohlich und „die deformierende Macht des Erotischen" (Scherpe 2004: 455). Abschätzig wird im Film ausgesprochen, was offenbar einige im Publikum ohnehin denken: „Der Typ tanzt für Touristen" – in traditioneller Kleidung, in „fotogener Kluft aus nacktem Oberkörperfleisch, knallroten Lendentüchern, Kriegsbewaffnung und elaboriertem Perlenkopfschmuck" (Vogel, Berliner Zeitung 13.9.2005), „der edle Wilde in vollkommener männlicher Schönheit" (Luttmann, journal ethnologie 16.12.2007) – er, „hauptberuflich Analphabet und Ziegenhüter" (Wolf, DER SPIEGEL 12.9.2005) aus einer in Kenia marginalisierten Ethnie. Das ist aus europäischer Sicht eine Mesalliance gleich auf mehreren Ebenen. Hier wird der in Deutsch-

---

[282] Vgl. Kap. „Liebe als Grenzen auflösende Macht".
[283] Im Kinderspiel „Wer hat Angst vorm schwarzen Mann" wird die Angst hervorgerufen und gleichzeitig spielerisch bewältigt. Laut kreischend rufen die Kinder: „Niemand!", laufen davon, werden gefangen, lassen sich fangen. Der „schwarze Mann" avancierte zum Schreckbild deutscher Kinder. Vgl. dazu Mergner, Gottfried /Häfner, Ansgar (Hg.). 1989: Der Afrikaner im deutschen Kinder- und Jugendbuch. Hamburg. Insbesondere S. 143ff. Dazu Elisabeth Rohr: „Sowohl >der Weiße<, wie auch >der schwarze Mann< werden als kollektives Schreckgespenst, und als Zerrbild des kulturell Fremden, zur Abgrenzung und Selbstvergewisserung autochthoner Identität benutzt" (Rohr 1993: 136).

land abwertende Ausdruck „Ziegenhüter" gebraucht, nicht etwa „Viehzüchter" oder der neutrale, korrekte Ausdruck „Hirtennomade" oder „Pastoralist". Er impliziert in diesem Diskurs die marginale soziale Stellung als weitere Abwertung und exotisiert die Beziehung zusätzlich. Zur Erklärung für das Verhalten von Carola/Corinne Hofmann gibt es demzufolge für manche RezipientInnen nur zwei Möglichkeiten: Exotik und Sex. „Dir geht's doch nur ums Ficken" (O-Ton im Film), bringt es Carolas schweizerische Freund im Film stellvertretend für viele andere Männer (und auch Frauen) abfällig auf den Punkt.

Diese Sichtweise und Bewertung findet sich in der Rezeption vorwiegend in den Diskussionen der asynchronen Netzwerkkommunikation und in den Printmedien. In der Netzwerkkommunikation wird vom „geilen negger" gesprochen und davon, dass es doch „eh allen nur ums pop . . ." ginge. Einer schreibt: „Jedenfalls weiß ich, als was ich zu Karneval gehe: als Lemalian. Dann klappts auch mit der Nachbarin". In manchen Printmedien wird behauptet, der Erfolg des Filmes und des Buches basiere auf der „Lust auf Verbotenes" und „westlicher Sehnsucht nach Exotik" (Luttmann, journal ethnologie 16.12.2007). Der Autorin Corinne Hofmann wird als Reisemotivation unterstellt, eine wildromantische Beziehung zu einem Massaikrieger erträumt zu haben und stellt sie so ganz in die Nähe von Sextourismus (Magg 2002: 78). Überhaupt würde der Film, so Rüdiger Suchsland vom Heise Zeitschriften Verlag, den „Sextourismus als geistige Lebensform" untersuchen (Suchsland, Telepolis 23.9.2005).[284] Wie soll man solche Behauptungen interpretieren? Die konträren Positionen in Bezug zu „Die weiße Massai" zeigen sich auch hier, denn innerhalb der Gruppe, die Buch und Film positiv bewerten, gibt es gar keinen solchen Diskurs um Sex und Exotik. Bei den NegativbewerterInnen läuft er dafür ausgesprochen vehement und emotional ab. Ist er Ausdruck der alten Angst vor dem schwarzen Mann? Was steckt hinter diesem Diskurs?

Verlassen zu werden ist in jedem Fall eine narzisstische Kränkung für den betroffenen Mann. Er ist gekränkt, hilflos und wütend und sagt in seinem verletzten Stolz solche, den Rivalen abwertenden Sätze, könnte man interpretieren. In der Wahrnehmung der RezipientInnen steht Lemalian jedoch nicht als Individuum, in das sich Carola verliebt hat. Er steht für den „schwarzen Mann" – einen „Adonis" (Forum) noch dazu –, er steht für Afrikaner generell. Alles Individuelle an ihm – was von Buch und Film sehr wohl gezeigt wird – wird nicht wahrgenommen. Das ist eine Beobachtung, die auch Sonja Steffek in ihrer Untersuchung über die Wahrnehmung

---

[284] Er spricht vom „Suchen und Finden der Liebe in der Fremde, very vulgo: dem Sextourismus […]. Es geht in beiden Fällen [„Vers le sud" und „Die weiße Massai", Anmerkung von mir] um Frauen, die sich hier nehmen, was sie anderorts nicht bekommen" würden (Suchsland, Telepolis 23.9.2005).

des Fremden in Beziehungen zwischen afrikanischen Männern und österreichischen Frauen gemacht hat (Steffek 2000: 98/99). Alexander Thomas beschreibt dieses Phänomen so: „Der Fremde wird nicht primär als aktiv handelndes Individuum mit sehr spezifischen Eigenschaften, Zielen und Motiven wahrgenommen, sondern ausschließlich als Mitglied einer fremden Gruppe gesehen und als typischer Vertreter dieser Gruppe kategorisiert" (Thomas 1996: 232). Oder mit Peter Martin: Jahrhunderte lang erscheinen Schwarze in Europa als Objekte, selten als Subjekte. Ihnen wurde jenes maskenhafte Unpersönliche verliehen, dem „jede Individualität fremd ist". Dieses Unpersönliche hafte auch dem Bild des Afrikaners in Literatur und Wissenschaft, in Kunst und Folklore an (Martin 2001: 11). Dabei gelten die Afrikaner bis heute als „unwandelbar fremd und dämonisch, als trieb- und lasterhaft, kultur-, vernunft- und geschichtslos, als Menschen mit animalischer Körperlichkeit und kindischem Verhalten" (Martin 2001: 13).

Lemalian/Lketinga ist ein „Schwarzer", allenfalls ein Massai, ein Samburukrieger. Und es scheint für die negativ urteilenden RezipientInnen von „Die weiße Massai" nur zwei Erklärungen dafür zu geben, warum die Protagonistin in Kenia bleibt: sexuelle Anziehungskraft und/oder Exotik. Beides ist hier negativ konnotiert, dient der Abwertung der schwarz-weißen Liebesgeschichte: Es ist *nur* Sex und *nur* Exotik. In Anlehnung an den Ansatz von Maurice Merleau-Ponty über den Zorn soll hier versucht werden, im Kontext der Thesen den Sinn der Abwertung und des Spottes zu bestimmen, und sich zu fragen, was deren Funktion ist und wozu sie gewissermaßen dienen (Merleau-Ponty 2003: 37).[285]

2.4.1. Es geht doch nur um Sex!

Es ist *nur* Sex. Diese negativ konnotierte Behauptung in der Rezeption ist insofern sehr interessant, weil Sex an sich in unserer Gesellschaft einen sehr hohen Stellenwert hat. Die Botschaft allgemein lautet: Sex ist sehr wichtig, schön, steht jedem zu. Es wird von der Wichtigkeit eines regelmäßigen Geschlechtsverkehrs gesprochen, ja, geradezu vom Recht auf ein erfülltes Sexualleben. Regale voller Ratgeberbücher für eine geglückte Sexualität in den Buchhandlungen und die Anzahl der Internetseiten zum Thema Sex zeugen vom Interesse und (vielleicht auch) der Notlage des Sexuallebens der Deutschen. Immer wieder wird in den Medien thematisiert, wie oft denn

---

[285] Die Feldforschung und Analyse der Rezeption war vor der Wahl von Barack Hussein Obama zum Präsidenten der Vereinigten Staaten. Er ist seit dem 20.1.2009 Präsident, amerikanisch-kenianischer Abstammung und der erste Afroamerikaner in diesem Amt. Es ist anzunehmen, dass diese Wahl auch die Wahrnehmung und Wertung von Afrikanern in der Öffentlichkeit generell, nicht nur in den USA, beeinflussen wird.

nun in der Woche/im Monat Geschlechtsverkehr sein sollte, wird die Häufigkeit in Umfragen herausgefunden und mit anderen Ländern verglichen.[286] Internetseiten preisen Potenz stärkende Mittel ebenso an wie solche gegen mangelnde Libido der Frauen. Sexualität wird in der Ideologie der Moderne als individuelles Bedürfnis verstanden. „Sie gehört zum innersten Wesen eines Menschen und will in der ihr oder ihm gemäßen Weise verwirklicht werden, notfalls auch gegen gesellschaftliche Institutionen" (Sprenger 2005: 13). „Der Mensch ist frei, auch in seiner Geschlechtlichkeit und seinem Begehren" (Sprenger 2005: 35).[287] Sexuelle Erfüllung zu finden, sexuelle Neugier und Präferenzen auszuleben wird nachgerade als Lebensaufgabe bis ins hohe Alter betrachtet. Hier aber, mit einem Afrikaner, ist es plötzlich *nur* Sex – keine Rede mehr von sexueller Erfüllung oder gar Liebe. Hier wird der erste Sex zu einem Akt mit einem Samburu als „Lustobjekt mit animalischen Instinkten", die Liebesszene zu einer „libidinösen Leibesübung" (Wolf, DER SPIEGEL 12.9.2005).

Sex mit einem schwarzen Mann kann für diese Gruppe RezipientInnen – so könnte man sagen – nur animalisch oder eine libidinöse Leibesübung sein. Das kann als Rassismus interpretiert werden oder mit Edward Said als Ausdruck von Orientalismus.[288] Der Orient wird deutlich mit sexueller Freiheit und Ausschweifung assoziiert. Der Orient fungiert als Ort, an dem sexuelle Erfahrungen möglich sind, die in Europa nicht erhältlich sind – der Orient als „sexuelles Versprechen […], unermüdliche Sinnlichkeit, unbegrenztes Verlangen […]" (Said 1981: 214/216). In der Abwertung stecken Angst und Verklemmtheit. Denn es ist in diesem Kontext interessant zu sehen, wie in den Ratgeber- und Psychologiebüchern ja gerade dringend geraten wird, „den Kopf im Bett abzuschalten", „sich fallen zu lassen". In immer wieder kehrenden Befragungen in den Medien will man heraus finden, was denn nun Männern oder wahlweise Frauen im Bett „wirklich" gefällt. Und was gefällt? Wenn der Partner ungeniert seine sexuelle Lust zeigt und nicht verklemmt ist, d.h. wenn er „animalisch", ist. Und was fehlt oft? Die Libido.

Beliebte Anleitungsbücher zu sexuellen Praktiken sind bei uns aus dem asiatischem Raum: Das älteste erhaltene und umfassendste Liebeslehrbuch Indiens, das

---

[286] Hier seien nur einige wenige Beispiele genannt: große Auswahl jeweils in der Zeitschrift Cosmopolitan: http://www.cosmopolitan.de/m,0300/Sex_und_Liebe/; „Mangel an Begehren" in DER SPIEGEL 9/2001; „Friedhof im Schlafzimmer" in DER SPIEGEL 27/2005; der Sexappealtest für Männer und Frauen im STERN http://www.stern.de/lifestyle/dating/:Sexappeal-Test--Wie-Sie-Frauen/500083.html [20.9.2008]. „Wie die Deutschen lieben" von ProSieben Television: http://www.sexstudie-deutschland.de/ [21.8.2008].
[287] Geht man in den Kulturvergleich, so Guido Sprengler, erscheine die Besessenheit in Bezug auf „Freiheit" als Absonderlichkeit des Westens, die nichts zum Verständnis fremder Gesellschaften beitrage (Sprenger 2005: 35).
[288] Hier, ganz wie von Edward Said, als „Denkregel" verstanden (Said 1981: 52).

Kamasutra (Oberdiek 2005: 95-133) und Bücher über tantrische Praktiken. Beispielsweise wird die Sexposition im Stehen von hinten (Oberdiek 2005: 106/125) dort als eine von vielen Liebesspielmöglichkeiten gezeigt und bei uns häufig erfreut der verpönten Missionarsstellung gegenübergestellt.[289] Aber mit einem Afrikaner mobilisiert genau diese Stellung der ersten Sexszene ungeahnte, versteckte Ängste und Reaktionen. Sie wird vollkommen anders bewertet. Mit einem Afrikaner wird diese Sexposition nicht als Ausdruck hoher Liebeskunst wahrgenommen, sondern erinnert die Kinobesucher an den Begattungsakt von Tieren[290] („wie ein Tier", Interview). Ein Mann im Forum schreibt empört, der Film sei „männerfeindlich, weil er die Männer darstellt, als ob wir alle Tiere wären." Die Sexstellung bedeutet für manche im Kinosaal (auch) eine Demütigung der Frau, wird hier als (unziemliche) Eroberung einer weißen Frau durch den schwarzen Mann wahrgenommen: Er „nimmt" sie sich (Interview). Der erste Sex ist „etwas rüde" (Koll, Kieler Nachrichten 15.9.2005), „freudlos und schnell" (Taszmann, Deutsche Welle 15.9.2005), „kurz und brutal" (Vogel, Berliner Zeitung 14.9.2005) und damit keineswegs so, wie Frauen es bei uns im Allgemeinen gern hätten. Das müsste die Männer beruhigen. Doch in den Texten wird gespottet, im Kino gelacht. Beides kann in diesem Kontext als Bewältigung, wenn nicht von Angst, dann von Unbehagen interpretiert werden.[291]

Die Sexszenen werden fokussiert und entlarven damit einen sexualisierten und sexualisierenden weißen Blick.[292] Sie werden als aussagekräftige Szenen der ganzen Geschichte betrachtet. So schreibt Catherine Silberschmidt von der Neuen Zürcher Zeitung: „Erotik und Sexualität bilden die Raison d'être dieser asymmetrischen Be-

---

[289] Schon in den 1960er Jahren haben Aufklärungsfilme z.B. von Oswald Kolle und entsprechende Aufklärungsschriften verklemmten Mitteleuropäern ein spielerisches, entspanntes Sexualverhalten beizubringen versucht. Wilhelminischer Auffassung mit rigider Sexualmoral, bürgerlicher Verklemmtheit und den Resten erotischer Sauberkeitsfantasien des Dritten Reiches hat in Deutschland in den 60er Jahren besonders Alexander Mitscherlich etwas entgegen zu setzen versucht. Der Begriff „Missionarsstellung" wird dem Sexualforscher Alfred Charles Kinsey zugeschrieben. Allerdings soll er auf einem Missverständnis beruhen (Sprenger 2005: 23/24).
Für aktuelle Forschungsergebnisse der Deutschen Gesellschaft für Sexualmedizin und Sexualtherapie siehe http://www.dgsmt.de/ [10.8.2008]. Populäre News in diesem Kontext zum Thema Sexualverhalten bietet z.B. http://www.paradisi.de/Health_und_Ernaehrung/Sexualitaet/Lust/News/ [11.8.2008].
[290] Sofortbegattung (hier selbstverständlich fast immer à tergo) als „tierisch" zu bezeichnen, wäre irreführend, da sie unter höheren Tieren nur ganz ausnahmsweise vorkommt (Lorenz 1973: 45).
[291] Es ist eine Szene, wo man das Lachen in jedem Fall als Rektion auf große Spannung sehen kann. Gelacht wird als Spannungsabbau von Frauen und Männern. (Freud 1992: 198). „Durch Abfuhr vordem gehemmter Regungen, Impulse und Affekte können Lachen und Weinen eine innere Spannung lösen" (Auchter 2006: 31). Und: „Allemal begleitet Lachen, das versöhnte wie das schreckliche, den Augenblick, da eine Furcht vergeht." (Adorno 1984: 162).
[292] Was wiederum etwas über den Stellenwert von Sexualität in unserer Gesellschaft aussagt. Das soll hier jedoch nicht näher weiterverfolgt werden.

ziehung" (Silberschmidt, NZZ 19.11.2005),[293] Sascha Keilholz von critic, dass die sexuelle Umerziehung des Kriegers ein „gewählter Schwerpunkt" des Filmes sei (Keilholz, critic 15.9.2005) und der ganze Film, wie oben erwähnt, „eine Untersuchung über Sextourismus" (Suchsland, Telepolis 23.9.2005). Doch die Sexszenen (es sind genau zwei) in dem über zweistündigen Film dauern zusammen gerade einmal 90 Sekunden. Und genau deshalb wird auch eine Aussage von Annette Weber in der taz interessant. Sie schreibt: „[...] dürfen wir eine Viertelstunde schwarze Haut auf weißer Haut und umgekehrt ansehen, bis zum Orgasmus-Crescendo [...]" (Weber, taz 15.9.2005). Offenbar ist schwarz-weißer Sex noch immer ein hoch brisantes Thema mit enormem Kränkungspotential und Irritationskraft – erstaunlicherweise nicht nur für Männer. Wie gesagt – diese zweite Liebesszene dauert knappe 60 Sekunden, keine Viertelstunde. Wie unerträglich, könnte man interpretieren, muss das für manche RezipientInnen gewesen sein, da zuschauen zu müssen. Auch Vehemenz und Emotionalität zeigen, dass „der Stachel des Fremden" – um den Ausdruck von Bernhard Waldenfels zu gebrauchen - hier offenbar einen wunden Punkt trifft, einen alten Punkt, der Angst macht. „Ein bei Frauen wie Männern gleichsam verbreitetes Bild bieten die Vorstellungen über die sexuelle Überlegenheit afrikanischer Männer", so Sonja Steffek als Resümee ihrer Studie. Afrikaner „gelten als aufgeschlossener, lebensfroher und ungezwungener, als bessere Sportler, bessere Musiker und Tänzer" (Steffek 2000: 110). Alle diese (imaginierten wie im Einzelfall realen) Eigenschaften erhöhen ihre Attraktivität auch auf erotischem Gebiet. Das hat zunächst mit „exotisch" nichts zu tun, denn solche Eigenschaften mehren auch die Chancen weißer Männer beim anderen Geschlecht. Nur wird bei Afrikanern von vorne herein von all dem etwas mehr angenommen und als selbstverständlich gegeben angesehen.

Sexualität, einschließlich küssen und schmusen – das zeigt der Film und wird vor allem im Buch sehr deutlich –, hat in der Samburugesellschaft einen völlig anderen Stellenwert.[294] Sex dient in erster Linie der Fortpflanzung, aber das kann vor lauter Imaginationen über sexuell aktive Afrikaner gar nicht wahrgenommen und integriert werden. Zwischen Film und KinobesucherInnen, zwischen LeserInnen und Buch schieben sich im kognitiv-emotionalen Prozess der Rezeption Bilder über Afrikaner, die die Wahrnehmung verändern, unterschiedliche Bewertungen evozieren, verschiedene Gefühle verursachen, Imaginationen wach rufen. Den Spott könnte man auch als Ausdruck von Enttäuschung interpretieren, weil in diesem Film, so sieht es Ulrike

---

[293] Der Titel der Kritik in der NZZ lautet denn auch: „"Schwarz-weiße Erotik als Afrika-Exotik".
[294] Erotische Akte und erotisches Begehren haben in der Tat in anderen Gesellschaften einen anderen Stellenwert. Sie müssen (und können?) keineswegs, so Guido Sprenger, zu einem einheitlichen Begriff wie ‚Sexualität' zusammen gefasst werden (Sprenger 2005: 25).

Mattern, eben gerade *nicht* Bevölkerung, Natur und Kultur eines Landes „zu Statisten unserer Wunschvorstellungen werden" (Mattern, jump-cut 15.9.2005).[295]

Zu den Imaginationen gehören auch solche über „afrikanische" Sexualität. Bereits zu Beginn des 20. Jahrhunderts war, so zitiert Marianne Bechhaus-Gerst Fatima El-Tayeb, Sexualität ein dominierendes Element im Diskurs über die schwarze Rasse. „Der afrikanische Mann wurde als triebhaft und hemmungslos in seiner Sexualität konstruiert, und man wollte ihn unter keinen Umständen in Verbindung mit weißen Frauen sehen" (Bechhaus-Gerst, 2004: 190-191). Er galt als Verführer, dem die deutsche Frau hilflos ausgeliefert war. Bis heute unterstellen Männer wie Frauen Afrikanern erhöhte sexuelle Aktivität[296] und gesteigerte Sexualität generell (Steffek 2000: 134). Die Mutmaßung gipfelt in einem unverhohlen unterstellten Machismo und Phallozentrismus. „Inbegriff der angeblich so unkontrollierten Triebhaftigkeit der Schwarzen ist seit der Antike ungeachtet aller Berichte, die das in Frage stellen, der gewaltige Penis, mit dem sie von der Natur ausgestattet sein sollen" (Duerr 2002: 324). Carola hechelt in dieser Wahrnehmung, wie bereits gesagt, einem afrikanischen „anarchischen Macho" (Zander, Berliner Morgenpost 15.9.2005) hinterher und lässt sich (erste Sexszene) vom „wilden", „primitiven" Afrikaner beschlafen – sehr zum Verdruss der weißen Männer im Kinosaal. Frauen ärgern sich, weil dadurch Vorurteile über „auf Erotik und Exotik hereinfallende Frauen" (amazon.customer) bestätigt würden.

Wenn Carola dann in der zweiten Sexszene Lemalian zeigt, wie sie es gern hat beim Sex, wird ihr „slowly, slowly" (O-Ton im Film) in der Rezeption häufig als Umerziehung, als Zivilisierung des „wilden" Afrikaners, ja als „Kolonialisierung"[297] betrachtet. Paternalismus zeigt sich hier, in dem dafür plädiert wird, „primitive Völker in Ruhe zu lassen" (Forum), gewissermaßen in jeder Beziehung. Der eigene Paternalismus kann auch den Filmfiguren oder dem Film als Ganzem untergeschoben werden, der „die schlimmsten Befürchtungen" hinsichtlich „paternalistisch-rassistischer Untertöne" überträfe. Gleichzeitig wird dafür plädiert, die bekannten

---

[295] Siehe dazu die Studie von Sonja Steffek S.93-105. Die Assoziationen zu Afrikanern werden, so Steffek, bereits in der primären Sozialisation in Elternhaus und Schule geprägt. Nach Pierre Bourdieu würden solche Bilder vom „schwarzen Mann" inkorporiert und zum Habitus, der auch in späteren Jahren Wahrnehmungs-, Denk- und Handlungsmodi lenkt. In Märchen, Reimen, Liedern und Spielen werden solche Bilder tradiert (Steffek 2000: 95), Filme, Medien, Werbung greifen sie auf. Der Titel dieses Kapitels ist angelehnt an das bekannte Kinderspiel: „Wer fürchtet sich vorm schwarzen Mann?"

[296] Hierzu passt der bekannte Ausspruch der Fürstin Gloria von Thurn und Taxis in der Sendung mit Moderator Friedman in der ARD am 28.5.2001, als es um Wertewandel in der Gesellschaft, um Geburtenkontrolle und AIDS ging. Sie sagte dort: „Der Schwarze schnackselt halt gern." >http://www.werner-hessel.de/Glossen/Schnackseln/schnackseln.html< [21.8.2008].

[297] Vgl. Teil III Kap. 3.5 „Kolonialismus light? Die Wahrnehmung durch die koloniale Brille".

Massai nicht in beliebten Bildbänden über exotische Völker abzubilden oder sie in „diffamierender Weise" als Fotomotiv in einem Film zu reproduzieren (Luttmann, journal ethnologie 16.12.2007). Weder Lemalian noch Carola werden als Individuen wahrgenommen mit persönlichen Wünschen und Bedürfnissen – nur als Mitglieder einer Gruppe. Im Interview mit solchen Statements konfrontiert, sagen RezipientInnen: „Was soll das Gerede von Kolonisierung im Bett? So ein Quatsch. Das ist ein Paar. Jedes Paar muss sich im intimen Umgang seinen Weg suchen" (Interview). Carola bringt Lemalian küssen und langsamen Sex bei wie „so fast jede Frau auch hier in Deutschland. Das muss man fast allen Männern erstmal beibringen. Was ist daran so besonders? Wenn er weiß gewesen wäre, hätte niemand auch nur ein Wort gesagt". (Interview). Hier spielt noch eine andere alte männliche Angst mit hinein: die, im Bett nicht gut genug zu sein.

Dass das Thema Sex überhaupt ein so großer Diskurs in der Netzwerkkommunikation und der negativ wertenden Presse wird, spricht angesichts der insgesamt 90 Sekunden Dauer der Sexszenen für sich. Wie sehr die Wahrnehmung auf die Imagination eines sexuell aktiven Afrikaners fixiert ist, zeigt u.a. die Tatsache, dass nicht mehr gesehen werden kann, wie genau dieses verallgemeinernde Bild vom „wilden", „primitiven" afrikanischen Macho mehrmals in Film und Buch gebrochen wird, ebenso wie das Bild des „edlen Wilden". Lemalian/Lketinga hat sehr individuelle Züge und seine eigenen Probleme und Fähigkeiten. Er ist weder „wild" noch „edel", noch unentwegt sexuell aktiv.[298] Doch kann das von den RezipientInnen nicht wahrgenommen werden. Gebrochene Erwartungen und Irritation zeigen sich aber im unkontrollierten, unbewussten Lachen.[299] Ein Beispiel dazu soll hier genügen: „Now you get a baby", sagt Lemalian nach der besagten, „libidinösen" Liebesszene zärtlich und fröhlich zu Carola. Die Vorstellung vom lüsternen, „geilen negger" (Forum) zerplatzt – die beiden verstehen sich prächtig und haben Spaß im Bett. Die Zuschauer lachen – Irritation, Bruch der Erwartungen und auch hier Spannungsabbau. Aber es ist Spott im Lachen der Männer nach dem Motto „aha, er weiß immerhin, woher die Babys kommen" (Forum). Es ist ein verlegenes, amüsiertes Lachen bei den Frauen. „Na ja", meinte eine Interviewpartnerin, „mein Freund will in solchem Fall nur wissen, ob ich die Pille auch nicht vergessen habe."

---

[298] „Jenseits aller Phantasien und Projektionen scheint freilich der >black sex< durchweg recht ernüchternd zu sein" (Duerr 2002:324). Hans-Peter Duerr zitiert dazu einen Ethnologen, der sagt, sexuelle Abenteuer in Afrika sind von so unromantischer und grober Art, dass sie eher dazu geeignet seien, die Fremdheitsgefühle des Ethnologen zu verstärken als zu mildern. (Duerr 2002: 324). An gleicher Stelle zitiert er aus dem Buch „Die weiße Massai" ihre Beschreibung des ersten Sex, an der die Imaginationen über den >black sex< auch, und gleich mehrfach, gebrochen werden.

[299] Nur das Lachen im Kino kann als unbewusste, unkontrollierte Reaktion interpretiert werden. Siehe dazu auch die Analyse der zweiten Lachszene in Teil III Kap. 4.2 „Erste Nacht in der Manyatta".

Das innere, Angst machende Bild des sexuell überlegenen Afrikaners aber bleibt.[300] Die Liebe wird vollkommen ausgeklammert. Auf immer neue Art wird in der Rezeption versucht, wenn nicht der Angst (davon spricht direkt natürlich niemand), dann dem Unbehagen, das der schwarz-weiße Sex für beide Geschlechter offenbar mobilisiert, ein anderes Mäntelchen umzuhängen, wird versucht, die offenbar immer noch ungeheuerliche Tatsache der Geschichte zu verkraften oder zu erklären, ohne deutlich den eigenen Rassismus und/oder die eigene Angst zu enttarnen. Eine Methode ist z.B. die, konsequent nur von Sex und niemals von Liebe zu sprechen. Andere bewährte Methoden wurden oben thematisiert: eigene Vorbehalte und Ängste unter Wissenschaftlichkeit verstecken, unter Generalisierungen, unter Moral und Sorge, unter Spott und Abwertung, unter Paternalismus, unter Lachen und Witzen.[301]

Nur in den anonymisierten Beiträgen der Netzwerkkommunikation artikulieren die RezipientInnen ihre Abwehr (und damit ihre Angst und ihren Rassismus) deutlich und unverblümt: Es ist einfach „DIE BLAMAGE" für die weiße Rasse, sich in „so'n nigger zu verlieben." Im Forum sieht die Exklusion von Liebe so aus: „Ihr seid alle bloß frustriert und neidisch auf frau hoffmann, weil sie einen geilen negger geheiratet hat"; „30cm sind aber auch ein Argument, für das es sich lohnt alles hinzuwerfen" (Forum). Im Zusammenhang mit einem anderen Paar wird der öffentliche (Sex-)Diskurs über schwarz-weiße Liebesbeziehungen noch einmal deutlich: Radio Ohr, Offenburg, am 27.6.2008. Vormittagssendung. Ein Moderator und eine Moderatorin, die wie üblich zwischen Musikstücken herumflachsen. Er: „Warum will Heidi Klum[302] nichts von mir wissen? Kann es vielleicht daran liegen dass . . ." [Pause] Dann: Ha, ha, ha [er lacht], ha, ha, ha – [sie lacht]. Nach einer vielsagenden Pause: „Kann es vielleicht an der Pigmentierung liegen?" [Pause] „Oder wie? Oder an was? Was meinst du…?" [Pause] – kicherndes Lachen von ihr – Cut – Musik.

---

[300] Es würde europäische Männer sicher beruhigen, wenn sie wüssten, dass Frauen in anderen Ländern von den „großen Schwänzen" der weißen Männer schwärmen. „Die fremden Männer sind so groß, ihre Körper sind so stark" (Duerr 2002: 334). „In ganz Südostasien gelten noch heute die Weißen als bemerkenswert gut ausgestattet" (Duerr 2002: 335). Kikuyufrauen, die mit Weißen geschlafen hatten, betonen, wie schön der Sex gewesen sei mit weißen Männern (Duerr 2002: 136).

[301] So die kann die Bemerkung des Forum-Teilnehmers „Jedenfalls weiß ich, als was ich zu Karneval gehe: als „Lemalian". Dann klappts auch mit der Nachbarin" als Ausdruck unbewältigter Macht-Ohnmacht-Konflikte betrachtet werden, Witze machen als eine Art Sicherheitsventil, ein Spannungsabbau (Auchter 2006: 46).

[302] Populärstes schwarz-weißes Ehepaar ist, wie oben bereits gesagt, zur Zeit das blonde deutsche Model Heidi Klum mit ihrem schwarzen amerikanischen Ehemann, dem Sänger Seal. Siehe ausführlich die Zeitschrift BUNTE Nr. 36 vom 31.8.2006. Die Zahl der Beiträge zu diesem Paar in diversen Printmedien bis 2008 hier aufzulisten, würde Seiten füllen.

Für die Gruppe der PositivbewerterInnen sind die Sexszenen „Ausdruck einer großen Liebe" (Forum), gehören ganz selbstverständlich dazu und werden deshalb nicht weiter thematisiert – „sehr schöne Liebesszene" als einziger diesbezüglicher Kommentar (Interview). Für diese RezipientInnen gibt es einen anderen, „einzigen" Grund, warum die Protagonistin ihren Freund verlassen hat und bei Lemalian/Lketinga geblieben ist: Aus Liebe. „Der Film hat gezeigt, was wahre Liebe ist"; „Dieser Bund zwischen Ihr und dem Massai, eindrücklich und einfach nur LIEBE" (Forum).[303] „Die Filmgeschichte ist glaubwürdig unsentimental, ohne Helden und ohne Opfer" und zeigt eine „enorme, Kulturgrenzen überwindende Liebe" (Vogel, Berliner Zeitung 15.9.2005). „Der sehenswerte Kinofilm zeigt beide Seiten einer Liebe zwischen zwei Welten" (Bernard, ZDF aspekte 26.8.2005); „[…], dass sie auf ihr Herz gehört hat und bei ihrer großen Liebe in Kenia geblieben ist" (amazon.customer).[304]

2.4.2. Sehnsucht nach Exotik

„Lust auf Verbotenes" (Luttmann, journal ethnologie 16.12.2007) wird allen KinogängerInnen unterstellt – was genau damit gemeint ist, nicht näher erläutert. Wird Lust mit einem Afrikaner als etwas Verbotenes betrachtet? Sex mit einem Afrikaner dadurch – von Liebe wird hier nicht gesprochen – exotisiert? Das gängige Bild von Frauen „voll exotischer Verblendung" (amazon.customer) werde im Film bestätigt. Das ärgert manche ebenso wie sie die Massai als „Objekte erotischer und exotischer Zuschauerfantasien" (Luttmann, journal ethnologie 16.12.2007) oder als „Lustobjekte mit animalischen Instinkten" (Wolf, DER SPIEGEL 12.9.2005) wahrgenommen und vermarktet sehen und sich schützend davor stellen. „Typisch das die meisten Europäer von allem was abenteuerlich und sexy ausschaut beeindruckt sind" (Forum). Liebe scheint in diesem Kontext unvorstellbar.

Außer den bei Afrikanern imaginierten Qualitäten auf sexuellem Gebiet gibt es für diese RezipientInnengruppe nur noch einen Grund für eine Liebesbeziehung zu einem Afrikaner: Exotik. Ein zunächst harmloses Wort:[305] Das griechische Wort εξωτερος bedeutet „äußerer", „draußen"; im Lateinischen bedeutet *„exoticus"* ein-

---

[303] Vgl. Teil III Kap. 5.3.2 „Liebe als Grenzen auflösende Macht".
[304] „Aber meine Gefühle standen über der Sexualität. Wegen dem Sex hätte ich nicht bleiben müssen", so Corinne Hofmann in der Sendung Aspekte im ZDF am 26.8.2005.
[305] Auch in ethnologischen Kreisen wird der Ausdruck zumindest zwiespältig bewertet. Zwar hat Karl-Heinz Kohl mit seinem Buch „Exotik als Beruf" etwas sehr Wahres auf den Punkt gebracht, aber den Ethnologen „Sehnsucht nach Exotik" als Motivation für ihre Fächerwahl zu unterstellen, ist verpönt, wird überwiegend empört von sich gewiesen – eben weil dieser Begriff negativ wertend benutzt wird. Es ist nicht einfach nur „ausländisch".

fach „ausländisch". Es hat bei uns viele Bedeutungen bekommen. Sie reichen vom zunächst wertneutralen „fremd", „aus fernen Ländern stammend", „ausländisch" über „andersartig", „ausgefallen", und „ungewöhnlich" bis hin zur nicht mehr ganz so wertneutralen Bedeutung von „fremdartig", „abenteuerlich", „ungebräuchlich", „seltsam" und „unverständlich". Es bezieht sich in der Rezeption zunächst auf das Aussehen des Samburukriegers insbesondere auf Kleidung und Schmuck als Mitglied einer Gruppe – im Hintergrund immer das Wissen und die Imaginationen um die fremde, bewunderte Kultur der Massai.[306] Der rote Lendenschurz spielt dabei eine Hauptrolle, die langen geflochtenen Haare, der Speer (Luttmann, journal ethnologie 16.12.2007), das „nackte Oberkörperfleisch" (Vogel, Berliner Zeitung 14.9.2005), die „traditionellen Gewänder", in die Lemalian gehüllt ist (Graetz, Cine-Zone 15.9.2005), „perlengeschmückt" (Susemihl, Nürnberger Nachrichten 16.9.2005) sei er und „perlweißstrahlend" (Koll, Kieler Nachrichten 15.9.2005), „mit buntem Kopfputz" (Sannwald, Der Tagesspiegel online 15.9.2005).[307] Das Fremde – in Gestalt des Samburukriegers Lemalian/Lketinga – ist hier nicht nur fremd im Sinn von unbekannt, sondern fremd im Sinn von „nicht dazugehörend". Fremdheit wird hier zur Differenz, zu etwas „Seltsamen", zu einem „Nicht-Verstehen" und damit zu etwas „Unheimlichem", das Angst macht, zumindest Unsicherheiten evoziert. Exotik wird zu einem abwertenden Begriff.[308] Die Abwertung, die in den Äußerungen dieser Gruppe zum Aussehen von Lemalian und zur Geschichte insgesamt zum Ausdruck kommt, kann zunächst als Angstbewältigungsstrategie interpretiert werden: Ein lächerlich gemachter Afrikaner ist kein Rivale mehr, eine lächerlich gemachte schwarz-weiße Liebesgeschichte keine Gefahr.

Auch die Bemerkungen zu Lemalians Körper, seiner „Schönheit" sind nicht wertneutral einfach nur beschreibend. In der Wortwahl kommen in unserer Gesellschaft verankerte Begriffe und Metaphern zum Tragen, aber gerade dadurch, dass sie auf einen Afrikaner angewandt werden, werden sie ein Ausdruck von Spott. Besonders in den Negativbewertungen ist Lemalians Schönheit und gutes Aussehen überhaupt ein Thema. Den einen fällt bei dem nackten Oberkörper von Lemalian „Adonis"

---

[306] Vgl. Teil III Kap. 2.3 „Mythos Massai".

[307] Es ist im Übrigen interessant, dass dieselben RezipientInnen, die hier das traditionelle Aussehen Lemalians spöttisch beschreiben, die sind, die die „Zerstörung" der Kultur der Massai/Samburu beklagen (Vgl. Teil III Kap. 3.3 „Im Gefängnis von Kulturbildern"). Was nur hätte er im Film als traditionell lebender Samburu nach der Meinung dieser RezipientInnen anziehen sollen? Diese Frage ist durchaus ernst gemeint und zeigt das Dilemma, wenn Kultur allein an äußeren Zeichen wie Kleidung festgemacht wird.

[308] Im Gegensatz dazu die Beschreibung der Autorin. Im Buch wird das Aussehen des Samburu sehr nüchtern beschrieben, aber man spürt, wie erstaunt, betroffen, bewundernd und fasziniert sie von seiner Schönheit ist. Sie sieht „ einen tief braunen, sehr schönen exotischen Mann" – ohne jede Abwertung. (Hofmann 1999: 8).

(Forum), anderen ein „schwarzer Ritter" (Forum), wieder anderen ein „waschbrettbäuchiges Prachtexemplar" (Susemihl, Nürnberger Nachrichten 16.9.2005), „perfekt bodygebuildet" (Zobl, Fluter 15.9.2005) ein oder die Fotografien von Leni Riefenstahl (Luttmann, journal ethnologie 16.12.2007) – allesamt kulturell geprägte Vergleiche, hier eindeutig abwertend benutzt.[309] Wären Sex, Exotik, männliche Schönheit und Nacktheit ein Thema in diesem Diskurs, wenn der Hauptdarsteller des Films weiß wäre? Für die Wahrnehmung und Bewertung dieser RezipientInnen ist es fast gleich, ob Lemalian nackt ist oder halbnackt, sein rotes Lendentuch oder Jeans und T-Shirt trägt: Er bleibt exotisch – was nicht zuletzt auf den Mythos Massai zurückzuführen ist mit all den Imaginationen und Bewertungen, die damit verbunden sind.

Den ZuschauerInnen wird schlussfolgernd von den NegativbewerterInnen ausschließlich „Sehnsucht nach Exotik und Erotik" (Sannwald, Der Tagesspiegel online 15.9.2005), unterstellt und dem Film deren Vermarktung und Ausbeutung. Inge Bongers vom WDR 5 äußert sich vorsichtiger und spricht von „vermeintlich exotischer Erotik" (Bongers, WDR 5 15.9.2005). Im Sinn der These würde eine durch Interaktion im Kino erfüllte Exotik die Angst vor Gleichmacherei bannen. Doch nur sehr wenige Äußerungen im Forum könnten diese vor allem in den Printmedien unterstellte Sehnsucht wirklich untermauern: „Jacky Ido spielt den Massai-Krieger so toll, und ist einfach so wunderschön und total sexy. Er wirkt so erotisch [...]. Ich finde das ist ein Mensch der perfekt aussieht" – wobei wohl doch eher das Aussehen des Schauspielers gemeint ist. Aber in der Tat: diese Bilder der „schönen Massai"[310] sitzen tief und machen – im Kontext dieses Kapitels – Angst. Denn es kann sein, dass „westliche Frauen vordergründig attraktiven Kriegern verfallen" (amazon.customer), ihnen gar hinterher hecheln (Zander, Berliner Morgenpost 15.9.2005). Exotik (im Sinn von „Fremdem") generell nimmt bedrohliche Formen an, wenn EuropäerInnen (wie bekannt beiderlei Geschlechts) darauf „hereinfallen", „geblendet sind", den „Verstand verlieren" und einfach wie hier „Hals über Kopf deswegen abhauen" (Forum).[311] „Corinne Hofmann folgt dem exotischen Fremden" (Koll, Rheinischer Merkur 15.9.2005).

Das Aussehen wird lächerlich gemacht, Lemalian als lebende „Postkarte" (Klingenmaier, Stuttgarter Zeitung online 15.9.2005) beschrieben, als lebendig

---

[309] Dabei muss man im Auge behalten, dass es viele andere Fotografinnen gibt und gab, die Männer, auch schwarze Männer, nackt fotografiert haben – z.B. Annie Leibowitz, Nan Goldin, Karen Tweedy Holmes, Dianora Niccoloni, Robin Shaw, Vivienne Maricevic. Siehe: Cooper, Emmanuel. 2004: Male Bodies. A Photographic History of the Nude. Berlin/London/New York. Und umgekehrt haben auch männliche Fotografen wie z.B. George Rodger im Sudan nackte Einheimische fotografiert (Cooper 2004: 74/75).
[310] Vgl Teil III Kap. 2.3 „Mythos Massai".
[311] Vgl. Teil III Kap.3.1.1 „Skandalöse Verrückte".

gewordenes Bild eigener Imaginationen bzw. wird der Regisseurin (empört und überrascht?) unterstellt, dass sie genau diese Bilder inszeniert und benutzt habe – ganz wie Alexander Thomas schreibt, dass der Fremde nicht als aktiv handelndes Individuum mit sehr spezifischen Eigenschaften, Zielen und Motiven wahrgenommen wird, sondern als Mitglied einer fremden Gruppe (Thomas 1996: 232). Hinter dem Begriff Exotik und Massai verschwindet der Mensch, das Individuum, Lemalian/Lketinga und wird zum lebenden Bild. In diesem Zusammenhang ist die negative Konnotation des Begriffs Exotik wieder interessant, denn der Mythos Massai ist eigentlich in Europa positiv besetzt. Wenn er aber zur Gefahr für weiße Männer (und Frauen) wird, sind Abwertung und Spott, Paternalisierung und Generalisierung die Mittel zur Angstbewältigung: Eine „Postkarte" ist keine Gefahr – sie ist ein Papiertiger.

„Perfekt bodygebuildet" (Zobl, Fluter 15.9.2005) ist sein Körper, „so schwarz und glatt die Haut, [...], groß und schön der ganze Mann" (Sannwald, Der Tagesspiegel online 15.9.2005), hoch gewachsen, perfekt proportioniert und muskulös (Luttmann, journal ethnologie 16.12.2007), „waschbrettbäuchig" und ein „maskulines Prachtexemplar" (Susemihl, Nürnberger Nachrichten 16.9.2005), schön und ebenholzschwarz, mit „sehnig- muskulösem Körper" (Mattern, jump-cut 15.9.2005), nur leider mit – als einzigem Schönheitsfehler in europäischen Augen – durchlöcherten Riesenohrläppchen. Der spöttische Unterton in den Äußerungen zu Lemalians gutem Aussehen, seiner männlichen Schönheit ist deshalb bemerkenswert, weil gerade in westlichen Ländern „Schönheit" (auch bei Männern[312]) ein Kapital darstellt.[313] „Das männliche Körperkultsyndrom beruht auf der Idealisierung eines bestimmten männlichen Körperbildes" (Schmale 2003: 262), das dem hier im Kino wahrgenommenen verblüffend ähnelt. „Es gibt eine umfassende Industrie vom Fitnessstudio bis zur Produktion von Nahrungsergänzungsmittelstoffen und Anabolika", so Wolfgang Schmale, „eine umfassend mediale Aufbereitung des idealen männlichen Körpers [. . .]. Der muskulöse Körper wird als Ideal verkauft" (Schmale 2003: 263). Europäische Männer müssen, wollen sie zu einem solchen idealen „body" kommen, viele Stunden in der Woche trainieren, im Fitnessstudios zubringen, Ernährungsgewohnheiten ändern. Hier aber, in der schwarzen Haut eines Afrikaners, wird dieser Traumbody abgewertet. Abwerten aber muss man nur jemanden, der einem bedrohlich erscheint, dem man sich unterlegen fühlt.

---

[312] Das zeigt der rapide Ausbau der Männerkosmetik aller Kosmetikfirmen, die Zunahme von Schönheitsoperationen und Epilationen auch bei Männern.
[313] Beispiele dazu aufzuzählen wäre ein endloses Unterfangen. Genannt seien nur: Werbung, Medien, Filmbranche, Vorteile schöner Menschen bei Bewerbungen, Prüfungen, bei der Partnersuche.

Fakt ist, „dass die allermeisten Männer den Idealkörper nicht erreichen" (Schmale 2003: 263). Neben diesem Traummann sähe der schweizerische Freund (und damit fühlen sich alle weißen Männer betroffen) tatsächlich etwas „blässlich" aus, wird im Forum eingeräumt. So spiegeln sich in der Reaktion auf dieses „männliche Prachtexemplar" Unsicherheiten wieder, die Männer gegenüber ihrer eigenen Männlichkeit und ihrer Geschlechterrolle in unserer Gesellschaft haben (Hollstein 2008: 21f.)[314] und die auch Frauen haben, wenn sie auf eine „Männlichkeit" treffen, die bei uns überholt scheint. Vielleicht ist es auch einfach nur Neid der Männer, weil in der Samburugesellschaft – im Gegensatz zur Polymorphie westlicher postmoderner Gesellschaften – die Rollen (noch) klar verteilt sind und „Mann" „Mann" sein darf.[315] Oder wie es Wolfgang Schmale mit dem amerikanischen Autor Harrison Pope sagt: „Weil es ihnen unmöglich ist, diesen Supermannstandard zu erreichen, kehren sie ihre Besorgnis und ihre Erniedrigung nach innen" (Schmale 2003: 262). Oder wie hier: ihre Angst und Unsicherheit nach außen – in Form von Abwertung und Spott.

Frauen treten im Zuge der Emanzipation, der Pille und der feministischen Bewegung seit den 1960er/1970er Jahren den Männern mit sexuellen Wünschen und Ansprüchen entgegen, um deren Erfüllung sich auch viele bemüht haben und noch immer bemühen. Im Themenabend von arte am 9.9.2008 „Mann, oh Mann"[316] wird im Zusammenhang mit dieser konstatierten Verunsicherung von „Entmännlichung" und einer „Vermütterlichung der Gesellschaft" gesprochen, unter der deutsche (und französische) Männer und damit letztlich auch die Frauen leiden würden. Auch davon wurde gesprochen, dass Frauen *richtige* Männer wollen. Partnerwahl würde nach wie vor nach archaischen Regeln ablaufen. Europäische Männer sind zutiefst verunsichert, wütend und enttäuscht:

> „Da bemüht man sich um Verständnis, übt sich in Einfühlsamkeit, in Kommunikation, in Schmusesex – na, und dann kommt da so ein Prachtexemplar von Mann, so ein Schwarzer, und kümmert sich um nichts davon, aber auch gar nichts. Und was macht die Frau? Die findet das toll und haut ab – zu ihm" (Interview).

---

[314] Dieses Thema hat DER SPIEGEL anlässlich 50 Jahre Emanzipation unlängst in einer Titelgeschichte thematisiert: „Was vom Mann noch übrig ist – halbe Männer, ganze Frauen". DER SPIEGEL 26/2008. Schon 1997 (und immer mal wieder) wurde das Thema, das in unserer Gesellschaft ganz offensichtlich ein wichtiges Thema ist, aufgegriffen: „Der deutsche Mann: Vom Macho zur Memme?" Spiegel Special 7/1997.
[315] Dass er es auch *muss*, kann nicht wahrgenommen werden.
[316] Es stünde schlecht um die Beziehung zwischen Mann und Frau in unserer Gesellschaft (Damit sind hier Deutschland und Frankreich gemeint). „Sag mir, wo die Frauen sind", „Penismonologe" und die Gesprächsrunde rundeten den Themenabend ab. „Die Männer sind desorientiert, und das umso stärker, je mehr sie sich die feministischen Forderungen zu eigen machen. Zwischen Gender und Geschlecht versuchen sie sich neu zu definieren, um stolz auf das sein zu können, was sie sind: Männer": http://www.arte.tv/de/programm/242,date=9/9/2008.html [9.9.2008].

Eine Umfrage der Online-Partnervermittlung ElitePartner mit 4000 Befragten ergab: „Softies sind unerwünscht! 77 Prozent aller Frauen wollen einen maskulin wirkenden Mann".[317] Unter diesem Blickwinkel bekommen die wütenden Äußerungen (z.b. die, dass sie „einem archaischen Macho hinterher hechelt") einiger Rezipienten eine andere Färbung. Hier kommt ein Genderproblem unserer Gesellschaft zum Ausdruck, das mit Rassismus erst einmal gar nichts zu tun hat. Dass er „schwarz" ist (mit den dazugehörenden Imaginationen), verstärkt die Sachlage und macht hilflos.[318]

„[...] ist der schön, so etwas habe ich noch nie gesehen – bloß, wer von uns Männern kennt das nicht? Nein, schwör's ab, Gesicht! Du sahst bis heut noch wahre Schönheit nicht" (amazon.customer). „Das ewige plumpe‚oh, er war ja soooo schön, geht einem schon nach seite drei auf die nerven", beschweren sich RezipientInnen (amazon.customer). Hier spielt noch ein wichtiger Gesichtspunkt hinein, der etwas mit der Geschlechterkonstruktion in unserer Gesellschaft und dem Umgang mit (männlicher) Schönheit zu tun hat. Männern wird ganz selbstverständlich zugestanden, dass sie sich in die Schönheit einer Frau verlieben. Das ist als alleiniger Grund völlig ausreichend. Die Protagonistin macht etwas, was bei uns nur Männern zugestanden wird: den Partner nach dem Aussehen auszuwählen.[319] Sie schwärmt im Buch von der Schönheit ihres Mannes, „wie ein junger Gott" sei er da an der Reling der Likoni Fähre gestanden (Hofmann 1999: 8). Doch mit einem afrikanischen Mann wird das nicht etwa zum emanzipatorischen, sondern zum exotischen, ja „kolonialistischen" Akt, der nicht verstanden und ihr (und dem Film) sogar vorgeworfen wird.[320] Hier wird ein Unterschied auf Grund der Hautfarbe und des Geschlechts gemacht. So etwas nennt man Rassismus und Sexismus.

In unserer Kultur schwärmen emanzipierte Frauen vielleicht von ihren Männern gar nicht mehr, vermuten InterviewpartneInnen, vielleicht loben sie ihren Fleiß, das dicke Bankkonto, ihr Image, das Eigenheim, ihre Fürsorge – aber ihr gutes Aussehen, ihre „Schönheit"? Vielleicht kommt hier zum Tragen, was Nina Degele, „legitim unterstellte *männliche Attraktivitätserwartung*" nennt. „Herosexuelle Frauen machen sich für Männer schön" (und sind es für sie dann auch). „Das umgekehrte Verhältnis gilt nicht", d.h. die Schönheit der Männer spielt für Frauen dann auch

---

[317] http://www.bild.de/BILD/unterhaltung/erotik/2008/08/19/der-perfekte-mann/frauen-wollen-echte-maenner.html [10.9.2008].
[318] Fakt sei, so zitiert Wolfgang Schmale Harrison Pope, „dass die Unzufriedenheit der Männer mit ihrem Körper seit 30 Jahren ansteigt, und zwar stärker als bei Frauen. Wesentlich mehr Männer als Frauen besuchen ein Fitnessstudio und wesentlich mehr Männer betreiben Bodybuilding" (Schmale 2003: 264).
[319] Dass das auch hier nicht ganz stimmt, vgl. Teil III Kap.5.3.2 „Liebe als Grenzen auflösende Macht".
[320] Vgl. Teil III Kap. 3.5 „Kolonialismus light? Die Wahrnehmung durch die koloniale Brille".

keine solche Rolle wie umgekehrt (Degele 2004: 138). Vielleicht ist es so, wie ein nicht genannter Autor von tvtoday darüber nachsinnt, ob die „ins Kino mitgeschleiften Männer" die offene Frage mit nach Hause nehmen, „ob es irgendwo eine Frau gibt, die auch für sie ihr Leben aufgeben würde."[321] Exotik wird hier zur plausiblen, tröstenden Erklärung für ein Verhalten, das man weder beeinflussen noch kontrollieren kann. Vielleicht sagt der Spott über Lemalians Aussehen auch einfach nur, dass RezipientInnen der Kontext unbekannt ist: dass nämlich Samburukrieger tatsächlich viel Zeit in ihr Aussehen investieren, und männliche Schönheit in dieser Kultur weder etwas Lächerliches noch etwas Gefährliches an sich hat, sondern für die Krieger das normale Schönheitshandeln bedeutet, und sie mit der Pflege ihres Aussehens einfach die traditionellen Regeln ihrer Kultur befolgen.[322]

Durch die negative Konnotation des Begriffs „exotisch" wird ganz außer Acht gelassen, dass in jedem Liebesfilm und in jeder realen Liebesgeschichte die Liebespartner zu Beginn füreinander „Objekt erotischer und exotischer" Fantasien werden. Das „Objekt der Begierde" ist zunächst unbekannt und fremd, wird immer als außergewöhnlich empfunden, fesselt, erregt Aufmerksamkeit und Fantasie. Das gilt kulturübergreifend für beide Geschlechter.[323] Die erste Kontaktaufnahme beruht in fast allen Fällen auf optischen Reizen. Auch das gilt für beide Geschlechter. Nicht nur Irenäus Eibl-Eibesfeldt sieht darin eine anthropologische Konstante. „Zu lieben heißt, überzubewerten, das heißt, einen (realen) anderen mit zusätzlichen Werten auszustatten. Es ist der Akt der Idealisierung, der die andere Person einzigartig macht" (Illouz 2007: 152). Die jeweiligen Schönheitsideale können dabei – das ist bekannt – kulturell ganz außerordentlich differieren. Wir (Menschen) sind aber alle „beeindruckt" von allem, „was abenteuerlich und sexy" ausschaut. „Die Liebe geht aus dieser besonderen Weise der Weltbegegnung" hervor (Illouz 2007: 155).

---

[321] Siehe: http://www.tvtoday.de/entertainment/kino/141840.html [23.1.2006].
[322] Vgl. Teil III Kap. 2.3 Mythos Massai. Schönheit wird in der westlichen Kultur sehr ambivalent bewertet. Auf der einen Seite als unschätzbares (unverdientes) Kapital, auf der anderen Seite als Gefahr. Man kann ihr erliegen. Sie ist, seit Platon, mit Eros verbunden. Sie kann die Vernunft überwältigen, sie kann einen gefangen nehmen, einen „verhexen" (Forum). Attraktive Frauen werden unscheinbaren Frauen immer vorgezogen, unabhängig von ihrem Charakter (Illouz 2007: 148). Schönen Frauen wird gleichzeitig Intelligenz abgesprochen. Männlicher Schönheit wird mit noch größerer Ambivalenz begegnet. Dennoch steigt die Zahl der Schönheitsoperationen von Jahr zu Jahr an (Degele 2004: 19).
[323] Auf die Frage, wie sie denn ihre Partner kennengelernt hätten, hat jede(r) meiner InterviewpartnerInnen solch eine Geschichte erzählt. Was „fremd" gewirkt hat, war dabei sehr unterschiedlich: Da fällt der Stille inmitten lauter Angeber auf, da war er der einzige Mann im Kochkurs, konnte so toll tanzen oder stand schüchtern am Rand, hatte Nietzsche unterm Arm, ein schrilles Outfit; sie hat so süß gelächelt, so klug geredet, hat in jedem Fall „phantastisch" ausgesehen – was auch immer der Einzelne darunter verstanden hat.

„Während Männer stark visuell auf die Reize des weiblichen Geschlechtspartners ansprechen, spielen für die Frauen auch die Charaktereigenschaften des Mannes eine große Rolle[324], aber nicht allein. Wir wissen, dass schmale Hüften, ein kleines, festes Gesäß, breite Schultern und allgemein ein muskulöser Körper beim Mann als schön empfunden werden" (Eibl-Eibesfeldt 1995: 351).

„Frauen sprechen auf muskulöse Männerakte an, auch wenn sie vorgeben, an Muskelmännern gar nicht interessiert zu sein. (Eibl-Eibesfeldt 1995: 354). Er spricht von Universalien, die teilweise auf Vorprogrammierung stammesgeschichtlicher Anpassung hinweisen würden (Eibl-Eibesfeldt 1995: 356). So gesehen ist der Beginn der Liebesgeschichte auf der Likoni-Fähre in „Die weiße Massai" ein ganz gewöhnlicher Vorgang. Der „Traummann", die „Traumfrau" ist immer gut aussehend – jedenfalls für die interessierte Frau bzw. den interessierten Mann.

Hier aber wird von negativ urteilenden RezipientInnen ein Unterschied gemacht – auf Grund der Hautfarbe und der Zugehörigkeit zu einer bestimmten Ethnie. Hier wird der Begriff „exotisch" abwertend benutzt. Es ist kein gewöhnlicher Vorgang mehr auf der Fähre; das Interesse der Protagonistin wird zu einem negativ konnotierten *nur exotischen* Interesse – ausgelöst und aufrechterhalten durch Lemalians außergewöhnliches Aussehen. Es ist *nur* die „fotogene Kluft aus nacktem Oberkörperfleisch, knallroten Lendentüchern, Kriegsbewaffnung und elaboriertem Perlenkopfschmuck" (Vogel, Berliner Zeitung 14.9.2005), an der die Protagonistin jahrelang interessiert sein soll – und mit ihr die KinobesucherInnen. In der „diskursiven Exkommunikation" (Müller-Funk 2006: 198) wird dieses *nur*[325] exotische Interesse auch allen positiv wertenden LeserInnen und KinobesucherInnen, ja dem Film als Ganzem, unterstellt im Sinn von Exotismus, einer Haltung, die dem jeweils Fremden ganz allgemein eine besondere Anziehungskraft zuschreibt. Hier ist es die Anziehungskraft einer bestimmten Ethnie. Wichtig sind in diesem Kapitel das Wort „nur" und die negative Konnotation des Begriffs „exotisch". Liebe scheint hier unmöglich. Eine solche Unterstellung eines *nur* exotischen Interesses an einem Mann bzw. einer Frau aus einer anderen Kultur hat weit reichende Folgen: Transkulturelle intime Beziehungen generell werden dadurch abgewertet und bekommen einen negativen Beigeschmack.

Wenn in der Rezeption behauptet wird, die Geschichte und deren Erfolg basiere nur auf Sex und Exotik, steckt in der Abwertung, wie ausgeführt, sicher Angst *vor*

---

[324] So natürlich auch hier: Lemalians Freundlichkeit und Hilfsbereitschaft, sein Lachen, seine zurückhaltende Ritterlichkeit, sein unaufgeregtes Selbstbewusstsein, seine Ruhe, der Respekt, den ihm die Drogendealer entgegen bringen, seine Fürsorge, als Carola krank ist, seine Freude über das Baby, sein Respekt vor seiner Mutter. Das alles hat wenig mit „Machogehabe" zu tun. Die Zurückweisung vor dem Hotel ist wiederum Carola Anlass, sich mit ihm zu solidarisieren.
[325] „Nur" im Sinn von „ausschließlich".

dem schwarzen Mann, die sich indirekt durch Spott und Exotisierung zeigt. Doch kommt noch eine andere Angst zum Ausdruck: Es gibt auch sehr deutlich eine Angst *um* den schwarzen Mann, den man vor „lüsternen westlichen Frauen" schützen zu müssen glaubt, die sie als reine Lustobjekte betrachten würden und ihnen hinterher hecheln und „nachstellen" (Forum). Nimmt man diese Empörung ernst, unter der die Angst versteckt wird, drückt sich von diesem Ort des Eigenen im Blick auf Fremdes eine durch und durch europäische „Sorge" aus. So, wenn z.b. geschrieben wird, dass der „schöne Afrikaner" nur als „erotische Projektionsfläche" dienen würde (Koll, Rheinischer Merkur 15.9.2005) oder überhaupt die Kultur der Massai in Europa vermarktet wird. Dass die Kinobesucher froh sein sollten, „daß sie eine Kultur erleben durften, die schon bald von den Verlockungen der westlichen Welt dahingerafft sein wird" (Zander, Berliner Morgenpost 15.9.2005). Martin Graetz von CineZone stellt sich die Frage: „Muss man von solch exzentrischen Wesen über die Schutzbedürftigkeit ethnischer Gemeinschaften belehrt werden?" (Graetz, CineZone 15.9.2005). Auch wird der Film „im Dienste der Billig-Tourismusbranche" gesehen, wo die Massai als „obligatorisches dekoratives Fotomotiv" dienen (Luttmann, journal ethnologie 16.12.2007), um nur ein paar Beispiele anzuführen.

Insgesamt kommt in der Empörung jedoch eine paternalistische Haltung zum Ausdruck, streng genommen doch wieder eine europäische Überheblichkeit, die bestimmt, was für Afrikaner gut ist und was nicht – besser als sie selbst es wissen und wollen.[326] Im Grunde ist das eine kolonialistische Haltung, auf den Punkt gebracht durch den Satz, mit dem Helen Tilley Chinua Achebe zitiert: „I know my natives" (Tilley 2007: 1). Ob dahinter letztlich doch die Angst vor dem schwarzen Mann steckt, muss offen bleiben, ebenso wie die Beantwortung der Frage, ob es den Samburukriegern gefallen würde, wenn sie wüssten, dass sie von fremden Frauen und Männern in der deutschen Presse „beschützt" werden. Meine beiden kenianischen Interviewpartner fanden diese Vorstellung absolut abwegig und haben sie unwillig und irritiert bzw. amüsiert und kopfschüttelnd zur Kenntnis genommen. In der Tiefe geht es wohl eher darum, dass hier EuropäerInnen in einem statischen Kulturbild gefangen sind, in der Vorstellung von Kultur als fest umgrenztem Raum, einer reinen, unverfälschten und authentischen Kultur und von ihren festen Imaginationen über Afrikaner, Massai und Afrika generell nicht lassen können oder wollen.[327]

Die Analyse der Rezeption jedoch zeigt deutlich, dass die Befürchtung, der „schöne Afrikaner" würde nur als „erotische Projektionsfläche" (Koll, Rheinischer Merkur 15.9.2005) missbraucht, nicht gerechtfertigt ist. Für den überwältigenden

---

[326] Vgl. Teil III Kap. 3.5 "Kolonialismus light? Die Wahrnehmung durch die koloniale Brille".
[327] Vgl. Teil III Kap. 3.3 „Im Gefängnis von Kulturbildern".

Erfolg von „Die weiße Massai" sind weniger die unterstellten erotischen und exotischen Zuschauerfantasien die Ursache. Für eine Gruppe RezipientInnen trifft das sicher zu, für viele sind sie vielleicht Auslöser, aber sie sind keine Erklärung für ein jahrelanges Interesse an dieser Geschichte. Bei der großen Gruppe der Buch und Film positiv bewertenden RezipientInnen gibt es keinen Diskurs um Sex und Exotik. Im Gegenteil könnte man hinsichtlich der These im Kontext dieses Kapitels sagen: Es zeigt sich bei ihnen eine große Bereitschaft, an die Möglichkeit gelungener transkultureller Paarbeziehungen zu glauben. Eine Reduktion dieser Beziehungen auf *nur* Sex und Exotik lehnt diese Gruppe strikt ab. Mit einer solchen Unterstellung würden „bikulturelle Paare mit einem Stigma versehen, das ihnen so häufig anhaftet" (Interview): Das Stigma, dass es bei solchen Paaren *nur* um Sex und Exotik geht, dass Sextourismus sie zusammen geführt hat oder der Katalog einer internationalen Agentur oder es der farbige Partner sowieso nur auf eine Aufenthaltsgenehmigung abgesehen hatte, das Ganze gar eine Scheinehe ist. Weit über westliche Sehnsucht nach Sex und Exotik hinaus zeigt die andere Gruppe der RezipientInnen in einer konträren Position zur hier analysierten, dass Liebe auch zwischen Männern und Frauen aus unterschiedlichen Kulturen für möglich gehalten wird, ja, sie sogar erhofft wird – auch wenn sie hier in dieser Geschichte gescheitert ist.[328]

3. Vom Umgang mit dem Fremden

Der Fokus der Analyse und Interpretation im letzten Kapitel lag auf innewohnenden Bildern über Afrika und Afrikaner. Der Hauptdiskurs sowohl der Höchst- wie der Niedrigstbewertungen der Amazonrezensionen kreiste um diese Themen. Auch in den Kommentaren der Printmedien, im Internet und in den Interviews spielte dieser Diskurs, wie die Analyse gezeigt hat, eine große Rolle. In den folgenden Kapiteln richtet sich der Fokus vorzugsweise darauf, wie die RezipientInnen in der Interaktion auf das Verhalten der Protagonistin reagieren, darauf, wie sie das Leben in der fremden Kultur bewältigt, wie sie darin agiert und sich zurechtfindet. Der Teil „Vom Umgang mit dem Fremden" analysiert und interpretiert den zweiten Hauptdiskurs, der, wie im Methodenteil ausgeführt, die beiden Schlüsselbegriffe Faszination und fremde Kultur subsumiert.

---

[328] Vgl. Teil III Kap. 5.3 „Grenzen, Grenzüberschreitungen und die Liebe".

Wenn man mit Clifford Geertz davon ausgeht, dass Kulturmuster „Programme für die Anordnung der sozialen und psychologischen Prozesse" liefern, „die das öffentliche Verhalten steuern" (Geertz 1983: 51), dann kann in diesem Kontext gefragt werden: Welche kulturell geprägten Vorstellungen der RezipientInnen über den Umgang Fremdem und Fremden kommen in der Bewertung des Verhaltens der Protagonistin zum Vorschein? Welche Ängste und Unsicherheiten, welche Überzeugungen zeigen sich diesbezüglich in der Rezeption und wie könnten sie gedeutet werden? Die Beurteilung hängt von innewohnenden Afrikabildern ab, aber auch in einem nicht unerheblichen Maß von innewohnenden Kulturbildern, davon, worin die ReziepientInnen Faszination und den Sinn ihres Lebens sehen, und mit welcher Brille der Film wahrgenommen und das Buch gelesen wird. Die Frage wäre hier: Wie verzerrt beispielsweise eine koloniale Brille bzw. die Tatsache einer kolonialen Vergangenheit die Wahrnehmung des Filmes und die Beurteilung der Handlungen der Protagonistin?

3.1. „Die weiße Massai" – eine provokante Figur : Die Wertung im öffentlichen Diskurs zwischen Bewunderung und Verachtung

„Man kann und wird den Film, je nach Haltung und Ideologie, als halb volles oder halb leeres Wasserglas sehen und bewerten" (Koll, Rheinischer Merkur 8.9.2005); „An diesem Film werden sich die Geister scheiden. ‚Die weiße Massai' [...] erzählt von einer spektakulären Umarmung der Kulturen" (Meier, Nürnberger Nachrichten 16.9.2005). In der Tat: Die Geister haben sich geschieden. In den Amazonrezensionen ist das Pro- bzw. Contralager der Rezeption etwa gleich groß – mit leichtem Plus bei den PositivbewerterInnen[329]. Das entspricht der Verteilung bei den Interviews. Im Forum dagegen überwiegen eindeutig die Positivbewertungen – nur eine kleine Gruppe äußert sich negativ, dann aber äußerst direkt. Die Diskussionen dort sind unverblümt und sehr emotional. In den deutschen Printmedien sind dagegen die Negativbewertungen deutlich in der Überzahl.[330]

Ein Großteil der negativen Kommentare und Kritiken in den Printmedien kann mit der Tatsache erklärt werden, dass Öffentlichkeit noch immer[331] eine Sphäre ist, die quantitativ eindeutig von Männern beherrscht wird und darüber hinaus auch qualitativ von Männern geprägt ist. „Hier haben Maßstäbe und Wertungen Gültigkeit,

---

[329] Vgl. Abbildung 9: 235 Kundenrezensionen / Verteilung der Sterne, Zeitrahmen: 1998 - 2006 (Eigene Grafik). In den Rezensionen geht es bis zum Filmstart ausschließlich um Stellungnahmen zum Buch, danach wird beides bewertet.
[330] Hier geht es ausschließlich um Kritik am Film.
[331] Irene Neverla hat ihren Aufsatz bereits 1994 geschrieben.

die vor allem in den Lebenszusammenhängen, Orientierungen und Interessen von Männern wurzeln" (Neverla 1994: 258). Das betrifft auch das berufliche Handeln von Journalistinnen und Journalisten, so Irene Neverla an gleicher Stelle. Der Film, im Genre Melodram eingestuft, wird in der Öffentlichkeit als Frauenfilm wahrgenommen, als Liebesfilm, der aus der Sicht der Protagonistin nach einer wahren, erlebten Geschichte erzählt wird. Verbunden mit der Darstellung von Frauen und Frauenthemen, sind, so konstatiert Irene Neverla, „eine Fülle von Annulierungs- und Trivialisierungsmechanismen, Mechanismen der Nichtbeachtung und der normativen Abwertung verbunden" (Neverla 1994: 258).

Das wird in den Texten und den Diskursformen der medialen Angebote der Printmedien deutlich, auch wenn Journalistinnen die Texte schreiben. Nach wie vor stellen Medienbetriebe als berufliche Institutionen mit hoher Öffentlichkeitsrelevanz Männerdomänen dar (Nerverla 1994: 261). „Der Trivialisierungsmechanismus kommt vor allem in den wertenden Details der Berichterstattung zum Ausdruck" (Neverla 1994: 264). Hier zeigt er sich in der Inszenierung ins Lächerliche und als Gegenstand von Häme und Spott: über die „eher niedrige Unterhaltung" und „die arge Schmonzette" (Suchsland, Telepolis 23.9.2005). Die Liebesgeschichte wird als „exotische Liebes- und Leidensmär" bezeichnet (Wolf, DER SPIEGEL 12.9.2005), der Protagonistin eine „gewisse Blindheit" bescheinigt (Bernard, ZDF-aspekte 26.8.2005), der weibliche Umgang mit Fremdem als „Ethnokitsch" und der ganze Film als „Schmachtfetzen" für die „Durchgeknallten dieser Erde" (Zander, Berliner Morgenpost 15.9.2005). Der Film erzähle von sexueller Anziehungskraft und diesbezüglichen „weiblichen Sehnsüchten" (Susemihl, Nürnberger Zeitung 15.9.2005). In der Liebesszene werden nur „libidinöse Leibesübungen" gesehen (Wolf, DER SPIEGEL 12.9.2005). Der Erfolg des Filmes schließlich basiere – wie ausgeführt – auf „westlicher Sehnsucht nach Exotik, der Lust auf Verbotenes" und „unbewussten Machtinstinkten" (Luttmann, journal ethnologie 16.12.2007) – um nur einige Beispiele zu nennen.

Mediale Zurichtung hat aus Corinne Hofmann alias Carola eine Figur gemacht, hinter der der Mensch Hofmann zu verschwinden droht. Den Menschen dahinter suchen die RezipientInnen vor allem in den Lesungen und Vorträgen.[332] In der Badnerlandhalle in Karlsruhe am 16. April 2008 stand die Veranstaltung unter dem Motto „Zwischen den Kulturen". Sie hält ihre Lesung bzw. ihren Bild-Vortrag absolut professionell und souverän, gleichzeitig locker und persönlich. Corinne Hofmann

---

[332] Und in den Büchern und den Original-DVDs. In diesem Zusammenhang bekommt der nicht literarische Stil, in dem die Bücher geschrieben sind, seine besondere Bedeutung: Ein ganz „normaler" Mensch hat hier seine Geschichte aufgeschrieben, so wie man Erlebtes innerhalb der Familie unzensiert erzählen würde. Aber das zu tun, ist – auch – „verrückt".

wurde zwar mit „Freuen Sie sich auf ‚Die weiße Massai'" angekündigt. Doch die Möglichkeit privater Fragen nach der Lesung oder beim Autogrammgeben und ihre freundlichen Antworten darauf, lassen den realen Menschen „Corinne Hofmann" für das Publikum glaubhaft aufscheinen. Die ganze Stimmung im Saal und die Gespräche mit der Autorin *von Mensch zu Mensch* vor und nach der Veranstaltung zeugen jeweils davon – die eventuelle Häme „überheblicher, schnöseliger Journalisten" (Interview) tut dem keinen Abbruch.[333] Hier wird das Interesse der Zuhörer am realen Umgang mit dem Fremden sehr deutlich – jenseits der medial konstruierten Figur. So war ein älterer Herr beim Autogrammgeben beispielsweise interessiert daran zu wissen, wie ihre Eltern darauf reagiert hätten, als sie erfuhren, dass sie in den Busch zu ihrem Mann ziehen wollte. „Wissen Sie, meine Enkelin hat sich auch in einen Afrikaner verliebt. Sie will zu ihm nach Ghana. Wir sind alle sehr besorgt". (Feldforschung: Veranstaltung in der Badnerlandhalle in Karlsruhe am 16.4.2008).

Der öffentliche rationalistische Diskurs in den Medien ist weder wissenschaftlich[334] noch gesellschaftlich so harmlos wie er erscheint. Es ist, so resümiert Wolfgang Müller-Funk mit Michel Foucault „gleichsam eine Verfügung und Ermächtigung eingeschrieben, die es gestattet das Unvernünftige (und damit die Unvernünftigen) auszuscheiden und gleichzeitig festzulegen, was vernünftig ist und was nicht" (Müller-Funk 2006: 186). Das Tun der Autorin wird nicht nur als „naiv" in den verschiedenen Zuschreibungen bezeichnet[335], sondern als „Wahnsinn" (amazon-customer). Ihr Sprechen, d.h. ihr Buch als Biografie, kann auf diese Weise als bedeutungslos deklariert werden, und es impliziert die „diskursive Exkommunikation" (Müller-Funk 2006: 198) all derer, die das Buch lesen oder sich den Film angesehen haben. Angesichts des immensen Erfolges will das allerdings nicht so recht gelingen.

Die beiden konträren Lager, die hier in der Analyse in ihren extremen Reaktionen herausgegriffen werden, lassen sich in jeweils zwei Schlagworten fokussieren: „skandalöse Verrückte" und „bewundertes Vorbild". In beiden, in Bewunderung und im Lächerlichmachen, verbinden sich kognitive und emotionale Vorgänge. Beide

---

[333] Die meisten Zuhörer gehörten allerdings sicherlich zu den PositivbewerterInnen.
[334] Im wissenschaftlichen Umfeld der Universität wurde z.B. mein Vorhaben, die Rezeption von „Die weiße Massai" zu untersuchen, ebenso konträr kommentiert. Die Kommentare der KommilitonInnen zeugten von Begeisterung, Unterstützung und positiver Anteilnahme, überzeugt davon, dass eine solche Reflexion „dringend notwendig sei", da selbst Ethnologen sich „ja völlig unreflektiert und voller Vorurteile" in der Öffentlichkeit zu Buch und Film geäußert hätten. Doch selbst positive Reaktionen waren oft mit spöttischem Tenor unterlegt. Z.B. wurde die Hoffnung zum Ausdruck gebracht, dass „dann endlich mal richtig klar gestellt werden würde, wie dumm doch die Leute (d.h. die, denen Buch und Film gefallen hätten, Anm. vom Verfasser) sind". Hierzu gehört auch der heftige Kommentar einer Mit-Doktorantin, als sie hörte, dass ich mich in meiner Arbeit mit der Rezeption von „Die weiße Massai" befasse: „Das Buch, das habe ich gleich in den Müll geschmissen".
[335] Vgl. ausführlich Teil III Kap. 2.2.3 „Ärgernis Naivität".

beinhalten eine moralische Idee, eine konträre, emotional gefärbte Wertung der Tatsache, dass eine weiße Frau sich in einen schwarzen Mann verliebt und zu ihm in den afrikanischen Busch zieht. Das, was sie da getan hat, wird entweder als bewundernswert wahrgenommen oder lächerlich gemacht und für verrückt erklärt. Beides könnte auch als die zwei Seiten der Medaille Rationalität betrachtet werden, wie das im Zusammenhang mit der konstatierten und bewerteten „Naivität" der Protagonistin ausführlich reflektiert wurde. Doch hier ist die Reaktion der RezipientInnen noch mehr zugespitzt. Vehemenz und Rigorosität zeigen, dass „der Stachel des Fremden" (um noch einmal Bernhard Waldenfels anzuführen) nach wie vor trifft – doch wohin?

Die Printmedien reagieren auf die Provokation der Figur „weiße Massai" mit mehr oder minder direktem Spott und Häme. In den Amazonrezensionen und im Forum sind die Äußerungen direkt und unverblümt, in den Interviews je nach gelungener Kommunikation bzw. dem Selbstbewusstsein der Gesprächspartner vorsichtig oder ebenso unverblümt. Sich von der Art, wie man normalerweise lebt, zu entfernen, wird hier nicht als „Erlebnis" positiv bewertet[336], sondern als fremd empfunden, als „verrückt" betrachtet. Umgekehrt wird aber auch bewundert, etwas „Verrücktes" zu tun, (z.B. um sein Glück zu finden). Vielleicht ist es für manche RezipientInnen das einzig Richtige, sich der „verrückten" Welt, in der wir leben, zu entziehen. Hier, für die Analyse in diesem Kapitel, ist – entsprechend der Leitfrage und der Thesen – primär, was genau provoziert, bewundert bzw. für verrückt erklärt wird, und was das für den Umgang mit Fremdem bedeutet.

3.1.1. Skandalöse Verrückte

Für Helmuth Plessner ist der Spott die übelste Art des Lachens: „[…] jene billigste und schmutzigste Methode der Geselligkeit", durch die man sich auf Kosten anderer lustig macht. Sehr zu Unrecht habe Henry Bergsons Deutung des Lachens als Auslachen „einen kleinen Heiligenschein bekommen" und „der Pharisäismus des Überlegenheitsgefühls, durch eigenen Sinn für Witz und Humor über alles und jedes sich erheben zu können" (Plessner 1982: 330). In der Tat wird die Kritik in den Printmedien häufig pointiert und nicht ohne sprachlichen Witz vorgetragen. Das pharisäische Überlegenheitsgefühl darin ist deutlich spürbar und ablesbar, auch wenn es häufig von mehr oder minder tiefen Reflexionen untermauert zu werden scheint. Um es mit Michel Foucault zu sagen: Das Bewusstsein vom Wahnsinn (des anderen) besteht nur auf dem Hintergrund des Bewusstseins, (selbst) nicht wahnsinnig zu sein

---

[336] Vgl. Teil III Kap. 3.2 „Das Fremde als Erlebnis".

(Foucault 1996: 161). Der Wahnsinn oder das Verrückte wird dabei in der Rezeption mit verschiedenen Namen bedacht, reicht von etwas, das (für *normale* Leute) einfach „unvorstellbar" ist, „unglaublich", „fernab der Realität", „unbegreiflich" oder schlicht „dumm" und „dämlich" (amazon.customer), ja „hirnrissig" (Forum) oder „Blödsinn" (Spatz, artechock 15.9.2005) genannt wird.

In Bezug zu „Die weiße Massai" kommen, bezieht man sich auf Michel Foucault, vor allem zwei der nicht reduziblen Bewusstseinsformen ins Spiel, vor allem ein kritisches und ein enunziatives Bewusstsein vom Wahnsinn. Das kritische Bewusstsein von Wahnsinn erkennt ihn auf dem Hintergrund des Vernünftigen, des Überlegten und des moralisch Klugen. Es ist ein Bewusstsein, das voll und ganz in seiner Beurteilung aufgeht, noch bevor es (und in der Rezeption geschieht das praktisch nie) eine Begrifflichkeit ausgearbeitet hat. „Es definiert nicht, sondern denunziert" (Foucault 1996: 158). In dem Moment verliert so manche Kritik in den verschiedenen Medien jede Glaubwürdigkeit, wird zur Ideologie und ist – wie oben bereits gesagt – in diesem öffentlichen rationalistischen Diskurs keineswegs gesellschaftlich so harmlos wie sie erscheint. Der Wahnsinn wird, ganz wie Foucault ausführt, als sofort verspürter Gegensatz wahrgenommen, zeigt in einer Überfülle an Beweisen (Foucault 1996: 158), dass Corinne Hofmann alias Carola „verrückt" sein muss: „Blind wie ein Teenager stürzt sie sich in ein Abenteuer". Verrückt und deshalb (für sich selbst und andere *normale* Menschen) nicht nachvollziehbar ist, „wie man alles aufgeben und sich in eine so unzivilisierte Welt stürzen kann", warum sie gleich in den Busch zieht, „wie man sich so in ein Leben verrennen kann" (amazon.customer).

Wahnsinn und Vernunft werden aneinander gemessen (Foucault 1996: 51) – das, was Corinne Hofmann entschieden und getan hat, ist verrückt, weil es unvernünftig ist. „Das Unvernünftige ist für uns nur eine Erscheinungsweise des Wahnsinns" (Foucault 1996: 152). Es ist unvernünftig – und deshalb „Wahnsinn" – die sichere Schweiz zu verlassen, „Gesundheit und Geld so blind aufs Spiel zu setzen" (amazon.customer), „vom Hafer gestochen" einem „völlig unsinnigen Lebensentwurf" zu folgen (Graetz, CineZone 15.9.2005), „Hals über Kopf den bisherigen Freund" zu verlassen, das „gutsituierte Leben in der Schweiz" aufzugeben und nach Kenia zu ziehen (amazon.customer), denn „als weiße Frau, außerhalb der Städte, draußen bei den Stämmen zu leben, ist auf Dauer nicht möglich" (Forum).

Das enunziative Bewusstsein von Wahnsinn bietet die Möglichkeit, „unmittelbar und ohne Umwege über die Gelehrsamkeit zu sagen: >Das ist ein Irrer< […] vor einem steht da jemand, der unwiderruflich und offensichtlich wahnsinnig ist" (Foucault 1996: 160). Das Bewusstsein befindet sich hier nicht auf der Ebene der Werte, der Gefahren und Risiken. „Es befindet sich auf der Ebene des Seins und ist nichts anderes als eine einsilbige Kenntnis, reduziert bis zum: >Es steht fest!<

(Foucault 1996: 160). Diese klarste aller möglichen Formen des Bewusstseins vom Wahnsinn ist ein perzeptives Begreifen. Es muss nicht „durch die Wissenschaft" hindurch, ja, diese wird vermieden, würde das doch nur eine „Beunruhigung durch eine Diagnose" bedeuten (Foucault 1996: 160). Diese Art Bewusstsein äußert sich in der Feststellung, dass es „Leute gibt, die anders ticken als man selbst", „Corinne ist ein verrücktes Huhn", „ihr rationales Denken ging ihr offenbar verloren", „so hohl kann man doch echt nicht sein" (amazon.customer); in der verzweifelten Frage an andere Forumteilnehmer: „Wie blöd kann eine Frau sein?" und: „Warum um alles in der welt alle sicherheit in der heimat komplett aufgeben?"; stellt kopfschüttelnd fest: „Das eine weiße sich in so'n Nigger verlieben muss…??!?!? Naja! Arme weiße welt!" (Forum). Oder schlicht: „Verrückt ist diese unglaubliche Geschichte" (Zander, Berliner Morgenpost 15.9.2005) oder noch genauer: „Diese Frau ist ja verrückt" (amazon.customer).

Die ganze Geschichte wird auch unter dem Typ des Wahnsinns „als verzweifelter Leidenschaft" (Foucault 1996: 226) abgebucht, eine Art Unzurechnungsfähigkeit und Verblendung, die der Verliebtheit als „amour fou" geschuldet wird,[337] verständlich zwar, aber für eine erwachsene Frau eher unpassend. Des Öfteren wird in diesem Zusammenhang auf das Alter der Protagonistin verwiesen: Sie war damals 27 Jahre alt, was offenbar für eine solche „blinde" Entscheidung als zu alt erachtet wird. Carola also „rennt blindlings in ihr Unglück". „Liebe macht halt blind" (amazon.customer). Im Wahnsinn dieser Art (hier dem „Liebeswahn") sind Illusion und Irrtum (Foucault 1996: 245) enthalten, er nimmt das Falsche für wahr (Foucault 1996: 63). So glaubt man der Protagonistin nicht, dass sie „wirklich verliebt" war, dass der Massai-Krieger „wirklich so schön war". „Die Frau meint, sich verliebt zu haben"; „Das war keine wirkliche Beziehung, sondern nur eine verrückte Idee". Man bescheinigt ihr gar „schulmädchenhafte Idiotie" (amazon.customer). Schließlich als Beweis für diese Blindheit Carolas eigene, folgenreiche Fehleinschätzung: „Da wo Lemalian lebt, da kann auch ich leben" (O-Ton Carola im Film).

Wie Michel Foucault in seiner Geschichte des Wahns im Zeitalter der Vernunft beschreibt, fasst der Wahnsinn schließlich „in der moralischen Welt Wurzel" (Foucault 1996: 135) – das betrifft hier wie dort hauptsächlich den Skandal. Das Verrückte ist nicht nur verrückt, sondern skandalös. Das Skandalon betrifft hier gleich mehrere Tatbestände. Es ist skandalös, dass sie ihren Freund „wegen dieses Negers" sitzen lässt, es ist „DIE BLAMAGE DER WEIße RASSE!" und „vollkommen hirn-

---

[337] Die regelwidrige leidenschaftliche Liebe, amour fou, war bereits zu Beginn der Neuzeit für Theologen und Mediziner eine der wichtigsten Formen des Wahnsinns, Ausdruck einer dämonischen Unvernunft (Solé 1979: 181).

rissig, sich auf einen Wilden einzulassen. Und es gibt tatsächlich solche Verrückte" (Forum). Es ist skandalös, dass sie als selbständige Frau „einem anarchischen Macho" hinterher hechelt und so zum lebenden „Affront für jeglichen Emanzipationsgedanken" wird (Zander, Berliner Morgenpost 15.9.2005). Es ist skandalös, dass sie sich als „europäische, gebildete Frau in der heutigen Zeit" (amazon.customer) auf einen „Ziegenhirten" (Suchsland, Telepolis 23.9.2005), einen Analphabeten, einen Habenichts einlässt. Es ist skandalös, welche gesundheitlichen Risiken sie eingeht, was sie sich „von ihrem eifersüchtigen Ehemann alles gefallen lässt", dass sie „Jahre ihres Lebens in einer kleinen engen Manyatta" verbringt, „zum Skelett abmagert und ihr ganzes Geld investiert" - und verliert (amazon.customer).

Die quantitative und qualitative[338] Analyse der Diskurse über den „Wahnsinn" und die „Verrücktheit" machen deutlich, wohin genau der Stachel trifft. Es ist in diesem Kontext nicht so sehr die Ehe mit einem Afrikaner, die als verrückt eingestuft wird.[339] Der Stachel trifft in das Sicherheitsbedürfnis der RezipientInnen oder anders gesagt in die wunde Stelle der Angst vor Unsicherheiten aller Art. Es ist im Grunde ein Sicherheitsdiskurs, der hier abläuft.[340] Was wirklich als „Wahnsinn" wahrgenommen wird, ist die Tatsache, dass die Protagonistin ihr bequemes, sicheres Leben in der Schweiz für ein „primitives" (amazon.customer), unsicheres Leben ohne jeglichen Komfort aufgeben hat. In ihrem Fall kann das neue, fremde Leben in Barsaloi nicht mit Zivilisationsflucht begründet werden, mit Ablehnung und Überdruss von Europa und dem hektischen Leben dort, mit Sehnsucht nach dem einfachen Leben in der Natur. Auch kann sie nicht mit Versagen oder Unglück im eigenen Land erklärt werden und mit neuem Durchstarten in ein besseres Leben in einem anderen oder nach unglücklicher Liebe mit der Sehnsucht nach Abenteuer und Exotik – das wären alles verständliche, also nicht verrückte, Gründe für die RezipientInnen gewesen. Und es gibt nicht wenige, die diese Gründe in die Geschichte hinein projizieren – u.a. wahrscheinlich auch, um sie so in den eigenen Werte- und Erfahrungshorizont ein-

---

[338] Die qualitative Analyse stützt sich insbesondere auf die Analyse von Ausruckweise, Emotionalität, Vehemenz, Wortwahl, Wiederholungen, Betonungen, Interpunktion, Icons u.ä. in den Texten, Interviews und im Forum.

[339] Sie irritiert und verunsichert aus anderen Gründen, wie im Kap. „Wer hat Angst vorm schwarzen Mann?" thematisiert. Binationale Ehen an sich werden nicht mehr als so ungewöhnlich angesehen wie noch vor Jahren. Überwiegend leben diese Paare jedoch in Deutschland bzw. Europa – so wird es auch in diversen Filmen aufgegriffen. So in den seit Jahren laufenden Nachmittagssoaps „Sturm der Liebe" und „Rote Rosen" in der ARD. In beiden Filmen gibt es schwarz-weiße Liebespaare, die beide in Deutschland leben (wollen).

[340] Das wird noch deutlicher in der Analyse dessen, was bewundert wird. Die Bewunderung ist die Kehrseite des Lächerlichen.

ordnen zu können.[341] Als Figur „weiße Massai" wird Corinne Hofmann selbst zu einer Fremden, die man nicht versteht. Ihr befremdliches Verhalten ist nicht nachvollziehbar, wird zum Verrückten. So gesehen kann der öffentliche Umgang mit ihr sehr wohl etwas darüber aussagen, wie in Deutschland mit Fremdem umgegangen wird.

In diesem Sicherheitsdiskurs sind zunächst reale Sicherheiten gemeint, die die Protagonistin verlässt: die Familie, die Arbeitsstelle, das Land, materielle Sicherheit ebenso wie soziale Sicherheit.[342] Das sagt etwas aus über die Ängste im eigenen Land.[343] Das, was Angst macht, der Lächerlichkeit preiszugeben und für verrückt zu erklären, ist (auch) eine Form der Angstbewältigung. Die Ursache für die Angst wird auf diese Weise verkleinert, indem man eine Geschichte für verrückt erklärt, die diese Ängste mobilisiert. Es geht aber auch um den Umgang mit Fremdem – fremder Kultur, fremden Wertsystemen, fremder Sprache, auch mit den Fremden im eigenen Land. Da gibt es viel, was man nicht versteht und was verunsichert, egal wie vertraut einem die Massai/Samburu durch die vielen bunten Bilder auf Reisekatalogen und Reklamen erscheinen.[344] Es gibt die großen Ängste (vor allem im Zusammenhang mit dem Thema Globalisierung), die eigenen Sicherheiten zu verlieren. Wenn dann jemand diese Sicherheiten freiwillig und ohne Not loslässt, werden sie in den Augen der RezipientInnen von dem- oder derjenigen gering geschätzt. Das veranlasst einige aus dieser Gruppe sogar, der Protagonistin die Rückkehr übel zu nehmen.

Unabhängig vom jeweiligen Afrikabild geht es hier in Barsaloi um *reale* Unsicherheiten, *reale* Armut, *reale* Lebensverhältnisse, *reale* Entbehrungen. Sich diesen Unsicherheiten auszusetzen, wenn auch nur medial, ruft im Interaktionsprozess des Filmverstehens und beim Lesen des Buches Angst und Irritation hervor. „Ich würde mir das zehnmal überlegen" oder „Ich würde das niemals können und wollen", sind dazu zwei sehr ehrliche (und seltene) Aussagen. Dazu kommt: Einen „Neger heiraten" symbolisiert hier ein bestimmtes Leben. Im Fall von „Die weiße Massai" bedeutet es ein Leben in der fremden Kultur der Samburu. „Leben" und „Kultur" werden von den RezipientInnen gleich gesetzt. Leben bedeutet immer ein Leben in einer

---

[341] Besonders einige Aussagen von Akademikern können in diesem Kontext als Versuche gesehen werden, das für sie Nichtverständliche zu erklären.
[342] Die Schweiz dient dabei klischeehaft als Inbegriff für materiellen Reichtum und absolute Sicherheit.
[343] Die Zahl der möglichen abschließbaren und abgeschlossenen Versicherungen in einem Lande ist sehr aussagekräftig. „Überversichert – Wer zahlt zuviel?" Hilfsangebote im Internet, im Fernsehen, in Printmedien; z.B. http://www.3sat.de/3sat.php?http://www.3sat.de/boerse/magazin/63567/index.html [8.8.2008].
[344] Wahlweise der türkische Gemüsehändler mit seiner Familie, die Nachbarn aus Kasachstan oder die Kommilitonin aus China.

bestimmten Kultur. Es ist hier kein Tourist vor Ort, der nach drei Wochen Fremde wieder verschwindet. Auch Entwicklungshelfer, Geschäftsleute, flying doctors oder Feldforscher bleiben nur eine bestimmte Zeit, die meist schon im Voraus im Visum festgehalten ist. Wirkliches Leben in einer extrem fremden Kultur wie hier, ohne die Option des Zurück, bedeutet ein Zurechtfinden mit fremden Wertmaßstäben, Gewohnheiten, Normen, Sprache, Geschlechterkonstruktionen, Verhaltensweisen. Auch wenn Gelassenheit und Humor helfen – Umgang mit Fremdem bedeutet in jedem Fall Arbeit. Sei es, dass man sich im Clash verheddert und auspowert, in Anpassungsleistungen verliert oder im Aushandeln verausgabt. Eine solche Arbeit freiwillig auf sich zu nehmen, ist für diese RezipientInnen eindeutig verrückt.

Es ist das „halb leere Wasserglas" – um noch einmal Gerald Koll vom Rheinischen Merkur zu zitieren –, auf das die RezipientInnen starren: die Entbehrungen, den Mangel (an Nahrung, medizinischer Vorsorge, Hygiene, Abwechslung usw.), die Unsicherheiten. Letztlich fühlt sich diese Gruppe vom Fortlauf der Geschichte bestätigt: Corinne/Carola hat es nicht ausgehalten. In diesem Kontext wird ihre Rückkehr in die Schweiz zum Sieg der Vernunft. Jetzt ist sie wieder *normal*, die Ordnung wieder hergestellt. Es war ja auch nur „eine verrückte Idee", kann man sich beruhigt sagen. Was irritiert und beunruhigt, kann auf diese Weise ebenso weggeschoben werden, wie der Wahnsinn selbst interniert wurde und wird (Foucault 1996: 253f.). Hier klingt an, was Michel Foucault meint, wenn er sagt: „Der Wahnsinn ist zur paradoxen Bedingung des Fortbestandes der bürgerlichen Ordnung geworden, deren äußere unmittelbarste Bedrohung er gleichzeitig bildet." (Foucault 1996: 388).

Der *richtige* Umgang mit und in einer fremden Kultur – wie soll er aussehen? Allein diese Frage verunsichert. Nur eines ist sicher: *Diese* Art des Umgangs wie hier bei „Die weiße Massai" wird auf keinen Fall geduldet. „Diese Frau ist ja verrückt" (amazon.customer). Etwas für verrückt zu erklären, enthebt einen zudem jeglichen weiteren Nachdenkens. Immerhin geht es hier auch um die Suche nach Glück, um nichts Geringeres als ein gelungenes Leben, letztlich um Sinnsuche. Ein glückliches Leben ohne materiellen Wohlstand und Sicherheit – nach europäischem Standard – ist nicht vorstellbar und wird buchstäblich *ad absurdum*, d.h. in das Reich des Absurden, des Verrückten, geführt. Da die unglaubliche Geschichte verrückt ist (Zander, Berliner Morgenpost 15.9.2005), muss man weder über einen Umgang mit Fremdem nachdenken noch über den Sinn des Lebens, den Stellenwert von Geld noch über die eigene oder fremde Kultur. Verrücktes – Buch, Film, Autorin – wird auf diese Weise auf die Seite gelegt, missachtet, verachtet, nicht mehr wahrgenommen. Und damit auch die Chance, die das Nachdenken über eigene Ängste, Vorbehalte und Irritationen beinhalten würde.

3.1.2. Bewundertes Vorbild

Dann gibt es konträr dazu die andere große Gruppe der RezipientInnen. Die gleiche Geschichte wird in ihrer Problematik genauso wahrgenommen, aber vollkommen anders bewertet. Das, was die eine Gruppe für verrückt erklärt, wird hier bewundert. „[…] ihr Entschluss, ihr Leben in Europa für einen Massaikrieger mit allen Risiken aufzugeben. Ich kann diese Frau nur immer wieder bewundern"; „[…] alle Zelte in der Schweiz abbricht und ihr perfektes Leben in der perfekten Schweiz für einen Massaikrieger aufgibt. Ich bewundere sie und ihren Mut" (amazon.customer). Bewunderung kommt in den Printmedien nur äußerst selten und wenn, dann nur indirekt zum Ausdruck. In den Amazonrezensionen, im Forum, in den Interviews und Gesprächen jedoch wird sie unverhohlen geäußert,[345] doch ohne die Vehemenz und Emotionalität, die die NegativbewerterInnen an den Tag legen. Die Äußerungen sind eher nachdenklich, auch selbstkritisch und abwägend. Sehr häufig melden sich hier Frauen zu Wort, die selbst mit einem Afrikaner zusammen sind oder waren, auch solche, die sich oft und lange in Afrika aufhielten.[346]

Nein, auf ein „halbvolles Wasserglas" – um noch einmal Gerald Koll vom Rheinischen Merkur zu zitieren – wird dabei nicht geschaut. Das Glas ist nicht einfach halbvoll, d.h. die Situation wird nicht positiv verklärt oder nach irgendwie gearteten Vorteilen für ein Leben in Barsaloi gesucht. Nichts wird schön geredet, aber auch nichts überbewertet. Es gibt kein halbvolles Glas für diese RezipientInnen. Sie sehen den Mangel, die Unsicherheiten, die Entbehrungen sehr deutlich, die ein Leben in der Samburukultur für eine Europäerin beinhaltet. Sie fragen sich eher selbstkritisch: „Wer ist schon wirklich in der Lage, sein Leben auf so ein Minimum an Standard zu reduzieren?" „Die Dinge, die Corinne erlebt, wünscht sich wohl niemand aus dem europäischen Kulturkreis zu erleben." Und: „Nur weil wir uns solch ein Leben nicht vorstellen können, heißt das ja nicht, dass das niemand kann" (amazon.customer).

Auch diese RezipientInnen nehmen wahr, dass Corinne Hofmann alias Carola „ihre komplette bisherige Existenz eingetauscht hat gegen ein Leben in einfachsten Verhältnissen, unter schwersten Verhältnissen, oft am Rande des Todes", dass sie „ein so gut organisiertes Leben für ein mehr als primitives Leben hergegeben" hat, wo „man jeden Tag um eine Mahlzeit kämpfen muss oder nur Ziege und Chai bekommt" und alles aufgegeben hat „für eine so ungewisse Zukunft in einem fremden, fernen Land" (amazon.customer). Aber das wird hier nicht für verrückt und hirnrissig

---

[345] In den Amazonrezensionen, im Forum und den Interviews wird statt von Bewunderung auch vom Respekt oder der Hochachtung gesprochen, die man Corinne Hofmann entgegen bringt oder von „beeindruckt sein".

[346] Was nicht heißen soll, dass sich bei den Negativbewertungen nicht auch einige Personen mit Afrikaerfahrungen zu Wort melden.

erklärt, sondern bewundert. In diesem Zusammenhang fallen besonders zwei Worte ins Gewicht: Mut und Vertrauen. Auch diese RezipientInnen werden im kognitiv-emotionalen Prozess der Rezeption mit Ängsten konfrontiert, die diese Geschichte in ihnen mobilisiert. Aber sie nehmen in der Protagonistin eine Frau wahr, die tapfer und optimistisch ist, die „ihren Mut beweist", die „sich nicht unterkriegen lässt", die „so lange durchhält" und die versucht, „das Beste aus der Situation zu machen" – kurzum eine „starke Frau", der man gern „ein Happyend gewünscht hätte" (amazon.customer). Für viele wird sie in diesem Sinn zum Vorbild und damit zur Gegenfigur der Frau, die dem anarchischen Macho hinterher hechelt, „gegen jeden Emanzipationsgedanken" (Zander, Berliner Morgenpost 15.9.2005).

Von „Hinterherhecheln" kann für diese RezipientInnen absolut keine Rede sein. Die Wahrnehmung der Liebesgeschichte und vor allem deren Bewertung ist hier eine völlig andere. So wird ganz im Gegenteil das Aufgeben des bisherigen Lebens als Beweis für eine große Liebe gesehen. „Das muss wirklich Liebe sein wenn man für jemanden sein komplettes leben ändert" (Forum). Für diese RezipientInnen führt keine „amour fou" zu Unzurechnungsfähigkeit und Verblendung der Protagonistin. Liebe macht hier nicht blind, sondern stark und zuversichtlich. Mut und Vertrauen sind Schlüsselworte auch hier. Vorbild ist sie in diesem Kontext als Frau, die Unvorstellbares für ihre Liebe auf sich nimmt, die „an die Liebe glaubt und an die Überwindung der kulturellen Unterschiede".[347] Sie wird dafür bewundert, was sie „für ihre Liebe alles tut", dass sie aus Liebe so stark war und nicht bei den geringsten Schwierigkeiten das Weite gesucht hat". „Ich bewundere diese Frau für ihren Mut und ihre überwältigende Liebe" (amazon.customer). Weit entfernt also von der Frau, die sich den „sexuellen Kick beim Ziegenhüter"[348] (Suchsland, Telepolis 23.9.2005) oder einen schwarzen Mann als „Lustobjekt mit animalischen Instinkten" sucht (Wolf, DER SPIEGEL 12.9.2005). Sie hat nicht gesucht – sie hat gefunden. Und zwar ihre große Liebe – so die Wahrnehmung dieser RezipientInnengruppe.[349]

Der Stachel des Fremden trifft auch hier. Er trifft die wunde Stelle der Angst vor Unsicherheiten aller Art auch hier. Es geht in diesem Kontext nicht, wie bei der Naivitätsdebatte, um bestimmte Handlungsweisen der Protagonistin, sondern um eine tiefere, generelle Ebene, die in der Interaktion mit der Filmgeschichte angesprochen wird. Die Figur „Die weiße Massai" provoziert diese Angst. Der Sicherheitsdiskurs führt jetzt jedoch in eine ganz andere Richtung. Konfrontiert mit eigenen Ängsten, was das Thema Sicherheit betrifft, wird Corinne Hofmann alias Carola zum bewun-

---

[347] Vgl. Teil III Kap. 5.3.2 „Liebe als Grenzen auflösende Macht".
[348] Der Ausdruck „Ziegenhüter" drückt eindeutig eine soziale Abwertung aus.
[349] Und nebenbei bemerkt die Aussage von Corinne Hofmann selbst – die man entweder glaubt oder nicht.

derten Vorbild für das, was man selbst – generell – zu wenig hat oder zu haben meint: Mut und Vertrauen.[350] Es geht ganz generell um den Mut den Unsicherheiten des Lebens gegenüber, gegen die man sich letztlich auch bei uns nicht wirklich schützen kann, trotz unzähliger Versicherungspolicen und den Zusicherungen der Politiker. „Uns wird ja regelrecht eingeredet, wie wichtig Sicherheit ist, und wie bedroht wir sind von allem Möglichen. Von Viren im Körper und im Computer, Terroranschläge, Globalisierung, ach, was weiß ich. Die Liste ist lang"; „Den Menschen bei uns ist Sicherheit sehr wichtig. Das wird mit absoluter Kontrolle erkauft, man muss nur den Innenminister hören. Eigentlich ist viel Angst da bei uns"; „Wie leicht zerbrechlich die vermeintliche Sicherheit auch bei uns ist, sieht man bei jedem Hochwasser, jeder Benzinpreiserhöhung, in jedem Krankenhaus, an den vielen Suiziden. Das will niemand hören" (Interviews).[351]

Es geht auch um die Unsicherheiten in der Liebe, besonders aber um Entscheidungsfindungsprozesse generell: „Bewundernswert finde ich, dass sie sich ohne jegliches Vorurteil, ohne lange Überlegungen in diese Beziehung/Ehe, dieses Abenteuer eines Lebens in einer völlig anderen Kultur gestürzt hat" (amazon.customer). Mut gehört dazu, auf sein Herz zu hören, entgegen aller Vernunft. Und doch ist das gerade oft die vernünftigste Entscheidung, egal wie die ganze Sache ausgeht. Viktor Frankl als Psychiater drückt das so aus: „Das Allervernünftigste ist, nicht allzu vernünftig sein zu wollen" (Frankl 1952: 165)[352]. „Nicht allzu vernünftig" bedeutet nicht „unvernünftig" im Sinn des oben diskutierten „verrückt". Es bedeutet, dass nicht allein die Vernunft bei Entscheidungsfindungen mitwirken soll und darf, will man zu Lebensentscheidungen finden, die als sinnvoll und erfüllt erlebt werden. Manchmal muss man sich sogar gegen sie stellen. In der ratioüberbetonten Kultur wie der unsrigen wird deshalb ein solcher Schritt, eine solche Entscheidung wie die der Corinne Hofmann von vielen RezipientInnen bewundert. Viktor Frankl an anderer Stelle: „Meist geht es dem Menschen um Sicherheit – statt um Bereitschaft" (Frankl 1952: 119). Diese Bereitschaft, etwas zu riskieren, Bequemlichkeit und Sicherheit aufzugeben, in einer Welt voller Angst und Vorsicht, etwas zu wagen und

---

[350] Psychologisch gibt es eine einfache Erklärung: Man bewundert meist Menschen, die eine Eigenschaft haben, die man selbst nicht hat, aber gern hätte, oder die etwas tun, was man sich nicht getraut, aber gern tun würde.
[351] Alle 45 Minuten nimmt sich Deutschland ein Mensch das Leben. Alle 4 Minuten gibt es in Deutschland einen Selbstmordversuch. Quelle: IDEA-Spektrum Nr. 28, 11. Juli 2001, S. 17 (Quelle: Statistisches Bundesamt)
http://www.efg-hohenstaufenstr.de/downloads/tabellen/selbstmorde_deutschland.htm, Stand 6/2003 [8.8.2008].
[352] Vgl. auch Frankl, Viktor E. 2002: Der Mensch vor der Frage nach dem Sinn: Eine Auswahl aus dem Gesamtwerk. München / Zürich, und: Frankl, Viktor E. 1996: Sinn als anthropologische Kategorie. Meaning as an anthropological category. Hrsg.: Josef Seifert und John Crosby. Heidelberg.

sich zuzutrauen – das ist, was RezipientInnen in der Tiefe an Corinne Hofmann bewundern und was sie in ihren Augen zum Vorbild macht. Trotz aller Freiheiten und Individualisierung, die man unserer modernen Gesellschaft gern nachsagt, fehlt es offenbar generell an Mut, entgegen aller Vorurteile, Meinungen, Schwierigkeiten und Ressentiments seinen Weg zu gehen – in der Liebe wie im Umgang mit dem Fremden. Diese Interpretation legt die Analyse der Rezeption nahe, in der der Mut der Protagonistin so sehr bewundert wird.

„Jede menschliche Person stellt etwas Einzigartiges dar und jede einzelne ihrer Lebenssituationen etwas Einmaliges" (Frankl 1952: 33). Ist dieses Gefühl für die eigene Einmaligkeit abhanden gekommen? Der Mut, sein Leben zu wagen? Dieser Gedanke von Viktor Frankl hat nichts mit Egoismus und Überheblichkeit zu tun, auch nicht mit Langeweile (Suchsland spricht von Corinne Hofmann als „gelangweilter Mittelstandsdame", Telepolis 23.9.2005; im Forum wird vom „Egotrip" der Protagonistin gesprochen). Trotz Individualisierung, der vielen Möglichkeiten für Erlebnisse und Freiheiten scheint das Leben sinnentleert. „In der westlichen Welt zumindest haben die Leute genug, wovon sie leben können, aber immer weniger haben etwas, wofür zu leben ihnen dafürstünde" (Frankl 1996: 33). Durch solche extremen Lebensläufe wie der von Corinne Hofmann werden RezipientInnen daran erinnert (und können es fiktiv miterleben), wie es ist, wenn jemand rigoros und zuversichtlich etwas für sein Glück wagt und sich dafür auch, wenn nötig, in eine fremde Welt begibt. Das hat ganz allgemein eine ungeheure Faszination – völlig unabhängig von jedweder „westlicher Sehnsucht nach Exotik" (Luttmann, journal ethnologie 16.12.2007). Im überwältigenden Publikumserfolg drückt sich hier, so könnte man der These folgend sagen, eine Sehnsucht nach Sinn im Leben aus.

In diesem Zusammenhang bekommt auch der magische Moment auf der Fähre, den die RezipientInnen dieser Gruppe wahrnehmen und gelten lassen, eine besondere Bedeutung. „Es gibt die Tage, an denen sich ein Menschenleben komplett umkrempelt" (Spatz, artechock 15.9.2005).

> „Oft hört man von diesem Augenblick, der angeblich das ganze Leben verändern soll. Diesen sogenannten *Point of no Return*, diesen Moment, in dem sich in Sekunden dein Schicksal entscheidet. Manchen Menschen passiert das nie. Sie verpassen und ignorieren ihn. Oder sie bemerken ihn und trauen sich nicht, die Konsequenzen zu ziehen. Wenn allerdings jemand diesen Moment erkennt […], dann ist es schön, wenn er uns davon erzählt" (Bohlmann, Schnitt – Das Filmmagazin 15.9.2006).

Genau deshalb (oder: *auch* deshalb) können die Leute von der Geschichte nicht genug bekommen: Sie lesen das Buch ein paar Mal, gehen mehrmals ins Kino, sehen sich den Film immer wieder auf DVD an, gehen in die Lesungen und Bildvorträge mit Corinne Hofmann – seit Jahren. Hier hat jemand rigoros auf sein Herz gehört – mit allem, was das dann bedeutet hat. Auch dadurch wird Corinne Hofmann zum Vorbild für viele RezipientInnen. Dass hier *Mensch* geschrieben steht und nicht *eine Frau*, ist beabsichtigt, denn solche Situationen einer grundlegenden, Mut erfordernden Entscheidung gibt es natürlich auch für Männer. So schreibt ein Mann im Forum: „Leider habe ich die Vernunft siegen lassen und mich nicht getraut meine Nyiha für immer nach Deutschland zu holen oder ein gemeinsames Leben in Kenia zu beginnen. […] Leider habe ich zu spät von diesem Buch erfahren. Ich glaube ansonsten hätte ich andere Entscheidungen getroffen".[353]

Im Umgang mit dem Fremden werden ihre Offenheit, ihre Unbekümmertheit, ihre Zuversicht, ihre Unvoreingenommenheit und ihre Tatkraft bewundert. Das heißt in keinem Fall, dass jeder das in Afrika oder sonst wo so machen sollte wie sie. Sie hat „Fehler" gemacht (Interview). Sie hat es so gemacht, wie sie es damals konnte. Selbst in ihrem Scheitern wird sie bewundert: „Der Film ‚Die weiße Massai' ist ein großartiger Film den jeder gesehen haben sollte! Man erkennt wie schwer es ist mit anderen Kulturen umzugehen und wie viele Fehler man dabei machen kann" (Forum); „Ich bewundere Menschen, die sich in diesen fremden Kulturen zurechtfinden können. Frau Hofmann konnte das nicht, aber sie hat es ernsthaft und glaubhaft versucht. Dafür bewundere ich sie" (amazon.customer). Der transkulturelle Raum macht Angst. Neben den beiden Ängsten vor Fragmentierung bzw. Gleichmacherei gibt es die unbeanwortete (unbeantwortbare?) Frage nach dem *richtigen* Umgang mit und in einer fremden Kultur, der sich diese RezipientInnen sehr nachdenklich stellen, da die Protagonistin und ihre Geschichte nicht als „verrückt" weggeschoben, sondern im Gegenteil als „eine nachdenklich machende Geschichte" (amazon.customer) wahrgenommen wird.

So werden Buch und Film bei dieser RezipientInnengruppe zur Chance, über eigene Sicherheitsbedürfnisse, den Sinn des Lebens, Entscheidungsoptionen, über Eigenes und Fremdes nachzudenken und über die Möglichkeiten, wie unterschiedliche Kulturen miteinander auskommen könnten. „Der ‚eigentliche' Mensch ist eo ipso nicht berechenbar: die Existenz lässt sich weder auf eine Faktizität zurückführen noch von ihr ableiten" (Frankl 1952: 117). Im transkulturellen Raum, dem „In-Between", gibt es keine festgelegten Rollen, keine fertigen Rezepte im Umgang mit dem Fremden – höchstens Einstellungen und ein Habitus, der ein Zurechtfinden und Zu-

---

[353] Im Gegensatz dazu schreiben NegativbewerterInnen im Forum: „Hoffe nur, dass dieser Erfahrungsbericht andere abenteuerlustige Frauen davon abhält, vordergründig attraktiven Kriegern zu verfallen" oder: „Bevor ihr nach Afrika auswandert, empfehle ich dringend diese Lektüre" oder: „Diesen Film sollten mehrere junge Leute sehen und sich Gedanken zu machen das es ihnen gut in unserem Land geht und nicht unsere Lebensmittel einfach in den Müll zu schmeißen."

einanderfinden zumindest nicht verunmöglicht. Hier braucht es Mut, alte Rollen abzulegen, Neues auszuprobieren, Unsicherheiten, Spannungen und Missverständnisse auszuhalten. Dazu gehören für diese RezipientInnen Offenheit und Unvoreingenommenheit. Für sie ist die Arbeit, die der Umgang mit Fremden erfordert – will man „nicht à la Multikulti nebeneinanderher leben" (Interview) –, nicht verrückt, sondern nötig und wertvoll. Mögliches Scheitern inbegriffen.

3.2. Das Fremde als Erlebnis

Am 27. Juni 1894 kam eine Suaheli-Karawane aus Deutsch-Ostafrika nach Leipzig. Zwei Monate lang wurden 10 Männer, 8 Frauen und mehrere Kinder auf der sogenannten Völkerwiese des Zoologischen Gartens zur Schau gestellt. Dreimal täglich führten sie Tänze und Gebräuche ihrer Heimat vor. Völkerschauen waren zu dieser Zeit keine Seltenheit mehr (Badenberg 2004: 173). Ihre Blütezeit war in Europa zwischen 1870 und 1940. Allein in Deutschland wurden in dieser Zeit über 300 außereuropäische Menschengruppen vorgeführt. Teilweise lebten in diesen „anthropologisch-zoologischen Ausstellungen" gleichzeitig über 100 Menschen (Dreesbach 2005: 11f). „Lebende Bilder" als Attraktion der Hagenbeckschen Völkerschauen sollten erlahmendes Publikumsinteresse immer wieder erneut anstacheln (Badenberg 2004: 173). Konnte man nicht reisen, kam das Fremde nach Hause – in den Zoo der Heimatstadt. Schon damals konnte das Fremde nicht nur bedrohlich, unverständlich oder merkwürdig sein, sondern ein interessantes Erlebnis, jedenfalls wurde es als Unterhaltung im weitesten Sinn konzipiert und damit zu einer neuen Form des Umgangs mit dem Fremden.[354]

3.2.1. Der Wunsch nach spannender Unterhaltung

Zweifellos richtet sich die Haupterwartung bei einem Kinobesuch und dem Lesen eines Buches darauf, unterhalten zu werden. Dem Publikum soll Unterhaltung und Zeitvertreib ermöglicht werden. Grundsätzlich kann „der Terminus Unterhaltung

---

[354] Im Juni 2005 hatte der Augsburger Zoo unter dem Management von Afrikanern eine Veranstaltung konzipiert: „African Village" Doch diese Art der „Ausstellung" fremder Kultur als Erlebnis mit lebenden Personen wird heute in Deutschland überwiegend abgelehnt bzw. ambivalent bewertet, da es eben an jene kolonialen Zustände erinnert, Stereotype verfestigen und Klischees bedienen würde – Thema: „African Culture and the Zoo in the 21st Century". Der Grat zwischen *political correctness* und Hysterie sei schmal, hieß es damals im Aufruf. Die Zoodirektorin Barbara Jantschke vom Augsburger Zoo musste sich gegen heftige Rassismusvorwürfe zur Wehr setzen. Zu den heftigen öffentlichen Debatten um dieses Projekt: http://www.lifeinfo.de/inh1./texte/aktuelle_news14.html sowie http://www.isdonline.de/modules.php?name=News&file=article&sid=147 [2.12.2008].

eine ganze Reihe unterschiedlicher und wechselnder idiosynkratischer Bedeutungen umfassen, abhängig von den kulturellen Arten in der soziale Wesen Unterhaltung in jeglicher Situation oder Umgebung erleben" (Ang 2006: 65). In diesem Sinn ist hier interessant, was die RezipientInnen als Unterhaltung bewerten und empfinden bzw. was sie langweilt. Die Relevanz von Unterhaltung, so John Fiske, steige auch in der Informationsgesellschaft, und die der Information nähme ab (Fiske 2006: 270).

Der Unterhaltungswert von „Die weiße Massai" zeigt sich im überwältigenden Publikumserfolg, den Besucherzahlen im Kino, den Verkaufszahlen des Buches und den vielen positiven, begeisterten Äußerungen. „Dieses Buch hat mich so schnell nicht losgelassen. Fesselnd"; „Eine faszinierende, berührende Geschichte"; „Das Buch war mehr als lesenswert und vor allem ununterbrochen spannend" (amazon.customer). Eine Erklärung dafür, warum viele Menschen gerade *nicht* in diesen Film gegangen sind und sich *nicht* das Buch gekauft haben, ist unter diesem Aspekt sehr einfach: weil sie sich keine Unterhaltung davon versprochen haben. Aussagen der Interviewpartner lauten dann etwa so: „Afrika interessiert mich nicht"; „[…] das ist so ein kitschiger Film, so ein Liebesgesülze. Das mag ich nicht"; „[…] das Plakat war so was von kitschig". Buch und Film wird – vor allem in den Printmedien, aber nicht nur dort – eine instrumentalisierte „Mixtur von Erotik und Exotik" unterstellt (Silberschmidt, NZZ 19.11.2005). Die entsprechenden Kritiken in den Printmedien („mit Ethnokitsch durchtränkter Schmachtfetzen": Zander, Berliner Morgenpost 15.9.2005) werden durchaus ernst genommen und halten potentielle KinobesucherInnen von ihrem Vorhaben ab. Man geht in den Film, dessen Thematik einen interessiert oder dessen Plakat einen verführt. Dass dieser Film auf „einer wahren Geschichte" beruht, erhöht für viele den Unterhaltungswert (amazon.customer).

Reisen würde immer noch männlich gedacht, so Karin Grütter in ihrem Aufsatz. Das Bild des Reisenden sei das eines männlichen Reisenden, „des Entdeckers und Eroberers fremder Welten"(Grütter 1997: 139). Seit dem 19. Jahrhundert habe sich die Situation entscheidend verändert. Mit der Entwicklung des Tourismus zum Massenphänomen habe sich auch die Anzahl der reisenden Frauen erhöht. 1992 sei bereits jede achte bis zehnte Frau alleine gereist (Grütter 1997: 141). Doch noch immer erregen alleinreisende Frauen Aufmerksamkeit, noch immer wird Reisen überwiegend männlich gedacht. Die Beiträge in der Rezeption könnten diese These unterstützen. Allzu oft tauchen Äußerungen von Bewunderung und Staunen im Zusammenhang mit der Tatsache auf, dass Corinne Hofmann alias Carola dort in Barsaloi „so allein war", „ganz allein ohne ihren Freund geblieben ist" und „als Frau so allein diese Strapazen auf sich genommen hat" (amazon.customer). In diesem Zusammenhang wird ihr als Motivation häufig die Suche nach „Abenteuern" unterstellt, die sie als „gelangweilte Mittelstandsdame" suchen würde (Suchsland, Telepolis 23.9.2005).

Sie wird in die Kategorie „abenteuerliche Frauen" eingereiht (amazon.customer). Ihre Erlebnisse sind die Erlebnisse einer allein reisenden Frau, und auch deshalb wird die Interaktion mit Buch und Film zu einem Erlebnis vor allem für Frauen. Alleinreisende Frauen sind abenteuerliche, interessante Frauen, das, was sie erzählen, wird im Miterleben Erlebnis für andere – auch heute noch (Interviews).[355] „Denn in allem, was wir tun, denken und fühlen, möchten wir manchmal bis zum Äußersten gehen. Der Wunsch wird in uns wach, die Grenzen zu überschreiten, die uns gesetzt sind" (Bachmann 1993c: 276). In diesem Zusammenhang ließe sich der Erfolg des Filmes im Miterleben einer Grenzüberschreitung interpretieren, die dem Leben Spannung und im Kontext einer Erlebnisgesellschaft damit auch „Sinn" verleiht.[356]

Auch wenn sich der Rezeptionskontext der beiden Medien, Buch und Film, erheblich unterscheidet, ist beiden das Eintauchen in eine andere, fremde Welt gemeinsam. In Europa hat diese Art der Unterhaltung durch fremde Kulturen eine lange Tradition. Von den Reiseberichten eines Alexander von Humboldt und eines Georg Forster über die Kuriositätenkabinette und Hagenbecks Völkerschauen bis hin zu heutigen Fernsehserien über fremde Völker und Kulturen, multikulturellen Festen, Museumsnächten oder der Dschungelnacht im Zoo. Die Liste wäre lang. Dieses Eintauchen in ein Fremdes und das Miterleben machen die Unterhaltungsqualität aus. Paradoxerweise richtet sich im Fall „Die weiße Massai" einige Kritik an diesem Punkt gerade auf die erfolgreiche Unterhaltung: Dass das Leben in der bewunderten Ethnie der Samburu und damit die authentische Geschichte einer großen Liebe und deren Scheitern öffentlich gemacht wurde, zur „Unterhaltung degradiert" (amazon.customer), nehmen viele RezipientInnen der Autorin geradezu übel.

Viele sind auch enttäuscht, denn im Fall „Die weiße Massai" werden weder Erwartungen auf exotischen Thrill erfüllt noch zeigen Buch und Film wie üblich Europäer entweder als Bösewichte oder als die guten Helfer in der Not. Auch das Klischee vom Kontinent Afrika, in dem alles so hoffnungslos, katastrophal und gefährlich ist, erfüllt sich nicht (oder nicht genug).[357] Die Imaginationen und Klischees über den Mythos Massai werden gebrochen – auch das nehmen viele dem Film übel. Jede Tagesschau, wenn sie von Afrika berichtet oder ein Film in der Reihe „Länder, Menschen, Abenteuer" scheint sensationeller. Viele RezipientInnen sind enttäuscht,

---

[355] Auf dem interdisziplinären Symposium zur Frauenreiseforschung in Bremen vom 21. bis 24. Juli 1993 wurde mit dem Thema „Frauenreisen-Reisefrauen" und den reisenden Frauen mit unterschiedlichem sozialen Status und unterschiedlichen Subjektpositionen in ihren spezifischen historischen und kulturellen Kontexten ein weites Forschungsfeld für die Frauenforschung eröffnet (Jedamski/Jehle/Siebert 1994: 7).
[356] Vgl. Teil III Kap. 5.3.1 „Grenzen, überall Grenzen".
[357] So denn auch der Titel der Salzburger Nachrichten: „Jenseits der Klischees" (Stadler, Salzburger Nachrichten 19.12.2005).

haben sie doch vom Buschleben mit einem Samburu*moran* und der schwarz-weißen Liebe mehr, vor allem aber wirklich aufregende Unterhaltung erwartet. „Selten hat mich ein Buch so gelangweilt"; „Ich dachte, mich erwartet eine interessante Geschichte – ich wurde bitter enttäuscht" (amazon.customer). Die in den Medien versprochene Mixtur von Exotik und Erotik findet nicht in dem Maß statt wie erhofft. Wer sich nicht doch noch von der Geschichte hat berühren lassen, verlässt enttäuscht, manchmal irritiert, oft sogar erbost das Kino oder wirft das Buch „gleich in den Müll" (Interview).

3.2.2. Erlebe dein Leben!

Keine Frage, darüber sind sich auch NegativbewerterInnen einig: Corinne Hofmanns Geschichte ist dennoch eine faszinierende Geschichte. Genau deshalb wird sie in Talkshows eingeladen und sind ihre Lesungen sehr gut besucht. Das Buch und besonders der Film waren Medienereignisse, die Lesungen sind es bis heute. Die Badnerlandhalle in Karlsruhe war am 16.4.2008 (drei Jahre nach dem Filmstart) mit 800 Plätzen nahezu ausverkauft.

Die Äußerungen von RezipientInnen legen die Interpretation nahe, dass die Geschichte nicht allein als bloße Unterhaltung wahrgenommen wird, die einem etwas Ablenkung und Spaß bringt, sondern als Erlebnis. Die Ich-Erzählung des Buches und die Kameraführung erleichtern die Interaktion der RezipientInnen im Sinn des kognitiv-emotinalen Filmverstehens, fördern – so man sich auf die Geschichte einlässt – Identifikation, ja Empathie, wenn nicht mit der weiblichen Protagonistin, so doch mit der ganzen Konstellation der Story.[358] Zum Erlebnis im Sinn von Schulze wird ein Ereignis nur durch Reflektion, erst durch seine „Integration in einen schon vorhandenen subjektiven Kontext", durch Verarbeitung. Erst „durch Erinnern, Erzählen, Interpretieren, Bewerten gewinnen Ursprungserlebnisse festere Formen" (Schulze 1992: 44/45).

In diesem Sinn können die Äußerungen der RezipientInnen auch als Verarbeitung und Integrationsversuche verstanden werden. „Erlebnisse sind nicht Eindrücke, sondern Vorgänge der Verarbeitung" (Schulze 1992: 46). Erst durch den Austausch mit anderen würde aus dem Kinobesuch oder dem Lesen eines Buches ein Erlebnis. Das machen die Äußerungen im Internetforum und in den Interviews sehr deutlich. In diesem Kontext hat die Autorin in der Wahrnehmung der RezipientInnen (auch der NegativbewerterInnen) mit den vier Jahren, die sie im Busch verbracht hat, eine Maxime der Erlebnisgesellschaft erfüllt: „Erlebe dein Leben" (Schulze 1992: 58) als

---

[358] Schon eine binationale Ehe wird in Deutschland unter Erlebnis abgebucht (Interview).

„unmittelbarste Form der Suche nach Glück" (Schulze 1992: 14). Aus dieser Perspektive wird aus der „naiven" Frau Hofmann eine emanzipierte, moderne Frau, die ihr Leben (und ihr Glück) selbst in die Hand genommen hat und „ihren Weg gegangen ist" (amazon.customer). Dafür wird sie folgerichtig von vielen bewundert.

„Das Projekt des schönen Lebens ist das Projekt, etwas zu erleben"(Schulze 1992: 38). Dazu gehört das Risiko des Scheiterns und der Enttäuschung. Auch die, die Buch und Film ablehnen, sind Kinder der Erlebnisgesellschaft und suchen (mediale) Erlebnisse. Für die Gruppe der NegativbewerterInnen ist das Projekt, etwas zu erleben, gescheitert. Man ist vom Buch enttäuscht und langweilt sich im Film: dort würde ja nur „der ganz normale, eintönige Alltag" (amazon.customer) gezeigt, Krankheiten, Paarprobleme, Stress mit Behörden. Das ist nicht die Art Kinoerlebnis, das viele sich gewünscht haben. Die Vehemenz in der Rezeption wäre so auch ein Ausdruck enttäuschter Erwartungen auf ein möglichst spannendes Erlebnis. „[…] war gestern im film und bin masslos enttäuscht. Mir fehlte die darstellung der primitiven, rueckstaendigen lebensweise dieser starken menschen" (Forum). „Hatte mir Großes von diesem Buch erwartet". „Ziemlich enttäuschend. Von der Story hätte ich eigentlich einiges erwartet" (amazon.customer). Nicht das „Normale", der Alltag der fremden Kultur, interessiert diese RezipientInnen, im Sinn von „understanding a people's culture exposes their normalness without reducing their particularity" (Budd 2002: 6). Die fremde Kultur ist hier nur interessant, insofern sie Erlebnisqualitäten aufweist, und der Film nicht nur den schnöden Alltag zeigt.

Corinne Hofmann hat sich nach eigener Aussage „ihre Erlebnisse zwischen Vollzeitarbeit und der Erziehung meiner Tochter nachts vom Herzen" geschrieben (Hofmann 2003: 140). Auf diese Weise hat sie ganz im Sinn von Gerhard Schulze ihr Ursprungserlebnis verarbeitet und damit diesen Teil ihres Lebens in der Wahrnehmung zu einem Erlebnis gemacht – für sich selbst und für andere.[359] Erst im Nachhinein – im Erzählen und Schreiben – werden die vier Jahre im Busch und die Ehe mit einem Samburu zu einem Erlebnis im Sinn von Gerhard Schulze. „Mich hat dieses Leben weitab von meiner Welt zutiefst beeindruckt"; „Ich konnte nicht aufhören zu

---

[359] In diesem Sinn lässt er sich in eine Vielzahl von Filmen als medial vermittelte Erlebnisse, besonders auch von Fernsehfilmen, einordnen, die Menschen in Extremsituationen und außergewöhnlicher Umgebung zeigen. Hier nur ein paar wenige Beispiele: „Sieben Jahre Tibet", „Die große Stille" (ein Jahr in einem Trappistenkloster), „Leben im Schwarzwaldhaus um 1900", „Unterwegs nach Sibirien" oder „Sternflüstern –Jenseits des Polarkreises". Während die ersten beiden Filme sich auf reale Vitae beziehen, wurden bei den letzten drei Fernsehproduktionen jeweils deutsche Familien über Wochen in dieser entsprechenden Umwelt gefilmt und ihre Erlebnisse begleitet. Neuestes Buch in dieser Kategorie „Erlebnis": Die Wanderung auf dem Jakobusweg, diesmal erzählt von Hape Kerkeling, der seit zwei Monaten die Bestsellerliste anführt. (Zeitpunkt: Dezember 2006 / Januar 2007).

lesen, da es so spannend war"; und: „Eine Geschichte, die vielen Frauen, die in ihrem Leben Langeweile sehen, eine neue Welt voller Abenteuer eröffnet" (amazon. customer).

Unter diesem Gesichtspunkt könnte man die unbestimmte Ablehnung und den Unwillen einiger RezipientInnen als Ablehnung eben jener Maxime verstehen, die eine Gesellschaft wie die unsere ihren Mitgliedern aufzuerlegen scheint: ein gelungenes Leben vorzugsweise unter dem Aspekt größtmöglicher Erlebnisqualität zu betrachten. Die fremde, bewunderte Kultur der Samburu sehen sie nicht nur im Tourismus instrumentalisiert, damit der Urlaub ein Erlebnis wird, sondern auch im Buch und Film „Die weiße Massai". Dass beide so von RezipientInnen wahrgenommen werden, kann in Anlehnung an Pierre Bourdieu als Aussage über Denk- und Handlungsmuster in unserer eigenen Gesellschaft und der kulturellen Prägung gesehen werden.[360] Die eigene Erwartungshaltung und Intention zielt darauf, selbst etwas erleben zu wollen und sei es *nur* medial. Die reale Reise nach Kenia wird ohnehin von vielen Urlaubern als reine Erlebnisreise eingestuft. Erlebnisurlauber stellen einen hohen Anteil der deutschen Touristen nach Kenia (Schurian-Bremecker 1989: 339).[361]

Buch und Film werden für viele tatsächlich zum Erlebnis und dann auch so bewertet: „Dieses Buch hat mich von der ersten Seite an fasziniert"; „Diese Geschichte hat mich in der Tat sehr ergriffen und ich konnte nicht mehr aufhören zu lesen"; „Man wird sofort Teil von Corinne Hofmanns Schicksal und fiebert jede Phase mit" (amazon.customer).[362] So erstaunt es nicht, dass die RezipientInnen, die in beiden *keine* Erlebnisqualitäten (weder als Erfüllung noch als Enttäuschung) ausmachen können, die Ausnahme sind. Für sie sind Buch und Film einfach Teil einer „glaub-

---

[360] Es wäre außerordentlich interessant zu untersuchen, wie Buch und Film in anderen Ländern bewertet und wahrgenommen werden, besonders in Ländern, in denen sich ein gelungenes Leben nicht in möglichst tollen Erlebnissen zeigt, in denen mehr das Über-leben statt das Er-leben Thema ist. Immerhin wurden für das Buch 26 Auslandslizenzen vergeben. Dem Forum konnte man entnehmen, dass auf die englische Übersetzung überall auf der Welt gewartet wurde. Zum Film sagt Mike im Forum: „Ich war gestern abend bei dem Empfang im Goetheinstitut und der anschließenden Weltpremiere in der Roy Thompson Halle in Toronto zugegen. Die Halle war ausverkauft und der Film bekam eine Standing Ovation." In Maralal wurde nach Auskunft von Corinne Hofmann der Film vor tausenden begeisterten ZuschauerInnen gezeigt (Hofmann in der Badnerlandhalle Karlsruhe 16.4.2008).
[361] Der durchschnittliche deutsche Keniaurlauber sei „Erlebnisurlauber" (Schurian-Bremecker 1989: 339).
[362] Was den Film betrifft, kann man mit Heller sagen, dass die große Kulturwende im Wesentlichen darin besteht, dass in Filmen nicht ausschließlich ein objektives Produkt, sondern ein Medienereignis gesehen wird, das im Kino „in der Konfrontation der Bilder mit den Erwartungen, Hoffnungen und geheimen Wünschen" der Zuschauer realisiert wird (Beilenhoff/Heller 1995: 54).

würdigen, nachdenklich machenden" (amazon.customer), authentischen Lebensgeschichte.

In Bezug zu den Thesen zeigt sich hier die Angst vor Gleichmacherei aus einem neuen Blickwinkel: Gleichmacherei wäre das Ende von Erlebnis. Das Erlebnis lebt von der Exklusion, die Erlebnisqualität steigt mit der Differenz. Wird für die RezipientInnen in Buch und Film zuviel Gemeinsamkeit wahrgenommen, sinkt der Erlebniswert, und er wird gesteigert, wenn Differenz und Fragmentierung betont werden. Die Angst vor einer Fragmentierung der Welt wäre gleichzeitig der Thrill des exotischen Erlebnisses. Das Verhältnis zum Fremden lebt von der Ambivalenz zwischen Angst und Faszination (Erdheim 1993: 166). Alle Verständigungsbemühungen, alle entdeckten Gemeinsamkeiten, alles transkulturelle Aushandeln wäre unter dem Blickwinkel von Erlebnisqualität kontraproduktiv.

3.3. Im Gefängnis von Kulturbildern

Zwischen Film und KinobesucherInnen, zwischen Buch und LeserInnen schieben sich in der Rezeption nicht nur – wie ausgeführt – Afrikabilder, sondern vor allem auch Kulturbilder. Kultur ist einer dieser Begriffe (wie Glück, Zeit, Sprache, Leben), über die mit der Frage: Was ist Kultur (oder Zeit oder Sprache usw.)? in der Wissenschaft lange Abhandlungen und Definitionen geschrieben wurden und werden, die im Alltagssprachgebrauch zu benutzen aber keinerlei Probleme macht.[363] Die RezipientInnen gebrauchen den Begriff Kultur immer dann, wenn sie damit „die Art, wie man lebt" meinen: „Alles, was Menschen glauben, ihre Rituale, ihre Religion, wie sich verhalten, wie sie miteinander umgehen, ihre Werte, wie sie sich kleiden, was sie essen, na, alles eben," so meine Interviewpartnerin. Eine andere: „Na, die Lieder, die Tänze, die Kunst, die Sprache, der Glaube, wie er sich zeigt, wie sie leben halt, alles." Damit betont der unreflektierte Alltagsgebrauch des Begriffs in der Rezeption einerseits die Definition von Kultur, die schon 1873 Edward Tylor gegeben hat: „Cultur oder Civilisation im weitesten ethnographischen Sinne ist jener Inbegriff von Wissen, Glauben, Kunst, Moral, Gesetz und Sitte und allen anderen Fähigkeiten und Gewohnheiten, welche der Mensch als Glied der Gesellschaft sich angeeignet hat" (Tylor 1873: 1). Kultur wird als „typische Form, wie Menschen ihr Dasein gestaltet und eingerichtet haben" betrachtet (Mühlmann 1966: 17). In einer epistemischen Bedeutung umfasst der Begriff Kultur „alle symbolischen Formen, in denen sich Wissen ausdrücken kann: Mythos, Religion, Kunst, theoretische Erkenntnis,

---

[363] So auch der Philosoph John Searle im Juli 2006 im Audimax der Universität Freiburg in seinem Vortrag „What is Language?".

Sprache überhaupt" (Früchtl 2004: 148). Andererseits ist für die RezipientInnen Kultur ähnlich wie für Martin Fuchs „Ausdruck der Auseinandersetzung von Menschen mit ihrer (kulturellen) Wirklichkeit" (Fuchs 1997b: 146). Kultur wird als Feld von Praktiken und Diskursen gesehen. Mit Andreas Wimmer kann so von Kultur als einem verinnerlichten „System habitueller Dispositionen" gesprochen werden (Wimmer 1997: 131).[364]

Die fremde Kultur ist dann die, in der vieles davon anders gemacht wird als bei einem selbst üblich, in der anders gewertet, anders gehandelt wird. „Fremd ist etwas nur im Verhältnis zum Eigenen" (Vogel 2002: 87). In der Abgrenzung zum Eigenen wird das Fremde als das ganz Andere, aber auch als unbekannt oder unvertraut verstanden. Das Eigene ist das Bekannte, Vertraute, Gewohnte, Übliche. Im normalen Sprachgebrauch der KinogängerInnen und LeserInnen, und damit in der Rezeption, gibt es expressis verbis keine nennenswerten Differenzen oder Grundsatzdiskussionen über das Verständnis von Kultur und von Eigenem und Fremden. Dabei erscheint das Eigene für die Mehrheit, ganz wie Mark Terkessidis dies konstatiert, als „immer noch intakt". Dabei wird Fremdheit insbesondere als kulturelle Unterschiedlichkeit verstanden. Kulturen gelten überwiegend – das wird in der Analyse der Rezeption deutlich – „als von einander unabhängige, kugelförmige Gebilde, wobei die äußeren sichtbaren Merkmale von Personen (Aussehen, Kleidung, Gebräuche usw.) als Verkörperungen einer unsichtbaren substanziellen kulturellen Gemeinsamkeit – einer Identität – erscheinen" (Terkessidis 2006: 311).

„Aspekte des *Ortes*, des *Besitzes* und der *Art*" würden, so Bernhard Waldenfels, dem Fremden im Gegensatz zum Eigenen sein wechselndes Gepräge geben (Waldenfels 1997: 142). Die Kultur der Samburu ist für die RezipientInnen fremd in der ganzen Spannweite der Bedeutung: im Sinn von unbekannt (die man kennen lernen möchte), im Sinn von anders (was man entweder neugierig oder ablehnend zur Kenntnis nimmt), befremdlich (wenn die Bräuche und Werte allzu sehr von eigenen Vorstellungen abweichen), „verlockend und bedrohlich zugleich" (Waldenfels 1997: 44). Je nach Kontextwissen der RezipientInnen sind diese Wahrnehmungen mehr oder weniger ausgeprägt. Wer schon in Afrika, in Kenia oder gar im Samburudistrikt oder bei den Massai war, für den sind die Bilder im Kino vertraut und für die LeserInnen bekannte Beschreibungen. „Alles ist so beschrieben wie ich es selbst erlebt habe"; „[…] ich sehe alles wieder vor mir" (amazon.customer). Der Vorgang der Wahrnehmung verläuft so, dass auf Vertrautes geschaut und das wieder erkannt wird

---

[364] Andreas Wimmer stützt sich dabei ausdrücklich auf Pierre Bourdieu, der mit dem Begriff Habitus ein System von Prädispositionen meint, das Handlungen, Wahrnehmungen und Interpretationen hervorbringen kann (Wimmer 1997: 129).

oder umgangssprachlich ausgedrückt: Man sieht das, was man kennt. In das Bedingungsgefüge „Wissenshorizont des Zuschauers" sind konventionelle Muster von Verstehen eingebettet, die im Verlauf der Sozialisation gelernt werden (Wulff 1995: 277). Wenn es sich um einen Film mit ethnografischem Inhalt handelt – das gilt auch für Spielfilme –, treffen „diese Filme auf Zuschauer, die befangen sind, weil sie selbst Teilnehmer an einer kulturellen Interpretationsgemeinschaft sind" (Wulff 1995: 280). Wenn ein Zuschauer auf Informationen stößt, die mit seinem Überzeugungssystem nicht übereinstimmen, werden sie manipuliert (gegebenenfalls sogar entstellt), damit sie in das vorhandene Wissen integriert werden können (Wulff 1995: 281). Im Grunde beruhen auf dieser Ebene viele Debatten in der Rezeption auf vorhandenem oder nicht vorhandenem Wissen. Für die einen sind Buch und Film enttäuschend, weil sie gehofft hatten „mehr über die Kultur der Samburu zu erfahren" (amazon.customer). Andere sehen die vielen kulturellen Zeichen zwar, die der Film in Bildern zeigt und das Buch beschreibt, aber sie nehmen sie nicht wahr, d.h. sie erkennen sie nicht als solche und erst recht nicht als das, was sie bedeuten.[365]

Die andere heftige Debatte in der Rezeption betrifft eine tiefere, grundsätzliche Ebene von Kulturverständnis. Hinter diesen konträren Diskussionen, wie in der These formuliert, stehen zwei konträre Vorstellungen, was die Eigendynamik bzw. Eigenständigkeit von Kultur betrifft. Der Umgang mit einer fremden Kultur wird unmittelbar von diesem Verständnis berührt.[366] Man könnte sagen, hier zeigt sich auf der einen Seite ein optimistisches Kulturmodell, wie es James Clifford vertritt.[367] Verlorene Ursprünglichkeit der Samburu wird nicht beklagt. In Anlehnung an eine postmoderne Anthropologie wird von einem (wenn auch kleinen) Teil der RezipientInnen eine kreolisierte Interkultur und kulturelle Komplexität begrüßt, d.h. die Veränderungen durch die Protagonistin, die sie erfährt und die, die sie verursacht, wer-

---

[365] So versetzt der Film den Zuschauer tatsächlich in eine fremde Welt, auch sprachlich (was viele aufregt), da zu Beginn Carolas Situation simuliert wird. Sie versteht die Sprache nicht, ihr englisch ist mangelhaft. Vieles wird nicht übersetzt, es gibt zu Beginn keine Untertitel, keine Off-Stimme erklärt irgendetwas.
Es ist wirklich erstaunlich, wie oft ich selbst gezweifelt habe, ob meine InterviewpartnerInnen oder die JournalistInnen und ich im selben Film waren bzw. ob wir dasselbe Buch gelesen haben. Das war erstmal keine Frage der Interpretation, sondern allein der Wahrnehmung.
[366] Ich möchte an dieser Stelle explizit die Arbeit von Werner Sperschneider erwähnen, deren Lektüre mir einige Anregungen für diese Studie gegeben hat. Sein Fokus richtete sich allerdings auf die Filme selbst, nicht auf die Rezeption. Leider lag mir die Arbeit nur digital vor, deshalb können hier keine Seitenangaben gemacht werden. Vgl. Sperschneider, Werner. 1998: Der fremde Blick – Eskimos im Film. Eine vergleichende Untersuchung zu Darstellen und Verstehen im Film am Beispiel der Inuit in Grönland. Vorgelegt an der Fakultät für Humanwissenschaften zur Erlangung des Ph.D. Grades. Universität Aarhus, Dänemark.
[367] Vgl. Clifford: 1988.

den optimistisch bewertet – nicht immer als positive Veränderung oder als Fortschritt, aber grundsätzlich in einer zuversichtlichen Haltung. Dieser Haltung liegt ein dynamisches Kulturmodell zu Grunde. Das Wissen, das diese Haltung begünstigt, ist das Wissen um die Wandelbarkeit von Kultur und ihre stetige Entwicklung.

Diese RezipientInnen werden weder von einem weißen Hochzeitskleid noch von einer Uhr am Handgelenk eines Samburu verstört. Wissen darum, dass die Plastikperlen, mit denen der typische Massaischmuck gemacht wird, schon länger aus der Tschechei kommen (Nakamura 2005:12), dass die traditionelle Haartracht der Samburu sowieso von den Turkana übernommen wurde (Hemsing 1997: 21), erleichtert diese offene Haltung, ebenso das Wissen darum, dass es Shops nicht erst gibt, seit Frau Hofmann in Barsaloi wohnte. Es ist aber nicht Voraussetzung. Auch ein Samburu am Steuer eines Autos oder in Hosen und T-Shirt in der Stadt[368] wird nicht als Zerstörung, wohl aber als Wandel betrachtet.

Was Kenia betrifft, so sind nicht die europäischen Einflüsse die ältesten, sondern die aus dem arabischen Raum und der islamischen Welt, aus Indien und aus anderen afrikanischen Staaten wie z.B. dem Sudan. Der tiefe Wandel der Kultur der Samburu[369] wird zudem, das wissen auch einige RezipientInnen, durch ganz andere Faktoren herbeigeführt als durch eine Frau Hofmann. In einem optimistischen, dynamischen Kulturverständnis sind Hybridisierung und Synchretismus keine Angst machenden, abschreckenden Vorgänge, auch keine Vorboten einer globalen Gleichmacherei, sondern das Akzeptieren, dass Kultur kein für sich abgeschlossenes, festes Gebilde ist und damit die spannende Möglichkeit der Entstehung von Neuem beinhaltet. Dieses Kulturbild ist in der Rezeption selten zu finden, und wenn, dann bei den PositivbewerterInnen von Buch und Film.

Bei NegativbewerterInnen wird Kultur überwiegend aus einem statischen Blickwinkel betrachtet, als etwas zu Bewahrendes gesehen, das die Autorin „gestört" hat, durch ihre Anwesenheit und die Veränderungen, die diese Anwesenheit mit sich bringt. Alle Lebendigkeit ist erstarrt, denn wenn Kulturen ihre Lebendigkeit behalten wollen, müssen sie ihre Grenzen überschreiten (Erdheim 1993: 168). Man könnte sagen, hier zeigt sich ein pessimistisches Kulturmodell, das in Europa vor allem mit dem Namen Claude Lévi-Strauss verbunden ist: Die Ausbreitung der westlichen Kultur wird als Prozess des Untergangs, des Verfalls, der Störung empfunden und wahrgenommen.[370] Wo die europäische Kultur vordringt, wird die ursprüngliche Kultur verdrängt. Letztlich trifft man nicht mehr auf das exotische Andere, sondern

---

[368] Diese Kleidervorschrift stammt von der kenianischen Regierung. Mit seiner traditionellen Kleidung durfte Lketinga das Verwaltungsgebäude in Nairobi nicht betreten.
[369] Vgl. Teil II Kap. 1.4 „Wandel wohin?".
[370] Vgl. Lévi-Strauss: 1978.

eher auf den Abfall des Eigenen.[371] Die RezensentInnen sehen sich als BewahrerInnen der einheimischen Kultur. Weiße Hochzeitskleider auf einer, wenn auch bikulturellen, Samburuhochzeit und Auto fahrende Samburu werden als höchst irritierend wahrgenommen und abgelehnt. Dahinter verbirgt sich ein statisches Kulturverständnis, das Kultur als fest gefügtes Ganzes betrachtet. Hier ist, wie Mario Erdheim feststellt, Kultur gleichsam zu einer Festung geworden und das Fremde zum Feind, der diese einzunehmen droht (Erdheim 1993: 180). Man bekommt den Eindruck, als würden diese RezipientInnen doch tatsächlich annehmen, Frau Hofmann sei die erste Europäerin gewesen, die die Samburu zu Gesicht bekam.

Gepaart mit einer paternalistischen, ja gönnerhaften Haltung kommen allenfalls Auswahlkategorien für einen nicht vermeidbaren relativen Wandel zustande, die Europäer für Afrikaner vornehmen. Unabhängig davon, was die Betroffenen selbst wollen, bestimmen die europäischen RezipientInnen: Grundschulbildung darf sein, Impfungen auch, Krankenhäuser und Brunnenbau, aber kein Ausbau von Straßen, keine Autos, keine Uhren, keine Shops im Nomadenland (Interviews). Gleichzeitig wird die (für sie künstliche) Bewahrung von Kultur, wie sie sich in den Vorführungen für Touristen zeigt, vehement abgelehnt und Vorwürfe der Stereotypisierung an den Film geäußert. Dass aber gerade ein statisches Kulturmodell Stereotypisierungen reproduziert und verfestigt, kann nicht gesehen werden. Wie eine starre Bewahrung von Kultur real aussehen und die Kultur entsprechend gepflegt werden soll, dazu gibt es keine ernst zu nehmenden Vorschläge. Unabhängig davon, was die Massai selbst wollen – was hier nicht Thema ist – wird gerade die Kultur der Massai/Samburu als besonders erhaltens- und schützenswert angesehen und soll sich nicht verändern, was sicher mit dem Mythos Massai zusammen hängt[372]. Es sind gewissermaßen „lebende Ethnomuseen". Sie stehen unter „Artenschutz" (Halbmayer 2004: 35). Schon Ernest Hemingway und Tania Blixen haben in ihren Werken den unvermeidlichen Untergang und „das tragische Schicksal des aussterbenden Massaistammes" beklagt (Blixen 1986: 165; Hemingway 1964: 180). Die Gleichsetzung von Ethnie und Kultur prägt die politischen und populären Debatten (Mabe 2004: 324).

Hinter einem Kulturbild, das Kultur als nichts Abgeschlossenes betrachtet, sondern als einen historisch entstandenen, sich dauernd ändernden, dynamischen Pro-

---

[371] Es gibt eine Sequenz, die als reine Bebilderung dieser Einstellung gesehen werden könnte (wenn nicht Carola und Lemalian so viel Spaß beim Einkaufen und Anprobieren hätten): Der traditionell gekleidete Lemalian muss sich, um in das Office eingelassen zu werden, *anständig*, d.h. europäisch anziehen. Er kauft sich dafür auf dem riesigen Kleidermarkt Kleidung, die wie fast alle auf dem Markt angebotenen Kleidungsstücke offenbar bei Altkleidersammlungen vom Roten Kreuz bei uns gesammelt wurden und nun der einheimischen Bevölkerung zum Verkauf angeboten werden. Der Film legt sich auf keines der beiden Kulturbilder fest.

[372] Vgl. Teil III Kap. 2.3 „Mythos Massai".

zess, als flexibel und komplex, als etwas, das nicht homogen ist (Heringer 2004: 158), könnte sich die Angst vor Fragmentierung verstecken und mit der Bejahung des Wandels die Angst bewältigt werden. Hinter einem statischen Kulturbild und der damit verbundenen Ablehnung möglicher kultureller Veränderungen könnte die Angst vor Gleichmacherei stehen, die Befürchtung, dass es eine bestimmte, abgegrenzt gedachte, einmalige Kultur nicht mehr geben könnte, weil sie sich durch den Einfluss anderer Kulturen diesen angleicht.

Je weniger eine Kultur jedoch zum Wandel bereit ist, desto gefährlicher wird ihr das Fremde erscheinen (Erdheim 1993: 180). Wenn die beiden Welten aufeinander treffen, dann nicht als Begegnung, sondern als „Clash of Cultures" (Schlosser, Stuttgarter Zeitung 15.9.2005) – immer wieder wird vom „Zusammenprall der Kulturen" gesprochen oder vom „Spagat" bzw. der „Spannung dazwischen" (amazon.customer/ Forum). Der vorherrschende selektive Blick der öffentlichen Wahrnehmung – insbesondere der Printmedien – stimmt bedenklich. Solche Bilder, um noch einmal Elisabeth Beck-Gernsheim zu zitieren, sind mehr als nur Bilder – von Grenzen, Gräben, Kluft, Welten und Mauern: „Sie entfalten eminent politische Folgen" (Beck-Gernsheim 2007: 11/12). „Wenn fortwährend ein Kontrast der Kulturen ausgemalt, der Kulturbegriff starr und ahistorisch gebraucht wird, da dient ‚Kultur als Kampfbegriff', so zitiert sie Mark Siemons von der Frankfurter Allgemeinen Zeitung (Beck-Gernsheim 2007: 12). „Als politisches Instrument ist er daher nicht einfach eine Zustandsbeschreibung, sondern eine Art *selffulfilling prophecy*".[373] Der Zusammenprall der Kulturen ist wie Gewalt gegen Fremde ein Symptom, das, nach Mario Erdheim, auf eine „Erschöpfung der Kultur in ihrem Veränderungspotential hinweist" (Erdheim 1993: 170).

3.4. Zwischen Anpassung und culture clash

Wie weit kann, darf oder soll das Aufgehen in einer fremden Kultur gehen? In dieser Frage liegen das Hauptinteresse der RezipientInnen, die Faszination der Geschichte und der Grund für die emotionalen Reaktionen. Grundsätzlich zeigt sich in der Rezeption, dass fremde Kultur nicht als Ergänzung zum Eigenen, sondern als Gegensatz wahrgenommen wird. Die problematische Metapher des „Aufeinanderprallens zweier Kulturen" wird häufig in diesem Zusammenhang verwendet und damit auf eine Vorstellung von „kulturell determinierten Blöcken" zurückgegriffen (Lüsebrink 2005: 44). Damit beschränkt sich der Umgang mit dem Fremden auf drei Möglich-

---

[373] Vgl. Siemons, Mark: Kultur als Kampfbegriff. Von Politik ist nicht die Rede: Zur Kritik der Türkei-Debatte. In: Frankfurter Allgemeine Zeitung vom 7. Dezember 2002.

keiten: Anpassung, Konfrontation oder Kontaktvermeidung. Da Konfrontation – der clash – vermieden werden soll (und will) und Kontaktvermeidung nicht möglich ist bzw. nicht gewollt wird, bleibt als Lösung: Anpassung.

Ein Vorwurf an Corinne alias Carola betrifft wie oben ausgeführt die Veränderungen, die durch ihre Anwesenheit und ihre Handlungen eintreten. Zwei Stimmen dazu aus dem Forum: „Wenn das Volk der Samburus immer mehr verwestlicht werden, [...] dann hat sie wesentlich dazu beigetragen"; „Da wo es sich um Urvölker handelt, sollte man die Finger davon lassen". Martin Graetz von CineZone spricht wörtlich von der „Schutzbedürftigkeit ethnischer Gemeinschaften" (Graetz, Cine-Zone 15.9.2005). Ein anderer Vorwurf ist der von einer unterstellten Arroganz, d.h. sie habe sich nicht genug an die fremde Kultur angepasst, sondern versucht europäische Standards zumindest für sich selbst durchzusetzen. Was genau darunter zu verstehen ist, wird selten genau bezeichnet, denn gleichzeitig wird ihr von denselben Leuten unzureichende Vorbereitung – mangelnde Impfungen und Prophylaxe – vorgeworfen, die ja auch zum europäischen Standard gehören.

Mit einem statischen und pessimistischen Kulturbild im Hintergrund erscheinen alle Veränderungen der traditionellen Samburukultur als etwas Schlechtes. Im Grunde wird von der jungen Europäerin von dieser Gruppe der RezipientInnen beim Umgang mit der fremden Kultur eine Anpassung gefordert, die an mimikry grenzt. Meine Interviewpartnerin, die junge Ärztin, war ganz entsetzt, als ich sie mit dem Vorwurf an Corinne Hofmann wegen mangelnder Anpassung konfrontiert habe: „Sie hat sich viel zu sehr angepasst, wäre fast gestorben. Die Leute haben keine Ahnung, was es für Europäer bedeutet, da zu leben. Sie so zu beurteilen ist eine bodenlose Arroganz."[374]

Die diesbezüglichen Vorwürfe in den Printmedien nehmen polemische Züge an und die Frage scheint berechtigt, welche Bedeutung das hat – wenn man einmal davon absieht, dass damit die Verkaufszahlen positiv beeinflusst werden sollten. Die Vorstellungen im Umgang mit einer fremden Kultur zeigen ein weites Spektrum und reichen von „Zum Scheitern verurteilt" (Schäfer, Basler Zeitung 15.9.2005), und zwar von vorneherein und grundsätzlich, über große Schwierigkeiten wie: „Kulturen prallen aufeinander" (Schlosser, Stuttgarter Zeitung 15.9.2005), „Zwischen Himmel und Hölle" (Mülheims, stern 14.9.2005) und „Culture Clash" (Bohlmann, Schnitt – das Filmmagazin 15.9.2005), einer Beeinflussung im Sinne von „Kolonialismus light" (Kilb, FAZ 16.9.2005) bis hin zu der Offenheit einer „Liebe zum schwarzen

---

[374] Ehrliche Ethnologen beschreiben ihre Erfahrungen auf der Feldforschung (insbesondere wenn sie „going native" war) im Sinn einer hohen Anforderung an Anpassung an fremde Lebensumstände einschließlich Klima, Verständigung, Unterbringung, Ernährung usw. und ihre persönlichen Grenzen. Vgl. Barley 1997 und Fischer 2002.

Krieger" (Bernard, ZDF 26.8.2005) und eines „Jenseits der Klischees" (Stadler, Salzburger Nachrichten 19.12.2005).

Entgegen der Ergebnisse von Studien der interkulturellen Kommunikationsforschung (Heringer 2004: 194) heißt das Zauberwort im Umgang mit einer fremden Kultur in Deutschland offenbar Anpassung. Sie soll den gefürchteten clash verhindern und die tiefe Angst vor dem Fremden und einer Fragmentierung bannen. Das ist eine weit verbreitete Vorstellung, die von Studien interkultureller Kommunikationsforschung keineswegs geteilt wird. Dort sieht man in der Anpassung keine Voraussetzung für das Funktionieren interkultureller Kommunikation. „Kommunikation und Verstehen funktionieren anders. Wir müssen uns gerade nicht gleich werden. Gemeinsames Wissen genügt. Individuelle Anpassung und Anpassungsversuche sind oft geradezu lächerlich" (Heringer 2004: 194).

Vor dem zunehmend multikulturellen Hintergrund der eigenen Gesellschaft bekommen die Geschichte und der Ruf nach Anpassung eine politische Brisanz, die so gar nicht in ihr angelegt oder beabsichtigt ist. Denn diese Einstellung würde deutlich machen, dass genau diese Anpassung auch von den Fremden hier in Deutschland erwartet wird. Anpassung also – die Frage ist nur: Wie viel Anpassung soll/muss sein? Im Wesentlichen kreisen die Debatten in der Rezeption um diese Frage. Je nach dem, welches Bild von Afrika, von Kultur oder Geschlechterrollen usw. präferiert wird, fällt die Antwort darauf aus. Im Fall der Corinne Hofmann zeigen sich wieder zwei konträre Meinungen als zwei Seiten der Medaille Anpassung. Für die einen hat sie sich zu viel, für die anderen zu wenig angepasst, aber Anpassung, da sind sich alle einig, ist das Schlüsselwort. Um diese Einstellung in der Rezeption zuzuspitzen: Entweder sie passt sich an oder sie hat „dort nichts verloren" (Interview). Das aber wäre in den Augen Robert Musils tatsächlich naiv: „Es liegt in jedem Entweder-Oder eine gewisse Naivität, wie sie wohl dem wertenden Menschen ansteht, aber nicht dem denkenden, dem sich die Gegensätze in Reihen und Übergängen auflösen" (Musil 1922: 634). Einmal mehr wird an dieser Stelle die „Tugend der kritischen Haltung" der Mehrzahl der RezipientInnen deutlich und ihr Verhaftetsein in die Maßstäbe ihrer eigenen Kultur der Rationalität (Foucault 1992: 9).[375]

Die Protagonistin passt sich in vielen Punkten an und unterwirft sich den Regeln des Stammes der Samburu[376]: „Ohne die Zustimmung der Älteren hätte ich nichts

---

[375] Vgl. Teil III Kap. 2.2.2 „Das Paradigma der Rationalität".
[376] Mit Ausnahme der eigenen Beschneidung, die eigentlich vor ihrer Hochzeit hätte stattfinden müssen. Ihr Mann rettet sie mit einer Notlüge und erzählt seiner Mutter, in dem Land, aus dem sie kommt, würde die Beschneidung an Babys durchgeführt. So wird sie in Ruhe gelassen. (Hofmann 1999: 165). Vgl. Teil III Kap. 5.4.4 „Beschneidung – die große Herausforderung im transkulturellen Raum".

machen können". In Bezug auf das Hochzeitsfest sagt sie: „Je mehr Menschen, vor allem Alte, kommen, desto mehr Ansehen genießen wir" (Hofmann 1999: 162). Sie ist bereit, wie eine Samburufrau mit der Schwiegermutter in einer Manyatta zu wohnen, sich wie Samburufrauen zu kleiden und zu schmücken[377], zu essen, ihr Kind in der Hütte mit den Frauen zur Welt zu bringen, für ihren Mann Chai zu kochen und ihm zu servieren, ihre Zeit – wie es sich dort gehört – in Gesellschaft der Samburufrauen zu verbringen, den Richterspruch der Älteren zu akzeptieren usw. Man könnte diese Anpassungen in Hinblick auf die These als äußerlich sichtbare kulturelle Vereinheitlichung betrachten.

Corinne Hofmann/Carola zeigt in ihrem Verhalten weder Angst vor einer Vereinheitlichung noch vor einer Fragmentierung. Zur äußerlich wahrnehmbaren kulturellen Fragmentierung könnte man das weiße Hochzeitskleid rechnen, dass sie sich gegen Bestechung, Schmiergelder und Dauerkredite wehrt, sich nicht beschneiden und sich ihre langen Haare nicht abrasieren lässt, Toilettenpapier der Steinkratzmethode vorzieht, mit ihrem Mann laut streitet usw. Der Kauf des Shops und des Autos, was beides von vielen NegativbewerterInnen als kultureller Fauxpas bewertet wird, ist in Wirklichkeit gar keiner. Ohne das Einverständnis der Älteren wäre das gar nicht möglich gewesen. Die Samburu haben beides als Bereicherung für das ganze Dorf sehr begrüßt.[378]

Aber genau dieses angstfreie Verhalten provoziert die eigenen Ängste der RezipientInnen und ihre Unsicherheiten und Vorstellungen über den Umgang mit einer fremden Kultur. Nur selten wird diese Angst ehrlicherweise auch so benannt: „Also, ich würde mich das nicht trauen". Meist wird sie hinter Empörung versteckt („Wie kann man nur so unvorbereitet sein", amazon.customer), hinter Unterstellungen („Der ging's nur um Sex", Forum) oder hinter Vorwürfen („Sie konnte nicht mal die Sprache", amazon.customer).

In Buch und Film werden RezipientInnen mit Verhaltensweisen der beiden Protagonisten konfrontiert, die sehr viel differenzierter sind und sich eben nicht in der als einzig möglich deklarierten Form des Umgangs mit fremder Kultur erschöpft – der Anpassung des Fremdlings (hier Carola) an die dort herrschenden Sitten.[379] In der Samburukultur (da schützenswert) wird von deutschen RezipientInnen weder Synchretismus noch Multikulturalität geduldet und auf keinen Fall eine Anpassung von

---

[377] Noch einmal Corinne Hofmann im Interview mit Frau Imholz in Luzern: „Mein Ex-Mann hat nie gewollt, dass ich barbusig, mit roter Farbe und Massai-Schmuck rumlaufe. Ich wollte mir sogar mal die Ohrläppchen einschlitzen lassen, für die großen Massai-Ohrringe, aber mein Ex-Mann wollte das überhaupt nicht".
[378] Vgl. Teil III Kap.5.1.1 „Wer hat hier was nicht verstanden?".
[379] Mit Ausnahme der hier bei uns vehement bekämpften Beschneidung, der Hexerei und der Polygamie. Teil III Kap. 5.4 „That's our tradition" oder: Wie fremd darf das Fremde sein?".

ihm an sie. Viele Anpassungen werden bei dem schwarz-weißen Paar nicht als ganz normales Aushandeln von Gewohnheiten und Werten, wie sie jedes frisch verheiratete Paar leisten muss, sondern als Kolonialismus (wenn auch light[380]) wahrgenommen, *seine* Anpassungsleistungen als bedauerlicher Verlust seiner Kultur.[381] Hinter den Debatten um zu viel oder zu wenig Anpassung stecken nicht nur unterschiedliche Kulturbilder und Vorstellungen vom Umgang des Eigenen mit dem Fremden. Man könnte sie hinsichtlich der These als Ausdruck konträrer Ängste deuten: Die Angst vor Fragmentierung würde sich so gesehen in zu viel Anpassung äußern, die Angst vor der Vereinheitlichung im Beharren auf dem Eigenen.

3.5. Kolonialismus light? Die Wahrnehmung durch die koloniale Brille

„Kolonialismus light" lautet der Titel der Filmkritik über „Die weiße Massai" in der Frankfurter Allgemeinen Zeitung.[382] Der Topos Kolonialismus war für den Kritiker ein wichtiges Thema, das der Film anrührt und das in der Tat zu unterschiedlichen Statements und heftigen Debatten in der Rezeption geführt hat. Deshalb soll diesem Diskurs ein eigenes Kapitel gewidmet werden. Die konträren Standpunkte spiegeln sich auch hier. Die eine Gruppe der RezipientInnen sieht in der Protagonistin eine „Macherin auf Egotrip" (amazon.customer), eine „aufgeklärte Neokolonialistin", die selbstherrlich eingreife und verbessere.[383] Der Film führe ganz offen längst überwunden geglaubte koloniale Attitüden vor (Luttmann, journal ethnologie 16.12.2007). Die langsame Eroberung eines Massai-Kriegers und die – auch ökonomische – Inbesitznahme seines Heimatdorfes, die die Autorin beschreibe, sei „ein neo-kolonisatorischer Akt einer naiven Gutmenschin" (Sannwald, Der Tagesspiegel online

---

[380] So die FAZ vom 15.9.2005.
[381] In diesem Sinn wird auch das Scheitern der Ehe vorrangig auf Kulturunterschiede und nicht etwa auf Streit, krankhafte Eifersucht, Alkoholprobleme und Kommunikationsschwierigkeiten geschoben, die jede Ehe hätte zerbrechen lassen. Vgl. Teil III Kap. 5.1.2 „Ich kann nicht mehr" – das Scheitern der Ehe in der Interpretation der RezipientInnen".
[382] Kilb, Andeas: Kolonialismus light. Frankfurter Allgemeine Zeitung. 15.9.2005. Er bezieht den Titel auf den europäischen Blick, die kolonialistische Wahrnehmung in Bezug zur Landschaft: „Daß die Landschaft schön sei, ist seit je eine Behauptung ihrer Kolonisatoren". Und: „Was der kolonialistischen Wahrnehmung widersteht, ist einzig das Gewusel der Slums und Straßen, die herrschaftsfreie Hässlichkeit des Lebens". Und die gibt es im Film zur Genüge – deshalb nur „light"?
[383] Diese Äußerungen können vor dem Hintergrund eines seit den 1960er Jahren kritisierten ökonomischen Neokolonialismus der sogenannten Dritten Welt gesehen werden. Trotz der politischen Unabhängigkeit haben oft „einseitige und asymmetrische Wirtschaftsverhältnisse zwischen dem ökonomisch entwickelten Westen und den weniger entwickelten ehemaligen Kolonien" fortbestanden. Westliche Interessengruppen haben aus deren Sicht die Entwicklung ökonomisch rückständiger Länder sogar verhindert, weil sie von dieser Situation profitierten (Barth 2007: 123).

15.9.2005). Assoziationen zum „Schreckermann-Touristen" werden geäußert (und sie offenbar als eine davon wahrgenommen), die sich im „klimatisierten Hotelghetto in Kenya über Schweinebraten, Bild-Zeitung und junge Einheimische" hermachen würden (amazon.customer).

Die andere Gruppe der RezipientInnen sieht in der Protagonistin eine junge Frau, die sich dem fremdem Volk anbiedere, die Geschenke mache und geradezu um die Liebe ihres Lebens und um Akzeptanz in seiner [...] Gemeinschaft kämpfe, einen Film ohne jedes „überhebliche Gutmenschentum" (Vogel, Berliner Zeitung 14.9.2005). „Carola ist verliebt, aber keine Weltverbesserin" (Interview). „Die Autorin erzählt nur ihre eigene Geschichte, unambitiös und ohne romanhafte Ausschmückung" (John, Berliner LeseZeichen 1999). Corinne Hofmann habe sich außergewöhnlich intensiv auf dieses Leben eingelassen.

> „Das Buch zeigt keineswegs ein großes Maß an Voreingenommenheit oder Eurozentrismus, sondern persönlichen Mut und Offenheit [...] halte ich die Aussagen, dass Frau Hofmann sich vorher hätte informieren müssen bzw. sich nicht voll auf die Kultur eingelassen hätte, für einfach naiv und böswillig" (amazon.customer).

Die ganze Ambivalenz zu diesem Thema drückt sich in der diesbezüglichen heftigen Diskussion im Internetforum aus:

> „Einerseits sollen andere Kulturen respektiert werden und wir ‚Weißen' sollen den Teufel tuen und dort in irgendeiner Weise eingreifen. Andrerseits fordert ihr die Flying Doctors auch für Eingeborene in diesem Film. Lemalian hätte die Schwangere sterben lassen, weil er im Glauben war, sie sei verhext" (Forum).

Rezeption wird in dieser Studie als interaktiver, kognitiv-emotionaler Prozess betrachtet. Die Aussagen und Reaktionen der LeserInnen und KinobesucherInnen werden in diesem Kontext als Ergebnis der Interaktion von Buch und Film mit innewohnenden Bildern, Erwartungen und Hoffnungen, geheimen Wünschen und Erfahrungen, Phantasien und dem Vorwissen der RezipientInnen gedeutet. Ganz besonders relevant wird dieser Zusammenhang in Bezug zu den Äußerungen über Kolonialismus. Denn ob der Rezipient in der Geschichte und dem Verhalten der Protagonisten oder sogar im ganzen Film koloniale Haltung ausmacht, liegt ganz entscheidend an innewohnenden Bildern über Kolonialismus und deren Bewertung.

Dieses Kapitel kann und will die deutsche Kolonialgeschichte weder darstellen noch kommentieren. Hier ist nur interessant, welche kolonialen Bilder in den Köpfen der RezipientInnen aktiviert werden und den Äußerungen zu Grunde liegen.[384] Fragen wären hier: Welche Handlungen der Protagonistin werden als kolonial empfunden? Wie bestimmt der koloniale Fokus die Bewertungen und Reaktionen der RezipientInnen mit? Wie beeinflussen die durch den kolonialen Diskurs vermittelten Wahrnehmungsmuster das Bild des *Schwarzen* (Gerstner 2007: 7)? Was sagen die Äußerungen der RezipientInnen über ihre eigenen kolonialen Befangenheiten und Attitüden aus? Und schließlich: was bedeutet der koloniale Fokus für eine interkulturelle Kommunikation und den Umgang mit dem Fremden?[385]

Kolonialgeschichte ist, so Winfried Speitkamp, die „Geschichte von Gewalt, Eroberung und Durchdringung, ebenso wie von Selbstbehauptung und Widerstand". Sie ist die „Geschichte der >kolonialen Situation<", d.h. von Austauschprozessen, Wahrnehmungen und Begegnungen. Sie ist auch die Geschichte „der von der Kolonisierung ausgelösten gewollten und ungewollten Effekte, von Zerstörung und Niedergang ebenso wie von Entwicklung und Modernisierung, [...]". Sie ist nicht zuletzt – und das ist im Kontext der Analyse wichtig – „die Geschichte der Kämpfe um Deutungen und Bewertungen kolonialer Erfahrung" (Speitkamp 2005: 11-12). Es ist in diesem Zusammenhang faszinierend zu sehen, wie durch die Brille eines kolonialen Blicks und die Bewertung kolonialer Erfahrung eine persönlich erzählte Liebesgeschichte, ein Melodram bzw. ein Sachbuch als durch und durch kolonial gefärbter Film bzw. als entsprechendes Buch wahrgenommen werden kann. Was auch immer diese junge Europäerin sagt oder nicht sagt, tut oder nicht tut, was sie erleidet, herbeiführt oder erlebt – buchstäblich alles kann durch diese Brille als Ausdruck einer kolonialen Haltung wahrgenommen werden: als „Dialektik im Sinne eines Herr-Knecht-Schemas" (Bhabha 2007: 144). Wie auch immer Lemalian/Lketinga oder die

---

[384] Dabei gibt es unterschiedliche Möglichkeiten: Entweder bestimmte, einzelne Szenen in Buch und/oder Film rufen koloniale Assoziationen hervor oder der Rezipient geht von vornherein mit einer kolonialen Brille in das Kino oder dieser koloniale Fokus entsteht nach und nach während der Interaktion mit dem Filmgeschehen bzw. beim Lesen des Buches. Manchmal werden auch der Regisseurin oder der Protagonistin von vornherein koloniale Absichten unterstellt: In Barsaloi habe Carola größtmögliche Gestaltungsmacht gehabt. „Dass sie dazu nur noch die Bevölkerung vor Ort zurechtzubiegen hat, das wird ihr mit der Reisetasche voll guter Absicht, humanistischen Gedanken und Schweizer Geld doch wohl gelingen" (Weber, taz 15.9.2005).
[385] Keine der RezipientInnen kennt den Kolonialismus natürlich aus eigener Erfahrung. Selbst zu Kolonialzeiten waren es nur die Geschichten und Berichte der Missionare, Händler, Kolonialvereine, der Militärs, der Kolonialverwaltung, der Farmer u.ä., die nach Europa kamen – heute sind es Medienberichte, Filme, Bücher. Die Aufarbeitung dieser Texte in Form von Erinnerungsarbeit auf beiden Seiten ist auch in der Wissenschaft heute (wieder) ein großes Thema. Siehe dazu z.B. Hobuß, Steffi/Lölke, Ulrich (Hg.). 2007: Erinnern verhandeln. Kolonialismus im kollektiven Gedächtnis Afrikas und Europas. Münster. Speitkamp, Winfried (Hg.). 2005: Kommunikationsräume – Erinnerungsräume. Beiträge zur transkulturellen Begegnung in Afrika. München. Tilley, Helen/Gordon Robert J. /Ed.). 2007: Ordering Africa. Anthropology, European Imperialism, and the Politics of Knowledge. Manchester / New York.

Samburu in Buch und Film dargestellt werden – durch diese Folie betrachtet, werden sie zu Opfern kolonialer Repräsentation. Dies soll zunächst an Beispielen aufgezeigt werden.

Es beginnt damit, dass im kolonialen Blick bereits die Reise nach Kenia als Ausdruck einer kolonistischen Attitüde bewertet wird: Wie alle weißen Touristen aus Europa sind Carola alias Corinne Hofmann und ihr Freund privilegiert, weil sie aus einem reichen Land kommen und sich überhaupt einen Urlaub in Kenia leisten können. Mehrmals wird in diesem Zusammenhang darauf hingewiesen, dass die Protagonistin aus „der reichen Schweiz" komme, aus „einem der wohlhabendsten Ländern der Erde" (amazon.customer/Forum/Printmedien). Sie sind vielleicht nicht wirklich reich aus europäischer Sicht, aber auf alle Fälle reich im Vergleich zur Bevölkerung des Besuchslandes. Sie wohnen in einer Hotelanlage, deren Angestellte ausschließlich schwarz sind und in die nur Hotelgäste eingelassen werden. Die Hotelanlagen erinnern RezipientInnen an koloniale Siedlungskonzepte. Denn die waren „nicht nur räumlich, sondern auch bauästhetisch scharf abgesondert, durch die durchgrünte Gestaltung, neue Bauformen und die schon aus klimatischen Gründen bevorzugte Lage auf Anhöhen" (Speitkamp 2005: 118). Später wohnt sie in der Manyatta ihrer Schwiegermutter. Der Neubau einer Hütte ein/zwei Jahre später wird zum kolonialen Akt, und man wirft ihr vor, dass sie es in der alten Manyatta nicht lange genug ausgehalten habe, in einer „Blattwerkhütte, in der man aufrecht sitzen kann, am Boden beziehungsweise auf einem Kuhfell. Nicht für Kenyaner, aber für eine in der Schweiz aufgewachsene Deutsche ist darin wohl eine Art Heldentat zu erblicken", spöttelt Georg Brunold (Brunold, NZZ 3.6.1999).[386]

Die Einstellung des „Dritte-Welt-Pauschaltouristen, der Frau Hofmann anfangs auch war" (amazon.customer), ist die eines Konsumenten. Als Tourist lässt man sich von den Einheimischen bedienen, bekochen, lässt sich herumfahren, lässt sich am Straßenrand vielleicht die Schuhe putzen, macht eine Safaritour mit einem kenianischen Guide, schaut bei den folkloristischen Vorführungen zu, geht tanzen, kauft Andenken usw. Man wird als Gast hofiert, man wird verwöhnt. Das ist ganz normales touristisches Verhalten – in Bayern ebenso wie auf Mallorca.[387] Doch auf einer kolonialen Folie wird es zur Attitüde eines Kolonialherrn, was bei engagierten, in-

---

[386] Dazu ließe sich allerdings einiges sagen: Zum einen ist es keine „Blattwerkhütte", in der sie wohnt; zum anderen: wen auch immer er mit „Kenyaner" meint, auch für einen Kikuyu aus Nairobi wäre das eine „Heldentat", falls er sich dazu überhaupt herablassen würde. Vom kleinen Seitenhieb auf in der Schweiz lebende Deutsche mal ganz abgesehen.
[387] Die ganze Tourismusindustrie ist – wie jedes Dienstleistungsunternehmen – darauf aufgebaut, die Wünsche und Erwartungen ihrer Kunden zu erfüllen.

formierten RezipientInnen ungute Erinnerungen weckt.[388] „Alles aus dem Urlaub herausholen" wird im kolonialen Fokus mit „alles aus den Kolonien herausholen" assoziiert.

Die Samburu/Massai vermarkten sich. Als Zusatzeinnahmequelle ist das Geld der TouristInnen willkommen. Ihre Fotos zieren unzählige Postkarten; mit ihnen fotografiert zu werden, ist höchstes Urlaubsglück. Auch wenn es beim Urlaub auf Rügen oder in der Toskana grundsätzlich nicht viel anders zugeht - hier in Bezug auf Kenia, einem afrikanischen Land, wird dieses Benehmen als alte koloniale Verhaltensweise wahrgenommen, als „Arroganz und Ignoranz" gleichermaßen (amazon.customer). In Bayern schaut man als Tourist den Schuhplattlern zu, in Spanien den Flamencotänzerinnen – die Tänze der Samburu vor den Touristen werden in diesem kolonialen Fokus zu solchen, die ihre Vorfahren wie überall in den Kolonien schon ihren Kolonialherren vorgeführt haben. Anlässe zu solchen Darbietungen waren damals der Besuch eines hohen Kolonialbeamten oder, wie in Dikoa (Kamerun) belegt, die Geburtstagsfeier für den Deutschen Kaiser. Dort wurden afrikanische Reiterspiele und Tänze aufgeführt (Speitkamp 2005: 121). Vielleicht rufen solche Tänze auch unangenehme Assoziationen zu den Berichten über die Völkerschauen in Deutschland wach. Auch in den Afrika-Schauen wurden „Neger" präsentiert (wie in den Hagenbeck'schen Völkerschauen), die sangen und tanzten, und die die exotische Neugier des weißen Publikums befriedigen sollten (Maß 2006: 280).[389]

Die farbenfrohe traditionelle Kleidung der Samburu scheint heute ausschließlich für die TouristInnen gemacht – zumal man in die kenianischen Verwaltungsgebäude nur in europäischer Kleidung eingelassen wird. Alles in allem: Der Umgang mit dem Fremden, mit dem man eine gemeinsame koloniale Vergangenheit hat, ist eben doch etwas anderes als der Umgang mit dem Fremden in Spanien. Der Tourismus wird hier als besondere Art der Ausbeutung, als Fortführung des Kolonialismus mit anderen Mitteln betrachtet. Das ist hier einfach ein Ergebnis der Analyse, keine Wertung. „Tourismus in Dritt-Welt-Länder" ist hier nicht Thema. Interessant ist allerdings, dass der Film „Die weiße Massai" in Bezug auf Tourismus (auch Sextourismus) zum

---

[388] Dass sich Touristen in sogenannten Dritt-Welt-Ländern tatsächlich so gebärden, soll hier keineswegs banalisiert werden. Unterstützt wird solches Verhalten durch vielerlei Faktoren – nicht zuletzt durch die ökonomische Asymmetrie, die schamlos ausgenützt wird – nicht nur von Pauschaltouristen.

[389] Vgl. Thora-Aurora, Hilde. 1989: Für fünfzig Pfennig um die Welt: Die Hagenbeck'schen Völkerschauen. Frankfurt am Main. Völkerschauen gab es auch in der Schweiz, wie in Basel und Zürich; auch darüber liegen wissenschaftliche Untersuchungen vor, so die von Balthasar Staehlin und Rea Brändle.

Nachdenken angeregt hat. Im Internetforum hat dieses Thema z.B. eine heftige Diskussion über das Verhalten von Touristen in Dritt-Welt-Ländern ausgelöst.[390]

Die Erwartung vieler Touristen ähnelt im kolonialen Diskurs der der Kolonialisten: Es sei eine Aufbruchstimmung, die Abenteuer und Freiheit verheiße. Man erobere das Land und die Menschen, und sei es nur mit der Kamera. In der Kolonialzeit stand Afrika „für Freiheit, Kampf und Bewährung" (Speitkamp 2005: 144).[391] Unter diesem Blickwinkel wird die Geschichte „Die weiße Massai" zu einer Geschichte, in der sich eine Weiße im Busch bewährt, gegen „Bürokratie, Malaria und schlechte Straßen" kämpft (Forum), sich gegen Korruption und Schutzgelderpressung wehrt, gegen Armut und Unbequemlichkeiten angeht. Ihre Handlungen werden als Arroganz gewertet, ihre Beschreibungen als „Eiferungen" wahrgenommen – „über die kenianische Bürokratie, die Versorgungslage und das Verkehrssystem." Die hätte sie sich sparen können (amazon.customer). Ganz wie die Kolonialisten habe sie „kein wirkliches Interesse weder für die Menschen, noch für die Kultur oder gar den ganzen afrikanischen Kontinent" gezeigt (amazon.customer). In einer von Tradition und Armut geprägten Gesellschaft muss sie lernen „auf Wasser, Strom und andere westliche Annehmlichkeiten zu verzichten" (amazon.customer) – da wird der Kauf von „WC-Papier in der Savanne" zum kolonialen Akt. Auch die Tatsache, dass sie nach vier Jahren Barsaloi noch immer nicht die Landessprache beherrscht, wird als koloniale Attitüde betrachtet.

Sprache und Zugehörigkeit zu einer Ethnie werden dagegen in der Rezeption als „ursprünglich" betrachtet. Doch gerade sie sind nachweislich auf koloniale Initiative zurückzuführen: Die pragmatische deutsche Kolonialverwaltung Ostafrikas hat seit 1906 Swahili als Unterrichtssprache eingesetzt, weil sie hinsichtlich der Vielfalt der Landessprachen „allein als Lingua franca geeignet sei" (Speitkamp 2005: 100). Auch die Einteilung in „Ethnien" ist ein Überbleibsel aus Kolonialzeiten: „Zahlreiche Forschungen haben zudem mittlerweile nachgewiesen, dass viele >Ethnien< […] in ihrer heutigen Ausprägung eine Schöpfung der Kolonialverwaltung sind, die einfache

---

[390] Mit der Problematik ‚Tourismus – Dritt-Welt-Länder' haben sich zahlreiche Forschungen beschäftigt. Siehe dazu z.B. Backes, Martina/Goethe, Tina/Günther, Stephan/Magg, Rosaly (Hg.). 2002: Im Handgepäck Rassismus. Beiträge zu Tourismus und Kultur. Freiburg. Opaschowski, Horst W. 2001: Das gekaufte Paradies. Tourismus im 21. Jahrhundert. Hamburg. Schurian-Bremecker, Christiane. 1989: Kenia in der Sicht deutscher Touristen : eine Analyse von DenkmuStern und Verhaltensweisen beim Urlaub in einem Entwicklungsland. Münster. Stock, Christian. (Hg.). 1997: Trouble in Paradise. Tourismus in die Dritte Welt. Düsseldorf. Schlehe, Judith (Hg.). 2000: Zwischen den Kulturen – zwischen den Geschlechtern. Kulturkontakte und Genderkonstrukte. Münster/ New York/ München/ Berlin.
[391] Das ist offensichtlich bis heute so geblieben, auch wenn man jetzt als Geschäftsmann, Entwicklungshelfer oder Forscher arbeitet. (Interviews). Vgl. Teil III Kap. 2 „Afrika – der gefährliche Kontinent?".

Klassifikationskriterien brauchten, um die Bevölkerung zu unterteilen, zu besteuern und in die Arbeit der Kolonien einzubeziehen" (Ivanov 2001: 360).

Zu Kolonialzeiten war es „Die Vorstellung von der unbezweifelbaren Überlegenheit des >Weißen< über den >Schwarzen< oder >Farbigen<", die in immer neuen Geschichten präsentiert wurde (Speitkamp 2005: 148). Unter diesem Blickwinkel werden in Film und Buch viele Handlungen der Protagonistin so wahrgenommen, als wollte sie damit ihre Überlegenheit ihrem Mann und den Samburu gegenüber demonstrieren. Der Kauf des Pick-up, die Eröffnung des Ladens und der Schmusesex mit ihrem Mann werden hierbei zu Schlüsselszenen imperialer Handlungen und Ausdruck kolonialer Attitüde. Immer wieder würde sie uns zeigen, „wie toll sie ist, indem Sie Autos kauft und Geschäfte eröffnet"[392] (amazon.customer). Kolonialistisch sei die „Anspruchshaltung dieser Frau. Sie will, dass sich die Welt ihren Launen und Bedürfnissen fügt [...]" und mache „die Welt zum kassenfreien Selbstbedienungsladen [...]" (Klingenmaier, Stuttgarter Zeitung 15.9.2005). Ungeachtet dessen, dass die Samburu nicht das erste Mal in ihrem Leben ein Auto oder einen Shop oder Geld gesehen haben[393], und vor allem ungeachtet dessen, was die Samburu oder Lemalian als Personen selbst wollen, wird geschrieben: „Mit „Schweizerischem Unternehmergeist" habe Corinne Hofmann ihren Traum verwirklicht, den ersten Laden weit und breit eröffnet und das erste Auto gekauft (Bernard, ZDF 26.8.2005), sie habe zivilisatorische Maßnahmen eingeführt. Geld habe vor ihrem Eintreffen keine Bedeutung gehabt (Schäfli, St.Galler Tageblatt 15.9.2005) – Emanzipation paare sich mit Arroganz (Taszmann, Deutsche Welle 15.9.2005). Alles Äußerungen, Unterstellungen und Bewertungen auf der Folie des Kolonialismus – wenn auch in der „Light"-Version: Kolonialer Herrschaftsapparat, Unterdrückungsmechanismen, Ordnungspolitik, Inbesitznahme von Land, Unterwerfung und Zwangsbekehrungen, Ausbeutung, Menschenrechtsverletzungen und Gräueltaten, die den realen Kolonialismus ausgemacht haben, fehlen hier (natürlich). Ebenso wenig verbindet sich im Film christliches Sendungsbewusstsein und europäisches Fortschrittsdenken mit einem gewaltigen Überlegenheitsgefühl, die die Hauptattitüden des realen Kolonialismus waren (Hiller 2007: 7). Das wissen auch die Kritiker.

Schon zu Kolonialzeiten hat ein sehr konkreter Aspekt kolonialer Begegnung in Deutschland tiefe Verunsicherung ausgelöst: „die sexuellen und ehelichen Verbindungen zwischen Europäern und >Eingeborenen<" (Speitkamp 2005: 150). Vor einer kolonialen Folie wird eine Beziehung wie hier in „Die weiße Massai" als im „Kon-

---

[392] Man beachte hier den Plural der beiden Schlüsselbegriffe, der als Vehemenz, Erregtheit und Generalisierung interpretiert werden kann.
[393] Was nicht den Tatsachen entsprechen würde.

text kolonialer Herrschaftsverhältnisse zu Beginn des 20. Jahrhunderts geboren", betrachtet (Luttmann, journal ethnologie 16.12.2007). In Wirklichkeit waren es damals – in Ermangelung weißer Frauen in den Kolonien[394] – überwiegend Verbindungen zwischen europäischen Männern und schwarzen Frauen. Romantisch waren solche Verbindungen meist nicht – weder in Afrika noch in Europa.[395] Für andere ist es schlicht eine Mischehe,[396] die man heute zwar nicht mehr wie damals direkt und öffentlich ablehnen kann, aber Spott und Misstrauen der Haltbarkeit solcher Beziehungen gegenüber sind auch eine Form, in der die Haltung diesen Ehen gegenüber entlarvt wird. Im Internetforum und in den Amazonrezensionen wird darüber offen gesprochen bzw. geschrieben. Die Aussagen gehen von der grundlegenden Skepsis bis zur ungeschönten Ablehnung: „Interkulturelle Beziehungen funktionieren nicht" (amazon.customer) und „Das eine weiße sich in so'n Nigger verlieben muss....??1?1? Na ja! Arme weiße welt!:-((Forum). Auch solche Statements gehören zur kolonialen Folie, ebenso wie die in Teil III Kap. 2.4.1 diskutierte Unterstellung von *nur* Sex und *nur* Exotik auf dieser Folie betrachtet werden kann.

Ein anderer Topos, der die Kolonialgeschichte durchzieht, ist die Annahme einer Schutzbedürftigkeit der Eingeborenen. „Primär war der >Eingeborene< ein Kind, unreif, entwicklungsbedürftig, von kurzer Erinnerungsfähigkeit [...]" (Speitkamp 2005: 148). Das ‚Kind' musste unterstützt und unterrichtet werden, ihm mussten aus europäischer Sicht christlicher Glaube, ziviles Benehmen und Kultur erst beigebracht werden. Um es mit Thomas Becker zu sagen: „Der Rassismus der Intelligenz war die Biozidee der weißen Rasse" (Becker 2005: 58). Es gibt auch einen wissenschaftlichen Rassismus, den man in Anlehnung an Michel Foucault als „fürsorgliche Pastoralmacht" bezeichnen kann (Foucault 1987: 248/249). „Er stempelt andere Rassen zu schwer erziehbaren Kindern ab, denen man bei der Zivilisierung [...] nachhelfen

---

[394] Die Deutsche Kolonialgesellschaft startete z.B. eine regelrechte Werbekampagne, um junge deutsche Frauen zur Auswanderung zu bewegen. 1898 kamen die ersten Angeworbenen in Südwestafrika an. Doch das Grundproblem der Mischehen konnte nicht gelöst werden (Speitkamp 2005: 150/151). Mit Wirkung vom 1.1.1906 wurden standesamtliche Trauungen zwischen Weißen und Eingeborenen in Südwestafrika verboten. Die katholische Mission lehnte Mischehen ohnehin ab. (Speitkamp 2005: 151/152).
[395] Winfried Speitkamp zitiert aus Ulrich van der Heyden und Joachim Zeller, 2002: „Kolonialmetropole Berlin. Eine Spurensuche. Berlin: „Mtoro bin Bakari, Lektor für Suaheli am Berliner Seminar für Orientalische Sprachen, heiratete im September 1904 standesamtlich eine deutsche Frau, wurde daraufhin von seinen Studenten regelrecht gemobbt und musste seine Tätigkeit aufgeben" (ebd., S.79, 211-215).
[396] Auch das Thema „Mischehen" während der Kolonialzeit bis zum Nationalsozialismus wird wissenschaftlich bearbeitet. Vgl. Maß 2006: 277ff.; Bechhaus-Gerst, Marianne/Klein-Arendt, Reinhard (Hg.). 2004: AfrikanerInnen in Deutschland und schwarze Deutsche – Geschichte und Gegenwart. Beiträge zur gleichnamigen Konferenz vom 13.-15. Juni 2003 im NS-Dokumentationszentrum (EL-DE-Haus) Köln/Münster.

müsse" (Becker 2005: 58). Eine eindrückliche Darstellung dieser paternalistischen Haltung findet sich im Royal Museum for Central Africa in Tervuren/Belgien. Dort stehen in der Rotunda des Eingangs überlebensgroße allegorische Figuren, die ein positives Bild belgischer Kolonialpolitik zeichnen wie z. B. Belgien als Lehrerin – ein Ausdruck der allgemeinen europäischen Mission „to bring the ‚benefits of civilization' to Africa".[397] Eine Statue von König Leopold II von Belgien zeigt ihn mit Eingeborenen (in Kindergröße dargestellt), die er in seinem weitem Mantel geborgen hält: Erziehung im weitesten Sinn war *das* koloniale Projekt.

Jedes pastorale oder paternalistische Verhalten zwischen Erwachsenen degradiert jedoch den anderen als unfähig und formt eine Hierarchie. Corinne Hofmann alias Carola ist aber gerade nicht pastoral: Sie beschützt niemanden, hält keine Predigten. Sie streitet mit Behörden ebenso wie mit ihrem Mann, nennt die Dinge lautstark beim Namen, auch wenn sie unbequem sind (Stichwort Schutzgeld, Hexerei), eckt an. Aber vor kolonialer Folie werden diese Szenen von manchen RezipientInnen als Bevormundung und Arroganz wahrgenommen. Mit fast schon dummdreister Arroganz würde sie versuchen, „westliche, also folglich ‚kultivierte' Gepflogenheiten in eine völlig andere Kultur zu übertragen" (amazon.customer). Sie ist gerade nicht pädagogisch tätig – was ihr wiederum vorgeworfen wird (Stichwort Beschneidung). Essensgewohnheiten ändert sie nur für sich selbst, weil für sie überlebenswichtig ist. Für die Geburt ihres Kindes wird sie in ein Hospital gebracht. Das aber wird ihr als „Egotrip" und kolonialistische Attitüde angekreidet.[398]

Aber gleichgültig was sie macht oder nicht macht: mit Barsaloi als Umfeld ist sie in den Augen einiger RezipientInnen eine „Neokolonialistin".[399] Jede Initiative, jedes Aushandeln, jede gelungene wie nicht gelungene Kommunikation macht sie in der kolonialen Perspektive zur Täterin und die anderen zu Opfern. Koloniale Erfahrung wird ausschließlich negativ bewertet – im Sinn einer Opfer–Täter–Dichotomie, die nicht viel zu einem gelungenen Umgang mit dem ‚Fremden' beiträgt. In den Postcolonial Studies haben vor allem Edward Said, Homi Bhabha und Gayatri C. Spivak für einen neuen Blick auf den Kolonialismus gesorgt. Dabei bleibt Edward Said einem Täter-Opfer-Dualismus verhaftet, während Homi Bhabha mit dem Konzept der

---

[397] http://www.africamuseum.be/museum/permanent/museum/permanent/permrotonde [3.9.2008].
[398] Es ist in diesem Zusammenhang auch sehr interessant, die Biografie der kenianischen Friedensnobelpreisträgerin Wangari Maathai zu lesen, einer tatkräftigen, selbstbewussten Frau, deren Engagement ihr natürlich nicht als Kolonialismus ausgelegt wird, da sie schwarz, Afrikanerin ist. Corinne Hofmann ist weiß, eine Europäerin – da wird das gleiche Verhalten zum Neokolonialismus. Eine unterschiedliche Bewertung nach Hautfarben ist aber die Basis von Rassismus. Diese Bewertung geht von deutschen RezipientInnen aus, nicht von Kenyaner (Interviews).
[399] Sie wird von Europa aus nicht als Migrantin betrachtet. Das würde die Bewertung all ihrer Handlungen völlig verändern.

Hybridität den Widerstand der Kolonisierten in den Blick nimmt.[400] Auch in den Geschichtswissenschaften wird längst versucht, eine bloß „dichotomische Betrachtung von Tätern und Opfern zu vermeiden und die Handlungsmöglichkeiten der Kolonisierten einzuschließen" (Speitkamp 2005: 11), nachdem dort lange Zeit die Geschichtsschreibung zum Kolonialismus mit einem dichotomischen Modell operiert hat, in dem deutlich zwischen Kolonisierenden und Kolonisierten unterschieden wurde (Maß 2006: 24). In dieser RezipientInnengruppe ist von solchem Umdenken wenig zu spüren.

Der Schmusesex mit ihrem Mann schließlich wird in der Rezeption des Films als *die* zivilisatorische, koloniale Umerziehungsmaßnahme betrachtet, was besonders in den Printmedien Thema wird: „Nach und nach macht sie den Geliebten aus der Welt des frisch geschlürften Tierbluts mit den Annehmlichkeiten des westlichen Schmusekurs vertraut" (Kühn, berlinonline 15.9.2005); „Triumphierend bringt sie ihm bei, dass Geschlechtsverkehr auch mit Vorspiel und Zärtlichkeit Spaß machen kann" (Zander, Berliner Morgenpost 15.9.2005); „Das Küssen muss sie ihm erst mühevoll beibringen" (John, Berliner LeseZeichen 1999). Von der „sexuellen Umerziehung des Kriegers durch die zivilisierte europäische Frau" ist die Rede (Keilholz, critic 15.9.2005), davon dass sie ihn „mit ihrer Vorstellung von beiderseits beglückendem Liebesleben einigermaßen kolonisiert" habe (Glombitza, Badische Zeitung 15.9.2005) und dass sie zu den Frauen gehöre, „die sich hier nehmen, was sie anderorts nicht bekommen" (Suchsland, Telepolis 23.9.2005). Dafür, dass diese Liebesszene knapp 60 Sekunden dauert, wird ihr erstaunlich viel Aufmerksamkeit geschenkt. Darin könnte man den Prozess der funktionellen Überdeterminierung sehen, in dem nach Homi Bhabha die Diskurse von Sexualität und Rasse innerhalb des kolonialen Apparates zueinander stehen (Bhabha 2007: 109). Die Interpretation liegt allerdings nahe, dass hier eine (deutsche) Genderproblematik zum Tragen kommt.

---

[400] Vgl. Said, Edward W. 1981: Orientalismus. Frankfurt am Main/Berlin/Wien. Bhabha, Homi K. 2007: Die Verortung der Kultur. Unveränderter Nachdruck der 1. Auflage 2000. Tübingen. Mae, Michiko/Saal, Britta (Hg.). 2007: Transkulturelle Genderforschung. Ein Studienbuch zum Verhältnis von Kultur und Geschlecht. Wiesbaden. Grimm, Sabine: http://www.freiburg-postkolonial.de/Seiten/grimm-postkolonialismus.pdf [7.9.2008].

Diese Art „Umerziehung" mussten bzw. müssen sich Männer auch in Deutschland gefallen lassen. Der generelle Unmut darüber ist unüberhörbar.[401]

Aus feministischer Sicht wird diese Art Kolonisation positiv betrachtet: Sie bringt zunächst der Protagonistin sexuelle Befriedigung im Sinn einer erfüllten, selbstbestimmten Sexualität der Frau. Diese „Umerziehung" wird auch generell von anderen Frauen begrüßt, besonders von Geschlechtsgenossinnen aus anderen Kulturen.[402] Aus den „Äußerungen vieler Frauen aus >einfachen< Gesellschaften wird deutlich, dass sich dort der Sex kaum jemals richtig entfalten konnte, dass er den weiblichen Bedürfnissen entgegenkam" (Duerr 2002: 153). So betonen

> „Kikuyufrauen, die mit Weißen geschlafen hatten, der Koitus mit ihnen sei sehr viel schöner und befriedigender gewesen als mit Schwarzen: Die Weißen hätten sich viel mehr Zeit genommen, sie angefasst und gestreichelt und ihnen insgesamt ungleich mehr Lust und Vergnügen bereitet, obwohl sie selber doch beschnitten seien" (Duerr 2002: 136).

In einem feministischen Diskurs der Rezeption wird diese Kolonisation als Fortschritt begrüßt, dessen Verwirklichung möglichst alle Frauen und Männer erreichen sollte[403] – ebenso wie in Deutschland gegen die weibliche Beschneidung als Genitalverstümmelung gekämpft wird, im Namen der sexuellen Selbstbestimmung und körperlichen Unversehrtheit der Frau. In diesem Zusammenhang wird Carola/Corinne Hofmann sogar zu wenig Kolonisation vorgeworfen. Sie habe sich viel zu wenig eingemischt, sich viel zu viel gefallen lassen, sich viel zu wenig für die Frauen dort eingesetzt (Forum). „Soviel Rücksichtnahme auf fremde Sitten hat wenig mit Toleranz und viel mit Selbstbetrug zu tun" (Kühn, berlinonline 15.9.2005).

Wie beeinflussen die durch den kolonialen Diskurs vermittelten Wahrnehmungsmuster das Bild des *Schwarzen*? (Gerstner 2007: 7). Ein Topos des kolonialen Diskurses ist das Lachen, das in Bezug zu Afrikanern als „Zeichen kindlicher Naivität" wahrgenommen wird (Gerstner 2007: 26). „Die lachen viel und gern und zu jeder

---

[401] Dass diesem Unmut eine tiefe Verunsicherung zu Grunde liegt und nicht nur auf Deutschland beschränkt ist, zeigte der Themenabend von arte vom 9.9.2008 „Mann, oh Mann". Dort erzählten u.a. Männer von ihren Problemen mit Frauen, ihren Unsicherheiten, ihrer tiefen Irritation als Mann - Potenzprobleme und Libidoverlust inbegriffen. Für diese Probleme wird die ‚Kolonisation' durch die sexuell befreite Frau verantwortlich gemacht. Vgl. dazu ausführlich in Teil III Kap. 2.4 „Wer hat Angst vorm schwarzen Mann?" „Es hat einen Grund, wenn Frauen nicht kommen, und der liegt nicht im großen kosmischen Mysterium verborgen, sondern neben ihnen im Bett, ist einsachtzig groß und hat die Feinmotorik eines Berggorillas." (Andresky 2008: Umschlagseite). Vgl. Andresky, Sophie. 2008: Echte Männer. Was Frauen wirklich wollen. Frankfurt am Main. Es ist das neueste Buch von Deutschlands erfolgreichster Sexautorin.
[402] Vgl. Duerr, Hans Peter. 2002: 132-146; S. 177-205; S. 305-339. „Mythen vom wilden Sex der Wilden", „Die aktive Frau" und „>Rape me, nigger, rape me!< Rassistische Sexualphantasien".
[403] Es sei denn, auch hier werden Unterschiede nach Hautfarbe und ethnischer Zugehörigkeit gemacht.

Gelegenheit" (Interview). Das Bild des Afrikaners: „Musikalisch, lachend, sorglos […] (Gerstner 2007: 17). Alle Lachszenen, in denen Lemalian oder andere Afrikaner lachen, können im kolonialen Fokus interpretiert werden. Beste Beispiele sind die Busszene und die Pick-up-Szene. Ganz anders als es die Analyse der Lachszenen gezeigt hat, wird das Lachen im kolonialen Kontext als kindliches Lachen wahrgenommen – das eine als albernes Gekicher einer ganzen Gruppe, das andere das Lachen „eines kleinen Jungen, der sich diebisch freut und ganz stolz ist" (Interview). Wie oben gesagt: „Primär war der >Eingeborene< ein Kind, unreif, entwicklungsbedürftig, von kurzer Erinnerungsfähigkeit […]" (Speitkamp 2005: 148). In der direkten Interaktion mit dem Film wird jedoch das Lachen gerade nicht als „Zeichen kindlicher Naivität" (Speitkamp 2005: 26) gedeutet. Die Analysen der Lachstellen waren auch in dieser Hinsicht sehr wichtig und interessant, denn sie zeigen, wie bestimmte Szenen ohne diese Brille in einem „transkulturellen Raum" in vielfältiger Weise wahrgenommen werden (können) und koloniale Vorstellungen, ganz im Sinn von Homi Bhabhas Hybriditätskonzept gebrochen werden.[404]

Koloniale Bilder und Bewertungen scheinen auf, wenn es in der Rezeption überhaupt ein Thema wird (oder die Szenen im Film fokussiert werden bzw. entsprechende Assoziationen hervorrufen), dass Lemalian nicht mit Geld umgehen könne und nicht gut Autofahren kann, dass er nicht lesen und schreiben kann, dass ihm zärtlicher Sex erst beigebracht werden muss und wie man einen Laden führt. Häufig werden diesbezügliche Aussagen paternalistisch verbrämt, indem die eigenen kolonialen Assoziationen empört der Regisseurin untergeschoben werden, die Lemalian „so unfähig und dumm", kurzum diskriminierend, dargestellt habe.

Die Gruppe, in der der koloniale Diskurs eine Rolle spielt,[405] gehört ausschließlich zu den NegativbewerterInnen von Buch und Film. Sie führt den Diskurs sehr emotional und lautstark – und medienwirksam. Gleichzeitig positioniert sie sich gegenüber der Gruppe, die sich nicht in entsprechender Weise äußert, als Kenner sowie als politisch engagierte und historisch informierte Gruppe[406], deklassiert damit die anderen als romantisch, unpolitisch und dumm.[407] Doch genau in dieser lautstarken

---

[404] Dabei ist der „kindliche Afrikaner" das Gegenbild zum „schwarzen Mann". Im Zusammenhang mit der Infantilisierung des Afrikaners gibt es entsprechende stereotype Bilder, die vom „Nickneger" (Wendt 2007: 459), den Negerküssen, Mohrenköpfen und Negerbrot bis zum Kinderlied „Zehn kleine Negerlein" reichen (Steffek 2000: 104).
[405] Der koloniale Diskurs kommt in allen Quellen zum Vorschein: in den Interviews, den Printmedien, den Amazonrezensionen und im Forum.
[406] In Deutschland begann in den 1960er Jahren im Zuge der antiimperialistischen Ziele der Studentenbewegung und der Solidarität mit den Befreiungsbewegungen in der Dritten Welt die deutsche Kolonialvergangenheit wieder in den Blick zu kommen. (Speitkamp 2005: 174).
[407] Nach Pierre Bourdieu käme hier zudem sehr deutlich die Bildungsbeflissenheit der mittleren Schicht zum Ausdruck.

Überheblichkeit und dem Paternalismus kommt eine koloniale Haltung zum Ausdruck: Überheblichkeit war *die* zentrale Grundhaltung des Kolonialismus. Beides äußert sich hier insbesondere im „Rassismus der Intelligenz" (Becker 2005:58), im *Wissen*, was für die Samburu gut ist und was nicht – besser als sie selbst. Die Möglichkeit, dass die Samburu diesen Shop selbst wollten, Erleichterung im Leben durch ein Auto, einen Platz in der kenianischen Gesellschaft usw. ist für diese RezipientInnengruppe irrelevant. Diese Überheblichkeit fehlt bei den positiv wertenden RezipientInnen, die sich eher zurückhaltend und nachdenklich zu Wort melden. Und sie fehlt nach deren Meinung bei der Protagonistin vollkommen: „Sie [Carola/Corinne Hofmann] war engagiert, aber auch unsicher. Sie war eine verliebte junge Frau, die dort bei den Samburu leben und überleben wollte. Sie war alles Mögliche, hat Fehler gemacht, aber eines war sie ganz sicher nicht: überheblich" (Interview).

Erzählungen seien, so interpretiert Ulrich Lölke den Filmemacher Alexander Kluge, Seismographen für soziale Räume (Lölke, 2007: 161). „Erzählen ist so etwas Ähnliches wie Fragen. Die Fledermaus wirft ihre Töne gegen eine Wand. Aus dem Echo hört sie einen Raum. Das ist es, was Erzähler können" (Kluge, 2003: 41). Wenn die Geschichte „Die weiße Massai" für die einen auch noch so „langweilig und schrecklich" erzählt wird, für die anderen „bewundernswert und spannend" – sie ist für unseren sozialen Raum ein Seismograph, der anzeigt, was Menschen in ihm bewegt. Unter anderem ist es hier der Topos Kolonialismus, hinter dem jedoch die Frage versteckt ist, um die es eigentlich geht: Wie soll der Umgang mit Menschen aus einer anderen Kultur aussehen, wenn man eine koloniale Vergangenheit teilt und bewältigen muss? Häufig würde deshalb eine übertrieben positive Haltung afrikanischen Menschen gegenüber eingenommen, so Sonja Steffek in ihrer Studie. Sie interpretiert sie als Schuldkomplexe der Österreicher. Um nicht als rassistisch zu gelten, würde man sich Afrikanern gegenüber besonders freundlich zeigen (Steffek 2000: 116).

Die koloniale Brille polarisiert: Es gibt die Täter (die böse sind) und die Opfer (die man bedauert oder beschützen will). Sie begünstigt im schlimmsten Fall eine „pastorale Fürsorgemacht" (Foucault 1987: 248/249).[408] Sie ruft Irritationen,

---

[408] Dass diese „Fürsorgemacht" tatsächlich schlimme Folgen hat, kann man überall an den langfristigen Folgen gutgemeinter Entwicklungshilfe sehen. Sie belässt afrikanische Länder in einer Unmündigkeit und verurteilt gleichzeitig die bestehenden Schwierigkeiten in Afrika, die häufig genau durch diese (heuchlerische) Haltung verursacht wurden. Vgl. Grill, Bartholomäus. 2003: Ach, Afrika. Berichte aus dem Innern eines Kontinents. Berlin. Tetzlaff, Rainer/Jakobeit, Cord. 2005: Das nachkoloniale Afrika. Politik – Wirtschaft – Gesellschaft. Wiesbaden. Siehe dazu die Aufzeichnung der Talkrunde des ZDF Nachtstudios vom 18.5.2008. Thema: „Passion Afrika: Helfen oder Handeln?", in der die Folgen dieser paternalistischen (und dadurch entwicklungshemmenden und Eigenständigkeit unterhöhlenden) Haltung diskutiert wurden.

Unsicherheiten und Widersprüche hervor. Im besten Fall macht sie empfindsam und wach gegen jedwede imperialen Strukturen. Sie enthüllt hegemoniale Machtstrukturen, die weiterhin bestehen, verliert dabei aber einen differenzierten Blick auf lokale und persönliche Elemente – diese Geschichte ist eine biografische Geschichte –, die „diese transnationale Globalität dezentrieren und untergraben" (Bhabha 2007: 362). Diese Empfindsamkeit und Wachheit richtet sich auch auf zeitübergreifende koloniale Klischees. „Nicht um sie mit scharfrichterlicher Attitüde zu brandmarken und erst recht nicht, um sie zu verharmlosen. Aber die Aufmerksamkeit für jene feinen Nadelstiche der Verachtung zu schärfen" (Wendt 2007: 254), ist ganz sicher wichtig und weiterhin nötig. Aber es ist offenbar nur ein kleiner Schritt von dieser Art Aufmerksamkeit zu einem kolonialen Fokus, der alles Geschehen durch einen kolonialen Schleier betrachtet. Der Punkt ist: Bei den PositivbewerterInnen von „Die weiße Massai" gibt es keine noch so feinen Nadelstiche. Der Fokus geht in eine ganz andere Richtung. Postkolonialität ihrerseits, das betont auch Homi Bhabha, ist „eine heilsame Erinnerung an die andauernden neokolonialen Beziehungen innerhalb der ‚neuen' Weltordnung und der multinationalen Arbeitsteilung." (Bhabha 2007: 9). Er sieht sie allerdings im Zusammenhang mit Strategien des Widerstandes, die entwickelt wurden und werden.

Der beste Fall und der schlimmste müssen sich dabei nicht ausschließen, sondern können sich im Gegenteil ergänzen und treffen häufig in ein und demselben RezipientInnen zusammen. Das zeigt sich in merkwürdigen Inkonsequenzen in der Rezeption: Bei Entwicklungshelfern oder Geschäftsleuten wird deren Einsatz in Afrika lobend erwähnt, in Deutschland Sammlungen für Afrikaprojekte gut geheißen, für bessere Transportmöglichkeiten, bessere Infrastruktur, bessere Versorgung der Menschen, für Straßen. Gleichzeitig wird das Engagement einer Privatperson (wie hier der Protagonistin im Film bzw. der Autorin) als Neokolonialismus bewertet und ihr zivilisatorische Überheblichkeit, ja „dummdreiste Arroganz" (amazon.customer) vorgeworfen, wenn sie in dem kleinen Dorf, in dem sie mit ihrem Mann lebt, mit eigenem Geld (nicht mit Spenden) die Versorgungslage und Transportmöglichkeit verbessert.[409]

Die koloniale Brille im Kino hat eigenartige Effekte. Im kolonialen Diskurs der Rezeption wird beispielsweise die Missionstätigkeit des Pater Giuliano/Bernardo

---

http://www.zdf.de/ZDFde/inhalt/10/0,1872,1021354_idDispatch:7646473,00.html [5.6.2008]. Der kenianische Premiermisnister Raila Odinga im Weltspiegel am 2.11.2008 in der ARD: „Afrika braucht keine Babysitter".

[409] Zur Freude und mit Einverständnis der Samburu.

(der im Übrigen auch ein Auto besitzt), die kleine Kirche und seine Missionsstation mit kaum einem Wort erwähnt, obwohl die Missionen „Teil des kolonialen Herrschaftsapparates" waren, die nicht nur ausführende Organe deutscher Herrschaft darstellten, sondern auch eigene Interessen verfolgten (Speitkamp 2005: 94). Dagegen wird umso mehr der Kauf des Pick-up und des Shop der Protagonistin – gewissermaßen als Sinnbilder von Globalisierung, Kapitalismus und Imperialismus in Einem – thematisiert und verurteilt („Da kommt eine Europäerin mit Kolonialmentalität in eine sogenannte Dritte-Welt-Zivilisation, krempelt ohne das geringste Fingerspitzengefühl für althergebrachte Kultur und Traditionen einmal alles um" amazon. customer), obwohl deren Kauf ohne die Zustimmung der Samburu, allen voran der Ältesten und der „Mama", gar nicht hätte stattfinden können und hier auch nicht stattgefunden hat. Aber die Meinung der Samburu oder von Lemalian alias Lketinga als Person ist hier in der Rezeption gar nicht gefragt. „Der Rassismus der Intelligenz" (Becker 2005: 58) ist dem kolonialen Fokus inhärent.

Das, was Michel Foucault „pastorale Fürsorgemacht" und Thomas Becker „Rassismus der Intelligenz" genannt hat, ist vor allem in den Kommentaren der Printmedien zu entdecken.[410] Das ist auf der einen Seite nicht verwunderlich, auf der anderen bedenklich, denn die Medienwirksamkeit und damit die Diskursmacht sind ungleich größer als bei den Kommentaren im Internetforum und in den Rezensionen von Amazon. Ein Dialog auf gleicher Ebene und kulturelles Verständnis werden dadurch nicht gefördert. Empörende oder spöttische Aussagen über koloniale Attitüden, die man in Buch und Film entdeckt zu haben meint, zementieren nicht nur den eigenen kolonialen Blick – Homi Bhabha spricht vom „kolonialen Stereotyp" (Bhabha 2007: 109). Sie belassen den Fremden in der Rolle des Opfers, bleiben einem Entweder/Oder verhaftet (Bhabha 2007: 111). Das aber wäre in den Augen Robert Musils, den ich an dieser Stelle noch einmal zitieren möchte, tatsächlich naiv: „Es liegt in jedem Entweder-Oder eine gewisse Naivität, wie sie wohl dem wertenden Menschen ansteht, aber nicht dem denkenden, dem sich die Gegensätze in Reihen und Übergängen auflösen" (Musil 1922: 634).

Manchmal verdecken sie die eigene koloniale Befangenheit. Der koloniale Blick und die dazu gehörende empörte Stimme in der Rezeption seien für gelungene interkulturelle Kommunikation nicht förderlich und würden nicht wirklich etwas zur Bewältigung der Vergangenheit beitragen, auch wenn deren Vertreter sich als aufgeklärt und politisch informiert geben, so lauten die Kommentare dazu in den Interviews. Die koloniale Brille blende wichtige Gesichtspunkte aus, verstelle einen

---

[410] Einen kolonialen Diskurs gibt es natürlich auch, wie bereits angemerkt, in den Amazon-Rezensionen und im Forum.

unbelasteten Blick auf die Geschehnisse und die Handlungen der Personen in Buch und Film, erschwere *normale* entspannte Beziehungen zu Afrikanern, scheine wenig hilfreich zu sein für den Umgang mit Fremdem (Interviews). Oder mit Homi Bhabha: „Kulturelle Grenz-Arbeit verlangt nach einer Begegnung mit der ‚Neuheit', die an dem Kontinuum von Vergangenheit und Gegenwart nicht teilhat. Sie erzeugt ein Verständnis des Neuen als eines aufrührerischen Aktes kultureller Übersetzung" (Bhabha 2007: 10).

Der koloniale Fokus verhindert von vornehrein, eine wie auch immer geartete Multiperspektivität in Buch und Film wahrzunehmen, die nötig ist, um „der Vielschichtigkeit kultureller und sozialer Differenzen sowie der Praxis des mehrstimmigen interkulturellen Dialogs gerecht werden zu können" (Mae/Saal 2007: 7). Er verhindert, dass dieser Raum dazwischen in den Blick kommt, den Homi Bhabha als „Ort der Differenz ohne Hierarchie", als Hybridität, bezeichnet hat, den Michiko Mae in Anlehnung an das Transkulturalitätskonzept von Wolfgang Welsch „Zone der Unbestimmtheit" nennt (Mae 2007: 47). Denn es gibt diesen transkulturellen Raum auch für die LeserInnen und KinobesucherInnen, ein Raum mit offenen Grenzen, als „Übergangs- und Austauschzone" (Mae 2007: 47). Er tut sich – je nach Rezeptionsstil mehr oder weniger, größer oder kleiner – in der medialen Situation des Kinoerlebnisses oder beim Lesen auf, der Raum, den Carola alias Corinne Hofmann real betreten hat und der nun miterlebt werden kann. Und in diesem Raum geschieht sehr viel mehr, als durch die koloniale Brille wahrgenommen werden kann.

Die Rezeption zeigt auch: Im transkulturellen Raum wird Solidarität möglich und (kolonialer) Paternalismus damit überflüssig. „Keine Uniformität kommt dabei heraus" – der in der These genannten Angst vor Gleichmacherei wäre so der Boden entzogen und der vor Fragmentierung ebenso: „Neue Gleichheit entsteht und gerechte Ordnung in der Vielfalt des Differenten, ohne Diskriminierungslinie" (Mae 2007: 49). Das Hochzeitsbild als Still hat genau diese „neue Gleichheit" in der Differenz gleich in zweifacher Hinsicht visuell inszeniert: die der Geschlechter und die der Rassen – und hat damit in der Tat für Irritationen und Empörung gesorgt.[411]

„Do you respect me now?" fragt Lemalian im Film. Seine Frage ist in der Filmgeschichte an Carola gerichtet, aber er blickt dabei aus dem Filmbild direkt auf die Zuschauer, als richte er diese grundsätzliche Frage an sie und nicht (nur) an Carola. Darum geht es: um Anerkennung und Respekt fremder Kulturen – „now" als zeitliches Jetzt, im Sinn von hier und heute, jenseits von Kolonialismus. Im Film wurde in dieser Szene auf diese Weise sehr eindrücklich das wichtigste Anliegen von Menschen anderer Kulturen ins Bild gesetzt und in der Rezeption auch so wahrgenom-

---

[411] Vgl. Teil III Kap. 1.4.1 „Das Hochzeitsfoto".

men (Interviews/Forum/amazon.customer). Es geht nicht um Helfen oder Verstehen, um Anpassung oder Clash, um Unterdrückung oder Recht haben – es geht um die grundsätzliche Fähigkeit und Bereitschaft, die als Differenzen erfahrenen Fremdpositionen der anderen Kultur zunächst anzuerkennen und zu akzeptieren.

„Die angestrebte Differenz ohne Hierarchie ist womöglich nur von Einzelnen denk- und lebbar" (Saal 2007: 31). Die Analyse der Gesamtrezeption von „Die weiße Massai" zeigt jedoch deutlich, dass nicht nur Einzelne, sondern viele sie für erstrebenswert und denkbar und manchmal auch für lebbar halten. Doch mit kolonialen Bildern im Kopf ist sie von vorneherein nicht möglich.

4. Das Lachen im Kino

Wohl jeder hat im Kino schon einmal geweint, über ein trauriges Ereignis, aus Mitleid, aus Rührung. Tränen gehören zu unseren offensichtlichsten leiblichen Kino-Erfahrungen (und ebenso zu Lese-Erfahrungen). Sie zeigen sich in unterschiedlichsten Ausprägungen. In Theorien des Kinos jedoch und in Untersuchungen zur Rezeption von Filmen (oder gar bei Untersuchungen zur Rezeption von Literatur) bleiben sie erstaunlich unberücksichtigt (Hanke 2000).[412] Auch in Bezug zu „Die weiße Massai" äußern meine InterviewpartnerInnen, sie hätten „Rotz und Wasser geheult", seien beim Lesen „zu Tränen gerührt gewesen" und hätten „nachdenklich und tief berührt" das Kino verlassen.[413] Bei einem Film des Genre Melodram ist das nicht sehr erstaunlich, wohl aber bei einem Sachbuch.

Tränen werden im Kino leise vergossen, meist ist es den Weinenden peinlich, dabei ertappt zu werden. Die leisen Tränen sind bei einer teilnehmenden Beobachtung unsichtbar, es sei denn, das Weinen spielt sich in unmittelbarer Umgebung ab. Lachen hingegen zeigt sich laut und ist gerade bei einem Melodram eher ungewöhnlich. Die drei kleinen Mädchen in der Reihe vor mir (bei meinem ersten Kinobesuch) jedenfalls fanden in „Die weiße Massai" nicht eine einzige Stelle zum Lachen. Die Mädchen versteckten ihre Köpfe unter ihren Jacken, wenn ihnen Szenen allzu aufre-

---

[412] Hanke, Christine 2000: Tränen im Kino.< http://nachdemfilm.de/no4/no4start.html> [24.2.2007].
[413] Was ich durch meine Beobachtungen nach den verschiedenen Kinobesuchen nur bestätigen kann.

gend oder befremdlich waren.[414] Sie waren noch längst keine 12 Jahre alt, wie es die Altersempfehlung des Films vorsieht, Kinder also, ohne große Vorurteile und Vorwissen, mit eher diffusen Erwartungen und Imaginationen, aber auch voller Mitgefühl und Miterleben – in dem Film jedenfalls fanden sie nichts zum Lachen. Henri Bergson würde sagen, ihnen fehle die Empfindungslosigkeit. Komik, so meint er, wende sich an den reinen Intellekt. „Lachen verträgt sich nicht mit dem Gemüt" (Bergson 1972: 97). Umso interessanter ist es, die Filmsequenzen zu untersuchen, die für die Mehrheit der Erwachsenen „im dunklen Bauch des Kinos" (Schmidt 2005b: 33) Anlass zum Lachen gaben. Natürlich lachen nicht immer die gleichen Leute an den gleichen Stellen, auch sind Schmunzeln und Lächeln im dunklen Kinosaal nur spürbar, nicht direkt beobachtbar. Unter diesem strengen Gesichtspunkt gibt es im Film acht eindeutige Lachstellen, von denen hier fünf analysiert und interpretiert werden.[415]

Dabei handelt es sich bei dieser Art spontanem Lachen im Kino – das sei vorweg gesagt – nicht um Häme oder Schadenfreude. Es ist keine Ironie, kein Sarkasmus und kein Witz, auch keine Satire, keine Parodie, kein Lachen über bewusst angelegte komische Szenen. Was ist es dann?[416] Im Kontext dieser Studie werden die Lachstellen als Indikatorstellen betrachtet, an denen sich beispielsweise die Imaginationen der ZuschauerInnen mit der Realität der Filmgeschichte kreuzen, sich bestätigen oder vielfältig gebrochen werden, an denen das Eigene das Fremde berührt, sich am Fremden reibt oder in irgendeiner Weise von ihm irritiert wird und umgekehrt. Lachen wird als paraverbale Äußerung verstanden, die reflexartig, spontan und unverstellt erfolgt. In dieser Arbeit kann es nicht darum gehen, eine umfassende Theorie über das Lachen darzustellen (die es im Übrigen auch gar nicht gibt). Auch eine Ethnographie des Lachens ist noch nicht geschrieben worden (Pfleiderer 1986: 339).

Hier kommen Theoretiker zu Wort, mit deren Hilfe Facetten aus diesem komplexen Geschehen des Lachens beleuchtet werden. Dahinter steht der Gedanke, dass die

---

[414] So die beiden Sexszenen, Beschneidungsszene, die heftigen Auseinandersetzungen der Eheleute, die dramatischen Szenen von Krankheiten und der Geburt u.ä. Auf meine Frage nach dem Film an die Dame an der Kinokasse, warum sie die Kinder ohne Begleitung Erwachsener in den Film gelassen hätte, antwortet diese, man könne nicht früh genug damit anfangen, dass Kinder über fremde Kulturen etwas lernen.
[415] Das Lachen nach den beiden Sexszenen wird an anderer Stelle thematisiert. Vgl. Teil III Kap. 2.4.1 „Es geht doch nur um Sex!". Dann gibt es noch das Lachen, als die Samburu begeistert und erstaunt ihre Mitbringsel aus der Schweiz auspacken: Armbanduhr, Barbiepuppe, Kuhglocke usw., wobei letztere noch eine besondere Bedeutung bekommt und als Metapher benutzt wird.
[416] Diese Reaktionen – allgemeiner Spott, Häme, Auslachen – lassen sich insbesondere in den schriftlichen Äußerungen von RezipientInnen finden, allen voran in vielen deutschen Printmedien. Hier aber geht es nur um das spontane Lachen im Kino an ganz bestimmten Stellen. Es ist im Übrigen auffallend, dass sich dieser Spott in diesem Ausmaß nicht in den untersuchten schweizerischen und österreichischen Zeitungen findet.

Lachstellen im weitesten Sinn etwas über den Blick vom Ort des Eigenen auf das Fremde, über Vorstellungen und Wissen, über den Kontakt und den Umgang mit dem Fremden aussagen. Es sind gelungene Beispiele für eine Interaktion zwischen Film und ZuschauerInnen, für diesen dialogischen Prozess, von dem die neuen Rezeptionstheorien ausgehen. Das Lachen entsteht in der Heterotopie[417] des Kinos – um einen Ausdruck von Michel Foucault zu gebrauchen –, ausgehend als Blick vom eigenen Kinosessel zum Fremden auf der Leinwand. Die RezipientInnen sind im Kino (mit Popcorn und Freund und/oder Freundin) und zur gleichen Zeit im Filmgeschehen. Imagination und Realität, Eigenes und Fremdes gehen schillernde Kombinationen ein: Lachen wird im Prozess des Filmverstehens als Handlung, als Reaktion, als Ergebnis der Interaktion verstanden, deren Analyse wohl nie vollständig sein kann. Die Lachszenen differieren stark, deshalb wird die jeweilige Analyse unterschiedlich umfangreich sein. In Abwandlung der Aussage von Jens Roselt, könnte man sagen: Im Kino lacht nicht unbedingt *ein* Publikum über *die* Filmsequenz, sondern man hat es mit vielfältigen Distanzierungen, Spaltungen und Ausgrenzungen zu tun (Roselt 2005: 226). Wie im Methodenteil bereits dargelegt, wird die Ebene der Filmstruktur mit Hilfe der kognitiven Filmtheorie beschrieben und durch Sequenzanalysen der Lachstellen belegt.[418] Auf der Ebene der affektiven Anteilnahme (hier das Lachen) werden psychologische, philosophische, physiologische, soziologische, kulturanthropologische Theorien angewendet, um schließlich beide Bereiche durch Brückenhypothesen zu verbinden (Eder 2005: 110, 117). Ausgehend von der konkreten Situation im Filmgeschehen wird das davon ausgelöste Lachen in seinem kulturellen Kontext beschrieben und analysiert. Es geht darum, Aussagen über die Filmstruktur mit der Zuschauerreaktion des Lachens zu verknüpfen und im Hinblick auf die Leitfrage und die Thesen zu interpretieren.

---

[417] „Bei den Heterotopien handelt es sich somit um »wirkliche Orte, wirksame Orte«, um »Gegenplatzierungen« und »Widerlager«, in denen die gleichsam wirklichen Plätze und Orte (der Restraum) innerhalb einer Kultur zugleich repräsentiert, bestritten, suspendiert oder umgekehrt werden.[...] Entsprechend will Foucault die Heterotopie als das Andere in der Gesellschaft verstanden wissen: ein Ort, der in einem besonderen Verhältnis zur Gesamtgesellschaft steht. [...] Zwischen den beiden extremen Polen der Illusion und Kompensation kann sich nunmehr eine Vielzahl von heterogenen Orten entfalten, die Gegenstand der Heterotopologie sein können, etwa das Ehebett oder das Kino, ein orientalischer Teppich, der Friedhof, die Klöster [...]" (Chlada 2006: Jungle World Nr.2).
[418] Vgl. dazu Teil I Kap. 5 „Methoden und Forschungsdesign".

4.1. Auf der Suche

4.1.1. Kontext und Sequenzanalyse

Die Protagonistin Carola hat sich am Flughafen von ihrem Freund getrennt. Er fliegt allein in die Schweiz zurück. Sie möchte zunächst in Kenia bleiben und vor allem den Samburukrieger Lemalian wiedersehen. Sie sucht ihn in der Bush Baby Disco, wo sie am Abend zuvor getanzt haben. Dort trifft sie aber nur seine beiden Freunde, d.h. die jungen Männer aus seiner Altersklasse, die sie auch kennt. Sie teilen ihr mit, dass Lemalian nach Hause gegangen sei, nach Barsaloi im Samburudistrikt. Carola ist enttäuscht und irritiert: Der Mann, wegen dem sie in Kenia geblieben ist und wegen dem sie sich von ihrem langjährigen Freund getrennt hat, ist verschwunden. Auf ihre Frage erklären ihr die beiden freundlich, wie sie nach Barsaloi kommen kann.

Sie nimmt also zunächst den Bus von Mombasa nach Nairobi. In Nairobi, auf dem berüchtigten Busbahnhof, fragt sie sich durch und kauft ein Busticket nach Maralal, der nächsten Station, die sie anfahren soll. Im Getümmle, dem Durcheinander und der Geschäftigkeit der vielen Menschen, der hupenden Autos, dem Lärm und Dreck des Busbahnhofes sitzt sie auf einer Bank, mit ihrer roten großen Umhängetasche als Gepäck, und wartet als einzige Weiße ganz selbstverständlich und geduldig auf den Bus. Er sollte laut Auskunft in einer Stunde kommen, aber es wird dunkel bis der Bus schließlich eintrifft. Die Menschen stürzen sich auf den Bus, das Gepäck wird zu dem gepackt, das sich ohnehin schon auf dem Dach des Busses türmt.

Die Fahrt geht los. Sie wird 13 Stunden dauern, zu einem Ort, der im Reiseführer nicht verzeichnet ist, da dort in den trockenen Nordwesten keine TouristInnen hinkommen. Als es Tag wird, sehen auch die ZuschauerInnen: Der Bus ist gut besetzt, aber nicht zu voll, mit Frauen und Männern in überwiegend europäischer Kleidung, einige Frauen mit Kopftuch oder Schal um den Kopf. Die Fahrt geht auf kerzengerader staubiger Straße durch die Savanne. Carola hat einen Fensterplatz, schaut ab und zu hinaus. Sie macht einen ruhigen, entspannten Eindruck, müde zwar, aber guter Dinge, voll freudiger Erwartung, ohne aufgekratzt zu sein.

Handlung	Dialog	Geräusche	Kameraführung/ Einstellung	Zeit
Carola im Bus nach Maralal, der auf der Piste durch die Savanne fährt; sie ist die einzige Weiße im Bus; neben ihr sitzt eine Afrikanerin, die müde und ernst aussieht und ihr Kopftuch zurecht rückt.		Autogeräusche, Motorengeräusche, afrikanische Musik aus dem Off	Schwenk über das Innere des Busses; Großaunahme der beiden Frauen;	0.15.22
Carola und die Afrikanerin	Carola: Are you o.k.?	dgl.	Schwenk auf	

beginnen eine Konversation. Carola wendet sich lächelnd ihrer Nachbarin zu	(mit deutschem Untertitel)		Carola/Großaufnahme	
Afrikanerin schaut Carola mit müden Augen an	Afrikanerin: Malaria, very bad	dgl.	Schwenk auf die Afrikanerin, Großaufnahme	0.15.26
	C.: oh	dgl.	Schwenk auf Carola	
	A.: Are you a doctor?		Schwenk auf beide	0.15.33
Carola lacht kurz auf, antwortet freundlich	C.: No			
	A.:Where are you going?	dgl.		
	C.: Maralal			
	A.:What for? Business?	dgl.	Schnitt: Großaufnahme Carola	0.15.49
Carola schaut jetzt vor sich hin	C.: No	Immer noch Motorengeräusche und afrikanische Musik aus dem Off		
Sie lacht verlegen, dreht den Kopf	C.: For a man	dgl.		
Die Afrikanerin strahlt plötzlich, die Müdigkeit wie weg geblasen	A.: Samburu?	Die afrikanische Musik aus dem Off jetzt mit Gesang	Schnitt Großaufnahme Afrikanerin	
Carola nickt, lächelt verlegen, schaut kurz zum Busfenster hinaus		dgl.	Schnitt/Carola Großaufnahme	
Die Afrikanerin lacht, dreht sich zu ihrer Nachbarin über den Gang im Bus und erzählt lebhaft auf Kishuaheli, was Carola gesagt hat	Wie ein Lauffeuer verbreitet sich die Nachricht; auf Kishuaheli wird weitererzählt; hörbar und verständlich immer nur die beiden Worte Samburu und Maralal	Lautes Gelächter im Bus, neben der Musik und dem Gesang aus dem Off	Schwenk auf die Afrikanerin, dann auf die andere Frau	0.16.10
Die Nachbarin verdreht vielsagend die Augen, lacht laut und dreht sich zu den Businsassen hinter sich um	Ha, ha, ha, hu, hu	Stimmengewirr, lautes herzhaftes Gelächter von Männern und Frauen, dahinter Musik und Gesang	Schwenk auf die anderen Businsassen, Totale auf das Innere des Busses	0.16.16
Mit wenigen Ausnahmen lachen alle im Bus fröhlich und laut	Ha, ha, ha	dgl.	Schwenk auf die Männer und Frauen im Bus	
Carola und ihre Nachbarin schauen sich an; lächeln sich an, schauen dann beide versonnen vor sich hin		dgl.	Schnitt, Nahaufnahme beide Frauen	
Carola schaut aus dem Busfenster auf die vorbei fliegende Savannenlandschaft		dgl.	Großaufnahme Carola	0.16.26
			Schwenk aus dem Busfenster auf die Savannenlandschaft	
			Totale auf Savannenlandschaft/Weitaufnahme	
Beide Frauen lächeln versonnen		Afrikanische Musik aus dem Off ohne Gesang	Schnitt/Schwenk auf beide Frauen	0.16.28

4.1.2. Analyse und Interpretation

In dieser Sequenz wird viel gelächelt und gelacht – in verschiedenen Konstellationen und aus unterschiedlichsten Beweggründen. In Szene 0.16.16 schließlich lachen nicht nur fast alle AfrikanerInnen im Bus, sondern auch die Protagonistin und die meisten KinobesucherInnen – ein großes, kurzes Gelächter in der ganzen Spannbreite, die Lachen haben kann, von herzhaft-laut bis unsicher und irritiert, ein Lachen, das schließlich in Lächeln übergeht. Es ist dies die erste Lachszene des Films, die einzige, in der gleichzeitig im Film gelacht wird und die in der Rezeption – in den Printmedien – zwar nur kurz, aber explizit thematisiert wird. Die Szene zeigt auf der einen Seite die Vielschichtigkeit und möglichen Missverständnisse in einer realen und medial simulierten interkulturellen Situation, auf der anderen Seite auch, wie leicht diese oft – durch Lächeln und Lachen – bewältigt werden können.

Das Interessante an dieser kurzen Szene ist ihre Komplexität. Innerhalb weniger Sekunden sehen sich die ZuschauerInnen in der Interaktion, wie noch zu zeigen ist, mit einer Fülle von dichten, irritierenden, widersprüchlichen Gedanken und Gefühlen konfrontiert. Das Lachen besitzt hier „mehrere Schichten, die einander überlagern" (Stern 1980: 39). Die Überlappungen, Irrtümer und Mutmaßungen innerhalb der Szene korrespondieren mit denen zwischen der Filmgeschichte und dem Kontextwissen der RezipientInnen. Sie lachen spontan mit – auch das aus unterschiedlichen Gründen, die in den wenigen Sekunden während der Rezeption gar nicht reflektiert werden können. Erst im Nachhinein, beim Kommentar für eine Zeitung oder auf die Frage im Interview, werden Erklärungen für das Lachen konstruiert. Diese Konstruktionen, aber auch das spontane Kinolachen selbst, sagen etwas aus über die Wahrnehmung dieser Geschichte, dem Blick vom Ort des Eigenen auf das Fremde. Das große gemeinsame Lachen schließlich verbindet RezipientInnen und Filmfiguren, wie noch zu zeigen ist, nur in der Tätigkeit des Lachens, nicht in Anlass und Motivation. Auch wenn es auf den ersten Blick so aussieht, als fänden alle das Gleiche komisch, zeigt gerade diese Lachszene, dass Lachen „ohne Einbeziehung des sozialen und kulturellen Grundmusters" nicht gedeutet werden kann (Pfleiderer 1986: 343). Erfahrungsgemäß ist das, was komisch ist, nicht kulturunabhängig zu klären. Was als komisch empfunden wird, ist abhängig von kulturellen, insbesondere ästhetischen und ethischen Standards (Grubmüller 2005:111).

Der Film läuft bis zu dieser Szene 15 Minuten. Bisher wurden in dichten Sequenzen die Ereignisse des letzten Urlaubstages wiedergegeben: die Begegnung mit dem Samburukrieger, der missglückte Drogendeal und die anschließende Hetzjagd, der verpasste Bus zum Hotel, der von der Hotelbewachung abgewiesene Samburu, der Tanz in der Disco, der einsame Entschluss, die plötzliche Trennung am Flughafen.

Die Protagonistin hat alles auf eine Karte gesetzt, ihren Freund verlassen wegen eines Mannes, den sie gar nicht kennt, in den sie sich Hals über Kopf verliebt hat, und ist nun allein in diesem fremden Land. Die KinobesucherInnen werden von den Ereignissen kognitiv und emotional in Atem gehalten, je nach Rezeptionsstil mehr oder weniger – und je nach Afrikabild[419]. Sie gipfeln schließlich in der Nacht am Busbahnhof von Nairobi. Dort, wo das Auswärtige Amt TouristInnen dringend abrät sich überhaupt aufzuhalten, auch tagsüber nicht, dort wartet Carola in der Dunkelheit allein auf die Abfahrt des Busses.[420] Auch davon wird dringend abgeraten – die Busse ins Hinterland seien schrottreif und extrem unsicher. Sie spricht die Sprache nicht, verständigt sich notdürftig auf Englisch und will zu einem Ort in einer Gegend, der in keinem touristischen Reisebuch erwähnt wird. Schließlich kommt der Bus, die Menge stürzt sich darauf. „Ich dachte, die wird gar nicht da rein kommen" (Interview). Es ist dunkel – im Bus und auf dem Bahnhof. Niemand weiß, wer alles mitfährt. „Ich dachte nur, ob das alles gut geht [Pause]. Ich kannte zwar das Buch, aber diese Szene gibt es im Buch ja nun nicht genauso. Im Film wird immer etwas verändert. Ich war trotzdem ziemlich angespannt – ja, doch, es war sehr spannend" (Interview).

Um diese Lachszene zu verstehen ist die Vergegenwärtigung des Spannungsaufbaus wichtig, denn „allemal begleitet Lachen, das versöhnte wie das schreckliche, den Augenblick, da eine Furcht vergeht" (Adorno 1984: 162). Wenn die Spannung nachlässt, oder wie Immanuel Kant es formuliert hat, wenn wir „der plötzlichen Verwandlung einer gespannten Erwartung in nichts" beiwohnen (Kant 2001: 229), ist das Anlass zum Lachen, zumindest zu einer heiteren Stimmung. So entpuppt sich die Busgesellschaft in der Morgensonne für europäische RezipientInnen als vollkommen harmlos, der Bus hatte keine Panne und ist nicht zusammengebrochen. Die Musik aus dem Off tut ihr Übriges.[421] Letztlich ist das große Lachen, in das die Szene schließlich einmündet, auch ein Lachen aus Erleichterung, das sich hier bereits vorbereitet.

In der Morgensonne sehen die RezipientInnen erleichtert, wie Carola erwartungsfroh und zuversichtlich im Bus sitzt. Sie beginnt ein Gespräch mit ihrer Nachbarin, zeigt Interesse und Mitgefühl, begleitet vom verbindlichen, freundlichen Lächeln als Universalsprache des Menschen, als Kommunikationsmittel.[422] Auch wenn es dar-

---

[419] Vgl. Teil III Kap. 2.1 „Afrikabilder".
[420] Vgl. Teil III Kap. 2.2.1 „Achtung: Kenia!".
[421] Nicht zu vergessen: Was hier in der Analyse zwangsläufig zeitlich gedehnt wird, läuft in der Realität des Film in Sekunden ab.
[422] Hier wird immer gern Irinäus Eibl-Eibesfeldt zitiert, der Lachen und Lächeln als angeborenes (siehe dazu auch Hartmann 2003: 91) und universales (siehe dazu Pfleiderer 1986: 339) Ausdrucksverhalten sieht.

über keine systematischen ethnologischen Forschungen gibt, kann man davon ausgehen, dass Lächeln – wie in vielen Kulturen – auch bei den Kenianern als eine Art freundlicher Gruß oder als Signal für einen Kontaktbeginn gedeutet wird. Das Bedeutungsspektrum des Mienenspiels variiert kulturell in einem bestimmten Rahmen, aber Irinäus Eibl-Eibesfeldt geht grundsätzlich davon aus, dass „das lebhafte Mienenspiel des Menschen signalisiert, kulturenübergreifend und daher für alle Menschen verständlich, bestimmte elementare Handlungsbereitschaften (Gefühlslagen) und Bedürfnisse" (Eibl-Eibesfeldt 1999: 641/648). In diesem Fall des Begrüßungs- und Beschwichtigungslächelns trifft das sicher zu, auch wenn EthnologInnen diesen Satz nicht unbeschränkt gelten lassen würden.

Die Frage ihrer Nachbarin, ob sie Ärztin sei oder wegen Geschäften die Reise mache, kommentiert Carola – und mit ihr die Leute im Kino – mit einem kurzen Auflachen. Offenbar sind das für die Afrikanerin die einzig denkbaren Gründe, warum eine Weiße in das abgelegene Gebiet im Nordwesten Kenias fährt, denn eine Touristin würde sich nicht dorthin verirren. Mit den Bildern von AfrikanerInnen über EuropäerInnen konfrontiert, mit den Klischees, dass EuropäerInnen, die ins Hinterland fahren, nur entweder Ärzte oder Geschäftsleute sein können, reagieren die KinobesucherInnen amüsiert mit Lachen. Dass EuropäerInnen Klischeevorstellungen über andere Kulturen haben, wird oft thematisiert. Aber es ist offensichtlich komisch, mit Klischeevorstellungen anderer Kulturen über uns konfrontiert zu sein. „Ja, also ich musste schon grinsen, als sie das fragt wegen doctor und business". „Es war irgendwie komisch, als wären wir alle nur Arzt oder Geschäftsmann, außer Tourist natürlich. Als wäre Tourist ein Beruf. Ach, ich weiß auch nicht, es hat mich halt amüsiert". „Der ganze Kontakt beschränkt sich auch auf diese beiden Gebiete, oder nicht? Ich musste auch lachen, aber eigentlich ist es ja gar nicht zum Lachen, oder? Die kennen halt außer den Touristen nur diese beiden Sorten von Europäern" (Interviews).[423]

Als Carola den wahren Grund für ihre Busreise nach Maralal sagt, bricht die Afrikanerin in Lachen aus, erzählt die Neuigkeit gleich weiter – bis (fast) alle im Bus lauthals lachen. Im allerersten Moment sind die meisten RezipientInnen darüber irritiert, wirkt das Lachen der AfrikanerInnen auf sie befremdlich, dann aber ansteckend. Lachen ist bekanntlich „in all seinen unterschiedlichen Schattierungen sowohl eine individuelle Reaktion als auch ein kollektives Erlebnis" (Roselt 2005: 234).

---

[423] Wie sehr sich der Kontakt zwischen Europa und Afrika tatsächlich auf helfen und handeln beschränkt, thematisiert (und kritisiert) die Talkrunde des ZDF Nachtstudios vom 18.5.2008. Thema: „Passion Afrika: Helfen oder Handeln?"
http://www.zdf.de/ZDFde/inhalt/10/0,1872,1021354_idDispatch:7646473,00.html [5.6.2008].

Warum lachen die AfrikanerInnen im Bus? Das Lachen eines Dritten stelle eine Form des Urteils dar, interpretiert Wilhelm Genazino Theodor W. Adorno. „Das in unserer Umgebung, in Hörweite, auftönende Lachen ist immer anzüglich, weil es nicht sagt, was es an uns verurteilt. Das Lachen drückt nur das fertige Urteil aus, nicht seinen Inhalt und nicht seine Begründung" (Genazino 2004: 182). Die Begründung wird in den Printmedien eindeutig und monokausal gegeben: Die AfrikanerInnen im Bus lachen die Weiße aus. So schreibt die Berliner Zeitung: „Caroline (Nina Hoss) fährt in den abgelegenen Norden Kenias und sucht einen Mann. Die Frauen im Bus lachen sich kaputt" (Vogel, Berliner Zeitung 14.9.2005)[424]. Und jump-cut kommentiert: „Eine Odyssee beginnt. Carola begibt sich auf ihre einsame, verschwitzte Tour durch die unbekannte Welt Afrikas. Naiv erzählt sie einer Mitreisenden im Bus von ihrer Fährtensuche nach einem Mann. Die Botschaft wird rumerzählt. Alle machen sich lustig über die Weiße, die nach dem Massai Ausschau hält" (Mattern, jump-cut 15.9.2005). Wie noch zu zeigen ist – und das ist nun wirklich komisch –, ist das eine gänzlich falsche Interpretation ihres Lachens, ein missverstandenes „Urteil".

Einige RezipientInnen stimmen in dieses Lachen ein, lachen Carola aus, weil sie sich derartig „naiv und leichtsinnig" auf die Suche nach dem Samburukrieger macht, in den sie sich verliebt hat. „Das ist ja auch lächerlich" (Interview). „Wie kann man nur so dumm sein" (Forum) und als Weiße diesem „archaischen Macho hinterher hecheln" (Zander, Berliner Morgenpost 15.9.2005). Sie stimmen ein in das Lachen der AfrikanerInnen im Bus, die aus dem vermeintlich gleichen Grund lachen. Vielleicht ist es eine kurze Vermutung schon während des Films, vielleicht erst die Erklärung für das eigene Lachen im Nachhinein. Für diese RezipientInnen wäre Auslachen völlig nachvollziehbar und auch die Begründung für ihr eigenes Lachen. Alle, die der Protagonistin Naivität und Leichtsinn vorwerfen und diese in den vergangenen 15 Minuten Film bestätigt sehen, lachen sie aus. Sie lachen über die konstatierte Naivität der jungen Schweizerin. „Wie kann man nur so blauäugig und naiv sein" (Interview). Das Prinzip des Lächerlichen wirkt hier als Sanktionsmechanismus. Schon in der Verlachkomödie der Frühaufklärung, so Georg Braungart, sei eine Person, die das aufklärerische Normensystem verletzt, dem Lachen preisgegeben; dadurch würde eben dieses Normensystem bekräftigt (Baumgart 1996: 236). Das Paradigma der Rationalität[425] lässt auch heute nicht mit sich spaßen.

Arno Stern hat zum Lachen seine axiologische Theorie entwickelt. „Wenn man von einer gegebenen Gruppe von Menschen nichts wüsste als das, was sie zum La-

---

[424] Abgesehen davon sieht man auch hier wieder die auffallend schlampige Recherche vieler Printmedien: Carola heißt hier Caroline.
[425] Vgl. Teil III Kap. 2.2.2 „Das Paradigma der Rationalität".

chen und Weinen bringt, wäre sie bereits hinreichend charakterisiert. Wir würden damit ihr Wesen kennen, das heißt ihr Wertsystem" (Stern 1980: 18). Er geht davon aus, dass die Gesellschaft und der Einzelne das Lachen benutzen, um auf indirekte Weise die Erhaltung des eigenen Wertsystems zu sichern, durch Degradation jedes anderen, konkurrierenden Wertsystems (Stern 1980: 174). Hier würde das bedeuten, dass die RezipientInnen durch ihr Lachen die Vernunft als Wert verteidigen und Naivität degradieren. So bestätigt diese Lachszene als emotionale Reaktion, was diese (oder andere) RezipientInnen bereits kognitiv bearbeitet und in Amazonrezensionen verbalisiert haben. Carola wird als „naiv und dumm" tituliert, und in diesem Sinn zeigt sich „die Dummheit, die uns lachen macht als eine Degradation des positiven Wertes der Intelligenz" (Stern 1980: 74), die Naivität, die uns lachen macht als eine Degradation des positiven Wertes der Rationalität.

Meine beiden kenianischen Interviewpartner jedoch fanden diese Interpretation ganz und gar abwegig. „Nein, die lachen doch gar nicht über die weiße Frau. Und wieso soll die dumm sein?" Als ich ihnen im Interview auf diese Frage sage, dass deutsche RezipientInnen Carola auslachen, weil sie ihr Verhalten für naiv, dumm und leichtsinnig halten, verschlägt es ihnen die Sprache. Ich fühle mich unwohl. Das Wort Rassismus ist plötzlich unangenehm spürbar im Raum. Sie lächeln unsicher: „ Ja, aber was ist daran dumm. Wenn eine Europäerin sich in einen Afrikaner verliebt, wenn es auch nur ein Samburu ist. Was ist daran dumm?"[426] Und kopfschüttelnd: „Auf keinen Fall lachen sie über Carola. Wie kommen die Leute darauf? Die lachen doch über die Samburu!"

Das Lachen der Afrikanerin, der die Neuigkeit als erstes erzählt wird, hat wiederum nichts Bösartiges oder Überhebliches. Sie prustet einfach auf das Stichwort *Samburu* los, ein herzhaftes, lautes, amüsiertes Lachen. Ein Teil der RezipientInnen lacht auch über diese Frau, die da so ungeniert, anzüglich und gleichzeitig explosiv in der Öffentlichkeit lacht. Schon im viktorianischen England verurteilte die gute Gesellschaft das Lachen aus vollem Halse als unanständig und pöbelhaft. Der Zivilisationsprozess habe das Lachen auf eine mäßige Größe zurechtgestutzt. So zitiert Michael Schröter Norbert Elias, der dazu in einem unveröffentlichtem Essay („Essay on Laughter") seine Gedanken äußert (Schröter 2002: 861/862). Irgendetwas ist daran für sie und die anderen wahnsinnig komisch, ein Lachen, das ansteckend ist, auch wenn die RezipientInnen gar nicht wissen, warum gelacht wird. Schließlich gibt es nur wenige im Kinosaal, die so viel Sprachkompetenz oder Kontextwissen über das Zusammenleben der verschiedenen Ethnien in Kenia haben, um zu verstehen, warum die Afrikaner wirklich lachen. Wenn sie es wüssten, würde so manchem das

---

[426] Meine beiden InterviewpartnerInnen gehören zum Stamm der Luo.

Lachen im Hals stecken bleiben. Für Europäer wäre es gar kein Grund darüber derartig laut zu lachen, denn die Afrikaner im Bus lachen über die Samburu wie über einen guten Witz. Und der Witz, da ist Walter Grasskamp zuzustimmen, ist eben nicht von vorneherein unschuldig, sondern fast stets destruktiv auf Kosten seiner Protagonisten. „Denn meist deklassiert er Abwesende – sei es im Irrenhaus, sei es im Ethnowitz – damit sich der Erzähler mit seinesgleichen solidarisieren und nach außen abgrenzen kann" (Grasskamp 2002: 779).

Die Samburu sind für sie Witzfiguren[427] – das bestätigen auch die beiden Kenianer und alle InterviewpartnerInnen mit langjährigen Erfahrungen in Kenia. In ihrer traditionellen Kleidung, dem nackten Oberkörper und den roten Tüchern, den geflochtenen Haaren, den Bemalungen sind sie der lebende Beweis für Hinterwäldlerei, Sturheit, Eitelkeit und Dummheit. Sie können nicht lesen und schreiben, tanzen für TouristInnen, ziehen mit ihren Herden durchs Land. Soziologisch würde man dieses Lachen als Bestrafung für ein Verhalten ansehen, für eine Exklusion aus der kenianischen Gesellschaft, die die Samburu selbst vornehmen, in dem sie ihre Traditionen pflegen. In Bezug zur Degradation von Werten in Sterns Theorie könnte man sagen, die AfrikanerInnen (überwiegend europäisch gekleidete Kikuyu)[428] verteidigen mit ihrem Lachen die Werte von Fortschritt und Bildung in einem modernen Kenia und degradieren die Werte der Samburu: Tradition und ein Leben als Pastoralisten. Man kann auch, „in diesem Gelächter einen Verweis der Gesellschaft gegen die separatistischen Tendenzen" dieser ethnischen Gruppe sehen, „einen Versuch, ihre durch Tradition und Erziehung erworbene Anpassungsunfähigkeit zu korrigieren" (Stern 1980: 36/37).

So betrachtet, vertreten die lachenden AfrikanerInnen im Bus ein dynamisches Kulturbild und degradieren das statische der Samburu. Das aber würde – das hat die Analyse der Rezeption bereits deutlich gemacht – vielen RezipientInnen gar nicht gefallen. Die paternalistische Haltung den Massai und Samburu gegenüber und die Tendenz, deren bewunderte Kultur gewissermaßen ‚arterhaltend' zu beschützen, hängt stark mit dem „Mythos Massai" zusammen und zieht sich durch die ganze Rezeption. Dazu kommt die marginalisierte Stellung der Samburu im kenianischen Staat (in den ersten 15 Minuten durch die Szene am Hoteleingang thematisiert, wo der Samburu auch nicht als persönlicher Gast einer Weißen das Hotel betreten

---

[427] „Jede Nation sucht sich eine Gruppe, auf die sie herunterspucken kann. In den USA waren das die Polen, in Kanada die Ukrainer und die Neufundländer, in der UDSSR die Armenier, in Österreich die Burgenländer, [. . .] auf Toga die Insulaner von Ena" (Raeithel 2002: 920). In Deutschland gibt es Ostfriesenwitze.
[428] Im Vielvölkerstaat Kenia sind die Kikuyu sowohl das größte als auch das einflussreichste Volk.

darf)[429]. Das wiederum bringt EuropäerInnen eher zu einer empörten Reaktion, niemals zum Lachen. Schwachen zu helfen, Unterdrückte zu unterstützen, Minderheiten zu schützen, Kulturen und Traditionen zu erhalten sind Werte, die EuropäerInnen hoch halten, auch wenn diese im eigenen Land manchmal recht wenig beachtet werden. Für diese Kinosituation bedeutet das: AfrikanerInnen und RezipientInnen lachen zur gleichen Zeit, aber aus unterschiedlichem Anlass. Ihre jeweiligen Lachgründe sind für den anderen völlig unverständlich, ja, das Lachen des Anderen würde ihnen buchstäblich vergehen, wenn sie den wahren Grund für das jeweilige Lachen kennen würden. Es werden jeweils Werte degradiert, die der andere verteidigen würde.[430]

Für die AfrikanerInnen kommt der Lachanlass unverhofft und plötzlich. Ein, zwei Worte genügen, und fast alle brechen in Lachen aus. Das spricht für eine Lachgemeinschaft,[431] die ohnehin eine Gruppe bildet und „durch ein gemeinsames Ethos, familiäre Bande, gemeinsame soziale Stellung oder Arbeit miteinander verbunden ist und diese Verbundenheit durch gemeinsames Lachen bekräftigt" (Wittchow 2005: 87). Die, die nicht mitlachen (können oder wollen) gehören ethnisch nicht zu ihrer Gruppe wie z.B. die verschleierten Somalifrauen oder Carola. Für die Businsassen sind die Samburu also lächerlich. Aber das ist eine Seite: Denn sie haben auch Angst vor ihnen.[432] Sie bewältigen ihre Angst, in dem sie über die Abwesenden lachen.

Für die RezipientInnen wird das Lachen dramaturgisch vorbereitet, was Lachen zwar nicht garantiert, aber wahrscheinlicher macht. Und warum lachen die KinobesucherInnen? Lachen alle Carola aus? Lachen sie beispielsweise einfach mit, weil Lachen ansteckend ist? Weil die „kreatürliche-anarchische Fröhlichkeit uns zum Mitlachen verführen kann?" (Beise/Mücke 2003: 59). Gleichgültig ob KinobesucherInnen das Buch kennen oder nicht, und ob sie Carolas Verhalten tolerieren oder nicht: Es gibt an dieser Stelle nach erst einer Viertelstunde Film eigentlich auch für NegativbewerterInnen keinen Grund für Spott über die Protagonistin – noch hat sie

---

[429] Später im Film gibt es eine ähnliche Szene, wo er in seiner traditionellen Kleidung das Amtsgebäude in Nairobi nicht betreten darf und sich erst umziehen muss, d.h. europäische Kleidung anlegen muss.
[430] Allerdings lachen auch Samburu über Dummheit, wenn z.B. jemand wie Carola nicht weiß, wie man eine Ziege melkt oder Tee zubereitet. „Dummheit" ist relativ. Eigenes und Fremdes sind nicht so konträr, wie es von außen scheinen mag, auch nicht in Bezug zu Werten. Dummheit macht offenbar alle lachen. Der Punkt ist nur: die RezipientInnen finden die Samburu ja gar nicht „dumm", im Gegenteil klug. „Also, wer sagt dass die LEUTE primitiv sind, der hat keinen Respekt vor anderen Kulturen" (Forum).
[431] Lachgemeinschaften sind soziale Gebilde von unterschiedlicher Größe, Struktur und Stabilität. Sie kommen auf, wenn gemeinsame Wissensgründe entstehen, auf Grund geteilter Relevanzen, eines Interesses an einer subjektiv ausgehandelten Moral, ähnlicher kommunikativer Praktiken und Interpretationen und der Fähigkeit, ein Thema von seiner leichten Seite zu nehmen (Kotthoff 2005: 332).
[432] Vgl. Teil III Kap. 2.3 „Mythos Massai".

nichts *falsch* gemacht, noch ist sie in keiner Weise gescheitert, hat im Gegenteil erfolgreich mit ihrer Nachbarin durch Lächeln und Anteilnahme Kontakt geknüpft – wie man das auch bei uns und erst recht in einem fremden Land höflicherweise tut. Im Umgang mit dem Fremden war sie für europäische RezipientInnen vorbildlich: freundlich, offen, doch zurückhaltend und unaufgeregt, nicht von oben herab, ganz natürlich. Die soziale Funktion des Lächelns funktioniert beruhigend auch im interkulturellen Raum. Die Angst vor Fragmentierung wird durch Lächeln und freundliches Lachen entwaffnet.[433] Lächeln überbrückt Unterschiede und schafft Verbindung. Es funktioniert als „soziales Schmieröl" (Grasskamp 2002: 786) und hat „nun gerade die Funktion, jede separatistische Tendenz zu unterdrücken" (Stern 1980: 36).

Es gibt auch eine ganz andere Begründung für das Lachen: Kein Auslachen von Carola, sondern von all denen, die Angst vor Afrika haben – manchmal vielleicht auch ein Weglachen der eigenen Angst. Solange von Mut und Leichtsinn und von Naivität die Rede ist, schwingt im Hintergrund das Bild des gefährlichen Afrika mit: Warum sonst sollte man Mut aufbringen müssen, verbietet sich Naivität, und warum sonst würde man des Leichtsinns beschuldigt? In der Rezeption gibt es jedoch auch etwas jenseits der Dichotomie von Mut und Leichtsinn, jenseits aller Bilder, die Afrika als gefährlich wahrnehmen lassen. Die zwar müde, aber entspannte und heitere Carola im Bus schaut erwartungsfroh auf die vorbeiziehende Savanne. Sie durchbricht mit ihrem Verhalten und ihren Handlungen die Angst vor Afrika. Sie selbst hat tatsächlich keine Angst[434] und die RezipientInnen sehen das mit Erstaunen. Die eigene Angst erscheint plötzlich irrational und im wahrsten Sinn des Wortes lächerlich. Rezeption verstanden als Interaktion macht es zumindest für den Moment des Kinobesuches möglich, diese Angstfreiheit mitzuerleben, und ein Ausdruck davon ist Lachen. Danach, in Gesprächen, Diskussionen, Reflexionen, wird über diese Ungeheuerlichkeit, die hier real und stellvertretend gelebt und fiktiv miterlebt wird, geredet und geschrieben und Gründe gesucht für das eigene, befreite Lachen.

Die Bewertung der Handlung der Protagonistin liegt im Auge der BetrachterIn. Für viele ist ihr Verhalten Ausdruck von Offenheit, Unvoreingenommenheit und positiver Neugier einer fremden Kultur und einem Mann aus dieser Kultur gegen-

---

[433] „Der Mensch besitzt im Lächeln einen wichtigen Aggressionspuffer. Ein Lächeln entwaffnet […]. Aber Lächeln hemmt nicht allein die Aggression eines anderen, es löst darüber hinaus auch freundliche Antworten aus" (Eibl-Eibesfeldt 1999: 206). „Nehmen wir ein Lächeln wahr, so setzt dies, vermuten wir, jene hirnchemischen Prozesse in Gang, die Mitlächeln und freundliche Stimmung bewirken"

[434] Dabei werden im Film (und vor allem im Buch) sehr wohl realistischerweise gefährliche Situationen gezeigt, denen sie aber ziemlich nüchtern und pragmatisch begegnet, wenn sie denn eingetreten sind z.B. ein Moskitonetz kauft, bestimmte Hotels in Nairobi meidet, für Essen sorgt, das ihr bekommt u. ä.

über. „Ich würde nicht von Naivität, sondern von großem Mut und Vertrauen sprechen" (amazon, customer). Hier werden Lächeln und Lachen, fast trotzig[435] und siegesgewiss, ein Ausdruck der eigenen Meinung: dass es passieren kann, dass man sich in einen Samburu verliebt. Einige Zitate aus dem Forum sollen dies illustrieren: „Das Land und die Leute sind wunderbar"; „Ja, sie sind in Ihrem Denken nicht leicht, aber die treuesten und zu Ihrer Frau stehenden Männer der Welt […] mein Mann kein Massai er kommt aus Ghana"; „[…] dieser Kontinent steht was Wärme, Herzlichkeit, Gastfreundschaft und Ausstrahlung betrifft an erster Stelle." Dass Afrika nicht so gefährlich ist, wie viele meinen, dass es sich lohnt, dahin zu reisen. Das wird sogar auch von einigen Printmedien thematisiert. Die Degradation bezieht sich hier auf Werte wie Vorsicht und Vernunft, durch Lachen werden Werte wie Mut und Vertrauen verteidigt.

Das Verwirrspiel über exkludierendes und inkludierendes Lachen einer Gruppe ist Teil der Komik der Szene – was in der Realität für die Betroffenen meist gar nicht komisch ist. Auch in unserer Gesellschaft gehört Lachen „zu den kulturellen Signalen, nach denen […] ziemlich gnadenlos sortiert wird, wer dazugehört und wer nicht […]" (Maase 2002: 875). Die BusinsassenInnen exkludieren die Samburu, in dem sie sich über sie lustig machen. Sie exkludieren Carola, die nicht versteht, warum sie lachen und es ihr auch nicht erklärt wird. Sie exkludieren die RezipientInnen, die auch nicht wissen, warum gelacht wird, die aber ihre eigenen Gründe zum Lachen entwickeln, sich in der Filmsituation erst einmal einfach vom herzhaften Lachen im Bus anstecken lassen. Das Mitlachen kann so auch als Versuch interpretiert werden, die Exklusion aufzuheben oder wenigstens zu mildern – nichtsahnend, dass die Lachgründe gänzlich andere sind, als man annimmt. Es ist in der Filmszene nicht klar, ob Carola das Lachen auf sich bezieht und sich ausgelacht fühlt. „Solange die Degradation leicht bleibt, wird das Opfer mitunter selbst mitlachen" (Stern 1980: 62). Für Carola ist das Mitlachen in dieser Hinsicht lebensnotwendig. Wenn man in einem fremden Land mit fremden Gebräuchen plötzlich – wenn auch nur indirekt – Auslöser für Lachen wird, ist es das Beste – das kann jeder Feldforscher bestätigen –, man lacht (verhalten) mit. Unter dem Aspekt der Exklusion wird man so wieder Teil der Gruppe, wenigstens der Lachgemeinschaft, auch wenn man ihre Lachgründe nicht kennt, und wenn man sie kennen würde, sie gar nicht teilen würde.

Es gibt auch RezipientInnen, die keine Gründe konstruieren, warum die AfrikanerInnen im Bus wohl gelacht haben könnten. Für sie bleiben Tratsch und Lachen völlig unverständlich, und sie reagieren dementsprechend irritiert und unwillig. „Was gibt's denn da zu lachen? Tratscht gleich im ganzen Bus weiter, was nur ihr erzählt

---

[435] Viktor E. Frankl bezeichnete Humor und Lachen als eine „Trotzmacht".

wird, was Carola ja auch ein bisschen peinlich war nach diesem Gefrage nach doctor und business. Und die lachen sich tot. Also ich weiß nicht – ich hab mich eher geärgert" (Interview). Aber: „Ich hab dann doch mitgelacht. Es war einfach komisch – dieser ganze Bus voller Afrikaner, die sich ausschütten vor Lachen. Das wäre bei uns undenkbar"; „Keine Ahnung, warum die gelacht haben. Ja, ich habe auch gelacht. Ja, doch, ich hatte das Gefühl, die lachen über sie, wusste aber nicht wirklich, ob das stimmt." Unsicherheit und Irritation werden weggelacht. Vermutetes Auslachen der Weißen (mit der man sich identifiziert) umgedreht in Auslachen der Schwarzen, die da so albern und laut im Bus lachen und damit alle Klischees von den fröhlichen Afrikanern mit mangelnder Affektkontrolle bedienen. „Der schwere Deutsche, ein Klischee" (Martenstein 2002: 906) gegen das Klischee der Leichtigkeit der Afrikaner. Das entbehrt in der Tat nicht einer gewissen Komik. So verlieren auch sie „die Kontrolle" und lachen mit. Wenn es keine Antwort mehr gibt, so würde man mit Helmuth Plessner argumentieren, antwortet der Körper, wird Lachen zur Antwort (Plessner 1950: 190/191).[436] Der Tratsch im Bus: er spricht für die Annahme einer Gruppe, die einheitliche Werte und Sinnkonstruktionen teilt.[437] So unverbindlich die AfrikanerInnen da im Bus nebeneinander sitzen, sie sind verbunden – das gemeinsame Lachen stärkt und bekräftigt die Gruppenzusammengehörigkeit. „Pour comprendre le rire, il faut le replacer dans son milieu naturel, qui est la société; il faut surtout en déterminer la fonction utile, qui est une fonction sociale" (Bergson 1946: 6).[438]

Es wurde aus jeweils unterschiedlichen Gründen gelacht – RezipientInnen und Filmfiguren haben nur von außen gesehen eine spontane Lachgemeinschaft gebildet. Die AfrikanerInnen hatten ihren Spaß. Für die RezipientInnen ist die Spannung der Nacht verflogen, die Aufregungen der letzten Tage klingen ab, Ängste sind verschwunden, Bedenken reduziert, Sicherheiten wurden wieder gefunden, Werte verteidigt – alles durch Lachen. „Wer lacht, beißt nicht", das scheint in einem fremden Land eine beruhigende Botschaft. Die Sonne scheint, der Bus fährt durch die Savannenlandschaft. Alle, die Menschen im Bus und die im Kinosaal, spüren die Erleichterung, Entspannung und die optimistische Wirkung des Lachens. Manche Rezipien-

---

[436] Siehe dazu auch: Seibt 2002: 761/762.
[437] Die Bedeutung und Funktion des Tratsches wäre ein gesondertes Thema und würde den Analyserahmen der Lachstelle sprengen. Für deutsche RezipientInnen ist Tratsch eindeutig negativ konnotiert.
[438] Ohnehin sehen einige einflussreiche Theoretiker (z.B. Freud und Bergson) im Lachen überwiegend ein soziales Geschehen, ein Gruppenphänomen, resümiert Hans Rudolf Velten (Velten 1986: 128). Und er zitiert an dieser Stelle Henri Bergson: „Das Lachen wird nur verständlich, wenn man es in seinem eigentlichen Element, d.i. in der menschlichen Gesellschaft belässt und vor allem seine praktische Funktion, seine soziale Funktion zu bestimmen sucht"

tInnen sind skeptisch, die meisten aber haben für diesen Moment der Interaktion mit dem Film ihre Angst verloren – die vor Afrika, die vor einer Fragmentierung der Welt ebenso wie die vor einer Vereinheitlichung. Afrikanische Musik klingt aus dem Off. Das verbindende Element des Lachens ist das, was an dieser Stelle spürbar ist und bleibt. Lachen geht in Lächeln über. Das unreflektierte, spontane Kinolachen kann man zunächst nicht erklären noch muss man es. Nichtsdestotrotz verbindet es. Die Gemeinschaft stiftende Wirkung des Lachens unterstützt die Heterotopie des Kinos: Am Schluss der Szene sitzen die meisten RezipientInnen mit im Bus und fahren durch die Savanne auf der Suche nach Lemalian.

4.2. Erste Nacht in der Manyatta

4.2.1. Kontext und Sequenzanalyse

Es ist der Tag, an dem Lemalian Carola zum ersten Mal mit in sein Dorf nimmt und seiner Familie vorstellt. Da niemand weiß, wie sich das entwickeln wird, ist diese Ausgangssituation schon spannend genug. Doch der Film baut im Fortlauf weitere Spannungsmomente ein. Lemalian und ein Freund, Gefährte aus seiner Altersgruppe, holen Carola ab. Mit einer kleinen Reisetasche als einzigem Gepäck beginnt ein langer Fußmarsch von Maralal zu seinem Heimatdorf Barsaloi. Er führt über Stock und Stein, bergauf bergab. Während die Kamera über die weite Hügellandschaft der Savanne schweift und die drei bei ihrer Wanderung begleitet, die vergnügt und guter Dinge zu Fuß sind, baut sich bei den ZuschauerInnen langsam die Spannung weiter auf. Unausgesprochen kreisen Fragen in den Köpfen: „Na ja, ich dachte halt, schafft sie den weiten Weg in dieser Hitze? Wie wird sie wohl in seinem Dorf empfangen? Wir reagieren die Verwandten? Wo wird sie wohnen und schlafen? Wie werden sie sich verständigen? So was halt", so meine InterviewpartnerInnen.

Schließlich erreichen sie das Dorf. Carola wird von den anwesenden Dorfbewohnern, besonders von den Kindern, distanziert und neugierig betrachtet. Sie gehen zu einer Hütte, Lemalians Mutter kommt auf Rufen heraus.[439] Lemalian stellt Carola seiner Mutter vor. Diese ist offenbar von der Frau, die ihr Sohn da mitbringt, wenig begeistert. Sie schimpft mit ihrem Sohn. Es gibt zwischen beiden einen heftigen Wortwechsel, von dem weder Carola noch die ZuschauerInnen etwas verstehen. Weder seine noch ihre Worte werden übersetzt, was den ZuschauerInnen in eine ähnli-

---

[439] Keine der von mir interviewten RezipientInnen wusste, dass ein Samburukrieger traditionellerweise mit seiner Mutter zusammen wohnt.

che Situation der Fremdheit und Irritation versetzt wie Carola und die Spannung erhöht. Auch wenn Lemalians Mutter Carola schließlich zurückhaltend-freundlich begrüßt, weiß der ZuschauerInnen nicht so recht, ob das eine dort übliche Höflichkeit oder ob sie wirklich willkommen ist.

Carola verbringt den Rest ihres Ankunftstages in Barsaloi mit den Frauen der Familie. Sie lachen zusammen, unternehmen erste Verständigungsversuche. Auf sich gestellt erkundet sie ein wenig das Dorf und die karge Umgebung, denn Lemalian ist, wie bei den Samburu üblich[440], mit den Männern seiner Altersgruppe zusammen. Sie – und mit ihr die ZuschauerInnen – bekommen durch ihren Rundgang einen kleinen Eindruck vom Leben im Dorf. Schließlich wird es Abend.

Handlung	Dialog	Geräusche	Kameraführung/ Einstellung	Zeit
Abend in der Manyatta; es ist dämmrig; in einer Ecke der Hütte legt sich die Mutter von Lemalian zum Schlafen auf ihr Fell am Boden, auf die Seite.		Naturgeräusche, Knistern des Feuers, von weitem Vogelrufe, sonst Stille	full shot Mutter	0.34.08
Carola legt sich etwas entfernt v ihr auch auf den Boden auf ein Fell, schrickt auf, weil etwas – kleine Tiere? - sie juckt oder sticht		dgl.	Nahaufnahme Carola	
Sie liegt auf dem Fell und ihr Blick schweift in der Dämmeru der Manyatta umher		dgl.	langsamer Schwenk durch die Hütte/Halbtotale	
Lemalian kommt durch die Öffnung der Hütte		Rascheln	medium shot Lemalian	0.34.34
Er setzt sich zu ihr, strahlt sie an		Rascheln	Großaufnahme Lemalian	
Sie lächelt zurück		Knistern des Feuers	Großaufnahme Carola	
Lemalian setzt sich auf den Bod und zieht die Sandalen aus		Naturgeräusche drinnen und draußen	medium shot Lemalian	0.34.45

---

[440] Nicht nur dort. Mein junger kenianischer Interviewpartner sagt: „Das ist das größte Problem bei Beziehungen zu weißen Frauen. Sie verstehen nicht, dass in Afrika fast immer Frauen mit Frauen und Männer mit Männern zusammen sind. Sie haben damit Probleme, wenn ihr afrikanischer Freund so viel mit seinen Freunden zusammen ist und nicht mit ihnen." Das wussten nur die InterviewpartnerInnen, die schon in Afrika waren oder mit einem Afrikaner liiert sind. Für alle anderen war es ein weiterer Spannungsfaktor: „Carola so allein in der Fremde" oder „Er lässt sie allein". Siehe auch die Studie von Sonja Steffek (Steffek 2000: 148-151).

			Großaufnahme Lemalian	
Sie schaut ihm dabei zu, lächelt ihn freudig an, dreht sich zu ihm um, erwartungsfroh		zum Knistern des Feuers von sehr fern Rufe, Stimmen, sonst Stille	medium shot Carola	0.34.48
Lemalian richtet seine hölzerne Kopfstütze		dgl.	Detailaufnahme Hände/Kopfstütze	
Er legt sich mit dem Kopf kerzengerade auf die Stütze, völ[lig] angekleidet, mit dem gesamten Kopfschmuck auf sein Fell		dgl.	Nahaufnahme Lemalian	0.34.57
Er schaut zu ihr		dgl.	Großaufnahme Lemalian	
Sie dreht sich zu ihm um, rückt näher zu ihm, will sich zu ihm k[u]scheln		dgl.	Schnitt: Großaufnahme Carola	
Seine Hand auf ihrer Schulter, e[r] dreht sie von sich weg	L.: Good night, Carola	dgl.	Detailaufnahme: Lemalians Hand auf ihrer Schulter	0.35.14
Sie liegt auf dem Rücken, schau[t] noch mal zu ihm mit verhaltene[m] Lächeln		dgl.	Nahaufnahme Carola	
Er liegt kerzengerade neben ihr, die Hände auf dem Bauch, die Augen geschlossen		dgl.	full shot Lemalian	
Beide liegen nebeneinander ohn[e] sich zu berühren, auf dem Boden, Carola zugedeckt mit einer roten Decke		dgl.	Schwenk auf beide/medium shot	0.35.26

4.2.2. Analyse und Interpretation

Die kurze, einfache Szene von eineinhalb Minuten beinhaltet in ihrer Vielschichtigkeit einen ganzen Komplex von Gründen, die deutsche KinobesucherInnen zum Lachen bringen. Da ist zunächst das Eigene, das ins Kino mitgebracht wird, vielfältige Imaginationen: über die erste Nacht mit dem neuen Freund bei ihm zu Hause, die erste ganze Nacht mit ihm im Bett, Phantasien auch über die sexuelle Anziehungskraft und Potenz schwarzer Männer, denn „ein bei Frauen wie Männern gleichsam verbreitetes Bild bieten die Vorstellungen über die sexuelle Überlegenheit afrikanischer Männer" (Steffek 2000: 110/111). Einen ganzen Tag lang wurden Carola und Lemalian auf ihrem strapaziösen Weg durch den Busch mit der Kamera begleitet. Die Spannung, die den ganzen Verlauf über aufgebaut wurde, erreicht ihren Höhepunkt am Abend in der dunklen Manyatta. Alles scheint auf eine Liebesszene hinaus zu laufen, auf die die ZuschauerInnen ganz selbstverständlich warten, und wie sie in unzähligen entsprechenden Filmen (in europäischem Milieu) auch stattfindet.

Dass dann alles ganz anders abläuft, die Mutter im selben Raum schläft, die offensichtlichen (und in unserer Kultur völlig nachvollziehbaren) Erwartungen Carolas zumindest auf Körperkontakt, auf Kuscheln und Zärtlichkeiten, nicht erfüllt werden, irritiert.[441] Die eigenen Erfahrungen, Erwartungen und Imaginationen werden gebrochen. Man könnte sagen, wir lachen, wenn wir mit etwas nicht fertig werden. Das Lachen ist eine Möglichkeit der Distanz zu Situationen, in denen der Mensch keine Antwort mehr findet (Plessner 1982: 276). Hier ist es eine Situation in einem völlig fremden kulturellen Kontext: Es gibt – für die deutschen ZuschauerInnen – keine plausible Antwort auf das Verhalten Lemalians. „Er antwortet – mit seinem Körper als Körper wie aus der Unmöglichkeit heraus, noch selber eine Antwort finden zu können" (Plessner 1982: 234/235)."Und dann übernimmt teilweise der Körper, gewissermaßen eine Antwort zu versuchen", nämlich durch dieses Gelächter. (Plessner 1982: 237).

Es ist vor allem aber auch ein Lachen über sich selbst – eben weil die erwarteten Klischees ausbleiben, wie der gut aussehende Samburukrieger mit der blonden Frau schlafen wird, und wie überhaupt der erste Abend eines Pärchens zu verlaufen hat. Das Gewohnte sind an dieser Stelle Entkleidungsszenen – hier zieht er sich nur die Sandalen aus. Alles verläuft anders als erwartet – wie kann man die eigene Desillusionierung besser verarbeiten als durch Lachen? „Na ja, als ich dann gesehen hab', wie er sie wegschiebt, da hat sie mir auch leid getan. Ich dachte dann, warum macht er das? Aber es waren natürlich auch meine Vorstellungen – na ja, so einen Moment war das so, so [Pause] das war dann irgendwie komisch, dass alles so anders wurde. Und doch auch wieder sehr ähnlich. Ich glaub', ich hab' vor allem über mich selber gelacht, mich und meine Ideen", so eine InterviewpartnerInnenin stellvertretend für viele. Durch die Kameraführung bekommen nur die ZuschauerInnen Carolas Enttäuschung mit, dass sie sich die erste Nacht – wie die KinobesucherInnen – ganz anders vorgestellt hat. Die Identifikation mit ihr lässt KinobesucherInnen lächeln – ein Lächeln unter Frauen, die unter all der Fremdheit plötzlich etwas sehr Bekanntes entdecken. Eine sehr bekannte Geschichte spielt sich da ab in dieser fremden Manyattakulisse: „Ich hab Lust, aber er will nicht". Es ist ein fast wohlwollend-verständnisvolles Lachen – über sich selbst, über Männer, über die Ähnlichkeit in allem Fremden. „Wir können mit Helmuth Plessner von einer Verschränkung, mit Merleau-Ponty oder Norbert Elias von einer Verflechtung von Eigenem und Fremden sprechen. Eigenes begegnet uns im Fremden und Fremdes im Eigenen" (Waldenfels 1999: 45). Es ist „ein humanes Lachen, von Zwängen und Ängsten befreit und mit dem Fremden und Anderen versöhnt" (Schubert 2003: 203).

Dann sind da die Phantasien über die sexuelle Potenz, Wildheit und exotische Erotik afrikanischer Männer. Sie zerplatzen angesichts der entspannten, freundlichen

---

[441] Die Nürnberger Nachrichten nehmen das denn auch als Titel „Keine Küsse und kein Kuscheln in Kenia" (Meier, Nürnberger Nachrichten 16.9.2005).

Distanz von Lemalian. Sie passt so gar nicht zu der dem Film unterstellten Instrumentalisierung des schwarzen Mannes als Sexobjekt weißer Frauen. Gängige europäische Klischees vom „unbefangenen und unverkrampften Verhältnis" der „Neger zu Sexualität und Lust" (Duerr 2002: 135) werden hier nicht erfüllt: Der unterstellte „sexuelle Kick beim Ziegenhüter" (Suchsland, Telepolis 23.9.2005) bleibt aus, und beide scheinen dennoch glücklich. Im dunklen Kinosaal kann man sich in Lachen retten angesichts des Zerbrechens des eigenen lächerlichen Klischees und Vorurteils, dass beide nur Sex wollten und dass es offenbar auch eine andere Erklärung dafür geben kann, dass eine weiße Frau einem schwarzen Mann in seine Hütte gefolgt ist.

Diese Szene ist auch deshalb lächerlich, weil mit ihr viele Kritiken ad absurdum geführt werden, die über den Film kursieren. Sie ist auf alle Fälle irritierend und passt so gar nicht zu dem, was manche KritikerInnen „Schwarz-weiße Erotik als Afrika-Exotik" genannt haben (Silberschmidt, NZZ 19.11.2005). Sie unterstellen – wie bereits ausgeführt – der Protagonistin ausschließlich „eine romantische Sehnsucht nach dem edlen Wilden"[442] und dem Erfolg der ganzen Geschichte die „Verbindung von Erotik und Exotik auf Reisen" (Magg 2002: 78). Schwarz-weißer Sex scheint ein hoch brisantes Thema mit enormem Kränkungspotential zu sein. Der Autorin wird zudem häufig als Reisemotivation unterstellt, eine ‚wildromantische' Beziehung zu einem Massaikrieger erträumt zu haben und stellt sie so ganz in die Nähe von Sextourismus (Magg 2002: 78).[443] Oder ist es gerade umgekehrt: dass von unserer Kultur her, in der Sex enttabuisiert, öffentlich und enthemmt zu sein scheint, es inzwischen lächerlich ist, dass da zwei erwachsene Menschen verschiedenen Geschlechts liegen und sich nicht einmal anfassen? Erweist sich hier der wilde Afrikaner gar als moralischer? Auf meine diesbezüglichen Fragen in Interviews gab es nur nachdenkliche, verlegen lächelnde Gesichter.

Wie steht es mit den Ängsten? Auf der Leinwand sehen die ZuschauerInnen Carola nach einem anstrengenden Tag und einem Marsch ins Ungewisse allein in diesem Dorf weit ab von aller westlichen Zivilisation, ohne von der Sprache etwas zu verstehen, mit fremden Menschen einer fremden Kultur, ganz allein in dieser Hütte. Carola selbst ist völlig angstfrei. Aber da sind diese Afrikabilder in den Köpfen der ZuschauerInnen, die Empfehlungen des Auswärtigen Amtes stehen vielleicht vor Augen – und dann diese harmlos-friedliche Szene, Carola und Lemalian nebeneinander in der Manyatta, die Mutter im Hintergrund, Stille, Naturgeräusche. Alle Ängste vor einem „gefährlichen Afrika" und ebensolchen Samburukriegern oder einem

---

[442] So sieht DER SPIEGEL die Massai als „Lustobjekte westlicher Frauen"(Wolf, DER SPIEGEL 12.9.2005).
[443] In dieser Geschichte geht es aber gar nicht darum. Interessant ist viel mehr, warum das weißen Frauen, die sich in schwarze Männer verlieben, (immer noch) so häufig unterstellt wird.

„culture clash" erweisen sich angesichts dieses Bildes buchstäblich als lächerlich. Die Anspannung ist verflogen, es folgt das Lachen aus Erleichterung. Mit Freud könnte man von Lustgewinn durch Hemmungsaufhebung und Spannungsabbau sprechen (Freud 1992: 198), wiederum mit Adorno von einer Abfuhr seelischer Erregung: „Allemal begleitet Lachen, das versöhnte wie das schreckliche, den Augenblick, da eine Furcht vergeht" (Adorno 1984: 162).

Neben den Erwartungen an die erste Nacht gibt es noch eine ganz andere Interaktion, bei der das Eigene das Fremde berührt, sich am Fremden reibt, von ihm irritiert wird. Eine erste Unruhe war im Kino zu spüren, als Lemalian sich seine Kopfstütze zurechtrückt. Selbst wenn ZuschauerInnen wussten – von Besuchen im Völkerkundemuseum oder von Afrikareisen –, zu was dieses geschnitzte Holzbänkchen zu gebrauchen war, ist es offensichtlich noch etwas anderes, auch zu sehen, wie man es benützt. Wie er sich so stocksteif darauf legt, damit seine Frisur nicht zerstört wird, das erinnert europäische ZuschauerInnen an eitle Damen oder an die Rokokozeit mit ihren Perücken, die der ganze Stolz entsprechender Herrschaften war. Hier in dieser ärmlichen Manyatta auf soviel Eitelkeit zu stoßen, ist für die meisten verblüffend. „Das spezifische Heilmittel gegen Eitelkeit sei das Lachen", meint Bergson (Bergson 1972: 118) – und so wäre das eine Facette mehr für einen Grund zu lachen.

Dass ein Samburukrieger sich so ordentlich hinlegt, so hölzern wie ein Puppe, noch dazu neben der Frau, die wegen ihm diesen weiten Weg nach Barsaloi gegangen ist, ist höchst irritierend und ganz offensichtlich komisch für europäische ZuschauerInnen. Mit Bergson könnte man sagen, ist der Grund „eine gewisse mechanisch wirkende Steifheit in einem Augenblick, da man von einem Menschen wache Beweglichkeit und lebendige Anpassungsfähigkeit erwartet" (Bergson 1972: 16). Grundsätzlich reize jeder Effekt des Automatischen und Starren zum Lachen, „genau in dem Maß, wie uns dieser Körper an einen gewöhnlichen Mechanismus erinnert" (Bergson 1972: 27). Komisch sei das Eindringen der Mechanik in den Bereich des Lebendigen – „[...] du mécanique plaqué sur du vivant." (Bergson 1946: 29). „Ce n'est plus de la vie", schrieb Bergson, „c'est de l'automatisme installé dans la vie. C'est du comique" (Bergson 1946: 25). Diese Art zu schlafen widerspricht so ganz und gar europäischen Vorstellungen von einem gemütlichen Bett mit einem weichen, kuscheligen Kopfkissen. „Wie kann der nur so schlafen, hab' ich gedacht. Er wird doch nicht die ganze Nacht so gerade und stocksteif liegen bleiben" (Interview). Ganz klar wird in dieser Szene die kulturelle Prägung von dem, was als mechanisch und Automatismus in Bewegungsabläufen empfunden wird, und dann zum Lachen reizt. Für die Samburu ist diese Art der Ruhelage ganz normal, ebenso ihre Art, lange Zeit bewegungslos auf einem Bein zu stehen – die klassische Haltung der Massai beim Viehhüten. Beides jedoch wirkt auf uns MitteleuropäerInnen aus Gründen komisch, die Bergson in seinem Essay herauszuarbeiten versucht hat. Wie man sieht, gibt es auch in der europäischen Philosophie des Lachens einen ethnozentrischen Blick.[444]

4.3. Die erste Fahrt mit dem Pick-up

4.3.1. Kontext und Sequenzanalyse

Die Freude ist groß bei Lemalian und Carola: Es wird ein Auto, ein Pick-up, gekauft. Auf dem Hinterhof einer kleinen Werkstatt geht der Handel vonstatten. Carola hat Geld von der Bank geholt, übergibt ein dickes Bündel Scheine und bekommt die Papiere. Lemalian läuft freudig um den Wagen herum und sagt: „Das ist unser Auto." Beide lachen fröhlich. Pater Bernardo von der Missionsstation, der mit seinem Pick-up vorbeifährt und die neue Anschaffung bemerkt, befürchtet, sie habe für die Schrottkiste zu viel bezahlt. Aber Carola lässt sich nicht entmutigen und beirren: Jetzt soll alles einfacher werden. Die Ladefläche ist schnell gefüllt – mit allerlei Säcken, Kanistern und Tüten. Auch einige Samburufrauen in traditioneller Kleidung, die in Maralal eingekauft haben, sind froh, nicht den weiten Weg zurück nach Barsaloi laufen zu müssen. Sie reden mit Lemalian, gehen aber ganz selbstverständlich davon aus, dass sie auf der Ladefläche mitfahren können.

Handlung	Dialog	Geräusche	Kameraführung/ Einstellung	Zeit
Blick auf die Ladefläche des Pick-up, auf der inmitten von Säcken und Kanistern und Tüten die sieben Samburufrauen in ihren bunten Gewändern und ihrem farbenprächtigen Schmuck sitzen und singen und lachen, das Auto fährt los		aus dem Off afrikanische Lieder, hohe Frauenstimmen	Schnitt / High shot auf die Ladefläche des Pick-up/ Parallelfahrt	0.55.42
		dgl. Dazu Aufheulen des Motors,	Schnitt Nahaufnahme Auto von vorn, bewegt sich auf die Kamera zu	
Der Pick-up fährt auf der Piste mit Schlaglöchern, über Stock und Stein,		dgl.	Schnitt/ High shot auf das fahrende Auto	0.55.53

---

[444] Das gilt umgekehrt natürlich auch, was viele RezipientInnen vergessen. Oder wie es im Prospekt zur Ausstellung „Nous autres" in Genf heißt: „Alle sind ethnozentrisch. Der Ethnozentrismus ist keine westliche Besonderheit. Auch unsere Verhaltensweisen werden von Ausländern entsprechend beurteilt" (Nous autres: 2006 S. 4) oder eben ‚komisch' gefunden.

Der Pick-up schaukelt gefährlich schwankend über die Piste, eine Art schmales Trockental, Buschwerk, Sträucher am Rand		dgl.	Zerreißblende/Zoom zurück/Totale auf das fahrende Auto
Der Pick-up fährt auf der Piste, Bäume am Rand, Rinder, Savannenlandschaft		dgl., das Muhen von Rindern	Schnitt/ stehende Kamera, an der das Auto vorbeifährt/Weitaufnahme, normal camera height	0.56.06
Carola konzentriert am Steuer des Autos, das Lenkrad umklammert, hinter ihr durch das Rückfenster sind die Samburufrauen zu sehen		Musik schwillt an, Lieder, Männerstimmen dazu, dann die Stimmen der Frauen, die laut und erregt etwas zu Lemalian sagen	Großaufnahme Carola von vorn, stehende Kamera, die die Bewegungen des Autos mitmacht	0.56.10
Carola irritiert am Steuer	L.: sagt etwas zu den Samburufrauen	Stimme von Lemalian, der heftig antwortet	dgl.
Lemalian neben Carola im schaukelnden Pick-up, schaut erst vor sich hin, dann ernst und nachdenklich und nervös zu den Frauen, dann zu Carola		Motorengeräusche dazu die Frauenstimmen, die laut durcheinander und auf Lemalian einreden	Großaufnahme Lemalian von vorn, durch die Windschutzscheibe
Die Samburufrauen auf der Ladefläche reden laut durcheinander, gestikulieren heftig, der Pick-up schwankt halsbrecherisch		Frauenstimmen noch erregter	Schwenk zum Rückfenster, Großaufnahme der Samburufrauen, stehende Kamera auf dem Auto
Lemalian presst die Lippen aufeinander, wendet sich dann zu Carola	L.: Carola, I drive now,	die Stimmen der Samburufrauen, dazu Motorengeräusche	Schwenk zu Lemalian, Großaufnahme, von vorn durch die Windschutzscheibe	0.56.22
Carola am Steuer, muss sich auf die Fahrt konzentrieren, Lemalian redet auf sie ein	L.: Let me drive, I can do it	dgl.	Schnitt: Großaufnahme von vorn durch die Windschutzscheibe des Autos
Carola schaut ihn irritiert und nachdenklich- abwehrend an	C.: It's not so easy	dgl.	Großaufnahme Carola, alles mit stehender Kamera, die die heftigen Schwankbewegungen des Autos mitmacht
Lemalian redet eindringlich auf Carola ein	L.: Let me drive. I can drive. It's easy. Let me drive	dgl.	Großaufnahme Lemalian
Carola presst die Lippen zusammen, das Lenkrad fest in den Händen, das Auto schwankt	Stimme Lemalian, drängend: Carola - Carola	dgl.	Großaufnahme Carola, von vorn	0.56.35
dgl.	C.: Ja, ja, ja	dgl.	dgl.
Carola hält an, Lemalian steigt aus, die Samburufrauen beobachten das Ganze			stehende Kamera von vorn, Nahaufnahme auf die Windschutzscheibe

Die Samburufrauen auf der Ladefläche beobachten die Szene, reden durcheinander		die Frauen kommentieren aufgeregt die Szene, reden laut durcheinander, klatschen in die Hände	Schnitt: Samburufrauen, Nahaufnahme	
Carola und Lemalian haben die Plätze getauscht, er sitzt jetzt am Steuer, Carola macht ein skeptisches Gesicht		dgl.	stehende Kamera von vorn durch die Windschutzscheibe auf beide	0.56.47
Lemalian am Steuer, hat das Lenkrad in den Händen, schaut nach unten in Richtung Pedale	C.: May I say something? - This is, äh, Kupplung	der Motor heult auf, Gerede der Frauen	dgl.	
dgl.	L.: I know	der Motor heult noch lauter	dgl.	
Lemalian versucht die Kupplung zu betätigen, reißt daran herum		das Getriebe knirscht	Detailaufnahme: Hand von Lemalian an der Kupplung	0.57.01
Lemalian kämpft mit der Kupplung, Carola sieht angespannt und entnervt aus. Sie streicht sich die Haare aus dem Gesicht, atmet tief		der Motor dröhnt laut	Schnitt: Kamera wieder von vorn auf beide	
Lemalian mit angespannten Gesicht, Kopf nach unten, aber ganz bei der Sache. Er drückt aufs Gas, lacht jetzt, freut sich	C.: And then the gear,	Motor dröhnt, heult wieder laut auf	Schnitt: Großaufnahme Lemalian	
Carola gibt angespannt aber ruhig Anweisungen	C.: You are not in the gear	Das Getriebe knirscht wieder	Schnitt Großaufnahme Carola	
Der Wagen fährt los, Lemalian freut sich laut, lacht, Carola schaut äußerst skeptisch		Motorengeräusch	Schnitt Kamera wieder von vorn auf beide	
		Motorengräusch	Detailaufnahme: ein Fuß von Lemalian auf dem Pedal	
Der Pick-up fährt jetzt mit Lemalian am Steuer, er dreht sich stolz strahlend zu Carola, lacht, freut sich diebisch, hat sichtlich Spaß am Fahren, Carola lächelt schließlich auch, lacht ihn an, beide freuen sich		dgl., dazu das Lachen von Lemalian	Schnitt Kamera Großaufnahme, wieder von vorn durch die Windschutzscheibe	
Der Pick-up fährt auf einer ebenen Piste durch den Busch		Autogeräusch, dazu das Reden der Samburufrauen	Schnitt: stehende Kamera, an der das Auto vorbeifährt, Weitaufnahme, normal camera height	0.57.32
Carola verzieht das Gesicht, presst die Lippen aufeinander, das Auto wird immer schneller	C (aufgeregt): No, don't go too fast	der Motor wird lauter	Schnitt: Kamera wieder von vorn auf beide, dann Schwenk auf Carola	
Lemalian freut sich sichtlich, hat Spaß am Auto fahren, lacht			Schnitt Großaufnahme Lemalian von vorn	0.57.39

		Carolas Stimme aus dem Off schreiend: Not so fast	immer lauter werdendes Motorgeräusch	Detailaufnahme: Fuß Lemalian auf dem Gaspedal	
Lemalian hat Spaß am schnellen Auto fahren, konzentriertes Gesicht	Carolas Stimme aus dem Off: not too fast! Please!	dgl.	Großaufnahme Lemalian von der Seite	0.57.43
Lemalian schaut in Richtung Pedale	aus dem Off, Carola schreit: Please, langsam!	dgl. dazu Aufheulen des Motors	Großaufnahme Lemalian von vorn, durch die Windschutzscheibe	
Carola klammert sich entsetzt am Sitz fest, mit offenem Mund, weint fast	C schreit entsetzt.: Du musst bremsen, Lemalian,	dgl.	Schnitt: Carola Großaufnahme von vorn	0.57.45
Sie will ihm ins Steuer greifen	C.: Lemalian, bremsen!	dgl.	dgl.	
Das Auto fährt ungebremst abseits von der Piste in die Büsche auf einen Baum zu		dgl.	Schnitt: Kamera fährt im Auto mit, Blick nach vorn in Fahrtrichtung	0.57.48
Carola greift Lemalian entsetzt ins Steuer, versucht es herumzureißen, Lemalian nun auch mit schreckgeweiteten Augen	C.: Bremsen!	dgl.	Schnitt: Kamera von vorn durch die Windschutzscheibe	
Sie greift das Lenkrad	C.: Lenken!	dgl.	Großaufnahme Carola	
Das Auto fährt direkt auf einen Baum zu, der Baum kommt ganz schnell näher		dgl.	Schnitt: Kamera wieder im Auto Blick nach vorn	0.57.50
Das Auto ist auf den Baum gefahren	Carola aus dem off schreit: ahhh!	Crashgeräusche, lauter Rumms, Glas splittert	Detailaufnahme: Stoßstange und Motorhaube auf den Baum geprallt	0.57.52
dgl.		lautes Reden, Schreien der Samburufrauen	Schnitt: Kamera Halbtotale, diesmal die Szene, d.h. das Auto von hinten	
Carola verlässt aufgebracht das Auto, Lemalian sitzt bedrückt mit gesenktem Kopf da		dgl.; dazu: Autotür knallt zu	Schnitt: Großaufnahme durch Windschutzscheibe	0.57.54
Carola geht wütend und energisch um das Auto herum	C.: pfft, verdammt nochmal	Durcheinandergerede der Frauen	Schwenk mit Carola, medium shot	
Lemalian schaut ihr ernst hinterher	C. aus dem Off: du hättest uns umbringen können	dgl.	Schnitt Großaufnahme Lemalian	
Lemalian betroffen, aber unmutig, etwas gefällt ihm nicht		dgl.	dgl.	
Carola rennt hin und her, rauft sich die Haare		absolute Stille	Schnitt, dann Schwenk mit Carola, medium shot	0.58.03
dgl.	C. schreit: Oh Gott! Dann: Scheiße! Das kann doch nicht wahr sein, mein Gott!	in die Stille hinein		

| Lemalian sitzt noch im Pick-up, äußerst nachdenklich, ernst, steigt dann aus, nimmt seinen Stock und läuft weg | Carola aus dem Off verzweifelt: Nein, nein! | dgl. | Schnitt Großaufnahmen Lemalian | |

4.3.2. Analyse und Interpretation

Das Interessante an dieser Szene ist, dass hier einmal mehr der kommunikative Charakter des Lachens deutlich wird, und auch, wie Lachen intentional eingesetzt werden kann - in der Szene selbst und in der Interaktion mit dem Film, besonders im Hinblick auf Geschlechterkonstruktionen. Geboren aus dem Geist der Spontanität und Unbekümmertheit entwickelt es sich zu einem Lachen, das etwas bewirken will. Einmal mehr zeigt sich in dieser Szene, welchen Vieldeutigkeiten Lachen im transkulturellen Raum ausgesetzt sein kann, sich dann aber kulturübergreifend Gruppierungen der unerwarteten Art formieren können – hier bilden schließlich europäische Männer mit Samburufrauen eine Lachgemeinschaft, nicht aus dem gleichen kulturellen Kontext heraus, aber mit dem gleichen Ziel.

Die Filmszene beginnt mit einem Lachen aus Freude, dem Lachen, das Helmuth Plessner als „Ausdrucksgebärde des freudigen Gestimmtseins" (Plessner 1950:93) oder auch als „Ausdrucksgebärde des Jubels" bezeichnet (Plessner 1950: 96), und das als natürliche Reaktion auf erfreuliche Vorkommnisse und Erlebnisse folgt: Die beiden Protagonisten haben ein Auto gekauft und freuen sich darüber. Die Stimmung im Kinosaal ist empathisch mitfühlend, fast jeder freut sich mit, kein lautes Lachen, eher eine spürbare Leichtigkeit. Die unbeschwerte Stimmung der Szene überträgt sich im kognitiv-emotionalen Prozess des Filmverstehens auf das Publikum. Das kann – fast – jeder nachvollziehen: die Freude über die Aussicht, dass „jetzt alles leichter wird" (O-Ton Carola), der weite Weg nach Barsaloi weniger beschwerlich, der Transport von Waren und Menschen jetzt eher möglich. Der Kauf des Pick-ups wird nicht nur das eigene Leben erleichtern, sondern das des ganzen Dorfes. Er wird das Ansehen der Familie erhöhen: ein Auto als Statussymbol auch hier, und überhaupt ist ein Autokauf für die Beteiligten wie für die KinobesucherInnen, also bei uns, ein nahezu ausschließlich erfreuliches Ereignis. In der Interaktion während der Szene sind nicht jene Bedenken zu spüren, die später im Forum oder in den Printmedien in Bezug zum Autokauf geäußert werden.[445] Lemalian freut sich und mit ihm die Samburufrauen am Straßenrand, die innerhalb des sozialen Netzwerkes der Samburugesellschaft darauf bauen können, mitgenommen zu werden. Die fröhliche Stimmung während der schwankenden Fahrt nach Barsaloi wird auch nicht durch die

---

[445] Amazonrezensenten, die sich negativ über den Autokauf äußern und empören, waren wohl eher nicht im Kino. Siehe dazu auch die Kapitel „Kolonialismus light" und „Kulturbilder".

Gefährlichkeit der Piste getrübt. Die Frauen auf der Ladefläche singen und lachen, aus dem Off ertönt afrikanische Musik und unterstreicht die Heiterkeit und Leichtigkeit zu Beginn der Szene auch für die KinobesucherInnen. Um es mit Helmuth Plessner zu sagen: In froher Stimmung fehlt dem Lachen jeder bittere Zusatz (Plessner 1950: 96).

Dass die Stimmung umschlägt, dass das Lachen der Frauen auf der Ladefläche nicht mehr ein Lachen aus Freude ist sondern sich in Spottlachen verwandelt hat, merken die RezipientInnen nur indirekt. Es ist wieder eine der Szenen, in der keine Off-Stimme etwas erklärt, sondern die KinobesucherInnen sich in der gleichen Situation befinden wie Carola: In einem fremden Land, dessen Sprache und Kultur man nicht versteht. In der Heterotopie des Kinos werden die ZuschauerInnen dadurch medial, aber unmittelbar, Teil der Geschichte, auch diejenigen mit eher distanziertem Rezeptionsstil. So wäre hier Kaspar Maase zuzustimmen, der mit Mary Douglas Komik und Gelächter nur als Bestandteile einer „totalen sozialen Situation" (Douglas 1975: 93)[446] sieht, in der häufig Auslöser wirken, die ein Beobachter nicht wahrnehmen kann. (Maase 2002: 879). Die „totale soziale Situation" kann auch von den KinobesucherInnen nicht wahrgenommen werden. Sie wundern sich nur kurz über die kichernden, lebhaften Samburufrauen auf der Ladefläche, die so gar nicht unterwürfig und zurückhaltend wirken, wie das die Äußerungen einer Weißen in einer anderen Filmszene nahelegen.[447]

Dass die Samburufrauen nichts Angenehmes zu Lemalian sagen, sieht man an seinem Gesicht, das ernst, verlegen und mürrisch wird. Er wirkt nachdenklich und nervös zugleich. Die Worte, die er zu den Samburufrauen sagt, scheinen diese nur noch mehr anzustacheln. Erst durch seine Aufforderung an Carola „Let me drive" und die ganze darauf folgende Debatte mit Carola, merkt der ZuschauerInnen, dass die Samburufrauen sich über Lemalian offenbar lustig machen. Man kann nur mutmaßen und aus seiner Argumentation Carola gegenüber indirekt herauslesen. („I can do it" und: „I drive now", O-Ton Lemalian), über was genau sie sich lustig machen: Er, der stolze Samburukrieger, sitzt nicht am Steuer sondern lässt sich von einer Frau chauffieren. Er kann offenbar kein Auto lenken. Er kann sich nicht durchsetzen. Die Gruppe der Frauen auf der Ladefläche tritt als homogen lachende Masse wie ein Chor höhnend und spottend auf. Ohne sie wäre die ganze Szene anders verlaufen. Der „Chor" ist Initiator und Zeuge zugleich. Das Lachen des Chors, so würden europäische RezipientInnen mit Arnd Beise und Panja Mücke sagen, ist also „dem mehr

---

[446] „My argument will bet that the joke form rarely lies in the utterance alone, but that it can be identified in the total social situation" (Douglas 1975: 93).
[447] Die Weiße lebt in Maralal mit einem Kikuyu zusammen und sagt - zum Entsetzen der Frauen im Kino - über die Stellung der Frauen bei den Samburu, sie seien weniger wert als Ziegen.

oder minder grausamen Spott eines sich über die eigene Schwäche und Ohnmacht zeitweilig erhebenden und mit den Zeitläufen konformen Kollektivs vorbehalten, das seine daraus resultierende Macht vorübergehend genießt" (Beise/Mücke 2003: 37). Hier ist es ein „minder grausamer" Spott, eher ein frotzelndes, stichelndes Gelächter, das jedoch sehr wohl etwas bewirken will und kann.

Ja, sie genießen ihre kurzweilige „Macht" über Lemalian, der sich – was höchst selten vorkommt – inmitten der Frauen ohne seine Freunde aus der Altersklasse befindet, der sich der weißen Frau gegenüber anders verhält als normalerweise Frauen der eigenen Ethnie gegenüber. Die ZuschauerInnen wissen nicht, wie oft die Samburufrauen schon in einem Auto bzw. Bus gefahren sind, und wer da dann am Steuer saß. Aber es ist davon auszugehen, dass es wohl Männer waren. Beachtet man die Gesellschaftsstruktur der Samburu und die Geschlechterverhältnisse, stört eine Frau am Steuer und ein Krieger ihres Stammes brav daneben die – um einen Ausdruck von Michel Foucault zu gebrauchen - „Ordnung der Dinge". „In diesem Sinn kann das Lachen als Schnittstelle verstanden werden, denn es tritt dort auf, wo zwei Ordnungen aufeinandertreffen" (Fleig 2003: 131). Weit entfernt von jedem Gleichberechtigungsgedanken freuen sich die Samburufrauen nicht etwa darüber, dass nun (endlich einmal) eine Frau, wenn auch eine weiße, am Steuer sitzt, sondern sie wollen, dass Lemalian sich ihrer Kultur und Gesellschaftsordnung entsprechend konform verhält. So ist ihr Lachen, wie es Henri Bergson beschreibt, ein Lachen, das eine kollektive Empfindung ausdrückt und den bestraft, der sich nicht gesellschaftskonform verhält. „[. . .] le rire est véritablement une espèce de brimade sociale" (Bergson 1946: 103). „Es handelt sich um ein demütigendes Lachen: eine konformistische Lachgemeinde lenkt ihre Aufmerksamkeit auf einen, der zur Zielscheibe derer wird, die lachen (Beise/Mücke 2003: 35).

Die Reaktionen der RezipientInnen sind je nach Geschlecht unterschiedlich. Das wird erst im Fortlauf der Szene deutlich, nimmt aber hier ihren Anfang. Denn die Männer im Publikum können Lemalians Unbehagen und Zwang, die Situation zu ändern, sehr gut nachvollziehen und erklären sich im Fortgang durch gemeinsames Lachen mit ihm solidarisch. Man könnte aber auch argumentieren, die Männer stellen sich auf die Seite der lachenden Samburufrauen, weil auch sie – im Grunde – die „Ordnung" wiederhergestellt wissen wollen, die nämlich, dass „Männer ans Steuer gehören" und sowieso „besser Auto fahren können" (Interview). Auch wenn das in unserer Gesellschaft längst widerlegt ist, und kein Mann sich in Europa getraut, das ernsthaft öffentlich zu behaupten, wird in den Interviews und Gesprächen mit Männern über diese Lachszene sehr deutlich, dass auch für sie erst mit Lemalian am Steuer „die Ordnung" wieder hergestellt ist. Im Übrigen reichen zehn Minuten an einer x-beliebigen Kreuzung einer deutschen Stadt, um zu sehen, wer am Steuer sitzt, wenn eine Familie oder ein Pärchen gemeinsam Auto fahren: der Mann. Die Frauen im Publikum lachen an dieser Stelle nicht, denn – um ein Zitat von Arnd Beise und Panja Mücke zu adaptieren – wo der Chor lacht (einschließlich der männlichen KinobesucherInnen), hat das (weibliche) Publikum nicht(s) zu lachen (Beise/Mücke 2003: 60).

Das Lachen der Frauen auf der Ladefläche hat Erfolg: Lemalian und Carola tauschen die Plätze. Lemalian sitzt jetzt am Steuer – offenbar das erste Mal in seinem Leben, denn er macht, was alle Fahranfänger machen, und was die RezipientInnen voller Solidarität an ihre erste Fahrstunde denken lässt: „Mir ging's genauso," „Ach, ich kann mich noch genau erinnern", „Der hat das doch sehr gut gemacht für das erste Mal" (Interviews). Die vielen Knöpfe und Schalter verwirren. Er verwechselt die Gänge, gibt im Leerlauf Gas, gibt zu viel Gas, vergisst zu lenken, findet die Bremse nicht und überlässt sich schließlich in einer Mischung aus Angst und Stolz der Freude am Fahren. Für sein lautes, strahlendes Lachen kann man mit Helmuth Plessner zunächst den Kitzel als Auslösemöglichkeit heranziehen, als „begrenzter, sinnlich präzisierbarer, als Reizmodus darstellbarer Zustand" (Plessner 1950: 93). Da gibt es den Kitzel, etwas Neues ausprobieren zu können, unter den bezeugenden, skeptischen, spöttischen Blicken der Frauen; dann den Kitzel der Sensation der Gefahr[448] und der Geschwindigkeit. Auch fehlt nicht, was Helmuth Plessner als „die entscheidende Qualität des Kitzels" nennt: die Ambivalenz. „Wer sich etwa in Gefahr begibt, [...], der sucht die Ambivalenz des Kitzels" als Zustand zugleich angenehmer und unangenehmer Färbung (Plessner 1950: 97). In diesem Moment sinnlicher Irritiertheit am Steuer des neu gekauften Autos erfährt der Kitzel seine „eigentümliche Zuspitzung" und „bricht er als kicherndes Lachen" hervor (Plessner 1950: 99).

Lachen gilt ganz allgemein traditionell als Ausdruck von Überheblichkeit (Fleig 2003: 124), so wie: „Das absurde Bild des Massai-Kriegers in einem klapprigen Geländewagen" (Bohlmann Schnitt-das Filmmagazin 15.9.2005). Doch nein, es ist keine Überheblichkeit über den dummen „Samburu, der nicht Auto fahren kann", wie in manchen Printmedien vermutet, die vor allem männliche ZuschauerInnen lachen lässt. Ganz im Gegenteil können die männlichen Zuschauer Lemalians Stolz und seine Freude daran, dass es ihm gelungen ist, den Pick-up zum Laufen zu bringen, sehr gut nachvollziehen: „*Sudden Glory*, is the passion which maketh those *Grimaces* called LAUGHTER" (Hobbes 1958: 45). Sie verstehen seinen Spaß am Fahren, sein unverstelltes, fröhliches, begeistertes Lachen als „Ausdrucksgebärde des

---

[448] Die Piste ist nicht ungefährlich. So rät Pater Bernardo kurz vor dieser Sequenz Carola, einen anderen Weg zu nehmen, der zwar länger, aber weniger gefährlich ist.

Jubels" (Plessner 1950: 96). Die Solidarität unter Männern äußert sich in Mitlachen. „Ja, ich fahre auch sehr gern schnell. Ich kann das total verstehen, wie er immer schneller fährt, und welchen Spaß er dabei hat", „Es ist ja da wie auf einer Rallye. Die Piste ist nicht ungefährlich, die Steine, die Löcher. Und er fährt da – das ist wäre auch für mich ein tolles Gefühl" (Interviews). Es ist eine Szene, die als kulturübergreifende Freude an Technik wahrgenommen wird, ganz im Sinn der aristotelischen τέχνη. Es ist eine, in der kulturübergreifend das Auto als Statussymbol dargestellt wird, oder anders gesagt, die Globalisierung von Statussymbolen als Distinktionsmittel deutlich wird.[449] Die Angst vor der „Gleichmacherei" durch diese Art Globalisierung wird in der Interaktion jedoch übertönt durch das strahlende, begeisterte Lachen von Lemalian. Erst in der Reflexion danach wird von manchen RezipientInnen – je nach Kulturbild[450] – ein Unbehagen geäußert, ein Bedauern über die „verlorene Ursprünglichkeit" einer Kultur, die durch Technik und (europäische) Statussymbole verändert wird (Forum).[451]

Es ist eine Szene, in der Hybridität die meisten ZuschauerInnen nicht verstört – ein Samburukrieger in traditioneller Kleidung hocherfreut am Steuer eines Autos –, sondern nachvollziehbar über alles Fremde hinweg Gemeinsamkeiten wahrgenommen werden. Der evangelische Pfarrer Jochen Wagner postuliert denn auch in einem Artikel des ADAC-Heftes vom Juli 2008 unter dem Titel „Gib Gas, ich will Spaß", dass „die Lust auf Geschwindigkeit seit jeher im Menschen" stecke (Wagner ADACmotorwelt 7/2008: 38). Die Freude an Mobilität im weitesten Sinn wird hier zu einer anthropologischen Konstante erklärt, ganz so, wie es die meisten RezipientInnen in dieser Szene empfinden. In diesem Moment des spontanen (Mit)Lachens im Kino gibt es – vor allem für die Männer – nur das Verstehen dieser „Sudden Glory", der Freude am Autofahren und die Überraschung, dass das offenbar auch für einen Geschlechtsgenossen aus dem abgelegenen Nordwesten Kenias gilt. Kein Gedanke an Fragmentierungsängste, Klima- oder Kulturwandel hat da Platz oder der an eine Globalisierung europäischer Statussymbole.

---

[449] Im Übrigen basiert die gesamte Luxusgüterindustrie (vor allem Schweizer Uhren und deutsche Autos, ebenso angesagte Modelabels wie z.B. Louis Vitton) auf eben diesen globalisierten Distinktionsfunktionen ihrer Produkte. Die größten Absatzmärkte sind asiatische Länder, vor allem Indien und China, aber auch eine reiche Oberschicht in afrikanischen Ländern, besonders deren Politiker und Staatsmänner mit Familien.

[450] Vgl. Teil III Kap. 3.3 „Im Gefängnis von Kulturbildern".

[451] Dass RezipientInnen über die Distinktionsmöglichkeiten in der Samburugesellschaft Bescheid wissen oder sie im Film wirklich wahrnehmen, die es dort – wie in jeder Kultur – natürlich auch gibt, hat sich als eher unwahrscheinlich erwiesen. Sie scheinen von einer idealisierten, homogenen Gruppe auszugehen. Der Begriff „Technik" wird an anderen Stellen sehr eng gebraucht und ist dann negativ besetzt. Vgl. auch Teil III Kap. 3.5 „Kolonialismus light? Die Wahrnehmung durch die koloniale Brille" und Kap. 3.3 „Im Gefängnis von Kulturbildern".

Damit könnte man diese Lachszene – was die Männer betrifft – als ausreichend analysiert betrachten. Welch komplexes Geschehen Lachen ist, zeigt sich jedoch auch hier: Ganz so „rein", als pure, mitgefühlte Freude am Autofahren, ist das Lachen der Männer nicht. Da die Frauen als ZuschauerInnen – die Samburufrauen auf der Ladefläche, Carola und die im Kino sitzenden Frauen – als Zeugen fungieren, wird das Lachen der Männer zum Siegerlachen. Die Ordnung ist wieder hergestellt: Der Mann sitzt am Steuer, er hat sich durchgesetzt, er weiß, wo es lang geht, und er bestimmt, wohin und vor allem wie schnell gefahren wird. Lachend wurde die Welt zurechtgerückt. Das Lachen der Männer kann an dieser Stelle auch mit Sigmund Freud betrachtet werden: als „plötzlicher Abbau von Hemmungsaufwand" (Freud 1992: 198). Denn bestimmte „Gedanken, Gefühle und Triebregungen, die nicht ins Bewusstsein vordringen sollen" (z.B. solche einer selbstverständlichen Überlegenheit der Männer über die Frauen), sind normalerweise in unserer Gesellschaft, und allemal in der hier angesprochenen Mittelschicht, tabuisiert und werden unterdrückt. Hier aber, in der Interaktion mit der Filmszene im dunklen Kinosaal, wird dieser Theorie zufolge die Hemmung plötzlich abgebaut und führt zu Lustgewinn und Lachen.[452]

Europäische Frauen haben wie die Männer einen Führerschein und durchaus Freude am Fahren. Auch sie kennen die *„Sudden Glory"* und die Freude an Geschwindigkeit. Auch für Frauen gilt – wenn es denn gilt: „Joy, arising from imagination of a mans own power and ability, is that exultation of the mind which is called GLORYING: which is grounded upon the experience of his own former actions, is the same with *Confidence*" (Hobbes 1958: 44). In diesem Sinn verstehen sie Lemalians Begeisterung und lassen sich von seinem Lachen auch anstecken. Dennoch wirkt ihr Lachen im Kinosaal (wie das von Carola im Film) ratlos und irritiert. Ihr Lachen ist zwiespältig. „Mich hat das an Situationen mit meinem Freund erinnert. Er fährt auf der Autobahn gern schnell, da nützt jede Bitte um langsam fahren nichts". „Ich hab verstanden, dass sie ihn ans Steuer lässt, dass er vor den Frauen nicht als Versager dasteht oder weil er gern lenken möchte. Aber es hat mich auch geärgert, sie kann schließlich besser fahren als er, und die Strecke war gefährlich". „Sie konnte ja nur ahnen, was die Samburufrauen sagen. So gesehen war es sicher gut, dass sie ihn

---

[452] Wie sehr das Thema Mann – Frau – Auto im gesellschaftlichen Diskurs präsent ist, zeigt der große Erfolg von zwei populären Büchern bzw. der dazugehörenden DVD: „Warum Männer schlecht zuhören und Frauen schlecht einparken" von Benno Fürmann, Jessica Schwarz, Matthias Matschke, und Barbara Pease (DVD - 2008) oder als Buch „Warum Männer nicht zuhören und Frauen schlecht einparken: Ganz natürliche Erklärungen für eigentlich unerklärliche Schwächen" von Allan Pease, Barbara Pease, und Anja Giese (Januar 2000). Und gleich die Replik „Warum Frauen glauben, sie könnten schlecht einparken und Männer ihnen Recht geben. Über Schwächen, die gar keine sind" von Kirsten Jordan und Claudia Quaiser-Pohl (April 2007).

ans Steuer gelassen hat". „Ist ja wieder typisch – sie gibt nach und lächelt noch dazu" (Interviews). Konfrontiert mit einer Situation im transkulturellen Raum, aus der es keinen Ausweg zu geben scheint – weder gegenüber der Solidarität der Männer noch gegen die der Samburufrauen, sitzen europäische Rezipientinnen medial zwischen allen Stühlen – und dann übernimmt als Ausdrucksform einer Krise der Körper die Antwort: im Lachen (Plessner 1950: 190/191).

Hier allerdings ist es im Kinosaal entweder gequält („Na, so wirklich lustig hab ich das nicht gefunden") oder nimmt gönnerhafte, amüsierte Züge an. Es ist (auch) das nachsichtige Lächeln der Frauen über die Schwächen und Zwänge des starken Geschlechts, gleich welcher Hautfarbe. „Männer spielen sich halt immer auf". „Wir haben zwar Gleichberechtigung. Aber es steckt irgendwie in den Männern drin. Sie meinen immer noch, sie müssten die Anführer sein, und am einfachsten können sie das bei uns im Auto". Globalisiert erscheinen hier plötzlich Männlichkeitskonstruktionen, die für die eigenen Männer als überholt galten. Das verschlägt so mancher die Sprache. „Gelächter tritt an die Stelle von Sprachlosigkeit (Fleig 2003: 131). Die ganze Szene wird teilweise auch selbstbewusst und amüsiert zur Kenntnis genommen: Frau weiß, dass sie gut, schnell und (nach Unfallstatistiken) sicherer als Mann fahren kann. „Nur solche Grenzlagen reizen zum Lachen", so Helmuth Plessner, „die, ohne bedrohend zu sein, durch ihre Nichtbeantwortbarkeit es dem Menschen zugleich verwehren, ihrer Herr zu werden und mit ihnen etwas anzufangen" (Plessner 1950: 149).

Oder die Rezipientinnen übernehmen, wie die Samburufrauen zu Beginn der Szene, den Part des spöttischen Chores, der sich für den Moment des Lachens „über die eigene Schwäche und Ohnmacht zeitweilig erhebt" und der „seine daraus resultierende Macht vorübergehend genießt" (Beise/Mücke 2003: 37). Statements über Männer, gleich welcher Hautfarbe, untermauern diese Interpretation: „Männer sind manchmal wie kleine Jungen". „Autos sind eben wie Spielzeuge für Männer. Da kann man nichts machen" (Interviews). „Lachen bezeichnet einen Moment der Verkehrung der gewohnten Ordnung" (Fleig 2003: 131). So gesehen wollen auch die Rezipientinnen mit ihrem intendierten Lachen wieder eine Ordnung herstellen, die in mühsamen Kämpfen hergestellt schien und nun bedroht ist. Es ist die Ordnung der Gleichberechtigung von Mann und Frau, die in der europäischen Kultur und Gesellschaft – zumindest in der Theorie und laut Gesetz – einen ihrer Eckpfeiler darstellt. Die Bedrohung ist hier nicht real, sondern medial und so gesehen fiktiv. Es reicht aber völlig für das Auslösen dieses Lachens im Kino, dass dieser Eckpfeiler im kognitiv-emotionalen Prozess des Filmverstehens für einige bedroht erscheint oder dass sie befürchten, wissen oder ahnen, dass in Wirklichkeit die Gleichberechtigung auch in Europa noch immer auf vielen Gebieten eine Farce ist.[453] „Sie hat das Auto bezahlt. Auch bei uns können Männer es nur schwer ertragen, wenn ihre Frau mehr verdient als sie" (Interview).[454] Hier wäre Fragmentierung in dem Sinn erwünscht, dass „die in Kenia ja machen können, wie sie es für richtig halten. Aber bei uns sind Männer und Frauen gleichberechtigt" (Interview) – egal, wie wenig Frauen man an einer x-beliebigen Straßenkreuzung am Steuer eines Autos zählt, wenn Familien oder Paare unterwegs sind.

So unbekümmert und fröhlich die Sequenz begann, so irritiert und nachdenklich lächelnd bleiben die Frauen zurück. Die Männer aber lachen – noch. Als Lemalian dann den (vorhersehbaren?) Crash baut, entladen sich Anspannung und Zurückhaltung von Carola in Wut. Lemalian verstummt. Die Samburufrauen auf der Ladefläche erstarren vor Schreck. Den Männern im Kino erstirbt das Lachen. Doch statt wütend zu werden, hätte Carola genauso gut lachen oder weinen können. Sie lächelt schließlich resigniert.

Die Rezipientinnen nehmen diese Sequenz in erster Linie als Problem zwischen den Geschlechtern, nicht zwischen den Kulturen wahr[455]. Dass man die Ungleichheit der Geschlechter nicht einfach auf die (archaische) Kultur in einem fernen Land schieben kann, zeigt ihnen deutlich die Reaktion ihrer eigenen – lachenden – Männer im Kino. Es bleibt ein Unbehagen, um einen in diesem Kontext gebrauchten Begriff von Judith Butler zu benutzen, ein Unbehagen, das hier weg gelächelt wird.

4.4. Please, no more credit!

4.4.1. Kontext und Sequenzanalyse

Vor einigen Monaten schon hat Carola in einem leerstehenden Steinhaus einen „Shop" in Barsaloi eröffnet, eine Art Tante-Emma-Laden. Der Shop wurde von allen

---

[453] Auch wenn die patriarchalisch-autoritativen Gesellschaftsstrukturen heute bei uns aufgeweicht sind, verfügen immer noch Männer „über den Löwenanteil der Definitionsmacht und Entscheidungsgewalt in wirtschaftlichen, politischen und kulturellen Belangen. Mehr noch: Status und Geschlecht sind derart miteinander verbunden, dass Tätigkeiten, Kompetenzen und Eigenschaften von Männern per se als höherwertig und vorrangig gelten gegenüber denen von Frauen." (Neverla 1994: 259/260).

[454] Dass der Mann hier Afrikaner ist, verändert die Wahrnehmung zusätzlich in zwei Richtungen. Für die einen verschärft sich die Diskrepanz, führt zu Empörung und Ablehnung. Die Konstellation wird in die Nähe zu „Kolonialismus" gerückt, der Mann zum „Liebesobjekt" weißer Frauen. Für andere entschärft sie sich, ist gewissermaßen „nicht der Rede wert". Dass sie mehr Geld hat als er, gilt als völlig normal, weil er ein einfacher afrikanischer Hirte ist. Das ist weder empörend noch peinlich.

[455] Vgl. Schlehe, Judith. 2000: Zwischen den Kulturen, zwischen den Geschlechtern. Kulturkontakte und Genderkonstrukte.

Samburu im Dorf und von den Menschen in der Umgebung erfreut begrüßt. In dem Laden wird alles verkauft, was zum täglichen Leben nötig ist, Nahrungsmittel, vor allem Zucker, Tee, Bohnen, Reis und Maismehl, aber auch Getränke, Gerätschaften, Geschirr, Kleidung, u.ä.. Die Freude ist groß, weil der beschwerliche Weg nach Maralal für diese Dinge damit meist nicht mehr nötig ist, vor allem aber auch deshalb, weil jetzt ein Samburu und seine Frau, also eine ‚von ihnen', eine, die zu den Samburu gehört, den Shop besitzt und sie die Waren verkauft und nicht die Somali oder Kikuyu wie sonst üblich. Carola konnte sich eine Weile nicht täglich um den Laden kümmern. Sie ist hochschwanger. In ihrer Abwesenheit hat offenbar Lemalian die Geschäfte erledigt und für den Shop gesorgt. Nach längerer Zeit ist sie mal wieder im Laden. Man merkt ihr an, dass sie erschöpft ist, sie wirkt müde und ernst.

Handlung	Dialog	Geräusche	Kameraführung/ Einstellung	Zeit
		Rascheln von Papier	Detailaufnahme: eine Seite im Rechnungsbuch	1.32.28
Carola rechnet mit einem Stift in der Hand im Rechnungsbuch nach, der Minichief steht ihr gegenüber an der Ladentheke und schaut ihr ernst dabei zu	C.: It's right	Zuklappen des Buches	medium shot auf Minichief und Carola	
Der Minichief schaut Carola an	M.: Where is Lemalian	Naturgeräusche von draußen	Schnitt Großaufnahme Minichief	
Sie verdreht die Augen, sie sieht müde aus, ist hochschwanger	C.: He is in the bush	dgl.	Schnitt Großaufnahme Carola	
	M.: I want to talk with Lemalian		dgl.	
Carola geduldig, aber sichtlich entnervt	C.: He is in the bush. Listen, it is allright.	dgl.	dgl	1..32.36
Das Gespräch der beiden verläuft zäh	C.: It is 720 shilling please	dgl.	Schwenk auf den Minichief Großaufnhame	
	M.: Wrote it down		dgl.	
	C.: Hm?		Schnitt Großaufnahme Carola	
Der Minichief jetzt fordernd und ernst	M.:(energisch): Wrote it down!		Schnitt Großaufnahme Minichief	
Carola schaut ihn ungläubig an, ist ungehalten und abweisend	C.: Aufschreiben? You want credit?		Schnitt Großaufnahme Carola	1.32.46
Carola mit großen ungläubigen Augen	M.: I allways get credit		dgl.	
Sie schüttelt den Kopf, lacht	C.: No credit		dgl.	

verlegen auf, ungehalten, ungläubig				
	C.: Nein mein Freund - zahlen!	Das Buch wird auf den Tisch geknallt, der Kugelschreiber dazu	Detailaufnahme Seiten des Rechnungsbuches	
Der Minichief schaut Carola empört an, dreht sich dann um und geht aus dem Laden			Schnitt Großaufnahme Minichief, dann Schwenk beim Hinausgehen	
Carola schaut ihm ernst nach			Schnitt Großaufnahme Carola	1..32.53
Der Minichief kommt mit energischen Schritten zurück, bückt sich und holt unter der Theke ein rotes Heft hervor, schlägt es auf und zeigt Carola zwei dicht beschriebene Seiten	M.: I allways get credit!	Laufschritte	Halbtotale des Ladens- Schnitt Carola Großaufnahme - wieder Halbtotale	
			Schwenk auf Carola, Nahaufnahme	1..33.03
Carola blättert entgeistert in dem Heft, der Minichief verlässt empört den Laden		Geräusche vom Blättern im Heft	Detailaufnahme: das Blättern im Heft	
Der Minichief kommt zurück, trägt einen voll beladenen Karton in beiden Händen und trägt ihn hinaus		erneut Schritte, Türe zuschlagen	medium shot Minichief, Schwenk mit ihm	
Carola schaut ihm nach, das Heft in der Hand		Schritte	Großaufnahme Carola	1.33.14
			Schnitt: Detailaufnahme auf Blätter im Heft	
Lemalian ist offenbar aus dem Busch zurückgekehrt. An der Theke; Lemalian auf der einen Seite, Carola, das Heft in der Hand, auf der anderen	C.: Who?	Geräusch vom Umblättern	Halbtotale an der Theke mit Lemalian und Carola	
Lemalian beugt sich freundlich zu ihr, stützt sich auf der Theke ab, lächelt	L.: Family. Only family		dgl.	1..33.16
Carola blättert weiter, zeigt ihm die Seiten	L.: and neighbours	dgl.	dgl.	
Carola steht fassungslos da und schüttelt den Kopf, sie ist hochschwanger, ihre Haare hängen in Strähnen ins Gesicht. Sie sieht müde aus.	C.: Aber hier sind alle Nachbarn	Natürliche Geräusche der Handlung	dgl.	
Lemalian ist ruhig, freundlich, lächelt sie an	C.: Und der Minichief auch	dgl.		1..33.24

	L.: Minichief allways get credit			
Carola schüttelt fassungslos und bedrückt den Kopf, bittet aber eindringlich	C.: Bitte kein Kredit mehr, please, no more credit please	dgl.	Schnitt: Großaufnahme Carola	
Lemalian erhebt sich in seiner ganzen Länge	L.: Why? They are our friends!		Schnitt. Nahaufnahme Lemalian	1.33.33
Carola ringt um Fassung, lächelt resigniert	C.: Ich weiß		Schnitt: Großaufnahme Carola	
Lemalian dreht sich von der Theke weg, geht ein Stück, dreht sich wieder zu ihr um, jetzt ist er fassungslos, ernst	Carolas verzweifelt /resignierte Stimme aus dem Off: „Es sind alle Freunde hier."	dgl.	Schnitt medium shot Lemalian	
Er setzt sich auf eine Kiste, schaut vor sich hin, Carola läuft auf ihn zu, redet verzweifelt auf ihn ein	C.: But we need the money, verstehst du?		Halbtotale mit Lemalian und Carola, feste Kamera	1.33.42
Er schaut freundlich lächelnd und aufmunternd zu ihr hoch	L.:You can take the money from the bank. From Switzerland.	dgl.	dgl.	
Carola verliert die Nerven, schreit ihn an, rastet aus	C.: Ah, verdammt noch mal. Wie stellst du dir das vor? Das ist ein Laden. It is business!		dgl.	
Er steht auf und geht mit entschlossenem ernstem Gesicht zur Tür, Carola folgt ihm mit den Blicken, einfach müde, offensichtlich tut es ihr leid ihn angeschrien zu haben.	C.: I am sorry	dgl.	Schwenk mit den Figuren	
Sie läuft hinter ihm her, hält ihn am Arm fest	C.: I am sorry. Entschuldigung			1.33.56
Er bleibt stehen, sie blättert verzweifelt / zerknirscht in dem Heft	C.: I am sorry. It's o.k. It is in here anyway		medium shot beide, stehende Kamera	
Er hat seinen Stock und den Speer in der Hand, redet mit merkwürdig ernster, fast beiläufiger Stimme	L. ernst: o.k. no more credit	aus dem Off leise Musik	dgl.	1.34.08
Er deutet mit dem Stock auf sie	L.: No more credit	dgl.		
Lemalian verlässt den Laden, Carola steht allein im Halbdunkel, schaut vor sich hin, das Heft in der Hand, dreht den Kopf und schaut nachdenklich in den Laden (d.h.zur Kamera)		dgl. Tür fällt zu	dgl.	1.34.16

4.4.2. Analyse und Interpretation

Das Merkwürdige an dieser Lachszene ist die Tatsache, dass im Film von den ProtagonistInnen viel gelächelt wird, im Kinosaal an diesen Stellen jedoch nicht, und umgekehrt wird im Kino an Stellen gelacht, in denen den Personen im Film das Lächeln im Hals stecken bleibt. In keiner Lachszene wird so sichtbar, wie sehr der Blick vom Ort des Eigenen auf Fremdes die Wahrnehmung verzerrt, werden die Schwierigkeiten und Grenzen der *richtigen* Wahrnehmung so deutlich. Es ist die Szene, die großes Kontextwissen und Offenheit zugleich voraussetzt, um sie in der ganzen Tragweite zu verstehen Das haben die wenigsten KinobesucherInnen. Es ist eine Sequenz, in der das Gefühl des culture clash aufscheint, eine, die die RezipientInnen etwas ratlos und nachdenklich zurücklässt, wo es für widersprüchliche Vorstellungen und soziale Gegebenheiten keine Lösung zu geben scheint. Die Lösung, die Lemalian dann vorschlägt, ist dann genau die, die KinobesucherInnen laut auflachen lässt. Die Situation ist so verfahren, dass diese Lösung genau die ist, die so manchen KinobesucherInnen als letzte Rettung für sich selbst als Idee vielleicht schon durch den Kopf gegangen ist.

Die allerwenigsten KinobesucherInnen wissen über die Sozialstruktur einer Samburugesellschaft mit all den Verbindungen und gegenseitigen Verpflichtungen genau Bescheid. Aber instinktiv (bzw. dramaturgisch gelenkt von der Regie) wird gespürt, dass es in dieser Sequenz um etwas anderes und um mehr geht als den üblichen Streit eines Ehepaares um Geld. Hier treffen zwei Welten zusammen – nicht im Umgang mit Geld, wie in einigen Printmedien zu lesen, und wie das offenbar von nicht wenigen RezipientInnen wahrgenommen wurde, sondern im Umgang mit Freunden und Nachbarn. In der paternalistischen Version wird dann empört behauptet, der Film stelle Lemalian als dumm und unfähig dar, zeige ihn als jemanden, der nicht mit Geld umgehen könne.[456] Auch Kommentare über einen culture clash treffen nicht wirklich die Schwierigkeit, um die es hier geht. Auch wenn Carola ausrastet, steckt dahinter Verzweiflung, die für die KinobesucherInnen spürbar und nachvollziehbar ist. Ebenso ist das Dilemma, in dem Lemalian steckt, auch für diejenigen RezipientInnen erkennbar, die die vielfältigen Verpflichtungen Lemalians in der Samburu-Gesellschaft nicht kennen. Der clash stellt sich eher als resignierte, ausweglose Situation dar, die mit viel gutem Willen auf beiden Seiten (und Lächeln) entschärft werden soll. Aus dem Blickwinkel seiner Gesellschaft geht er *richtig* mit Geld um, ja sogar aus dem kapitalistischen Blickwinkel, wo der meiste Gewinn mit Kreditgeschäften gemacht wird – allerdings mit Personen, die kein Risiko für die Bank bedeuten.

---

[456] Das scheint mir eine typische Antwort vom Ort des Eigenen auf Geldprobleme zu sein.

Lemalians Dauerlächeln, als er Carola Rede und Antwort steht, wer alles bei ihm Kredit bekommen hat, ist selbstverständlich, freundlich und ohne jegliches schlechtes Gewissen. Das braucht er auch aus seiner Sicht nicht zu haben – doch auf europäische RezipientInnen, die den Kontext nicht kennen, wirkt er wie ein kleiner Junge, der etwas angestellt hat und sich jetzt rausredet. Alle, die diese Szenen in dieser Art wahrnehmen, zeigen damit, dass sie die Struktur der Samburu-Gesellschaft nicht kennen. Es ist buchstäblich der Blick vom Ort des Eigenen auf etwas Fremdes, das man nicht begreift, aber zu verstehen, zu interpretieren und in den eigenen Erfahrungshorizont einzubauen versucht. Freunde, Nachbarn, Verwandte – das sind geläufige Begriffe, über die sich kaum jemand Gedanken macht. Stillschweigend gehen die RezipientInnen davon aus, dass sie dasselbe bedeuten wie bei uns in Europa. Aber Familie, neighbours und friends, haben hier eine andere Bedeutung und weit reichendere Konsequenzen als bei uns.

Kaum eine KinobesucherIn kann sich vorstellen, in welche Verflechtungen ein Samburu sozial eingebunden ist. Einige Verbindungen haben die RezipientInnen, so sie denn der Filmgeschichte aufmerksam gefolgt sind oder das Buch gelesen haben, bereits bemerkt. Da gibt es die direkte Blutsverwandtschaft, also die Mutter, den Vater, viele Geschwister und Halbgeschwister (da Polygamie bei den Samburu üblich ist, u. U. auch mehrere Mütter), Kusinen und Kusins, Onkel, Tanten usw. Nur alles etwas zahlreicher als bei uns, da die Familien größer sind, der Kinder viele. Dann gibt es die Verbindungen zum Klan[457] und zur Altersgruppe. Diese Verbindungen sind unauflöslich und sehr eng. Alle jungen Männer, mit denen zusammen Lemalian beschnitten wurde und seine Zeit als Krieger verbracht hat, gehören zu seiner Altersgruppe („age set"[458]), sind wie Brüder für ihn – nicht nur nominell sondern mit allen Rechten und Pflichten, die diese Situation beinhaltet.[459] Es gibt die Lokalgruppe und die ganz direkten Nachbarn im Settlement. Es gibt die Verbindung zum jeweiligen Ehepartner und dessen Klan und Familie. Daneben gibt es noch die „lineage group"[460], „the hair-sharing group"[461], „the sub-clan"[462], „the phratry"[463]

---

[457] Spencer spricht von „clan solidarity" und „bonds of clanship" (Spencer 1965: 29).
[458] „An age-set composed of all the men who have been circumcised in youth during a specified period of time, and a new one is generally formed every 12 to 14 years" (Spencer 1965: 80).
[459] Im Film gibt es einige Szenen, in denen Lemalian mit Freunden aus seiner Altersklasse zusammen ist. Wenn KinobesucherInnen das Buch gelesen haben, wissen sie um diese besondere Beziehung.
[460] „The lineage group has typically between 10 and 20 male members dispersed over thousand of square miles and extending as a lineage to two or possible three generations beyond the oldest living member" (Spencer 1965: 71).
[461] „The hair-sharing group may be defined asthe range of kinsmen within age mates share their hair and would typically numer about 60 men" (Spencer 1965: 74).
[462] „The sub-clan is a group within friendships tend to be cordial and lasting" (Spencer 1965: 74).

und „the moiety[464]. Membership is automatically inherited through the father in normal circumstances" (Spencer 1965: 71).

Darin wird deutlich, dass sich Lemalian alle diese Verbindungen nicht selbst ausgesucht hat – im Sinn des Begriffs Freundschaft oder Beziehung bei uns – sondern automatisch durch Geburt bzw. bestimmte Rituale dazugehört. Er ist eingebunden in ein Netz sozialer Verpflichtungen, wie umgekehrt auch andere ihm gegenüber verpflichtet sind. „It is not a fictional tie of blood which binds men together but the shared fortune and misfortune, the gift, service and repayment which are believed to make them one people; once an immigrant has entered into life of the society economically and socially, he is a Samburu […]" (Spencer 1965: 77). Carola lebt lange genug in Barsaloi, um zu wissen, was es heißt, dass Lemalian *nur* Freunden und Nachbarn Kredit gewährt und dem Minichief. So lächelt sie resigniert und verzweifelt, weil sie weiß, was die meisten RezipientInnen nicht wissen: dass Lemalian gar nicht anders kann, als ihnen Kredit zu geben. So ist ihr Lachen das Lachen an einer Grenzsituation, in der sie genauso gut in Weinen hätte ausbrechen können (Plessner 1950: 147).

Resigniert lächelt sie und mit ihr die KinobesucherInnen, die das komisch finden – ja, natürlich, hier in diesem Dorf ist jeder Nachbar. Aber die RezipientInnen sehen das nur räumlich: Nachbarn sind bei uns Personen, die neben einem wohnen. Ein Grund, ihnen Geld zu leihen, ist das nicht. Ein Grund anzuschreiben, ist das heute auch nicht mehr, wenn man ein Geschäft hat. „Ja, ich hab auch gelacht, aber ich weiß nicht, irgendwie wäre es doch schön, wenn Nachbarn sich mehr helfen würden und großzügig wären. Bei uns lebt jeder für sich"; „Manche Nachbarn reden kaum ein Wort miteinander, sehen sich tagelang nicht, kümmern sich nicht. Wir leben sehr isoliert. Manchmal wünschte ich mir mehr Kontakt mit meinen Nachbarn"; „Ich bin froh, dass nicht jeder Nachbar weiß, was ich mache. So engen Kontakt will ich gar nicht"; „Ich hab kein Geschäft, aber ich glaube, bei uns geht das gar nicht. Da werden die Preise eingescannt. Da muss die Abrechnung stimmen. Außerdem kennt man die Kunden ja gar nicht richtig" (Interviews).

Nur ältere KinobesucherInnen erinnern sich an Läden bei uns auf den Dörfern oder in kleinen Städten, wo man, wenn man dort bekannt war, anschreiben lassen konnte. Die kleinen Läden und damit die Möglichkeit, auf diese Art einzukaufen sind

---

[463] „The Samburu have eight phratries which in theory are all exogamous and elect from age-set of moran a *ritual leader* (*launoni*) with certain ceremonial duties and ritual powers (Spencer 1965: 75).
[464] „There are two moieties, each consisting of four phratries" (Spencer 1965: 76).

bei uns nahezu vollkommen verschwunden. „Da gab es auch solch ein Heftchen, in das der Ladenbesitzer notiert hat, wenn man mal nicht genug Geld dabei hatte. Am Ende der Woche oder des Monats hat man dann alles beglichen" (Interview). Das hatte meist nichts damit zu tun, dass jemand nicht mit Geld umgehen konnte, sondern mit der schlichten Tatsache, dass man keines hatte und trotzdem etwas zu essen einkaufen musste – so wie hier in Barsaloi. Welche immensen sozialen Folgen die filialisierte Form des Einzelhandels hat, wo Geschäfte nicht mehr von einem Inhaber geführt werden, wird erst durch die Begegnung mit anderen Handelsformen und Gesellschaften sichtbar und bewusst. In Warenhäusern und Discountern schreibt niemand an – da zahlt man bar. Das Bezahlen mit der EC- oder Visa-Karte ist die moderne Art des Kredits. Das altmodische Anschreiben allein ist für die meisten schon fremd genug und die Begründung für sie absurd. Absurdes bringt zum Lachen. „Das mit dem Heftchen war witzig. Ich kenn das nicht" (Interview). Es ist ein irritiertes Lachen, so ganz wohl ist den Lachern dabei nicht. Denn diese Form des Kredits in den Tante-Emma-Läden „hatte was sehr Soziales und Menschliches, das verloren gegangen ist" (Interview).

Noch aus einem anderen Grund kann Lemalian nicht anders als Kredit zu geben: „Only mean man refuse to help their close kinsmen" (Spencer 1965: 27). Und was ein Mann in der Samburu-Gesellschaft auf gar keinen Fall sein will, ist „mean". Das Ideal ist es, ein „worthy man" zu sein. „The ideal man who lives up to all expectations of the society is the *worthy man* (*lee*, pl. *lewa*) and his opposite is the *mean man*". „The mean man is despised. He gives his own personal interests priority over what others consider to be his social obligations". (Spencer 1965: 26). *Worthy* zu sein, ist mit großem Ansehen und Prestige verbunden und zeigt sich in einer Großzügigkeit, die keine Grenzen hat. Während „menaness implies that his generosity is severely limited" (Spencer 1965: 28). Das Ansehen, das Lemalian durch seine Großzügigkeit in der Gemeinschaft entgegen gebracht würde, wäre keine Selbstgefälligkeit, kein Egotrip. Es würde auch auf seine Familie, seine Altersklasse und den Klan ausstrahlen und sie aufwerten. Kontrastreicher können Ideale kaum sein: während bei uns der Slogan „Geiz ist geil" Erfolge feiert, gilt dort das Ideal absoluter Großzügigkeit. So könnte man das kurze Auflachen als Ausdruck von Verlegenheit und Unbehagen über einen solchen „Wert" in der eigenen Konsumkultur interpretieren. Denn dass Lemalian nicht aus Dummheit Kredite gewährt, zeigen der ganze Aufbau der Szene und der Kontext der Geschichte doch recht deutlich – nur muss man sie eben auch wahrnehmen.

Carolas verzweifeltes Argument „it is business" zählt deshalb nicht, weil es diese Trennung hier nicht gibt – hier Freundschaft, dort business.[465] Hier sind tatsächlich alle Freunde oder Nachbarn. Es zählt auch deshalb nicht, weil der Laden ihr hier nicht wirklich allein gehört. Er wird als Laden des Dorfes betrachtet. Als Laden, der endlich einer/einem von ihnen gehört und eben nicht den Somali oder Kikuyu, die sonst die Geschäfte machen und Samburu keinen Kredit geben, weil sie nicht zu ihrer Ethnie gehören. Sie waren doch alle so froh über diesen Laden, eben weil sie wussten, dass es hier möglich sein würde, auch ohne Geld einzukaufen, denn Lemalian ist ein „worthy man", einer von ihnen und Carola seine Frau. Dass Carola ihrerseits das letzte Glied einer Verteilerkette ist, wo sie selbst Kundin ist und finanzielle Verpflichtungen ihren Händlern gegenüber hat, die kein Pardon mit Rückständen kennen bzw. keine Kredite gewähren, wissen Lemalian und die Samburu offenbar nicht oder schätzen es nicht richtig ein, denken vielleicht auch, dass Carola als Weiße Vorteile hat. Sie verstehen sich als Pastoralisten, nicht als Händler.[466] Aber die RezipientInnen wissen es und verstehen Carolas Verzweiflung und ihr Dilemma. Ihr „please, no more credit" klingt hoffnungslos und desperat.

Ihr „we need the money" hört sich sehr bekannt an – ein Satz, den jeder im Kinosaal unterschreiben würde. Ihn schlicht auf den Gegensatz von Kapitalismus und ‚primitiver' Wirtschaftsweise herunter zu brechen, trifft die Sache hier nicht. „Money" ist hier kein Gewinn, kein Ergebnis von Ausbeutung, sondern nackte Notwendigkeit, um den Laden am Laufen zu halten – nicht zuletzt zum Wohl und im Sinn der Dorfbewohner. Die meisten KinobesucherInnen wissen nicht so recht, was sie von der ganzen Situation halten sollen, was sie richtig finden sollen. Deutlich wird der Mangel an Kontextwissen gespürt. „Man weiß halt zu wenig, wie es da so zugeht" (Interview). Das ruft in der Sequenz dieses Unbehagen hervor. Trotzdem ergreifen einige RezipientInnen Partei. Mit einem statischen Kulturbild[467] wird der Laden – ähnlich wie das Hochzeitskleid – als Inbegriff der Störung eines friedlichen Idylls gesehen, so, als hätten die Samburu davor weder je einen Laden noch Geld gesehen.

Alle genannten Hintergründe werden in dieser Lachszene nicht dargestellt, sind nur durch aufmerksames Verfolgen des ganzen Filmes bis hierher (es sind inzwischen eineinhalb Stunden vergangen) wahrzunehmen, zu erahnen, zu spüren. Dass

---

[465] Wobei die Wortverbindung „Geschäftsfreunde" aussagt, dass es eben gerade keine wirklichen Freunde sind.
[466] Kaufen und Verkaufen ist überall auf der Welt eine – meist – vergnügliche Sache, afrikanische Märkte ein sichtbarer Beleg. In vielen afrikanischen Ländern ist der Handel (der Markt) fest in weiblicher Hand, so z.B. in Togo, Ghana und Niger (Interview).
[467] Vgl. Teil III Kap. 3.3 „Im Gefängnis von Kulturbildern".

sie zu spüren sind, zeigen Irritation und Betroffenheit im Kinosaal sehr deutlich. Anspannung und Unbehagen sind groß, weil man ahnt, dass hier beide Protagonisten ihre berechtigten Anliegen haben, und man nicht so recht weiß, auf welche Seite man sich schlagen soll, welche Meinung man dazu entwickeln soll, welche Lösung es gäbe. Da hat Lemalian die Lösung: „You can take the money from the bank. From Switzerland", sagt er freundlich lächelnd. Lachen im Kinosaal – ein kurzes, lautes Lachen, das heraus bricht. „Das war so witzig, so komisch. Ich meine, da steht ein Samburukrieger in seiner traditionellen Tracht in einem Kaff in Afrika und redet von der Schweizer Bank als Rettung für Geldprobleme. Das ist doch komisch" (Interview); „Ja, das wär's – das würde ich auch am liebsten machen, hab ich gedacht" (Interview).[468]

Die Lösung mit der Schweizer Bank hat für die KinobesucherInnen etwas Befreiendes. Die Spannung weicht für einen Moment und löst sich im Lachen. „Eine Spitzenidee, nur leider utopisch und zum Lachen" (Interview) und etwas überheblich der Kommentar in den Kieler Nachrichten: „Der glaubt, das Geld wachse auf Schweizer Banken" (Koll Kieler Nachrichten 15.9.2005). Davon träumt ja im Stillen auch so mancher Rezipient als Bewältigung aller seiner Geldprobleme. Ein Konto in der Schweiz: dass auch Lemalian, dem Samburukrieger im kargen Nordwesten Kenias, die Lösung einfällt, die man selbst für sich ganz gut fände (oder schon gefunden hat), wirkt entlarvend und komisch zugleich. Der Begriff *Schweizer Bank* weckt in deutschen RezipientInnen ganz besondere Assoziationen. Ein Schweizer Konto ist bei uns der Inbegriff von Reichtum und immerwährendem Geldfluss. Für Lemalian ist es wohl eher einfach die Bankverbindung seiner Frau. Es könnte auch die Deutsche Bank oder die Volksbank sein. Aber Carola ist Schweizerin und hat natürlich ein normales Konto bei einer Schweizer Bank, von dem sie zu verschiedenen Anlässen (Krankenhausaufenthalte und Formulare bezahlen, Kauf des Pick-up, Kauf der Waren usw.) immer wieder Geld abgehoben hat. Aber im Prozess des Filmverstehens, in diesen Sekunden des Lachens, werden keine solchen rationalen Überlegungen angestellt. Hier stellt es sich so dar, als sei der „Ruf der Schweizer Bank bis in die afrikanische Pampa gedrungen. Das war einfach komisch" (Interview). Hier gilt: „Inkongruenz ist nicht lächerlich, sondern komisch; [. . .] das evozierte Lachen ist nicht überheblich oder verächtlich, sondern Ausdruck einer <good nature> angesichts wahrgenommener Kontraste in den Dingen" (Geier 2006: 155).

---

[468] Vielleicht erinnert die Szene auch einige an den bekannten Witz von Klein Fritzchen, der auf die Antwort seiner Mutter, sie habe dafür kein Geld, sagt, dann solle sie doch an den Bankautomaten gehen. Da würde sie welches bekommen. Oder es erinnert sie an ihr eigenes Verhalten, vom Automaten immer wieder Geld abzuheben, obwohl das Konto längst überzogen ist. Aber da gibt es – bis zu einer gewissen Grenze – trotzdem noch Geld.

Dass Lachen gerade kein homogenes Phänomen ist (Geier 2006: 171), wird in dieser Szene ganz deutlich. Trotz des gemeinsamen Lachens wird die ganze Situation von den RezipientInnen konträr bewertet. Für die einen ist der Laden das traurige Ende pastoraler Lebensweise, für die anderen das Sinnbild von Wohlstand, der nun endlich auch in dieses verlassene Gebiet Einzug hält. Für die einen können Samburu nicht mit Geld umgehen, für die anderen werden sie gerade dadurch, wie sie mit Geld umgehen (nicht zu wichtig nehmen, großzügig verteilen, nicht daran hängen) zum Vorbild. Der Fokus der Debatten zwischen den RezipientInnen richtet sich auf das, was in unserer Gesellschaft am wichtigsten zu sein scheint: ökonomisches Kapital. Das ist der Ort des Eigenen. In der Samburu-Gesellschaft zählen jedoch – Pierre Bourdieus Termini gebrauchend – soziales und symbolisches Kapital: Prestige, Respekt, Großzügigkeit, Freunde.[469] Carola weiß das. Deshalb sagt sie gleich drei Mal hintereinander nach der Auseinandersetzung mit ihrem Mann „sorry". Der Umgang mit Fremdem stößt an eine Grenze, die Ratlosigkeit hinterlässt – es gibt keine Antwort.

Wenn man den Kontext nicht kennt, wird auch dieses „sorry" missinterpretiert und als Nachgeben ihrem herrischen, eifersüchtigen Mann gegenüber gesehen, als hilflose Geste, die nicht sehr emanzipiert wirkt und „furchtbar aufregt" (Forum). „Dieses ewige „sorry" – das nervt, was soll das"(Forum). Dies zeigt, dass der Ort des Eigenen auch nicht in der Imagination verlassen wird. Nicht nur der Blick auf das Fremde bleibt damit völlig unverständlich – auch der auf sich, würde Pierre Bourdieu sagen, denn der Blick auf Andere schärft nicht nur bei Ethnologen den Blick auf sich selbst (Jurt 2003: 65). Dann nämlich würden die RezipientInnen erkennen, dass in unserer sozialen Welt kein Gut so ungleich und grausam verteilt wird wie das symbolische Kapital, das sich in Form von Anerkennung, Ansehen und Prestige auch bei uns zeigt (Jurt 2003: 211). Andere lassen sich auf den fremden Blick auf die Welt ein, werden nachdenklich. In Bezug zur These könnte man sagen, dass in der medialen Begegnung mit einer anderen Kultur manchem Rezipient erst (wieder) bewusst wird, dass es andere Werte als Wohlstand, Geld und Ökonomie gibt, dass es Dinge im Leben gibt, die nicht zu kaufen sind, und dass auch bei uns das symbolische und soziale Kapital mindestens so wichtig ist wie das ökonomische – „eine nachdenklich machende Geschichte" (amazon.customer).

Die aufgebaute Spannung löst sich nur einen winzigen Moment lang in Lachen auf, „in dem der Körper gewissermaßen die Antwort übernimmt" (Plessner 1950:

---

[469] Den Begriff „symbolisches Kapital" prägte Pierre Bourdieu durch seine Erkennnisse, die er während seines Algerienaufenthaltes und den dort durchgeführten ethno-soziologischen Studien hatte. In der traditionellen Gesellschaft der algerischen Kabylei hatte er die relative Unabhängigkeit des Symbolischen (etwa der Ehre) gegenüber dem Ökonomischen entdeckt. (siehe dazu Jurt 2003: 30).

43). Es sind dies im Sinne Plessners die Situationen, die ungewöhnlich und mehrdeutig sind, die sich dadurch nicht eindeutig beantworten und meistern lassen. Doch die Situation ist so ernst, dass darüber die Gründe, die Helmuthh Plessner angibt, dass man in Situationen, in denen es keinen Ausweg gibt, lachen würde, hier nur kurz greifen. Es gibt hier erstmal keine Lösung – die vorgeschlagene von Carola „no more credit" ist keine und die von Lemalian „take the money from the bank. From Switzerland" auch nicht. Das ist nicht lustig. Die Angst vor Fragmentierung und die vor Globalisierung ist nicht weggelacht worden, auch nicht in diesem kurzen Auflachen. Im Gegenteil: beide Ängste werden erst bewusst, zeigen sich in Unbehagen und Irritation. Nach dem kurzen Lachen bleiben die meisten KinobesucherInnen im kognitiv-emotionalen Prozess des Filmverstehens zwiespältig und nachdenklich zurück – wie Carola im Schlussbild der Szene.

4.5. Gericht unter der Schirmakazie

4.5.1. Kontext und Sequenzanalyse

Nach der Geburt der kleinen Tochter und einem langen Krankenhausaufenthalt kommt Carola das erste Mal seit langem wieder in den Laden. Einiges scheint sich verändert zu haben. Sie wird Zeugin, wie Lemalian dem Minichief Geld gibt – „for protection" wie er sagt. Carola ist empört über die Schutzgeldmasche und lässt sich vom Minichief das Geld wiedergeben. Lemalian ist das gar nicht recht, er ahnt nichts Gutes. In der Kasse ist nur noch wenig Geld – Carola gibt keinen Kredit mehr, sie wirkt angespannt und gestresst. Sie sieht, wie Mike, der Neffe des Minichief, sich aus dem Bierkasten ganz selbstverständlich, ohne zu fragen oder gar zu bezahlen, bedient und es sich mit einer Zigarette und einer Bierflasche auf einem Kanister vor dem Shop demonstrativ bequem macht. Sie hat den etwa 12-jährigen Mike seinerzeit auf Aufforderung des Minichiefs nur eingestellt, weil der ihr sonst die Genehmigung für den Laden nicht gegeben hätte. Aber der Junge arbeitet nicht, lungert nur herum, raucht und trinkt. Ihr platzt der Kragen und sie wirft ihn hinaus. „Lass dich hier nie wieder sehen", ruft sie ihm nach. Der droht ihr damit, dass er es seinem Onkel sagen wird. Nachts schleicht er sich mit einem Messer zur Manyatta von Lemalian und Carola. Vor der Hütte attackiert er Carola, schreit herum, schimpft sie „bloody mzungu" und droht ihr, sie zu töten. Lemalian kommt auf Carolas Rufen hin heraus und verpasst Mike mit seinem Stock eine gehörige Tracht Prügel. Er schlägt auf ihn so sehr ein, dass Carola dazwischen geht, weil sie Angst bekommt, ihr Mann schlägt

Mike tot. Die ganze Sache hat offensichtlich ein Nachspiel, und es kommt zur Gerichtsszene.

Handlung	Dialog	Geräusche	Kameraführung / Einstellung	Zeit
Etwas außerhalb des Dorfes hat sich eine Gruppe unter einer Schirmakazie in einem weiten Halbkreis versammelt; alte Männer in rot gemusterten Umhängen und Krieger; inmitten der auf dem Boden sitzenden Männern kann man Carola erkennen	Sprechgesang in der Samburu-Sprache	rhythmischer Sprechgesang von Männerstimmen, die sich mit einem Vorsprecher abwechseln, mit leiser Musik unterlegt	Totale auf die Gruppe und die Bäume	1.43.22
Der Minichief ist mit seinem Neffen da, beide sitzen auf dem Boden	dgl.	dgl. aber ohne Musik	Schnitt: Mediumshot auf den Minichief	
Pater Bernardo ist da, bewegt seinen Oberkörper im Takt und schnippt mit den Fingern; er sitzt neben Carola im Halbkreis; etwas entfernt, schräg dahinter Lemalian; ganz hinten abseits sitzen ein paar Samburufrauen	dgl.	dgl.	Schnitt: Halbtotale auf den Pater und Carola,	
Als Einziger steht derjenige der alten Männer, der den Sprechgesang anführt, mit einem Hut auf dem Kopf und einem Stock in der Hand, den er rhythmisch zu den Worten bewegt;	dgl.	dgl.	Schnitt: Großaufnahme auf den stehenden Mann mit Hut	
Ein anderer alter Mann erhebt sich jetzt und beginnt gemessen gestikulierend zu sprechen	Rede in der Samburusprache		Schnitt: Halbtotale auf den sprechenden Mann; dann Schwenk auf Carola und den Pater, dann in Augenhöhe der beiden Schwenk zum Minichief und Mike, dann wieder auf Carola und den Pater	1.43.39
Als er seine Ansprache beendet hat, erhebt sich der Mann mit dem Hut wieder und beginnt seinerseits zu sprechen	Vortrag in Samburusprache.		Großaufnahme alter Mann mit Hut	
Carola und der Pater hören konzentriert und ernst zu	dgl.		Großaufnahme Carola und Pater	
Lemalian hört ernst zu	dgl.		Großaufnahme Lemalian	
Der Minichief hört ernst, ja eher mürrisch zu, was der alte Mann mit dem Hut erklärt	dgl.		Großaufnahme Minichief	
Während der alte Mann redet, übersetzt der Pater Carola, was der alte Mann gesagt hat	dgl.		Großaufnahme alter Mann mit Hut	
	Pater: Also Sie zahlen dem Minichief zwei Ziegen, weil Sie seinen Neffen gefeuert haben		Schwenk zu Carola und dem Pater, Großaufnahme Carola	1.44.10

			Schwenk zum Minichief und seinen Neffen, Halbtotale	
Carola ist nachdenklich, ernst und unsicher; nimmt das Urteil irritiert zur Kenntnis, schaut den Pater fragend an.			Großaufnahme Carola	
Der Minichief grinst sie spöttisch und siegesgewiss an			Großaufnahme Minichief	
Sie dreht sich hilfesuchend zu Lemalian um, der aber nicht reagiert		Naturgeräusche, ein Rind blökt	Großaufnahme Carola, Schwenk zu Lemalian, Mediumshot	
Der Alte mit dem Hut wartet auf Carolas Antwort			Großaufnahme Mann mit Hut; Schnitt: Pater und Carola Mediumshot	
Carola dreht sich wieder um, verzieht unsicher das Gesicht, dann fügt sie sich dem Urteilsspruch, schaut zu dem Alten hoch und nickt mit dem Kopf	C.: o.k.		Großaufnahme Carola	1.44.28
Der Pater übersetzt dem Samburu, was Carola geantwortet hat, was zweimal nachgefragt und bestätigt wird	Rede auf Samburu		Großaufnahme Mann mit Hut	
Daraufhin beginnt der alte Mann mit dem Hut erneut zu deklamieren. Er steht in der Mitte des Halbkreises, auf seinen Stock gestützt	Rede in der Samburusprache		Schwenk zu Lemalian, Mediumshot	
Der Minichief steht auf	dgl.		Schwenk zum Minichief Halbtotale	
Der Pater übersetzt Carola, was der Alte gesagt hat	P.: Der Minichief soll jetzt fünf Ziegen an Sie zahlen, weil sein Neffe Sie angegriffen hat.		Schnitt Carola und Pater, Mediumshot	1.44.47
Der Minichief ist aufgestanden und hört ungläubigerstaunt, was der Alte sagt	Rede in der Samburusprache		Großaufnahme Minichief	
Der alte Mann sagt noch etwas zu ihm, er redet ziemlich laut und heftig auf ihn ein	dgl.	Naturgeräusche, Blöken eines Rindes	Schwenk auf den alten Mann, Halbtotale	
Carola verkneift sich das Lachen, ist erleichtert und freut sich sichtlich über das Urteil	Sprechgesang in der Samburusprache		Mediumshot auf Carola und den Pater, dann Großaufnahme Carola	
Lemalian sitzt noch immer still und nachdenklich etwas abseits des Halbkreises	dgl.	rhythmischer Sprechgesang von Männerstimmen, die sich mit einem Vorsprecher abwechseln	Mediumshot Lemalian	1.45.03

4.5.2. Analyse und Interpretation

In keiner Lachszene werden die Überschneidungen von Eigenem und Fremdem und ihr Vexierspiel im kognitiv-emotionalen Prozess des Filmverstehens so dicht wie hier. Die Spannung, die sich schließlich am Ende der Szene in überraschtes Lachen auflöst, wird durch die Begegnung mit einer fremden Gesellschaftsordnung und einem fremden Rechtssystem „weitab der modernen Zivilisation" (Interview) erzeugt. Hier wie dort ist der Ausgangspunkt ein Konfliktfall im sozialen Bereich, der einer definitiven Lösung bedarf. „Was als Konflikt [...], als Lösung [...] und als Legitimation der Lösung [...] gilt, ist sozial festgelegt [...]" (Hoffmann 1983: 23) - auch wenn einige Rechtswissenschaftler und Historiker sagen, „dass die Grundtypen aller Rechtsinstitutionen auf dem ganzen Erdball in vergleichsweise geringer Variationsbreite wiederkehren", und sich viele soziale Prozesse und Strukturen überall auf der Welt wiederholen (Wenskus 1961: 4), oder anders gesagt: dass es ein vergleichbares „Residuum gleicher Grunderfahrungen mit Recht" gäbe (Schulze 1990: 458). Was jedoch als Konflikt, als Übertretung einer Ordnung, als Straftat in der jeweiligen Kultur bewertet wird, und wie die Lösung und deren Legitimation aussieht, fällt je nach Gesellschaft unterschiedlich aus. Die spannende, vollkommen offene Frage ist demzufolge: was wird hier die Lösung im Streit zwischen Carola und dem Jungen sein? Gerade in dieser Szene wird sehr deutlich, dass fremd und eigen keine sich gegenüber stehenden, abgetrennten Blöcke sind, sondern dass es zwischen ihnen vielfältige Verknüpfungen und Überschneidungen gibt. In keiner Lachszene kommt das Fremde dem Eigenen so nah, so dass man die Verblüffung darüber, dass das Fremde gar nicht so fremd ist, wie es zunächst erschien und wahrgenommen wurde, als Mitgrund für das (erleichterte?) Lachen interpretieren kann.

Die meisten KinobesucherInnen kennen den Ablauf einer Verhandlung, wenn nicht aus eigener Erfahrung so doch von unzähligen Gerichtssendungen aus dem Fernsehen, von Gerichtsfilmen und den Berichterstattungen in den Zeitungen her.[470] Sie gehen von eigenen Erfahrungen mit dem Recht als Erscheinung ihres kulturellen Umfeldes aus und suchen einen Zugang zu Phänomenen, die außerhalb dieses Erfahrungsbereiches liegen (Schulze 1990: 468). Im eigenen kulturellen Umfeld, in einem deutschen Gerichtssaal sind Richter, Staatsanwalt, Angeklagte, Verteidiger, Protokollant, Zeugen, ev. Schöffen, Verwaltungsbeamte und Gutachter die zu vergebenden Rollen und entpuppt sich so – ganz im Sinn der Modernisierungstheorien – als

---

[470] So gab und gibt es seit Jahren vor allem im RTL und SAT1, auch bei VOX und im ZDF, im Nachmittagsprogramm überaus beliebte Gerichtssendungen wie „Richterin Barbara Salesch", „Das Familiengericht", „Ehen vor Gericht", „Das Strafgericht", „Im Namen des Gesetzes", „Richter Alexander Hold", „Das Jugendgericht" u.ä.. Gerichtssendungen im Fernsehen bilden natürlich nicht die Realität in deutschen Gerichtssälen ab. In Deutschland sind Übertragungen aus dem Gerichtssaal – im Gegensatz zu den USA – verboten. Es sind also keine Dokumentarfilme, sondern Unterhaltungssendungen. Trotzdem lehnen sie sich an die Realität an. Der Ablauf des Prozesses entspricht der einer wirklichen Verhandlung, wie auch in einem echten Gerichtssaal stattfindet. Die Urteile fallen so aus, wie sie auch in einer echten Verhandlung ausgefallen wären.
Siehe auch: >http://www.rtl-television.de/index_gerichtssendungen.html< [18.6.2008].

hoch differenziertes Gebilde. Europäische RezipientInnen sehen studierte Juristen in schwarzen Roben vor ihrem geistigen Auge, kompetent im Argumentieren hinsichtlich Paragrafen und Gesetzbuch, von Staats wegen befugt, Recht zu sprechen. Der Ablauf einer Gerichtsverhandlung wird von einer Reihe von Äußerlichkeiten beeinflusst: Angefangen vom imposanten Gerichtsgebäude über die Gestaltung der Sitzungsräume, die besondere Sitzordnung, die Verpflichtung zum Tragen der Amtstracht, die Pflicht sich in bestimmten Abschnitten der Verhandlung zu erheben und dem Ritual der Vereidigung. Dies sind Symbole als Mittel und Darstellung von Herrschaft (Stehmeyer 1990: 12). Der Ablauf einer Gerichtsverhandlung ist streng vorgeschrieben. Die festen Regeln sind in der Prozessordnung festgehalten, deren Nichteinhaltung zum Abbruch der Verhandlungen führen bzw. das Urteil anfechtbar machen kann: Vom „Aufruf zur Sache" über das eigentliche Verfahren bis zur Urteilsverkündung „Im Namen des Volkes" und der Rechtsmittelbelehrung am Schluss. Ein dem rechtsstaatliches Ideal entsprechendes Verfahren bedarf der Ruhe, Distanz und Zurückhaltung (Stehmeyer 1990: 16), mit festgelegten Rollen, entsprechenden Sprechakten und einer gewissen Dramaturgie, einschließlich der ZuschauerInnen als stille Teilnehmer einer öffentlichen Sitzung. Diese und andere Symbole werden verwendet, um „eine bestimmte Haltung oder ein Gefühl zu schaffen" (Stehmeyer 1990: 18).[471]

Der Minichief und sein Neffe, Carola, Pater Bernardo, Lemalian und andere Samburu sitzen in einem Kreis unter einer Schirmakazie, in der Mitte des Kreises zwei alte Männer, der eine mit Schlapphut auf dem Kopf und einem Stock in der Hand. Sie deklamieren abwechselnd – rhythmisch und laut. Gesprochen wird nur in der Samburusprache, keine Off-Stimme erklärt das Geschehen. Das ist die Szene. Und dennoch sagen die InterviewpartnerInnen: „Ja, ich habe gleich gemerkt, dass das so eine Art Gericht ist". „Ja, klar, das war eine Art Gerichtsverhandlung". Woran erkennen die RezipientInnen, dass es sich um eine Gerichtsszene handelt? Es muss etwas geben, das diese Zusammenkunft als solches erscheinen lässt – über alles Fremde hinweg. In erster Linie erkennen sie es deshalb, weil Gerichtsszenen als Rituale überall auf der Welt immer auch eine gewisse Dramatik[472] und Theatralik[473] beinhalten, bestimmte Strukturen haben und die Performance nicht so fremd ist, als dass man sie nicht erkennen könnte. Im Allgemeinen betrachten theoretische Ritual-

---

[471] „Nach Auffassung des Bundesverfassungsgerichtes ist die Robe ein mittelbar der Wahrheitsfindung dienendes Kleidungsstück" (Stehmeyer 1986: 71).
[472] Zeremonie beinhaltet das, was Anthropologen „soziales Drama" nennen (siehe Turner, Victor. 1983: Drama, Fields, and Metaphors: Symbolic Action in Human Society. Ithaca).
[473] Die theatralische Sicht hat insbesondere Goffman heraus gearbeitet: Goffman, Erving. 1997: Wir alle spielen Theater. München/Zürich. 1959: The presentation of self in everyday life. New York.

beschreibungen das Ritual als Handlung meist in religiösem Kontext (Bell 1998: 37). Doch auch Gerichtsverhandlungen können als Rituale betrachtet werden, als kulturspezifische Performance.[474] Wie David Kertzer es von der Politik sagt, gilt auch für die Justiz: Symbolik ist in der Rechtssprechung auf viele Arten involviert. (Kertzer 1998: 366).[475] Oder wie es Peter Winn auf den Punkt bringt: Rituale und Zeremonien durchziehen das Recht (Winn 1998: 449). Der Begriff Ritual soll hier so verstanden werden, wie ihn Roy Rappaport und David Kertzer definieren und wie ihn viele Ethnologen verwenden:

> „Unter Ritual verstehe ich eine Form oder eine Struktur. Es handelt sich dabei um die Ausführung mehr oder weniger unveränderlicher Sequenzen formaler Handlungen und Aussagen, die nicht von den Akteuren codiert worden sind. Formalität ist ein offensichtlicher Bestandteil aller Rituale. Rituelle Handlungen sind zumeist stilisiert, repetetiv, stereotyp, oft – aber nicht immer – dekorativ, und sie geschehen normalerweise an besonderen Orten und zu bestimmten Zeiten" (Rappaport 1998: 191).[476]

> „Das Ritual ist ein symbolisches Verhalten, das sozial standardisiert und repetitiv ist. [. . .]. Rituelles Handeln hat einen formalen Charakter. Es folgt höchst strukturierten Sequenzen und wird oft an gewissen Plätzen und zu bestimmten Zeiten, die ihrerseits mit einer speziellen symbolischen Bedeutung gefüllt sind, durchgeführt" (Kertzer 1998: 373).

Hinter all dem Fremden einschließlich der Sprache entdecken die KinobesucherInnen also eine bekannte Struktur, den formalen Charakter, die besondere Sprache, die ernste Haltung, die Ehrerbietung, die Stilisiertheit, das Dekorative, den speziellen Platz – dort im Busch wie in einem deutschen Gerichtssaal. Ein Ritual ist voller konventioneller Aussagen, die konventionelle Wirkungen haben: z.B. „Ich schwöre, die Wahrheit zu sagen"; „Wir befinden den Angeklagten für schuldig" als Beispiele von Roy Rappaport (Rappaport 1998: 195) – oder auch: „Im Namen des Volkes ergeht folgendes Urteil". Auch hier in dieser Szene ist das so: Das Urteil wird gesprochen

---

[474] Tatsächlich sind Rituale in einer derart großen morphologischen Vielfalt vorhanden und haben derart verschiedene Funktionen in menschlichen Gesellschaften, dass die Wissenschaft bis heute keine eindeutige Definition hat finden können (Vgl. Tambiah 1979, 115-116). Das Ritual sieht Jan Platvoet als ein universelles, polymorphes und multifunktionales Phänomen (Platvoet 1998: 173). Merkmale des Rituals: Formalität, Konventionalität, Stereotypie und Rigidität (Tambiah 1998: 233)
[475] Nach Ansicht von Clifford Geertz bezieht sich das Symbol auf jedes Objekt, jede Handlung, jedes Ereignis, jede Charaktereigenschaft oder Beziehung, die als Träger einer Konzeption dient. Die Bedeutung des Symbols wird durch die Konzeption konstituiert. (Geertz 1971: 5).
[476] Die Ausführung ist neben der Formalität das zweite sine qua non des Rituals. Wenn ein Ritual nicht ausgeführt wird, ist es kein Ritual. Die Ausführung selbst ist ein Aspekt dessen, was sie ausdrückt und nicht bloß eine Art etwas mitzuteilen. Das unterscheidet das Ritual vom Theaterstück. Dort wird gespielt, d.h. sie handeln nicht im Ernst. Das rituelle Handeln dagegen ist ernsthaft, selbst wenn es auf spielerische Art aufgeführt werden sollte. (Rappaport 1998: 192).

und als einzige Aussage übersetzt. Doch in allen diesen Fällen – als performativer Akt – sagt der Sprecher nicht nur etwas, er *tut* damit auch etwas.

Nur auf den ersten Blick erscheint die Situation unter der Schirmakazie als Gerichtsszene also fremd,[477] was dadurch verstärkt wird, dass in der ganzen Szene nur Samburusprache – ohne Untertitel - gesprochen wird. Die Spannung wird zunächst aus der Unsicherheit dem Fremden gegenüber erzeugt. Kaum ein Rezipient hat – wie die Protagonistin auch – eine Ahnung über die rechtlichen Gepflogenheiten der Samburu. Sie wissen nur aus dem Kontext heraus, dass es offenbar um die Auseinandersetzung zwischen dem Jungen und Carola geht. Die Art, wie der Minichief – sonst selbstbewusst auftrumpfend und sich seiner Stellung als Vertreter des kenianischen Staates sehr bewusst – still auf dem Boden sitzt, dass überhaupt alle außer den beiden alten Männern mit ernsten Gesichtern auf dem Boden sitzen, zuhören und selbst nicht sprechen. „Da war so eine feierliche Stimmung". „Wie die Alten geredet haben, das war kein normales Reden oder Erzählen, so eine Art Singsang" (Interview).

Die Handlungen oder Ereignisse, d.h. die Zeichenträger oder Symbole, die zeremonielle Botschaften übermitteln, können sehr unterschiedlich sein. Sie werden aber erkannt, sogar von kulturell Außenstehenden wie den KinobesucherInnen. Es sind dies bestimmte Worte oder hier ein bestimmter Tonfall. „Es sind bestimmte Gesten, wenn jemand durch seine Haltung Macht oder Unterwürfigkeit zum Ausdruck bringt, durch den Raum, wenn jemand dem anderen den Vortritt lässt, vor ihm in gebührendem Abstand Platz nimmt, ihn zur Linken oder zur Rechten sitzen lässt, durch die Kommunikationsstruktur, wer wie lange mit wem spricht" oder, wie in der Szene, nur jeweils einer stehend spricht. Alle diese Symbole bezeichnet Erving Goffman als zeremonielles Idiom einer Gesellschaft (Goffman 1998: 324).[478] Die zeremonielle Komponente konkreten Verhaltens besteht letztlich aus den beiden Komponenten Ehrerbietung und Benehmen (Goffman 1998: 331). So kann dieses Idiom auch von Menschen wiedererkannt werden, die nicht zu dieser Gesellschaft gehören – wie die RezipientInnen. Sie wissen (im kognitiv–emotionalen Prozess der Rezeption): sie wohnen dem Ritual einer Gerichtsverhandlung bei.

Die vertrauten Symbole fehlen hier für die RezipientInnen, aber Gebärden und Körperhaltungen können manchmal etwas mehr oder besser mitteilen als die entsprechenden Worte. (Rappaport 1998: 203). Eine zeremonielle Handlung scheint bestimmte grundlegende Komponenten zu enthalten. Zwei dieser Komponenten sind in

---

[477] Es sei denn, RezipientInnen sind historisch gebildet und denken an den Markt als Gerichtsstätte im antiken Rom oder das germanische Thing unter der Gerichtslinde.
[478] Ausführlicher dazu: Goffman, Erving. 1971: Interaktionsrituale. Über Verhalten in direkter Kommunikation. Frankfurt am Main.

Bezug zum Rechtswesen offensichtlich: Ehrerbietung und Benehmen.[479] Und genau die werden von den KinobesucherInnnen in dieser Szene wahrgenommen. So gesehen beruht diese Lachszene auch auf der wahrgenommenen Diskrepanz zwischen Eigenem und Fremdem im Äußeren und der Ähnlichkeit im Innern. Denn auch das ist ein Teil des Komischen: Auf Bekanntes zu stoßen, wo man es so gar nicht erwartet hat. „Ja, das war wirklich komisch [Pause] Ich weiß nicht, wie ich das sagen soll. Ich war so verblüfft, es war fremd und bekannt zugleich. Ich musste halt lachen" (Interview). Im Sinne Helmuthh Plessners ließe sich das Lachen hier auf eine Situation beziehen, die ungewöhnlich und mehrdeutig ist, sich also nicht eindeutig beantworten und meistern lässt (Plessner 1950: 43). Und dann übernimmt der Körper die Antwort: im Lachen.

Einer der Grundkonflikte einer Gesellschaft ist die Übertretung von Regeln, Normen und Gesetzen. Ein Ordnungssystem par excellence ist das Gericht. Doch viele RezipientInnen trauen diesem Ordnungssystem nicht. „Irgendwie ist man da so ausgeliefert. Man weiß nie, wie es ausgeht. Nein, kalkulieren kann man das nicht" „Du brauchst Geld und einen guten Anwalt. Mit Gerechtigkeit hat das nichts zu tun." (Interviews). Erworbenes bzw. medial vermitteltes Wissen über Gerichtsverhandlungen bringen die KinobesucherInnen mit. In diesem Wissen ist auch das Wissen um Fehlurteile, Ungerechtigkeiten, zu hohe Strafen, falsche Zeugenaussagen, schlampige Ermittlungen u.ä. enthalten. Skepsis gegenüber dem eigenen Rechtsstaat ist zu spüren, erst recht hinsichtlich des Rechtssystems eines fremden Landes.

Beide in der These genannten Ängste gehen hier eine Verbindung ein, äußern sich sowohl in der Befürchtung, ob da wohl ein Recht gesprochen werden wird, das auch ein Europäer akzeptieren kann als auch in der Besorgnis, alles (auch Recht) ist so globalisiert, dass man jetzt eine Performance als Abklatsch aus einem deutschen Gerichtssaal sieht, in dem man keine guten Erfahrungen mit Gerechtigkeit gemacht hat. Wie wird dieser Urteilsspruch sein, von dem man nicht weiß, ob alles „mit rechten Dingen zugeht" (Interview), ob hier wirklich ‚Recht' gesprochen wird unter dieser Schirmakazie im fernen Afrika. Immerhin sitzt hier „eine von uns", eine Weiße, vor einem Stammesgericht – für eine Handlung, für die sie in unserem Rechtssystem gar nicht vor Gericht käme.[480] „Ich dachte dann auch an Gerichtsur-

---

[479] Siehe auch: Goffman 1998: 324. Es gibt feste Regeln, welche Amtskleidung für die Amtsträger vorgeschrieben ist, wann wer sprechen darf, wann man aufstehen muss und wann man sitzen darf bzw. muss. Es gibt einen extra dafür vorgesehen Sitzungssaal in einem Gerichtsgebäude, im Saal eine Sitzordnung bis hin zum Ritual der Vereidigung. „Durch die Symbolik erkennen wir, wer die Mächtigen und wer die Schwachen sind und durch Manipulation der Symbole stärken die Mächtigen ihre Autorität" (Kertzer 1998: 368).

[480] Es ist hier nicht der Platz, ausführlich auf die Rechtslage einzugehen. Das wäre die Aufgabe eines Juristen. Entscheidend ist, welche Erfahrungen, Begriffe und Bilder die RezipientInnen mitbringen.

teile in andren Ländern, Türkei, Indonesien, Russland, ja auch USA. Was man da so hört. Da werden ja manchmal Urteile gefällt, also das passt so gar nicht zu unserem Rechtsverständnis. Ich war echt gespannt" (Interview). Auch in dieser Hinsicht kann das spätere Lachen als Spannungsabbau und Ausdruck von Erleichterung gesehen werden.

In einer Gerichtsverhandlung – die vor allem dadurch sowohl in der Realität als auch hier im Film ihre Spannung erhält – ist offen, welches Urteil am Ende gefällt wird, was man mit Arnold Gennep kulturübergreifend als „Schwellenphase" bezeichnen könnte. „Schwellenwesen sind weder hier noch da; sie sind weder das eine noch das andere, [...]" (Turner 2005: 95) – nicht schuldig aber auch nicht frei gesprochen. „Er schwebt zwischen zwei Welten. Diese Situation bezeichne ich als *Schwellenphase* [...] man diese räumliche und symbolische Transitionsphase mehr oder weniger in allen Zeremonien wiederfinden kann, die den Übergang von einer [...] sozialen Situation zur anderen begleiten" (Van Gennep 1986: 27/28). Die unsichere und deshalb spannungsreiche Zeit der Untersuchungshaft als „Schwellenzustand" in unserem Rechtswesen kann manchmal ziemlich lang sein. Erst wenn das Urteil gesprochen ist, wird dem Angeklagten wieder eine feste Position in der Gruppe – und sei es als Gefängnisinsasse – zugewiesen und später wieder u. U. zurück in die Gesellschaft.[481] Doch wird diese Position – bei aller Resozialisierung – auch ohne das Adjektiv ‚vorbestraft' niemals dieselbe sein wie zuvor. „Der Übergang von einem zum anderen Zustand ist buchstäblich gleichbedeutend mit dem Abstreifen des alten und dem Beginn eines neuen Lebens" (van Gennep 1986: 176).

Arnold van Gennep definiert Übergangsriten als „Riten, die einen Orts-, Zustands-, Positions- oder Altersgruppenwechsel begleiten".[482] Die drei Phasen, die van Gennep unterscheidet –, Trennung, Schwellenphase, Angliederung (van Gennep 1986: 21) – finden sich auch hier: Der Angeklagte[483] wird von der Gemeinschaft getrennt, sitzt bei der Verhandlung an einem besonderen, abgetrennten Platz[484]. Die Angeklagten haben ihre Position und ihren Status verloren – hier kommt das vor allem in Be-

---

[481] In unserer Rechtssprechung ist expressis verbis von Wiedereingliederung die Rede.
[482] Van Gennep hat in der formalen Vielfalt rituellen Verhaltens die einheitliche Struktur der Übergangsriten entdeckt. Er hat sie später auf ein viel weiteres Feld menschlichen Handelns angewandt. Ich möchte diesem Beispiel folgen und sie auf die Situation eines Gerichtsverfahrens anwenden. Rituale und Zeremonien können auch im säkularen Kontext industrieller Gesellschaften wie der unseren als Dramatisierung politischer, sozialer, rechtlicher, moralischer usw. Grundsätze bestimmt werden, die nicht Infrage gestellt werden sollen. (vgl. Sylvia M. Schomburg-Scherff 1986: 249, im Nachwort zu Van Gennep).
[483] Der sich selbst durch seine Tat bereits von den geltenden Regeln der Gemeinschaft bzw. Gesellschaft getrennt hat.
[484] Bei uns beschränkt sich der Kontakt je nach Schweregrad des Vergehens manchmal allein auf den Anwalt, auch Angehörige dürfen keinen Kontakt haben.

zug zum Minichief zum Ausdruck, der entgegen seines sonstiges Auftretens in amtlicher Funktion bescheiden am Boden sitzt. Da wir es hier in der Samburugesellschaft mit einem sehr direkten Rechtswesen zu tun haben – ohne Schriftlichkeit, Paragrafen, Gesetzbüchern und differenzierten Rollen vor Gericht - dauert der „Schwellenzustand" der Unbestimmtheit, Ambiguität und Anspannung nur kurz. Durch das Urteil wird – hier wie dort – die Wiedereingliederung in die Gemeinschaft eingeläutet. Wie auch immer es real aussehen mag, es wird nach der Spannung der Schwellenphase als Erleichterung empfunden: Die Ordnung ist wieder hergestellt. Wenn es dann – für die Beteiligten wie für die RezipientInnen – so überraschend ausfällt wie in dieser Szene, kann man sogar lachen.

Hier, in der gerontokratischen Gesellschaft der Samburu,[485] sind alte Männer die sozial angesehensten Personen überhaupt.[486] Wenn RezipientInnen das nicht wissen – und das sind die meisten – speisen sich Verblüffung und Verwunderung auch aus dieser Tatsache. In unserer Kultur werden Schönheit und Jugend, Dynamik und Fitness hoch bewertet. Alter und Erfahrung werden hingegen weniger gewürdigt. Hier jedoch sind zahnlose, deklamierende, alte Männer offenbar angesehen und geehrt, genießen Respekt, haben Einfluss und Macht und dürfen (und sollen) Recht sprechen und Urteile fällen.[487] „Bei uns würden die im Pflegeheim sitzen. Niemand würde sie ernst nehmen"; „Es hat mich erstaunt und berührt, dass Alte derartige Positionen innehaben, sie so geschätzt und ernst genommen werden. Da könnten wir uns ein Beispiel nehmen" (Interviews). Was für KinobesucherInnen wie „deklamieren" aussieht, ist wiederum die Art, wie Samburu zu konsensfähigen Urteilen, allgemein akzeptierten Meinungen und Entscheidungen kommen: durch diskutieren.[488] Diskutieren bedeutet dort allerdings etwas anderes als bei uns. Entscheidend dabei ist, dass nur Ältere daran teilnehmen, ihre Meinung ohne Unterbrechung reihum zu einem

---

[485] Siehe dazu Spencer, Paul. 1965: The Samburu. A study of gerontocracy in a nomadic tribe. London. Insbesondere Kap. 7 und 9.
[486] Die Wertschätzung, die durch einen bestimmten Akt von Ehrerbietung übermittelt wird, beinhaltet ein Gefühl von Achtung des Handelnden vor dem Empfänger. Leute, die jemandem Ehrerbietung erweisen, können natürlich wissen, dass sie das nur deshalb tun, weil er der Vertreter oder Repräsentant einer bestimmten Gruppe ist. Sie geben ihm, was ihm gebührt, nicht auf Grund dessen, was sie über ihn „persönlich" denken, sondern trotz diesem. (Goffman 1998: 326). Diese Trennung gibt es in der traditionellen Samburu-Gesellschaft nicht. Der, dem Ehrerbietung gebührt, gebührt sie als Person und nicht nur als Repräsentant.
[487] In unserer Gesellschaft wird das Recht vom Staat beherrscht. Was Recht ist, bestimmt formal der Staat. Er hat das Rechtsmonopol (Rehfeldt 1962: 156).
[488] Siehe dazu ausführlich Spencer 1965: 175f und 270f „The Discussion". „Discussion, debate may best be translated as ‚an influential man' referring to his ability in debating and giving advice: it is a status he has achieved […]" (Spencer 1965: 181). „My impression was that the great majority of Samburu elders were prepared to follow the decisions made by other elders in discussion without questioning the wisdom […] to what was being said" Spencer 1965: 270).

bestimmten Sachverhalt darlegen, solange, bis sich eine allgemein akzeptierte Entscheidung daraus formulieren lässt.[489]

Das Urteil fällt: Carola soll dem Minichief drei Ziegen geben, weil sie seinen Neffen entlassen hat. Hier wird deutlich, dass kulturübergreifend der Vertrag ein Urphänomen des Rechtes ist, „vielleicht *das* Urphänomen des Rechtes. Ohne den Satz *Pacta sunt servanda* könnte es Recht nicht geben, weil menschliches Zusammenleben ohne ihn nicht möglich wäre" (Rehfeldt 1962: 193). In der kurzen Zeit der Szene hatten KinobesucherInnen keine Zeit, sich darüber Gedanken zu machen, wie denn hier im Busch die Strafe aussehen könnte. „Keine Ahnung, wie da Strafen aussehen. Geld haben sie nicht, ein Gefängnis auch nicht" (Interview). Es muss eine *Strafe* sein, d.h. etwas, was weh tut. Womit straft man? Mit dem, was in einer Gesellschaft wertvoll ist. Hier sind es die Tiere: Rinder, Schafe und Ziegen. Carola ist unsicher und verblüfft – mit ihr die KinobesucherInnen. Sie muss sich entscheiden, ob sie die Strafe annimmt, hilfesuchend dreht sie sich zu Lemalian um. Weder sie noch die RezipientInnen haben ein Gespür dafür, ob diese Strafe gerecht ist. Eigentlich haben die KinobesucherInnen nicht damit gerechnet, dass Carola überhaupt bestraft wird. Aus ihrer Sicht hat sie den Jungen aus gutem Grund fristlos entlassen, hat lange Geduld gehabt. Das ist ein im Kinosaal spürbarer Moment großer Spannung und Irritation. Für einen Moment werden alle Vorurteile aktiviert, die (auch) in den Köpfen sind: eine Frau unter lauter Männern, eine Weiße unter lauter Schwarzen – wie soll es da Gerechtigkeit geben.

Carola fügt sich dem Urteilsspruch der Alten. Der Minichief grinst siegessicher. Die KinobesucherInnen nehmen das irritiert zur Kenntnis „Na ja, richtig habe ich das nicht gefunden, dass sie betraft wird" (Interview). Dann aber fällt ein zweites Urteil: Der Minichief soll Carola fünf Ziegen geben, weil sein Neffe sie angegriffen hat. Ein winziger Augenblick der Stille im Kino – dann das Lachen. Ein überraschtes, amüsiertes Lachen für eine wirklich verblüffende Lösung, eine weise Entscheidung, die die KinobesucherInnen den zahnlosen, alten Männern nicht zugetraut hätten. Ein kurzer, erstaunter Einblick in ein ‚fremdes' Rechtsempfinden, das beide bestraft, weil

---

[489] In der Samburugesellschaft wird – wie bereits an anderer Stelle ausgeführt – sehr zwischen einem „worthy man" und einem „mean man" unterschieden. Nur ältere Männer haben eine entsprechende Position. (Spencer 1965: 25/26).

beide an diesem Konflikt beteiligt waren und damit ihren Schuldanteil tragen.[490] Nein, Vertrauen in die Rechtssprechung in diesem abgelegenen Dorf in Afrika hatten die KinobesucherInnen eher nicht – allzu viele Afrikabilder über Bestechung, Korruption und Erpressung (ganz real im Film auch durch den Minichief als Vertreter des kenianischen Staates) machen das fast unmöglich.

Und jetzt dieses Urteil: Die RezipientInnen empfinden es nicht nur gerecht, sondern gerechter als so viele Urteile bei uns. Es ist ein sonderbares Gefühl zwischen Irritation und Freude: „Eigentlich hätte man auch sagen können, ich meine rein rechnerisch, der Minichief soll ihr zwei Ziegen geben. Und fertig. Letztlich läuft es ja doch darauf hinaus. So hätte wahrscheinlich das Urteil bei uns ausgesehen" (Interview). Hier aber geht es um Ausgleich, um Genugtuung, um Befriedung. Beide müssen etwas hergeben, weil beide Fehler gemacht haben. Es ist eine sehr subtile Art, Gerechtigkeit zu üben, etwas, was deutsche RezipientInnen in ihrer Rechtssprechung allzu häufig vermissen. So fremd der Ort, die Umstände, die Art der Strafe auch sein mag, das Eigene wird berührt, weil sich der Richterspruch *richtig* anfühlt, und dadurch die fremde Rechtsprechung zutiefst das eigene Gerechtigkeitsempfinden befriedet.[491]

Hier wie dort gibt es eine rituelle Ordnung, die man hier zwar nicht versteht, aber es ist beruhigend zu sehen, dass es sie gibt. Rechtssprechung ist keine Willkür, sondern eingebettet in – zwar fremde – Rituale und in einen sozialen Kontext. Mitten im Busch kommt ein dem „rechtsstaatlichen Ideal" entsprechendes Verfahren, das „Ruhe, Distanz und Zurückhaltung sowie – möglichst – „der gegenseitigen Achtung der Verfahrensbeteiligten voreinander" (Stehmeyer 1990: 16), ein „nach festen Regeln ablaufendes Verfahren" in angemessener Form (Stehmeyer 1990: 17) zum Aus-

---

[490] Sitte und Recht sind hier noch nicht getrennt. Es gibt keine Trennung zwischen Privatrecht und öffentlichem Recht, erst recht keine Differenzierung im Justizwesen (ihre Zunahme ist als Zeichen der Moderne zu lesen) und der Einteilung des Recht und der entsprechenden Gerichte. Hier ist nicht der Platz, um darauf ausführlicher einzugehen. Doch muss im Kontext der Studie im Auge behalten werden, dass die RezipientInnen dieses Wissen mit bringen. Als Beispiele nur angedeutet: Handelsrecht, Arbeitsrecht, Gesellschaftsrecht, Steuerrecht, Strafrecht, Staatsrecht, Kirchenrecht, Völkerrecht usw. (Siehe dazu Rehfeldt 1962: 167ff. „Das Rechtssystem"; Rehbinder 1995: 92ff. „Die Einteilung des Rechtsstoffes").

[491] „Das Streben nach gerechter Entscheidung ist der Nerv der Rechtspflege. Ohne es läuft sie Gefahr, ihr Menschtum, ihre Lebendigkeit zu verlieren und der Verknöcherung, der Pedanterie und Bürokratie anheim zu fallen. Aber das Ziel lässt sich nicht unmittelbar ansteuern, weil eben das Leitbild, die Gerechtigkeit, nicht definierbar und darum in der Theorie nicht zu erwerben ist. Für den Anfang ist schon viel gewonnen, wenn man nach sinnvollen Entscheiden strebt. Nur eine lange Praxis kann dann – als ein gewisses Fingerspitzen- und Stilgefühl – den Sinn für die Gerechtigkeit ergeben. Die Gerechtigkeit ist also nicht selbst das Recht" (Rehfeldt 1962: 93) In unserer Kultur ist die Waage das Symbol der Gerechtigkeit: im Strafrecht werden Schuld und Sühne abgewogen, im Zivilrecht Interessen von Konfliktparteien (Rehfeldt 1962: 95).

druck. Das hätten die wenigsten erwartet. Die Erwartung verläuft nicht in Nichts, (was, wie bereits ausgeführt, Immanuel Kant als Lachgrund postulierte), sondern in etwas Erstaunliches: Die Entdeckung, dass in einem fremden Ritual plötzlich Übereinstimmungen aufleuchten, die in ihrer Symbolkraft gar nicht mehr fremd sind, dass das Urteil weise und klug ist, wie man es nicht erwartet hatte, bringt Lachen hervor.

„Es hat sich", so schreibt Peter Winn, „ein wachsendes Interesse daran gezeigt, „primitive" Rechtssysteme neu zu interpretieren, um zu zeigen, dass auch sie „rational" sind, d.h. dass ihren Ritualen und Zeremonien verständliche Strukturen, welche die Basis legitimer sozialer Institutionen bilden, zugrunde liegen" (Winn 1998: 449) Das ist etwas, was alle KinobesucherInnen bei dieser Sequenz spüren und wissen.[492] „Es ist eine Sache zu bekräftigen, „primitive" Völker seien wie wir. Es ist eine andere zuzugeben, dass wir wirklich sind wie sie" (Winn 1998: 450). Das zu erkennen, dieser kleine Moment der Selbsterkenntnis weg von europäischer Hybris, diese Verblüffung im Moment des Filmverstehens über die Ähnlichkeit des Eigenen und des Fremden unter der Oberfläche sowohl in der Struktur als auch im Rechtsempfinden; diese Spannung – wie dargelegt aus ganz verschiedenen Elementen gespeist –, die verschwindet; die schlimmen Erwartungen, die sich in Nichts auflösen; das irritierte Erstaunen über die Wertschätzung und den Umgang mit Alten (Mit Arno Stern könnte man auch sagen, die Werte Jugend und Vitalität werden degradiert zugunsten der Werte Weisheit und Erfahrung); das Zusammenbrechen eigener Vorstellungen über eine fremde Kultur; die Erfüllung von Sehnsüchten nach Gerechtigkeit und Respekt, wo man sie nicht vermutet hat („Bei uns geht es nur nach Paragrafen"[493], Interview); die Überraschung über soviel Weisheit bei alten Männern, die bei uns längst abgeschrieben wären – das alles zusammen kulminiert in diesem Lachen im Kino. Im Moment des Lachens sind beide Ängste verschwunden – die vor Fragmentierung ebenso wie die vor Vereinheitlichung. Eine Möglichkeit des Kontaktes mit

---

[492] „Das umgekehrte Vorhaben, „primitive" oder rituelle Elemente innerhalb unseres eigenen „rationalen" Rechtssystems zu verstehen, wurde weitgehend vernachlässigt. […]" (Winn 1998: 450).

[493] Unser Rechtsdenken ist eindeutig normativ. „Spätestens durch die Kodifizierung musste es das werden: Gesetzestext, Rechtsnorm und Rechtssatz stehen für uns im Vordergrund" (Rehbinder 1995: 88). Ein Urteil in Deutschland ergeht nach § XY und wird nach §§ begründet. Das ist das sehr deutliche Empfinden (die Erfahrung mit deutschen Gerichten und der Eindruck aus deutschen Gerichtsfilmen) der RezipientInnen. Auch wenn Manfred Rehbinder das in seiner Einleitung als „gewöhnlichen Irrtum des Anfängers" sieht, das „Recht bestehe aus Paragraphen und alle Rechtsfragen könnten aus dem Gesetz beantwortet werden" (Rehbinder 1995: 1). Das ist für einen Juristen sicher richtig, wird er sich doch nicht selten in der Situation finden, in denen ihn „das Gesetz im Stich lässt" (Rehbinder 1995: 2). Für die RezipientInnen stellt sich die Situation jedoch wie oben angedeutet dar. Von Gerichtsfilmen aus den USA, deren es viele gibt, wissen die RezipientInnen, dass es dort z.B. kein BGB gibt, sondern die Richter auf Grund der Entscheidungen ihrer Vorgänger entscheiden. Die Vorentscheidungen sind keine Gesetze, kein Paragraph erklärt sie für verbindlich und dennoch gelten sie. Das gilt im Übrigen auch für England (vgl. Rehbinder 1995: 2).

Fremdem leuchtet hier auf, die die RezipientInnen freudig wahrnehmen: Es gibt etwas jenseits von Clash und Vermischung. In den Lachszenen wird der transkulturelle Raum, den der Film ermöglicht, ganz klar sichtbar, hörbar und spürbar – unverfälscht und spontan. Die Analyse der Lachszenen hat genau das gezeigt: dass „in einer transkulturellen Verfasstheit von Kultur" über nationale Grenzen hinweg „vielfältige Querverbindungen und Gemeinsamkeiten" erkannt werden (Mae 2007: 49). Und genau das macht (auch), die Faszination und damit den Erfolg des Filmes aus. „Ich fand das richtig gut", resümiert meine Interviewparterin Wochen nach dem Film begeistert – noch immer über diese Szene lachend.

5. Im transkulturellen Raum

Der dialogische Prozess des Filmverstehens setzt voraus, dass die KinobesucherInnen sich auf diesen Dialog einlassen und nicht schon von vornherein abblocken, Abwehr aufbauen, die eigene Meinung und Vorurteile beibehalten und verteidigen. Das „Nee, also nee, das tu ich mir nicht an" einer Interviewpartnerin, bezog sich zunächst auf die befürchtete, kitschige Liebesgeschichte, die das Plakat suggerierte. Es bezog sich aber auch auf die Weigerung, sich auf die afrikanische Kultur und eine darin spielende binationale Ehe zumindest medial einzulassen. Die Interaktion wurde schon vor dem Kino verweigert.

Die Begegnung mit fremder Sicht auf die Dinge kann ebenso Angst machen wie bereichern – der „andere" Blick(winkel) fordert heraus. „Das Subjekt des Diskurses kultureller Differenz ist durch Dialog [...] charakterisiert" (Bhabha 2007: 241). Ein gelungener Dialog bedeutet, sich herausfordern zu lassen; ernst nehmen, was der andere zu sagen hat, sich damit zu beschäftigen. Der echte Dialog, so Martin Buber, ist gekennzeichnet von Zuwendung und Hinwendung (Buber 1965: 166/293). Er kann nur entstehen, wenn sich jeder, der daran teilnimmt, einbringt – was in diesem Kapitel als Offenheit bezeichnet wird. Das Dialogische wird, ganz wie Martin Buber ausführt, nicht als „Vorrecht der Geistigkeit wie das Dialektische" betrachtet. „Begabte oder Unbegabte gibt es hier nicht, nur Sichhergebende und Sichvorenthaltende" (Buber 1965: 190). Um es mit Bernhard Waldenfels zu sagen: Die RezipientInnen müssen bereit sein, den „Stachel des Fremden" zu spüren, nicht gleich die Irritation zu erklären und damit zu besänftigen oder sich das Fremde sofort anzuzeigen, um es abzuwehren. Denn als wirksamste Form der Abwehr würde sich nach

Bernhard Waldenfels die Aneignung erweisen, „die das Fremde zu wahren verspricht, indem sie es verarbeitet und absorbiert" (Waldenfels 1997: 48/49). Es gehört dazu die Bereitschaft, sich verändern zu lassen – was nichts mit Anpassung oder Aneignung zu tun hat; betroffen zu sein, getroffen zu werden. So lautet zunächst die Frage, um die es im letzten Teil der Arbeit gehen soll: Ist diese Bereitschaft in der Rezeption sichtbar? Diese Offenheit? Oder um es mit einem Zitat von Ingeborg Bachmann zuzuspitzen: Wird mit der Geschichte ein „Loch in die verkrustete Welt" der RezipientInnen gebrannt? (Bachmann 1993a: 291).

Der letzte Teil der Arbeit thematisiert die Interaktion in diesem Raum, den – wie in der Einleitung bereits angeführt – Homi Bhabha als dritten Ort, als Zwischenraum, als „Ort der Differenz ohne Hierarchie", als Hybridität, bezeichnet hat (Bhabha 2007: XIII). Den Raum, den Michiko Mae in Anlehnung an das Transkulturalitätskonzept von Wolfgang Welsch „Zone der Unbestimmtheit" nennt (Mae 2007: 47), ein Raum mit offenen Grenzen, als „Übergangs- und Austauschzone" (Mae 2007: 47). Dieser Raum wurde bereits in der Interaktion mit dem Buchcover und dem Filmplakat sichtbar und spürbar.[494] Hier, in dieser Arbeit, wird die Zone transkultureller Raum genannt. In der medialen Situation des Kinoerlebnisses oder beim Lesen – so die These – tut sich dieser Raum auf. Carola alias Corinne Hofmann hat ihn betreten, und nun kann er von den RezipientInnen miterlebt werden, ja, er entsteht gewissermaßen in ihnen. Je nach Rezeptionsstil tut er sich mehr oder weniger weit auf. Je nach dem, wie stark eigene Bilder über Afrika, Afrikaner, Kultur, Kolonialismus u.ä. sind, ist er größer oder kleiner. Je nach Kontextwissen und Erfahrung sind die RezipientInnen mutiger oder vorsichtiger. Da die Begegnung mit dem Fremden medial ist und viele irritierende Sinneseindrücke dadurch wegfallen (z.B. die Gerüche, der Lärm, die Hitze u.ä.), ist die Begegnung nur partiell, dafür aber angstfreier möglich. Das heißt, im Interaktionsgeschehen werden nicht von vorneherein kognitive und emotionale Barrieren aufgebaut bzw. können sie, wenn vorhanden, leichter durchbrochen werden. Dass der transkulturelle Raum tatsächlich miterlebt wird, zeigen die Äußerungen vieler RezipientInnen. Die LeserInnen bzw. KinobesucherInnen nehmen an der Geschichte teil als eine Art Begleiter oder identifizieren sich mit der Protagonistin: „mitgefreut und mitgelitten" (amazon.customer). So wird beim Lesen von „hautnahem Erleben" gesprochen, das gerade durch den viel diskutierten einfachen Schreibstil möglich wird. Keine literarischen Beschreibungen, tiefsinnigen Beobachtungen oder sprachlichen Finessen ziehen die LeserInnen in Bann, sondern allein die durch das Lesen des nüchternen Sachbuchs evozierten Bilder – „so viel Erleben in so dünnen Worten", „als sei man mitten im Geschehen", „als wäre man dabei

---

[494] Vgl. Teil III Kap. 1 „Die Macht der Bilder".

gewesen" oder: „Man wird sofort Teil von Corinne Hofmanns Schicksal" (amazon. customer).

Ins Kino gehen bedeutet nicht automatisch, in den transkulturellen Raum eintauchen. Durch einen distanzierten Rezeptionsstil wird dieses Eintauchen verhindert, zumindest erschwert. Manche wollen auch nicht in ihn eintauchen. Das Kino als Heterotopie[495] ist ein Angebot, das reales Miterleben ermöglicht, hier, im Film „Die weiße Massai", vor allem durch die vielen Passagen, die ohne Übersetzung durch Untertitel oder eine Off-Stimme auskommen. Sie versetzen die KinobesucherInnen in eine ähnliche Lage wie die Protagonistin – in immer neue, fremde Räume und Beziehungen: „Was denkt man, wenn man völlig fremden Gewohnheiten begegnet, die man aufgrund der Verständigungsschwierigkeiten nicht versteht?" (amazon. customer). Hier wird nicht wie in einem Dokumentarfilm erklärt, wie etwas ist und warum es so ist, warum sich die Figuren im Film so verhalten, was sie warum sagen usw. Selten gibt es Erklärungen irgendwelcher Art – das heißt, der transkulturelle Raum, der sich zunächst vor allem durch einen Zwang zur Übersetzung auszeichnet, existiert sehr real auch für die KinobesucherInnen. Niemand nimmt ihnen die Interpretation ab.[496]

Der eigene kulturelle Hintergrund und die eigene Sozialisation verbauen häufig das Betreten des transkulturellen Raumes. Kontextwissen fehlt häufig – und selbst wenn es vorhanden ist, muss übersetzt werden.[497] Viele scheuen diese Mühe und sagen einfach, das sei eine „Geschichte, die keinerlei Nachricht transportiert" oder: „Für mich ist es einfach die Geschichte einer gelangweilten Schweizerin, die sich auf das Abenteuer Afrika einlässt" (amazon.customer).

Im letzten Teil der Arbeit soll also dieser Raum Beachtung finden, den Homi Bhabha „dritten Raum", Schwellenraum nennt (Bhabha 2007: XIII). Dieser transkulturelle Raum wird als ein *Zwischen*raum in den Blick genommen, auf den die

---

[495] „Und das Kino ist ein großer rechteckiger Saal, an dessen Ende man auf eine zweidimensionale Leinwand einen dreidimensionalen Raum projiziert" Wie das Theater bringt das Kino „nacheinander eine ganze Reihe von Orten zur Darstellung, die sich gänzlich fremd sind" (Foucault 2005: 14). „Das eigentliche Wesen der Heterotopien: Sie stellen alle anderen Räume in Frage, schaffen eine Illusion, die die gesamte übrige Realität als Illusion entlarvt, oder indem sie ganz real einen anderen realen Raum schaffen" (Foucault 2005: 19/20).

[496] Das gilt ebenso für die LeserInnen.

[497] Das ist durchaus vergleichbar mit „echter" Übersetzungsarbeit in Bezug auf Sprache und Texte. Da kann es Fehler auf verschiedenen Ebenen geben: ein einzelnes Wort wird nicht gewusst und falsch übersetzt (das faktisch Falsche); dann gibt es Übersetzungsfehler bezüglich der Satzkonstruktion, der Grammatik, der Bezüge unter den Satzgliedern; schließlich die Fehler auf der Sinnebene, wenn der Zusammenhang zum ganzen Text nicht beachtet wird. Die Übersetzung des Satzes wird falsch, weil der Zusammenhang zum Gesamttext fehlt. Der Satz ist dann zwar richtig übersetzt, macht aber für den LeserInnen keinen Sinn. Kurzum: Übersetzung ist allemal auch hier Interpretation und mehr als reiner Transfer.

RezipientInnen reagieren, indem sie agieren und über den sie sprechen. Denn die Rezeption ist nicht nur durch konträre Diskussionen und Statements gekennzeichet, in denen Dichotomien überwiegen. Es gibt auch ein Darüberhinaus, einen Zwischenraum. Er kann nur wahrgenommen werden, wenn in der Analyse auf *Zwischen*töne geachtet wird, auf das, was (eventuell) *zwischen* den Zeilen geschrieben und/oder nach nachdenklichen Pausen – als Zeit *zwischen* den Sätzen – gesagt wird. Es ist ein Raum des Aushandelns, der Unsicherheiten, der Irritationen, eine „Übergangs- und Austauschzone" (Mae 2007: 47). Die Analyse der Lachszenen hat diesen transkulturellen Raum aufblitzen lassen – unbewusst, Sekunden nur, unreflektiert und ehrlich. Hier wurden bereits Irritationen sichtbar, Brüche, aber auch „vielfältige Querverbindungen und Gemeinsamkeiten" (Mae 2007: 49). Auch in der Interaktion mit dem Plakat und den beiden Hochzeitsbildern wurde dieser Raum sichtbar und spürbar.[498]

Es sind die leisen Töne in der Rezeption, nicht die vehementen, lauten, medienwirksamen, auf die im letzten Teil der Arbeit geachtet werden soll. Der Fokus richtet sich im Besonderen auf die RezipientInnen, die davon sprechen, dass sie zutiefst beeindruckt waren, berührt und durch die Geschichte sehr nachdenklich wurden. Er richtet sich auf die Diskurse über das, was sie im kognitiv-emotionalen Prozess der Rezeption nachdenklich gemacht und berührt hat. Der inzwischen modische Begriff Hybridität wird meist, so konstatiert Kein Nghi Ha zu Recht, im Sinn einer kulturellen Vermischung benutzt, als Inszenierung „eines bunten Völkerfestes", auf dem „sich jeder frei und kreativ" bewegen kann (Ha 2005: 94). Hybridität wird überwiegend in ihren „harmonisierenden und integrativen Aspekten" dargestellt, die zwar „bereichern und anregen, aber nicht unsere Substanz bedrohen" (Ha 2005: 84/95). Diese Art Hybridität wird in der Interaktion mit dem Film und Buch ganz und gar nicht wahrgenommen.

Der transkulturelle Raum ist – vorallem – ein Raum ohne Sicherheiten, Rezepte, vertraute Werte und Normen. Es ist ein Raum der kulturellen Übersetzungen, in dem viele Missverständnisse und (Fehl)Interpretationen wahrscheinlich sind, weil Übersetzung „nicht mehr als einfacher Transfer, sondern als Verflechtung von Eigenem und Fremden begriffen wird".[499] Er beinhaltet, wie noch zu zeigen ist, die Möglichkeit eines anderen Blickes auf die Welt, die Möglichkeit von etwas Neuem. Es ist immer ein Blick vom Ort des Eigenen. Er enthält die Chance einer Grenzerweiterung auf vielerlei Ebenen bis hin zur Erfahrung der Grenze des Verstehbaren, wo das Fremde fremd bleibt. Dieser Teil der Arbeit ist – wie in der Einleitung bereits ange-

---

[498] Vgl. Teil III Kap. 1 „Die Macht der Bilder".
[499] Vgl.: Schlehe, Judith/Gander, Hans-Helmut. 2007: Die Figur des Fremden und der Prozess des Übersetzens. Hauptseminar Ethnologie, Sommersemester 2007, Ankündigung, Albert-Ludwigs-Universität Freiburg.

sprochen – zugleich ein Versuch herauszufinden, ob und wenn ja, inwieweit, „solche dritten Räume über bloße Denkfiguren und metaphorische Verwendungen hinaus zu Analysekatagorien entfaltet werden können" (Bachmann-Medick 2006: 205).

5.1. Die Schwierigkeiten der Übersetzung – über Missverständnisse, Interpretationsversuche, Falschaussagen

Die Diskurse in der Rezeption, die sich um „Wahrheit", um Authenzität ranken, um Falschverstehen und Missverstehen, um Übersetzungen und Interpretationen, sollen hier auf verschiedenen Ebenen untersucht werden. Neben den gegenseitigen Vorhaltungen der RezipientInnen, im Buch und Film bestimmte Situationen falsch verstanden zu haben, dem Buch/Film vorzuwerfen, dass es selbst Sachverhalte falsch darstelle, dem Film vorzuwerfen, das Buch nicht richtig übersetzt zu haben, gibt es die echten, inhaltlichen Schwierigkeiten des Übersetzens in der Begegnung von Eigenem und Fremdem. Denn: „Es gehört zur Eigenart des Fremden, dass es mit dem Eigenen nicht synchronisiert ist, und wenn, dann nur auf sehr unzulängliche Weise" (Waldenfels 1997: 9). Übersetzen wird hier mit Mario Erdheim als interaktives, soziales Geschehen betrachtet, bei dem „die Kontextualisierung und Reflexion in jeder Übersetzungssituation von Neuem stattfinden muss" (Erdheim 1993: 165).[500] Aber sie wird auch mit Martin Fuchs als Handlung, als soziale Praxis verstanden, als „pragmatisch und nicht nur als Vorgang im Reich der Semantik" (Fuchs 1997a: 313). Übersetzung nach Bruno Latour ist das Gegenteil von Kritik. Letztere beruht immer auf einer Dichotomie von Zuschreibungen (Latour 1995: 20/21). Die gerade wäre im ambivalenten, offenen Raum der Transkulturalität, der einen Verständigungsraum darstellt – nach Homi Bhabha der „Dritte Raum" als Zwischenraum – völlig fehl am Platze. Im folgenden Kapitel werden einige wichtige diesbezügliche Diskurse und Handlungen vorgestellt und analysiert, die in der Rezeption als Übersetzungsversuche und als Aushandeln von Bedeutungshorizonten und Neukonstruktionen in einem Übergangsraum angesehen werden können (Bhahba, 2007: 56). Die Interpretationen zum Scheitern der Ehe ergeben dabei ein eigenes Kapitel.

---

[500] In den späten 1980er Jahren begann mit einer kulturwissenschaftlichen Neuorientierung der Übersetzungsforschung die „kultur- und sozialwissenschaftliche Karriere der Übersetzungskategorie". Der Übersetzungsbegriff blieb dabei nicht auf Sprachen und Texte beschränkt, sondern bezog immer auch mehr Fragen kultureller Übersetzung mit ein, richtete sich auf Übersetzung von und zwischen den Kulturen. Die internationalen *Translation Studies* wurden dabei zu neuen Leitwissenschaften (Bachmann-Medick 2006: 238/239).

5.1.1. „Wer hat hier was nicht verstanden?"[501]

Missverständnisse gibt es – um zunächst zwei konkrete Beispiele anzuführen – schon über das Genre des Buches und den Bezug von Buch zum Film. „Dass in dieser Geschichte die große Liebe von Corinne Hofmann im Vordergrund steht und nicht die Natur Kenias, scheinen manche LeserInnen leider nicht verstanden zu haben" (amazon.customer). Es ist eine Liebesgeschichte, kein Buch oder Film über Kenia oder die Natur dort. So zeigen diesbezügliche Vorwürfe nur dieses grundlegende Missverständnis und die implizite Enttäuschung an. „Selbst nach mehr als einem Jahr im afrikanischen Busch erlebt man bei Frau Hofmann kein Interesse für die Natur um sie herum usw., es dreht sich alles nur immer und immer wieder um ihren Darling, ihren Massai, ihren vergötterten Ehemann. Das Land interessierte sie nicht einen Augenblick" (amazon.customer). Das ist wirklich ein fundamentales Missverständnis – obwohl das Cover und das Plakat eine deutliche Sprache hinsichtlich einer Ehe in Afrika sprechen –, dass die Erwartung einiger RezipientInnen, eine Art Dokumentation über das Leben und die Kultur der Massai/Samburu vorzufinden, nicht (genug) erfüllt wird. Dass sich Frau Hofmann „im wesentlichen mit sich selbst auseinandersetzt", dass sie einfach erzählt, wie sie dort in Barsaloi gelebt hat,[502] wird als Vorwurf und Enttäuschung formuliert. Erwartet wird, dass sie sich mit den Massai, dem Land, der Sprache und den Leuten dort „auseinandersetzt" – jedenfalls wird ihr häufig vorgeworfen, das nicht (genug) getan zu haben. Es reicht nicht, dort zu leben und zu versuchen zu überleben und davon zu berichten – „Auseinandersetzung" ist eine typisch westliche Art der Aneignung.

Die einen erheben den pauschalen Vorwurf, die Darstellung der Samburu sei voller Fehler. „Der film zeigt nicht im geringsten, unter welchen bedingungen die massai teilweise leben müssen und wie sehr sie aus ihrem eigenen land vertrieben werden" (Forum).[503] „Leider wurde ein völlig falsches bild der massai und ihren bräuchen vermittelt . . . aggressivität den frauen gegenüber kann ich mir nicht vorstellen"

---

[501] Zitat aus dem Internetforum.
[502] Diese Art des Erzählens und Berichtens aus fremden Ländern hat besonders in der Frauenliteratur Tradition. Vgl.: Jedamski, Doris/Jehle, Hiltgund/Siebert, Ulla (Hg.). 1994: >Und tät das Reisen wählen!<. Frauenreisen – Reisefrauen. Zürich/Dortmund. Das Buch ist eine Dokumentation des interdisziplinären Symposiums zur Frauenreiseforschung, das 1993 in Bremen stattfand. Mönnig, Gabriela (Hg.). 1988: Schwarzafrika der Frauen. München. Hier berichten Ethnologinnen, Ärztinnen, Entwicklungshelferinnen und andere Frauen von ihren Erfahrungen und Erlebnissen in afrikanischen Ländern. Auch hier überwiegt eine einfache Sprache und die Schilderungen menschlicher Beziehungen und nicht Natur- und Landschaftsbeschreibungen.
[503] Vgl. Monbiot, George.1996: Nomadenland. Der Überlebenskampf der Nomaden Ostafrikas. München. (Originaltitel: No Man's Land. London 1994).

(Forum).[504] Andere bestätigen in Diskussionen die Authenzität der Beschreibungen: „Ich bin selber in Tanzania aufgewachsen […] war ich sehr positiv überrascht, denn ich hatte das gefühl, es wird alles doch sehr realitätsnah und auch authentisch dargestellt" (Forum). Wieder andere sehen in den Schilderungen Corinne Hofmanns das Leben einer Europäerin im Samburudistrikt als zu rosarot dargestellt – und auf diese Weise verfälscht: „Frau Hofmann beschönigt die Verhältnisse in barsaloi dramatisch" (Forum). „Sie schildert das Leben im Busch in meinen Augen zu sehr rosarot" (amazon.customer) – und damit falsch.

Häufig wird die Übersetzung des Buches in einen Film als verfälschend empfunden – dieser Diskurs nimmt vor allem im Forum einen erstaunlich breiten Raum ein.[505] „Doch so sehr ich das Buch mag, muss ich sagen, dass ich den film nicht so berauschend fand. Besonders zum ende hin wurden viele sachen, so fand ich, verdreht oder meines ersichens nach falsch gezeigt" (Forum). Einige Szenen im Film werden als realitätsfremd empfunden (und damit als falsch), d.h. sie würden nicht das „wiedergeben, was Frau Hofmann in Wirklichkeit erlebt und gefühlt hat". Sie musste in Afrika oft um ihr Leben kämpfen – „im Film war sie fast immer topfit und die Malaria war nach einer Nacht vorbei […]". Wenn man das Buch vor dem Film gelesen hat, würde man merken, „dass das da doch einiges fehlt" (Forum).

> „Die Kritiker (meist Männer) vermischen leider immer Buch und Film – da das Buch ihrer Meinung nach kein literarisches Hochereignis war, meinen diese, dass man den Film auch gleich schlecht machen soll. Ihr seid Filmkritiker, nicht Richter über das Leben anderer Leute!" (Forum).

Auch in den Printmedien wird die Umsetzung (= Übersetzung) des Buches in einen Film thematisiert: „Dass der Film die Hauptfigur uneigennütziger macht, braucht ihm nicht unbedingt als Geschichtsverfälschung ausgelegt werden. Denn im Vorspann heißt es recht vage: <nach einer wahren Geschichte>. Was die Wahrheit wirklich war, ist schon im ichbezogenen schriftlichen Bericht recht subjektiv" (Schäfli, St.Gallener Tagblatt 15.9.2005).

Der Topos Missverständnis wird in der Rezeption zu einem eigenen Thema. Um einen Eindruck von dieser Debatte des Verstehens auf dieser Ebene zu geben, sollen einige RezipientInnen zu Wort kommen: „Wer hat hier was nicht verstanden?" (Forum) „Sind Sie sicher, dass Sie das ganze Buch gelesen haben?" fragt genervt ein Rezensent von Amazon. (amazon.customer). Resigniert sagen PositivbewerterInnen: „Aber was solls, die Leute, die etwas schlechtes über den Film sagen, haben den In-

---

[504] Vgl. jedoch Ott, Elisabeth. 2004: Nkanyit und Gewalt. Häusliche Gewalt in Samburu zwischen Tradition und Willkür. Berlin.
[505] Vgl. Teil I Kap. 7 „Zur Transparenz und Komplexität der Forschungssituation".

halt oder ähnliches nicht verstanden" (Forum). Stefanie Mühlheims meint: „Ist der Film insgesamt spannungsgeladen und fesselnd, so ist sein Manko, soweit man das so nennen kann, die Sprunghaftigkeit seiner Handlung. Ab und zu fühlt sich der Zuschauer im Regen stehen gelassen" (Mülheims, stern 14.9.2005). Im Forum heißt es dann: „[...] aber anscheinend versteht sie dann den Inhalt der Sache nicht" (Forum). Oder drastischer: „Du hast null Peile". Oder noch drastischer: „der eintrag von dieser [Name] ist echt absolut schwachsinnig. Du hast doch echt absolut keine ahnung !!!!. soviel dummheit kann einem ja schon leid tun, hätte sie ihre tochter im busch lassen sollen?" (Forum).

Was hier im Zusammenhang mit dem Topos des Kapitels interessant ist, ist, dass sehr deutlich der Wunsch und das Bemühen aller RezipientInnen um Verstehen zum Ausdruck kommen. Dass darum regelrecht gekämpft wird, soll hier nicht als Rechthaberei interpretiert werden oder als Zeichen von Bildungsbeflissenheit. Die Kämpfe werden hier als Ausdruck eines echten Anliegens und gleichzeitig großer Irritation im transkulturellen Raum gesehen, wo sich die Unsicherheiten der RezipientInnen in diesem Raum mit offenen Grenzen als „Übergangs- und Austauschzone" (Mae 2007: 47) zeigen, u. a. auch deshalb, weil es hier keine fertigen Antworten gibt. Und auf die Frage, wie denn Verstehen gelingen könnte, sei noch einmal mit Günter Figal Hans Georg Gadamers zitiert. Es gibt eine „verblüffend einfache Antwort: Man muss sich auf die Sache, um die es geht, einlassen, statt sie wie einen Gegenstand von außen zu betrachten; Verstehen ist im Grunde nichts anderes als das" (Figal 1996: 32).[506] Man muss also den Mut haben, Grenzen durchlässig zu machen, den Mut, den unsicheren Raum der Transkulturalität zu betreten, um sich vom Fremden ansprechen zu lassen.

> „Dieses Ansprechen hat den Charakter einer Herausforderung. Wer sich auf Texte einlässt, die eine andere Welt artikulieren, erprobt eigene Denkweisen und Erfahrungen in einem Spielraum, der fremd und trotzdem als übersetzter für die eigenen Denkweisen und Erfahrungen zugänglich ist" (Figal 1996: 109).

Die Erfahrung des Verstehens geschieht hier – wie Günter Figal das von literarischen Übersetzungen beschreibt – auch in der Interaktion im Kino oder beim Lesen ganz direkt und nicht „in der Weise der Reflexion", und zwar dadurch, dass sich „ein Spielraum eigenen Lebens am Fremden bildet" (Figal 1996: 109). Dieser Spielraum wird demnach für jeden ein anderer sein.

---

[506] Vgl. Gadamer, Hans Georg. 1999: Gesammelte Werke. Band 8. Ästhetik und Poetik 1: Kunst als Aussage. Tübingen. S. 391.

Welche Sachverhalte werden in der Rezeption faktisch falsch wiedergegeben? Das sind nur mehr oder minder leichte Fälle – die meisten könnte man unter journalistische Schlamperei einordnen. So die Behauptung, dass die Protagonistin in einer „Blattwerkhütte" gelebt habe (Brunold, Neue Zürcher Zeitung 1999) oder Kenia in Zentralafrika liegt (John, Berliner LeseZeichen 1999), dass Carola sich „die Hütte mit Mutter und Schwester" teilen würde, der „Clan-Chef Bestechungsgelder verlangt" (Vogel, Berliner Zeitung 15.9.2005),[507] und vom „Aberglaube der Afrikaner, der ein Neugeborenes töten lässt" ist die Rede (Bohlmann Schnitt-das Filmmagazin 15.9.2005).[508] Der Text unter dem Still in der Badischen Zeitung lautet: „Weiße Frau (Nina Hoss) unter schwarzen Kriegern" (Glombitza, Badische Zeitung 15.9.2005), obwohl sie unter lauter Frauen sitzt, die bei den Samburu allerdings kahlgeschoren sind.[509] Aus Angst vor einem tödlichen Malariaanfall habe sie schließlich Lemalian wieder verlassen (tvtoday, 15.9.2005[510]), und sie sei „eine Zumutung für die Dorfgemeinschaft" gewesen (Sannwald, Der Tagesspiegel online 15.9.205). Carola heißt manchmal Carolina, Corinne Corinna und Frau Hofmann Frau Kaufmann.

Manche Falschaussagen sind Übertreibungen, um die eigene Meinung oder Empörtheit besser zu artikulieren. So wenn z.B. behauptet wird, dass die Protagonistin in Barsaloi Aut*os* kauft und Gesch*äfte* eröffnet (Forum) oder wenn von „demütigenden Sexprak*tiken*" (Suchsland Telepolis 23.9.2005) die Rede ist. Auch die Überschrift der amazon-Rezension von Georg Brunold fällt darunter, auch wenn man sie nicht mehr unter leichter Fall einordnen würde.[511] Der Titel lautet: „Kenyaner sind so gut wie nackt und tragen Speere". Natürlich ist der Satz falsch – auch wenn er offenbar als ironisches, vermeintlich kluges Fazit von Buch und Film gedacht ist. Kein einziger Rezipient hat ihn als Resumée mit nach Hause genommen. Er ist inhaltlich falsch. Er ist logisch falsch. Er gibt sich als gültige Konklusion aus wahren Prämissen aus[512]. Doch die Konklusion ist falsch, da eine der Prämissen falsch ist: Die müsste logischerweise nämlich lauten: „Kenyaner sind Samburu". Die Generalisierung der Bewohner Kenias als „Kenyaner", ohne jede Differenzierung, von einem,

---

[507] Das kleine Mädchen ist die erste Enkelin von Lemalians Mutter, nicht seine Schwester; der Mini-Chief ist kein Clan-Chef, kein Samburu, sondern ein Kikuyu als Vertreter des kenianischen Staates.
[508] Wahrscheinlich ist damit die Szene gemeint, in der eine Frau ein totes Kind zur Welt bringt.
[509] Vgl. Abbildung 15: Carola als Braut inmitten von Samburufrauen.
[510] Vgl.: http://www.tytoday.de/entertainment/kino/141840.html [23.1.2006].
[511] Der gleiche Text wurde unter der Überschrift „Verfehlte Begegnungen. Kenyanisch-deutsche Ehegeschichten" in der Neuen Zürcher Zeitung vom 3.6.1999 als Buchrezension abgedruckt.
[512] Und erinnert gebildete LeserInnen an das bekannte Syllogismusbeispiel nach Aristoteles: 1. Prämisse: Alle Menschen sind sterblich. 2. Prämisse: Sokrates ist ein Mensch. Konklusion: Sokrates ist sterblich. Oder abgewandelt: Konklusion: Alle Griechen sind sterblich. Dann müssten die Prämissen lauten: 1. Alle Menschen sind sterblich; 2. Alle Griechen sind Menschen.

der vorgibt Kenia zu kennen und bei einer renommierten Zeitung arbeitet, ist ohnehin befremdlich.

Es gelingt wenigen, ihre Wahrnehmung auf die einzelnen Personen zu richten, auf persönliche Entscheidungen, persönliche Wünsche, ein persönliches Schicksal und den Versuch, es zu meistern. Es kommt sehr schnell zu Generalisierungen und damit zu Falschaussagen. Es ist der fatale Fehler von einem auf alle zu schließen, nicht bewusst und differenziert genug zu sein. Häufig fehlt Kontextwissen oder wird der Kontext nicht genug beachtet. Dass Übersetzung keine reine Transferleistung ist, sondern Eigenes und Fremdes auch gefühlsmäßig verflochten sind, zeigt sich z.B. darin, dass die Filmhandlung zwar deutlich macht, dass bei den Samburu Mädchen sehr jung heiraten und vor ihrer Hochzeit beschnitten werden. Doch das zeitliche *vor* ist für manche RezipientInnen eine unklare, interpretierbare Angabe, so dass die Abreise von Corinne Hofmann mit der vermeintlich unmittelbar bevorstehenden Beschneidung ihrer dreijährigen Tochter begründet wird, wie u. a. in der Rezension von Alioune Sow[513] oder in der Stuttgarter Zeitung online: „Als ihrer Tochter die Beschneidung droht, flieht Corinne Hofmann mit dem Kind zurück in die Schweiz" (Klingenmeier, Stuttgarter Zeitung 15.9.2005). Hier zeigt sich, dass das Sujet Beschneidung aus europäischer Sicht nicht ohne Gefühlsbeteiligung in Form einer unmittelbar bevorstehenden Bedrohung thematisiert werden kann.

Der Übergang von faktisch Falschem zur Fehlinterpretation ist fließend. Ethnologen auf Feldforschung haben fast immer einen Einheimischen, von dem sie Informationen beziehen. Der autochthone Binnenerzähler ist der Gewährsmann, der übersetzt und ihnen das Kontextwissen vermittelt (Müller-Funk 2006: 239). Er fungiert als Dolmetscher, wenn die Sprachkenntnisse nicht reichen. Hier in „Die weiße Massai" hat die Protagonistin (fast) niemanden, und im Normalfall haben auch die LeserInnen und KinobesucherInnen keinen Übersetzer. Beispielhaft soll hier von einigen Fällen dieser Art Missverständnis und Fehlinterpretation die Rede sein, die in der Rezeption eine Rolle spielen.

Es gibt nur zwei Szenen im Film, in denen Personen als Übersetzer auftauchen und so auch den KinobesucherInnen als InformantInnen dienen.[514] Das ist einmal Elisabeth, eine Deutsche. Sie ist mit einem Kikuyu verheiratet, lebt in Maralal in

---

[513] Diese Rezension von Alioune Sow enthält definitiv falsche Angaben und diskutierwürdige Darstellungen. Vgl.: Sow, Alioune. 2000: Die weiße Massai. Goethe Institut. Electronic Document. <http://www.goethe.de/ins/cm/yao/prj/dla/wer/wma/aut/de157390.htm> [18.4.2006].
[514] Es sind keine autochthonen Informanten, keine Samburu, sondern Europäer, die ihrerseits schon längere Zeit in Samburuland leben. In Wirklichkeit - und im Buch - könnte Charles, der Bruder von Lketinga, als Informant für Corinne Hofmann gelten. Er ging zur Schule, sprach recht gut englisch, mit ihm konnte sie sich verständigen.

einem Haus, nicht im Busch und ertränkt Heimweh und Einsamkeit offensichtlich in Alkohol. Sie gibt ihre Version der Übersetzung über die Stellung der Frau bei den Samburu ab. Diese Version wird dann wiederum von den RezipientInnen interpretiert. Sie sagt im Film u.a.:

> „Eines musst du dir völlig klar machen. Was du willst, das ist hier nicht so wichtig. Nicht für einen Samburu. [...].
>
> Ein Samburukrieger darf nicht in der Gegenwart einer Frau essen. Ein Samburukrieger darf auch nichts essen, was 'ne Frau gekocht hat. Ein Samburukrieger darf noch nicht mal essen, was 'ne Frau angeguckt hat. Ein Samburukrieger darf eine Frau vor anderen Kriegern nicht berühren, und sie darf ihn nicht berühren.[515] Berührungen sind sowieso schwierig. Besonders unter der Gürtellinie. [...].
>
> Moses war der schönste Mann am Strand von Malindi, und er wollte nur mich. Moses ist Kikuyu, ein sehr stolzer Mann. Alles was ich besitze, gehört ihm. Das ist hier so. Frauen gelten hier nicht viel, Carola".

Ihre Erklärungen gipfeln schließlich in der Feststellung, dass Frauen bei den Samburu nichts wert seien, „sie kommen dort gleich nach den Ziegen". Ohne Kontextwissen klingt besonders der letzte Satz in europäischen Ohren unglaublich und verschlägt RezipientInnen die Sprache – in der Stille des Kinosaals hätte man an dieser Stelle eine Stecknadel fallen hören. Um aber diesen Satz in seiner Bedeutung zu verstehen, muss man wissen, welch strenge soziale Regeln für Samburukrieger generell gelten[516] und was Ziegen in der Samburugesellschaft wert sind. Ziegen haben in einer pastoralen Gesellschaft einen völlig anderen Stellenwert als bei uns.[517] Bei Hirtenvölkern haben Weidetiere grundsätzlich einen sehr hohen Stellenwert – sie sind die Grundlage des Lebens.[518] Bei uns ist „Ziege" ein minderwertiges Tier und Schimpfwort obendrein. Wenn eine Frau bei uns als blöde oder dumme Ziege betitelt wird, drückt sich darin eine deutliche Abwertung aus. Das Missverständnis besteht hier darin, dass das Wort Ziege auf unterschiedlich bewerteten Zuweisungen beruht.

---

[515] Ohne Kontextwissen über die strengen Regeln, denen sich ein Samburu*moran* unterziehen muss, erscheint diese Aufzählung für Europäer bereits als Abwertung der Frau. Vgl. Teil II Kap. 1.2 „Sozialstruktur".

[516] Vgl. Teil II Kap. 1.3 „Samburumoran".

[517] Die Wertigkeit von Tieren in einer Kultur ist außerordentlich unterschiedlich. Bei uns hoch bewertet – auch als Prestigeobjekte und Distinktionsmittel - werden Pferde und Hunde, besonders die einer bestimmten Rasse. In Japan sind es die Koi-Karpfen. In China werden Hunde dagegen völlig selbstverständlich gegessen, wie bei uns Rinder, die wiederum in Indien heilig sind - um nur ein paar Beispiele zu nennen.

[518] Vgl. Teil II Kap. 1.1 „Geschichtliches, Lebensraum und traditionelle Subsistenzgrundlage".

„Carola – oder Corinna – hingegen wählt das armseligste, archaische Leben. In dem Frauen gleich nach den Ziegen kommen [...]" (Zander, Berliner Morgenpost 15.9.2005). Eine 1:1 Übersetzung, wie sie von den meisten RezipientInnen vorgenommen wird, gibt den wirklichen Stellenwert der Frau in der Samburugesellschaft jedoch nicht wieder. Mit der Verbindung von „Frau" und „Ziege" soll eine Abwertung der Frau in der Samburugesellschaft ausgedrückt werden, doch die so ausgedrückte Abwertung ist im europäischen Kontext bei weitem größer als im Land der Samburu. Strenggenommen ist sie im Samburuland keine wirkliche Abwertung. Das „gleich" nach den Ziegen, bedeutet soviel wie „direkt", „unmittelbar" nach den Ziegen, d. h. nach etwas, das bei den Samburu sehr hoch geschätzt wird.

Die andere Person als Informant ist Pater Bernardo. Nach anfänglicher Skepsis und Ablehnung unterstützt er Carola/Corinne Hofmann und bewundert sie. Bei einem Glas Wein sagt er während eines Besuches von ihr:

> „Ich habe mich in ihnen getäuscht. Die Weißen, die sonst so hier auftauchen, sind entweder Touristen oder Abenteurer. Bleiben keine Spuren im Gras. Es sieht so aus, als hätten sie sich entschieden. Respekt. [Pause]. Sie sollten sie nicht so direkt anschauen. Die Leute. Äh, die Männer meine ich. Das macht man hier nicht. Könnte falsch verstanden werden".

Im Diskurs über dieses Thema werden die Schwierigkeiten im transkulturellen Raum sehr deutlich, die Widersprüche, die Irritation. Anlachen und in die Augen schauen ist tief verwurzeltes, westliches, soziales Verhalten: „Sei nett und schau die Leute an, wenn du mit ihnen sprichst", so die Erziehung im Elternhaus. Dazu kommt, dass es hier um Kunden geht, und professioneller, freundlicher Umgang mit Kunden wird in der Schweiz, so kann man sagen, zur Perfektion gebracht. Carola/Corinne Hofmann ist in der Schweiz aufgewachsen und hat dort Brautmoden verkauft. In Pierre Bourdieus Termini würde man von inkorporiertem sozialen Kapital sprechen d.h. einem inzwischen unbewussten Verhalten, einem Habitus, der gleichzeitig in der westlichen Kultur Ausdruck von Wertschätzung dem anderen gegenüber ist. Es ist ein gutes Beispiel für die Unhintergehbarkeit der Sozialisation, als Ort des Eigenen, von der Pierre Bourdieu immer wieder spricht. Hier handelt es sich um ein Missverständnis zwischen Carola und Lemalian hinsichtlich der Bedeutung des Lachens und Blickkontaktes, das die RezipientInnen miterleben und mitfühlen.[519]

---

[519] Auch Sonja Steffek hat in ihrer Studie diese Problematik bei schwarz-weißen Paaren in Österreich herausgefunden: „Konfliktsituationen ergeben sich jedoch auch auf der Ebene der nonverbalen Kommunikation. Hier kann beispielsweise der Blickkontakt erwähnt werden. Kulturspezifische Unterschiede zeigen sich dabei vor allem in der Häufigkeit und Intensität des Blickkontaktes" (Steffek 2000: 143/144).

Im transkulturellen Raum müsste jetzt die Spannung – auch von den RezipientInnen – ausgehalten werden, die Widersprüche, die Ängste: Sie hat Angst, Kunden zu verlieren, wenn sie sie nicht anschaut und anlacht; er hat Angst, sie (Carola/Corinne) zu verlieren, weil sie fremde Männer anlacht und anschaut. Allzu schnelle einseitige Lösungsvorschläge, wie sie viele RezipientInnen haben, zeigen, wie schwer es den RezipientInnen fällt, Spannung und Widersprüche auszuhalten und wie schwierig es ist, jenes feine „Netz der Ariadnefäden in diesen gemischten Geschichten" zu sehen, die „noch schwerer" zu sehen sind als „Spinnennetze" (Latour, 1995: 10/11). Die üblichen Reaktionen sind Interpretationen, die Kritik und nicht Übersetzen beinhalten (Latour 1995: 20).[520] Hier sind es Schuldzuweisungen, Anpassungsvorschläge, Empörung: Mit dummdreister Arroganz würde sie versuchen „westliche, also folglich ‚kultivierte' Gepflogenheiten in eine völlig andere Kultur zu übertragen" (Forum). „Sie soll halt aufhören mit dem Lachen, soll sich an die fremden Sitten anpassen" – oder: „Er soll nicht mehr eifersüchtig sein, sich daran gewöhnen, dass sie die Kunden anlacht"; „Sie muss ihm das halt immer wieder erklären" (Interviews). Die schnellen Rezepte entlasten nur die RezipientInnen von ihren Unsicherheiten und sind keine Lösung und eine neue erst recht nicht.

Auch in den empörten Debatten um das Hochzeitskleid (das wurde an anderer Stelle bereits thematisiert[521]) zeigen sich Missverständnisse im transkulturellen Raum, die auf mangelnder „Einsicht der Wechselwirkung von Fremdverständnis und Selbstauslegung" (Schlehe 2007[522]), auf Unsicherheit und Irritation beruhen. Bei Hochzeiten in Kenia tragen Bräute längst mit Vorliebe ein weißes Brautkleid.[523] Das Missverständnis besteht hier darin, dass RezipientInnen meinen, die Protagonistin habe „auf einem weißen Hochzeitskleid bestanden" (Forum) gegen das Einverständnis der Samburu und würde damit völlig unbekannte Sitten in die Samburukultur bringen und diese dadurch „zerstören". Für die Samburu jedoch war das Hochzeitskleid nichts wirklich Neues oder Ungewöhnliches. Sie störten sich nicht daran, sie lachten. Im Gegenteil war es für sie völlig in Ordnung, dass die europäische Schwiegertochter ein solches Kleid trug – wie die wohlhabenden Kikuyufrauen in Nairobi ohnehin. Auf der Original-DVD der Hochzeit von Frau

---

[520] „Übersetzen" bei Bruno Latour meint „Vermittlungsarbeit" zwischen Gegensätzen (Latour 1995: 56-58).
[521] Vgl. Teil III Kap. 1.4 „Stills als Medienbilder".
[522] Schlehe, Judith / Gander, Hans-Helmut. 2007: Die Figur des Fremden und der Prozess des Übersetzens. Hauptseminar Ethnologie, Sommersemester 2007, Kommentare zu den Veranstaltungen, Albert-Ludwigs-Universität Freiburg. http://www.ethno.uni-freiburg.de/ [20.9.2008].
[523] Im Interview haben beide kenianischen Interviewpartnerinnen diese Auskunft gegeben. Auch die jungen Frauen in ihrer Familie haben (nach ihren Worten: „selbstverständlich") in einem weißen Hochzeitskleid geheiratet.

Hofmann sieht man diese Selbstverständlichkeit; auch die afrikanischen Hochzeitsgäste – alle Samburu – tragen Jeans, Hemden und T-Shirts, die kleinen Mädchen bunte (europäische) Kleidchen. Deren Anblick wiederum hat der Film dem Kinopublikum erspart.

Schließlich der große Irrtum von der vermeintlich „größtmöglichen Gestaltungsmacht" der Protagonistin (Weber, taz 15.9.2005), ihrer angeblichen Entscheidungsfreiheit, das Missverständnis, dass sie „frei" gewesen sei und „mit typisch westlichem Eifer einen Laden eröffnet" habe (amazon.customer).[524] Sie hatte in Wirklichkeit keine Bewegungsfreiheit, keine Handlungsfreiheit, weder beim Kauf des Pick-up noch bei der Eröffnung des Ladens.[525] Aber RezipientInnen sagen: „Stattdessen möchte sie als ‚kultivierte', ‚emanzipierte' Europäerin alle möglichen Neuerungen einbringen. Schrecklich!" „Alle Initiative geht von ihr aus" (Forum). Was für Europäer unvorstellbar ist: Nichts hätte sie ohne das Einverständnis der Samburu, vor allem der Älteren im Dorf, tun können. Auch mit der Hochzeit mussten sie einverstanden sein. Doch RezipientInnen nehmen sie wahr als „eine Europäerin, die die Idee hatte, im Busch so zu leben wie eine Europäerin eben lebt" (Forum).[526]

Auch ohne detailliertes Kontextwissen über die Struktur der Samburugesellschaft hätten aufmerksame ZuschauerInnen oder LeserInnen merken müssen, dass sie das weder wollte noch getan hat. Es zeigt, wie schwierig es für viele RezipientInnen ist, dieses Verhandeln, das Ineinandergreifen, die Wechselwirkungen und Verflechtungen – das „Netz" von dem Bruno Latour spricht (Latour 1995: 10) – überhaupt zu bemerken. Und wenn sie bemerkt werden, macht es Angst – auch im Sinn der in der These genannten Angst vor Gleichmacherei. Die daraus

---

[524] Dies ist zudem ein gutes Beispiel für Generalisierung: Der Eifer wird als westlich, als für Europäer typische Eigenschaft betrachtet – als Gegensatz zu afrikanischer Lässigkeit? Er wird nicht wahrgenommen als individuelle Eigenschaft der Protagonistin im Sinn eines tatkräftigen, lebhaften, optimistischen Menschen. Als gäbe es zudem keine verzagten, faulen oder antriebslosen Europäer.

[525] Spätestens am Schluss des Filmes muss es den RezipientInnen aufgefallen sein, dass sie nicht frei war. Ohne die schriftliche Erlaubnis ihres Ehemannes hätte sie mit ihrer Tochter Kenia nicht verlassen können.

[526] Dieser Vorwurf ist natürlich völlig unhaltbar, wenn man denn – wie in den Printmedien gern und oft – das Buch von Corinne Hofmann mit dem von Tania Blixen vergleicht (Und die beiden Filme, die jeweils auf den Büchern basieren). Letztere hat tatsächlich – das war in Kolonialzeiten üblich – wie eine Europäerin gelebt, mit all ihren Möbeln, ihren Büchern, ihrem Geschirr, ihrem „Kristall", schließlich mit Plattenspieler, Reitstiefeln und Gewehr. Vgl.: Blixen, Tania. 1986: Afrika. Dunkel lockende Welt. Zürich. Der Film: „Jenseits von Afrika", mit mehreren Oscars ausgezeichnet, Hollywoodfilm. David Budd nennt ihn „African-Western Film in Transition". „In background music (grandly, classical European), cinematography (stunning portraits of Africa for landscape lovers), and overall focus, it is less „Africa" than a Western filmmaker's fantasy cast upon Africa commanding the Big Screen" (Budd 2002: 113). Vgl. Teil II Kap. 6.1 Befunde in Printmedien und Internet.

resultierenden Änderungen werden als „Zerstörung der Kultur" durch „imperialistische Maßnahmen" „in dem von ihr heimgesuchten Dorf" (Forum) betrachtet[527] – auch hier kann die schnelle Erklärung und Schuldzuweisung so interpretiert werden, dass RezipientInnen die Unsicherheiten, Widersprüche und Spannungen des transkulturellen Raumes nicht ertragen können Wir sind es, so Homi Bhabha, nicht gewohnt, mit „Ambivalenzen, Kontingenzen und unlösbaren Widersprüchen" umzugehen (Bhabha 2007: XIII). Oder mit Bruno Latour gesprochen, ziehen wir die Praktik der „Reinigung" d.h. die Kritik, der „Praktik der Übersetzung" vor (Latour 1995: 20).

5.1.2. „Ich kann nicht mehr" – das Scheitern der Ehe in der Interpretation der RezipientInnen

Reine Interpretationen sind die Äußerungen zum Scheitern der Ehe, die hier – weitgehend unabhängig von Rückgriffen auf Afrikabilder, Kulturbilder, Kolonialismus u. ä. – als Beispiele für Interpretationsleistungen angeführt werden sollen. Weder im Buch noch im Film wird darüber expressis verbis eine Aussage gemacht. Im Film kumulieren die Schwierigkeiten in dem Satz Carolas: „Ich kann nicht mehr". Nur aus dem Fortlauf und dem Erzählen der Geschichte können Gründe für diesen Satz und das Scheitern der Ehe in der Rezeption konstruiert werden. Vom Ort des Eigenen aus wird versucht, plausible Erklärungen zu finden. Der Zusammenhang zwischen Übersetzen und sozialer Praxis wird hier sehr deutlich (Fuchs 1997a: 313). Der Diskurs nimmt in allen Quellen einen breiten Raum ein. Aushandeln, Kompromisse finden, Gender-Gegensätze überbrücken u. ä. sind bekannte, erwünschte, allerdings auch bei uns nicht immer gängige und auch schwierige Praktiken in einer Beziehung. In der Interpretation des Scheiterns zeigt sich die ganze Spannbreite von Möglichkeiten um den Versuch des Verstehens der Schwierigkeiten einer bikulturellen Ehe und der Verflechtungen von Eigenem und Fremdem. Als Versuch einer wirklich transkulturellen Ehe wird sie nur selten wahrgenommen, ganz wie Britta Saal formuliert hat: „Die angestrebte Differenz ohne Hierarchie ist womöglich nur von Einzelnen denk- und lebbar" (Saal 2007: 31).

Abgesehen davon, dass die meisten Zivilisationen „Geschichten und Mythen tradieren, denen zufolge diejenigen, die dauernde Bindungen auf der Grundlage leidenschaftlicher Liebe zu etablieren suchen, dem Untergang geweiht sind" (Giddens 1993:50), kann man drei Kategorien von Interpretationen zum Scheitern der Ehe

---

[527] Vgl. Teil III Kap. 3.5 „Kolonialismus light? Die Wahrnehmung durch die koloniale Brille" und Kap. 3.3 „Im Gefängnis von Kulturbildern".

unterscheiden. Da werden in der einen Gruppe Gründe für das Scheitern der Ehe genannt, die auch in Europa trotz anfänglicher großer Liebe und bestem Willen Ehen zerbrechen lassen: Kommunikationsschwierigkeiten, unterschiedliche Lebensziele, mangelndes Verständnis, jahrelanger Streit, unbegründete Eifersucht und Alkoholprobleme des Ehemannes. Sehr deutlich wird in der Rezeption an verschiedenen Stellen direkt oder indirekt gesagt: „Eine solche Ehe wäre auch bei uns zerbrochen, das lag nicht an der Kultur" (Forum/amazon.customer/Printmedien/Interviews). Die Betonung von Kommunikation und erfülltem, gemeinsamem Lebensweg kann als Ausdruck westlicher Vorstellungen über eine gelungene, glückliche Ehe angesehen werden. Die ideale Liebe ist im westlichen Verständnis eine eminent redselige Liebe. Dieses Ergebnis der Studie von Eva Illouz wird hier bestätigt. (Romantische) Kommunikation stellt eine Möglichkeit dar, „Selbsterkenntnis, wechselseitiges Verstehen und letztlich emotionale Erfüllung zu erlangen" (Illouz 2003: 214).

Diese Möglichkeit wird mit Lemalian/Lketinga nicht im erwünschten Maß für die RezipientInnen erfüllt. Vor allem die Hervorhebung der Notwendigkeit von *tiefen* Gesprächen ist im westlichem Denken im hohen Maße verortet. „Gespräche und Informationsaustausch zwischen den beiden finden nicht statt" (Luttmann, journal ethnologie 16.12.2007). Auch Niklaus Schäfer – neben vielen anderen – sieht in der „mangelnden Kommunikation" den Grund, den „die Beziehung zwischen Lemalian und Carola wohl letztlich zum Scheitern bringt" (Schäfer, Basler Zeitung 15.9.2005). Dass die Protagonistin in Streitfällen immer wieder Versöhnung anstrebt und ihr „Schicksal erduldet" (Luttmann, journal ethnologie 16.12.2007), ist in diesem Kontext keine Lösung. Im westlichen Denken und Handeln ist das Credo des Miteinandersprechens, um Probleme zu lösen, unhintergehbar, könnte man mit Pierre Bourdieu sagen.

Dazu kommt: „Die Eifersucht und das Besitzergreifen Lketingas nehmen jedoch immer mehr zu und nötigen die Hauptperson schließlich, endgültig mit ihrer Tochter in die Schweiz zurückzukehren"[528]. Unbegründete Eifersucht, Untreue, Streitigkeiten, Gewalt und Alkoholprobleme sind in Europa häufige und einleuchtende Gründe für Trennungen.[529] Die Ehe scheitert nicht an den „himmelweiten kulturellen Unterschieden. Sie scheitert an etwas ganz Universellem: der Eifersucht" (Vogel, Berliner Zeitung 15.9.2005). Carolas' Satz: „Ich kann nicht mehr" würde sich in diesem

---

[528] Sow, Alioune. 2000: Die weiße Massai. Goethe Institut. Electronic Document. <http://www.goethe.de/ins/cm/yao/prj/dla/wer/wma/aut/de157390.htm> [18.4.2006].
[529] Vgl.: http://www.destatis.de/jetspeed/portal/cms/Sites/destatis/Internet/DE/Content/Publikationen/Querschnittsveroeffentlichungen/WirtschaftStatistik/Bevoelkerung/Ehescheidungen01,property=file.pdf [20.9.2008]. Auch bei den Samburu rechtfertigen Alkohol- bzw. *Miraa*-Probleme und Gewalt des Ehemannes eine Trennung der Ehepartner (Spencer 1965: 30f).

Kontext auf alle genannten Schwierigkeiten beziehen. Eine bikulturelle Ehe Kontext auf alle genannten Schwierigkeiten beziehen. Eine bikulturelle Ehe wird in dieser Gruppe nicht als eine besondere Verbindung betrachtet, für die es ausdrücklich anderer Regeln bedarf. Die Regeln, die am Ort des Eigenen für ein gutes Miteinander gelten, sind hier allgemein gültig und nicht diskutierfähig.

Bei der zweiten Gruppe beruht das Scheitern (allein) auf den kulturellen Unterschieden der Ehepartner, der „unterschiedlichen Mentalität", den „entgegen gesetzten Kulturen" (amazon.customer), den „kulturellen Differenzen" (Mattern, jump-cut 15.9.2005). Die Gegensätze werden hier als unüberbrückbar betrachtet, denn „zu groß ist der Graben zwischen den Kulturen" (Schäfer, Basler Zeitung 15.9.2005). Übersetzen und Aushandeln werden hier als unmöglich angesehen, häufig sind sie auch gar nicht erwünscht. Hier „prallen Kulturen aufeinander" (Schlosser, Stuttgarter Zeitung. 15.9.2005). „Die zwei Welten sind so grundverschieden" (Forum). „[…] aber auch die unterschiedliche Definition der jeweiligen Geschlechterrollen spielen bei diesem Niedergang eine zentrale Rolle" (Luttmann, journal ethnologie 16.12.2007). „Die kulturellen Differenzen werden immer unüberwindbarer" (Keilholz, critic 15.9.2005). „Warum ist sie überhaupt auf die Idee gekommen, einen Menschen aus einer so fremden Kultur heiraten zu müssen?" (amazon.customer). „Es geht um massive Kulturunterschiede und die Schwierigkeiten diese zusammenzuführen" (Forum). Die Regisseurin würde „schmerzhaft die Unmöglichkeit interkultureller Beziehungskonstruktionen vor Augen" führen (Sannwald, Der Tagesspiegel online 15.9.2005). Carolas Satz: „Ich kann nicht mehr" würde sich in diesem Kontext auf die unüberwindbaren, schmerzhaften, kulturellen Unterschiede beziehen. „Interkulturelle Beziehungen funktionieren nicht. Sie waren zu verschieden" (Forum). Die Einstellung, dass das Bemühen darum nicht nur erfolglos, sondern auch sinnlos ist, gipfelt schließlich in Statements wie: „Urvölker soll man in Ruhe lassen" (Forum).

Die dritte Gruppe begründet das Scheitern mit der unzureichenden Vorbereitung der Protagonistin, ihrer mangelnden Anpassung[530] und den Veränderungsversuchen, die sie in Barsaloi aus Sicht dieser RezipientInnen gegenüber ihrem Ehemann, ja, dem ganzen Dorf gegenüber unternimmt, „ohne sich auch nur im mindesten vorher mit Sitten und Gebräuchen auseinanderzusetzen" (amazon.customer). Hier klingt noch das alte Verschuldungsprinzip an, wo es bei einer Scheidung immer einen Part-

---

[530] Vgl. Teil III Kap. 3.4 „Zwischen Anpassung und culture clash".

ner gab, der das Scheitern der Ehe verschuldet hatte.[531] Allgemeiner formuliert es Niklaus Schäfer, wenn er schreibt: Das war von vornherein „zum Scheitern verurteilt" (Schäfer, BaslerZeitung. 15.9.2006). „Sie kann nicht einfach in ein fremdes Land gehen und da nahezu alle Bräuche, Traditionen und die gesamte Mentalität auf den Kopf stellen" (Forum). Unabhängig davon, ob diese Behauptung überhaupt stimmt, kann sie aber auch nicht ihre Lebensweise völlig aufgeben. „[...] dass die kulturellen und menschlichen Unterschiede unüberwindbar sind, wenn man sich nicht selbst aufgeben will" (Forum). Dass Aushandeln nötig und wichtig ist, kommt in dieser und ähnlichen Variationen in der Rezeption so zum Ausdruck: „Man muss eine andere kultur respektieren, wenn man darin lebt, aber die einheimischen müssen auch auf die fremde eingehen, beide seiten müssen sich annähern" (Forum). „[...] denke ich, dass es durchaus sehr gut funktionieren kann und nicht automatisch zum Scheitern verurteilt sein muss" (amazon.customer). In dieser Gruppe wird das Gelingen einer bikulturelle Ehe für möglich gehalten – allerdings unter der rationalen westlichen Prämisse, sich gut vorzubereiten, sich vorher gründlich zu informieren[532] und schließlich: sich anzupassen.[533] Hier würde sich Carolas Satz: „Ich kann nicht mehr" auf das anstrengende, nicht enden wollende Informieren, Verändern und/oder Anpassen beziehen.

In dieser Gruppe sind allerdings auch die (leisen) RezipientInnen zu finden, die sich den Unsicherheiten und den Irritationen, den Spannungen und den Widersprüchen des offenen transkulturellen Raumes aussetzen und sie aushalten – auch die Ängste. Im Film würde man, so Daniela Sannwald, „das unendliche Bemühen spüren, das allen Beteiligten abverlangt wird" (Sannwald, Der Tagesspiegel online 15.9.2005). Die RezipientInnen nehmen dieses Bemühen wahr und anerkennen es. Sie geben ihm im eigenen Denken und Fühlen im Prozess des Filmverstehens und beim Lesen des Buches Raum. Sie leben in der Interaktion mit und befinden sich mit den Filmfiguren und Buchpersonen in diesem transkulturellen Raum. Das wird in den sehr persönlichen Äußerungen der RezipientInnen sichtbar. Sie sagen und

---

[531] Heute gilt das Zerrüttungsprinzip. Zu den häufigsten Scheidungsgründen gehören in Deutschland Kommunikationsschwierigkeiten, fehlende Freiräume und Entfaltungsmöglichkeiten; häufiger Streit und Untreue. Vgl.:http://www.uni-giessen.de/fb03/soziologie/personen/langfeldt/links/ws%200506/scheidung1.pdf [20.10.2008].
[532] Zum Vorwurf der mangelnden Vorinformation schreibt ein Amazonrezensent: „ Wie funktioniert wohl bei diesen Kritikern Liebe? „Hallo, ich finde Sie eigentlich sehr attraktiv. Doch könnten Sie mir bitte zuerst Ihren persönlichen Lebenslauf mitteilen, dazu eine ethnopsychologische Analyse Ihres Herkunftsvolkes, die wesentlichen ökonomischen Daten zu Ihrer Lebensregion etc., bevor ich zu den ersten Zärtlichkeiten bereit bin!" Wer ist da wohl kranker im Geiste und vorurteilsbehafteter?" (amazon.customer).
[533] Vgl. Teil III Kap. 2.2.2 „Das Paradigma der Rationalität" und Kap. 3.4 „Zwischen Anpassung und culture clash".

schreiben ganz offen (und zeigen damit ihre eigene Offenheit), dass sie „tief berührt" waren, dass das Buch widersprüchliche Gefühle in ihnen ausgelöst habe, sie „schon sehr lange nicht mehr so viel über einen Film nachgedacht" hätten. Sie zeigen sich „zutiefst bewegt" und „beeindruckt" vom „Übersetzen" (Latour 1995: 20) der beiden Eheleute (amazon.customer/Forum/Interviews). Sie nehmen wahr, wie beide über ihre persönlichen wie kulturell geprägten Vorstellungen und über die jeweiligen gesellschaftlichen Erwartungen hinausgehen und etwas Neues probieren.[534]

„In einer transkulturellen Verfasstheit von Kultur" über nationale Grenzen hinweg können „vielfältige Querverbindungen und Gemeinsamkeiten" erkannt werden (Mae 2007: 49). In diesem Sinn schreibt eine Teilnehmerin im Forum: „Was mir aufgefallen ist, ist, dass es meiner Meinung nach gar kein Problem der Kultur war, sondern einem das auch mit jedem anderen Mann hätte passieren können. Oder? Was haltet ihr davon?" Kein forsches Statement im Internetforum, sondern vorsichtiges Fragen, das jedoch überrollt wird von schnellen Antworten, Besserwisserei, Fanbegeisterung oder Spott.[535] Doch im transkulturellen Raum gibt es keine schnellen Antworten. Es ist eher ein Herantasten, an das, was (vielleicht) das Neue sein könnte, ein Verständnis, erzeugt durch kulturelle Grenzarbeit, das zwar leise, aber dennoch im Sinn von Homi Bhabha „aufrührerisch" ist (Bhabha 2007: 10). Was die Gründe für das Scheitern der Ehe betrifft, ist man hier sehr vorsichtig, bedenkt Überschneidungen und Verflechtungen. Multiperspektivität macht allzu schnelle eindeutige Zuschreibungen und einseitige Schuldzuweisungen schwierig. „Die Gründe sind so vielschichtig und vernetzt. Da gibt es nicht *einen* Grund"; „Diese Ehe war so etwas Neues. Da versagen all die alten, gewohnten Begründungen" (Interviews).

---

[534] Viele Beispiele ließen sich dazu anführen, sowohl von seiner Seite als auch von ihrer Seite aus. Ein paar sollen hier genügen: So kochen und essen sie zusammen, wenn sie in der Stadt sind („White women are different" so O-Ton Lemalian im Film); er versorgt sie mit Medikamenten, pflegt sie, als sie Malaria bekommt; besucht sie im Krankenhaus nach der Geburt des Babys; sie reden viel miteinander verglichen mit anderen verheirateten Samburupaaren; sie lachen und haben Spaß; sie streiten miteinander und versöhnen sich wieder; sie streicheln und küssen sich; sie versorgt das Haus, die Ziegen, holt Brennholz, kocht, kümmert sich um die Schwiegermutter, bedient seine Freunde – alles traditionelle Aufgaben einer verheirateten Samburufrau; sie kümmert sich auch um andere Verwandte; ist überwiegend mit den Frauen zusammen, während er mit den Männern zusammen ist; akzeptiert das Urteil der Alten usw. Teilweise bleiben beide in ihrer alten Rolle, teilweise passen sie sich an, teilweise verändern sie sich. Ganz neue, ungewohnte, irritierende Konstellationen kommen so zustande.
[535] Im Internetforum kann man sehr gut verfolgen, wie diese leisen, nachdenklichen Stimmen zum Schweigen gebracht werden – ebenso wie in einer größeren Öffentlichkeit die Printmedien RezipientInnen durch Häme und Spott zum Schweigen gebracht haben. Ihnen blieb nur, durch den Kauf des Buches und den Kinobesuch zu sprechen. Sie haben haben, könnte man interpretieren, auf diese Weise gesprochen ohne etwas zu sagen.

Der Fokus richtet sich hier auch nicht nur auf die Protagonistin, sondern auf alle Beteiligten. Respekt ist zu spüren vor dem, auf das sich alle eingelassen haben. „Die Protagonistin und ihre Umgebung wagten die Gemeinsamkeit" (amazon.customer). Vor allem: Es wird nicht bewertet. Niemand kann sich im transkulturellen Raum „zum Richter aufschwingen über das Leben anderer Leute" (Forum), denn es gibt weder feste Regeln noch verbindliche Normen. Die Querverbindungen und Gemeinsamkeiten lassen den transkulturellen Raum oszillieren. Das macht seine Faszination aus. Das könnte u.a. auch den großen, jahrelangen Erfolg von Buch und Film erklären. So gesehen sind die heftigen konträren Reaktionen in der Rezeption von „Die weiße Massai" insgesamt gesehen ein Indiz dafür, dass hier das Betreten des transkulturellen Raumes tatsächlich möglich gemacht wird – jedoch sehr viel Angst auslöst (die sich u.a. in Form von Vehemenz zeigt).

Die Tränen während und nach dem Film, von denen einige freimütig erzählen, würde man in diesem Kontext nicht als Sentimentalität und Rührseligkeit über eine gescheiterte Liebesehe abtun wollen, sondern eher im Sinn von Roland Barthes' *punctum* oder Ingeborg Bachmanns „Loch in der verkrusteten Welt" (Bachmann 1993a: 291)[536]. Das Neue im transkulturellen Raum, so könnte man mit Roland Barthes sagen, hat – wie das *punctum* eines Fotos - etwas an sich, das „besticht, anzieht, trifft, gar verwundet" (Barthes 1985: 51), das „mitten ins Auge springt" (Barthes 1985: 28). Gerade die Ratlosigkeit dieser RezipientInnen, ihre Nachdenklichkeit, die Abwesenheit von fertigen Interpretationen und Erklärungen zeigen, dass sie in der Interaktion mit Buch und Film diesen transkulturellen Raum mit seinen Widersprüchen und seiner Offenheit betreten haben.

Carolas Satz: „Ich kann nicht mehr" wäre in diesem Kontext ein Ausdruck davon, wie schwierig, „verwundend" und kräftezehrend der oszillierende Raum der Tanskulturalität mit seinen Unsicherheiten und Vernetzungen (auch) sein kann und für die Protagonistin war. Wir sind es, um mit Homi Bhabha zu sprechen, nicht gewohnt, „keinen festen Boden unter den Füßen zu haben", nicht gewohnt, mit „Ambivalenzen, Kontingenzen und unlösbaren Widersprüchen" umzugehen – spielerisch schon gar nicht. (Bhabha 2007: XIII). Der zwischenräumliche Übergang, wie ihn Homi Bhabha nennt, und der hier transkultureller Raum genannt wird, eröffnet – das wird in der Analyse deutlich – „die Möglichkeit einer kulturellen Hybridität, in der es einen Platz für Differenz ohne eine übernommene oder verordnete Hierarchie" gibt – ganz wie das Hochzeitsfoto dies verbildlicht (Bhabha 2007: 5). In der Nachdenklichkeit und Betroffenheit der RezipientInnen kommt, so könnte man einmal

---

[536] Dort ist es das Lächeln – hier die Tränen, die dieses Loch in die verkrustete Welt brennen.

mehr interpretieren,[537] der tiefe Wunsch zum Ausdruck, dass transkulturelle Beziehungen im Sinn einer neuen Gleichheit und gerechten „Ordnung in der Vielfalt des Differenten, ohne Diskriminierungslinie" (Mae 2007: 49) möglich sein mögen, wie schwierig dieses Aushandeln und Übersetzen auch sei, und wie lange es auch dauert: „Ich hätte ihnen so gewünscht, dass die Ehe nicht scheitert" (Interview).

5.2. Von der Erweiterung des Sehens und dem anderen Blick

> „Nichts, was ich jemals gesehen habe – ob auf Fotos oder in der Realität –, hat mich jemals so tief und unmittelbar getroffen. Und seither erschien es mir ganz selbstverständlich, mein Leben in zwei Abschnitte einzuteilen: in die Zeit bevor ich diese Fotos sah [. . .] und die Zeit danach [. . .]; ich fühlte mich unwiderruflich betroffen, verwundet [. . .]; etwas starb; etwas weint noch immer" (Sontag 1978: 24/25).

So offen wie Susan Sontag spricht (mit Ausnahme der RezipientInnen im Internetforum) niemand in den öffentlichen Diskursen der Rezeption über seine Empfindungen, auch wenn manche Stills die Qualität von Bildern haben, die betroffen machen können und treffen.[538] Fotos können schockieren, insofern sie etwas Neuartiges zeigen, schreibt Susan Sontag. „Bedauerlicherweise wird der Einsatz immer weiter erhöht" (Sontag 1978: 24). Bilderflut und Medienangebote sind demnach eher dazu geeignet, abstumpfende Effekte zu haben. Das bedeutet, die Chancen (und die Gefahr) des Getroffenwerdens sinken. Nach Gerhard Schulze und seinen Thesen in „Die Erlebnisgesellschaft" wäre ein Film (oder ein spannendes Buch) ein Erlebnis,[539] und das Interesse der RezipientInnen würde sich darauf beschränken, möglichst schnell das nächste Erlebnis zu haben. Hier ginge es weder um Betroffenheiten noch um ein wie auch immer geartetes Getroffensein oder eine Veränderung. Erlebnishunger, Konsumhaltung und Distanz würden beides verhindern. Ebenso erlauben Spott und Abwertung, aber auch Fan-Enthusiasmus den LeserInnenn und KinobesucherInnen, sich nicht tiefer auf die Geschichte einzulassen und nicht weiter darüber nachzudenken.[540]

---

[537] Vgl. Teil III Kap. 1.4.1 „Das Hochzeitsfoto".
[538] So haben vor allem die beiden Hochzeitsfotos, – wie bereits analysiert – große Irritationen hervorgerufen.
[539] Vgl. Teil III Kap. 3.2 „Das Fremde als Erlebnis".
[540] Wobei – das wurde bereit ausführlich analysiert – Spott und Häme Äußerungen von Getroffensein sind, ebenso wie Bewunderung und Verachtung. Hier soll ausschließlich den leisen Stimmen des Berührtseins Aufmerksamkeit geschenkt werden.

Im Folgenden soll untersucht werden, ob und wie die Begegnung mit einem fremden Blick(winkel) – hier der Blick der Samburu – den eigenen Blick auf die Welt verändern kann. Die Frage ist also: Inwiefern werden heute RezipientInnen noch tatsächlich ‚getroffen', und in welchem Maß kann durch die Betroffenheit und die Interaktion mit dieser medial vermittelten Geschichte und ihren Bildern der eigene Blick ein anderer werden? Oder kurz gefragt: Wo zeigt sich eine Erweiterung des Blickes durch den Blick auf Fremdes und den Dialog mit ihm?

Viele Äußerungen der RezipientInnen bekunden tiefes Berührtsein: „Ich war zu Tränen gerührt", „zutiefst betroffen", „sehr nachdenklich", „es geht einem durch und durch", „überwältigt" (amazon.customer/Forum). In den lauten, konträren Diskussionen über Buch und Film „Die weiße Massai" geht solches Berührtsein, solche Betroffenheit, tatsächlich fast unter. Hier soll dennoch und gerade dieser Spur nachgegangen werden – dazu haben auch die langen, intensiven Gespräche mit manchen InterviewpartnerInnen ermutigt und geradezu aufgerufen. Die tiefen Betroffenheiten werden hier als Zeichen betrachtet, die eine mögliche Erweiterung und Veränderung der Sichtweise begleiten.

5.2.1. Das Aufweichen der eigenen Ideen und Konzepte durch Betroffenheit und Berührtsein

Die Äußerungen der vielen unbekannten LeserInnen und KinobesucherInnen legen nahe, sich mit dem Aspekt von Betroffenheit und Berührtsein im Zusammenhang mit dem transkulturellen Raum als Zwischenraum zu befassen. Wie teilweise bereits oben zitiert, schreiben die RezipientInnen u.a.: „[…] habe überhaupt erstmal über bestimmte Sachen nachgedacht"; „dieser film haut einen völlig aus der bahn"; „so sehr hat er mein Herz berührt" (Forum).

„Menschen ändern sich nur, wenn sie sich emotional erschüttern lassen, wenn sie in einen emotionalen Aufruhr versetzt werden" (Roth 2002: 49).[541] Plötzliche Begegnungen, sogar ganz kleine Ereignisse, können eine solche Kraft zur Veränderung entfalten, das Eigene irritieren – das ist fast Allgemeinplatz. Und auch das gibt es: dass jemand wie Susan Sontag davon spricht, „getroffen" und „verändert" worden zu sein durch ein Foto (Sontag 1978: 25). Roland Barthes spricht vom *punctum* eines Bildes, das etwas mit „mir geschehen läßt" (Barthes 1985:28). Homi Bhabha spricht von „einem plötzlichen Schock", von einem „beunruhigenden Prozess" (Bhabha 2007: 242/244). Beispiele radikaler Veränderungen durch Bilder wären der heilige

---

[541] „Nur wenn Leute verletzt werden, nur dann hören sie zu. […] Ein guter Film spricht zum Herzen", so der amerikanische Regisseur Oliver Stone in einer arte-Dokumentation am 3.11.2008.

Franziskus und Theresa von Avila.[542]. „Bilder sind wirklich und nicht bloß Ersetzungen und Stellvertreter des Wirklichen." (Liebert/Metten 2007: 20), und deshalb sind sie ganz - im Sinn von Susan Sontag – in einem lebenspraktischen Sinn performativ, „indem sie die Wahrnehmung und die Perspektive unseres Lebens selbst verändern" (Wulf-Zirfas 2005: 15). Immer ist es eine wie auch immer geartete Betroffenheit, die dem (kognitiven) Nachdenken und der Änderung vorausgeht. Im Kontext von Berührtsein und Betroffenheit auf der einen Seite und einer möglichen Veränderung der Sichtweise auf bestimmte Ideen und Konzepte auf der anderen werden Diskurse und Handlungen der RezipientInnen im Zusammenhang mit dem „Dritten Raum" als Zwischenraum analysiert. Dies nicht zuletzt deshalb, um eine Antwort auf These 4 zu erhalten, worin behauptet wird, dass Buch und Film einen transkulturellen Raum ermöglichen.

Der reale Aufenthalt in einem fremden Land kann einen Menschen und seinen Blick auf die Welt und auf sich verändern – das ist die einhellige Meinung der RezipientInnen, so sie sich zu diesem Thema äußern.[543] Vor allem im Forum melden sich LeserInnen und KinobesucherInnen zu Wort, die schon öfter Urlaub in einem afrikanischen Land gemacht haben, längere Zeit von Berufs wegen in einem afrikanischen Land waren oder mit einem Afrikaner oder (seltener) mit einer Afrikanerin verheiratet sind. Für sie werden durch das Buch und den Film Erinnerungen wachgerufen: „[…] dass ich sofort wieder in Kenia war und alles deutlich vor mir sah" (amazon.customer); „Alles war so nah, als wäre ich gestern dort gewesen" (Interview); „Und natürlich macht es einen Unterschied zwischen Reisen und irgendwo

---

[542] Es sind die beiden bekanntesten Heiligen, deren radikale Umkehr im Zusammenhang mit Christusabbildungen gesehen wird. Teresa von Avila schreibt selbst: „Die Seele war mir schon müde geworden, aber mein oberflächliches Leben ließ sie nicht zur Ruhe kommen. Da geschah es, als ich eines Tages das Oratorium betrat, dass ich ein Bildnis erblickte, das man in Erwartung eines bestimmten Festes schon dorthin gebracht hatte. Es war ein wundenbedeckter Christus, so ausdrucksvoll und ergreifend, dass mir sein Anblick die Seele erschütterte [. . .]" (von Avila 1984: 31). Waltraud Herbstrith, in der Biografie über Teresa von Avila dazu: „Vor einem Christusbild in ihrem Kloster wurde sie plötzlich aufgerüttelt" (Herbstrith 1996: 24). Franziskus wurde der Legende nach vor dem Bild des Gekreuzigten in der kleinen Kirche in San Damiano zutiefst getroffen und angesprochen. Er änderte sein Leben von da ab radikal: „Seit jener Stunde ward sein Herz weich" (Nigg 1997: 34; Gobry 1979: 22).
[543] Auch Pierre Bourdieu hat sich in Algerien treffen lassen. Seine vielen eindrücklichen Fotografien und intensiven ethnologischen Studien aus Algerien sprechen eine deutliche Sprache. Er hat dort über 3000 Fotos gemacht (Jurt 2003: 26). Sie zeigen, dass auch er sich von diesem Land, den Menschen und ihren Schicksalen, den Bildern und Texten dort hat berühren lassen. Durch sie und den Aufenthalt in Algerien hat bekanntlich seine wissenschaftliche - ethnologische und soziologische - Arbeit und Karriere ihren Anfang genommen. „Pierre Bourdieu unterstreicht immer wieder die Bedeutung der Algerien-Erfahrung für seine Entwicklung. Er spricht in diesem Kontext von >einer Art Initiation<, >einer gleichzeitig intellektuellen und affektiven Wandlung<" (Jurt 2003: 30). „Seine grundlegende Einsicht in Algerien mündete in den Habitusbegriff" (Rehbein 2006: 125/ Rehbein 2006: 41ff).

leben das ist auch keine Frage. Aber das Reisen hat mich wenigstens gelehrt die Scheuklappen abzulegen. Und ganz sicher würde das vielen anderen auch gut tun" (Forum). Auf Veranstaltungen und in Interviews wird Corinne Hofmann immer gefragt, was sich bei ihr denn „geändert" habe durch Afrika. Sie sagt daraufhin häufig, sie habe vor allem eine andere Einstellung zum Sterben und den Umgang mit dem Tod bekommen. Seit ihrem Aufenthalt in Kenia habe sie ein anderes Zeitgefühl bewahrt, sei gelassener, lebe mehr im Hier und Jetzt, würde vor allem mehr nach dem Bauchgefühl leben und niemanden mehr fragen, ob, das, was sie mache, für „gut" befunden wird.[544] Die Zuhörer nahmen das staunend, nachdenklich und zustimmend mit dem Kopf nickend zur Kenntnis. Die Schauspielerin Nina Hoss, die im Film die Rolle der Carola spielt, sagt im Interview in DIE ZEIT: „Doch meine Sichtweisen haben sich verändert, seit ich von den Dreharbeiten für „Die weiße Massai" aus Afrika zurückgekommen bin" (Hoss/Thilo, DIE ZEIT 1.9.2005). Ethnologen sprechen von einer zweiten Sozialisation durch und während ihrer Feldforschungen.

Zunächst geht es um einen zwar medial vermittelten, aber realen Einblick in die Kultur der Samburu, wie sie die Protagonistin erlebt hat und beschreibt. Man sollte „dankbar sein, dass man durch sie und ihre Erfahrungen die Möglichkeit bekommt, einen tieferen Einblick in die Welt und auch die alltäglichen Probleme und Strapazen der Massai-Krieger zu bekommen" (amazon.customer) – darin inbegriffen deren Weisheiten, Weltbilder, Werte und Einsichten – so man als Europäer den Hochmut ablegt, alles schon (besser) zu wissen. Da ist sie wieder: die geforderte Offenheit des transkulturellen Raumes, die einen Dialog erst möglich macht. Die große Verheißung[545] von Buch und Film „Die weiße Massai" ist die, mehr als nur einen kurzen Blick in eine fremde Welt zu erhaschen. Ein wirklicher „Einblick" zumindest „jenseits der Touristenströme" (amazon.customer) wird versprochen. Doch ohne eine Offenheit, die kognitive und/oder emotionale Betroffenheit erst ermöglicht, bleibt dieser Blick ohne eine noch so geringe Veränderung und Wirkung und verkommt zum Voyeurismus.

In den Kritiken der Printmedien wird weder dieser offene Raum noch ein Dialog sichtbar. Der Streifen erlaube – immerhin – „einen Einblick in die der westlichen Welt völlig fremde Mentalität, Kultur und Tradition der patriarchalischen Gesellschaftsform der Massai-Krieger" (Mülheims, stern 14.9.2005). „Ruhig und bestimmt" würde der Zuschauer „durch die Geschichte geleitet und erhält tiefe Einblicke in das Leben ohne Strom und Wasser" (Bohlmann, Schnitt – Das Filmmagazin,

---

[544] So auf der Feldforschung in der Badnerlandhalle in Karlsruhe am 16.4.2008, wo sie einen mit Bildern und Filmen begleiteten Vortrag hielt, mit anschließender Frage- und Autogrammstunde.
[545] Cover und Plakat inszenieren das Eintauchen in eine fremde Welt gekonnt.

11.10.2005).[546] Ein-Blicke über eine Grenze, die unüberwindlich ist, denn „zu groß ist der Graben zwischen den Kulturen" (Schäfer, Basler Zeitung 15.9.2005). Auch in den Amazonrezensionen überwiegen dichotome Zuschreibungen, die das Eigene eigen lassen und wo das Fremde fremd bleibt und es keine Berührungspunkte zwischen beiden gibt. Immer wenn in der Rezeption Zuschreibungen auftauchen – gleichgültig, ob im Zusammenhang mit Spott, Empörung und Überheblichkeit oder mit Bewunderung – muss man sie als Dichotomie erkennen: zwischen fremd und eigen, hier und dort, „Naturvölker" und Industrienation, schwarz und weiß, Überlegenheit und Unterlegenheit, modern und rückständig, reich und armselig, zivilisiert und wild, bequem und widrig.[547] „Man glaubt die welt steht tausend jahre still. abenteuer ja!! but not more!!" (Forum). Diese Zuschreibungen gehören zu den lauten Stimmen in der Rezeption. Sie formen eine Asymmetrie, die einen Dialog auf gleicher Ebene im Sinn einer Transkulturalität verhindert. Heute, im Zeitalter der Globalisierung, scheint „die Überwindung eindimensionaler Differenzbeziehung der binären Kodierungen" (Mae 2007: 48) besonders relevant.

Doch neben den direkten, manchmal subtilen Zuweisungen der Samburukultur in die Ecke des Archaischen, Rückständigen, Primitiven und Armseligen im Gegensatz zu den modernen, fortschrittlichen, reichen Europäern gibt es die leisen Stimmen, die diese Dichotomie durchbrechen und den Dialog wagen.[548] Dann kann dieses Netz der Verflechtungen unter der Dichotomie sichtbar werden, von dem Bruno Latour spricht (Latour, 1995: 10). Dann kann man die Offenheit des transkulturellen Raumes erkennen. Dann können Gemeinsamkeiten in allem Fremden entdeckt werden, ohne zu generalisieren, wie Bernhard Waldenfels und Maurice Merleau-Ponty beschreiben, und wie Wolfgang Welsch es in seinem Konzept der Transkulturalität entwickelt.[549] „Durch Transkulturalität kann vor allem das Problem der Inklusion, des Eingesperrtseins in eine spezifische Kultur überwunden werden, da die Kulturen füreinander durchlässiger und offener werden" (Mae 2007: 47/48). Dann können Bilder und

---

[546] Das sind allerdings schon die einzigen Kommentare, die immerhin dem Film die Möglichkeit eines Einblicks zugestehen.
[547] Alle Zuschreibungen entstammen den Äußerungen der RezipientInnen. Weitere: Himmel und Hölle, Höhen und Tiefen, Gewinner und Verlierer, ursprünglich und zivilisiert, gut (=das einfache Leben) und böse (=die Zivilisation), usw.
[548] Und vielleicht braucht es tatsächlich etwas von der in der Rezeption angeprangerten „Naivität" der Protagonistin, um diese Art Dialog zu wagen. So gesehen bekommt die mediale Abwertung von „Die weiße Massai" in den Printmedien gegenüber den RezipientInnen eine andere Bedeutung. Es kommt darin eine Überheblichkeit zum Ausdruck und die „diskursive Exkommunikation" (Müller-Funk 2006: 198) all derer, die die naive Interaktion mit Buch und den Film zu einer Art Dialog gemacht haben. Angesichts des immensen Erfolges will diese Exkommunikation allerdings nicht so recht gelingen: Millionen kennen „Die weiße Massai".
[549] Zum Transkulturalitätskonzept siehe Welsch 2000: 327, 330, 335/336. Zu Überschneidungen und Verschränkungen von Eigenem und Fremden siehe Waldenfels 1997: 73f; 1998: 65f.

Texte eine performative Wirkung haben im Sinne einer Erweiterung des Blicks. Doch es scheint schwierig zu sein, Gründe für das eigene Berührtsein zu artikulieren, die Irritation in Worte zu fassen – aber genau das soll hier als sicheres Indiz gelten, dass die RezipientInnen sich in einem transkulturellen Raum befinden. Schwierig nicht zuletzt deshalb, weil in der Öffentlichkeit die lauten Aussagen dominieren, die Buch und Film eine solch performative Wirkung absprechen.

Betroffenheit wird häufig nur sehr allgemein und unaufgeregt geäußert, in dem RezipientInnen schreiben, „das Buch hat mich so schnell nicht losgelassen", „sehr beeindruckend", „bereichernd", „ich bin von Herzen fasziniert" – doch ohne in eine exzessive Bewunderung zu verfallen, weder für Frau Hofmann noch für die Samburu. Oft bezieht sie sich auf Szenen, wo die Samburu etwas leben, was man selbst als Wert erachtet: Freundschaften, die ein Leben lang halten zum Beispiel; ein Familienleben, das Regeln folgt, die von allen respektiert werden und nicht immer in Frage gestellt und diskutiert werden; oft genannt wird der gelassene Umgang mit der Zeit, die Gerechtigkeit unter der Schirmakazie, der respektvolle Umgang mit den alten Menschen (Interviews/Forum). „Die Ausstrahlung des Landes, seine Menschen und seine unglaubliche Wärme hat mich beeindruckt. Es macht einen sofort ruhig, besonders im Busch – diese Weite, diese Kargheit auch", so Nina Hoss im Interview (Hoss/Vogel, berlinonline 14.9.2005)[550].

Offenheit kommt zum Ausdruck, wenn RezipientInnen über ihre eigene Irritation reden: „Es ist eine Geschichte voller Widersprüche. Und mit diesen Widersprüchen habe ich mich in diesem Buch, das mich dann, warum auch immer gefesselt hat, bis zum Schluß auseinandergesetzt" (amazon.customer). Offenheit zeigt sich, wenn eine Bereitschaft, vom Fremden zu lernen, sichtbar wird: „Ich fand den Film sehr schön und ergreifend, ich habe viel gelernt" (Forum). „Frau Hofmann hat in Afrika Riesenfehler gemacht, aber das ist nun mal ihr Leben. Was soll eine Verfilmung denn machen, die Geschichte ändern, damit ein paar intellektuellen Kritikern ihr eigenes Weltbild nicht durcheinander kommt?" (Forum). Im Internetforum äußern sich RezipientInnen in dieser Hinsicht: „Ich glaube, wir könnten uns auch ein bisschen von anderen Kulturen, speziell Afrika, abgucken!" Oder: „Ich war selbst in Kenia und habe Massai kennengelernt. Es sind wundervolle Menschen und sehr nett. Da könnte so mancher Europäer sich eine Scheibe abschneiden" (Forum). Nina Hoss sagt im Interview mit Sabine Vogel: „Die können ein Denken mobilisieren, das in eine andere Richtung geht [...] insofern bin ich mir ganz schnell unsicher geworden, ob wir

---

[550] Nina Hoss im Interview mit Sabine Vogel in der Rezension vom 14.9.2005: http://www.berlinonline.de/berlinderzeitung/archiv/.bin/dump.fcgi/2005/0915/berlinberlin/0003/index.html [3.3.2006].

immer wissen, was richtig ist."[551] In diesem Kontext würde Lernen eine Erweiterung des Blickes bedeuten.

Der Umgang der Samburu mit den Unsicherheiten des Lebens beeindruckt und macht nachdenklich darüber, wie man selbst mit Unsicherheiten des Lebens umgeht: „Manche, für uns bereits selbstverständlich gewordene Dinge des Lebens werden in ein anderes Licht gerückt und bekommen einen anderen Stellenwert. Es überkommt einen ein schlechtes Gewissen wenn man wegen Kinkerlitzchen die Krise bekommt!" (Forum). Die „Kinkerlitzchen" können in vielen Variationen auftreten: die kleinen Wehwehchen, mit denen man gleich zum Arzt rennt; die Delle im Auto; dass der Bus einem vor der Nase weggefahren ist, der Zug Verspätung hat und der Abfluss verstopft ist; Falten im Gesicht, die schlechte Note in der Schule, das Essen in der Kantine etc. etc. (Interviews). Die Erweiterung des Blickes würde hier darin bestehen, dass angesichts der existentiellen Nöte in Barsaloi, der Armut und den Schwierigkeiten dort, die Hierarchie der eigenen Wertigkeiten, die man bislang hatte, verschoben wird.

Auch wenn Erich Fromm behauptet, dass „der moderne Mensch den Geist einer Gesellschaft nicht zu begreifen vermag, die nicht auf Eigentum und Habgier aufgebaut ist" (Fromm 1979: 31), so lassen sich die RezipientInnen im transkulturellen Raum betroffen machen vom „einfachen Leben der Samburu" (Forum) und z.B. dazu anregen, über eigene Konsumgewohnheiten nachzudenken, gleichzeitig gönnen sie aber auch den Samburu den neuen, lang ersehnten Shop in Barsaloi. „Ja, warum denn nicht. Wir haben hier alles bequem mit Auto usw., die große Auswahl beim Einkaufen, und die sollen kilometerweit laufen und sich mit dem Nötigsten begnügen? Irgendwas dazwischen wäre gut für beide Seiten" (Interview). In einer „Überflussgesellschaft" wie der unseren sei Konsumieren eine Form des Habens, so Erich Fromm, und „der moderne Konsument könnte sich mit der Formel identifizieren: Ich bin, was ich habe und was ich konsumiere" (Fromm 1979: 37). Die Kehrseite dieser Formel ist die große Angst zu verlieren, was man hat: Besitz, Status, Arbeit, Wissen. Den nachdenklichen RezipientInnen ist das sehr bewusst: „Das hat mich wirklich betroffen gemacht, darüber habe ich erstmal nachgedacht. Über die Armut dort, über meine Ängste, den Zusammenhang zwischen Wohlstand und Unsicherheit, darüber, dass sie so gelassen sind und ich oft so ängstlich – na, so was alles". „Ja, man weiß vieles vom Fernsehen. Aber hier in diesem Film haben die Tatsachen mich in einer Tiefe erreicht, was kein Dokumentarfilm erreicht hat" (Interviews). Die Erweiterung des

---

[551] Siehe: http://www.berlinonline.de/berlinderzeitung/archiv/.bin/dump.fcgi/2005/0915/berlinberlin/0003/index.html [3.3.2006].

Sehens zeigt sich hier darin, dass Zusammenhänge gesehen werden, wo man vorher keine sah, dass über Sachverhalte nachgedacht wird, über die zuvor kein Gedanke verschwendet wurde, dass man sich von Gegebenheiten berühren lässt, die einem vorher kalt ließen.

Die Fröhlichkeit und Herzlichkeit der Samburu beschämt und trifft, „weil wir immer gleich panisch, ärgerlich und hektisch reagieren, wenn etwas nicht so läuft, wie wir uns das vorgestellt haben." „Ich glaube, wir haben ganz schön viel Angst unter der coolen Maske, wahrscheinlich, weil wir viel zu verlieren haben" (Interviews); „[…] können wir viel von der Herzlichkeit der Kenyaner lernen" (Forum). Nina Hoss im Interview: „Die Samburu haben eine ganz eigene Faszination, etwas ganz Warmherziges, Humorvolles; sie lachen unglaublich viel, sind sehr offen, und es ist sehr unkompliziert, auch wenn man ihre Sprache nicht versteht". Und: „Das ist wirklich wahr! Alle sind so herzlich; das ist ja gemütlicher als ich dachte; da hat man Tee auf einem kleinen Feuerchen gemacht, du sitzt da und verstehst kein Wort, das hat eine gewisse Komik".[552] Alle InterviewpartnerInnen mit Afrikaerfahrung bestätigen diesen Eindruck des „fröhlichen Wesens der Afrikaner" (Forum). Hier jedoch, im offenen, transkulturellen Raum, gibt es nicht die Assoziation der Fröhlichkeit zum Kindlichen, wie sie durch die koloniale Brille wahrgenommen wurde.[553] Hier lässt man sich von der Fröhlichkeit berühren, anstecken, erlebt sie in der Interaktion mit. Die Erweiterung besteht hier darin, dass im kognitiv-emotionalen Prozess des Filmverstehens eine neue (gelassene) Reaktionsweise verblüfft und bereichernd miterlebt wird. Das erlaubt nicht nur eine neue Sichtweise auf die Geschehnisse, sondern auch auf sich selbst.

Wenn jemand schreibt, der Film habe ihn „völlig aus der bahn" (Forum) geworfen, wird sehr deutlich, dass er seine eingefahrene Bahn verlassen hat, ganz im Sinn von Roland Barthes, der vom *punctum* eines Bildes spricht, das etwas mit „mir geschehen läßt" (Barthes 1985: 28). „Jeder von uns", so Karl Jaspers, „steckt in einem Panzer, den wir bald vor Gewöhnung nicht mehr spüren. Nur Augenblicke gibt es, die ihn durchdringen und die Seele zur Empfänglichkeit aufrühren" (Jaspers 1932: 153). Die Unsicherheit, wohin dann der Weg in einer „Zone der Unbestimmtheit", in einem „Möglichkeitsraum", (Mae 2007: 46/47) führt, ist deutlich zu spüren, aber sie wird ausgehalten. Darin kann man eine „tolerance for contradiction, a tolerance for ambiguity" (Anzaldua 1987: 79) erkennen. Für einen Moment zumindest kommt dieser Punkt in den Blick, von dem aus beide Seiten auf gleicher Ebene gesehen

---

[552] Nina Hoss im Interview mit Sabina Vogel in der Rezension vom 14.9.2005: http://www.berlin online.de/berlinderzeitung/archiv/.bin/dump.fcgi/2005/0915/berlinberlin/0003/index.html [3.3.2006].
[553] Vgl. Teil III Kap. 3.5 „Kolonialismus light? Die Wahrnehmung durch die koloniale Brille".

werden können, aber ohne den unüberwindlichen Graben dazwischen – „Wir haben unsere Qualitäten, haben uns an unsere Lebensumstände angepasst, die Massai haben ihre Qualitäten, haben sich an ihre Lebensumstände angepasst" (Forum)[554] oder besser noch mit Gloria Anzaldua: „At some point, on our way to a new consciousness, we will have to leave the opposite bank […] so that we are on both shores at once" (Anzaldua 1987: 79). Von diesem Blickwinkel aus werden beispielsweise im Nachdenken über eigene Sicherheitsbedürfnisse keine Debatten geführt,[555] sondern sehr ehrlich eigene Befindlichkeiten und Ängste geäußert, auch solche vor Armut.[556]

Die Erweiterung zeigt sich zunächst einmal im Wahrnehmen von Bedürfnissen und Ängsten, die sonst verdrängt, rationalisiert oder banalisiert werden. Das mediale Miterleben – und das gilt sowohl für LeserInnen wie für KinobesucherInnen – erweitert den Blick auch dadurch, weil im kognitiv-emotionalen Prozess des Filmverstehens und beim Lesen Erfahrungen möglich werden, so dass der Rezipient „on both shores at once" sein kann. Hier wird die westliche Konsumgesellschaft nicht verachtet und das „einfache" Leben der Samburu bewundert oder umgekehrt materieller Wohlstand als Zivilisationshöhepunkt betrachtet und auf die „rückständigen" Samburu herab gesehen. Die Erweiterung des Sehens besteht hier darin, beide Seiten zugleich zu sehen; Gemeinsamkeiten z. B. der Bedürfnisse zu entdecken statt Dichotomien („Plötzlich wird so sichtbar, dass die Bedürfnisse ganz tief die gleichen sind" Interview); zu erkennen, dass es mehr Möglichkeiten gibt, als man zunächst dachte.

In den leisen Stimmen der Rezeption wird der Versuch deutlich, multiperspektivisch zu denken, d.h. die Welt nicht in abgeschlossenen, voreinander abgrenzbaren Kategorien zu sehen, sondern Verbindungen, Schnittstellen zu suchen und herzustellen. Die RezipientInnen befinden sich ganz augenscheinlich in einem Dazwischen als einer Kontakt- und Grenzzone, in der grenzüberschreitende Diskurse möglich werden, mit dem Ziel, die rigiden Ein- und Abgrenzungen von Ideen und Konzepten aufzuweichen (Anzaldua 1987: 135). Dabei spielen Ideen und Konzepte von Zeit, von Alter, von Krankheit und Tod und von Liebe in der Rezeption eine besondere

---

[554] Was hier nicht als dichotome Zuschreibung zu sehen ist oder als feste, unverrückbare Zuschreibung, sondern als Ausdruck der gleichen Ebene. Wichtig ist hier, dass es die Möglichkeit zur Begegnung gibt, ohne den Verlust der Eigenheit.

[555] Vgl. Teil III Kap. 3.1 „Die weiße Massai" – eine provokante Figur : Die Wertung im öffentlichen Diskurs zwischen Bewunderung und Verachtung".

[556] Diese würden bestimmt noch viel deutlicher im Jahr 2008 nach der internationalen Finanzkrise geäußert als im Jahr 2006, als die Interviews und die Diskussionen im Internetforum geführt wurden. So hat DIE ZEIT im Oktober 2008 das Thema als Titel: „Sehnsucht nach Sicherheit" (DIE ZEIT Nr.43, 16.10.2008). Und der stern fragt auf der Titelseite: Job, Geld, Altersvorsorge. Ist unsere Zukunft jetzt sicher?" (stern Nr.43 vom 16.10.2008). Der Titel von Nr.40. vom 25.9.2008 lautet in diesem Zusammenhang: „Gier und Größenwahn".

Rolle. Sie gehören zu jenen „großen Worten", von denen auch Clifford Geertz spricht: wie Leidenschaft, Arbeit, Autorität, Gewalt usw. (Geertz 1987: 30/31). Die Erweiterung des Sehens besteht bereits darin, zu erkennen, dass Zeit, Alter, Krankheit, Geschlecht oder Liebe (auch) kulturelle Konstrukte sind neben dem Tatsächlichen an Physiologie, Physik und Biologie. Gleichzeitig haben diese Konstrukte im transkulturellen Raum keinen festen Rahmen mehr. Die Konzepte durchdringen sich (Mae 2007: 45).[557]

5.2.2. Die Begegnung mit fremden Konzepten von Zeit und Krankheit

Zwei Beispiele einer solchen Durchdringung ohne festen Rahmen sollen hier analysiert werden. Sie zeigen besonders gut, wie in der Interaktion mit Buch und Film im transkulturellen Raum Ideen und Konzepte aufgeweicht werden, wie der Blick vom Ort des Eigenen durch den Blick auf Fremdes verändert werden kann, aber auch, welche Gemeinsamkeiten entdeckt werden. Die beiden Konzepte sind das von Krankheit und von Zeit. Angelehnt an die Leitfrage ließe sich fragen: Wie agieren und reagieren RezipientInnen im transkulturellen Raum auf fremde Konzepte von Zeit[558] und Krankheit, und was bedeuten ihre Reaktionen und Aussagen?[559]

Der Film beginnt mit einer Art Vorspann, in dem die Stimme der Protagonistin als Voice-Over zu hören ist.

> „Man sagt, die Massai sterben, wenn man sie ins Gefängnis sperrt. Sie können sich nicht vorstellen, dass sich dieser Zustand irgendwann einmal ändert. Sie leben weder in der Zukunft noch in der Vergangenheit. Sie leben nur im Jetzt. Es hat lange gedauert, bis ich das verstanden habe. Zu lange."

Als afrikanische Weisheit im Vorspann eines populären Filmes wird ein solcher Text in deutschen Printmedien als trivial und Allerweltsweisheit abgetan. Der Einführungssatz wird in den Medien verspottet, wird als „banal" und „platt" bezeichnet, „von allerlei plumpen kulturellen Klischees […] und Allerweltsweißheiten durchsetzt" (Suchsland, Telepolis 23.9.2008). In einer Gesellschaft, in der es überwiegend

---

[557] Im besten Fall würden sie dadurch in etwas Neues transformiert.
[558] Zeit, so Nina Degele, gehört „zum festen, kommunizierbaren symbolischen Inventar jeder sozialen Lebensform, und muss doch immer wieder neu individuell angeeignet werden. Man kann sie daher auch als einen Habitus bezeichnen, den wir uns von Kindesbeinen an allmählich eingewöhnen" (Degele/Dries 2005: 158)
[559] Es sind neben Liebe die beiden Konzepte, die in der Rezeption eine große Rolle spielen. Liebe wird überwiegend als Grenzen überschreitende Macht betrachtet und soll deshalb in diesem Zusammenhang im nächsten Kapitel analysiert werden.

um „Haben" und nicht um „Sein" geht, wie Erich Fromm die westliche Konsumgesellschaft bereits in den 1970er Jahren beschreibt, wird dem Augenblick, dem Hier und Jetzt, wenig Beachtung geschenkt (Fromm 1979: 124/125).

Doch das Zeitkonzept der Samburu ist weder banal noch wirklich fremd. Von nicht wenigen RezipientInnen werden – das ist Kennzeichen des transkulturellen Raumes und eine Erweiterung des Blicks gleichermaßen – Gemeinsamkeiten entdeckt, beispielweise mit abendländischer Philosophie (Interviews). In der Kultur der Samburu wird das Leben im Jetzt nicht philosophisch argumentativ begründet und die Wirkungen eines solchen Lebens werden nicht bewusst tradiert oder beschrieben, wie es beispielsweise in der abendländischen Philosophie die jüngere Stoa tut. So schreibt Seneca in Brief 101, § 7-10 an Lucilius:

> „Wir wollen nichts aufschieben, Tag für Tag wollen wir mit dem Leben abrechnen. [. . .] Deshalb beeile Dich. Lucilius, Dein Leben zu leben und halte jeden Tag für je ein eigenes Leben! Wer sich so gewappnet hat, wer täglich ganz über sein Leben verfügt, der ist sorglos. Denen, die auf Hoffnung hin leben, entgleitet gerade der nächste Augenblick, es stellt sich Lebenshunger ein, sowie erbärmlichste und alle schlimmsten Erbärmlichkeiten verursachende Furcht vor dem Tod." (Gunermann 1998: 7+9).[560]

Er fordert immer wieder, um glücklich zu sein, ein erfülltes Leben zu haben und das *summum bonum* zu erreichen, ein Leben im Heute, ein Leben im Jetzt, ein Leben, das nicht primär auf die Zukunft ausgerichtet ist.[561]

Anderen RezipientInnen fällt dabei die Meditationspraxis des Zen-Buddhismus ein. Dort wird die Erfahrung des Augenblicks als höchstes Ziel der Meditation betrachtet. „Nirvana ist die Erfahrung des Hier und Jetzt und nicht ein Zustand in ferner Zukunft (Jäger 2000: 43). „Die Samburu leben etwas, was wir uns mühsam einüben müssen" (Interview). Auch wenn RezipientInnen keine philosophischen Betrachtungen anstellen, Erfahrungen mit Meditation haben oder sich mit buddhistischer Philosophie auskennen, lassen sie sich von diesem Satz „Sie leben weder in der Zukunft noch in der Vergangenheit. Sie leben nur im Jetzt" nachdenklich machen und berühren. Sie verknüpfen ihn mit eigener Erfahrung, die Erich Fromm treffend beschreibt: „Das Erlebnis des Liebens, der Freude, des Erfassens einer Wahrheit geschieht nicht in der Zeit, sondern im Hier und Jetzt" (Fromm 1979: 125). Sie sagen z.B. nachdenklich: „Das Leben findet doch *jetzt* statt – wann denn sonst?" Ähnlich wie es der

---

[560] In der Tat wäre das eine Wirkung, die auch für die Samburu gelten würde (Sorglosigkeit, Angstfreiheit, erfülltes Leben ohne materiellen Wohlstand), nicht nur die im Vorspann genannte.
[561] Viele Interviewpartnerinnen nannten in diesem Zusammenhang das sehr populäre Ratgeberbuch (jahrelang auf der Spiegelbestsellerliste) von Dale Carnegie „Sorge dich nicht, lebe!". Dort wird offenbar westlichen LeserInnen genau diese „fremde" Einstellung zum Leben und zu Zeit vermittelt.

Benediktinermönch und Zenmeister Willigis Jäger ausdrückt. „Nur im Hier und Jetzt lässt sich die Wirklichkeit erfahren" (Jäger 2000: 121).

Eines der Hauptprobleme in der Beziehung zwischen Afrikanern und Österreicherinnen, so Sonja Steffek in ihrer Studie, sei das differente Zeitgefühl und die unterschiedlichen Bedeutungen von Zeit. „In fast allen als ‚Dritte Welt' bezeichneten Ländern findet man einen vom europäischen differenten Umgang mit Zeit" (Steffek 2000: 142/143). Es geht um ein anderes Verständnis von Zeit, um ein bewusstes Umgehen mit der Zeit. Die RezipientInnen reden davon, dass sie „mehr Zeit haben" und „nicht so hektisch leben", „sich Zeit nehmen" wollen.[562] Es geht darum, dass „alles seine Zeit hat" und darum, „dass Leben nur im Augenblick, in der Gegenwart, stattfindet". In den Interviews wird darüber sinniert, dass man bei uns mit Zeit umgeht wie mit etwas, das „gespart werden kann", „investiert wird", etwas, das man, wie oben zitiert, haben oder sich nehmen kann (Interviews/Forum).[563] Ganz deutlich kommt dabei jene „kapitalistische Bedeutung von Zeit" zum Ausdruck, von der auch John Fiske spricht. In Übereinstimmung mit einer protestantischen Ethik wird Zeit etwas, „das die Tüchtigen belohnt und die Faulen bestraft" (Fiske 2006: 53/54).

Es geht um den Wunsch nach Entschleunigung in einem Modernisierungsprozess, dem alle RezipientInnen ausgesetzt sind. Zeit ist ein knappes Gut bei uns geworden. Die aus den Fugen geratene Zeitstruktur der Spätmoderne (als Beschleunigung) kollidiert mit natürlichen, biophysischen Rhythmen (Degele/Dries 2005: 173).[564] Damit ist ganz und gar nicht der romantischen Verklärung einer vormodernen Gesellschaft das Wort geredet. Dazu empfinden die RezipientInnen die Lebensbedingungen in Barsaloi als zu hart. Es geht darum, dass sich RezipientInnen durch die Begegnung mit einem anderen Verständnis von Zeit irritieren und an eigene Bedürfnisse erinnern lassen oder im Sinn von Erich Fromm über „Haben und Sein" nachdenken, wobei es die Existenzweise des Seins nach Fromm nur im Hier und Jetzt gibt (Fromm 1979:

---

[562] „Der Druck, den das spätmoderne Zeitregime auf die Einzelnen ausübt, hat spürbar zugenommen" (Degele/Dries 2005: 178). Es handelt sich dabei um die Zeitstruktur der Beschleunigung als Grundprinzip der Moderne. Soziologen sprechen vom „Beschleunigungszirkel" (Degele/Dries 2005: 170). Ein Leben ohne Stress stehe, laut Umfrage der DAK in Baden-Württemberg, ganz oben auf der Wunschliste für 2009: 63 Prozent der Befragten wünschen sich mehr Zeit für die Familie und Freunde, über die Hälfte möchte sich mehr Zeit für sich nehmen. „Der Trend, das eigene Leben zu entschleunigen, wird auch in Baden-Württemberg deutlich", so der DAK-Diplompsychologe Frank Meiners. http://www.presse.dak.de/ps.nsf/ShowByLevel/A2F5C6807F99789DC1257513003BA0B9?Open Document [18.12.2008].
[563] Vgl. Grün, Anselm. 2003: Im Zeitmaß der Mönche. Vom Umgang mit einem wertvollen Gut.
[564] In Deutschland wird der volkswirtschaftliche Schaden, den eine aus dem Takt geratene Gesellschaft verursacht auf zehn Milliarden Euro jährlich geschätzt. Darunter fallen auch Kosten für die Behandlung von Magen-Darm-Beschwerden, Schlafstörungen, Unfälle und Ersatz für ausgefallene Arbeitskraft (Spork 2004: 170).

124). Es geht darum, sich Zeitdruck und Hetze bewusst zu machen. Es geht aber auch um die spirituelle Dimension des Augenblicks. Doch „die Tragik liegt darin, dass viele ihre spirituellen Grundbedürfnisse gar nicht spüren" (Jäger 2000: 156). Die RezipientInnen durchbrechen den engen Fokus der eigenen (Zeit)Vorstellungen. Sie bekommen durch die Interaktion mit einem fremden Zeitkonzept einen anderen Blick auf ihre (Lebens)Zeit, ihren eigenen kulturell bedingten Umgang mit Zeit und erweitern so den eigenen Blick.

Das andere Beispiel einer solchen Durchdringung ohne festen Rahmen in einem transkulturellen Raum ist das Thema Krankheit. Krankheiten und Schmerzen werden als menschliche Erfahrungen angesehen, die niemandem erspart bleiben, gleichgültig, wo auf der Welt er lebt und welcher Kultur er angehört. Die Erfahrung von Krankheit ist ganz existentiell etwas, was Menschen zutiefst verbindet, gewissermaßen eine Gemeinsamkeit im Menschsein. Doch die individuelle Krankheitserfahrung ist ein kulturgebundenes Phänomen. „Den Umgang mit Gesundheit und Krankheit lernt jeder Mensch im Laufe seiner Enkulturation und Sozialisation" (van Eeuwijk 1999: 62). Krankheit und Gesundheit haben nicht immer und überall die gleiche Bedeutung. Sie werden auch nicht nur nicht gleich behandelt, sondern der Umgang mit der Krankheit und mit Kranken differiert je nach Kultur.

Es gibt fremde Krankheiten, die es bei uns nicht gibt bzw. zu geben scheint, wie in „Die weiße Massai" Malaria.[565] Malaria wird nahezu ausschließlich mit fremden Ländern assoziiert. Doch das Hier und Dort ist nicht so streng getrennt, wie es zunächst scheint, auch wenn die meisten RezipientInnen nicht wissen, dass es Malaria noch bis 1946 in Deutschland gab.[566] In einer globalisierten, reisefreudigen Gesellschaft wie der unsrigen ist Malaria ohnehin fremd und bekannt zugleich. Man kann sagen, nahezu alle RezipientInnen wissen, dass man sich vor dieser Krankheit – wenn auch mit zum Teil großen Nebenwirkungen – schützen kann und in europäischen Augen auch unbedingt schützen sollte. Prophylaxe in Form von Impfungen und Tabletten, so kann man in diesem Kontext sagen, ist ein typisch westliches Konzept im Umgang mit Krankheit.[567] Hinter dem Umgang mit Krankheit, der Bewer-

---

[565] Seit der Kolonialzeit und im Zusammenhang mit der „Gefährlichkeit Afrikas" ist Malaria ein Thema in Deutschland, hatte doch diese Tropenkrankheit vor allem die Besiedlung weiter Landstriche Deutsch-Ostafrikas unmöglich gemacht. „So hatte der Kolonialismus seit den 1880er Jahren auch das Deutsche Reich mit tropischen Territorien verbunden, die sich aufgrund diverser exotischer Krankheiten mit einigem Recht Beinamen wie >white man's grave< erworben hatte" (Besser 2004: 217).
[566] Italien wurde erst Ende 1970 von der Weltgesundheitsorganisation für malariafrei erklärt. Dabei handelt es sich allerdings um Malaria tertiana und nicht um Malaria tropica. Vgl.: http://www.innovations-report.de/html/berichte/medizin_gesundheit/bericht-9954.html [10.10.2008].
[567] http://www.tropenmedizin.de/vorsorge.htm [9.10.2008].

tung, was als „schlimme Krankheit" in einer Gesellschaft gilt, ja selbst, was als Ursache für Krankheiten angesehen wird, stecken ganze Medizinsysteme, die wiederum mit den Weltbildern einer Kultur verbunden sind. Die sind zum größten Teil sehr viel älter als unser naturwissenschaftlich orientiertes Modell.[568] Wir sind es gewohnt, unsere Medizin als die einzig richtige und wissenschaftliche zu sehen. „Sie basiert auf dem euro-amerikanischen Weltbild mit seiner entsprechenden Körperkonzeption und ist damit […] nicht frei von kulturellen Setzungen" (Greifeld 1995: 13). Allein dies zu erkennen, kann als Erweiterung des Sehens betrachtet werden.

Für die Bewertung einer Krankheit gelten nicht nur individuelle Maßstäbe sondern auch gesellschaftliche Diskurse. Im Film gibt es dazu zwei aussagekräftige kurze Szenen, mit denen die RezipientInnen interagieren. Die Bemerkung der jungen Frau im Bus[569] – „Malaria, very bad"m – gibt die Tatsache wieder, dass Malaria auch in Kenia als schlimme Krankheit betrachtet wird. Als die Protagonistin wenig später selbst den ersten Malariaanfall mit Fieber, Schüttelfrost und Schwäche bekommt, wird sie von Lemalian liebevoll versorgt. Er sagt zu ihr: „It's malaria. Just malaria". „Vielleicht sollte dieser Satz Carola beruhigen und trösten", sagen RezipientInnen nachdenklich (Interview). Andere nehmen in diesem „just" mehr als nur Beschwichtigung und Trost wahr. „Er zeigt, wie normal Malaria in Kenia ist, kein Grund für Aufregung, auch wenn die Erkrankung als schwer eingestuft wird". Und: „Der Satz zeigt eine andere Haltung Krankheit gegenüber als bei uns: Bei uns werden Krankheiten vorzugsweise bekämpft, nicht erlitten", so meine Interviewpartnerin, die als Ärztin einige Jahre bei den Massai gearbeitet hat.

Das ist in der Tat eine gänzlich andere Einstellung im Umgang mit Krankheit. Heilen ist bei uns zunächst einer Vorstellung des Reparierens gewichen[570] und in neuerer Zeit „einer anderen sehr dominanten Vorstellung in der Modernen Medizin, dem Begriff des Bekämpfens" (Pfleiderer 1995: 169). Multiperspektivität ist hier für die meisten RezipientInnen schwierig, u.a. auch deshalb, weil die amerikanisch-europäische Schulmedizin weitgehend standardisiert ist und weltweit ausgeführt wird (Greifeld 1995: 13). Sie wird nicht als kulturabhängig, sondern als sogenannte Naturwissenschaft „kulturfrei" und damit als allgemeingültig angesehen (Greifeld 1995: 27). Der menschliche Körper wird als eine Art Mechanismus begriffen, der entsprechend gewartet und repariert werden kann. Mit ihrem naturwissenschaftlichen Paradigma beansprucht die westliche Medizin, alle Krankheiten erklären zu können und

---

[568] In Europa am bekanntesten sind die traditionelle chinesische Medizin, das indische Ayurveda und die tibetische Medizin.
[569] Vgl. die Analyse der Lachszene in Teil III Kap. 4.1 „Auf der Suche".
[570] Diese Vorstellung ist weiterhin weit verbreitet und einem mechanistischen Körperbild geschuldet, das seit René Descartes und La Méttrie in unser Medizinsystem Einzug hielt.

entsprechende Therapien anzubieten. „Die Abkehr des Patienten von ihrem therapeutischen Angebot wird als irrational apostrophiert" (Bichmann 1995: 46).

In der Begegnung mit einem fremden Konzept werden RezipientInnen an die Ambivalenz erinnert, die innerhalb des westlichen Systems zwischen Schulmedizin und Alternativmedizin als Dichotomie besteht. Und ebenso an die Ambivalenz in ihnen, denn der Hoffnungsglanz auf die Errungenschaften der Schulmedizin strahlt nicht mehr so hell. Auch ihre Nachteile rücken zunehmend in den Blick: Impfschäden, Operationsfehler, resistente Krankenhausbakterien, Nebenwirkungen der Medikamente usw. „Viele schreiben inzwischen Patientenverfügungen, damit sie nicht durch die Apparatemedizin gegen ihren Willen künstlich am Leben erhalten werden. Das hat sich alles ziemlich merkwürdig entwickelt bei uns"; „Ein Ausweg wären alternative Heilmethoden, doch die Mediziner lernen an der Uni praktisch nur schulmedizinisches Wissen" (Interviews).

Um noch einmal Gloria Anzaldua zu zitieren: „On our way to a new consciousness, we will have to leave the opposite bank [...] so that we are on both shores at once" (Anzaldua 1987: 79). Der Umgang der Samburu mit Krankheit berührt die RezipientInnen und macht nachdenklich darüber, wie man selbst mit Krankheit umgeht.[571] Die eine Seite ist das Erleiden, die andere das Bekämpfen. Die eine Seite ist die der Reparatur bedürftigen Organe, die andere ein kranker Mensch. „Der kranke Mensch geht bei uns irgendwie unter. Das Ganzheitliche ist bei uns verloren gegangen (Interview). „The opposite bank" ist in diesem Fall die naturwissenschaftlich orientierte Schulmedizin, die den Eindruck forciert, dass auf medizinischem Gebiet alles machbar sei.[572] „Da muss man doch was machen können, so denkt man immer bei uns. Doch das stimmt nicht. [Pause] Man kann nicht immer was machen. [Pause] Das fällt uns sehr schwer zu akzeptieren" (Interview). In dem Augenblick, in dem RezipientInnen so etwas sagen, haben sie „the opposite bank" verlassen.

Die westliche Hybris, alle Krankheiten besiegen zu können, zumindest im Griff zu haben, verträgt sich nicht mit dem Berührtsein im transkulturellen Raum. Die Grenzen der Machbarkeit sind den RezipientInnen hier sehr bewusst. Die Begegnung mit einer fremden Kultur, deren Machbarkeitsgrenzen von vorneherein anders verlaufen, erstaunen, machen betroffen. Und in dem Wissen darum, dass auch bei uns viele Krankheiten durchlitten und ertragen werden müssen und nicht heilbar sind,

---

[571] So erzählt Beatrix Pfleiderer in ihrem Aufsatz von Susan Sontag, die in ihrem Band *Krankheit und Metapher* über die Tumorbekämpfung schreibt, „vom feindlichen Gewebe, das es zu bekämpfen gilt, das man beschießen muß und ausrotten", von „killer cells" ist die Rede – der Körper, ein Schlachtfeld?" (Pfleiderer 1995: 169).
[572] Auf den Science Days 2008 im Europapark Rust lautete die Überschrift am Stand der Mediziner, die sich mit Nanotechnologie beschäftigen: „Nie wieder krank durch Nanotechnologie".

werden Gemeinsamkeiten und Verflechtungen erkannt. Der Versuch, multiperspektivisch zu denken und rigide Ein- und Abgrenzungen von Ideen und Konzepten aufzuweichen, wird hier im transkulturellen Raum auch in Bezug auf das Thema Krankheit in der Rezeption deutlich (Anzaldua 1987: 135).[573]

> „Wir machen zu viel - zu viele Apparate, zu viele Tabletten, zu viele Untersuchungen, zu viel Aufhebens. Die haben zu wenig an Technik, Apparaten und pharmazeutische Medikamenten. Was menschliche Zuwendung betrifft, machen wir wohl zu wenig. Irgendwie dazwischen wäre gut für beide Seiten" (Interview).

Konrad Lorenz würden RezipientInnen in diesem Zusammenhang zustimmen. Er sagt: „Die Entwicklung der modernen Technologie und vor allem der Pharmakologie leistet nun dem allgemein-menschlichen Streben nach Unlustvermeidung in nie vorher dagewesenem Maße Vorschub. Wir sind uns kaum mehr bewußt, wie sehr wir von dem modernen >Komfort< abhängig geworden sind, so selbstverständlich ist er uns geworden" (Lorenz 1973: 44).

Die Offenheit der RezipientInnen im transkulturellen Raum zeigt sich auch hier in einer grundlegenden Bereitschaft zu lernen, dazu in der Nachdenklichkeit über eine Kultur wie die der Samburu, die diesen >Komfort< nicht kennt,[574] und vor allem mit Schmerzen gänzlich anders umgeht. Die Offenheit zeigt sich in der Aufgabe jeglicher Überheblichkeit gegenüber fremden Krankheits- bzw. Gesundheitskonzepten. Im Forum gibt es darüber heftige Auseinandersetzungen: „Ich mach alles richtig und die anderen nicht ...jämmerlich! Ihr seid so engstirnig wie die leute denen ihr es selber vorwerft". Und: „Du bist nicht gerade offen für andere kulturen, wie du es von anderen verlangst". Selbst die Begegnung mit der Vorstellung von Hexerei, wie sie im Film in einer Szene thematisiert wird, ruft in einer transkulturellen Verfasstheit von Kultur eher Mitgefühl und Betroffenheit denn Arroganz und Verurteilung hervor. „Das war sehr dramatisch und hat mich erschüttert, aber ich finde, wichtig war, in dieser Situation zu agieren und keine gegenseitigen Aufklärungsdebatten zu führen. Und das haben Carola und sogar Lemalian jeweils ihnen gemäß getan. Das hat mich sehr beeindruckt" (Interview). Hier wird für RezipientInnen sichtbar und im Prozess des Filmverstehens nachvollziehbar, wie es im transkulturellen Raum die

---

[573] Gloria Anzaldua benutzt in diesem Kontext den Begriff Borderland. Unter Borderlands versteht sie auch eine Metapher für eine Haltung, die sich selbst und Andere immer wieder hinterfragt (Anzaldua 1987: 134).
[574] „Kein Telefon, kein Krankenwagen, kein Arzt weit und breit, keine Apotheke – das ist schon heftig" (Interview).

Möglichkeit selbst in äußerst schwierigen Situationen zur Begegnung gibt, ohne den Verlust der Eigenheit.[575]

Die transkulturelle Verfasstheit der RezipientInnen erkennt man daran, dass sie vorsichtig mit Ratschlägen in Bezug zu eigenen und fremden Krankheitskonzepten sind, dass sie nachdenklich und berührt sind. Dann werden die starren Grenzen kultureller Vorstellungen durchlässig. Fremdes kann hereinkommen und den Blick auf Krankheit, Kranksein und den Umgang damit verändern. „Unsere Kultur legt uns nahe, dass unsere Körper lediglich Objekte sind" (Pfleiderer 1995: 187). Doch im Kontakt mit anderen Vorstellungen kommen die RezipientInnen auch in Kontakt mit dem latenten Unbehagen, dass diese Annahme in ihnen hervorruft und die Konsequenzen, die sie im Fall einer Krankheit hat. Gleichzeitig wird der Umgang mit eigenen Krankheitskonzepten keineswegs unterbunden oder gänzlich abgelehnt. Impfungen sind für diese RezipientInnen nach wie vor gut und die Flying Doctors und viele Errungenschaften der modernen Medizin auch (Interview).

Es ist eine Öffnung nach beiden Seiten, die allerdings nicht so weit geht, afrikanisches Heilwissen zu übernehmen.[576] Doch darum geht es im transkulturellen Raum auch nicht. Bei Transkulturalität in Bezug auf Krankheit geht es um Beziehungen, die durch die einzelnen Krankheitskonzepte hindurchgehen und sich aufeinander beziehen. Es geht nicht um Anpassung oder Recht haben, sondern um den Dialog auf gleicher Ebene.[577] Oder wie es Gloria Anzaldua sagt, „on both shores at once" zu sein. In der Nachdenklichkeit und im Berührtsein durchbrechen, so kann man sagen, die leisen RezipientInnen den engen Fokus der eigenen Vorstellungen über Krankheit und Kranksein, bekommen durch ein fremdes Krankheitskonzept einen anderen Blick und erweitern so das eigene Sehen.

---

[575] Allerdings wird hier auch eine Grenze des Verstehbaren und Ertragbaren deutlich. Vgl. Teil III Kap. 5.4 „That's our tradition" oder: Wie fremd darf das Fremde sein?".
[576] Umgekehrt, so schreibt Wolfgang Bichmann, entstand in Afrika im 20. Jahrhundert eine synkretistische Volksmedizin, die Praktiken und Arzneimittel des traditionellen und des modernen Systems kombiniert (Bichmann 1995: 49).
[577] Wie schwierig dieser Dialog ist, wenn dichotome Zuschreibungen dominieren, zeigt sich in unserem eigenen Medizinsystem. Die Dichotomie liegt hier zwischen Schulmedizin und Alternativmedizin. Ein Dialog auf gleicher Ebene ist praktisch nicht möglich. Es ist eine Differenz mit großer Asymmetrie, die gleichzeitig eine Machtkonstruktion beinhaltet, was sich z.B. ganz konkret darin zeigt, dass viele ganzheitliche, alternative Heilweisen von den Krankenkassen nicht bezahlt werden.

5.3. Grenzen, Grenzüberschreitungen und die Liebe

Es ist viel von Grenzen und Grenzsituationen die Rede in der Rezeption. Deshalb soll im folgenden Kapitel die Wahrnehmung von Grenzen und der Umgang mit ihnen thematisiert werden. Die Liebe wird in diesem Kontext als Macht gesehen, die Grenzen überwinden kann. Dieser Zusammenhang zwischen Grenzen und Liebe macht zu einem (weiteren) großen Teil die Faszination von Buch und Film „Die weiße Massai" aus. Hier, im transkulturellen Raum mit den leisen Stimmen der RezipientInnen, nimmt der Diskurs – wie später weiter ausgeführt – eine besondere Färbung an. Denn in den neuen Kulturtheorien,[578] in den Konzepten von Transkulturalität, Hybridität und Transdifferenz wird von Kulturblöcken gesprochen, deren Grenzen aufgeweicht sind. Grenzen sind hier durchlässig. Sie werden deshalb lieber als Schnittstellen, Übergangszonen und Schwellen bezeichnet. Es werden mehr die Aspekte einer Grenzüberschreitung und Grenzüberschneidung herausgestellt (Saal 2007: 21).

Wichtig sei „die Notwendigkeit eines kritischen Überdenkens des Begriff der Grenze" (Schäfer-Wünsche/Schröder 2007: 111). Grenze wird hier nicht durch Schließung, sondern gleichzeitig als Öffnung im Sinn einer Schwelle verstanden (Schäfer-Wünsche/Schröder 2007: 126). Andere Metaphern sind Schnittpunkt und – wie oben bereits ausgeführt – Zwischenraum (Bhabha 1994: 5). Gloria Anzaldua spricht von „Borderlands" als Kontakt- und Grenzzone (Anzaldua 2007: 135). Das Wort >Grenze< sei gegenwärtig in aller Munde, so Michael Frank. „Verwendet wird es in der zeitgenössischen Diskussion allerdings vor allem deshalb, weil sich der dazugehörende Gegenstand selbst in einem Auflösungsprozess zu befinden scheint. […]. Einige Theoretiker halten das Konzept der >Kulturgrenze< darum für nicht mehr ausreichend oder gar obsolet […]" (Frank 2006: 209).

In der Rezeption jedoch überwiegt eindeutig – das wurde aus der bisherigen Analyse deutlich – das Bild von Kultur als starrem Block mit festen Grenzen, als begrenztem Gebiet, das dichotome Zuschreibungen erlaubt.[579] Auch in den Printmedien wird dieses Bild favorisiert und immer wieder reproduziert. Wahlweise wird aus dem Block eine ganze Welt: Dort die Welt der Samburu und hier die westliche Welt. Dazwischen ist „die Kluft zwischen den beiden Welten einfach zu groß" (Stadler Salzburger Nachrichten 19.12.2005). In der Rezeption ist nicht nur von Kluft die Rede, hier heißen die Grenzen Mauern, Gräben, Barrieren, Zäune, ja, „Lemalian und

---

[578] Vgl. Teil III Kap. 3.3 „Im Gefängnis von Kulturbildern" und Kap. 3.4 „Zwischen Anpassung und culture clash".
[579] Vgl. Teil III Kap. 3.3 „Im Gefängnis von Kulturbildern".

Carola trennen Welten" (Taszmann, Deutsche Welle 15.9.2005) – alle sind mehr oder weniger unüberwindbar.

Was die RezipientInnen in diesem Zusammenhang jedoch interessiert, ist, wie man Grenzen und Gräben zwischen Kulturen überwindet. Darin zeigt sich – auch – die in These zwei ausgedrückte Sehnsucht und das Bedürfnis nach Orientierung für den Umgang mit Fremdem aus. Im Fall von „Die weiße Massai" gibt es auf die Frage nach der Überwindung von Grenzen für LeserInnen und KinobesucherInnen eine einleuchtende Antwort: durch Liebe. Nur durch Liebe könne man eine Kultur „neu erlernen" (Forum). „Was doch die Liebe alles möglich macht" (amazon.customer). Und wenn sich jemand auf diesen Sprung in die fremde Kultur eingelassen hat – was geschieht dann? Was geschieht, wenn der Graben übersprungen, Brücken gebaut und Mauern niedergerissen wurden? Oder mit dem Transkulturalitätskonzept gesprochen: Durch was können Grenzen überhaupt durchlässig werden? Was geschieht in dieser Ungewissheit im Raum der Möglichkeiten, wenn Grenzen durchlässig werden? Ob Schwelle oder Graben oder durchlässige Grenzen: Es macht Angst, löst zumindest Unbehagen aus.[580] Es sei denn, dieser Angst steht etwas gegenüber, das größer ist als sie. In den Augen der RezipientInnen ist das die Liebe.[581] „Alles aufgeben für eine so ungewisse Zukunft […] beweist ihren Mut und ihre Liebe zu ihrem Massaikrieger"; „Aber wir alle wissen, wozu die Liebe uns befähigen kann" (amazon-customer); „Wenn man liebt tut man dinge die über das ‚NORMAL MENSCHLICHE' hinausgehen" (Forum).

5.3.1. Grenzen, überall Grenzen

Die primäre Funktion von Liebe in der Gesellschaft ist nach Werner Faulstich übergreifend; „sie lautet: Integration" (Faulstich 2002: 44). Wenn die „Liebe als Ausdruck der Hoffnung, dass sie Menschen vereinen kann, die sonst durch Barrieren der Klasse, der Nationalitäten und der Herkunft getrennt sind" betrachtet wird (Illouz

---

[580] Denn Mauern und feste, dichte Grenzen schützen auch z.B. vor fremden Einflüssen jedweder Art. Die Überlegung, was wohl der Protagonistin in dieser isolierten Lage einer zahlenmäßigen Dominanz des Anderen gegenüber alles geschehen mag, wird deutlich artikuliert. Die „Einflussangst" liegt allerdings, nicht wie Michael Frank ausführt, bei der Protagonistin als Minderheit, sondern ganz und gar bei den RezipientInnen (Frank 2006: 16).
[581] Den Topos Liebe theoretisch ausführlich darzustellen, ist nicht Anliegen dieser Arbeit. Liebe sei ein thematischer Dauerbrenner, schreiben Werner Faulstich und Jörg Glasenapp in ihrer Einleitung zu „Liebe als Kulturmedium", mindestens seit Beginn des letzten Drittels des 20. Jahrhunderts. Liebe ist nicht nur ein Thema der Psychologie, sondern auch für die Literaturwissenschaften, die Soziologie, die Theologie und andere geistes- und sozialwissenschaftliche Fächer, nicht zuletzt für die Sexualwissenschaft, Biologie und Ethologie" (Faulstich/Glasenapp 2002: 7). Liebe ist auch in der abendländischen Philosophie seit Sokrates und Platon der Dauerbrenner schlechthin. Vgl. Schmölders, Claudia. 1996: Die Erfindung der Liebe. Berühmte Zeugnisse aus drei Jahrtausenden. München.

2003: 231), stellt sich die Frage, mit welchen Barrieren RezipientInnen in der Interaktion mit Film und Buch in Berührung kommen. Welche Gegebenheiten empfinden die RezipientInnen als Grenzen, die mit der Liebe überwunden werden? Welche Grenzen werden durchlässig und aufgeweicht bzw. müssen es werden, um den Raum der Transkulturalität zu ermöglichen? Was nehmen die RezipientInnen als Grenzsituationen wahr?

Der Grenzen gibt es wahrlich viele: Sie reichen von den Grenzen der Verständigung bis hin zu Grenzen des Erträglichen, von Sprachbarrieren bis Kulturgrenzen, von Grenzen der Vernunft und des Sagbaren, von Standesgrenzen und Bildungsgrenzen bis zu den Grenzen des Gewohnten, von Grenzen der Belastbarkeit bis zu den Grenzen der Vorstellungskraft. Es sind die Grenzerfahrungen im Kontext von Geburt und Tod, die auch in „Die weiße Massai" Thema sind. Auch Pierre Bourdieus Habituskonzept, das in dieser Analyse Anwendung findet, ist durch die Wahrnehmungs-, Denk- und Handlungsmodi ein Konzept von Grenzen (Rehbein 2006: 92). Bourdieu macht dazu eindeutige Aussagen: Der Habitus, als sichtbares Zeichen von kulturellem Kapital, würde im Laufe der primären Sozialisation in der Familie erworben (Bourdieu 1987: 47f). Nur dort sei – von frühester Kindheit an – eine schnelle, mühelose Aneignung jeglicher Art von Fähigkeiten ohne Verzögerung und Zeitverlust möglich (Jurt 2003: 98). Diese Aneignung sei kein oberflächliches Anlernen, sondern würde dem Körper gleichsam „eingeschrieben" und so gewissermaßen zur zweiten Natur. Diese inkorporierte Struktur fungiere als eine Art Denk-, Handlungs- und Wahrnehmungsmatrix für das ganze Leben (Kaesler 1999: 258). Dabei legt keine Disposition eine Handlungsweise exakt fest, sie ist eine „negative Freiheit, eine Grenze, die Eröffnung einer Möglichkeit" (Rehbein 2006: 92).

Wird die Rezeption als Ganzes im Kontext von Grenzen betrachtet, so können drei Wahrnehmungsstränge grundsätzlich unterschieden werden: Zum Einen sehen die RezipientInnen eine Grenze zwischen den beiden Protagonisten, die gleichzeitig als Stellvertreterfiguren der jeweiligen Kultur betrachtet werden, d.h. die Grenze verläuft zwischen den beiden Kulturen, zwischen Eigenem und Fremdem.[582] Dann sehen sie ihre eigenen Grenzen bzw. werden diese deutlich sichtbar. Dabei handelt es sich zum Einen um die oben genannten Grenzen der Disposition, zum Anderen um die schlichten, offensichtlichen Grenzen der sensomotorischen Wahrnehmung, wie sie uns im Kinosaal begegnen: „Ausgangspunkt ist ein nur partiell wahrnehmbares Zentrum, durch dessen partikularen Blick das Ding [hier: der Film; Anm. der Autorin] begrenzt wird, dessen Wirkung es nur in begrenztem Maße aufnimmt und auf

---

[582] Vgl. Teil III Kap.3.3 Im Gefängnis von Kulturbildern".

das es nur mittelbar reagiert" (Deleuze 1997: 93).[583] Für Karl Jaspers sind das die Grenzsituationen der Gebundenheit an die einmalige Lage an die Enge meiner Gegebenheiten. „Die erste Grenzsituation ist, dass ich *als Dasein in einer bestimmten Situation,* nicht allgemein als das Ganze aller Möglichkeiten bin. Ich bin in dieser historischen Zeit in dieser soziologischen Lage, bin Mann oder Frau, jung oder alt, werde geführt durch Gelegenheit und Chancen" (Jaspers 1932: 209). Und schließlich sehen die RezipientInnen die existentiellen Grenzsituationen – Liebe, Leiden, Geburt, Tod.[584] Immer also sind die Äußerungen und Handlungen der RezipientInnen durch die Interaktion im Prozess der Rezeption (vor allem) Aussagen über sie selbst bzw. über den Ort des Eigenen, auch wenn die Statements noch so objektiv klingen.

Eine der wiederkehrenden Metaphern ist die der Grenzsituation „zwischen Himmel und Hölle": „Doch was sie für die größte Liebe ihres Lebens hält, entpuppt sich als menschliche Grenzerfahrung zwischen Himmel und Hölle" (Graetz, CineZone 15.9.2005). „Sie hat Himmel und Hölle erlebt" (amazon.customer). Die Zeitschrift stern macht daraus ihren Titel: „Zwischen Himmel und Hölle" (Mülheims, stern 14.9.2005). Interpretierbar bleibt, was jeweils mit „Himmel" und „Hölle" gemeint ist. Ist der Himmel Europa und die Hölle Afrika? Oder umgekehrt Afrika der Himmel und Europa die Hölle? Ist Einsamkeit der Himmel oder die Hölle? Was als klares Statement erscheint, fängt an zu oszillieren, und die Diskussionen zeigen, dass diese Frage unter den RezipientInnen nicht einstimmig beantwortet werden kann. Die Grenzen werden unscharf (Waldenfels 1997: 67). Eindeutig ist nur, dass mit den Zuschreibungen eine Bewertung ausgedrückt wird: Der Himmel ist positiv konnotiert, die Hölle negativ.

Dass die Grenzerfahrung über persönliches Liebesleid (Hölle) und Liebesglück (Himmel) der Protagonistin hinausgeht, machen die anderen Situationen deutlich, die als Grenzerfahrungen (mit)erlebt werden: „[…] erschütternde Szenen des alltäglichen Lebens und Sterbens". Dazu gehören die „blutige Totgeburt" auf der Ladefläche des Pick-up „an einer staubigen, verlassenen Wüstenstraße oder die Beschneidung eines 15-Jährigen Mädchens" (Mülheims, stern 14.9.2005). Die dramatische Geburt der Tochter gehört dazu, Carola, die „abseits jeglicher Zivilisation in einer Lehmhütte um das Leben ihres ungeborenen Kindes kämpft" (Mülheims, stern 14.9.2005). Im Buch gehören dazu die nüchternen Schilderungen des Alltags in Bar-

---

[583] Vgl. Teil III Kap. 5.1 „Die Schwierigkeiten der Übersetzung – über Missverständnisse, Interpretationsversuche, Falschaussagen".
[584] Bernhard Waldenfels spricht von den Hyperphänomenen Geburt, Eros und Tod als einer radikalen Fremdheit, die uns außerhalb jeder Ordnung setzen (Waldenfels 1997: 78). Karl Jaspers in Bezug zur Existenz als Unbedingtheit in Situationen, Bewusstsein und Handlung von Grenzsituationen. Er zählt dazu Tod und Leiden, Schuld und Kampf (Jaspers 1932: 201f).

saloi, Armut, Hunger, Krankheiten. „Ein Leben in einfachsten Verhältnissen, unter schwersten Bedingungen, oft am Rande des Todes" (amazon.customer). „Sie wird von Krankheiten gebeutelt und an den Rand des Todes geschleudert" (John, berlinerlesezeichen 11+12 1999). Auch wenn die Protagonistin selbst ihre Situation nicht so schildert und sie im Film auch nicht so dargestellt wird: RezipientInnen empfinden sie als extrem einsam. „Niemand wirklich zum Reden da, keine Freundin, die ihre Sprache spricht, nichts Vertrautes" (Interview). Auch die Einsamkeit in der Fremde wird – neben Tod, Krankheit und Geburt – als existentielle Grenzsituation betrachtet. Nach Karl Jaspers sind das Situationen, aus denen man nicht heraus kann und die undurchsichtig sind, derer man nicht Herr wird und die nur existentiell ergriffen werden können (Jaspers 1932: 205). Grenzsituationen

> „*wandeln sich nicht*, sondern nur in ihrer Erscheinung; sie sind, auf unser Dasein bezogen, endgültig. Sie sind *nicht überschaubar*; in unserem Dasein sehen wir hinter ihnen nichts anderes mehr. Sie sind wie eine Wand, an die wir stoßen, an der wir scheitern. Sie sind durch uns nicht zu verändern […]. Sie sind mit dem Dasein selbst" (Jaspers 1932: 203).

Diese Grenzsituationen leben die RezipientInnen mit und lassen sie nachdenklich zurück. Etwas universell Menschliches wird in diesen Szenen sichtbar und fühlbar, das LeserInnen und KinogängerInnen berührt.

Es gibt die Grenzen des Aushaltbaren, Erträglichen, Zumutbaren. Diese Grenze hängt mit den harten Lebensbedingungen in Barsaloi zusammen. Für die RezipientInnen sind Armut, Plackerei, Rückständigkeit keine „pittoresken Elemente" (Mattern, jump-cut 15.9.2005) – dort in Barsaloi „kommt es knüppeldick", „die geteilte Lehmhütte ist eng und dreckig" (Meier, Nürnberger Nachrichten 16.9.2005) im Land „ohne Strom und fließend Wasser" (Bohlmann, Schnitt-Das Filmmagazin 15.9.2005) – ein „beschwerliches Dorfleben" (Susemihl, Nürnberger Zeitung 15.9.2005), ein trister Alltag, „nur Ziegen, Dornen, bunte Menschen und verräucherte Hütten" (Weber, taz 15.9.2005). „Im Ehebett mit Fellbezug haust das Ungeziefer, und der nächste Malariaschub kommt bestimmt" (Wolf, Der Spiegel 12.9.2005), dazu kommt ein „für westliche Geschmäcker ungenießbares Essen" (Suchsland, Telepolis 23.9.2005), denn „als Nahrung gibt es nur getrocknetes Ziegenfleisch, Tee und Zucker, und Carola muss sich mit Lemalians Mutter ein übel riechendes, winziges Zuhause teilen" (tvtoday 15.9.2005). Das alles zusammen übersteigt nicht nur die Grenzen des Aushaltbaren und Zumutbaren, sondern teilweise auch die Grenze der Vorstellungskraft – weniger die der Protagonistin, sondern vor allem die der RezipientInnen.

Was in den Printmedien als Statements abgegeben wird, wird im Internetforum zu ganz persönlichen Aussagen, die sichtbar machen, wie RezipientInnen durch die Interaktion mit Buch und Film plötzlich ihre eigenen Grenzen erkennen: „Ich könnt nicht mal in so ner Manyatta auf dem Boden schlafen – mal für nen Urlaub o. k. – aber doch nicht fürs Leben"; „Ich könnt mir ein Leben wie es Carola zu Leben versucht nicht vorstellen"; „Ich kann es nicht glauben, wie kann man so ein leben aushalten, wie kann man in so einer fremden welt leben"; „Ich selbst würde nie in ein anderes Land gehen"; „Ich hätte mich das niemals gewagt vor allem wie sieht es dort eigentlich mit der Körperhygiene aus?! Bääh, ich würde da keinen anfassen. Ich meine ich mein das nicht böse gegenüber den Menschen, aber ich könnte für mich das nicht vorstellen" (Forum).

Die Lebensumstände sind so ungewöhnlich und hart, dass man „als Fremder ohne einheimische Hilfe kaum überleben kann" (amazon.customer). Die Grenze des Gewohnten wird in den Grundfesten erschüttert „in einem gottverlassenen Nest, in einer Hütte aus Kuhdung, bei Ziegenfleisch und Milch mit Tierblut" (Bongers, WDR 5 Morgenecho 15.9.2005). „Die schwerste Hürde ist wohl für den Fremden die von Hofmann häufig berichtete Problematik der Hygiene" (amazon.customer). Die eigene Sozialisation, so kann mit Pierre Bourdieu gesagt werden, schafft einen Rahmen, in dem sich Wahrnehmung, Denken und Handeln abspielt. Der Habitus als inkorporiertes kulturelles Kapital ist ein System von Grenzen – der Normen und Werte, der Gewohnheiten und des Geschmacks, aber auch der Vorstellungen und des Erträglichen. Die Grenzen der Belastbarkeit und des Vorstellbaren sind eindeutig abgesteckt.

Eine häufig thematisierte Grenze ist die Kommunikationsgrenze und die Sprachbarriere. Sie wird – das wurde oben ausführlich analysiert – von nicht wenigen als Hauptgrund für das Scheitern der Ehe angesehen. Die Verständigung sei schwierig und mangelnde Kommunikation verhindere, dass sie „die Riten und Gebräuche in ihrer neuen Heimat mit rudimentärem Englisch begreifen" kann (Graetz, CineZone 15.9.2005). Das kulturelle Ideal bei uns ist das Reden. Es bringt „das Ethos zum Ausdruck, wonach Kommunikation Konflikte verhindert und löst, eine bessere Kenntnis der eigenen Person und des anderen verschafft". Es ist ein großer Glaube an die Bedeutung der Konversation als erlösende Kraft (Illouz 2003: 216/217). Die Sprachbarriere wird in der Rezeption demzufolge als sehr schwerwiegend betrachtet, Zweifel an deren Überwindung geäußert und damit der westliche Glaube an die Macht des Wortes, an Kommunikation, an Diskurs sichtbar. Die Mittel der „starken Kommunikation wie Geben, Lachen, Weinen, Schreien, Berührungen ohne Berührungen" – so zitiert Stefan Moebius George Bataille – sind für die RezipientInnen keine adäquaten Kommunikationsmittel. Sie zeigen sich damit eindeutig, mit George

Bataille, als Mitglieder einer rationalen Kommunikationsgemeinschaft, die unbewusste Aspekte der Kommunikation ausklammert bzw. in der Interaktion mit Film und Buch nicht wahrnimmt oder wahrnehmen will (Moebius 2004: 210; Bataille 1999: 136).

Beide sind durch Geld und Bildung getrennt. Er ist „Einer, der nie eine Schule besucht hat" (amazon.customer). Die Schauspielerin Nina Hoss sagt im Interview mit Sabine Vogel: „Es gibt keine Bücher dort, keine Theater, die ganze Kultur, der ich sehr verhaftet bin, die gibt es da einfach nicht. Das wär' mir zu langweilig. Der Film zeigt ja auch, wie öd es dort ist" (Vogel, berlinonline 14.9.2005). Ähnlich äußerten sich vier meiner InterviewpartnerInnen. RezipientInnen drücken mit ihren Worten die Begrenzung durch die Wahrnehmungs-, Denk- und Handlungsmatrix des Habitus so aus: „Wir sind aber auch nur Produkt unserer Erziehung und Umwelt und so scheitert das Vorhaben an den Grenzen unseres und des anderen Egos" (Forum). „Mir ist schleierhaft, wie man als selbstbewusste Frau glauben kann, in das Leben eines Massai-Kriegers zu passen, der aus dem Busch kommt und nie eine Schule besucht hat" (amazon.customer).[585] Unterschiedliches ökonomisches und kulturelles Kapital ordnet beide in den Augen der RezipientInnen in unterschiedliche soziale Schichten ein: Sie aus der „reichen Schweiz" und er, „der arme Schlucker aus einem Entwicklungsland", sie mit abgeschlossener Schule und Lehre – er ein Analphabet (Interview). Auch Sprache und Kommunikationsfähigkeit wird mit Pierre Bourdieu als kulturelles Kapital betrachtet.[586] Daran mangelt es Carola/Corinne Hofmann nicht prinzipiell, aber in diesem fremden Kontext nützen ihr ihre grundsätzlichen Fähigkeiten nichts, weil sie sie nicht adäquat anwenden kann. Hier geht es gleich um mehrere Grenzen: „um Barrieren der Klasse, der Nationalitäten, der Herkunft" (Illouz 2003: 231) und der Rasse.

Alle Kapitalsorten, kulturelles, ökonomisches, symbolisches und soziales Kapital, haben in der Samburugesellschaft einen jeweils anderen Inhalt und ein anderes Gewicht. Nicht lesen und nicht schreiben zu können oder keinen Schulabschluss zu haben beispielsweise, führt in der traditionellen Samburugesellschaft (noch) nicht zu

---

[585] In den seit Jahren laufenden Nachmittagssoaps „Sturm der Liebe" und „Rote Rosen" in der ARD gibt es schwarz-weiße Liebespaare, die beide in Deutschland leben (wollen). Der Fernsehfilm der ARD vom 6.8.2008 „Willkommen im Westerwald" wurde als Komödie aufgezogenen. Im Film verliebt sich eine blonde Deutsche Hals über Kopf in einen Asylbewerber aus Bagdad. Alle ausländischen Liebespartner in diesen Filmen sind allerdings nicht nur gut aussehend, sondern gebildet, haben studiert oder gehören der gehobenen Schicht ihres Landes an. Diese Storys sind also nicht mit „Die weiße Massai" vergleichbar, lösen demzufolge weder Entrüstung noch Spott aus.
[586] „Konversation und andere Ausdrucksformen dienen als Indikatoren des kulturellen Kapitals, von dem sie so stark abhängen, so dass sie für die Gewährspersonen aus der Mittel- und oberen Mittelschicht Reden und Zuhören dabei helfen, einen Partner mit passendem Habitus auszuwählen" (Illouz 2003: 214).

der rigorosen Marginalisierung, die Analphabetentum bei uns nach sich zieht. Kulturelles Kapital bedeutet hier, ein erfolgreicher Hirte zu sein, bei dem die Tiere gedeihen und sich vermehren. Nicht Geld repräsentiert in erster Linie Reichtum, d.h. ökonomisches Kapital, sondern die Anzahl der Rinder, die eine Familie besitzt. Symbolisches Kapital erwirbt man sich nicht mit einer Kunstsammlung oder einer Wohnung mit entsprechender Adresse. Es kommt bei den Samburu beispielsweise im Schmuck zum Ausdruck oder im Tragen eines Speeres.[587] Symbolisches Kapital kann jedoch nur dort erfolgreich eingesetzt werden, wo es von den Beteiligten vor dem Hintergrund eines gemeinsamen kulturellen Musters überhaupt erkannt und anerkannt wird. Für die RezipientInnen bedeutet das ein Umdenken auf fremde Kategorien, das nur wenigen gelingt – Grenzen des Nachvollziehbaren und der Vergleichbarkeit tun sich auf.[588]

Angesichts dieser vielen, unterschiedlich wahrgenommenen Grenzen, ist es für die RezipientInnen erst einmal nur ein „unglaublich schöner Gedanke, dass die Liebe so stark sein kann, die eigene Lebensgewohnheiten gänzlich aufzugeben und mit einem Menschen aus einer anderen Welt leben zu wollen" (Forum). Im „Vordergrund stehen die verzweifelten Bemühungen zweier Menschen unterschiedlichster Kulturkreise, aufeinander zuzugehen und die Probleme zu meistern, die sich daraus ergeben" (Mülheims, stern 14.9.2005). Für die nachdenklichen, *leisen* RezipientInnen ist es die Liebe, die zu dieser „spektakulären Umarmung der Kulturen" (Susemihl, Nürnberger Nachrichten 15.9.2005) führt, Mauern überwindet und Grenzen auflöst.

5.3.2. Liebe als Grenzen auflösende Macht

Es gibt nicht wenige, die bezweifeln, ob das überhaupt Liebe war bei Carola/Corinne Hofmann: „Eine absolut naive (blonde) Frau meint sich verliebt zu haben" (amazon.customer). Der Beginn wird bereits kritisch kommentiert.[589] Was in der westli-

---

[587] Vgl. Nakamura, Kyoko. 2005: Adornments of the Samburu in Northern Kenya. A Comprehensive List. The Center of African Area Studies. Kyoto University.
[588] Interessant ist in diesem Zusammenhang, dass in der Rezeption kein einziges Mal die Bedeutung von Bildung und ökonomischem Kapitals als ausschlaggebend für die Scheidung der beiden Hauptpersonen angegeben wird. Denn die die Studie von Eva Illouz besagt im Kontrast dazu, dass in Europa und USA insbesondere unterschiedliche Bildung häufig zu Trennungen führt bzw. sagen vor allem die Befragten aus der oberen Mittelschicht (Illouz 2003: 209/210).
[589] Die Skepsis gegenüber der Liebe auf den ersten Blick fasst schon Shakespeare in Worte – genau wie die RezipientInnen heute: „I pray, sir, tell me, is it possible that love should of a sudden take such hold?" („Herr, bitte sagen Sie, ist das möglich, dass Liebe einschlägt so aus heiterm Himmel?")
Vgl. Shakespeare, William. 2002: Der Widerspenstigen Zähmung. Neuübersetzung Frank Günther, basierend auf dem englischen Text der Arden-Ausgabe London/New York 1981. Cadolzburg. S.41.

chen Kultur als ersehnter imaginierter Anfang einer Liebe betrachtet wird, dieser plötzliche Beginn, der „coup de foudre" wie die Franzosen das nennen, wird im Zusammenhang mit einem Afrikaner zu einer suspekten, unglaublichen Geschichte. Was in Deutschland in jeder Disko glaubwürdig geschehen kann, in jeder Warteschlange im Supermarkt, an der Bushaltestelle oder in der Vorlesung – in Mombasa auf der Fähre ist es für viele RezipientInnen ganz und gar unmöglich.[590] Diejenigen, die nicht „an die Liebe glauben" bzw. bezweifeln, dass das überhaupt Liebe war bei Carola/Corinne Hofmann, sind interessanterweise auch die, für die die Unvereinbarkeit der beiden Kulturen und das Scheitern der Ehe von vorneherein fest steht. Auch sie bestätigen damit indirekt die Auffassung der anderen RezipientInnen, dass eigentlich nur die Liebe Grenzen überwinden oder durchlässig machen kann. „Es gibt sonst keinen Grund, sich diesen Strapazen auszusetzen" (Interview). Für Dichter ist sie die Himmelsmacht, für Wissenschaftler eine „einheitsstiftende, auf Vereinigung hinwirkende Kraft" (Faulstich 2002: 45).

Liebe firmiert in der Rezeption (amazon-customer/Forum/Interviews) unter ganz verschiedenen Zuschreibungen: von der „großen Liebe" wird viel gesprochen, von „wahrer Liebe", der „Liebe auf den ersten Blick", einer „überwältigenden Liebe", aber auch von einer „unmöglichen Liebe", einer „amour fou" (Schlosser, Stuttgarter Zeitung 15.9.2005), sehr selten von Romantik[591] und nie von romantischer Liebe. Das ist ausgesprochen interessant und soll deshalb näher analysiert werden. Denn die romantische Liebe wird als westliches Massenphänomen und als dominierende, dementsprechend als einzige, allgemein akzeptierte Form der Liebe angesehen (Johnson 1985: 11). Das Konzept der romantischen Liebe wird als eng mit dem „Dualismus des Konsumkapitalismus verknüpft" betrachtet, wie Eva Illouz in ihrer Studie darlegt (Illouz 2003: 2). Den müsste man folgerichtig als Kontext ansehen, als Ort des Eigenen, denn die RezipientInnen leben in diesem Konsumkapitalismus.

---

[590] Die „Liebe auf den ersten Blick" steht ohnehin „im Verdacht, nur eine Verbrämung dessen zu sein, das sich nunmehr ganz offen erkennen lässt, nämlich für sexuelles Verlangen" (Illouz 2003: 159). Das wird in der Rezeption sehr deutlich, wenn Carola/Corinne Hofmann als Sextouristin gesehen wird oder die Geschichte Assoziationen zu Sextourismus weckt. Vgl. Teil III Kap. 2.4.1 „Es geht doch nur um Sex!".
[591] Romantik wird dann – ganz wie Eva Illouz dies in ihrer Studie ausführt – mit Reisen und schöner Landschaft assoziiert – nicht mit Lemalian/Lketinga (Illouz, 1997: 85). „Das Gefühl der Liebe wurde mit Romantik vermengt, und zwar in Hinblick auf die Eigenschaften und Orte, die für eine ‚besondere Atmosphäre' sorgen", d.h. für ein bestimmtes Ambiente (Illouz 2003: 118 f).

Auch Werner Faulstich sieht das Konzept der romantischen Liebe als ein Gegenüber zum Kapitalismus. Nach ihm ist es ein Konzept des 18. Jahrhunderts,[592] das aus sozialen Veränderungen und deren wirtschaftlichen Ursachen entstanden sei.[593] Das Konzept der romantischen Liebe habe sich als Kompensation für die Frau ausgebildet – gewissermaßen für ihre Verbannung an den heimischen Herd durch den Strukturwandel der Familie (Faulstich 2002: 31-33). Werner Faulstich spricht vom „bürgerlichen Mythos der Romantischen Liebe" (Faulstich 2002: 44). Romantische Liebe – als „Frucht der kapitalistisch erzwungenen Kleinfamilie" – würde erst mit Kapitalismus und Kleinfamilie wieder verschwinden (Faulstich 2002: 36). Damit liefert er gleichzeitig (und wahrscheinlich unbeabsichtigt) eine mögliche Begründung für das Fehlen von romantischer Liebe bei den Samburu.[594] Dort gibt es weder Kleinfamilien noch Kapitalismus noch Bürgerlichkeit. Macht man sich diese Argumentation zu eigen, so wäre mit Lemalian/Lketinga eine romantische Liebe ohnehin nicht möglich. „Keine Küsse und kein Kuscheln in Kenia" (Meier, Nürnberger Nachrichten 16.9.2005) und „Schirmakazien ohne Sonnenuntergang" (Vogel, Berliner Zeitung. 13.9.2005) als Titel in den Printmedien mögen das illustrieren.

Die romantische Liebe ist, ganz wie Robert Johnson ausführt, „nicht nur eine bestimmte >Form der Liebe<, sie ist ein ganzes psychologisches Paket – eine Kombination von Überzeugungen, Idealen, Einstellungen und Erwartungen" (Johnson 1985: 11). Zwanzig Merkmale des Konzeptes der romantischen Liebe listet Werner Faulstich auf: Unsagbarkeitstopos; geistig-seelische Verschmelzung; nur als Dyade, als Paar, denkbar, wobei der eine sich selbst verleugnet und aufgibt; der andere wird idealisierend erhöht; romantische Liebe ist gegenseitig, ewig, exklusiv, total, spontan, einmalig, hermetisch, einzigartig, schicksalhaft, unendlich, bedingungslos treu, bar aller Eigeninteressen, blind und asexuell (Faulstich 2002: 34). Als Handlungsmedium hat die romantische Liebe seit dem 18. Jahrhundert überdauert" (Steininger 2002: 182).

---

[592] „Mit der Ausbildung eines explizit kulturellen gesellschaftlichen Teilsystems gewann ‚Liebe' in großen Teilen Europas bereits im 18. Jahrhundert Steuerungs- und Orientierungsfunktion als das zentrale Handlungsmedium […]" (Faulstich 2002b: 23). „Im neu sich herausbildenden kulturellen Teilsystem der bürgerlichen Gesellschaft wurde Liebe im Verlauf des 18. Jahrhunderts in allen kulturellen Subsystemen zum Modell, zum Programm, zum zentralen Wert prinzipiell aller Interaktionen" (Faulstich 2002: 45).
[593] Robert Johnson dagegen postuliert den Beginn des westlichen Ideals der romantischen Liebe etwa in das 12.Jahrhundert. Am Anfang habe man dieses kulturelle Phänomen <Courtezia> - höfische Liebe genannt (Johnson 1985: 65).
[594] Sehr wichtig dabei ist die Unterscheidung von romantischer Liebe als Konzept und Romantik in der Paarliebe. „Letztere gab und gibt es seit den Anfängen der Menschheits- und Kulturgeschichte (Faulstich 2002: 31). Liebe als Paarbeziehung ist so alt wie die Menschheit. Sie lässt sich bereits den frühen Hochkulturen etwa in Mesopotamien, Indien und Ägypten zuordnen (Faulstich 2002b: 24).

Auf dieser Folie mit den wieder erkennbaren Merkmalen werden Liebesbeziehungen – auch die der Protagonisten in „Die weiße Massai" – von den RezipientInnen beurteilt. Das heißt: Werden sie (oder wenigstens ein Großteil davon) in einer Liebesgeschichte nicht wiedergefunden, kann es sich nicht um wirkliche Liebe handeln. Ganz im Sinn von Robert Johnson, wenn er schreibt, dass wir gefangen seien in der Vorstellung, dass (nur) die romantische Liebe die wahre Liebe sei (Johnson 1985: 64). „Wir sind so sehr an die Ideen und Voraussetzungen der romantischen Liebe gewöhnt, dass wir glauben, es sei die einzige Form der <Liebe>, die als Grundlage von Ehe und Liebesbeziehungen in Frage kommt" (Johnson 1985: 11). Als eines der überwältigendsten psychologischen Phänomene der Geschichte des Westens habe sie unser Weltbild auf immer verändert (Johnson 1985: 14).

Dass in der Rezeption nie von romantischer Liebe gesprochen wird, widerspricht nur scheinbar diesen Thesen. Wenn man die Reaktionen und Äußerungen vor allem der NegativbewerterInnen analysiert, werden sie bestätigt. Hier werden offensichtlich besagte Merkmale nicht wieder gefunden.[595] Dann wird die ganze Geschichte zur „verrückten Idee" einer „gelangweilten Schweizerin" und ist keine Liebe (amazon.customer). „Ich weiß nicht, was sie antrieb", schreiben RezipientInnen dann, und „eine schöne Liebesgeschichte war es auch nicht" (amazon.customer). Es fehlen Herzschmerz und große Liebesdramatik, bis die Liebenden endlich nach langem Hin und Her und vielen Hindernissen zueinander finden und dann ein glückliches Leben leben.[596] Hier in der Geschichte überwiegt die Selbstverständlichkeit der Liebe, ohne jeden Zweifel – was durch die koloniale Brille als imperialistische Haltung apostrophiert wurde. Lemalians/Lketingas freundliche Zurückhaltung und Gelassenheit passen so gar nicht zum Klischee des Beachboys, der Sex mit Touristinnen sucht, noch passen sie zum üblichen Liebeshelden einer romantischen Liebe. Doch hat er sie dann überhaupt geliebt, fragen sich RezipientInnen verstört (Forum)? Wenn RezipientInnen ihn von der Warte der romantischen Liebe aus betrachten, wird diese

---

[595] Oder nicht genügend wieder gefunden. Nur vier dieser Merkmale ordnen die RezipientInnen zu: spontan, blind, einzigartig schicksalhaft. Auch der Unsagbarkeitstopos könnte dazu gezählt werden, da bemängelt wird, dass die Protagonistin eigentlich „nie genau sagen konnte, was sie eigentlich an dem Massai so angezogen hat" (amazon.customer). Immer habe sich alles nur um den vergötterten Massai gedreht, sagen RezipientInnen genervt (amazon.customer) – das wiederum würde Eva Illouz Ausführungen unterstützen. Sie sieht romantische Liebe u.a. insbesondere darin ausgedrückt, dass „das Objekt der Anbetung oder der Liebe als einzigartig oder überwältigend empfunden" wird (Illouz 2003: 114). Doch insgesamt fehlen in der Geschichte die üblichen Parameter von Romantik: „in einem Restaurant essen gehen, am Kamin Champagner trinken, im Central Park spazieren gehen, am Strand spazieren gehen, miteinander schlafen [. . .]" (Illouz 2003: 118). Man könnte noch ergänzen: Opernbesuch, Liebesgedichte schreiben, rote Rosen oder Schmuck geschenkt bekommen usw.
[596] Oder eine andere Variante: „In vielen romantischen Geschichten entdeckt die Heldin, nach einigen Flirts mit anderen Männertypen, die Tugenden des zuverlässigen, soliden Menschen, der einen vertrauenswürdigen Ehemann abzugeben verspricht" (Giddens 1993: 57).

Frage verneint. „Sie scheint für ihn eine Art Trophäe zu sein", wird dann vermutet (amazon.customer).

Die Negativbewertungen ließen sich in diesem Kontext so interpretieren: Es gibt die Gruppe, die von vorneherein gar nichts anderes erwartet als eine „Rosamunde-Pilcher-Adaption in Afrika" (Interview) und – häufig sogar ohne Buch und Film zu kennen[597] – beides negativ bewertet, ablehnt und eine Interaktion verweigert. Wenn die RezipientInnen dieser Gruppe dennoch ins Kino gehen oder beginnen, das Buch zu lesen, wird mit dem Fokus auf die Merkmale der romantischen Liebe alles ausgeblendet, was dieses Konzept und das eigene Vorurteil erschüttern könnte. Der Film ist (und bleibt) ein „Schmachtfetzen" (Zander, Berliner Morgenpost 15.9.2005) und das Buch eine „Zumutung" (amazon.customer). Dann gibt es die Gruppe, die – wie bereits ausgeführt – bestreitet, dass es überhaupt Liebe ist, weil die Merkmale romantischer Liebe fehlen oder ihrer zu wenig sind. Enttäuscht verlassen die RezipientInnen dann das Kino und/oder legen das Buch beiseite: „Keine schöne Liebesgeschichte" (amazon.customer).

Und es gibt eine große Gruppe (ausschließlich) unter den NegativbewerterInnen, die sich sehr vehement darüber äußert, dass die Autorin mit der Veröffentlichung ihrer Geschichte nun Geld verdient. Im Kontext von romantischer Liebe ist so etwas unverzeihlich: „Was mich am meisten stört, ist die Vermarktung" (Interview). Vor allem im Internetforum wird darüber debattiert:

> „Als Krönung des Ganzen vermarktet sie das gemeinsame Scheitern"; „Das unfassbarste: Mit dieser ungeheuren Selbstsüchtigkeit auch noch Profit machen, nicht nur ein Buch, nein zwei, drei und die Krönung: Die Verfilmung. Ich habe nicht glauben können, dass es so einen schlechten Menschen gibt".

Corinne Hofmann wird unterstellt, dass sie „Geld aus der ganzen Sache schlagen möchte" und ihren „Afrikaaufenthalt kommerzialisiert und hemmungslos ausschlachtet". Die ganze Sache sieht schon ein wenig „nach Geldscheffeln aus, oder?!" Die Tatsache, dass sie über ihre große Liebe ein Buch schreibt und damit auch noch Geld verdient, macht in den Augen dieser RezipientInnen diese Liebe unglaubwürdig. „Damit sollte man kein Geld verdienen" (Interview). Ein Zusammenhang zwischen Kommerz, Kapitalismus und Liebe wird empört abgelehnt. Wie sie dennoch und gerade in der westlichen Gesellschaft zusammenhängen, hat Eva Illouz in ihrer Studie „Vom Konsum der Romanik" untersucht. Alle Interpretationen würden die These von romantischer Liebe als westlichem Massenphänomen bestätigen.

---

[597] Wie bereits an anderer Stelle thematisiert, ist das eine erstaunlich große Gruppe.

Dass in den Printmedien die Abwesenheit von romantischer Liebe überhaupt und bereits in den Titeln Thema wird, ist bemerkenswert. („Keine Küsse und kein Kuscheln in Kenia" – Meier, Nürnberger Nachrichten 16.9.2005). Üblicherweise unterstützen die Medien den „Konsum der Romantik". Wäre nicht der polemische, oft spottende Text darunter, könnte man sie als nüchterne Statements betrachten, die etwas Wahres ausdrücken – und gleichzeitig eine Enttäuschung implizieren. Viele Titel drücken diese Enttäuschung aus – „Schirmakazien ohne Sonnenuntergang" (Vogel, Berliner Zeitung. 13.9.2005) – und ließen sich so als indirekte Unterstützung des Konzeptes der romantischen Liebe sehen. Sie ist (natürlich) weiterhin die Folie, auf der Liebe beurteilt wird.

Manche Titel wiederum unterstützen sehr direkt und sichtbar den „Konsum der Romantik" und das Konzept der romantischen Liebe: Hier gibt es dann plötzlich doch „kuschelige Sonnenuntergänge" (Kühn, berlinonline 15.9.2005) und „Kuscheln im Busch" (Zobl, Fluter 15.9.2005). Andere Titel formulieren die Erwartungen der RezipientInnen im Kontext von romantischer Liebe: da wird vom „blinden Anspruch auf Glück" gesprochen (Klingenmaier, Stuttgarter Zeitung online. 15.9.2005), vom „Traum vom starken Mann" (Sannwald, tagesspiege15.9.2005) und von der „Sehnsucht der Frauen" (Susemihl, Nürnberger Zeitung 16.9.2005). Die Titel sind gleichzeitig Ausdruck von dem, was in westlichen Gesellschaften mit der Romantik passiert: Sie wird konsumiert. So scheint sich Eva Illouz These zu bewahrheiten, die von zwei Prozessen spricht, die sich überschneiden: die Romantisierung der Waren und die Verdinglichung der romantischen Liebe (Illouz 2003: 28). Und mit Christian Steininger: „Entwickelte sich Romantische Liebe ursprünglich als Gegenüber zum Kapitalismus [...], so kann man heute beinahe von einem Medienverbund zur Kommunikation des romantischen Korrektivs sprechen". Heute könne die Kultur des Kapitalismus nicht mehr vom Konzept der Romantischen Liebe getrennt werden. (Steininger 2002: 172).

Nein, diese Art Liebe ist nicht gemeint, wenn die nachdenklichen RezipientInnen von der „Macht der Liebe sprechen, die Grenzen überwindet" (Interview) – und sei das Konzept in der westlichen Kultur auch noch so dominant. Obwohl die romantische Liebe die Aura der Transgression umgibt, scheint für diese RezipientInnen sicher: Romantische Liebe taugt nicht zum Grenzen überschreiten. Sie gilt als instabil (Illouz, 1997: 10). Wer im transkulturellen Raum der Liebe begegnen will, muss sich von diesem Konzept verabschieden. Es taugt auch deshalb nicht, weil es dichotome Zuschreibungen unterstützt; weil es darauf beharrt, der einzige Ausdruck wahrer und echter Liebe zu sein.

Das ist für die RezipientInnen ein Moment großer Irritation, Ambivalenz und/oder Angst. In diesem Kontext ließen sich die vehementen Reaktionen in der Rezeption, die spöttischen, ablehnenden Äußerungen auch als eine Art Verteidigung interpretieren: Das ganze Konzept der westlichen Welt von Liebe wird damit in Frage gestellt. Es wird gewissermaßen an den Grundfesten intimen Glückes gerüttelt. Für diese RezipientInnen können die Grenzen nicht „aufgeweicht" oder durchlässig werden – zuviel steht auf dem Spiel. Doch „die romantische Liebe entspricht einer Bilderbuchvorstellung" (Johnson 1985: 67), und hier in der Realität von Barsaloi, im „ganz normalen harten Alltag", wird das Konzept der romantischen Liebe ganz schnell unbrauchbar – in der Interaktion auch für die KinobesucherInnen und LeserInnen. Weit entfernt von einem kapitalistischen Umfeld, in einer pastoralen, traditionell lebenden Gesellschaft wie die der Samburu, mit ohnehin anderen Vorstellungen von Liebe und Ehe[598], kann mit den Merkmalen der romantischen Liebe nicht viel angefangen werden.

„Wunderbar weit liegen die Meinungen über die Liebe auch heute noch auseinander" (Schmölders 1996: 9). Philosophen haben sich seit Sokrates und Platon mit der Liebe beschäftigt. Wie viel RezipientInnen darüber wissen und was davon ihr Verhalten, Denken und Wahrnehmen beeinflusst, lässt sich nicht – auch indirekt nicht – rekonstruieren. Doch man kann sagen: Für die meisten RezipientInnen ist ein anderes großes Konzept, das die Vorstellung über Liebe durchaus bis heute prägt, besonders wichtig. Ob gläubig oder nicht, werden sie nicht nur vom „Geist des Kapitalismus" umweht, sondern sie sind auch von der „Ethik" des Christentums umgeben.[599] Oder anders gesagt: Die RezipientInnen sind im christlichen Abendland ebenso von christlichen Liebesvorstellungen beeinflusst wie vom Kapitalismus – häufig unbewusst und diffus, aber nicht weniger wirkmächtig.[600]

Das christliche Konzept von Liebe als existentielle Kategorie lesen wir in der bekannten Stelle im ersten Brief des Apostels Paulus an die Korinther: „Ich zeige euch jetzt noch einen anderen Weg, einen, der alles übersteigt: [...] Die Liebe ist langmütig, die Liebe ist gütig. Sie eifert sich nicht, sie prahlt nicht, sie bläht sich nicht auf. [...] Sie erträgt alles, glaubt alles, hofft alles, hält allem stand. [...]" (1 Korinther 12,31b-13,13).[601] Diese Art Liebe ist es, an die die nachdenklichen RezipientInnen in

---

[598] Liebesbeziehungen gibt es insbesondere zwischen den Samburukriegern und den ganz jungen, unbeschnittenen, unverheirateten Mädchen; die Ehen werden arrangiert; es gibt Polygamie; Sexualität dient in erster Linie der Fortpflanzung und nicht dem Vergnügen. (Spencer 1965: 42f, 313f, 65; 1973: 80, 95, 100f).
[599] Vgl. Weber, Max. 2000 [1904/05]: Die Protestantische Ethik und der >Geist< des Kapitalismus. 3.Auflage. Herausgegeben und eingeleitet von Klaus Lichtblau und Johannes Weiß. Weinheim.
[600] Bezeichnenderweise hat Papst Benedikt XVI im Jahr 2006 seine erste Enzyklika veröffentlicht: Über die Liebe. Vgl. Benedikt XVI. 2006: Liebe. Entdecke, was dich leben lässt. Herausgegeben von Holger Zaborowski und Alwin Letzkus. Freiburg in Breisgau.
[601] Zitiert aus der Einheitsübersetzung. 1980: Die Bibel. Altes und Neues Testament. Stuttgart / Freiburg im Breisgau.

der Interaktion erinnert werden und die sie an den Protagonisten wahrnehmen – über romantische Imaginationen und erotische Anziehungskraft hinaus und über Kulturgrenzen hinweg. Das ist das, was sie „betroffen macht", ihnen „zu Herzen geht", sie „aus der Bahn wirft". Sie lassen sich von dieser Liebe berühren, irritieren, in Bann ziehen.

Selbst Journalisten lassen sich irritieren: „Vielleicht war es wirklich Liebe" (Zander, Berliner Morgenpost 15.9.2005). Oder resümieren: „Liebe ist das Gegenteil der Vernunft, man könnte auch sagen, ihr notwendiges Gegengewicht in unserem Leben. Sie ist also als Elementargewalt des Irrationalen nicht kritisierbar [...]" (Klingenmeier, Stuttgarter Zeitung online 15.9.2005). Der Beginn dieser Liebe wird dann so wahrgenommen:

> „Dann bricht die Liebe aus. Sichtlich. Es hätte der anschwellenden Musik nicht bedurft. Man erkennt es an Carolas Augen, ihrem angestrengten, etwas schiefen Mundwinkel, an der perplexen Körperhaltung. Sie ist berührt, und es geschieht etwas mit ihr. Unbewusst. Unkontrolliert. Das ist kitschig anzuschauen, erklärt aber, was danach scheinbar ohne Sinn und Verstand [...] folgt" (Mattern, jumpcut 15.9.2005).

Und: Dass die Liebe im „Austausch der Blicke lebt, des Lächelns, der Stimme", der Bewegung, „im Grenzbereich zwischen Körperlichem und Geistigem" (Galimberti 2006: 22). „Das kann vielleicht nur jemand verstehen, der das schon erlebt hat. Das hat mit romantischen, kitschigen Vorstellungen oder Sex aber auch gar nichts zu tun" (Interview).

In der Rezeption ist zumeist die Protagonistin im Blick. Im Kontext der existentiellen Kategorie eines christlicher Liebeskonzeptes nach dem zitierten Korintherbrief liest sich das so: „Sie hat für ihre Liebe so viel riskiert, so viel ausgehalten. [Pause] Leid. Unverständnis. [Pause]. Sie war dort so allein, hatte niemanden zum Reden. Das war alles sehr berührend"; „Sie hat bis zuletzt an die Liebe geglaubt und gehofft"; „Sie hat nicht gleich aufgegeben. Und es gab wahrlich viele, viele, auch sehr ernste Schwierigkeiten"; „Es ist unglaublich, was sie für ihre große Liebe alles auf sich genommen hat"; „Gerade Liebe kann nur dann entstehen, wenn man bereit ist, dem anderen auch ohne 100%ige Vorinformation offen entgegen zu treten"; „Mit soviel Unsicherheit kann man nur zurechtkommen, wenn man liebt – den Mann, das Land – was immer" (amazon.customer/Forum/Interviews).

Im transkulturellen Raum kommt auch die männliche Hauptperson in den Blick und beide als Paar. Vom traditionellen Leben eines Samburukriegers wissen nicht viele RezipientInnen genaues. Doch die nachdenklichen RezipientInnen spüren und sehen im Prozess des Filmverstehens und in der Interaktion mit dem Buch,[602] wie sehr auch Lketinga/Lemalian etwas Neues wagt, unaufgeregt, freundlich, oft unsicher, ebenso wie Carola/Corinne oft unsicher ist und z.b. im Film sehr häufig „sorry" sagt. Auch seine Familie, ja, das ganze Dorf ist daran beteiligt, die Offenheit des transkulturellen Raumes zu schaffen und zu erhalten (Interviews). Um eine transkulturelle Verfasstheit von Kultur entstehen zu lassen, müssen alle Beteiligten ihre Grenzen durchlässig machen – auch die RezipientInnen im Prozess des Verstehens. Im transkulturellen Raum gibt es, wie gesagt, keine Rezepte, nur Bedingungen, die eine Öffnung begünstigen: Anerkennung, Wohlwollen, Interesse, Respekt, Zuneigung und/oder Liebe.

Dass die Protagonistin in den Augen der RezipientInnen tatsächlich sicher nicht alles, aber doch vieles wie im Korintherbrief beschrieben, hofft, erträgt, glaubt, merkt man indirekt an den ablehnenden, sehr ehrlichen Kommentaren dazu: „Ich würde mich nicht so unterbuttern lassen"; „Das würde ich nicht aushalten"; „Das würde ich nicht können so lange"; „Wie kann sie nur so naiv und dumm sein" (amazon.customer/Forum/Interview). Tatsächlich: Ohne Liebe als intentionale Energie, die zum Handeln antreibt (Illouz 2007: 9/10), erscheinen viele ihrer Handlungen unbegreiflich und dumm. Nur die Liebe verleiht ihren Handlungen Sinn: „Für den Liebenden verzaubert sie [die Liebe] die Welt, taucht sie die Welt in eine zusätzliche Werthaftigkeit" (Frankl 1952: 102). In der „leisen" Rezeption können das viele RezipientInnen nachvollziehen. Viele Kritiker können es nicht. An dieser Stelle könnte man interpretieren: Hier zeigen sich die Angst der RezipientInnen vor Liebe und die Flucht in die Utopie der romantischen Liebe gleichermaßen. „In der anonymen Gesellschaft, der wir mit raschen Schritten entgegeneilen", so Irinäus Eibl-Eibesfeldt, „läuft die Liebe sichtbar Gefahr zu sterben" (Eibl-Eibesfeldt 1999: 236). Die Krise der Bedeutung der Liebe, so Eva Illouz, verkörpere die Sinnkrise als Kennzeichen der Moderne.

> „Da wir versuchen, unser Leben durch den rationalen Umgang mit unseren Beziehungen unter Kontrolle zu behalten, werden Erfahrungen, welche die Rationalisierung übersteigen, schwerer greifbar, während unsere Sehnsucht nach ihnen umso dringlicher wird" (Illouz 2003: 276/277).

Auch unter diesem Aspekt wäre der Erfolg von „Die weiße Massai" – wie in These zwei postuliert – ein Ausdruck für die Suche nach Sinn im Leben.

Die RezipientInnen erkennen die Liebe am Mut der beiden Protagonisten, ihrer Angstfreiheit, ihrem Optimismus, ihrem Glauben an ihre Liebe und daran, „dass alles

---

[602] Dort werden Ereignisse ausführlicher geschildert.

gut wird" (O-Ton Carola im Film). Das sind genau die Eigenschaften, die die Liebe entzündet und mobilisiert, und die dazu befähigen, Grenzen zu überschreiten oder sie zu öffnen: Mut, Optimismus, Hoffnung, Angstfreiheit. „Ohne den Verlust des Eigenen befürchten zu müssen, gibt es dann die Möglichkeit der Begegnung – mit einem fremden Mann, einer fremden Kultur, einem fremden Land. Liebe macht diese Öffnung möglich" – so meine Interviewpartnerinnen. Durch die Liebe weichen die Grenzen auf. Dennoch legen beide Protagonisten nicht plötzlich alle ihre Vorstellungen über Liebe (oder sonstige kulturelle Konzepte) ab, mit denen sie sozialisiert wurden, ihren Habitus, um mit Pierre Bourdieu zu sprechen (was nach ihm auch gar nicht möglich wäre).[603] Das muss (und soll) auch nicht sein: das Eigene darf (und soll – das ist der Unterschied zum Konzept der Anpassung[604]) eigen bleiben, aber mit offenen, transparenten Grenzen, so dass Übergangsräume der Liebe entstehen können.

Liebe und das Konzept der Transkulturalität haben erstaunliche Entsprechungen. In der Liebe selbst wird das Anderssein gegenüber allem anderen zu etwas Einmaligem und Einzigartigen. Denn „erst dadurch, dass der Liebende den Geliebten in dessen Einmaligkeit und Einzigartigkeit erfasst, wird der Geliebte für den Liebenden zu einem Du" (Frankl 2002: 93). Erst in der Anerkennung der Tatsache der Fremdheit des Anderen ist die Voraussetzung einer möglichen Begegnung gegeben. Im Ansatz der Transkulturalität würde man diese These so ausdrücken: Die als Differenzen erfahrenen Fremdpositionen müssen in ihrer Wirkungsmacht zunächst anerkannt und akzeptiert werden. Erst dann kann es eine aktive, selbstbestimmte Positionierung in einem „Möglichkeitsraum" geben (Mae 2007: 46). Oder kann sich die Liebe „als einheitsstiftende, auf Vereinigung hinwirkende Kraft" entfalten (Faulstich 2002b: 45).

„Keine Synthetisierung zwischen zwei bestehenden, festen Räumen, Polen oder Positionen ist gemeint, sondern die Forderung, immer schon unreine, gemischte Ausgangslagen vorauszusetzen" (Bachmann-Medick 2006: 203), so wie es in der Liebe weder um Verschmelzung geht noch um die „Reinheit" der beiden Beteiligten.

---

[603] Die viel geschmähte Haarwaschszene würde beispielsweise dazu gehören. Die Regisseurin lässt Lemalian im Film z.B. sagen: „White women are different", aber auch: „Ich hüte jetzt die Ziegen meiner Frau", womit er jedoch so gar nicht zu recht kommt.

[604] Die gern benutzte Metapher vom „Meltingpot" trifft hier natürlich nicht. Diese Metapher des Verschmelzens wurde in Amerika vor allem im Kontext der Einwanderer aus Europa gedacht – Verschmelzung war nicht erwünscht mit den Indianern oder den Sklaven aus Afrika. Die andere Metapher, die gern im Hinblick auf Multikultarismus benutzt wird, ist die des „Mosaik". Zwischen den Kulturen gibt es keine Integration (Schäfer-Wünsche 2007: 113). Im Multikulturalismus sollen ja Differenzen gerade nicht ausgelöscht werden, sondern werden als tolerierbarer oder auch zelebrierter Dauerzustand betrachtet (Schäfer- Wünsche 2007: 112).

Liebe ist ein Wagnis ebenso wie das Betreten des transkulturellen Raumes ein Wagnis ist. „Die Anerkennung der Tatsache, dass wir definitiv Einzelwesen sind" (Schnarch 2008: 445), korrespondiert mit der Tatsache, dass es differente Kulturen gibt. Angstfreiheit in der Begegnung von Individuen wie von Kulturen hätte als Voraussetzung die Anerkennung der Differenz. Der wiederum würde die Angst vor Fragmentierung entgegenstehen. Die Angst vor Gleichmacherei entsteht durch die offenen Grenzen. Doch im Konzept der Transkulturalität bleiben gerade die Differenzen erhalten *und* die Grenzen sind durchlässig – das ist eine ungemein faszinierende Situation. Ähnlich wie die der Liebe. Liebe erfordert Offenheit ebenso wie die transkulturelle Verfasstheit Offenheit erfordert. „Liebe ist nichts für die Kleinmütigen" (Schnarch 2008: 471), ebenso wie das Durchlässigwerden der Grenzen im transkulturellen Raum – offensichtlich – nichts für Kleinmütige ist.

5.4. „That's our tradition" oder: Wie fremd darf das Fremde sein?

Beim Lesen der letzten Abschnitte des vorherigen Kapitels könnte der Eindruck entstehen, der transkulturelle Raum sei ausschließlich erfüllt von Verständigung, Offenheit, Angstfreiheit und Gleichberechtigung ohne Diskriminierung. Und gleichgültig, was letztlich diese Öffnung ermöglicht – Respekt, Anerkennung oder Liebe – es gibt nichts, so scheint es, was in dem von Buch und Film eröffneten Raum nicht möglich wäre. Das allerdings wäre ein völlig falscher Eindruck: Irritation, Ambivalenz und Differenzen, Unbestimmtheit und Unsicherheit sind ebenso Kriterien dieses Raumes.[605] Das Fremde verliert seinen Stachel nicht. Es gibt Bereiche, in denen europäische RezipientInnen als erste Reaktion sogar neue Mauern bauen, Gräben verbreitern. Das Fremde übersteigt die Vorstellungen. Die Beziehung zum Fremden ist „zunächst nicht sinnhaft strukturiert, sondern die Beziehungsstruktur weist ständige Sinnzusammenbrüche auf" (Moebius 2004: 209). Es gibt Themen, bei denen Grenzen vielleicht niemals aufweichen, Verstehen offensichtlich unmöglich ist, wo es

---

[605] Das erinnert an die Kritik von Kien Hgi Ha, der die modische Benutzung des Begriffs Hybridität konstatiert: als bereichernde, anregende Vermischung, die nicht unsere Substanz bedroht und die harmonisierenden und integrativen Aspekte betont (Ha 2005: 84/94/95). Die Ambivalenzen und Irritationen, ebenso Machtgefälle und „repressive Identitätspolitik der Selbstethnisierung" werden dabei völlig ausgeklammert.

keine Gemeinsamkeiten zu geben scheint. Im Kontext von „Die weiße Massai" sind das die Themen Beschneidung, Polygynie, Geschlechterrollen und Hexerei.[606]
Die Erfahrung des Fremden, die sich üblicherweise in einer Ambivalenz von verlockend und bedrohlich zugleich zeigt, wird hier in der Tat zum *horror alieni* (Waldenfels 1997: 44). Das Fremde ist so fremd, dass es in der Interaktion mit Film und Buch nicht mehr verlockt, sondern – wenn denn thematisiert – blankes Unverständnis, Abwehr und/oder Entsetzen hervorruft. Die jungen Mädchen bei der Feldforschung im Kino haben dieses Entsetzen ohne Scheu gezeigt, in dem sie ihre Gesichter unter ihren Jacken versteckten und sich die Ohren zu hielten

Die Entscheidung über Fremdsein, so Bernhard Waldenfels, hängt davon ab, wo wir den Maßstab der Normalität ansetzen – in der eigenen Welt oder in der Welt der Anderen. „Das eine Mal erschiene das Verhalten der Anderen, das andere Mal unser eigenes Verhalten als Anomalie" (Waldenfels 1997: 43). Auf den ersten Blick liegt die Anomalie bei allen vier Themen in europäischen Augen eindeutig bei den Anderen. Alle vier Themen werden in einer dichotomen Zuschreibung räumlich und zeitlich verschoben in ein „dort"[607] und in ein „früher"[608]. Alle vier werden in der Rezeption unter Adjektive wie rückständig, archaisch, fremdartig subsummiert. Doch die emotionale Betroffenheit ist unterschiedlich, Unverständnis, Abwehr und Empörtheit differieren beträchtlich. Je nach Einstellung werfen RezipientInnen Buch und Film vor, diese Themen überhaupt zur Sprache gebracht und ins Bild gesetzt zu haben (Begründung: „Das diskriminiert die Afrikaner"). Oder im Gegenteil, seien sie viel zu wenig, zu kurz behandelt worden (Begründung: „Das seien wichtige Themen, mit denen man unbedingt an die Öffentlichkeit muss"). Der Autorin bzw. Carola wird vorgehalten, sich in diesem Kontext zu sehr oder zu wenig angepasst zu haben, diese Gegebenheiten in Kauf genommen, sie tot geschwiegen (Begründung: „So was muss man doch zur Sprache bringen") oder empört zurückgewiesen zu haben (Begründung: „In fremde kulturelle Praktiken sollte man sich nicht einmischen"). Die Stellungnahmen in der Rezeption sind auch in Bezug zu diesen vier Themen konträr und heftig.[609]

Hier, im letzten Kapitel, soll der transkulturelle Raum bezüglich dieser vier „heiklen" Themen (Interview) in den Blick genommen werden. Die Analyse richtet sich darauf, wie in der Interaktion mit diesem radikal Fremden im transkulturellen

---

[606] Alle meine InterviewpartnerInnen, von 18 bis 90 Jahre, haben diese vier Themen genannt, mit denen sie am wenigsten zurecht kamen, die ihnen am fremdesten vorkamen, die die meiste Abwehr und das größte Unverständnis hervorriefen (wobei die RezipientInnen statt von Polygynie von Polygamie sprechen).
[607] „Dort" in Barsaloi, in Kenia; „dort" in Afrika.
[608] Wie „früher" bei uns; wie „früher", als die Menschen noch unzivilisiert waren.
[609] Die Zitate sind aus Interviews und Amazonrezensionen.

Raum umgegangen wird, das zunächst „weder auf ein Eigenes zurückgeführt, noch einem Ganzen eingeordnet werden kann" (Waldenfels 2006: 116). Welche Diskurse werden im Kontext dieser vier heiklen Themen Polygynie, Hexerei, Geschlechterrollen und Beschneidung geführt? Wie fremd darf das Fremde sein, um noch Überschneidungen und Gemeinsamkeiten entdecken zu können? Wie viel Irritation und Ambivalenz können RezipientInnen im transkulturellen Raum ertragen? Können die Grenzen auch bei extrem Fremdem durchlässig bleiben?

5.4.1. Die Irritation der Polygynie

Für Corinne Hofmann selbst ist die in der Samburugesellschaft übliche Polygynie ein großes Problem. Über ihre diesbezüglichen Ängste und Bedenken erzählt sie offen gleich an mehreren Stellen in ihrem Buch (Hofmann 1999: 106, 114/115, 141). Das Thema wird jedoch in der Rezeption (Printmedien/Amazonrezensionen) nicht aufgegriffen. Im Forum wird es im Zusammenhang zur geforderten Anpassung gesehen – ist aber auch dort nicht wirklich Gegenstand von Debatten oder Statements. So spricht nur eine Teilnehmerin das Thema direkt (und vorwurfsvoll) an: „Sie [Corinne/Carola] macht zwar viele Zugeständnisse an die afrikanischen Verhältnisse, aber wirklich akzeptieren kann sie diese nicht – sie möchte ein Haus, sie will nicht, dass er mehrere Frauen hat, [...]". In den Interviews kommt Polygynie nur zur Sprache, wenn die RezipientInnen explizit darauf angesprochen werden. Die Ablehnung ist dann klar und entschieden – bei den Männern mit einem verlegenen Grinsen.

Polygynie ist in den Augen der RezipientInnen zwar ein Konzept, das sie für sich persönlich ablehnen, aber es ist nicht wirklich fremd. Theoretisch bekannt, ist es in der Praxis jedoch unvorstellbar, Polygynie selbst zu leben. Polygynie ist in Deutschland („Gott sei Dank!" – Interview) verboten, so dass hier nicht die Gefahr besteht, in solch eine Situation zu geraten.[610] Der Versuch des Verstehens beschränkt sich auf einige Kommentare. Sie klingen auf den ersten Blick hilflos, zeigen aber, wie im transkulturellen Raum Gemeinsamkeiten gesucht werden – nicht aus Angst vor dem Fremden, sondern in einer offenen, gelassenen Haltung, die zunächst in diesem Kontext leicht aufrechtzuerhalten ist. Auf Nachfragen in den Interviews kommen dann Antworten wie: „Bei uns haben die Männer Affären, Geliebte, die sie dann sitzen lassen, sogar mit Kind. Dann ist diese Regelung doch vielleicht sogar besser".

---

[610] In Deutschland kann man nur eine einzige staatlich anerkannte Ehe zur selben Zeit eingehen. Das Eingehen mehrerer Ehen ist in Deutschland nach §1306 BGB verboten und wird mit einer Freiheitsstrafe bis zu drei Jahren oder mit einer Geldstrafe bestraft. (siehe § 172 StGB). Nicht verboten ist, mit mehreren Frauen oder Männern in einer (auch sexuellen) Gemeinschaft zusammenzuleben.

„Polygamie gibt es in vielen Ländern. Auch in den USA. Die Mormonen. In islamischen Ländern. Das empfinde ich jetzt gar nicht so fremd". Fremd wird hier eindeutig im Sinn von unbekannt benutzt. In diesem Sinn ist Polygynie in der Tat nicht fremd. Eine Interviewpartnerin sagt ganz abgeklärt: „Bei uns kommen die verschiedenen Ehefrauen nacheinander, dort sind sie eben nebeneinander". Aber es ist kein wirklicher Diskurs, denn: „Ja, aber er hat sich doch gar keine zweite Frau genommen". In den Kommentaren kommt zwar indirekt eine Abwehr zum Vorschein, aber nicht mit dieser Dringlichkeit, Irritiertheit und Emotionalität wie bei den anderen drei Themen. Der Film hat das Thema ganz und gar ausgeklammert.

Die RezipientInnen wissen natürlich um die Fragilität einer „großen Liebe", wie schnell sie vergehen kann, dass die Scheidungsziffern hoch sind, dass viele Frauen und Männer untreu sind, dass es auch bei uns Nebenfrauen und Nebenmänner gibt. Sie nennen das „westliche Polygamie" (Interview), und man könnte diese Feststellung als entdeckte Gemeinsamkeit deklarieren. Auf der anderen Seite sind die befragten Frauen und Männer zutiefst durchdrungen vom europäischen Konzept der Liebesheirat und können sich nicht vorstellen, dass Lemalian/Lketinga eine Zweitfrau möchte: „Das war ja keine arrangierte Ehe. Wenn er sie wirklich liebt, wird er keine weitere Frau heiraten". Doch in Barsaloi hätte Lemalian/Lketinga vollkommen ruhig sagen können: „That's our tradition". Was dann? Diese fiktive Situation ist selbst für die nachdenklichen RezipientInnen in den Interviews so irritierend, dass sie mit den Schultern zucken – und unbehaglich schweigen. Die Herausforderung durch ein radikal (erscheinendes) Fremdes bedeutet, dass man sich in der Welt nicht heimisch fühlt: „Fremd ist genau das, was sich nicht einbeziehen lässt" (Waldenfels 2006: 128). Die gelassene Ruhe ist dahin.

Im Buch und im Film ist Polygynie nur eine Möglichkeit, die Lemalian/Lketinga zwar offen steht, die er aber nicht ergreift. Polygynie spielt innerhalb der Geschichte gar keine Rolle, weil die reale Situation nicht eintrifft.[611] Wohl deshalb gibt es für die RezipientInnen keinen Grund über eine so schwierige Situation nachzudenken, darüber zu reden oder sich darüber aufzuregen.[612] Etwas ganz anderes wäre es – auch für die Diskurse in der Rezeption – gewesen, wenn er tatsächlich ein zweites oder gar ein drittes Mal geheiratet hätte.

---

[611] Das ist auch der Grund, warum Polygynie im Film nicht thematisiert wurde.

[612] Dass dieses Thema sehr wohl interessiert, merkt man in den Veranstaltungen mit Corinne Hofmann, in denen Besucher fragen, ob denn ihr Exmann jetzt wieder verheiratet sei und wie viele Frauen er habe. Wenn sie dann sagt, er hat zwei Frauen, seiner Kultur entsprechend sehr junge Frauen, herrscht nachdenkliche Stille.

5.4.2. Hexerei – die Furcht vor dem Bösen

Hexerei spielt im Film eine kurze, aber dramatische Rolle im Zusammenhang mit der hochschwangeren Frau, die als verhext bzw. als Hexe gilt.[613] Carola will sie mit ihrem Pick-up zur Krankenstation bringen, Lemalian weigert sich zu helfen, weil er diese Frau nicht anfassen will bzw. darf. Hexerei ist insofern für die RezipientInnen befremdlich, weil zunächst mit ihr das Fremdartige in unserer „bestehenden Ordnung keinen Platz findet" (Waldenfels 1998: 31). Magie und Hexerei[614] gelten in Europa als längst überwundener Aberglaube (Bruchhausen 2003b: 95). Hexerei stellt ganz allgemein die „unlösbare Verbindung von zwei immer zugleich äußerst existentiellen wie höchst umstrittenen Themen dar: den sogenannten übernatürlichen Wirkungen und dem Bösen im Menschen" (Bruchhausen 2003b: 96). Die skeptischen, unangenehm berührten, fragenden Blicke meiner InterviewpartnerInnen und ihre anfänglich ungläubigen Kommentare ließen sich so interpretieren: Mit beiden Themen – dem Übernatürlichen und dem Bösen – können europäische Menschen des 21. Jahrhunderts zunächst nur schwer etwas anfangen. Die Haltung der RezipientInnen ähnelt zunächst ganz allgemein der, die Walter Bruchhausen bei universitär ausgebildeten Medizinern in Bezug auf afrikanische Vorstellungen über die Entstehung von Krankheiten beschreibt. Die Vorstellung, Krankheiten würden durch Hexerei hervorgerufen, wird entweder ignoriert, verdrängt oder psycho(patho)logisiert (Bruchhausen 2003b: 99).[615] Die Psychopathologisierung betrifft hier sowohl den als verhext vermuteten Menschen als auch den, der daran glaubt, dass jemand verhext ist.

Hexerei ist deshalb befremdlich, weil es als Fremdartiges in unserer „bestehenden Ordnung keinen Platz findet" (Waldenfels 1998: 31) – genauer müsste man sagen: keinen Platz *mehr* findet. Denn die RezipientInnen wissen sehr genau, dass der Hexenglaube inklusive Hexenverfolgung auch in Europa weit verbreitet war. Das wis-

---

[613] In den Amazonrezensionen wird dieses Thema nicht aufgegriffen, da im Buch die Szene im Zusammenhang mit der dramatischen Totgeburt auf dem Pick-up in einen anderen Kontext eingebettet ist, nicht in den der Hexerei, wohl aber in das Thema „unterlassene Hilfe" (Hofmann 1999: 188-193). Ob die betroffene Frau in der Filmszene verhext ist, im Sinn eines Opfers von Verhexung, oder selbst eine Hexe, im Sinn einer Täterin, die anderen Schaden zufügen kann, wird durch die kurze Szene nicht ersichtlich. Wichtig in diesem Kontext ist das Berührungsverbot für Lemalian.
[614] Vielen Menschen – Fachleuten wie Mittelalterhistorikern, Volkskundlern und Ethnologen eingeschlossen – sei der genaue Unterschied zwischen „Hexerei" und „Zauberei" („Magie") nicht sonderlich klar, stellt Klaus E. Müller fest. Und doch handele es sich um grundverschiedene Dinge. Für Hexen gilt: „Jedes unerklärliche Unglück geht auf ihr Konto" (Müller/Ritz-Müller 1999: 138). Das hat auch E.E.Evans-Pritchard so konstatiert: „Hexerei erklärt unglückliche Ereignisse" (Evans-Pritchard 1978: 60). Bei Magie handelt es sich um eine Art Technik, die jeder erlernen könne, mit Kräften umzugehen, die im Unterschied zur Hexerei zum Guten wie zum Bösen nutzbar sind (Müller/Ritz-Müller 1999: 142).
[615] Walter Bruchhausen nennt noch „Bekämpfen" – das jedoch trifft für die Rezeption nirgendwo und in keiner Weise zu.

sen sie aus der Schule. Sie sind zudem aufgewachsen mit den Bildern von Hexen in den Grimmschen Märchen, der Kasperlehexe, Hexen der alemannischen Fasnacht, Hexen in Kinderbüchern, Komikheften und Fernsehserien.[616] Sie wissen, dass es in jedem europäischen Land „Orte gibt, die man mit Hexen in Verbindung bringt" (Stachen/Hauschild 2001: 10) – in Deutschland ist es der Blocksberg im Harz (Interview). Im Bild der Hexe haben sich bei den RezipientInnen verschiedene und ihrer Herkunft nach sehr „unterschiedliche Züge übereinander geschoben, sich gegenseitig eingefärbt und verdunkelt" (Harmening 1991: 9). Ob nun die „realen", grausamen, historischen Geschehnisse der Hexenverfolgung oder die eher mythischen, merkwürdigen oder Angst machenden Geschichten über Hexen – „das Fremde, das uns hier begegnet" so könnte man mit Bernhard Waldenfels sagen, „ist nicht mehr Unbekanntes, sondern Unverständliches" (Waldenfels 1997: 93/94).

Nur die allerwenigsten wissen etwas über Hexerei in Afrika und ihre Bedeutung in der heutigen Zeit. Hexerei ist in Afrika ein außergewöhnlich komplexes Phänomen, das von Fall zu Fall, von Ethnie zu Ethnie anders betrachtet werden muss. Es gibt nicht nur zahlreiche Gründe für das Verhextwerden, für die Manifestationen des Bösen und die Möglichkeiten der Abwehr und Heilung. Der Besitz von Hexenkraft wird auch unterschiedlich ausgeübt und weitergegeben. „Hexerei erklärt im weitesten Sinn Unglück", so Edward Evans-Pritchard, der in seiner Fallstudie über die Zande besonderes Augenmerk auf dieses Thema gerichtet hat. Das Werk gilt als Klassiker der Ethnologie über Hexerei und Magie. „To us witchcraft is something which haunted and disgusted our credolous forefathers. But the Zande expects to come across whitchcraft at any time of the day or night. […] It is so intertwined with everyday happenings that it is part of a Zande's ordinary world" (Evans-Pritchard 1978: 64/65). Heute kann man sagen: Hexerei hat im heutigen Afrika nichts mit mangelnder Bildung, mangelnder Aufklärung und mangelnder Modernisierung zu tun. Es ist ein äußerst virulentes und sehr modernes, d.h. an heutige Verhältnisse (auch an das Christentum) adaptiertes Phänomen, so meine Interviewpartnerin, die bei Aufenthalten in Ghana und Kamerun über dieses Thema forschte (Interview).

In der Interaktion gehen die RezipientInnen von europäischen Vorstellungen von Hexerei und Hexenglaube aus, nicht wissend, dass eine Übertragung auf afrikanische Verhältnisse nicht passt. Weder die europäischen Hexen, die im Zusammenhang mit den Hexenverfolgungen seit der Aufklärung „als Opfer von Massenwahn und politisch-sozialen wie religiösen Interessen" gesehen werden (Bruchhausen 2003b: 108), noch die harmlosere Variante der Hexen aus den Märchen und Mythen oder gar die

---

[616] So auch das Kinderbuch von Otfried Preußler „Die kleine Hexe", die Hexe Gundel Gaukeley in Micky-Maus-Heften und die Fernsehserie „The Addams Family" in den 1960er/70er Jahren.

Bewahrung „irgendwelcher schützenswerter weiblicher Subkulturen" (Bruchhausen 2003b: 109) haben etwas mit der afrikanischen Vorstellung von Hexerei und verhext sein gemein.[617] In den 1970er Jahren gewinnt der Begriff Hexe im Zusammenhang mit der feministischen Bewegung in Deutschland eine neue Bedeutung. „Das historisch negativ belastete Hexenbild wird von Frauengruppen phantasievoll aufgenommen und als Gegenbild der patriarchalischen Konsumgesellschaft positiv inthronisiert" (Weber 1991: 123). Verhexung galt und gilt in Afrika jedoch als „eine zutiefst gemeinschaftsfeindliche und zerstörerische Aktivität" ohne den positiven europäischen Beigeschmack einer „Bewahrung eines ehrwürdigen (Geheim)Wissens" (Bruchhausen 2003b: 109). Viele Krankheiten gelten als durch Verhexung ausgelöst (Stachen/Hauschild 2001: 26). Hexerei hat eine ungeheure, *reale*, zerstörerische Kraft. Nur vor diesem Hintergrund könnten RezipientInnen die große Furcht von Lemalian und das Berührungsverbot verstehen.

Die große Ordnung der Vernunft hat in Europa seit Jahrhunderten ihre Heimat gefunden. Die Vorstellung von Hexerei und verhext sein widerspricht dieser Vernunft. Hexerei gilt als irrational und im Widerspruch zu den Naturgesetzen (Interview). Dabei sei die Trennung in Übernatürliches und Natürliches, so Walter Bruchhausen, als zutiefst eurozentrisch anzusehen, weil sie ein mehr oder weniger naturwissenschaftliches Weltbild voraussetze (Bruchhausen 2003a:2) und mit ihm die Trennung von sakralen und profanen Bereichen. In diesem Kontext sehen sich RezipientInnen in ihrem Selbstverständnis als „Vertreter von Aufklärung und Humanität" (Bruchhausen 2003a: 9). Deutlich erkennbar sind die konstruierten, dichotomen Zuschreibungen von „Fortschritt und Rückständigkeit, universeller Wahrheit und provinziellem Irrtum, Rationalität und Irrationalität" (Bruchhausen 2003b: 107). In außereuropäischen Kulturen nimmt Hexerei auch heute einen bedeutenden Stellenwert ein, was mit dem in Europa geltenden rationalen Weltbild nicht vereinbar zu sein scheint (Kosack 2003: 85) – das erklärt die skeptischen Blicke meiner InterviewpartneInnen.

---

[617] In Europa sei das Bild der Hexe durch die Prozesse des 16. bis 18. Jahrhunderts fest geformt, so Heidi Stachen und Thomas Hauschild.[617] „Es geht um ein Bekenntnis zum Bösen, um magischen Flug und andere Genüsse, verbunden mit dem Verlust der Seele an den Teufel" (Stachen/Hauschild 2001: 22). In Afrika waren „Furcht vor Hexen und ihre Bestrafung kein Produkt machtversessener und frauen-feindlich-zölibatärer Kleriker, wie es das aufgeklärte 19. Jahrhundert vom finsteren Mittelalter behauptete" wie in Europa (Bruchhausen 1993: 16). Es handelt sich hier um die Vorstellung, dass bestimmte Menschen – überwiegend Frauen – eine Kraft besitzen, „die sie instand setzt, ja dazu antreibt, nachts, während sie schlafend zu Bett liegen, ihre leibunabhängige Freiseele vom Körper zu lösen und auf Reisen zu schicken.[...] Hexen gelten als Urheber vieler Todesfälle, Krankheiten und materieller Einbußen" (Müller/Ritz-Müller 1999: 138). Es gibt zahlreiche >Gründe‹, verhext zu werden. Meist von solchen, die ein Problem mit dieser Person haben, oft spielen Eifersucht und Missgunst eine Rolle. Bei den Zande gilt Hexerei als Strafe für den, der gegen die gesellschaftlichen Regeln verstößt oder einem anderen etwas Böses angetan hat (Stachen/Hauschild 2001: 26).

Nichtsdestotrotz feiert das Thema des Übernatürlichen und des Bösen, also auch die Hexerei, in Deutschland eine Renaissance.[618] In unserer aufgeklärten Sicht der Welt schlummert so manches Irrationale, wobei die Erfahrung des Bösen auch bei uns durchaus eine reale Erfahrung ist – nur wird sie anders erklärt. Hexerei ist ein spannender Topos, auch heute – oder vielleicht gerade heute – als Gegengewicht zu einer alles durchdringenden Rationalität der Moderne.[619] Inge Schöck stellt eine stetige Zunahme des Hexenglaubens fest: 1956 bejahten 1% der deutschen Bevölkerung die Frage, ob sie an Hexen glauben; 1986 waren es 13%. 21% hielten es immerhin für möglich, was insgesamt ein Drittel der Bevölkerung ausmacht [620] (Schöck 1991: 42). Die bisherige Forschung zum aktuellen Hexenglauben in Deutschland sei „durch ein ideologisch bedingtes Beharren auf Teilerkenntnissen gekennzeichnet" und schwanke zwischen „aufklärerischer Ablehnung und romantischer Verklärung" (Wolf-Braun 2003: 241).

Die RezipientInnen befinden sich eher zwischen Ablehnung und Unverständnis auf der einen und Nichtbeachtung und Banalisierung auf der anderen Seite, romantisch verklärt wird hier diese Szene ganz und gar nicht. Wie oben bereits gesagt, wird das „Verhextsein" oder „Hexe sein" erstaunlich unaufgeregt zur Kenntnis genommen. Es ist nicht ganz klar, ob es mehr daran liegt, dass Hexerei im Zusammenhang mit Afrika nicht erstaunt; daran, dass das Ganze als unheimliches, nicht greifbares Phänomen empfunden wird oder eher daran, dass das Thema auch in Europa doch nicht so fremd ist, wie man zunächst vermuten könnte oder es grundsätzlich (und diese These wird hier vertreten) um etwas ganz anderes geht, was die RezipientInnen an dieser Szene beschäftigt.

---

[618] Der Thementag „HexenZauber" in 3SAT am 15.11.2008 beschäftigte sich auf unterschiedlichste Weise 24 Stunden lang mit den Themen Hexerei, Magie, Zauberei, Exorzismus, Teufel usw.
[619] Walter Bruchhausen spricht von „einer Flut von Hexenliteratur" (Bruchhausen 2003a: 18). Gibt man in der Internetsuchmaschine Google den Begriff Hexerei ein, erscheinen 500.000 Einträge, heutige Hexenpraktiken eingeschlossen. Vgl.: http://www.hexen.org/ [2.11.2008]. Dort entsteht der Eindruck – und das wird auch so kommuniziert – dass der Hexenglaube in Europa wieder aufleben würde. Vgl.: http://www.sungaya.de/schwarz/allmende/hexe.htm [2.11.2008]. Es gibt Treffen, diverse Läden, in denen man sich die nötigen Utensilien einer Hexe kaufen kann, Kontakte zu anderen Hexen herstellen kann. So gibt es einen Hexenladen in Luzern, eine Hexenschule, Basiskurse für moderne Hexen u.ä. Der Laden floriert. Vgl.: http://www.zwischenwelt.ch/ [3.11.2008]. Ein Hexenladen in Berlin: http://www.verhexte-kuenste.com/ [3.11.2008]. Auch Inge Schöck konstatiert eine Zunahme beispielsweise entsprechender Anzeigen, in denen Hexen, Hellseher, Magier ihre Dienste anbieten (Schöck 1993: 282). Die Satanskultbewegungen, schwarze Messen und Teufelsrituale könnten dazu gerechnet werden.
[620] Sie bezieht sich dabei auf eine Umfrage der Zeitschrift stern magazin, 1986, Nr.38: „Die Hexen kommen. 15 Millionen Deutsche glauben an die Macht der Magie". Eine andere von ihr zitierte Untersuchung ist die Umfrage des Instituts für Demoskopie Allensbach in den 1960er Jahren (Schöck 1978: 9f).

Die Szene im Film, in der das Wort „verhext" fällt, ist emotional außerordentlich berührend und sehr dramatisch. Sie ist eine der Darstellungen einer Grenzsituation im Film. Aber nicht um Hexerei an sich kreisen die Diskurse in der Rezeption. Was im europäischen Verständnis als absolut unannehmbar gilt, wo es unmöglich ist, das Fremde zu verstehen oder zu akzeptieren, ist die mit Hexerei begründete Verweigerung von Hilfe. Es klingt zwar als mögliche (afrikanische) Begründung nicht überraschend – Afrika gilt als Kontinent der Magie, Zauberei und Hexerei.[621] Doch die Reaktionen der InterviewpartnerInnen zeigen deutlich Abwehr und Unverständnis gepaart mit dem Bemühen um Toleranz. Die Grenze des „Wie fremd darf das Fremde sein" liegt nicht in der Vorstellung von Hexerei an sich, sondern im Wahrnehmen der sichtbaren, realen Angst von Lemalian vor der ungeheuren zerstörerischen Kraft des Bösen und in der Beschränkung von Zuwendung und Hilfe. Es ist ganz klar: Unterlassene Hilfeleistung – gleichgültig aus welchem Grund – ist für die RezipientInnen ethisch unannehmbar. In Deutschland kommt diese ethische Grundeinstellung darin zum Ausdruck, dass unterlassene Hilfeleistung einen Straftatbestand darstellt. Im Zusammenhang mit dieser Szene gibt es in den Printmedien einen einzigen Kommentar: Einer „am Straßenrand sterbenden Frau wird die Hilfe verweigert, weil die Bedauernswerte als verhext gilt" (Stadler, Salzburger Nachrichten 19.12.2005).

In den Interviews und Gesprächen wird deutlich: Was die RezipientInnen im Zusammenhang mit dieser Szene beschäftigt, ist das Verhalten der beiden Protagonisten. Was sie in der Interaktion miterleben, sind die Ambivalenzen und Irritationen von Carola und Lemalian im transkulturellen Raum. Sie hat nur eines im Sinn: der Frau zu helfen. Er aber weigert sich, weil für ihn die Frau eine Hexe bzw. verhext ist und rät auch Carola, die Frau nicht anzufassen. Carola ist völlig aufgelöst, weint und fleht ihn an, ihr zu helfen, die Frau auf die Ladefläche des Autos zu heben, als sie merkt, dass er das aus seiner Sicht eigentlich nicht kann und auch nicht darf.[622] Aber sie macht ihm keine Vorwürfe, spottet nicht, verlangt bzw. bittet auch nicht, dass er sie begleitet. Es ist für die RezipientInnen berührend anzusehen, wie die beiden von ihren konträren Standpunkten aus zu einer Lösung kommen. Denn beide Anliegen sind tief in der jeweiligen Kultur verankert und gelten in ihrer jeweiligen Gesellschaft als Norm. Es muss schnell gehandelt werden, es gibt keine Zeit für Diskussionen oder Erklärungen. „Es war berührend anzusehen, wie unsicher sie war, wie sehr sie ihn mit ihrer Bitte bedrängen darf"; „Wie er mit sich gerungen hat. [Pause]. Es

---

[621] Vgl. Teil III Kap. 2 „Afrika – der gefährliche Kontinent?".
[622] Hier geht es um ein Berührungstabu hinsichtlich Gefahr und Reinheit, ein Thema, mit dem sich Mary Douglas intensiv beschäftigt hat. Vgl.: Douglas, Mary. 1979: Purety and danger: an analysis of concepts of pollution and taboo. London.

war offensichtlich, wie schwierig für ihn die ganze Situation war. [Pause]. Wie er dann doch geholfen hat, um sich hinterher mit sehr ernstem Gesicht gleich zu waschen" (Interviews).

Es ist eine Szene, die die RezipientInnen wahrnehmen, als würde eine Schwelle zum anderen überschritten, „ohne die Grenze aufzuheben und hinter sich zu lassen" (Waldenfels 1998: 39). Andere sehen sie als Szene, in der die Grenzen für einen Augenblick durchlässig werden, aufweichen, und das Eigene bleibt dennoch eigen. Niemand im Kino während des Films, niemand in der Rezeption danach äußert sich in irgendeiner Weise negativ oder spöttisch über diese Szene. Allzu deutlich ist zu spüren, dass die „Grenze immerzu am Werk ist" (Waldenfels 1998: 39). Das Fremde bleibt fremd und das Eigene eigen. Keiner der beiden gibt seine Überzeugung auf, muss es auch nicht und kann es vor allem auch nicht. Für ihn ist die Frau weiterhin verhext; für sie bleibt die ethische Maxime, unter allen Umständen einer Kranken zu helfen. Dennoch ist gemeinsames Handeln möglich.

Im obigen Zitat aus den Salzburger Nachrichten wird lobend hervorgehoben, dass die Regisseurin sich in diesem Kontext jeglicher Wertung enthalten habe. Vielleicht nimmt sie die Kinobesucher in dieser Haltung mit. Vielleicht spüren sie aber auch selbst den besonderen Moment einer transkulturellen Begegnung in einer Grenzsituation. Denn es ist in der Tat erstaunlich, dass in der Rezeption von „Die weiße Massai", die sich geradezu dadurch auszeichnet, dass unentwegt vehement bewertet wird, hier an dieser Stelle niemand wertet.

Bernhard Waldenfels merkt an, in der europäischen Version einer Interkulturalität setze sich jedes Konzept eines Zwischen der Gefahr aus, den vertrauten Ego- und Ethnozentrismus durch einen Logozentrismus zu ersetzen. Das würde bedeuten, dass der „eine Logos als ein Gemeinsames auftritt, das den Unterschied von Eigenem und Fremdem umgreift und übergreift"(Waldenfels 1997: 86). Diese Szene könnte man als Bestätigung dieser Vermutung interpretieren. Denn Lemalian *hat* geholfen, sich über das Tabu hinweg gesetzt und so gesehen – scheinbar – ein fremdes Konzept übernommen. Mit Bernhard Waldenfels könnte man diese nicht wertende Stille in der Rezeption als ein (beruhigendes?) Umgreifen und Übergreifen eines gemeinsamen Logos hinsichtlich Helfen interpretieren. Doch geht man von einem Konzept der Transkulturalität aus, wird sehr deutlich, wie beide Seiten aktiv sind. Das „Trans" ist keine Einbahnstraße. RezipientInnen spüren die Ambivalenzen dieses Raumes, die Unsicherheit, die Spannung – auch ihre eigene. Da gibt es keine Ruhe oder Beruhigung durch einen gemeinsamen Logos.

Bei ihnen drückt sich das in einer Bewunderung für beide Protagonisten aus, hier aber besonders für den Protagonisten. In keiner Szene wird für die RezipientInnen in einem positiven Sinn so klar wahrnehmbar, was diese Ehe auch für Lemalian/

Lkentinga bedeutet hat – an Anpassungsleistungen, Irritationen, Unsicherheiten. Sie sind sehr beeindruckt von ihm und bewundern ihn: „Lemalian vollbringt eine große Leistung" (Interview). Die Bewunderung beruht nicht darauf, weil er „ein fremdes Konzept" übernommen hat. Seine Hilfsbereitschaft wird als anthropologische Konstante betrachtet. Der Logos der Hilfsbereitschaft ist nicht übergreifend, sondern grundlegend. Schon mehrmals im Film hat er seine grundsätzliche Hilfsbereitschaft unter Beweis gestellt.[623] Sie bewundern ihn, weil er es riskiert, eine Norm seiner Gesellschaft, ein Tabu seiner Kultur zu brechen, seine große, fundamentale Furcht zu überwinden. Das ist die Gemeinsamkeit, die sie erkennen: wie schwer es ist, so etwas zu tun – für jeden Menschen. Das sind die feinen „Ariadnefäden", von denen Bruno Latour spricht (Latour 1995: 10/11). Alle InterviewpartneInnen zeigen sich berührt, getroffen von dieser Szene – und erst danach nachdenklich. Sie sehen Lemalians Hilfe auch als Ausdruck seiner Liebe. Diese Liebe überwindet Angst, macht die Grenzen durchlässig, aber sie löst das Fremde nicht auf.

5.4.3. Von der Starrheit der Geschlechterrollen

Die Unterschiede in der Konstruktion von Geschlechterrollen nehmen die RezipientInnen sehr deutlich wahr, insbesondere die Starrheit der Rollen und ihre Hierarchie. Sie werden in der Rezeption im Forum und in den Amazonrezensionen mehr indirekt kommentiert,[624] in den Printmedien dagegen sehr konkret formuliert. Dort fällt die „Trennung der Frauen- und Männerwelten" auf (Luttmann, journal-ethnologie 16.12.2007), „die untergeordnete Rolle der Frauen" (Zobl, fluter 15.9.2008), „eine frauenfeindliche Tradition" (Kühn, berlinonline 20.9.2005) und „eine patriarchalische Gesellschaftsordnung" (Mülheims, stern 15.9.2005). „Frauen dürfen keine Sexualität haben" (Zander, Berliner Morgenpost), und wenn, dann ist „Sexualität nur dazu da, Kinder zu machen" (Thilo, DIE ZEIT 1.9.2005). „Frauen und Kinder sind sozusagen Eigentum der Männer" (amazon.customer). Die Grenzen zwischen hier und dort sind klar abgesteckt, auch die von früher (im Sinn von: „da war das auch bei uns so") und jetzt (im Sinn von: „und jetzt ist es aber ganz anders"). Auch das ist ein Bereich, in dem es zunächst keine Gemeinsamkeiten zu geben scheint.

Im Prozess der Interaktion nehmen viele RezipientInnen bei diesem Thema eine Trennung der Welt der Samburu von der eigenen Welt vor. Deshalb macht die

---

[623] Das reicht vom Tragen von Carolas Rucksack bis hin zur liebevollen Pflege, als sie krank ist.
[624] Die Reaktionen darauf wurden bereits unter verschiedenen Aspekten in anderen Kapiteln beleuchtet, so z.B. in Teil III Kap. 3.4 „Zwischen Anpassung und culture clash", Kap. 3.5 „Kolonialismus light? Die Wahrnehmung durch die koloniale Brille", Kap. 5.1.2 „Ich kann nicht mehr" – das Scheitern der Ehe in der Interpretation der RezipientInnen" und Kap. 2.2.2 „Das Paradigma der Rationalität". Deshalb konzentriere ich mich hier auf die Kernaussagen.

fremde, starre Rollenverteilung keine Angst, noch erzeugt sie Entsetzen.[625] Innerhalb der Struktur der Samburugesellschaft akzeptieren sogar viele RezipientInnen Lemalians/Lketingas Rolle: „Das ist da eben so, sie muss sich anpassen, sie wollte ja dort leben" – so der Tenor. Im Zusammenhang mit den Streitereien zwischen den Eheleuten wird dann von der mangelnden Anpassung der Protagonistin gesprochen, von den Schwierigkeiten, die Lemalian/Lketinga „mit ihr hat, weil sie sich zu selbstbewusst wie eine Europäerin" benimmt, weil sie ihm widerspricht, „weil „sie ihr Ding durchzieht und sich dann wundert, dass es nicht klappt" (Forum). Der Mann käme eben mit diesem Verhalten nicht zurecht, weil es auch seine Stellung im Dorf schwächen würde, sie sei zu emanzipiert für ihn (amazon.customer). Es sind die RezipientInnen, die auch auf das Hochzeitsbild ablehnend reagieren.[626] Dieselben RezipientInnen bedauern die afrikanischen Frauen, die so „untergebuttert werden" und „keine Wahl haben" (Forum). Nicht wenige sehen in Lemalian einen ausgemachten „archaischen Macho" (Zander, Berliner Morgenpost 15.9.2005). Eindeutig artikulieren sie zwar ihre Abwehr gegen dieses Konzept der Geschlechterkonstruktion starrer Rollen – kommen aber gar nicht damit klar, wenn die Protagonistin gewissermaßen die „Emanzipation nach Barsaloi bringt" (Interview).

Doch Abwehr und Unverständnis sind nicht so vehement, wie man das erwarten könnte, wenn der Film und das Buch die KinobesucherInnen und LeserInnen in diese ferne, fremde Welt entführt. Wie bereits an vielen Stellen zuvor analysiert, spüren die RezipientInnen, auf welch dünnem Eis sich emanzipierte Frauen auch bei uns bewegen. Dass es noch gar nicht so lange her ist, dass hier in Deutschland eben jene Geschlechterkonstellation „normal" war (und mehr als man denkt noch immer ist), die man eben gerade darum jetzt nicht als fremd empfindet. „Emanzipation ist ein zartes Pflänzchen" (Thilo, DIE ZEIT 1.9.2005). Die Gleichberechtigung in Deutschland feierte im Jahr 2008 ihren fünfzigsten „Geburtstag".[627] Dieser „Geburtstag" wurde in den Medien überwiegend aus der Perspektive bedacht, welche Folgen die Emanzipation für die deutschen Männer hatte.[628] Geschichtliche Überblicke aus

---

[625] Mit Ausnahme des Vergleichs mit den Ziegen. Vgl. Teil III Kap. 5.1.1 „Wer hat hier was nicht verstanden?".
[626] Vgl. Teil III Kap. 1.4.1 „Das Hochzeitsfoto" und Kap. 1.4.2 „Die Provokation der Braut in weiß".
[627] „Am 1. Juli 1958 trat das Gesetz der Gleichberechtigung der Frau in Kraft, aber so toll war es auch nicht, denn z.B. hieß es damals immer noch: "*Eine Ehefrau darf auch gegen den Willen ihres Mannes arbeiten gehen - aber nur, wenn Mann und Kinder darunter nicht leiden.*" oder "*Die Frauen dürfen nun bei Familienangelegenheiten mitreden, bei Erziehungsfragen jedoch behalten die Männer das alleinige Entscheidungsrecht. Gesetzlicher Vertreter der minderjährigen Kinder bleibt allein der Vater. Selbst bei unehelichen Kindern ist nicht die Mutter, sondern ein Amtsvormund zuständig.*" Erst im Jahre 1977 hat sich die Situation für die Frauen rechtlich verändert. (http://millus.kulando.de/post/2008/11/02/gleichberechtigung-der-frau-in-deutschland) [5.11.2008].
[628] Vgl. Teil III Kap. 2.4 „Wer hat Angst vorm schwarzen Mann?"

Sicht der Frauen zeigten die vielen Kämpfe, Erfolge und Misserfolge, um die Gleichberechtigung auf den Weg zu bringen und durchzusetzen.[629] „Es ist noch lange nicht alles erreicht" (Interview). Deshalb fühlen sich nicht wenige RezipientInnen solidarisch mit den Samburufrauen, ja, geradezu schwesterlich verbunden.[630] Andere reagieren auf die Ungleichheit mit Wut und Empörung – nicht zuletzt auf Frau Hofmann, die „dieses Spiel auch noch mitspielt" (Interview).

In diesem Bereich haben die RezipientInnen unter der Oberfläche der dichotomen Zuschreibung des hier und dort und des früher und heute sehr schnell Gemeinsamkeiten gefunden. „Geschlechterrollen" ist das der vier „heiklen" Themen, das zwar so, wie es noch immer gelebt wird, abgelehnt wird, aber es ist augenscheinlich, wie viel Ähnlichkeit bei diesem Thema im Fremden steckt. Besonders die Lachszenen waren in dieser Hinsicht wichtig und aufschlussreich. Rezipientinnen fühlen sich zwar emanzipiert und wähnen sich frei im Vergleich zu ihren Geschlechtsgenossinnen in Kenia, aber mit dem unguten Gefühl, dass es in Europa doch nicht so weit her ist mit der Gleichheit der Geschlechter, als dass man hochnäsig auf die Samburufrauen herabblicken könnte. Manchmal kommen ihnen die afrikanischen Frauen sogar selbstständiger, selbstbewusster, fröhlicher vor als sie selbst sich sehen und empfinden (Interviews).

Außerdem, finden viele, „schlägt sich Carola tapferer" als so manche Europäerin im europäischen Kontext. Die Art, wie sie das macht, ist ein weites Thema in der Rezeption. Die Reaktionen reichen, das wurde oben bereits ausführlich analysiert, von „gut und bewundernswert" (Forum) bis hin zum „Verrat, den sie begangen hat, an allem, was wir als Frauen erreicht haben" (Interview). Das wiederum kann als Unsicherheit interpretiert werden hinsichtlich der Geschlechterrollen bei uns. Die fest geschriebenen, starren Rollen haben sich bei uns weitgehend aufgelöst. Jetzt aber dürfen *und* müssen die Beteiligten selbst ihr Leben in die Hand nehmen, ihre Rollen wählen. „In allen Dimensionen der Biographie brechen Wahl*möglichkeiten* und Wahl*zwänge* auf", so Ulrich Beck (Beck 2003: 190). Individualisierung bedeutet hier, dass die Rollen aus ihren Fixierungen herausgelöst sind. Von „Bastelmentalität"

---

[629] Vgl.: „Die Zivilisierung des männlichen Affen" http://www.spiegel.de/kultur/gesellschaft/ 0,1518, 561514,00.html [3.11.2008]; „50 Jahre Emanzipation: Was vom Mann noch übrig ist" http:// www.maennlichkeit-leben.de/news/1346/50-jahre-emanzipation/ [3.11.2008]. Sabine Berghahn fasst zusammen: 50 Jahre Gleichberechtigungsgebot: Rechtliche Fortschritte und Enttäuschungen: http:// www.femina-politica.de/inhalte/abstracts.php?heft=50_jahre_bundesrepublik_deutschland [3.11.2008].

[630] Insbesondere jene, die schon in Kenia oder einem anderen afrikanischen Land waren, dort gearbeitet haben, wie z.B. meine drei Interviewpartnerinnen, die Ethnologiestudentinnen und die Ärztin.

(Gross 1985: 78) ist die Rede, von „Risikogesellschaft" (Beck 2003: 24); davon, dass jeder Tag

> „eine Fülle von disparaten Situationen, Ereignissen und Abläufen, die alle ihren eigenen, aber keinen übergreifenden Sinn mehr haben, die durch nichts zusammengehalten werden als dadurch, dass wir sie erleben, durchleben und sie irgendwie, ohne unbeirrbare Autorität zusammenbasteln "(Gross 1985: 78)[631]

5.4.4. Beschneidung – die große Herausforderung im transkulturellen Raum

Am häufigsten und emotionalsten von den vier heiklen Themen wird der Topos Beschneidung kommentiert.[632] Das ganze Spektrum von nüchterner Feststellung bis hin zu vehementer Empörung und Abscheu wird hier sichtbar. Liest man die Statements und Rezensionen von Amazon, die Kritiken der Printmedien und die diesbezüglichen Diskussionsbeiträge im Internetforum, scheint es bei diesem Thema am wenigsten möglich, die Grenzen durchlässig zu halten, Dichotomien zu meiden, Unsicherheiten und Ambivalenzen zu zeigen oder gar Gemeinsamkeiten zu entdecken. Hier wird das Fremde unwiederbringlich zum *„horror alieni"* (Waldenfels 1997: 44). Das Fremde ist so fremd, dass es in der Interaktion blankes Unverständnis, Abwehr, Entsetzen und Empörung hervorruft. Nur im intimen Rahmen der Interviews und Gespräche war es möglich, dass RezipientInnen sehr nachdenklich wurden, sich mit Wertungen zurückhielten und stattdessen sogar Überschneidungen und Gemeinsamkeiten entdeckten bzw. sich überhaupt getrauten, diese zu artikulieren. Deshalb – als qualitative Interviews – haben diese Aussagen bei der Analyse dieses Aspektes der Rezeption besonderes Gewicht. Eine Ausnahme bilden auch die Rezensionen von Amazon, bei denen eine 3-Sternevergabe Grundlage des Beitrages war.[633] Auch hier spürt man

---

[631] Insbesondere hinsichtlich der Rollenverteilung und der Familienplanung im Zusammenhang mit Berufstätigkeit. Vgl.: http://www.das-parlament.de/2004/33-34/Thema/002.html [6.11.2008]. Vgl.: Eikelpasch, Rolf / Rademacher, Claudia. 2004: Identität. Bielefeld.
[632] Das Thema Beschneidung, weibliche und männliche Genitalverstümmelung, in seinen Facetten und seiner Komplexität darzustellen, ist nicht Thema dieser Arbeit. Im Vergleich zur männlichen Beschneidung, so stellt Petra Schnüll noch 1999 fest, gäbe es wenig (Fach)literatur zum Thema weibliche Beschneidung, oft würde das Thema nur am Rande erwähnt (Schnüll 2003: 25). Das hat sich in den letzten 10 Jahren sicherlich geändert. Weibliche Genitalverstümmelung ist Thema in wissenschaftlichen Arbeiten; in Publikationen werden Informationen durch diverse weltweite wie afrikanische Initiativen veröffentlicht wie z.B. durch Terre des Femmes, TARGET, FORWARD und (I)NTACT. Als Herausgeber des Buches „Schnitt in die Seele" verweist Terre des Femmes auf die Homepage von DAFI e.V. www.dafi-berlib.org, auf der sich eine ausführliche Literaturliste zum Thema weibliche Genitalverstümmelung befindet.
[633] Vgl. Abbildung 9: 235 Kundenrezensionen / Verteilung der Sterne, Zeitrahmen: 1998 - 2006 (Eigene Grafik).

die Offenheit des transkulturellen Raumes, ein hohes Maß an Selbstreflexion und die Bereitschaft, sich auf Fremdes einzulassen, ohne die (fast reflexartige) entsetzte Ablehnung, aber auch ohne das Eigene zu lassen. Es sind die RezipientInnen, die einen kulturellen Kontext zur Beschneidungspraxis herstellen können, gleichzeitig aber deutlich machen, dass sie damit nicht einverstanden sind. Die Ambivalenzen des transkulturellen Raumes werden hier am deutlichsten sichtbar.

Printmedien beschränken sich teilweise auf die nüchterne Feststellung, dass „die Frauen vor der Hochzeit beschnitten werden" (Zander, Berliner Morgenpost 15.9.2005), „im Dorf werden Mädchen beschnitten" (Susemihl, Nürnberger Nachrichten 16.9.2005) und stellen fest, dass das „hochkontroverse Thema Beschneidung von Frauen hier nur angerissen wird" (Behrens, Hamburger Abendblatt 15.9.2005). Andere Kommentare werden zwar als Feststellungen formuliert, aber die Wahl der Worte beinhaltet eine Wertung: „Bei Beschneidungsritualen werden Mädchen aus der Nachbarschaft verstümmelt" (Wolf, DER SPIEGEL 12.9.2005); dort in Barsaloi gibt es „Frauenbeschneidungen und andere Brutalitäten gegenüber Frauen" (Suchsland, Telepolis 23.9.2005), „schockierende Rituale" (tvtoday 15.9.2005), die in „drastischen Szenen wie etwa die Verstümmelung eines Mädchens durch Beschneidung" (Stadler, Salzburger Nachrichten 19.12.2005) gezeigt werden. Die Begriffe „verstümmeln", „drastisch", „schockierend", „Brutalitäten" drücken eine eindeutige Beurteilung und Wertung aus, ohne jedoch irgendeinen kulturellen Kontext einzubeziehen.

Im Film wird das „hochbrisante Thema" in einer kurzen Szene tatsächlich nur „angerissen". Auch hier bleibt er sich treu, wird weder zum Dokumentar- noch zum Aufklärungsfilm, sondern ermöglicht genau dadurch ein weites Spektrum an Reaktionen. Der Kontrast zwischen Eigenem und Fremdem wird durch keine eurozentrische Synthese entzogen oder entschärft. Hier tritt er in aller Schärfe auf: Dort die Tradition, „bei der man nichts machen kann" (O-Ton Lemalian im Film / Einstellung von Pater Bernardo im Film) – hier das blanke Entsetzen über ein „verabscheuungswürdiges Ritual" (amazon.customer), auf das Carola als Stellvertreterfigur reagiert wie es viele RezipientInnen tun: „Da muss man doch etwas machen"; „Da muss man doch mit den Leuten reden"; „Da kann man doch nicht einfach zuschauen" (O-Ton Carola im Film / Interviews). Der Stachel des Fremden sitzt hier ganz außerordentlich tief, auch wenn die Reaktion schließlich häufig auf ein „Urvölker soll man in Ruhe lassen" (Forum) hinausläuft.

Gleichzeitig wird hier eine deutliche Trennlinie zwischen Eigenem und Fremdem gezogen. Das ist nicht so harmlos und folgenlos, wie es erscheint, denn durch die irreduzible Trennung von Eigenem und Fremdem und die Entrüstung in der Öffentlichkeit durch die Printmedien wird jegliches eigene Betroffensein und Nachdenken der LeserInnen erschwert, wenn nicht verunmöglicht – beispielsweise hinsichtlich eigener gesellschaftlicher Normen, hinsichtlich Schönheitshandeln in der eigenen Kultur, hinsichtlich Manipulationen und Operationen an Geschlechtsteilen in europäischem Kontext, hinsichtlich bei uns üblicher Genitalchirurgie an intersexuellen Kindern. In keinem der Kommentare in den Amazonrezensionen oder im Internetforum ist solches Nachdenken ersichtlich. Statt dem Phänomen Beschneidung ohne erhobenem moralischem Zeigefinger zu begegnen, wie es Hanny Lightfoot-Klein nachdrücklich artikuliert (Lightfoot-Klein 2003: 10), fungiert hier Genitalverstümmelung sowohl als Höhepunkt als auch als endgültiger Beweis von Rückständigkeit und Irrtum. In europäischen Augen ist Genitalverstümmelung ein verabscheuungswürdiger Tatbestand. Das Fremde tritt hier in seinem ganzem Potenzial von Beunruhigung, Herausforderung und Provokation heran (Waldenfels 1997: 142).

Die Trennung zwischen Eigenem und Fremdem manifestiert sich (vergleichbar dem Thema Hexerei) in ein Hier und Dort. Deutlich erkennbar sind auch hier die konstruierten, dichotomen Zuschreibungen von „Fortschritt und Rückständigkeit, universeller Wahrheit und provinziellem Irrtum, Rationalität und Irrationalität" (Bruchhausen 2003: 107). Durch diese irreduzible Trennung von Eigenem und Fremdem und die Entrüstung wird außer Acht gelassen, um was es – um nur *ein* Beispiel zu nennen – in der Tiefe bei diesem Ritual der Samburu (auch) geht: um die Frage, wie markiert eine Kultur Erwachsensein.[634] Wie bereits an anderer Stelle ausgeführt, wird die weibliche Beschneidung bei den Samburu unmittelbar vor der Hochzeit im Zusammenhang mit einem Ritual und Fest vorgenommen, nicht bei kleinen Mädchen oder Babys. Die Beschneidungzeremonie müsste hier als Initiationsritus, der mit einer Statusänderung in der Gesellschaft einhergeht, betrachtet werden.[635] Zuerst wird das Mädchen durch die Beschneidung zu einer Erwachsenen, dann folgt die Hochzeit. Ein Kind kann nicht heiraten, auch ein *Moran* kann nicht heiraten.

Viele RezipientInnen wollen diesen Kontext eigentlich gar nicht so genau wissen. Nirgendwo in der Rezeption wird gesagt, dass in Bezug zum Thema Beschneidung tiefere Kenntnisse hätten vermittelt werden müssen. Keine kulturelle, religiöse oder soziologische Erklärung räumt für sie die Tatsache aus der Welt, dass hier Mädchen und Frauen leiden, in ihren Augen einer Art „Folter" unterzogen werden, dass das

---

[634] Die weibliche Beschneidung ist ein komplexes Phänomen, eingebettet in ästhetische, mythische, religiöse und ökonomische Vorstellungen und Handlungen sowie traditionelle Konzepte über Weiblichkeit, Männlichkeit und Gesundheit (Meyer 2007: 10). Zu den Begründungszusammenhängen siehe: http://www.gtz.de/de/weltweit/afrika/regionale-themen/9628.htm [30.11.2008].

[635] Hier setzen viele Bemühungen an, indem andere Rituale des Erwachsenwerdens praktiziert werden, sog. „Ersatzrituale", die eine attraktive und positive Alternative zur Beschneidungszeremonie darstellen. Die erste Zeremonie dieser Art fand, laut Hanny Lightfoot-Klein, in Kenia 1996 statt.

„Recht auf Unversehrtheit" verletzt und „Menschenrechte missachtet" werden (Forum/amazon.customer/Interviews). Andere würden gern mehr wissen. Sie monieren dann, dass der Film „so wenig Informationen über die Kultur der Samburu" geben würde.[636]

Die irreduzible Trennung von Eigenem und Fremdem und die Entrüstung verunmöglichen das, was Bernhard Waldenfels „Widerhall" nennt. Ohne diesen Widerhall im – wenn auch als noch so entfernt wahrgenommenen – Eigenen, reduziert sich die Fremdheit des Anderen auf pure Exotik (Waldenfels 1997: 141). Abscheu mischt sich auf merkwürdige Weise mit Neugier und Überheblichkeit. Fremdartige Sitten und Gebräuche, die überwiegend als attraktiv im wahrsten Wortsinn empfunden werden, werden im Kontext von Beschneidung außerhalb eines transkulturellen Raumes nicht nur rigoros abgelehnt, sondern verteufelt einschließlich der Menschen, die sie durchführen (lassen). Doch weder Verteufelung noch rigorose Verbote haben der Praxis der Genitalverstümmelung bislang ein Ende setzen können,[637] so das eindeutige Fazit von Regina Kalthegener: „Gesetze gegen FGM erwiesen sich bisher in der Praxis als kaum oder gar nicht durchsetzbar." In einigen Fällen habe ihre Anwendung sogar negative Konsequenzen, weil die Praktik beispielsweise in den Untergrund gedrängt würde bzw. die Mädchen dadurch bei der Beschneidung immer jünger würden (Kalthegener 2003: 214).[638]

Harmlos und folgenlos sind die in Europa übliche öffentliche Verteufelung, die öffentlich geäußerte Empörung und der Abscheu auch deshalb nicht, weil die betroffenen Frauen dadurch zusätzlich diskriminiert und exotisiert werden – auch die im

---

[636] Beschneidungsrituale zeigen eine große Bandbreite von Praxis und Bedeutung. Bei den Samburu geht/ging es um Klitoridektomie, das bedeutet die teilweise oder gesamte Entfernung der Klitoris. Corinne Hofmann war von 1986-1990 in Kenia. Erst im Januar 2002 trat in Kenia ein Gesetz in Kraft, nach dem FGM (Femal Genital Mutilation) strafbar ist (Kalthegener 2003: 208). Auch andere Ethnien in Kenia praktizieren die Beschneidung von Mädchen – von Jungen sowieso: „Both the Masai and the Kikuyu practice clitoral excision" (Lightfoot-Klein 2003: 240). Europäische RezipientInnen machen bei der Bewertung keinen Unterschied zwischen dem Ausmaß der Verstümmelung bzw. den diversen kulturellen Kontexten, in denen sie geschieht. (Zu den diversen Beschneidungspraktiken siehe Schnöll 2003: 26f; Lightfoot-Klein 1989: 33-35; Lightfoot-Klein 2003: 64f). Das hat eine enorme Auswirkung auf den Erfolg von Aufklärung und Wandel – so man ihn ernsthaft möchte. Denn ohne die Beachtung des kulturellen Kontextes und der mannigfaltigen Begründungen für die Beschneidung hat deren Abschaffung keine Chance. Das haben die entsprechenden Organisationen mittlerweile längst erkannt und agieren über Aufklärung inzwischen sehr behutsam.

[637] Falls das überhaupt die Absicht der Printmedien oder der sich empörenden RezipientInnen ist.

[638] Dafür gehen engagierte Frauen, Hilfsorganisationen und Initiativen schon länger andere, wirkungsvolle, wenn auch langsamere Wege. Ersatzrituale gehören dazu, in denen die Mädchen in die traditionellen Weisheiten ihres Volkes eingeweiht werden, in ihre Rolle als erwachsene Frau, ohne dass ihre Genitalien beschnitten werden. Hanny Lightfoot-Klein zitiert in diesem Zusammenhang Asha Mohamud: „[…].So sollte es schrittweise möglich sein, der Genitalverstümmelung in Kenia ein Ende zu bereiten" (Lightfoot-Klein 2003: 101).

Westen lebenden. So erzählt Fahtma, eine gebildete Frau aus dem Sudan, die mit ihrem Mann einige Jahre in den USA lebte und dort ihre Kinder zur Welt brachte, im Interview mit Hanny Lightfoot-Klein: „The nurse was so upset. She kept apologizing. They must have asked her why she screamed like that, and she must have told them, because they all looked so stricken and embarrassed [...] (Hanny Lightfoot-Klein 1989: 133). Das ist ein Aspekt, den Europäer – und auch die RezipientInnen – in ihrer Aufregung über dieses Ritual ganz ausklammern bzw. nicht bedenken. Mit den lauten (meist gut gemeinten) Statements gegen Genitalverstümmelung exotisieren sie nicht nur einen für sie fremdartigen Brauch, sondern reale Menschen. So schreibt die Somalierin Asili Barre-Dirie:

> „Einerseits begrüße ich, dass man das Thema behandelt, andrerseits frage ich mich, ob sich jemals jemand Gedanken darüber gemacht hat, wie sich die betroffenen Frauen und Mädchen fühlen? Als Afrikanerin empfinde ich den Umgang der deutschen Medien und mancher engagierter Organisation oder Einzelperson mit dem Thema als verletzend und entwürdigend" (Barre-Dirie 2003: 103).

Bei mehr als einer Gelegenheit, so Hanny Lightfoot-Klein, hätten sich „beachtlich viele afrikanische und arabische Frauen lautstark über die zunehmend leidenschaftliche Beschäftigung des Westens mit dem Thema beschwert" (Lightfoot-Klein 2003: 130). Die Interviews mit Frauen, die in Afrika gelebt und gearbeitet haben[639] und mit meiner Gesprächspartnerin aus Eritrea, bestätigen diese Beobachtung. Vielen afrikanischen Feministinnen, so Hanny Lightfoot-Klein, erscheine die westliche Empörung über die weibliche Genitalverstümmelung deplaziert (Lightfoot-Klein 2003: 130). „Auf einem Kontinent, wo Millionen Frauen keinen Zugang zu den wichtigsten Lebensgrundlagen haben – Lebensmittel, Trinkwasser, Gesundheitsfürsorge, Schulbildung, Schutz vor Gewalt – steht weibliche Genitalverstümmelung einfach nicht an erster Stelle" (Lightfoot-Klein 2003: 136). In ähnlicher Weise haben sich die oben genannten Interviewpartnerinnen geäußert.

Ganz und gar außer Acht gelassen wird bei der empörten Bewertung – weil für Europäer, wie die Rezeption zeigt, schwer vorstellbar und außerordentlich befremdlich –, dass die Eltern, vor allem die Mutter bzw. Großmutter, die Beschneidung im besten Wissen und Gewissen, im Einklang mit den Werten und Vorstellungen ihrer Kultur befürworten und dabei das Wohl ihrer Töchter im Auge haben wie Eltern überall auf der Welt. „Wie kann die Mutter das zulassen. Das versteh ich nicht, wo sie diese Tortur doch selbst durchgemacht hat" (Interview). Dazu passt die Antwort

---

[639] So die Ärztin und die beiden Ethnologinnen, wobei sich die eine der beiden in einem somalischen Flüchtlingslager mit eben diesem Thema Beschneidung beschäftigt und mit vielen Frauen gesprochen hat.

von Binta J. Sidibe aus Gambia: „Sie [die Eltern] taten dies in der Überzeugung, es sei etwas Gutes für mich und keineswegs etwas Grausames" (Sidibe 2003: 109).[640] Mit der Beschneidung werden die Mädchen bei den Samburu vollwertige, angesehene Mitglieder der Gemeinschaft – ohne Beschneidung sind sie ausgeschlossen (Interview). „The most common answer is that it is simply custom, and everyone must bow to custom. The penalty for defiance is total ostracism" (Lightfoot-Klein 1989: 38).

Im Buch „Die weiße Massai" wird die Beschneidung im Zusammenhang mit den Hochzeitsvorbereitungen thematisiert. Frau Hofmann wehrt sich gegen die Beschneidung und beschreibt, wie ihr zukünftiger Mann reagiert. Er fragt sie: „Why not, Corinne? All ladies here make this" (Hofmann 1999: 165) – ruhig, freundlich, völlig selbstverständlich und weit entfernt von jeglichem Gedanken an „Gewalt gegen Frauen", „Verstümmelung" oder „Folter". Das „That's our tradition" von Lemalian im Film ist keine faule Ausrede, die öffentliche Empörung in Europa nach sich ziehen sollte: „Bevor man sich schnell darüber empört, sollte man nachdenken, was es für ein Mädchen bedeutet, ausgeschlossen zu sein oder keinen Ehemann zu finden. Davor will die Mutter sie schützen",[641] so meine Interviewpartnerin, die als Ärztin bei den Massai gearbeitet hat. „Because that is the culture here. They do it to everybody without exception", so Fahtma im Interview mit Hanny Lightfoot-Klein (Lightfoot-Klein 1989: 134).

Noch schwerer vorstellbar für europäische RezipientInnen ist die Tatsache, dass sich die Mädchen die Beschneidung wünschen.[642] Nina Hoss im Interview mit Andrea Thilo: „Bei den Samburu-Mädchen gilt die Beschneidung als wichtige Mutprobe, durch die schon alle ihre älteren Schwestern und weiblichen Vorfahren gegangen sind. Es hat mich erschüttert zu sehen, wie sehr sich die jungen Mädchen auf ihre Beschneidung freuen" (Hoss/Thilo DIE ZEIT 1.9.2005). Und: „Man kommt sehr schnell in diesen Konflikt, ob man überhaupt das Recht hat, da so hochnäsig hinzugehen und zu sagen: Wir wissen, wie es richtig ist" (Hoss/Vogel berlinonline

---

[640] Bei ihren Befragungen in einem somalischen Flüchtlingslager durch meine Interviewpartnerin auf die Frage „Warum Beschneidung?" waren die häufigsten Antworten: custom and tradition, good tradition, aber auch: religious necessity, sexual satisfaction und greater pleasure of husband (Meyer 2007: 74/75).
[641] Und vor noch vielem mehr: vor Aids, vor Vergewaltigung, vor Promiskuität, vor schweren Schwangerschaften und Geburten, vor Unfruchtbarkeit, vor Krankheiten etc. Das alles und noch mehr wird als Begründung für Genitalverstümmelung angeführt (Schnüll 2003: 38-51; Lightfoot-Klein 2003: 65-68). „No negative health effects, no pain during sexual intercourse, no problems during delivery" (Meyer 2007: 74).
[642] Das bezieht sich auf die auch bei den Samburu praktizierte Beschneidung älterer Mädchen als Initiation, nicht auf die von Babys oder kleinen Mädchen, also nicht auf von vornherein nicht einwilligungsfähigen Minderjährigen.

14.9.2005). Die Möglichkeit, dass die Mädchen die Beschneidung selbst wollen, liegt außerhalb des europäischen Vorstellungsvermögens. Da bleibt nur entsetztes Kopfschütteln, das in der Rezeption Unverständnis und Ungläubigkeit, Besserwisserei und Überheblichkeit zugleich ausdrückt. „Mehrmals konnte ich nur mit dem Kopf schütteln", schreiben gleich mehrere AmazonrezensentInnen. „Mother, why don't you circumcise me?", so die Frage eines jungen Mädchens im somalischen Flüchtlingslager (Meyer 2007: 76). Astrid Meyer verweist in ihrer Arbeit auf die Beschneidung „als Familientradition, als Teil des Erbes einer Mutter an ihre Töchter" und beschreibt eindrucksvoll die Folgen für eine Familie, weil die Mutter sich weigerte, die Infibulation[643] an ihrer Tochter durchführen zu lassen. „Das mag manchen westlichen Feministinnen vielleicht als heroisches Beispiel dienen. In der Realität hat sich der Ehemann aufgrund ihrer Weigerung scheiden lassen und die Familie lebt weitgehend isoliert in einem geschützten Übergangslager von UNHCR". Das Mädchen „wünscht sich von seiner Mutter die Durchführung der Infibulation" (Meyer 2007: 76/77).

Genitalverstümmelung ist dort, wo sie üblich ist, in komplexe gesellschaftliche Zusammenhänge eingebettet (Schnüll 2003: 51). Diese Bereitschaft der Mädchen zur Beschneidung ist nur dann zu verstehen, wenn man in einer offenen, nicht wertenden Haltung den kulturellen Kontext mit einbezieht, in dem die Mädchen leben. Durch das Ritual der Beschneidung wird das Selbstwertgefühl der Mädchen gestärkt, „dass sie diese Tortur hinter sich gebracht haben, dass sie zu verantwortungsvollen, heiratsfähigen Frauen aufgewertet worden sind, ihrer Familie Ehre gemacht haben und die Anerkennung der Gemeinschaft verdient haben" (Lightfoot-Klein 2003: 83). „The girl is the focus of attention. [...] Also, she is never alone. Relatives and neighbors are with her constantly, supporting her. Her fears are minimized by this.[...] She sees other girls who are going through the same experience, and she knows she is not alone", so Fahtma im Gespräch mit Hanny Lightfoot-Klein (Lightfoot-Klein 1989: 141).[644] Eine nicht wertende Haltung können jedoch nur die wenigsten RezipientInnen beim Thema Beschneidung einnehmen.

---

[643] Infibulation wird auch die Pharaonische Beschneidung genannt. Dabei werden die äußeren Genitalien entfernt. Die anschließende Schließung der vaginalen Öffnung lässt nur einen kleinen Ausgang für Urin und menstruelle Blutungen (Meyer 2007: 74).

[644] „Der Tag der Beschneidung wird dem Mädchen als wichtigster Tag ihres Lebens angepriesen, als Höhepunkt ihres Übertritts in das Leben einer geachteten Frau. Es herrscht festliche Stimmung, sie ist der Mittelpunkt aller Aufmerksamkeit und bekommt viele heißbegehrte Geschenke" (Lightfoot-Klein 2003: 81). „Daher bewunderten und respektierten wir jene, die es schon hinter sich hatten, besonders, wenn sie gerade aus dem Busch kamen. Sie wurden mit traditionellen Kleidern geschmückt und bekamen viele Geschenke und wir fühlten, dass sie etwas wussten, was uns verborgen blieb" (Sidibe 2003: 109).

„Bevor man sich jedoch darüber empört, sollte man darüber nachdenken", so noch einmal die Ärztin im Interview, „welche Angst sie hat, keinen Ehemann zu bekommen, was es heißt, wenn alle sie auslachen, sie wie Luft behandeln. [Pause] Wenn sie tatsächlich glaubt, dass ihre Klitoris unsauber und die weiblichen Geschlechtsorgane, so wie sie von Natur aussehen, hässlich sind, und wie sehr sie sich wünscht anerkannt, erwachsen zu sein, wie alle Jugendlichen".

Wie fremd darf das Fremde sein? Selbst für die sonst so optimistische, mutige Protagonistin Carola/Corinne Hofmann ist hier eine Grenze, die nicht aufgeweicht und nicht übersprungen werden kann. Lketinga rettet sie durch eine Notlüge vor der bevorstehenden Beschneidung vor ihrer Hochzeit. Er erzählt seiner Mutter, die auf der Beschneidung besteht, Corinne Hofmann sei schon beschnitten. Es sei in Europa üblich, dass Mädchen schon als Babys beschnitten würden. Damit gibt diese sich zufrieden (Hofmann 1999: 165/166). In der Rezeption wird diese Ausrede abfällig als „billiger Trick" deklariert (Forum). „In Deutschland passiere das schon bei der Geburt wird lapidar erklärt, damit sie um diese „Unannehmlichkeit" herumkommt. [...] Ist ihr das Weinen der Opfer dieses widerlichen Rituals vielleicht entgangen?" (amazon.customer). Corinne Hofmann alias Carola hätte „Klartext reden" müssen: „Unvorstellbar, dass eine Frau, die sich über Beschneidung empört und eine Tochter zur Welt bringt, nicht Klartext redet. Soviel Rücksichtnahme auf fremde Sitten hat wenig mit Toleranz und viel mit Selbstbetrug zu tun" (Kühn, berlinonline 15.9.2005).

Ein „billiger Trick" allerdings – das übersehen viele RezipientInnen ihrerseits in der eigenen Überheblichkeit und Unkenntnis der realen Lage offensichtlich – hat schon viele Mädchen vor der Beschneidung bewahrt. Hanny Lightfoot-Klein berichtet von Scheinritualen, bei denen eine Beschneidung und Infibulation nur vorgetäuscht wird. Die kleinen Mädchen würden ordentlich gekniffen, damit sie schreien. Dann wird ihnen erzählt, jetzt seien sie richtig beschnitten. Die Beschneiderinnen würden gut bezahlt – nicht für ihre Dienste, sondern für ihr Schweigen, und so erfahren die Nachbarn nichts weiter. „Diese Methode, mit der Tradition ganz heimlich zu brechen, ging bereits bei einer kleinen Minderheit des städtischen Bürgertums im Sudan um", so Hanny Lightfoot-Klein, „als ich dort in den frühen 1980er Jahren forschte. Ich nehme an, dass solche Scheinrituale inzwischen noch populärer sind" (Lightfoot-Klein 2003: 93).[645]

---

[645] Das Super-Model Iman stammt aus einer somalischen Oberschichtfamilie und sagt dazu: „Meine Mutter hat keinem erzählt, dass sie es bei mir nicht hat machen lassen. Sie schickte mich für einige Wochen weg und tat so, als hätte sie mich ins Krankenhaus gebracht. Wenn die Leute das herausgefunden hätten, wäre es ein Problem gewesen. Wenn es bei dir nicht gemacht wurde, wirst du wie Dreck behandelt" (Lightfoot-Klein 2003: 95).

Ob sich die Situation tatsächlich so entwickelt hat, sei dahingestellt. Wichtig im Rahmen dieser Studie ist ein nicht zu übersehender „kultureller Hochmut gegenüber Afrika" (Waldenfels 1997: 70). Am Beispiel von Beschneidung kann demonstriert und gespürt werden, was es heißt, mit Fremden Kontakt zu haben, das nicht so ohne weiteres in den eigenen Sinnhorizont eingebaut werden kann. Etwas, was zutiefst fremd ist, nicht Folklore. „Ohne diese Möglichkeit des Erschreckens degeneriert die Erfahrung des Fremden zu jener harmlosen Exotik, die das Anderswo nach Flugpreisen bemisst […]" (Waldenfels 1997: 149). Hier ist etwas wirklich fremd (im Sinn von fremdartig) und kann nicht so leicht eingeordnet oder emotional verkraftet werden. Das Fremde ist hier Beunruhigung, Stachel. Mit Waldenfels würde man hier von einer strukturellen Fremdheit sprechen (Waldenfels 1997: 36), die außerhalb unserer Ordnung liegt. Radikal fremd im Sinn von Waldenfels wäre die Beschneidung nicht, denn sie ist interpretierbar, sie liegt in einer Ordnung („That's our tradition") – nur nicht in *unserer* Ordnung.

Dem Fremden „unbedingt vollkommen unvoreingenommen begegnen, auch wenn wir in einigen Punkten ganz und gar nicht mit ihnen übereinstimmen mögen"(Lightfoot-Klein, 2003: 9) – darin sieht Hanny Lightfoot-Klein die einzige Möglichkeit, sich dem komplexen Thema Beschneidung adäquat und den betroffenen Mädchen und Frauen verständnisvoll zu nähern. Das scheint nur in einer transkulturellen Verfasstheit möglich. Der erhobene moralische Zeigefinger symbolisiert nicht nur eine Kulturgrenze, sondern eine Hierarchie. Sie hat im transkulturellen Raum keinen Platz. Diese Einsicht erfordert Selbstreflexion und eine Offenheit, die sich, wie bereits oben gesagt, nur in der Intimität der Interviews und Gespräche zeigen konnte. Überheblichkeit verschwindet, wie die Interviews deutlich machen, wenn RezipientInnen beispielsweise etwas über die Beschneidungspraktiken wissen, die in vielen Teilen der westlichen Welt praktiziert wurden und werden, und sich das Hier und Dort annähert. Nur vier meiner InterviewpartnerInnen wussten beispielsweise, dass nicht im finsteren Mittelalter, sondern noch Mitte des 19. Jahrhunderts in Europa weibliche Hypersexualität, Hysterie, Masturbation, Nymphomanie, Nervosität, Melancholie u.ä. mit einer Klitoridektomie „behandelt" wurden (Lightfoot-Klein 2003: 21-27).[646] In den Printmedien, Amazonrezensionen und im Internetforum wird mit keinem Wort, auch nicht zwischen den Zeilen, auf eine solche Überschneidung Bezug genommen. Das kann man unterschiedlich interpretieren: entweder als

---

[646] In den USA wurde, so Hanny Lightfoot-Klein, bis 1910 als Standardverfahren und Behandlungsmethode die Klitoridektomie durchgeführt. 1981 berichtete auf einem medizinischen Kongress eine US-amerikanische Frau von ihrer Klitoridektomie, die 1948 bei ihr durchgeführt worden war (Lightfoot-Klein 2003: 36). „Die letztmals bekannt gewordene (!) Klitoridektomie in den USA wurde 1953 bei einem zwölfjährigen Mädchen vorgenommen" (Schnüll 2003: 26).

schlichte Unkenntnis oder als unangenehme Wahrheit, die man am liebsten verdrängt, verunmöglicht sie doch den erhobenen Zeigefinger und „kulturellen Hochmut gegenüber Afrika" (Waldenfels 1997: 70).

Mangelndes Wissen, auch Kontextwissen, hat beim Thema Beschneidung einschneidende Folgen – auf beiden Seiten. EuropäerInnen reduzieren das Thema Beschneidung häufig auf die medizinische Seite. Medizinische Folgen, gesundheitliche Probleme beschnittener Frauen, gynäkologische Schwierigkeiten z.B. bei den Untersuchungen könnten der „anderen Seite" sehr viel erfolgreicher in einer transkulturellen, d.h. zugewandten, nicht wertenden, ja nüchternen Haltung vermittelt werden – ohne Empörung, ohne erhobenen Zeigefinger. Doch bei aufgeweichten Grenzen kann sich selbst bei einem sehr „heiklen Thema" – auch das haben die Interviews und Gespräche gezeigt[647] – eine „Austauschzone" (Mae 2007: 47) auftun, ohne Hierarchie und Besserwisserei, ein Raum der Unsicherheiten und der Irritationen zwar, aber auch einer der Verständigung. Nur auf den ersten Blick sieht es so aus, als gäbe es keinerlei Gemeinsamkeiten und Verflechtungen in diesem Kontext, als wäre das heikle Thema weit entfernt von europäischen Vorstellungen und Verhalten. Doch während der Interviews wurden grundlegende Gemeinsamkeiten entdeckt und artikuliert. Sie betreffen insbesondere die Verflechtungen der Konstruktion von Frausein, gesellschaftlichen Normen, Körperbildern und Schönheitshandeln, aber auch darum, dass Eltern überall auf der Welt im besten Wissen und Gewissen zum Wohl ihrer Kinder entscheiden. Dabei geht es, wie mehrfach betont, im Konzept der Transkulturalität nicht um eine Vermischung eigener und fremder Vorstellungen. Die Konstruktion von Frausein und Schönheit und elterlicher Fürsorge in Bezug zu gesellschaftlichen Normen bleibt different, macht aber bei transparenten Grenzen Ähnlichkeiten sichtbar.

Mit „Schönheitshandeln" meine ich in Anlehnung an Nina Degele, dass Schönheitshandeln ein Medium der Kommunikation darstellt, ein sozialer Prozess, in dem Menschen versuchen, „soziale (Anerkennungs-)Effekte zu erzielen" (Degele 2004: 10). Das geschieht in einer modernen Gesellschaft auf andere Weise als in Barsaloi, basiert auf individuellen Entscheidungen, fokussiert „Wohlfühlen", wird hartnäckig als „Hort der Privatheit gehandelt" (Degele 2004: 12-14). Um Schönheit zu erreichen ist bei uns Kompetenz vonnöten. „Wer sich schön *macht*, steigert seine Erfolgsaussichten, und Schönheitshandeln erscheint als „Versuch der Teilhabe an sozialer Macht" (Degele 2004: 15). Das ist – nur äußerst kurz umrissen – der gesellschaftli-

---

[647] Und die vielen Gespräche, die ich zu diesem Thema geführt habe – auch mit Personen, die nicht als Interviewpartner in die Studie mit aufgenommen wurden, weil nur dieses Thema Inhalt der Gespräche war.

che Background, vor dem die InterviewpartneInnen (mit Ausnahme der beiden Afrikaner und der Afrikanerin) agieren und werten.

Hier in Barsaloi wird ein Mädchen allein durch die Beschneidung als Initiation von einem Tag zum anderen, ja von Stund an, unwiderruflich erwachsen, eine Frau, bekommt die Anerkennung der Gemeinschaft und (eine gewisse) Macht, eine soziale Position als Ehefrau – und ist „schön". Unbeschnittene weibliche Genitalien gelten in manchen Ethnien als hässlich und schmutzig (Schnüll 2003: 42). Besonders in Gesellschaften, die „die Pharaonische Beschneidung praktizieren, gilt die herausgeschnittene und perfekt geglättete Scham, deren Genitalhügel zur Ebene reduziert wurde, als schön und für Männer begehrenswert" (Lightfoot-Klein 2003: 67). Gleichzeitig wird die Frage „Wann bin ich eine *richtige* Frau?", mit der sich auch Mädchen in Deutschland beschäftigen (Interview), in diesen Gesellschaften eindeutig beantwortet: durch die Beschneidung. Die Eindeutigkeit eines binären Modells von Geschlechtlichkeit wird durch das Entfernen der Klitoris hergestellt. Sowohl das soziale wie das biologische Geschlecht werden kulturell überformt (Meyer 2007: 79).

Zitate aus den Interviews spiegeln die Nachdenklichkeit, das Verständnis gegenüber den betroffenen Frauen und die Verflechtungen, aber auch Ambivalenzen und Unsicherheit wieder: „Sie machen dann im Grunde auch nichts anderes als wir, wenn sie sich den Gebräuchen ihrer Kultur beugen. Sie möchten dazugehören, möchten Erfolg, der sich dort eben darin äußert, verheiratet zu sein"; „Tja, was machen wir alles, um einem Mann zu gefallen. [Pause]. So privat ist das mit dem Schönsein nicht, wie das immer so behauptet wird. [Pause]. All die Schönheitsoperationen bei uns. [Pause]. Schamlippenverkleinerungen sollen ja der Renner sein"; „Ach – und das Erwachsenwerden. Das ist bei uns so kompliziert. [Pause]. Dauert so lange. [Pause]. Die meisten werden nicht erwachsen und wollen es gar nicht sein".[648]

> „Bei uns in Afrika versteht man nicht, wie Europäerinnen sich in die Brüste Silikonkissen verpflanzen lassen. Dass das Aussehen der Brüste überhaupt diese Rolle für die Frauen spielt. [Pause]. Und Fett absaugen und Botox spritzen. [Pause]. Sich fast zu Tode hungern, um schlank zu sein. Vollkommen ohne medizinische Notwendigkeit und sehr teuer" (Interview).

Das ist nur verständlich vor dem Hintergrund, dass gesellschaftliche Normen und Erwartungen erfüllt werden wollen, um Erfolg zu haben, um zumindest dazuzugehören, um „soziale (Anerkennungs-)Effekte zu erzielen" (Degele 2004: 10) – auch (und gerade) in einer individualisierten, modernen Gesellschaft wie der unseren, nicht nur

---

[648] In der Psychologie ging dieses Phänomen als „Peter-Pan-Syndrom" ein, das allerdings ebenso für Frauen gilt.

in einer traditionellen wie die der Samburu, in der es striktere Normen gibt, denen sich die Betroffenen ganz offensichtlich praktisch nicht entziehen können. Die Auswahlmöglichkeiten sind für den Einzelnen in Europa größer, aber das Ziel ist ähnlich.

Diese Ähnlichkeiten und „vielfältigen Querverbindungen" (Mae 2007: 49) zu entdecken, macht der transkulturelle Raum als „Möglichkeitsraum" wahrscheinlich. Verstehen, als Einsicht in eine fremde Ordnung begriffen, ist nicht mehr ausgeschlossen – Einsicht in Kontexte, Handlungsweisen und Bewertungen, die zuvor unverständlich waren. Als „Ort der Differenz ohne Hierarchie" (Bhabha 2007: XIII) ist es hier möglich, dem Fremden vollkommen unvoreingenommen zu begegnen, auch wenn wir in einigen Punkten ganz und gar nicht mit ihnen übereinstimmen (Lightfoot-Klein, 2003: 9). „Daß Eigenes und Fremdes sich verflechten, besagt nicht, daß beides sich in eine Gesamtordnung einfügt" (Waldenfels 2006: 124). Das Eigene bleibt eigen – aber ohne Überheblichkeit und moralischer Überlegenheit, vor der Hanny Lightfoot-Klein Menschen aus der westlichen Welt eindringlich warnt (Lightfoot-Klein 2003: 93).[649] FGM bleibt eine Praxis, die minderjährige Mädchen „körperlicher Gewalt und gravierenden gesundheitlichen Gefahren aussetzt" (Ragab 2003: 116).

Doch die Ambivalenzen des transkulturellen Raumes zeigt die sudanesische Anthropologin Rogaia M. Abusharaf im Interview mit Hanny Lightfoot-Klein auf, wenn sie sagt: „Nichts bringt dieses Problem mehr auf den Punkt als zwei unterschiedliche Bezeichnungen des Eingriffs: Ist es Beschneidung, ein Akt der Liebe, wie manche Frauen es nennen, oder Verstümmelung? Die widersprüchliche Antwort lautet: Beides" (Lightfoot-Klein 2003: 142). Erst im Wissen darum, dass „the people who practice FGM are honorable, upright, moral people who love their children and want the best for them" (Mackie 2000: 280), wird eine Interaktion möglich ohne moralische Überlegenheit und Entsetzen.[650]

Bei allem Wunsch nach Bewahrung fremder Kulturen und der Abwehr von Veränderungen und Wandel, die in der Rezeption bezüglich der Kultur der Samburu sichtbar wurden: In diesem Punkt wünschen sich alle RezipientInnen, wenn auch oft indirekt oder mit moralischem Zeigefinger, die Traditionen mögen sich ändern. Denn selbst die Antwort Lemalians „That's our tradition" ist nichts Statisches. Traditionen

---

[649] Unter anderem, indem sie daran erinnert, dass in den USA routinemäßig in Krankenhäusern oder aus religiösen Motiven Beschneidungen durchgeführt werden (Lightfoot-Klein 2003: 93). Sie unterscheidet nicht zwischen männlicher und weiblicher Beschneidung und beschreibt sehr eindrücklich die Folgen, die die Beschneidung für Männer haben kann.
[650] Gerry Mackie vergleicht in ihrem Beitrag „the practice of footbinding of women in China" mit FGM im Hinblick auf deren langsame Veränderung und schließlich Abschaffung (Mackie 2000: 253f).

„verändern sich", so Berhane Ras-Wok zuversichtlich – und in diesem Sinn äußern sich auch meine InterviewpartnerInnen: „Neue Normen entstehen und neue Informationen werden gewonnen. Dieser unausweichliche gesellschaftliche Wandel wird auch die weibliche Genitalverstümmelung in Frage stellen" (Ras-Wok 2003: 118).

Fazit und Schlussbemerkung

Konträre, heftige Debatten, ein überwältigender Medien- und Publikumserfolg sowie eine immense öffentliche Resonanz lassen „Die weiße Massai" aus allen in den letzten Jahren veröffentlichten Bestsellern und gedrehten Afrikafilmen herausragen. Persönliche Irritation über die Polemik und Erstaunen über die emotionalen Kontroversen der RezipientInnen standen am Anfang der Studie. Ihr Anliegen war, das komplexe Phänomen eines Medienereignisses mit dem ethnologischen Blick zu analysieren. Der Fokus lag dabei auf den RezipientInnen selbst, ihren Wahrnehmungen, Äußerungen, Reaktionen und deren Bedeutung. Dabei wurde davon ausgegangen, dass sich die RezipientInnen auf einer Schnittstelle von Eigenem und Fremden, von Realität und Imagination befinden.

Rezeption wurde hier in Anlehnung an die neuen Rezeptionstheorien als interaktiver, dialogischer, kognitiv-emotionaler Prozess betrachtet, bei dem die Medientexte (Bücher, Filme, Bilder) ihre Bedeutung erst in der Rezeption und der Aneignung durch ZuschauerInnen, BetrachterInnen und/oder LeserInnen entfalten. Unter dieser Prämisse konnten Aussagen und Reaktionen der RezipientInnen als Ergebnis der Interaktion von Buch und Film mit innewohnenden Bildern, Erwartungen und Hoffnungen, geheimen Wünschen und Erfahrungen, Ängsten, Phantasien und dem Vorwissen der RezipientInnen gedeutet werden. Die Rezeption wurde so für unseren sozialen Raum ein Seismograph, der anzeigt, was Menschen in ihm bewegt. „Die Splitter sind es, an die wir uns in einer zersplitterten Welt halten müssen" (Geertz 1996: 19). Das Feld der Rezeption ist, um die Metapher von Clifford Geertz aufzugreifen, ein „Splitter" in einer „zersplitterten Welt", dessen sorgfältige, multiperspektivische Analyse und Interpretation zu einem Spiegel der eigenen Kultur und Gesellschaft wurde.

Dieser „Splitter" hat sich als wichtiges und aussagekräftiges Forschungsobjekt entpuppt, weit mehr, als am Anfang vermutet. Dabei haben sich sowohl die interdisziplinäre Herangehensweise als auch das triangulative Forschungsdesign als adäquate und erfolgreiche Methoden erwiesen. Insbesondere die Analyse der Lachszenen erforderte diese Methoden. Dabei stellte sich das Somatische als Forschungsgegenstand – hier das Lachen im Kino – als ausgesprochen spannend und aussagekräftig heraus, eben weil es spontan und unkontrolliert geschieht. Triangulation dient hier zur Validierung der Aussagen. Die Anregung, mit Pierre Bourdieu zu forschen, hat sich ebenfalls als gangbarer Weg herausgestellt, der zu tragfähigen Ergebnissen führte. Dadurch kann die Studie einen wichtigen Beitrag leisten zum weit gefassten Thema „Eigenes und Fremdes", in dem sie keine abstrakten Diskurse analysiert, sondern an ganz konkreten Beispielen mit ganz realen Menschen blinde Flecke aufspürt, unbewusste Vorannahmen und Mechanismen bewusst macht und Erkenntnisse über eigene Wahrnehmungs- und Denkmuster offen legt. So wird die Analyse des „Splitters" zu einem Spiegel von Menschen in Interaktion mit Fremdem.

Bei aller Interdisziplinarität, die bei einem solch komplexen Phänomen wie das der Rezeption von „Die weiße Massai" erforderlich war, lag der Schwerpunkt der Studie dennoch auf der Ethnologie als Wissenschaft – mit ihrer Fähigkeit, universale Annahmen der eigenen Gesellschaft zu hinterfragen; ihrer Betonung von Beschreibung und Analyse und gleichzeitig der des Verstehens; ihrer holistischen Herangehensweise, die das Ganze nicht aus den Augen verliert, und ihrer vergleichenden Annäherung an einen Tatbestand. Das methodische Instrumentarium, das sich hier bewährt hat, stellt sich auch für andere Analysen komplexer Sachverhalte vielversprechend dar.

Wie analysiert spielen sich die Diskussionen um „Die weiße Massai" in der gebildeten (klein)bürgerlichen Schicht ab. Dabei handelt es sich um Personen, die es gewohnt sind, sich zu informieren, zu argumentieren und nachzudenken, vornehmlich allerdings über andere und anderes, weniger über eigene Wahrnehmungs-, Denk- und Handlungsmuster. Kaum jemand reflektiert die Werte, Normen, Gewohnheiten und die Selbstverständlichkeiten der eigenen Kultur. Niemand hat in der Rezeption von sich selbst gesagt, er habe Angst, sei intolerant, rassistisch oder habe noch immer koloniales Denken in sich. Dennoch: Die Studie entlarvt beispielsweise die Illusion über die eigene Toleranzschwelle und über den eigenen Umgang mit Fremdem, über die eigene Stärke und Angstfreiheit. Gerade weil sich die Protagonistin in Buch und Film so angstfrei im Samburudistrikt bewegt, können beispielsweise die verborgenen Ängste der RezipientInnen im Filmverstehen als kognitiv-emotionalem Prozess zum Vorschein kommen. Die Ängste werden niemals so benannt, sondern zeigen sich, das macht die Analyse deutlich, versteckt in unterschiedlichsten Facetten – auch Ängste vor Fragmentierung und Vereinheitlichung.

Genaue Beobachtung und eine hartnäckige, geduldige Feinanalyse waren notwendig. Sie förderten die Themen zu Tage, die sich unter den offensichtlichen Diskursen verbergen, um die es aber eigentlich geht. So verbirgt sich unter dem heftigen Diskurs um die Naivität der Protagonistin ein Paradigma unserer westlichen Kultur: das einer alles durchdringenden Rationalität. Unter den vehementen Diskussionen um die Einschätzung des Verhaltens der Protagonistin als bewunderns- bzw. verachtenswert verstecken sich eigentlich Sicherheitsdiskurse. Am Erstaunlichsten ist die nachdenklich stimmende Entdeckung, wie sehr Angst Wahrnehmung, Bewertung und Verhalten der RezipientInnen bestimmt. Wenn die polemischen Diskussionen, die Bewunderung, die Empörung, die Vorwürfe und der Spott näher analysiert werden, versteckt sich dahinter häufig einfach nur Angst, aber auch Frustration, manchmal Unkenntnis. Einige in der Analyse enttarnte vielfältige, tiefe Ängste seien hier noch einmal aufgeführt: Angst vor Langeweile, Angst vor der Liebe, Angst vor den Unsicherheiten des Lebens, Angst, kein sinnvolles Leben zu leben, Angst vor folgenreichen Entscheidungen, Angst vor Veränderungen. Auch die in der These genannten Ängste vor Vereinheitlichung und Fragmentierung gehören dazu. Immer wieder richtete sich der Fokus der Studie auf diese beiden Ängste, auf die die konträren Debatten nachvollziehbar zurück geführt werden konnten.

Irritiert reagieren die RezipientInnen, wenn Vernunft und Machbarkeit an Grenzen stoßen. Alle diese Irritationen und Ängste basieren auf kulturell geprägten Wertungen, Erwartungen und Sehnsüchten. So können diese Ängste auch als Ausdruck von Wünschen nach Sicherheit und Stabilität, nach einem erlebnisreichen Leben und nach Sinn im Leben interpretiert werden. Deutlich sichtbar wird beispielsweise durch die Interaktion mit Buch und Film nicht nur eine Sehnsucht nach Sinn im Leben, sondern nach Liebe, die diesem Leben erst Sinn verleihen würde, und gleichzeitig wird deutlich, wie sehr deutsche RezipientInnen vom dominanten Konzept der romantischen Liebe durchdrungen sind. Allemal gibt die Analyse Aufschluss darüber, was Menschen bei uns bewegt. Dabei erweist sich das Fremde einmal mehr als Umweg zu einem besseren Verständnis der eigenen Kultur (Kohl 1993: 98).

Auf immer neue Art wird in der Rezeption versucht, wenn nicht der Angst (davon spricht direkt niemand), dann doch dem Unbehagen, das die schwarz-weiße Liebesgeschichte von Barsaloi in Deutschland mobilisiert, ein anderes Mäntelchen umzuhängen. Es wird versucht, die offenbar immer noch ungeheuerliche Tatsache der Geschichte zu verkraften oder zu erklären, ohne deutlich den eigenen Rassismus, dieeigenen Sinnkrisen und/oder die eigenen Ängste zu enttarnen. Dafür werden unterschiedliche Methoden angewandt: eigene Vorbehalte und Ängste unter Wissenschaftlichkeit und Objektivität versteckt, unter Generalisierungen, unter Moral und Sorge, unter Spott und Abwertung, unter Paternalismus, unter Lachen und Witzen. Dabei nehmen die RezipientInnen den Status der KritikerInnen, besonders der der Printmedien, häufig als Garant für deren Objektivität und die Richtigkeit der Angaben, ungeachtet dessen, dass Medientexte gar keine abgeschlossenen Bedeutungen enthalten, die RezipientInnen oder WissenschaftlerInnen objektiv freilegen könnten. Ihre Bedeutung entfaltet sich immer erst in der Rezeption und der Aneignung, und die wiederum hängt von den Wahrnehmungs- und Denkmustern der KritikerInnen ab.

Wie in der These vermutet, beeinflussen innewohnende Bilder über Afrika und konträre Kulturbilder die Wahrnehmung der RezipientInnen in einem ganz erheblichen Maß. In der Interaktion und dem dialogischen Prozess des Verstehens schieben sie sich zwischen Buch und LeserIn bzw. zwischen Bild und BetrachterIn und zwischen Film und KinobesucherIn und verändern Wahrnehmung und Bewertung. Die Sicht auf die Welt und die Konstruktion von Wirklichkeit stützt sich auf diese Bilder. In der Vehemenz ihrer Verteidigung äußert sich deren tiefe Verwurzelung.

In Bezug auf Afrika fällt sowohl bei NegativbewerterInnen als auch bei PositivbewerterInnen eine generalisierende Sicht auf. Darüber hinaus werden mangelndes Kontextwissen sichtbar und mangelndes Wissen über Afrika allgemein. Es gibt bei den RezipientInnen ernsthaftes Interesse am und Liebe zum afrikanischen Kontinent, doch überwiegt (besonders bei den NegativbewerterInnen) bei weitem das anscheinend nicht auszumerzende, oft sehr subtile Bild von Afrika als „gefährlicher Kontinent" – gefährlich inzwischen, so das Ergebnis der Analyse, in vielfacher Hinsicht. Das Bild des sexuell überlegenen Afrikaners erweist dabei als ebenso hartnäckig und wirkmächtig wie das Bild von Afrika als Kontinent der Katastrophen. Ein bemerkenswertes Ergebnis der Analyse ist, dass diese Bilder des gefährlichen Afrika gerade durch die Furchtlosigkeit der Protagonistin wachgerufen werden. In den Lachszenen werden alle Bilder von Afrika für einen kurzen Moment für die RezipientInnen gebrochen; ihre Existenz wird aber gerade dadurch bestätigt.

In Bezug auf Kulturbilder stehen sich die beiden Extreme eines dynamischen und eines statischen Kulturbildes gegenüber, wobei das Bild einer in sich abgegrenzt gedachten Kultur bevorzugt wird. Dieses Bild einer abgegrenzten, statischen Kultur hat, wie analysiert, weitreichende Folgen für den Umgang mit Fremdem und Fremden. Die Studie macht deutlich, wie zäh, langlebig und wirkmächtig diese innewohnenden Bilder sind – dabei jedoch meist völlig unreflektiert und unbewusst. Mit Pierre Bourdieu kann man den Begriff „inkorporiert", mit Karl-Heinz Kohl den Begriff „internalisiert" verwenden. Durch die in der Interaktion dazwischen geschobenen Kulturbilder wird der Film bzw. das Buch wie durch eine Brille wahrgenommen. Die koloniale Brille hat sich dabei als besonders hartnäckig und ebenso subtil erwiesen. Die Einstellung, das Fremde in all seiner Faszination als Unterhaltung, ja, als Erlebnis zu verorten, ist ebenso hartnäckig. Nur in einer transkulturellen Verfasstheit, die in den leisen Stimmen der Rezeption sichtbar und spürbar wurde, wird der Versuch deutlich, multiperspektivisch zu denken, d.h. die Welt nicht in abgeschlossenen, voreinander abgrenzbaren Kategorien zu sehen, sondern Schnittstellen zu suchen und Verbindungen herzustellen.

Der Umgang mit Fremdem orientiert sich nahezu ausschließlich an eigenen Idealen und Normen. Die Studie zeigt, wie sehr das eigene Selbstverständnis – ungeachtet der ausgedrückten Vehemenz und Polemik – mit rationalem Denken und einer kritischen Grundhaltung als Ideal gekoppelt ist. Deutsche RezipientInnen sind zutiefst (und stillschweigend) davon überzeugt, dass Europa – wie es Bernhard Waldenfels vor Jahren formuliert hat – „die Inkarnation und Vorhut des wahren Glaubens, der rechten Vernunft, des echten Fortschritts, der zivilisierten Menschheit und des universalen Diskurses" (Waldenfels 1997: 136) ist.

Doch dieses Selbstverständnis hat Risse bekommen. Irritiert wird gespürt, dass die gewohnten Denkweisen und Mechanismen ins Wanken geraten und nicht mehr so überzeugend funktionieren. Der Wunsch, Menschen aus einer anderen Kultur zu verstehen, ist durchaus vorhanden – über Folklore und Voyeurismus hinaus. Dabei wird übersehen, dass von den Betroffenen eher grundlegender Respekt vor ihrer Kultur als ein Verstehen gewünscht wird. Angesichts der zunehmenden Multikulturalität der eigenen Gesellschaft wird die Beantwortung der Frage nach dem *richtigen* Umgang mit Fremdem dringlicher und danach, wie es funktionieren kann, wenn man Teil einer anderen Kultur werden will (oder soll). Anpassung ist dabei zu einem ambivalenten Schlüsselwort geworden. Die heftigen Debatten in der Rezeption und der überwältigende Publikumserfolg von „Die weiße Massai" zeigen, wie brisant und drängend *dieses* Thema geworden ist – nicht Exotik und Erotik in Afrika. Hinter den Kontroversen – das konnte an vielen Beispielen ausführlich belegt werden – verstecken sich Unsicherheiten und tiefe Ängste.

Der (vermutete wie erlebte) Wertewandel in unserer Gesellschaft führt, wie in der These angesprochen, bei vielen RezipientInnen zu einer Sehnsucht nach Gemeinschaft, nach Zusammengehörigkeit, einem festen Platz oder einer sinnvollen Rolle, nach Werten wie Respekt und Mut. Doch hat dies bei der überwiegenden Mehrheit der RezipientInnen niemals zur Folge, dass etwa Werte und Lebensformen einer anderen Kultur (z.B. der Samburu) ernsthaft als erstrebenswert oder gar als übertragbar betrachtet werden. Die Identifikation mit der eigenen logozentrischen Kultur und der Galube an die Macht des Wortes und der Kommunikation erweisen sich als tief, wodurch Sehnsüchte und Orientierung von vornehrein beschränkt werden. Die Suche nach dem Sinn im eigenen Leben verläuft nach rationalen Überlegungen. Sie endet jedoch letztlich für die meisten dann doch in der Sicherheit und Bequemlichkeit des bisherigen Lebens, unterbrochen von den vielfältigen Möglichkeiten spannender Erlebnisse, gerne auch stellvertretend – wie hier – in den Medien. Nur in der Offenheit einer transkulturellen Verfasstheit lassen sich RezipientInnen von fremden Ideen und Konzepten berühren und verändern ihre gewohnten Sichtweisen.

Direkte Beschimpfungen und offen rassistische Äußerungen über die fremde Kultur der Samburu sind selten, und wenn, dann überwiegend in den Printmedien und im Internet zu finden. Ablehnung äußert sich in Spott und Häme. Meist gibt man sich dem Fremden gegenüber jedoch liberal, verständnisvoll und tolerant – solange es weit entfernt bleibt und die eigenen Kreise nicht stört. Beim *befremdlichen* Verhalten der Protagonistin jedoch hören bei vielen RezipientInnen Verständnis, Toleranz und Liberalismus auf und entlarvt so deren dünne Schicht. Mit Vehemenz wird dann auf die alte Überzeugung von Überlegenheit gesetzt, die in Wirklichkeit weiter besteht und immer bestanden hat.

Multikulturalität wird mit zweierlei Maß gemessen. Sie wird beispielsweise im eigenen Land durchaus als Bereicherung gewertet; umgekehrt aber sollen bestimmte Ethnien (besonders solche, deren Mythos bis nach Europa gedrungen ist, wie die Samburu und Massai) gewissermaßen „Art erhaltend" beschützt werden. Eine paternalistische Haltung, die schon immer auch ein Teil kolonialistischer Haltung war, verdeckt eine offen eurozentrische oder vermischt sich mit ihr. Die Rolle des Helfers und die damit verbundene „pastorale Fürsorgemacht" werden nicht aufgegeben. Koloniale Ideologie wird sehr wohl auch offen geäußert, versteckt sich aber meist hinter Hilfsbereitschaft, neoliberaler Attitüde und gönnerhaftem Gestus oder wird dem Film untergeschoben. Dabei können Überlegenheitskonstruktionen, wie analysiert, sehr subtil sein. Hybridität irritiert und wird von der überwiegenden Mehrheit, der „lauten", medienwirksamen RezipientInnen abgelehnt bzw. belächelt. Synchretismus scheint für deutsche RezipientInnen ein schwieriges Konzept zu sein.

Auch wenn von einem Großteil der RezipientInnen die Liebe als Macht betrachtet wird, durch die sowohl Ängste als auch Kulturgrenzen überwunden werden können, word multikulturellen Beziehungen und transkulturellen Ehen mit großer Skepsis begegnet, erst recht wenn das Paar nicht in Europa lebt. Offenbar sind wir noch weit entfernt von gleichberechtigter Gemeinsamkeit, von Gleichheit ohne Gleichmacherei, vom Dialog auf gleicher Ebene, ohne die auch eine tragfähige interkulturelle Kommunikation auf Dauer wohl kaum gelingen kann. Nachdenklich muss dabei stimmen, dass in den Printmedien von einer wie auch immer gearteten transkulturellen Verfasstheit keine Rede sein kann. Dort werden die alten Bilder von festen Grenzen und Clash beschworen und die von Kultur als abgegrenztem Block. Das Fremde und die Interaktion mit ihm ist hier entweder exotische Folklore oder bedrohlich. Die Analyse der Gesamtrezeption von „Die weiße Massai" zeigt jedoch deutlich, dass nicht nur Einzelne die angestrebte Differenz ohne Hierarchie für erstrebenswert, zumindest für denkbar – manchmal auch für lebbar halten.

Eine eingehende Feinanalyse war notwendig, um in all den konträren, vehementen Debatten um „Die weiße Massai" die leisen und nachdenklichen Äußerungen heraus zu filtern. Nur sie förderten zu Tage, was zunächst nur vermutet werden konnte: Dass Buch und insbesondere der Film als „context enrichment" einen transkulturellen Raum eröffnen. Wenn sich LeserInnen und/oder KinogängerInnen auf diesen Raum einlassen, verändern sich Wahrnehmung und Verhalten, werden die Äußerungen vorsichtiger, die Wertungen nachdenklich, manchmal bleiben einfach Fragen ohne

Lösungen. Keine Antworten und keine Lösungen parat und keine Kontrolle zu haben, Ambivalenzen und Irritationen aushalten zu müssen, die die Begegnung mit Fremdem im weitesten Sinn hervorrufen kann, scheint für Europäer aus oben genannten Gründen besonders schwierig.

Aber die Analyse hat gezeigt, dass ein Teil der RezipientInnen diesen transkulturellen Raum betreten hat. Die geforderten Analysekategorien wurden deutlich sichtbar: das Suchen von Gemeinsamkeiten, das Herstellen von Verbindungen, das Aushalten von Spannungen und Unsicherheit, das Fehlen von Sofortantworten und Wertungen, die Anerkennung der Fremdposition, sowie Unvoreingenommenheit. Das ist mit Angst, festen Kulturbildern und kolonialen Brillen schwierig. Der Begriff Hybridität, inzwischen modisch geworden, wird dann nur im Sinn einer kulturellen Vermischung benutzt, als Inszenierung „eines bunten Völkerfestes", auf dem „sich jeder frei und kreativ" bewegen kann (Ha 2005: 94). Es werden dann höchstens seine harmonisierenden und integrativen Aspekte dargestellt, die zwar „bereichern und anregen, aber nicht unsere Substanz bedrohen" (Ha 2005: 84/95). Oder um es noch einmal mit Bernhard Waldenfels zu sagen: RezipientInnen müssen grundsätzlich bereit sein, den Stachel des Fremden wirklich zu spüren.

Diese Erfahrung war durch „Die weiße Massai" medial möglich. Das ist ein eindeutiges Ergebnis der Studie. Keines der sonstigen Afrikabücher und keiner der in Afrika spielenden Filme hat diese Vehemenz und immense öffentliche Resonanz hervorgerufen. Unter diesem Gesichtspunkt kann die vehemente öffentliche Reaktion, können gerade auch die beißende Kritik, die all zu schnellen Lösungsvorschläge, der Spott und die Bewunderung als Zeichen eben dieser Möglichkeit gedeutet werden. Denn der transkulturelle Raum mit seinen Unsicherheiten und neuen Kombinationen löst auch Unbehagen aus, kann Angst machen – wenn denn Hybridität nicht nur in seiner harmlosen, harmonisierenden Bedeutung verstanden oder gar lächerlich gemacht wird. Das transkulturelle Modell – das wurde besonders durch die Analyse der vier *heiklen* Themen deutlich –, führt nicht etwa zum Verschwinden des Fremden und der Differenz, sondern zu einer Zunahme an Diversität (Cogoy 2007: 22). Gleichzeitig wird die Entdeckung von Verbindungslinien und Gemeinsamkeiten ermöglicht.

Doch was auch immer an Neuem dann daraus entsteht – es wird aus der Differenz heraus verhandelt und hervorgebracht werden (Geertz 1996: 29). In diesem Zusammenhang erwies sich die Analyse der Lachszenen einmal mehr als adäquates Instrument für die Studie. Insgesamt gesehen hat sich – über bloße Denkfiguren hinaus – an einem konkreten Phänomen das Konzept der Transkulturalität als Analysekategorie bewährt. Inwieweit dieses Konzept auf eine gesamtgesellschaftliche oder gar globale Ebene übertragen werden kann, müsste in weiteren Studien untersucht werden.

Die Ethnologie als Wissenschaft hat in den letzten Jahren neue Forschungsobjekte entdeckt: Sie untersucht verstärkt Interaktionen zwischen Kulturen. Themen wie Migration, Diaspora, Integration, Hybridität sollen hier als Schlagworte genügen. Die Studie zeigt zum einen, wie wichtig es wäre, wenn diese Erkenntnisse nicht im Elfenbeinturm der Wissenschaft verblieben, sondern an eine breitere Öffentlichkeit gelangen würden. Doch sie sind zu wenig in der Öffentlichkeit präsent, um dort Kontextwissen über Bedeutungen und Zusammenhänge innerhalb einer Kultur und zwischen den Kulturen zu ermöglichen und zu vertiefen.

Zum anderen stellen die Ergebnisse dieser Studie eines der Primate der Ethnologie zur Diskussion: das Primat des Verstehens fremder Kulturen. Darunter wird in erster Linie Einsicht in eine fremde Ordnung verstanden – Einsicht in fremde Kontexte, Handlungsweisen und Bewertungen. Auch sie sind in der Öffentlichkeit zu wenig präsent. Verstehen ist darüber hinaus ohne Interaktion nicht möglich, das heißt, auch Bedeutungen und Zusammenhänge der eigenen Kultur, eigene Wahrnehmungs- und Denkmuster müssen zunächst verstanden und sehr viel mehr mitreflektiert und öffentlich gemacht werden, als das bisher geschieht. Wenn nur oder vorrangig das Verstehen des Fremden fokussiert wird, wird zudem durch diese Einseitigkeit eine Hierarchie geformt und Paternalismus unterstützt.

Verstehen des Fremden hat seine Grenzen, und diese Grenzen dürfen, ja, sollen in einem transkulturellen Konzept auch sein: Grenzen, die allerdings durchlässig sind und gleichzeitig Differenzen deutlich machen. Die als Differenzen erfahrenen Fremdpositionen müssen zunächst anerkannt und akzeptiert werden. Erst dann kann es – wie Michiko Mae bemerkt – eine aktive, selbstbestimmte Positionierung in einem „Möglichkeitsraum" geben (Mae 2007: 46). Kulturen und ihre Menschen wollen ohnehin in erster Linie anerkannt und respektiert, nicht so sehr verstanden werden. Die Frage wäre in diesem Kontext: Was kann die Ethnologie für den Respekt und die Anerkennung fremder Kulturen in der Öffentlichkeit leisten, ohne dabei jedoch paternalistisch zu werden? Damit würde sie einen Weg zu einer transkulturellen Verfasstheit bereiten und damit letztlich zu einer tragfähigen, gleichberechtigten, interkulturellen Kommunikation. In einer transkulturellen Verfasstheit als innerer Haltung kann das Fremde fremd bleiben, ohne dabei exotisch zu sein oder seinen Stachel zu verlieren; das Eigene bleibt eigen, ist aber weder besserwisserisch noch voyeuristisch – im Wissen darum, dass es zwischen beiden vielfältige Verbindungen gibt. Auch diese Verbindungslinien könnte die Ethnologie als Wissenschaft verstärkt untersuchen bzw. öffentlich machen.

Das Konzept der Transkulturalität wurde in dieser Studie nicht nur theoretisch beschrieben, sondern ausführlich empirisch untersucht. Dieses Konzept scheint ein gangbarer, erfolgversprechender Weg zu sein, Menschen aus einer fremden Kultur unvoreingenommen auf gleicher Ebene zu begegnen und in Dialog mit ihnen zu treten. Die Studie bestätigt – in Anlehnung an Pierre Bourdieu –, wie wichtig und notwendig es dabei ist, eigene kulturelle Prägungen zu enttarnen, Ängste zu benennen und Illusionen zu entlarven. Dazu gehören Illusionen über das Maß der eigenen Offenheit, Toleranz und Anpassungsfähigkeit, Illusionen über die eigene Bereitschaft und Fähigkeit, Fremdes als fremd anzuerkennen, Illusionen über die eigene rechte Vernunft und über die Universalität eigener Werte; Illusionen über eigene Ängste, über das Maß der Wirkmächtigkeit innewohnender Bilder und über eine vermeintliche Gleichheit. Das erfordert ein hohes Maß an Selbstreflexion und, wie Clifford Geertz formulierte, ein verändertes Denken (Geertz 1996: 28). Es bedeutet insbesondere, dass der Ort des Eigenen beim Blick auf Fremdes immer mitbedacht werden muss – weit mehr, als das bisher erfolgt. Das gilt auch und erst recht für EthnologInnen.

„Das Fremde umfaßt all das, was zwar nicht zu uns gehört, uns aber doch auf eine spezifische Art und Weise betrifft. Nie läßt uns das Fremde gleichgültig" (Erdheim 1993: 168). Immer wieder ist daher, wie es Anliegen der Studie war, zu formulieren, zu analysieren, zu reflektieren, was an dieser Schnittstelle von Eigenem und Fremden geschieht und wie Imagination und Realität ineinander greifen. Entschleierung und Desillusionierung sind nach Pierre Bourdieu notwendige Voraussetzungen für ein klares Bewusstsein von Mechanismen und Zusammenhängen und – so man denn will – deren möglichen Änderung. „Die sozialen Regelmäßigkeiten treten als wahrscheinliche Verkettungen auf, die man nur bekämpfen kann, falls man das für notwendig befindet, unter der Bedingung, dass man sie kennt" (Bourdieu 1992: 173).

Literaturverzeichnis

Abel, Günter. 2005: Zeichen- und Interpretationsphilosophie der Bilder. In: Majetschak, Stefan (Hg.): Bild-Zeichen. Perspektiven einer Wissenschaft vom Bild. München. S. 13- 29.

Adorno, Theodor W. .1984: Gesammelte Schriften. Band 3. 2. Auflage. Frankfurt am Main.

Aguilar, Mario I. .1999: Pastoral Identities. Memories, Memorials, and Imaginations in the Postcoloniality of East Africa. Anthropos 94.1999. S. 149 – 161.

Albrecht, Clemens. 2007: Wörter lügen manchmal, Bilder immer. Wissenschaft nach der Wende zum Bild. In: Liebert, Wolf-Andreas/Metten, Thomas (Hg.). 2007: Mit Bildern lügen. Köln. S. 29-49.

Alex, Gabriele/Klocke-Daffa, Sabine (Hg.). 2005: Sex and the Body. Ethnologische Perspektiven zu Sexualität, Körper und Geschlecht. Bielefeld.

Andresky, Sophie. 2008: Echte Männer. Was Frauen wirklich wollen. Frankfurt am Main.

Ang, Ien. 2006: Radikaler Kontextualismus und Ethnografie in der Rezeptionsforschung. In: Hepp, Andreas/Winter, Rainer (Hg.). 2006: Kultur – Medien – Macht. Cultural Studies und Medienanalyse. Wiesbaden. S. 61-80.

Antweiler, Christoph. 2005: Ethnologie. Ein Führer zu populären Medien. Berlin.

Anzaldua, Gloria, E. 1987: Borderlands. The new mestiza = La frontera. San Francisco.

Arndt, Susan (Hg.). 2001: AfrikaBilder. Studien zu Rassismus in Deutschland. Münster.

Arndt, Susan. 2001: Impressionen. Rassismus und der deutsche Afrikadiskurs. In: Arndt, Susan (Hg.). 2001: AfrikaBilder. Studien zu Rassismus in Deutschland. Münster. S. 11-68.

Auchter, Thomas. 2006: „Das Gelächter ist der Hoffnung letzte Waffe" (H. Cox): Psychoanalytische und anthropologische Aspekte von Lachen, Humor, Komischem und Witz. In: Mauser, Wolfram/Pfeiffer, Joachim (Hg.). 2006: Lachen. Freiburger Literaturpsychologische Gespräche. Jahrbuch für Literatur und Psychoanalyse. Band 25. Würzburg. S. 29-55.

Avila, Teresa von. 1984: „Ich bin ein Weib und obendrein kein gutes". Ein Porträt der Heiligen in ihren Texten. Ausgewählt, übersetzt und eingeleitet von Erika Lorenz. Freiburg in Breisgau.

Bachmann, Ingeborg. 1993a: Der gute Gott von Manhattan. In: Werke. Bd.1. Herausgegeben von Christine Koschel, Inge von Weidenbaum, Clemens Münster. 5. Auflage. München/Zürich. S. 270-327.

Bachmann, Ingeborg. 1993b: Undine geht. In: Werke. Bd.2. Herausgegeben von Christine Koschel, Inge von Weidenbaum, Clemens Münster. 5. Auflage. München/Zürich. S. 253-263.

Bachmann, Ingeborg. 1993c: Die Wahrheit ist dem Menschen zumutbar. In: Werke. Bd.4. Herausgegeben von Christine Koschel, Inge von Weidenbaum, Clemens Münster. 5. Auflage. München/Zürich. S. 275-277.

Bachmann, Philipp. 1988: Tourism in Kenia. Basic Need for Whom? Bern.

Bachmann-Medick, Doris (Hg.). 1997: Übersetzung als Repräsentation fremder Kulturen. Berlin.

Bachmann-Medick, Doris. 2007: Cultural Turns. Neuorientierungen in den Kulturwissenschaften. Reinbek bei Hamburg.

Backes, Martina/Goethe, Tina/Günther, Stephan/Magg, Rosaly (Hg.). 2002: Im Handgepäck Rassismus. Beiträge zu Tourismus und Kultur. Freiburg.

Badenberg, Nana. 2004: Die Bildkarriere eines kulturellen Stereotyps. In: Honold, Alexander/Scherpe, Klaus R. (Hg.). 2004: Mit Deutschland um die Welt. Eine Kulturgeschichte des Fremden in der Kolonialzeit. Stuttgart / Weimar. S. 173.182.

Ballhaus, Edmund/Engelbrecht, Beate (Hg.). 1995: Der ethnographische Film. Einführung in Methoden und Praxis, Berlin.

Bargatzky, Thomas. 1992: Die Ethnologie und das Problem der kulturellen Fremdheit. In: Sundermeier, Theo. Den Fremden wahrnehmen. Bausteine für eine Xenologie. Gütersloh. S. 13-29.

Barley, Nigel. 1997: Traumatische Tropen. Notizen aus meiner Lehmhütte. München.

Barre-Dirie, Asili. 2003: Betroffene Frauen verdienen unseren Respekt und unsere Unterstützung. In: Terre des Femmes (Hg.). 2003: Schnitt in die Seele. Weibliche Genitalverstümmelung – eine fundamentale Menschenrechtsverletzung. Frankfurt am Main. S. 101-108.

Barth, Boris/Osterhammel, Jürgen (Hg.). 2005: Zivilisationsmissionen. Imperiale Verbesserung seit dem 18. Jahrhundert. Konstanz.

Barth, Boris et al. (Hg.). 2007: Das Zeitalter des Kolonialismus. Darmstadt.

Barth, Boris. 2007: Die Zäsur des Ersten Weltkrieges. Hochzeit und Dekolonisation der Kolonialreiche. In: Barth, Boris et al. (Hg.). 2007: Das Zeitalter des Kolonialismus. Darmstadt. S. 113-123.

Barthes, Roland.1985: Die helle Kammer. Bemerkungen zur Photographie. Suhrkamp. Frankfurt am Main.

Barthes, Roland. 1990: Der entgegenkommende und der stumpfe Sinn. Frankfurt am Main.

Barthes, Roland. 1990: Rhetorik des Bildes. In: Barthes, Roland. 1990: Der entgegenkommende und der stumpfe Sinn. Frankfurt am Main. S. 11-27.

Barthes, Roland. 2003: Mythen des Alltags. Sonderausgabe. Frankfurt am Main. Erstmals erschienen 1964.

Bataille, George. 1999: Die innere Erfahrung. München.

Baum, Patrick. Opiumhöhle und ästhetisches Asyl. Zur Heterotopologie des Kinos im Anschluß an Foucault und Adorno. Electronic Document. http://www.flm.de/ausgaben/nr_5/baum_opiumhoehle.html [26.6.2006].

Baumgart, Georg. 1996: Le ridicule. Sozialästhetische Normierung und moralische Sanktionierung zwischen höfischer und bürgerlicher Gesellschaft – Kontinuitäten und Umwertungen. In: Fietz, Lothar/Fichte, Joerg O./Ludwig, Hans-Werner (Hg.). 1996: Semiotik, Rhetorik und Soziologie des Lachens. Vergleichende Studien zum Funktionswandel des Lachens vom Mittelalter zur Gegenwart. Tübingen. S. 228-238.

Bayer, Julia/Engl, Andrea/Liebheit, Melanie (Hg.): Strategien der Annäherung. Darstellungen des Fremden im deutschen Fernsehen. Bad Honnef.

Bechhaus-Gerst, Marianne/Klein-Arendt, Reinhard (Hg.). 2004: AfrikanerInnen in Deutschland und schwarze Deutsche – Geschichte und Gegenwart. Beiträge zur gleichnamigen Konferenz vom 13.-15. Juni 2003 im NS-Dokumentationszentrum (EL-DE-Haus). Köln/Münster.

Bechhaus-Gerst, Marianne/Gieseke, Sunna (Hg.). 2006: Koloniale und postkoloniale Konstruktionen von Afrika und Menschen afrikanischer Herkunft in der deutschen Alltagskultur. Frankfurt am Main/Berlin/Bern/Wien.

Beck, Ulrich. 1998. Was ist Globalisierung? Frankfurt am Main.

Beck, Ulrich. 2003: Risikogesellschaft. Auf dem Weg in eine andere Moderne. Frankfurt am Main.

Beck-Gernsheim, Elisabeth. 2007: Wir und die Anderen. Frankfurt am Main.

Becker, Thomas. 2005: Mann und Weib – schwarz und weiß. Die wissenschaftliche Konstruktion von Geschlecht und Rasse 1600-1900. Frankfurt am Main/New York.

Beer, Bettina (Hg.). 2003: Methoden und Techniken der Feldforschung. Berlin.

Beer, Bettina. 2003: Systematische Beobachtung. In: Beer, Bettina (Hg.). 2003: Methoden und Techniken der Feldforschung. Berlin. S. 119-141.

Beilenhoff, Wolfgang/Heller, Martin. 1995: Das Filmplakat. Zürich/Bern/New York.

Beise, Arnd/Martin, Ariane/Roth, Udo (Hg.). 2003: LachArten. Kulturen des Komischen. Band 1. Bielefeld.

Beise, Arnd/Mücke, Panja. 2003: Böswillige Masse oder anarchische Menge, verblendet zumeist. Das Lachen des Chors in der Oper vom 17.Jahrhundert bis heute. In: Beise, Arnd/Martin, Ariane/Roth, Udo (Hg.). 2003: LachArten. Kulturen des Komischen. Band 1. Bielefeld. S. 23-60.

Bell, Catherine. 1998: Ritualkonstruktion. In: Bellinger, Andréa/Krieger, David J. (Hg.). 1998: Ritualtheorien. Opladen/Wiesbaden. S. 37-47.

Bellinger, Andréa/Krieger, David J. (Hg.). 1998: Ritualtheorien. Opladen/Wiesbaden.

Belting, Hans.2001: Bild-Anthropologie. Entwürfe für eine Bildwissenschaft. Fink. München.

Belting, Hans. 2005: Das echte Bild. Bildfragen als Glaubensfragen. Beck. München.

Belting, Hans (Hg.). 2007: Bilderfragen. Die Bildwissenschaft im Aufbruch. München.

Benedikt XVI. 2008: Liebe. Entdecke, was dich leben lässt. Herausgegeben von Holger Zaborowski und Alwin Letzkus. Freiburg in Breisgau.

Berger, Peter L./Luckmann, Thomas. 1995: Die gesellschaftliche Konstruktion der Wirklichkeit: Eine Theorie der Wissenssoziologie, 6.Aufl. Frankfurt am Main.

Bergson, Henri.1946: Le Rire. Essais sur la Signification du Comique. Paris.

Bergson, Henri. 1972: Das Lachen. Ein Essay über die Bedeutung des Komischen. Zürich.

Besser, Stephan. 2004: Die hygienische Eroberung Afrikas. In: Honold, Alexander/Scherpe, Klaus R. (Hg.). 2004: Mit Deutschland um die Welt. Eine Kulturgeschichte des Fremden in der Kolonialzeit. Stuttgart/Weimar. S. 217-225.

Bethmann, Stephanie. 2008: Ringkrieg gegen die Moderne. In: Strehle, Samuel/Szabo, Sacha (Hg). 2008: Unterhaltungswissenschaft. Populärkultur im Diskurs der Cultural Studies. Marburg. S. 69-93.

Betz, Klaus. 1989: Begegnung auf gleicher Ebene. Die Chancen sozialverträglicher Tourismusprojekte. In: Stock, Christian. (Hg.). 1997: Trouble in Paradise. Tourismus in die Dritte Welt. Düsseldorf. S. 205-210.

Bhabha, Homi K. . 2007: Die Verortung der Kultur. Unveränderter Nachdruck der 1. Auflage 2000. Tübingen.

Bichmann, Wolfgang. 1995: Medizinische Systeme Afrikas. In: Pfleiderer, Beatrix/Greifeld, Katarina/Bichmann, Wolfgang. 1995: Ritual und Heilung. Eine Einführung in die Ethnomedizin. Zweite, vollständig überarbeitete und erweiterte Neuauflage des Werkes „Krankheit und Kultur". Berlin. S. 33-65.

Bienfait, Agathe. 2006: Im Gehäuse der Zugehörigkeit. Eine kritische Bestandsaufnahme des Mainstream - Multikultiralismus. Wiesbaden.

Bitterli, Urs. 1970: Die Entdeckung des schwarzen Afrikaners. Versuch einer Geistesgeschichte der europäisch-afrikanischen Beziehungen an der Guineaküste im 17. und 18. Jahrhundert. Zürich.

Blixen, Tania. 1986: Afrika. Dunkel lockende Welt. Zürich.

Bloch, Maurice (Hg.). 1974: Bild der Völker Bd. 2. Afrika zwischen Sahara und Sambesi. Südliches Afrika und Madagaskar. Wiesbaden.

Boehm, Gottfried. 1986: Der stumme Logos. In: Métreaux, Alexandre (Hg.). 1986: Leibhaftige Vernunft. Spuren von Merleau-Pontys Denken. München. S. 289-304.

Boehm, Gottfried (Hg.). 2006: Was ist ein Bild? 6.Auflage. München.

Boehm, Gottfried. 2006: Die Wiederkehr der Bilder. In: Boehm, Gottfried (Hg.). 2006: Was ist ein Bild? 6.Auflage. München. S. 11-38.

Boehm, Gottfried. 2006: Die Bilderfrage. In: Boehm, Gottfried (Hg.). 2006: Was ist ein Bild? 6.Auflage. München. S. 325-343.

Boltanski, Luc. 1981: Die Rhetorik des Bildes. In: Bourdieu, Pierre/Boltanski, Luc/Castel, Robert/Chamboredon, Jean-Claude/Lagneau, Gérard/Schnapper, Dominique (Hg.). 1981: Eine illegitime Kunst: Die sozialen Gebrauchsweisen der Photographie. Frankfurt am Main. S. 137-163.

Bordwell, David. 1985: Narration in the fiction film. Madison.London.

Bordwell, David. 1989: Making meaning: inference and rhetoric in the interpretation of cinema. Cambridge.

Borstnar, Nils/Pabst, Eckhard/Wulff, Hans Jürgen. 2002: Einführung in die Film- und Fernsehwissenschaft. Konstanz.

Bourdieu, Pierre. 1981: Kult der Einheit und kultivierte Unterschiede. In: ders. et. al. (Hg.): Eine illegitime Kunst: Die sozialen Gebrauchsweisen der Photographie. Frankfurt am Main. S. 25-84.

Bourdieu, Pierre. 1981: Die gesellschaftliche Definition der Photografie. In: Bourdieu, Pierre/Boltanski, Luc/Castel, Robert/Chamboredon, Jean-Claude/Lagneau, Gérard/Schnapper, Dominique (Hg.). 1981: Eine illegitime Kunst: Die sozialen Gebrauchsweisen der Photographie. Frankfurt am Main. S. 85-110.

Bourdieu, Pierre/Boltanski, Luc/Castel, Robert/Chamboredon, Jean-Claude/Lagneau, Gérard/Schnapper, Dominique (Hg.). 1981: Eine illegitime Kunst: Die sozialen Gebrauchsweisen der Photographie. Frankfurt am Main.

Bourdieu, Pierre. 1982: Die feinen Unterschiede. Frankfurt am Main.

Bourdieu, Pierre. 1992: Die verborgenen Mechanismen der Macht. Hamburg.

Bourdieu, Pierre. 1997: Das Elend der Welt. Konstanz.

Branston, Gill. 2000: Cinema and Cultural Modernity. Philaldphia.

Breuninger, Renate (Hg.). 1999: Andersheit – Fremdheit – Toleranz. Band 14. Bausteine zur Philosophie. Humboldt-Studienzentrum der Universität Ulm.

Brocker, Manfred/Nau, Heino Heinrich (Hg.). 1997: Ethnozentrismus. Möglichkeiten und Grenzen des interkulturellen Dialogs. Darmstadt.

Bromberger, Christian. 1998: Fußball als Weltsicht und als Ritual. In: Bellinger, Andréa/Krieger, David J. (Hg.). 1998: Ritualtheorien. Opladen/Wiesbaden. S. 285-301.

Bronfen, Elisabeth. 1995: Wahrnehmen. In: Beilenhoff, Wolfgang/Heller, Martin. Das Filmplakat. Zürich/Bern/New York. S. 121-123.

Bruchhausen, Walter (Hg.). 2003: Hexerei und Krankheit. Historische und ethnologische Perspektiven. Münster/Hamburg /London.

Bruchhausen, Walter. 2003a: Medizin und Hexerei. Zur Einführung in Vorstellungen, Vorwürfe und Forschungen. In: Bruchhausen, Walter (Hg.). 2003: Hexerei und Krankheit. Historische und ethnologische Perspektiven. Münster/Hamburg/London. S.1-22.

Bruchhausen, Walter. 2003b: Hexerei und Krankheit in Ostafrika. Beobachtungen zu einem missglückten interkulturellen Diskurs. In: Bruchhausen, Walter (Hg.). 2003: Hexerei und Krankheit. Historische und ethnologische Perspektiven. Münster/Hamburg/London. S. 93-124.

Buber, Martin. 1965: Das dialogische Prinzip. Heidelberg.

Budd, David H. . 2002: Culture Meets Culture in the Movies. An Analysis East, West, North and South, with Filmographies. London.

Burgin, Victor. 2001: Jennis Zimmer: Exhibitionismus und Einsamkeit. In: Horáková, Tamara/Maurer, Ewald/Hofleitner, Johanna/Maurer-Horak, Ruth. 2001: Image:/images. Positionen zur zeitgenössischen Fotografie. Wien. S. 259-275.

Burkart, Thomas/Wilhelm, Monika.: Introspektion bei der Rezeption eines Kurzfilms. Electronic Document <http://www.introspektion.net/html/ filmrezeptionburkart.html> [24.2.2007].

Charim, Isolde.2004: Slavoj Zizeks provokanteste These: Erweist sich der Multikulturalismus als Form von Rassismus? Electronic Document. <http://www.taz.de/pt/ 2004/12/07/a0185.1/text> [15.5.2006] und [25.2.2007].

Chlada, Marvin. 2006: In Heterotopia. Postmoderne Träume von Abenteuer und Freibeuterei: Über die Möglichkeiten und Grenzen der so genannten anderen Orte nach Michel Foucault & Co. Electronic Document. <http://jungle-world.com/ artikel/2006/02/16708.html> [16.6.2008.9].

Cicero, Marcus Tullius. 1976: Gespräche in Tusculum/Tusculanae disputationes. Herausgegeben von Gigon, Olof. München.

Clifford, James. 1988: The Predicament of Culture. Twentieth Century Ethnography, Literature, and Art. Cambridge.

Cogoy, Renate. 2007: Fremdheit und Ambivalenz. Psychoanalytische Überlegungen zur Transkulturalität. In: Roth, Wolfgang Martin/Shaked, Josef (Hg.). 2007: Transkulturelles Zusammenleben im Zeitalter der Globalisierung. Wien. S. 10-28.

Cooper, Emmanuel. 2004: Male Bodies. A Photographic History of the Nude. Berlin/London/New York.

Crawford, Peter I. /Turton, David (Hg.). 1992: Film as Ethnography. Manchester.

Danelzik, Mathis. 2005: Zum Verhältnis von Sprache und Emotionen – Was wir tun, wenn wir Emotionen zu einem kommunikationswissenschaftlichen Thema machen. In: Schmidt, Siegfried, J. (Hg.). 2005b: Medien und Emotionen. Münster. S. 40-65.

Degele, Nina. 2004: Sich schön machen. Zur Soziologie von Geschlecht und Schönheitshandeln. Wiesbaden.

Degele, Nina/Dries, Christian. 2005: Modernisierungstheorie. Eine Einführung. München.

Deleuze, Gilles. 1997: Das Bewegungs-Bild. Kino 1. Frankfurt am Main.

Dietzsch, Steffen (Hg.). 1993: Luzifer lacht. Philosophische Betrachtungen von Nietzsche bis Tabori. Leipzig.

Dorn, Margit. 2004: Plakat. In: Faulstich, Werner (Hg.). Grundwissen Medien. 5. Auflage. S. 324-338.

Dorschel, Andreas. 2001: Nachdenken über Vorurteile. Hamburg.

Douglas, Mary. 1975: Implicit meanings: essays in anthropology. London.

Douglas, Mary. 1979: Purity and danger: an analysis of concepts of pollution and taboo. London.

Douglas, Mary. 1981: Ritual, Tabu und Körpersymbolik. Sozialanthropologische Studien in Industriegesellschaft und Stammeskultur. Frankfurt am Main.

Dreesbach, Anne. 2005: Gezähmte Wilde : die Zurschaustellung "exotischer" Menschen in Deutschland 1870 – 1940. Frankfurt am Main/New York.

Dreyfus, Hubert L./Rabinov, Paul (Hg.): Michel Foucault. Jenseits von Strukturalismus und Hermeneutik Frankfurt am Main.

Duchhardt, Heinz/Melville, Gert (Hg.). 1997: Im Spannungsfeld von Recht und Ritual. Soziale Kommunikation im Mittelalter und Früher Neuzeit. Köln/Weimar/Wien.

Dülmen, Richard van (Hg.). 1993: Hexenwelten. Magie und Imagination. Frankfurt am Main.

Duerr, Hans Peter. 1990: Der Mythos vom Zivilisationsprozess. Bd.2: Intimität. Frankfurt am Main.

Duerr, Hans Peter. 2002: Der Mythos vom Zivilisationsprozess. Bd.5: Die Tatsachen des Lebens. Frankfurt am Main.

Durand, Régis. 2001: Autonomie und Heteronomie im Feld zeitgenössischer Fotografie. In: Horáková, Tamara/Maurer, Ewald/Hofleitner, Johanna/Maurer-Horak, Ruth. 2001: Image:/images. Positionen zur zeitgenössischen Fotografie. Wien. S. 19-26.

Eder, Jens. 2005: Affektlenkung im Film. Das Beispiel *Triumph des Willens*. In: Grau, Oliver/Keil, Andreas (Hg.). 2005: Mediale Emotionen. Zur Lenkung von Gefühlen durch Bild und Sound. Frankfurt am Main. S. 107-132.

Eibel-Eibelsfeldt, Irinäus. 1995: Die Biologie des menschlichen Verhaltens. Grundriss der Humanethologie. 3. überarb., erw. Auflage, München/Zürich.

Eibel-Eibelsfeldt, Irinäus. 1999: Grundriss der vergleichenden Verhaltensforschung – Ethologie. 8. überarb. Auflage. München/Zürich.

Eikelpasch, Rolf/Rademacher, Claudia. 2004: Identität. Bielefeld.

Erben, Tom. 2005: Cover. In: Schütz, Erhard (Hg.). 2005: Das BuchMarktBuch. Der Literaturbetrieb in Grundbegriffen. Reinbek bei Hamburg. S. 97-100.

Erdheim, Mario. 1993: Das Eigene und das Fremde. Über ethnische Identität. In: Jansen, Mechthild/Prokop, Ulrike (Hg.). 1993: Fremdenangst und Fremdenfeindlichkeit. Basel. S. 163-182.

Erdheim, Mario.1994: Psychoanalyse und Unbewußtheit in der Kultur. Frankfurt am Main.

Evans-Pritchard, Edward E. 1963: Witchcraft, Oracles and Magic among the Azande. Repr. of the ed. Oxford 1937. Oxford.

Evans-Pritchard, Edward E. 1978: Hexerei, Orakel und Magie bei den Zande. Frankfurt am Main.

Fanon, Frantz. 1969: Die Verdammten dieser Erde. Reinbek bei Hamburg.

Faulstich, Werner. 2002a: Grundkurs Filmanalyse. München.

Faulstich, Werner/Glasenapp, Jörn (Hg.). 2002: Liebe als Kulturmedium. München.

Faulstich, Werner. 2002b: Die Entstehung von „Liebe" als Kulturmedium im 18. Jahrhundert. In: Faulstich, Werner/Glasenapp, Jörn (Hg.): Liebe als Kulturmedium. München. S. 23-56.

Faulstich, Werner. 2004: Grundwissen Medien. 5. Auflage. München.

Fietz, Lothar/Fichte, Joerg O./Ludwig, Hans-Werner (Hg.). 1996: Semiotik, Rhetorik und Soziologie des Lachens. Vergleichende Studien zum Funktionswandel des Lachens vom Mittelalter zur Gegenwart. Tübingen.

Figal, Günter. 1996: Der Sinn des Verstehens. Stuttgart.

Finke, Peter. 2006: Streitfragen – zum Verhältnis von empirischer Forschung und ethnologischer Theoriebildung am Anfang des 21. Jahrhunderts. In: Mitteilungen der Deutschen Gesellschaft für Völkerkunde e.V., Nummer 36. Mai 2006. Halle.

Fischer, F.W./Timmers J.J.M. 1980: Spätgotik. Baden-Baden.

Fischer, Hans (Hg.). 2002: Feldforschungen. Erfahrungsberichte zur Einführung. Neufassung. Berlin.

Fischer, Hans. 2002: Erste Kontakte: Neuguinea 1958. In: Fischer, Hans (Hg.): Feldforschungen. Erfahrungsberichte zur Einführung. Neufassung. Berlin. S. 25-51.

Fiske, John. 2000: Lesarten des Populären. Wien.

Fiske, John. 2006: Populäre Texte, Sprache und Alltagskultur. In: Hepp, Andreas/Winter, Rainer (Hg.). 2006: Kultur – Medien – Macht. Cultural Studies und Medienanalyse. Wiesbaden. S. 41-60.

Fleig, Anne. 2003: Grauenvolle Stimme. Das Lachen in E.T.A. Hoffmanns *Der Sandmann*. In: Beise, Arnd/Martin, Ariane/Roth, Udo (Hg.). 2003: LachArten. Kulturen des Komischen. Band 1. Bielefeld. S. 113-133.

Flick, Uwe. 2002: Qualitative Sozialforschung, Hamburg.

Foucault, Michel. 1973: Archaeologie des Wissens. Frankfurt am Main.

Foucault, Michel. 1974: Die Ordnung des Diskurses. Frankfurt am Main.

Foucault, Michel. 1987: Warum ich Macht untersuche: Die Frage des Subjekts. In: Dreyfus, Hubert L./Rabinov, Paul (Hg.): Michel Foucault. Jenseits von Strukturalismus und Hermeneutik Frankfurt am Main. S. 243-261.

Foucault, Michel. 1992: Was ist Kritik? Berlin.

Foucault, Michel. 1996: Wahnsinn und Gesellschaft. Eine Geschichte des Wahns im Zeitalter der Vernunft. 12. Auflage. Frankfurt am Main.

Foucault, Michel. 2005: Die Heterotopien. Der utopische Körper. Zwei Radiovorträge. Frankfurt am Main.

Frank, Michael C. 2006: Kulturelle Einflussangst. Inszenierungen der Grenze in der Reiseliteratur des 19. Jahrhunderts. Bielefeld.

Frankfurt, Harry G.. 2005: Gründe der Liebe. Frankfurt.

Frankl, Viktor E.. 1952: Ärztliche Seelsorge. Wien.

Frankl, Viktor E. 1996: Sinn als anthropologische Kategorie. Meaning as an anthropological category. Herausgegeben von Josef Seifert und John Crosby. Heidelberg. (Reihe Akademie-Reden/Internationale Akademie für Philosophie im Fürstentum Liechtenstein).

Frankl, Viktor E.. 2002: Der Mensch vor der Frage nach dem Sinn: Eine Auswahl aus dem Gesamtwerk. München/Zürich.

Freud, Sigmund. 1992: Der Witz und seine Beziehung zum Unbewußten. Der Humor. Frankfurt am Main.

Frey, Siegfried. 2000: Die Macht des Bildes. Der Einfluß der nonverbalen Kommunikation auf Kultur und Politik. Bern/Göttingen/Toronto/Seattle.

Freyer, Walter. 2004: Tourismus-Marketing. Marktorientiertes Management im Mikro- und Makrobereich der Tourismusforschung. München.

Frisé, Adolf (Hg.). 1955: Robert Musil. Tagebücher, Aphorismen, Essays und Reden. Hamburg.

Fromm, Erich. 1979: Haben und Sein. Die seelischen Grundlagen einer neuen Gesellschaft. München.

Froschauer, Ulrike/Lueger, Manfred. 2003: Das qualitative Interview. Zur Praxis interpretativer Analyse sozialer Systeme. Wien.

Früchtl, Josef. 2004: Das unverschämte Ich. Eine Heldengeschichte der Moderne. Frankfurt am Main.

Fuchs, Martin. 1997a: Übersetzen und Übersetzt werden: Plädoyer für eine interaktionsanalytische Reflexion. In: Bachmann-Medick, Doris. 1997: Übersetzung als Repräsentation fremder Kulturen. Berlin. S. 308-328.

Gadamer, Hans Georg. 1999: Gesammelte Werke. Band 8. Ästhetik und Poetik 1: Kunst als Aussage. Tübingen.

Galimberti, Umberto. 2004: Die Sache mit der Liebe. Eine philosophische Gebrauchsanweisung. München.

Geertz, Clifford (Hg.). 1971: Myth, symbol, and culture. New York.

Geertz, Clifford. 1983: Dichte Beschreibung. Beiträge zum Verstehen kultureller Systeme. Frankfurt am Main.

Geertz, Clifford. 1996: Welt in Stücken. Kultur und Politik am Ende des 20. Jahrhunderts. Wien.

Geier, Manfred. 2006: Worüber kluge Menschen lachen. Kleine Philosophie des Humors. Reinbek bei Hamburg.

Genazino, Wilhelm. 2004: Der gedehnte Blick. München/Wien.

Gerstner, Jan. 2007: „Die absolute Negerei": Kolonialdiskurse und Rassismus in der Avantgarde. Marburg.

Giddens, Anthony.1993: Wandel der Intimität. Sexualität, Liebe und Erotik in modernen Gesellschaften. Frankfurt am Main.

Giles, Bridget (Hg.). 2000: Encyclopedia of African peoples. New York.

Gilmore, David D. 1991: Mythos Mann. Rollen, Rituale, Leitbilder. München und Zürich.

Glasenapp, Jörn. 2002: Ein glückliches Paar: Fotografie und Hochzeit. In: Faulstich, Werner/Glasenapp, Jörn (Hg.): Liebe als Kulturmedium, München. S. 122-149.

Glaser, Barney G./Strauss, Anselm L.1998: Grounded Theory. Strategien qualitativer Forschung. Bern.

Gobry, Ivan. 1979: Franz von Assisi. In Selbstzeugnissen und Bilddokumenten. 5.Auflage. Hamburg.

Goffman, Erving. 1959: The presentation of self in everyday life. New York.

Goffman, Erving. 1971: Interaktionsrituale. Über Verhalten in direkter Kommunikation. Frankfurt am Main.

Goffman, Erving. 1997: Wir alle spielen Theater. München/Zürich.

Goffman, Erving. 1998: Interaktionsrituale. In: Bellinger, Andréa/Krieger, David J. (Hg.). 1998: Ritualtheorien. Opladen/Wiesbaden. S. 323-338.

Gonsalves, Paul. 1989: Reflektionen über eine Reise. Tourismuskritik im Süden. In: Stock, Christian. (Hg.). 1997: Trouble in Paradise. Tourismus in die Dritte Welt. Düsseldorf. S. 228-234.

Graichen, Gisela/Gründer, Horst. 2005: Deutsche Kolonien : Traum und Trauma. Berlin.

Grasskamp, Walter. 2002: Glanz und Elend des Humors. In: Lachen. Über westliche Zivilisation. In: MERKUR, Heft 9/10, Sept./Okt. 2002, Stuttgart. S. 778-788.

Grau, Oliver/Keil, Andreas (Hg.). 2005: Mediale Emotionen. Zur Lenkung von Gefühlen durch Bild und Sound. Frankfurt am Main.

Greifeld, Katarina. 1995: Einführung in die Medizinethnologie. In: Pfleiderer, Beatrix/Greifeld, Katarina/Bichmann, Wolfgang. 1995: Ritual und Heilung. Eine Einführung in die Ethnomedizin. Zweite, vollständig überarbeitete und erweiterte Neuauflage des Werkes „Krankheit und Kultur". Berlin. S. 11-31.

Grill, Bartholomäus. 2003: Ach, Afrika. Berichte aus dem Innern eines Kontinents. Berlin.

Grimm, Sabine. 1997: Einfach hybrid! Kulturkritische Ansätze der Postkolonial Studies. Electronic document. <http://www.freiburg-postkolonial.de/Seiten/grimm-postkolonialismus.pdf > [7.9.2008].

Grimme, Ernst Günther. 1976: Deutsche Madonnen. Köln.

Gross, Peter. 1985: Bastelmentalität: ein >postmoderner< Schwebezustand? In: Schmid, Thomas (hg.). 1985: Das pfeifende Schwein. Über weitergehende Interessen der Linken. Berlin. S. 63-84.

Grubmüller, Klaus. 2005: Wer lacht im Märe – und wozu? In: Röcke, Werner/Velten, Hans Rudolf (Hg.). 2005: Lachgemeinschaften. Kulturelle Inszenierungen und soziale Wirkungen von Gelächter im Mittelalter und in der Frühen Neuzeit. Berlin/New York. S. 111-124.

Grün, Anselm. 2003: Im Zeitmaß der Mönche. Vom Umgang mit einem wertvollen Gut. Freiburg im Breisgau.

Gugler, Josef. 2003: African Film. Re-Imaging a Continent. Oxford.

Gunermann, Heinz (Hg.). 1998: Seneca, Lucius Annaeus. Epistulae morales ad Lucilium. Liber XVII et XVIII. Briefe an Lucilius über Ethik. 17. und 18. Buch, lateinisch/deutsch. Stuttgart.

Grütter, Karin. 1997: Weibliche Gastfreundschaft, männliches Reisen? Zur Rolle der Frauen im Dritte-Welt-Tourismus. In: Stock, Christian. (Hg.). 1997: Trouble in Paradise. Tourismus in die Dritte Welt. Düsseldorf. S. 138-148.

Guschker, Stefan. 2002: Bilderwelt und Lebenswirklichkeit. Eine soziologische Studie über die Rolle privater Fotos für die Sinnhaftigkeit des eigenen Lebens. Europäische Hochschulschriften. Reihe 22, Soziologie; Bd.373. Frankfurt am Main.

Ha, Kien Nghi. 2005: Hype um Hybridität. Kultureller Differenzkonsum und postmoderne Verwertungstechniken im Spätkapitalismus. Bielefeld.

Hackenberg, Achim. 2004: Filmverstehen als kognitiv-emotionaler Prozess. Zum Instruktionscharakter filmischer Darstellungen und dessen Bedeutung für die Medienrezeptionsforschung. Berlin.

Haedrich, Günther/Kaspar, Claude/Klemm, Kristiane/Kreilkamp, Edgar (Hg.). 1998: Tourismus – Management. Berlin/New York.

Halbmayer, Ernst/Mader, Elke (Hg.). 2004: Kultur, Raum, Landschaft. Zur Bedeutung des Raumes in Zeiten der Globalität. Frankfurt am Main.

Hall, Edward T. 1959: The Silent Language. New York.

Hanke, Christine 2000: Tränen im Kino. Electronic Document. < http://nachdem film.de/no4/no4start.html> [24.2.2007].

Harmening, Dieter (Hg.).1991: Hexen heute. Magische Traditionen und neue Zutaten. Würzburg.

Hauschild, Thomas. 1987: Die alten und die neuen Hexen. Die Geschichte der Frauen auf der Grenze. München.

Hauser-Schäublin, Brigitta/Braukämper, Ulrich (Hg.). 2002: Ethnologie der Globalisierung. Perspektiven kultureller Verflechtungen. Berlin.

Hauser-Schäublin, Brigitta. 2003: Teilnehmende Beobachtung. In: Beer, Bettina (Hg.). 2003: Methoden und Techniken der Feldforschung. Berlin. S. 33-54.

Helbling, Marc. 2007: Meistens sinds Ausländer. In: Unimagazin. Die Zeitschrift der Universität Zürich. 16. Jahrgang. Nummer1. Zürich. S. 22-25.

Helfferich, Cornelia. 2005: Die Qualität qualitativer Daten. Manual für die Durchführung qualitativer Interviews. Wiesbaden.

Heller, Heinz-Bernd. 1987: Der Rhetoriker geht ins Kino. In: Augen-Blick. Marburgerhefte zur Medienwissenschaft. Heft 4. Marburg. S. 44-57.

Heiz, André Vladimir. 1995: Zeichen. In: Beilenhoff, Wolfgang/Heller, Martin. Das Filmplakat. Zürich/Bern/New York. S. 14-27.

Hemingway, Ernest. 1964. Die grünen Hügel Afrikas. Reinbek bei Hamburg.

Hemme, Tanja. 2000: Streifzüge durch eine fremde Welt. Untersuchung ausgewählter schriftlicher Zeugnisse deutscher Reisender im südlichen Afrika im 19. Jahrhundert unter besonderer Berücksichtigung der kulturellen Fremderfahrung. Stuttgart.

Hemsing, Jan. 1997: Beauty of Samburu, Shaba & Buffalo Springs. Nairobi.

Henatsch, Martin. 1995: Die Entstehung des Plakates. Eine rezeptionsästhetische Untersuchung. Hildesheim.

Hepp, Andreas. 1999: Cultural studies und Medienanalyse: eine Einführung. Opladen.

Hepp, Andreas/Winter, Rainer (Hg.). 2006: Kultur – Medien – Macht. Cultural Studies und Medienanalyse. Wiesbaden.

Hepp, Andreas. 2006: Transkulturelle Kommunikation. Konstanz.

Herbstrith, Waltraud.1996: Teresa von Avila. Lebensweg und Botschaft. München.

Heringer, Hans Jürgen. 2004: Interkulturelle Kommunikation. Grundlagen und Konzepte. Tübingen/Basel.

Herkenhoff, Michael. 1990: Der dunkle Kontinent. Das Afrikabild im Mittelalter bis zum 12. Jahrhundert. In: Weltbild und Kulturbegegnung, Bd.2, Hg.: Knefelkamp, Ulrich/Zimmermann, Gerd. Pfaffenweiler.

Hermann, Hans H. 1980: Europa kam aus Afrika. Reise zu den vergessenen Ursprüngen unserer Kultur. Hamburg.

Hiller, Marlene. 2007: Vorwort. In: Barth, Boris et al. (Hg.). 2007: Das Zeitalter des Kolonialismus. Darmstadt. S. 7.

Hobbes, Thomas; Pogson Smith, W. G. 1958: Hobbes' Leviathan: with an essay by the late W. G. Pogson Smith. Repr. from the ed. of 1651. Oxford.

Hobuß, Steffi/Lölke, Ulrich (Hg.). 2007: Erinnern verhandeln. Kolonialismus im kollektiven Gedächtnis Afrikas und Europas. Münster.

Hodgson, Dorothy L. 2003: Being Maasai Men: Modernity and the Production of Maasai Masculinities. In: Lindsay, Lisa A./Miescher, Stephan F. (Hg.). 2003: Men and Masculinities in Modern Africa. Portsmouth. S. 211-229.

Hoffmann, Ludger. 1983: Kommunikation vor Gericht. Tübingen.

Hofmann, Corinne. 1999: Die weiße Massai. München.

Hofmann, Corinne. 2003: Zurück aus Afrika. München.

Hofmann, Corinne. 2005: Wiedersehen in Barsaloi. München.

Hollstein, Bettina/Strauss, Florian. 2006: Qualitative Netzwerkanalyse. Konzepte, Methoden, Anwendungen. Wiesbaden.

Hollstein, Walter. 2008: Was vom Manne übrig blieb. Berlin.

Holtzman, Jon. 1995: Samburu. The Heritage Library of African People. New York.

Honold, Alexander/Scherpe, Klaus R. (Hg.). 2004: Mit Deutschland um die Welt. Eine Kulturgeschichte des Fremden in der Kolonialzeit. Stuttgart/Weimar.

Horáková, Tamara/Maurer, Ewald/Hofleitner, Johanna/Maurer-Horak, Ruth. 2001: Image:/images. Positionen zur zeitgenössischen Fotografie. Wien.

Hüther, Gerald. 2004: Die Macht der inneren Bilder. Wie Visionen das Gehirn, den Menschen und die Welt verändern. Göttingen.

Husmann, Rolf (Hg.). 1987: Mit der Kamera in fremden Kulturen. Aspekte des Films in Ethnologie und Volkskunde. Emsdetten.

Huttington, Samuel P. 1996: Kampf der Kulturen. Die Neugestaltung der Weltpolitik im 21. Jahrhundert. München/Wien.

Illouz, Eva. 2003: Der Konsum der Romantik. Liebe und die kulturellen Widersprüche des Kapitalismus. Frankfurt/New York.

Illouz, Eva. 2007: Gefühle im Zeitalter des Kapitalismus. Frankfurter Adorno-Vorlesungen 2004. Frankfurt am Main.

Ivanov, Paola. 2001: Aneignung. Der museale Blick als Spiegel der europäischen Begegnung mit Afrika. In: Arndt, Susan (Hg.). 2001: AfrikaBilder. Studien zu Rassismus in Deutschland, Münster. S. 351-371.

Jäger, Siegfried. 1999: Kritische Diskursanalyse. Eine Einführung. Münster.

Jäger, Siegfried. 2006: Zwischen den Kulturen: Diskursanalytische Grenzgänge. In: Hepp, Andreas/Winter, Rainer (Hg.). 2006: Kultur – Medien – Macht. Cultural Studies und Medienanalyse. Wiesbaden. S. 327-351.

Jäger, Willigis. 2000: Die Welle ist das Meer. Mystische Spiritualität. Freiburg in Breisgau.

Jakobeit, Cord. 2001: Entwicklungshilfe-Politik in Afrika. Welche Hilfe zu welcher Entwicklung? In: Arndt, Susan (Hg.). 2001: AfrikaBilder. Studien zu Rassismus in Deutschland, Münster. S. 447-457.

Jansen, Mechthild/Prokop, Ulrike (Hg.). 1993: Fremdenangst und Fremdenfeindlichkeit. Basel.

Jaspers, Karl. 1932: Existenzerhellung. Philosophie von Karl Jaspers. Band 2. Berlin.

Jedamski, Doris/Jehle, Hiltgund/Siebert, Ulla (Hg.). 1994: >Und tät das Reisen wählen!<. Frauenreisen – Reisefrauen. Zürich/Dortmund.

Jensen, Jürgen (Hg.). 2000: Interethnische Beziehungen und Kulturwandel. Ethnologische Beiträge zu soziokultureller Dynamik, Band 43. Hamburg.

John, Hans-Rainer. 1999: Bittere Erfahrungen in Zentralafrika. Berliner LeseZeichen, Ausgabe 11+12/99. Luisenstadt. Electronic Document. <http://www.berliner-lesezeichen.de/lesezei/Blz99_11/text17.html> [28.1.2006].

Johnson, Robert A. 1985: Traumvorstellung Liebe. Der Irrtum des Abendlandes. Olten/Freiburg im Breisgau.

Jordan, Kirsten/Quaiser-Pohl, Claudia. 2007: Warum Frauen glauben, sie könnten schlecht einparken und Männer ihnen Recht geben. Über Schwächen, die gar keine sind. München.

Jung, Carl Gustav. 1976: Die Archetypen und das kollektive Unbewusste. Olten/Freiburg im Breisgau. Hg.: Jung-Merker, Lilly/Rüf, Elisabeth.

Jurt, Joseph (Hg.). 2003: absolute Pierre Bourdieu. Freiburg im Breisgau.

Kaesler, Dirk (Hg.). 1999: Klassiker der Soziologie. München.

Kaemmerling, Ekkehard (Hg.). 1979: Ikonographie und Ikonologie. Theorien, Entwicklung, Probleme. Köln. 6.überarbeitete Auflage.

Kalthegener, Regina. 2003: Rechtliche Regelungen gegen Genitalverstümmelung in Afrika. In: Terre des Femmes (Hg.). 2003: Schnitt in die Seele. Weibliche Genitalverstümmelung – eine fundamentale Menschenrechtsverletzung. Frankfurt am Main. S. 203-214.

Kamper, Dietmar/Wulf, Christoph (Hg.). 1986: Lachen – Gelächter – Lächeln. Reflexionen in drei Spiegeln. Frankfurt am Main.

Kamps, Johannes. 1999: Plakat. Grundlagen der Medienkommunikation Bd. 5. Tübingen.

Kant, Immanuel. 2001: Kritik der Urteislkraft. Klemme, Heiner F. (Hg.). Hamburg.

Kardorff, Ernst von. 2006: Virtuelle Netzwerke – eine neue Form der Vergesellschaftung? In: Hollstein, Betina/Strauss, Florian. 2006: Qualitative Netzwerkanalyse. Konzepte, Methoden, Anwendungen. Wiesbaden. S. 63-97.

Kariuki, John. 2006: The Africans – true or false? Weekend Magazin vom 27.1.2006. Electronic Document <http://www.nationmedia.com/dailynation/nmgcontentry.asp?premiumid=0&category_id=31&newsid=6596C> [6.4.2006].

Kaspar, Claude. 1998: Das System Tourismus im Überblick. In: Haedrich, Günther/Kaspar, Claude/Klemm, Kristiane/Kreilkamp, Edgar (Hg.). Tourismus – Management. Berlin/New York. S. 15-32.

Keller, Reiner. 2004: Diskursforschung. Eine Einführung für SozialwissenschaftlerInnen. Opladen.

Keil, Andreas/Grau, Oliver. 2005: Mediale Emotionen: Auf dem Weg zu einer historischen Emotionsforschung. In: Grau, Oliver/Keil, Andreas (Hg.). 2005: Mediale Emotionen. Zur Lenkung von Gefühlen durch Bild und Sound. Frankfurt am Main. S. 7-19.

Kertzer, David I. 1998: Ritual, Politik und Macht. In: Bellinger, Andréa/Krieger, David J. (Hg.). 1998: Ritualtheorien. Opladen/Wiesbaden. S. 365-390.

Klemm, Michael. 2004: Das Fremde, Das Eigene und das Fernsehen. Wie sich Zuschauer die „große Welt" aneignen. In: Bayer, Julia/Engl, Andrea/Liebheit, Melanie (Hg.): Strategien der Annäherung. Darstellungen des Fremden im deutschen Fernsehen. Bad Honnef. S. 184-200.

Kluge, Alexander. 2003: Der Friedensstifter. In: DIE ZEIT 44, vom 23.10.2003, S.41.

Köck, Christoph. 1990: Sehnsucht Abenteuer. Auf den Spuren der Erlebnisgesellschaft. Münster.

Kohl, Karl-Heinz. 1986: Exotik als Beruf. Erfahrung und Trauma der Ethnographie. Überarbeitete Neuausgabe. Frankfurt am Main.

Kohl, Karl-Heinz. 1993: Ethnologie – die Wissenschaft vom kulturell Fremden, München.

Kokott, Jeanette/Schmelz, Bernd. 2003: Hexen. Das Hexenarchiv im Museum für Völkerkunde Hamburg. Museum für Völkerkunde Hamburg.

Kokott, Jeanette. 2003: Hexerei – ein komplexes Verbrechen. In: Kokott, Jeanette/Schmelz, Bernd. 2003: Hexen. Das Hexenarchiv im Museum für Völkerkunde Hamburg. Museum für Völkerkunde Hamburg. S. 38-49.

Kosack, Godula. 2003: Hexen weltweit. In: In: Kokott, Jeanette/Schmelz, Bernd. 2003: Hexen. Das Hexenarchiv im Museum für Völkerkunde Hamburg. Museum für Völkerkunde Hamburg. S. 85-89.

Kotthoff, Helga. 2005: Konversationelle Karikaturen. In: Röcke, Werner/Velten, Hans Rudolf (Hg.). 2005: Lachgemeinschaften. Kulturelle Inszenierungen und soziale Wirkungen von Gelächter im Mittelalter und in der Frühen Neuzeit. Berlin/New York. S. 331-351.

Lantermann, Ernst-D. 2005: Bild und Handlung. Annäherung an eine Bildwissenschaft aus psychologischer Sicht. In: Majetschak, Stefan (Hg.). 2005: Bild-Zeichen. Perspektiven einer Wissenschaft vom Bild. München. S. 179-191.

Latour, Bruno. 1995: Wir sind nie modern gewesen. Versuch einer symmetrischen Anthropologie. Berlin.

Leifer, Walter (Hg.). 1977: Kenia. Tübingen / Basel.

Lévi-Strauss, Claude.1978: Traurige Tropen. Frankfurt am Main.

Lezzi, Eva/Ehlers, Monika (Hg.). 2003: Fremdes Begehren. Transkulturelle Beziehungen in Literatur, Kunst und Medien. Köln/Weimar/Wien.

Liebert, Wolf-Andreas/Metten, Thomas (Hg.). 2007: Mit Bildern lügen. Köln.

Liebert, Wolf-Andreas/Metten, Thomas. 2007: Bild, Handlung und Kultur. Kulturwissenschaftliche Überlegungen zum Handeln mit Bildern. In: Liebert, Wolf-Andreas/Metten, Thomas (Hg.). 2007: Mit Bildern lügen. Köln. S. 7-27.

Lightfoot-Klein, Hanny. 1989: Prisoners of Ritual. An Odyssey into Female Genital Circumcision in Africa. New York / London.

Lightfoot-Klein, Hanny. 2003: Der Beschneidungsskandal. Berlin.

Lindsay, Lisa A./Miescher, Stephan F. (Hg.). 2003: Men and Masculinities in Modern Africa. Portsmouth.

Lölke, Ulrich. 2007: „You went for the wrong Greeks, Elizabeth." – Zur Hermeneutik der kolonialen Gewalt in Romanen John M. Coetzees und André Brinks. In: Hobuß, Steffi/Lölke, Ulrich (Hg.). 2007: Erinnern verhandeln. Kolonialismus im kollektiven Gedächtnis Afrikas und Europas. Münster. S. 161-178.

Loizos, Peter. 1992: Admissible evidence? Film in anthropology. In: Crawford, Peter I./Turton, David (Hg.): Film as Ethnography. Manchester. S. 50-65.

Loth, Heinrich. 1988: Audienzen auf dem schwarzen Kontinent. Afrika in der Reiseliteratur des 18. und 19. Jahrhunderts. Berlin.

Lorenz, Konrad. 1973: Die acht Todsünden der Menschheit. München.

Luckhardt, Ute. 2003: Undine lacht. Das Lachen der weiblichen Wasserwesen bei Friedrich de la Motte-Fouqué, Eduard Möricke und Ingeborg Bachmann. In: Beise, Arnd/Martin, Ariane/Roth, Udo (Hg.). 2003: LachArten. Kulturen des Komischen. Band 1. Bielefeld. S. 251-265.

Lüsebrink, Hans-Jürgen. 2005: Interkulturelle Kommunikation. Interaktion, Fremdwahrnehmung, Kulturtransfer. Stuttgart/Weimar.

Luhmann, Niklas. 1984: Grundriss einer allgemeinen Theorie. Frankfurt am Main.

Lyotard, Jean-Francois. 1994: Das postmoderne Wissen. Ein Bericht. Herausgegeben von Peter Engelmann. Wien.

Maase, Kapar. 2002: >Wer findet denn so etwas komisch?< Die Massen und ihre Lachen. In: Lachen. Über westliche Zivilisation. In: MERKUR, Heft 9/10, Sept./Okt. 2002, Stuttgart. S. 874-885.

Mabe, Jacob E. 2004: Das Afrika – Lexikon. Ein Kontinent in 1000 Stichworten. Stuttgart.

Mackie, Gerry. 2000: Female Genital Cutting: The Beginning of the End. In: Shell-Duncan, Bettina / Hernlund, Ylva. 2000: Female „Circumcision" in Africa. London. S. 253-281.

Mader, Elke. 2004: Lokale Räume, globale Träume, Tourismus und Imagination in Lateinamerika. In: Halbmayer, Ernst/Mader, Elke (Hg.): Kultur, Raum, Landschaft. Zur Bedeutung des Raumes in Zeiten der Globalität, Frankfurt.

Mae, Michiko/Saal, Britta (Hg.). 2007: Transkulturelle Genderforschung. Ein Studienbuch zum Verhältnis von Kultur und Geschlecht. Wiesbaden.

Mae, Michiko. 2007: Auf dem Weg zu einer transkulturellen Genderforschung. In: Mae, Michiko/Saal, Britta (Hg.). 2007: Transkulturelle Genderforschung. Ein Studienbuch zum Verhältnis von Kultur und Geschlecht. Wiesbaden. S. 38-51.

Magener, Jörg. 1995: Kino vor dem Kino. In: Beilenhoff, Wolfgang/Heller, Martin. Das Filmplakat. Zürich/Bern/New York. S. 8-13.

Magg, Rosaly.2002: Wild – Fremd - Frau. Weiblichkeitsbilder im Tourismus. In: Backes, Martina/Goethe, Tina/Günther, Stephan/Magg, Rosaly (Hg.). 2002: Im Handgepäck Rassismus. Beiträge zu Tourismus und Kultur. Freiburg. S. 71-84.

Maier, Birgit. 1995: Zur Methodik der Filmanalyse von ethnographischen Filmen. In: Ballhaus, Edmund/Engelbrecht, Beate (Hg.): Der ethnographische Film. Einführung in Methoden und Praxis. Berlin. S. 223-256.

Maimai, Kakuta Ole. 2005: Maasai Association. Electronic Document.<http://www.maasai-infoline.org/welcome.html> [22.10.2005].

Majetschak, Stefan (Hg.). 2005: Bild-Zeichen. Perspektiven einer Wissenschaft vom Bild. München.

Majetschak, Stefan. 2005: Sichtvermerke. Über Unterschiede zwischen Kunst- und Gebrauchsbildern. In: Majetschak, Stefan (Hg.): Bild-Zeichen. Perspektiven einer Wissenschaft vom Bild. München. S. 97 – 121.

Martens, Ekkehard. Staunen bildet. Vom Staunen als Erkenntnis-, Sozio- und Psychodrama in Bildungsprozessen <http://www.kindergartenpaedagogik.de/1055.html> Electronic document. [2.12.2008].

Martenstein, Harald. 2002: Die Spaßgesellschaft: Warum sie so verhaßt ist und wie man sie kritisieren könnte. In: Lachen. Über westliche Zivilisation. In: MERKUR, Heft 9/10, Sept./Okt. 2002, Stuttgart. S. 906-911.

Martin, Peter. 2001: Schwarze Teufel, edle Mohren. Afrikaner in Geschichte und Bewusstsein der Deutschen. Hamburg.

Mary, Geo T. 1978: Im schwarzen Erdteil. Die faszinierende Geschichte der Erforschung Afrikas. Tübingen und Basel.

Maschmeier, Ivonne. 2003: Entstehung und Entwicklung der Hexenvorstellungen in Europa. In: Kokott, Jeanette/Schmelz, Bernd. 2003: Hexen. Das Hexenarchiv im Museum für Völkerkunde Hamburg. S. 81-84.

Maß, Sandra. 2006: Weiße Helden, schwarze Krieger. Zur Geschichte kolonialer Männlichkeit in Deutschland 1918-1964. Köln.

Mathez, Philippe/Froidevaux, Sylvain (Hg.). 2005: Nous autres. Petit guide de l'exposition. Musée d'ethnographie de Genève. Genf.

Maurer-Horak, Ruth. 2001: Die Krise des Motivs in der Fotografie. In: Horáková, Tamara/Maurer, Ewald/Hofleitner, Johanna/Maurer-Horak, Ruth. 2001: Image:/images. Positionen zur zeitgenössischen Fotografie. Wien. S. 161-188.

Mauser, Wolfram/Pfeiffer, Joachim (Hg.). 2006: Lachen. Freiburger Literaturpsychologische Gespräche. Jahrbuch für Literatur und Psychoanalyse. Band 25. Würzburg.

Mergner, Gottfried/Häfner, Ansgar (Hg.). 1989: Der Afrikaner im deutschen Kinder- und Jugendbuch. 2. Auflage. Hamburg.

Merleau-Ponty, Maurice. 2003: Das Auge und der Geist. Philosophische Essays. Neu bearbeitet, kommentiert und mit einer Einleitung herausgegeben von Christian Bermes. Hamburg.

Merten, Klaus/Schmidt, Siegfried J./Weischenberg, Siegfried (Hg.). 1994: Die Wirklichkeit der Medien. Eine Einführung in die Kommunikationswissenschaft. Opladen.

Mertens, Dieter. 1997: Rede als institutionalisierte Kommunikation. In: Duchhardt, Heinz/Melville, Gert (Hg.).1997: Im Spannungsfeld von Recht und Ritual. Soziale Kommunikation im Mittelalter und Früher Neuzeit. Köln/Weimar/Wien. S. 401-421.

Métreaux, Alexandre (Hg.). 1986: Leibhaftige Vernunft. Spuren von Merleau-Pontys Denken. München.

Metz. Christian. 1973: Sprache und Film. Frankfurt am Main.

Meyer, Astrid Sabine. 2007: Der kulturelle Kontext der Infibulation in somalischen Flüchtlingslagern in Kenia – zur Konstruktion weiblicher Sexualität in einer patrilinearen Gesellschaft. Unveröffentlichte Magisterarbeit. Freiburg in Breisgau WS 2006/2007.

Meyer, Corinna. 1996: Der Prozeß des Filmverstehens. Ein Vergleich der Theorien von David Bordwell und Peter Wuss. Alfeld.

Michel, Burkard. 2006: Bild und Habitus. Sinnbildungsprozesse bei der Rezeption von Fotografien. Wiesbaden.

Mikos, Lothar. 1994: Fernsehen im Erleben der Zuschauer. Vom lustvollen Umgang mit einem populären Medium. Berlin/München.

Mikos, Lothar/Wegener, Claudia (Hg.). 2005: Qualitative Medienforschung. Ein Handbuch. Konstanz.

Mikos, Lothar/Prommer, Elizabeth. 2005: Das Babelsberger Modell. In: Mikos, Lothar/Wegener, Claudia (Hg.). 2005: Qualitative Medienforschung. Ein Handbuch. Konstanz. S. 162-169.

Mikos, Lothar/Eichner, Susanne/Prommer, Elizabeth/Wedel, Michael. 2007: Die >Herr der Ringe<-Trilogie. Attraktion und Faszination eines populärkulturellen Phänomens. Konstanz.

Moebius, Stephan. 2004: Wegmarken zu einer Soziologie des Maximal Fremden. In: Schetsche, Michael (Hg.). 2004: Der maximal Fremde. Begegnungen mit dem Nichtmenschlichen und die Grenzen des Verstehens. Würzburg. S. 205-214.

Mönnig, Gabriela (Hg.). 1988: Schwarzafrika der Frauen. München.

Monaco, James. 1995: Film verstehen. Kunst, Technik, Sprache, Geschichte und Theorie des Film und der Medien. Hamburg.

Monbiot, George.1996: Nomadenland. Der Überlebenskampf der Nomaden Ostafrikas. München. (Originaltitel: No Man's Land. London 1994).

Moore, Robert/Gillette, Douglas. 1992: König, Krieger, Magier, Liebhaber. Die Stärken des Mannes. Deutsche Erstausgabe München. Originalausgabe erschien unter dem Titel >King, Warrier, Magician, Lover. Rediscovering the Archetypes of the Mature Masculine<, übersetzt von Thomas Poppe. München.

Mühlmann, Wilhelm Emil. 1966: Umrisse und Probleme einer Kulturanthropologie. In: Müller, Ernst W. (Hg.): Kulturanthropologie. Köln/Berlin. S. 15-49.

Müller, Axel. 2005: Wie Bilder Sinn erzeugen. In: Majetschak, Stefan (Hg.): Bild-Zeichen. Perspektiven einer Wissenschaft vom Bild. München. S. 77 – 96..

Müller, Ernst W. (Hg.). 1966: Kulturanthropologie. Köln/Berlin.

Müller, Klaus E. 1983: Grundzüge menschlichen Gruppenverhaltens. In: Biologie von Sozialstrukturen bei Tier und Mensch. Veröff. der Joachim Jungius - Gesellschaft.

Müller, Klaus E./Ritz-Müller, Ute: 1999: Soul of Africa. Magie eines Kontinents. Köln.

Müller-Funk, Wolfgang. 2006: Kulturtheorie. Einführung in Schlüsseltexte der Kulturwissenschaften. Tübingen/Basel.

Musil, Robert. 1922: Das hilflose Europa oder Reise vom Hundertsten ins Tausendste. In: Frisé, Adolf (Hg.). 1955: Robert Musil. Tagebücher, Aphorismen, Essays und Reden. Hamburg.

Nadig, Maya. 2000: Körpererfahrung im Wahrnehmungsprozeß. Transkulturelle (Re)Konstruktion in Übergangsräumen. In: Schlehe, Judith (Hg.). Zwischen den Kulturen – zwischen den Geschlechtern. Kulturkontakte und Genderkonstrukte. Münster/New York/München/Berlin. S. 37- 51.

Nakamura, Kyoko. 2005: Adornments of the Samburu in Northern Kenya. A Comprehensive List. The Center of African Area Studies. Kyoto University.

Nessel, Sabine/Pauleit, Winfried/Rüffert, Christine/Schmid, Karl-Heinz/Tews, Alfred (Hg.). 2008: Wort und Fleisch. Kino zwischen Text und Körper. Berlin.

Neverla, Irene. 1994: Männerwelten – Frauenwelten. Wirklichkeitsmodelle, Geschlechterrollen, Chancenverteilung. In: Merten, Klaus/Schmidt, Siegfried J./Weischenberg, Siegfried (Hg.): 1994: Die Wirklichkeit der Medien. Eine Einführung in die Kommunikationswissenschaft. Opladen. S. 257-276.

Nigg, Walter. 1997: Franz von Assisi. Denken mit dem Herzen. Zürich.

Oberdiek, Ulrich. 2005: Kamasutra. Rezeptionen, Kontextualisierungen und Logiken. In: Alex, Gabriele/Klocke-Daffa, Sabine (Hg.): Sex and the Body. Ethnologische Perspektiven zu Sexualität, Körper und Geschlecht. Bielefeld. S. 95-133.

Obrist, Willy. 1990: Archetypen. Natur- und Kulturwissenschaften bestätigen C.G. Jung. Olten.

Oels, David. 2005a: Bestseller. In: Schütz, Erhard (Hg.). 2005: Das BuchMarktBuch. Der Literaturbetrieb in Grundbegriffen. Reinbek bei Hamburg. S. 47-53.

Oels, David. 2005b: Sachbuch. In: In: Schütz, Erhard (Hg.). 2005: Das BuchMarkt-Buch. Der Literaturbetrieb in Grundbegriffen. Reinbek bei Hamburg. S. 323-327.

Opaschowski, Horst W. 2001: Das gekaufte Paradies. Tourismus im 21. Jahrhundert. Hamburg.

Osterhammel, Jürgen. 2005: „The Great Work of Uplifting Mankind". Zivilisierungsmission und Moderne. In: Barth, Boris/Osterhammel, Jürgen (Hg.). 2005: Zivilisationsmissionen. Imperiale Verbesserung seit dem 18.Jahrhundert. Konstanz. S. 363-425.

Ott, Elisabeth. 2004: Nkanyit und Gewalt. Häusliche Gewalt in Samburu zwischen Tradition und Willkür. Berlin.

Pabst, Martin. 2001: Kenia. München.

Panofsky, Erwin. 1978: Sinn und Deutung in der bildenden Kunst. (Meaning in the Visual Arts). Köln.

Panofsky, Erwin. 1979: Ikonographie und Ikonologie. In: Kaemmerling, Ekkehard (Hg.). 1979: Ikonographie und Ikonologie. Theorien, Entwicklung, Probleme. Köln. 6.überarbeitete Auflage. S. 207-225.

Panofsky, Erwin. 1979: Zum Problem der Beschreibung und Inhaltsdeutung von Werken der bildenden Kunst. In: Kaemmerling, Ekkehard (Hg.). 1979: Ikonographie und Ikonologie. Theorien, Entwicklung, Probleme. Köln. 6.überarbeitete Auflage. S. 185-206.

Pauleit, Winfried. 2004: Filmstandbilder – Passagen zwischen Kunst und Kino. Frankfurt am Main/Basel.

Pauleit, Winfried. 2006: Wort und Fleisch. Kino im Spannungsfeld von Text und Körper. Electronic Document <http://www.kino46.de/index.php?id=47&0> [17.1.2007].

Paulerberg, Herbert (Hg.). 2001: ABC des Buchhandels. Würzburg.

Pease, Allan/Pease, Barbara/Giese, Anja. 2000: Warum Männer nicht zuhören und Frauen schlecht einparken: Ganz natürliche Erklärungen für eigentlich unerklärliche Schwächen. München.

Pfleiderer, Beatrix. 1986: Anlächeln und Auslachen: Zur Funktion des Lachens im kulturellen Vergleich. In: Kamper, Dietmar/Wulf, Christoph (Hg.). 1986: Lachen – Gelächter – Lächeln. Reflexionen in drei Spiegeln. Frankfurt am Main. S. 338-349.

Pfleiderer, Beatrix/Greifeld, Katarina/Bichmann, Wolfgang. 1995: Ritual und Heilung. Eine Einführung in die Ethnomedizin. Zweite, vollständig überarbeitete und erweiterte Neuauflage des Werkes „Krankheit und Kultur". Berlin.

Pfleiderer, Beatrix. 1995: Kulturelle Konstruktion der Biomedizin. In: Pfleiderer, Beatrix/Greifeld, Katarina/Bichmann, Wolfgang. 1995: Ritual und Heilung. Eine Einführung in die Ethnomedizin. Zweite, vollständig überarbeitete und erweiterte Neuauflage des Werkes „Krankheit und Kultur". Berlin. S. 163–198.

Pinder, Wilhelm. 1924: Die deutsche Plastik vom ausgehenden Mittelalter bis zum Ende der Renaissance. Wildpark-Potsdam.

Platvoet, Jan. 1998: Das Ritual in pluralistischen Gesellschaften. In: Bellinger, Andréa/Krieger, David J. (Hg.). 1998: Ritualtheorien. Opladen/Wiesbaden. S. 173-190.

Plessner, Helmuth. 1950: Lachen und Weinen. Eine Untersuchung der Grenzen menschlichen Verhaltens. München.

Plessner, Helmuth. 1982: Lachen und Weinen. Eine Untersuchung der Grenzen menschlichen Verhaltens. In: Plessner, Helmuth: Gesammelte Schriften VII. Ausdruck und menschliche Natur. Frankfurt am Main. S. 201-387.

Raeithel, Gert. 2002: Deutsche Humorlandschaften. In: : Lachen. Über westliche Zivilisation. In: MERKUR, Heft 9/10, Sept./Okt. 2002, Stuttgart. S. 920-924.

Ragab, Ahmed R. 2003: Ethische Betrachtungen zur Genitalverstümmelung. In: Terre des Femmes (Hg.). 2003: Schnitt in die Seele. Weibliche Genitalverstümmelung – eine fundamentale Menschenrechtsverletzung. Frankfurt am Main. S. 113-117.

Rappaport, Roy A. 1998: Ritual und performative Sprache. In: Bellinger, Andréa/Krieger, David J. (Hg.). 1998: Ritualtheorien. Opladen / Wiesbaden. S. 191-211.

Ras-Work, Berhane. 2003: Null-Toleranz gegenüber weiblicher Genitalverstümmelung. In: Terre des Femmes (Hg.). 2003: Schnitt in die Seele. Weibliche Genitalverstümmelung – eine fundamentale Menschenrechtsverletzung. Frankfurt am Main. S. 118-122.

Rath, Wolfgang.1998: Liebe. Die Geschichte eines Dilemmas. München.

Rautenberg, Ursula: Reclams Sachlexikon des Buches. Stuttgart 2003.

Reckers, Ute. 1992: Nomadische Viehhalter in Kenya. Die Ost-Pokot aus humanökologischer Sicht. Institut für Afrikakunde. Hamburg.

Rehbein, Boike. 1997: Was heißt es, einen anderen Menschen zu verstehen? Stuttgart.

Rehbein, Boike. 2006: Die Soziologie Pierre Bourdieus. Konstanz.

Rehbinder, Manfred/Rehfeldt, Bernhard (Begr.). 1995: Einführung in die Rechtswissenschaft. Grundfragen, Grundlagen und Grundgedanken des Rechts. 8., neubearbeitete Auflage. Berlin/New York.

Rehfeldt, Bernhard. 1962: Einführung in die Rechtswissenschaften. Grundfragen, Grundgedanken und Zusammenhänge. Berlin.

Renger, Rudi. 2006: Populärer Journalismus. In: Hepp, Andreas/Winter, Rainer (Hg.). 2006: Kultur – Medien – Macht. Cultural Studies und Medienanalyse. Wiesbaden. S. 269-283.

Resch, Erich. 1997: Entwicklung und Chancen des Tourismus in Ländern der Dritten Welt am Beispiel von Kenia. Klagenfurt, Geographische Schriften. Heft 16.

Ridegh, Tibor M. 1987: Nomaden. In: MERIAN Ostafrika. August 1987. S. 38- 43. Hamburg.

Ripken, Peter. 2001: Wer hat Angst vor afrikanischer Literatur? Zur Rezeption afrikanischer Literatur in Deutschland. In: Arndt, Susan (Hg.). 2001: AfrikaBilder. Studien zu Rassismus in Deutschland, Münster. S. 329-350.

Rock, Irvin. 1998: Wahrnehmung. Vom visuellen Reiz zum Sehen und Erkennen. Heidelberg.

Röcke, Werner/Velten, Hans Rudolf (Hg.). 2005: Lachgemeinschaften. Kulturelle Inszenierungen und soziale Wirkungen von Gelächter im Mittelalter und in der Frühen Neuzeit. Berlin/New York.

Röper, Horst. 1994: Ökonomie und Organisation der Medien. In: Merten, Klaus/Schmidt, Siegfried J./Weischenberg, Siegfried (Hg.). 1994: Die Wirklichkeit der Medien. Eine Einführung in die Kommunikationswissenschaft. Opladen. S. 506-543.

Rohr, Elisabeth. 1993: Faszination und Angst. In: Jansen, Mechthild/Prokop, Ulrike (Hg.). 1993: Fremdenangst und Fremdenfeindlichkeit. Basel. S. 133-162.

Roselt, Jens. 2005: Chips und Schiller. In: Röcke, Werner/Velten, Hans Rudolf (Hg.). 2005: Lachgemeinschaften. Kulturelle Inszenierungen und soziale Wirkungen von Gelächter im Mittelalter und in der Frühen Neuzeit. Berlin/New York. S. 225-241.

Roth, Gerhard. 2002: 90 Prozent sind unbewusst In: Psychologie heute. Februar 2002. S. 44-49.

Roth, Wolfgang Martin/Shaked, Josef (Hg.). 2007: Transkulturelles Zusammenleben im Zeitalter der Globalisierung. Wien.

Saal, Britta. 2007: Kultur in Bewegung. Zur Begrifflichkeit von Transkulturalität. In: Mae, Michiko/Saal, Britta (Hg.). 2007: Transkulturelle Genderforschung. Ein Studienbuch zum Verhältnis von Kultur und Geschlecht. Wiesbaden. S. 21-36.

Sachs-Hombach, Klaus/Rehkämper, Klaus (Hg.). 2000: Bild – Bildwahrnehmung – Bildverarbeitung. Interdisziplinäre Beiträge zur Bildwissenschaft. Wiesbaden.

Sachs-Hombach, Klaus. 2003: Das Bild als kommunikatives Medium. Elemente einer allgemeinen Bildwissenschaft. Köln.

Sachs-Hombach, Klaus (Hg.). 2005: Bildwissenschaft. Disziplinen, Themen, Methoden. Frankfurt am Main.

Santaolalla, Isabel (Hg.). 2000: „New" Exoticisms. Changing Patterns in the Construction of Otherness. Postmodern Studies 29. Amsterdam / Atlanta.

Said, Edward W. 1981: Orientalismus. Frankfurt am Main/Berlin/Wien.

Saitoti, Tepilit Ole/Beckwith, Carol. 1981: Die Massai, Köln.

Schäfer-Wünsche, Elisabeth/Schröder, Nicole. 2007: Gender – *Race* – Kultur in den U.S.A. Grenzen und Vernetzungen. In: Mae, Michiko/Saal, Britta (Hg.). 2007: Transkulturelle Genderforschung. Ein Studienbuch zum Verhältnis von Kultur und Geschlecht. Wiesbaden. S. 111-141.

Schantz, Richard. 2000: Die Natur mentaler Bilder. In: Sachs-Hombach, Klaus/Rehkämper, Klaus (Hg.). 2000: Bild – Bildwahrnehmung – Bildverarbeitung. Interdisziplinäre Beiträge zur Bildwissenschaft. Wiesbaden. S. 219-224.

Scheibler, Petra M. 1992: Binationale Ehen. Zur Lebenssituation europäischer Paare in Deutschland. Weinheim. 1992.

Schelske, Andreas. 2000: Zeichen einer Bildkultur als Gedächtnis. In: Sachs-Hombach, Klaus/Rehkämper, Klaus (Hg.). 2000: Bild – Bildwahrnehmung – Bildverarbeitung. Interdisziplinäre Beiträge zur Bildwissenschaft. Wiesbaden. S. 59-68.

Scherpe, Klaus R. 2004: Die Mobilmachung des Fremden. In: Honold, Alexander/Scherpe, Klaus R. (Hg.). 2004: Mit Deutschland um die Welt. Eine Kulturgeschichte des Fremden in der Kolonialzeit. Stuttgart/Weimar. S. 449-456.

Schetsche, Michael (Hg.). 2004: Der maximal Fremde. Begegnungen mit dem Nichtmenschlichen und die Grenzen des Verstehens. Würzburg.

Schetsche, Michael. 2004: Der maximal Fremde – eine Hinführung. In: Der maximal Fremde. Begegnungen mit dem Nichtmenschlichen und die Grenzen des Verstehens. Würzburg. S. 13-21.

Schirra, Jörg R.J.: Ein Disziplinenmandala für die Bildwissenschaft. Kleine Provokation zu einem neuen Fach. Electronic Document. <http://www.computervisualistik.de/~schirra/ Work/Papers/P05/P05-1/index.html> [10.4.2008].

Schlehe, Judith (Hg.). 2000: Zwischen den Kulturen – zwischen den Geschlechtern. Kulturkontakte und Genderkonstrukte. Münster/ New York/München/Berlin.

Schlehe, Judith. 2002: Handeln und Aushandeln in transkulturellen Geschlechterbeziehungen. In: Hauser-Schäublin, Brigitta/Braukämper, Ulrich (Hg.): Ethnologie der Globalisierung. Perspektiven kultureller Verflechtungen. Berlin. S. 205-221.

Schlehe, Judith. 2003: Formen qualitativer ethnografischer Interviews. In: Beer, Bettina (Hg.). 2003: Methoden und Techniken der Feldforschung. Berlin. S. 71-93.

Schlehe, Judith/Gander, Hans-Helmut. 2007: Die Figur des Fremden und der Prozess des Übersetzens. Hauptseminar Ethnologie. Sommersemester 2007. Ankündigung. Albert-Ludwigs-Universität Freiburg. Electronic document. http://www.ethno.uni-freiburg.de/ [20.9.2008].

Schlumpf, Hans-Ulrich. 1987: Warum mich das Glasperlenspiel der Eipo langweilt. Gedanken zur Wissenschaftlichkeit ethnologischer Filme. In: Husmann, Rolf (Hg.): Mit der Kamera in fremden Kulturen, Emsdetten. S. 49-65.

Schmale, Wolfgang. 2003: Geschichte der Männlichkeit in Europa (1450-2000). Wien/Köln/Weimar.

Schmid, Thomas (Hg.). 1985: Das pfeifende Schwein. Über weitergehende Interessen der Linken. Berlin.

Schmidt, Siegfried/Weischenberg, Siegfried. 1994: Mediengattungen, Berichterstattungsmuster, Darstellungsformen. In: Merten, Klaus/Schmidt, Siegfried J./Weischenberg, Siegfried (Hg.). 1994: Die Wirklichkeit der Medien. Eine Einführung in die Kommunikationswissenschaft. Opladen. S. 212-236.

Schmidt, Siegfried J. 1996: Die Welten der Medien. Grundlagen und Perspektiven der Medienbeobachtung. Braunschweig/Wiesbaden.

Schmidt, Siegfried, J. (Hg.). 2005b: Medien und Emotionen. Münster.

Schmidt, Siegfried, J. 2005b: Medien und Emotionen: Zum Management von Bezugnahmen. In: Schmidt, Siegfried, J. (Hg.). 2005b: Medien und Emotionen. Münster. S. 11-39.

Schmölders, Claudia. 1996: Die Erfindung der Liebe. Berühmte Zeugnisse aus drei Jahrtausenden. München.

Schnarch, David. 2008: Die Psychologie sexueller Leidenschaft. 6.Auflage. Stuttgart.

Schnüll, Petra. 2003: Weibliche Genitalverstümmelung in Afrika. In: Terre des Femmes (Hg.). 2003: Schnitt in die Seele. Weibliche Genitalverstümmelung – eine fundamentale Menschenrechtsverletzung. Frankfurt am Main. S. 23-64.

Schöck, Inge. 1978: Hexenglaube in der Gegenwart. Empirische Untersuchungen in Südwestdeutschland. Tübingen.

Schöck, Inge. 1991: Hexenglaube – noch heute? In: Harmening, Dieter (Hg.).1991: Hexen heute. Magische Traditionen und neue Zutaten. Würzburg. S. 41-54.

Schöck, Inge. 1993: Hexen heute. Traditioneller Hexenglaube und aktuelle Hexenwelle. In: Dülmen, Richard van (Hg.). 1993: Hexenwelten. Magie und Imagination. Frankfurt am Main. S. 282-305.

Schreitmüller, Andreas. 2005: Alle Bilder lügen. Foto – Film – Fernsehen – Fälschung. Konstanz.

Schröter, Michael. 2002: Wer lacht, kann nicht beißen. Ein unveröffentlichter >Essay on Laughter< von Norbert Elias. In: Lachen. Über westliche Zivilisation. In: MERKUR, Heft 9/10, Sept./Okt. 2002, Stuttgart. S. 860-873.

Schubert, Bernhard. 2003: Das boshafte Lächeln. Der Teufel und das Lachen in Thomas Manns *Doktor Faustus*. In: Beise, Arnd/Martin, Ariane/Roth, Udo (Hg.). 2003: LachArten. Kulturen des Komischen. Band 1. Bielefeld. S. 203-212.

Schütz, Erhard (Hg.). 2005: Das BuchMarktBuch. Der Literaturbetrieb in Grundbegriffen. Reinbek bei Hamburg.

Schulz, Martin. 2005: Ordnungen der Bilder. Eine Einführung in die Bildwissenschaft. München.

Schulze, Gerhard. 1992: Die Erlebnisgesellschaft. Kultursoziologie der Gegenwart. Frankfurt/New York.

Schulze, Reiner. 1990: Das Recht fremder Kulturen. Vom Nutzen der Rechtsethnologie für die Rechtsgeschichte. Historisches Jahrbuch 110 (1990) S. 446-470.

Schurian-Bremecker, Christiane. 1989: Kenia in der Sicht deutscher Touristen: eine Analyse von Denkmustern und Verhaltensweisen beim Urlaub in einem Entwicklungsland. Münster.

Seibt, Gustav. 2002: Der Einspruch des Körpers. In: Lachen. Über westliche Zivilisation. In: MERKUR, Heft 9/10, Sept./Okt. 2002, Stuttgart. S. 751-762.

Seneca, Lucius Annaeus. 1998: Epistulae morales ad Lucilium. Liber XVII et XVIII. Briefe an Lucilius über Ethik. 17. und 18. Buch, lateinisch/deutsch. Gunermann, Heinz (Hg.). Stuttgart.

Shakespeare, William. 2002: Der Widerspenstigen Zähmung. Der englische Text basiert auf der Arden-Ausgabe, London/New York 1981. Übersetzt von Frank Günter. Cadolzburg.

Sheikh-Dilthey, Helmtraut. 1985: Kenya. Kunst, Kultur und Geschichte am Eingangstor zu Innerafrika. Köln.

Shell-Duncan, Bettina/Hernlund, Ylva. 2000: Female „Circumcision" in Africa. London.

Sidibe, Binta J. 2003: Meine Erfahrung mit Genitalverstümmelung. In: Terre des Femmes (Hg.). 2003: Schnitt in die Seele. Weibliche Genitalverstümmelung – eine fundamentale Menschenrechtsverletzung. Frankfurt am Main. S. 109-112.

Solé, Jacques. 1979: Liebe in der westlichen Kultur. Frankfurt am Main.

Solomon-Godeau, Abigail. 2001: Gender, Genre und der Akt in der Fotografie. In: Horáková, Tamara/Maurer, Ewald/Hofleitner, Johanna/Maurer-Horak, Ruth. 2001: Image:/images. Positionen zur zeitgenössischen Fotografie. Wien. S. 101-118.

Sontag, Susan. 1978: Über Fotografie. München/Wien.

Sow, Alioune. 2000: Die weiße Massai. Goethe Institut. Electronic Document.<http://www.goethe.de/ins/cm/yao/prj/dla/wer/wma/aut/de157390.htm> [18.4.2006].

Speitkamp, Winfried. 2005: Deutsche Kolonialgeschichte. Stuttgart.

Speitkamp, Winfried (Hg.). 2005a: Kommunikationsräume – Erinnerungsräume. Beiträge zur transkulturellen Begegnung in Afrika. München.

Spencer, Paul. 1965: The Samburu. A study of gerontocracy in a nomadic tribe. London.

Spencer, Paul. 1973: Nomads in alliance. Symbiosis and growth among the Rendille and Samburu of Kenya. London.

Sperschneider, Werner. 1998: Der fremde Blick – Eskimos im Film. Eine vergleichende Untersuchung zu Darstellen und Verstehen des Fremden im Film am Beispiel der Inuit Grönlands. Dissertation zur Erlangung eines Ph.D.Grades. Universität Arhus. Dänemark.

Spork, Peter. 2004: Das Uhrwerk der Natur. Chronobiologie – Leben mit der Zeit. Reinbek bei Hamburg.

Sprenger, Guido. 2005: Ethnologie der Sexualität. Eine Einführung. In: Alex, Gabriele/Klocke-Daffa, Sabine (Hg.). 2005: Sex and the Body. Ethnologische Perspektiven zu Sexualität, Körper und Geschlecht. Bielefeld. S. 11-39.

Stachen, Heidi / Hauschild, Thomas. 2001: Hexen. Königsförde.

Steffek, Sonja. 2000: Schwarze Männer – Weiße Frauen. Ethnologische Untersuchung zur Wahrnehmung des Fremden in den Beziehungen zwischen afrikanischen Männern und österreichischen Frauen. In: Jensen, Jürgen (Hg.): Interethnische Beziehungen und Kulturwandel. Ethnologische Beiträge zu soziokultureller Dynamik, Band 43. Münster/Hamburg/London.

Stehmeyer, Manfred. 1990: Symbole und Rituale in der Hauptverhandlung im Strafverfahren. Eine Untersuchung zur Diskussion über die Bedeutung einer zeremoniell gestalteten Gerichtsverhandlung. Diss. Uni Münster.

Steininger, Christian. 2002: Liebe als ökonomisches Gut medienkultureller Produktion. Oder: Was Sie niemals über romantische Liebe wissen wollten. In: Faulstich, Werner/Glasenapp, Jörn (Hg.). 2002: Liebe als Kulturmedium, München. S. 172-184.

Steinrücke, Margareta. 2005: Was ist weiblich, was ist männlich? In jeder Klasse etwas anderes! In: Vogel, Ulrike (Hg.).2005: Was ist männlich – was ist weiblich? Aktuelles zur Geschlechterforschung in den Sozialwissenschaften. Bielefeld. S. 152-173.

Stern, Alfred. 1980: Philosophie des Lachens und Weinens. Wien/München.

Stock, Christian. (Hg.). 1997: Trouble in Paradise. Tourismus in die Dritte Welt. Düsseldorf.

Stock, Christian. 1989: Wir sind einseitig und voreingenommen. In: Stock, Christian. (Hg.). 1997: Trouble in Paradise. Tourismus in die Dritte Welt. Düsseldorf. S. 235-241.

Strauss, Anselm L. 1991: Grundlagen qualitativer Sozialforschung. Datenanalyse und Theoriebildung in der empirischen Sozialforschung. München.

Strauss, Anselm L./Corbin, Juliet. 1996: Grounded Theory: Grundlagen qualitativer Sozialforschung. Weinheim.

Streck, Bernhard (Hg.). 1987: Wörterbuch der Ethnologie. Köln.

Strehle, Samuel/Szabo, Sacha (Hg). 2008: Unterhaltungswissenschaft. Populärkultur im Diskurs der Cultural Studies. Marburg.

Suhrbier, Mona B. (Hg.). 1995: Fremde. Die Herausforderung des Anderen. Museum für Völkerkunde Frankfurt am Main. Roter Faden zur Ausstellung. Nr. 20. Frankfurt am Main.

Sundermeier, Theo. 1992: Den Fremden wahrnehmen. Bausteine für eine Xenologie. Gütersloh.

Synonymwörterbuch Bertelsmann Lexikon Institut. 2004. Gütersloh/München.

Taguieff, Pierre-André. 2000: Die Macht des Vorurteils. Der Rassismus und sein Double. Hamburg. (franz. Originalausgabe Paris 1988).

Tambiah, Stanley J. 1998: Eine performative Theorie des Rituals. In: Bellinger, Andréa/Krieger, David J. (Hg.). 1998: Ritualtheorien. Opladen/Wiesbaden. S. 227-250.

Terkessidis, Mark. 2006: Globale Kultur in Deutschland: Der lange Abschied von der Fremdheit. In: Hepp, Andreas/Winter, Rainer (Hg.). 2006: Kultur – Medien – Macht. Cultural Studies und Medienanalyse. Wiesbaden. S. 311-325.

Tetzlaff, Rainer/Jakobeit, Cord. 2005: Das nachkoloniale Afrika. Politik – Wirtschaft – Gesellschaft. Wiesbaden.

Terre des Femmes (Hg.). 2003: Schnitt in die Seele. Weibliche Genitalverstümmelung – eine fundamentale Menschenrechtsverletzung. Frankfurt am Main.

Thomas, Alexander (Hg.). 1996: Können interkulturelle Begegnungen Vorurteile verstärken? In: Thomas, Alexander. 1996: Psychologie und multikulturelle Gesellschaft. Problemanalysen und Problemlösungen. 2. Aufl. Göttingen. S. 227-238.

Thomas, Alexander. 1996: Psychologie und multikulturelle Gesellschaft. Problemanalysen und Problemlösungen. 2. Aufl. Göttingen.

Thomas, Alexander (Hg.). 2008: Psychologie des interkulturellen Dialogs. Göttingen.

Tilley, Helen/Gordon, Robert J. (Ed.). 2007: Ordering Africa. Anthropology, European Imperialism, and the Politics of Knowledge. Manchester/New York.

Trepsdorf, Daniel K. W. 2006: Afrikanisches Alter Ego und europäischer Egoismus. Eine komparative Studie zur Selbst- und Fremdenkonzeption im Wilhelminischen Deutschland und Spätviktorianischen Großbritannien (1884-1914). Dresden.

Treumann, Klaus Peter. 2005: Triangulation. In: Mikos, Lothar / Wegener, Claudia: Qualitative Medienforschung. Ein Handbuch. Konstanz. S. 209-221.

Turner, Victor. 2005: Das Ritual. Struktur und Anti-Struktur. Frankfurt am Main / New York (Neuauflage).

Turner, Victor. 1983: Drama, Fields, and Metaphors: Symbolic Action in Human Society. Ithaca.

Tylor, Edward B.. 1873: Die Anfänge der Cultur. Untersuchung über die Entwicklung der Mythologie, Philosophie, Religion, Kunst und Sitte. Leipzig.

Van der Heiden, Ulrich/Zeller, Joachim. 2002: Kolonialmetropole Berlin. Eine Spurensuche. Berlin.

Van Eeuwijk, Peter. 1999: Diese Krankheit passt nicht zum Doktor. Medizinethnologische Untersuchungen bei den Minahasa (Nord-Sulawesi, Indonesien). Basler Beiträge zur Ethnologie. Band 41. Basel.

Van Gennep, Arnold. 1986: Übergangsriten. (Les rites de passage). Frankfurt am Main/New York.

Van der Loo, Hans/van Reijen, Willem. 1997: Modernisierung. Projekt und Paradox. München.

Velten, Hans-Rudolf. 2005: Text und Lachgemeinschaft. In: Röcke, Werner/Velten, Hans Rudolf (Hg.). 2005: Lachgemeinschaften. Kulturelle Inszenierungen und soziale Wirkungen von Gelächter im Mittelalter und in der Frühen Neuzeit. Berlin/New York. S. 125-143.

Vogel, Christopher. 2002: Das Un-Behagen in den Kulturen. Multikulturelle Gesellschaft auf Reisen. In: Backes, Martina/Goethe, Tina/Günther, Stephan/Magg, Rosaly (Hg.). Im Handgepäck Rassismus. Beiträge zu Tourismus und Kultur. Freiburg. S. 85-96.

Vogel, Ulrike (Hg.). 2005: Was ist männlich – was ist weiblich? Aktuelles zur Geschlechterforschung in den Sozialwissenschaften. Bielefeld.

Waldenfels, Bernhard. 1997: Topographie des Fremden. Studien zur Phänomenologie des Fremden 1. Frankfurt am Main.

Waldenfels, Bernhard. 1998: Der Stachel des Fremden. 3. Auflage. Frankfurt am Main.

Waldenfels, Bernhard. 1999: Der Anspruch des Fremden. In: Breuninger, Renate (Hg.). 1999: Andersheit – Fremdheit – Toleranz. Band 14. Bausteine zur Philosophie. Humboldt-Studienzentrum der Universität Ulm. Ulm. S. 31-50.

Waldenfels, Bernhard. 2006: Grundmotive einer Phänomenologie des Fremden. Frankfurt am Main.

Walter, Christine. 2002: Bilder erzählen! Weimar.

Walz, Gabriele. 1992: Nomaden im Nationalstaat. Zur Integration der Nomaden in Kenia. Berlin.

Weber, Kurt Stefan. 1991: Geheimwissen für alle – Von Hexen und der magischen Welt im Groschenheft. In: Harmening, Dieter (Hg.).1991: Hexen heute. Magische Traditionen und neue Zutaten. Würzburg. S. 121-134.

Weber, Max. 2000 [1904/05]: Die Protestantische Ethik und der >Geist< des Kapitalismus. 3.Auflage. Herausgegeben und eingeleitet von Klaus Lichtblau und Johannes Weiß. Weinheim.

Weibel, Peter. 2006: Das Bild in der Gesellschaft. Neue Formen des Bildgebrauchs. Electronic document. <http://on1.zkm.de/zkm/stories/storyReader$4928> [21.1.2006]:

Weischenberg, Siegfried. 1994: Journalismus als soziales System. In: Merten, Klaus/Schmidt, Siegfried J./Weischenberg, Siegfried (Hg.). 1994: Die Wirklichkeit der Medien. Eine Einführung in die Kommunikationswissenschaft. Opladen. S. 427-454.

Welsch, Wolfgang. 1993: Unsere postmoderne Moderne. 4. Auflage. Berlin.

Welsch, Wolfgang. 2000: Transkulturalität. Zwischen Globalisierung und Partikularisierung. In: Wierlacher, Alois: Jahrbuch Deutsch als Fremdsprache. Bd. 26. München. S. 327-353.

Wendt, Reinhard. 2007: Vom Kolonialismus zur Globalisierung. Europa und die Welt seit 1500. Paderborn 7 München/Wien/Zürich.

Wenskus Reinhard. 1961: Stammesbildung und Verfassung. Das Werden der frühmittelalterlichen Gentes. Köln /Graz.

Wierlacher, Alois. 2000: Jahrbuch Deutsch als Fremdsprache. Bd. 26. München

Wimmer, Andreas. 1997: Die Pragmatik der kulturellen Produktion. Anmerkungen zur Ethnozentrismusproblematik aus ethnologischer Sicht. In: Brocker, Manfred/Nau Heino Heinrich (Hg.): Ethnozentrismus. Möglichkeiten und Grenzen des interkulturellen Dialogs. Darmstadt. S. 120-140.

Winn, Peter A. 1998: Rechtsrituale. In: Bellinger, Andréa/Krieger, David J. (Hg.). 1998: Ritualtheorien. Opladen/Wiesbaden. S. 449-469.

Winter, Rainer. 2006: Reflexivität, Interpretation und Ethnografie: Zur kritischen Methodologie von Cultural Studies. In: Hepp, Andreas/Winter, Rainer (Hg.). 2006: Kultur – Medien – Macht. Cultural Studies und Medienanalyse. Wiesbaden. S. 81-92.

Wittchow, Frank. 2005: Prekäre Gemeinschaften. In: Röcke, Werner/ Velten, Hans Rudolf (Hg.). 2005: Lachgemeinschaften. Kulturelle Inszenierungen und soziale Wirkungen von Gelächter im Mittelalter und in der Frühen Neuzeit. Berlin/New York. S. 85-110.

Wöhler, Karlheinz. 2002: Topophilie. Affektive Raumbindung und raumbezogene Identitätsbildung. In: Faulstich, Werner/Glasenapp, Jörn (Hg.): Liebe als Kulturmedium. München. S. 151-169.

Wohlmann, Rainer. 1998: Image-Analysen. In: Haedrich, Günther/Kaspar, Claude/Klemm, Kristian / Kreilkamp, Edgar (Hg.): Tourismus – Management. Berlin/New York. S. 219-229.

Wolf-Braun, Barbara. 2003: Hexerei und Krankheit heute. In: Bruchhausen, Walter (Hg.). 2003: Hexerei und Krankheit. Historische und ethnologische Perspektiven. Münster/Hamburg/London. S. 219-244.

Wulf, Christoph/Zirfas, Jörg (Hg.). 2005: Ikonologie des Performativen. München.

Wulff, Hans J. 1995: Rezeption ethnografischer Filme. Bemerkungen zu einer Terra Incognita. In: Ballhaus, Edmund/Engelbrecht, Beate (Hg.). Der ethnographische Film. Einführung in Methoden und Praxis, Berlin. S. 270-288.

Wundram, Manfred. 1970: Frührenaissance. Baden-Baden.

Zick, Andreas. 1997: Vorurteile und Rassismus. Eine sozialpsychologische Analyse. Münster/New York/München/Berlin.

Zizek, Slavoj. 2002: Willkommen in der Wüste der Realität. Wien.

Kritiken

Zeitungen und Zeitschriften

Brunold, Georg: Verfehlte Begegnungen. Kenyanisch-deutsche Ehegeschichten. Neue Zürcher Zeitung. 3.6.1999.

Glombitza, Birgit: Ausnahmezustände des Gefühls. Badische Zeitung. 15.9.2005.

Kilb, Andeas: Kolonialismus light. Frankfurter Allgemeine Zeitung Nr.215. 16.9.2005.

Koll, Horst Peter: Bye-bye schöner Wilder! Rheinischer Merkur. 16.9.2005.

Mülheims, Stefanie: Zwischen Himmel und Hölle. Stern. 14.9.2005.

Schäfli, Roland: Der Film zum Bestseller. St.Galler Tagblatt. 15.9.2005.

Schlosser, Eva-Maria: Kulturen prallen aufeinander. Stuttgarter Zeitung. 15.9.2005.

Silberschmidt, Catherine: Schwarz-weiße Erotik als Afrika-Exotik. Neue Zürcher Zeitung. 19.9.2005.

Stadler, Michael: Die weiße Massai *Jenseits der Klischees*. Salzburger Nachrichten. 19.12.2005.

Vogel, Sabine: Schirmakazien ohne Sonnenuntergang. Berliner Zeitung. 13.9.2005.

Weber, Anette: Wen die Wildnis ruft. taz Nr.7769. 15.9.2005.

Wolf, Martin: Braut im Busch. DER SPIEGEL 37/2005. 12.9.2005.

Zander, Peter: Buschtrommeln und Kuhglocken. Berliner Morgenpost. 15.9.2005.

Kritiken aus Online-Ausgaben

Alexander, Nicole: Eine Liebe in Afrika: Die weiße Massai. 15.9.2005. <http://www.netzeitung.de/entertainment/movie/filmderwoche/357798> [22.1.2006].

Behrens, Volker: Es ist etwas im Busch. Hamburger Abendblatt Online. 15.9.2006. <http://www.abendblatt.de/daten/2005/09/15/482549.html> [3.3.2006].

Bernard, Anna: Liebe zum schwarzen Krieger. ZDF aspekte. 26.8.2005.
<http://www.zdf.de/inhalt/30/0,1872,2363230,00> [3.3.2006].

Bohlmann, Susanne: Culture Clash. Schnitt – das Filmmagazin. 15.9.2006.
<http://www.schnitt.de/filme/artikel/weisse_massai_die.shtml?print> [3.3.2006].

Bongers, Inge: Filmtipp „Die weiße Massai" von Hermine Huntgeburth. WDR 5 Morgenecho.15.9.2005.
<http://www.wdr5.de/fileadmin/user_upload/Sendungen/Morgenecho/2008/08/Manuskripte/08_07_Bongers.pdf> [12.11.2008].

Graetz, Martin: Schöne Frau im Busch. CineZone – das online filmerlebnis. 15.9.2005.
<www.cinezone.com/zone/2html/index_link.html#/zone/2/2005/1509/weiss_massai_de_kritik.html> [23.1.2006].

Keilholz, Sascha: Die weiße Massai. Nicht ohne meinen Samburukrieger. 15.9.2005.
<http://www.critic.de/index.pl?aktion=kritik&id=308> [2.10.2005].

Klingenmaier, Thomas: Blinder Anspruch auf Glück. Stuttgarter Zeitung online. 15.9.2005. <http://www.stuttgarter-zeitung.de/stz/page/deatil.php/991205> [15.12.2005].

Koll, Gerald: Kriegerin in weißer Mission. Kieler Nachrichten. 15.9.2005.
<http://www.kn-online.de/news/print/1713715> [3.3.2006].

Kühn, Heike: Bestseller-Verfilmung mit kuscheligen Sonnenuntergängen. 15.9.2005.
<http://www.berlinonline.de/tip/kalender/.bin/index.php/kino/artikel/23970.htm> [20.9.2005].

Luttmann, Ilsemargret: Das Bild der Maasai aus der Sicht einer „weißen Massai": kolonialer Erzählstoff in neuem Gewande? Filmrezension zu „Die weiße Massai".
<http://www.journal-ethnologie.de> [16.12.2007].

mak.: Die harte Alltagswelt im Diesseits von Afrika. [5.10.2005].
<http://www.diepresse.com/textversion_article.aspx?id=510834> [3.3.2006].

Mattern, Ulrike: Hermine Huntgeburth: Die weiße Massai. 15.9.2005.
<http://www.jump-cut.de/filmkritik-dieweissemassai.html> [23.1.2006].

Meier, Michael: Keine Küsse und keine Kuscheln in Kenia. Nürnberger Nachrichten. 16.9.2005. <http://www.nordbayern.de/filmkritik.asp?art=393825> [18.4.2006].

Sannwald, Daniela: Halbe Steppe. Traum vom starken Mann. 15.9.2005.
<http://tagesspiegel.de> [18.4.2006].

Schäfer, Niklaus: Zum Scheitern verurteilt. BaslerZeitung. 15.9.2006.
<http://www.mybasel.ch/freizeit_kino_archiv.cfm?cmd=detail&id=1444>
[3.3.2006].

Spatz, Willibald: Kulturhoheit. 15.9.2005.
<http://www.artechok.de/film/text/kritik/w/wemass.html> [6.4.2006]

Suchsland, Rüdiger: Sexueller Kick beim Ziegenhüter. Weiße Brille, dunkle Haut: Zwei neue Filme untersuchen den Sextourismus als geistige Lebensform. 23.9.2005.
<http://www.heise.de/bin/tp/issue/r4/dl-artikel2.cgi?artikelr=20985> [3.3.2006].

Susemihl, Thomas: Die Sehnsucht der Frauen. Nürnberger Zeitung. 16.9.2005.
<http://www.nordbayern.de/filmkritik.asp?art=393825> [18.4.2006].

Taszmann, Jörg: Deutsche Welle 15.9.2005. http://www.dw-world.de/dw/article/0,1534,1709950,00.html. [25.12.2008].

Tomiak, Michael: Schöne Landschaften und natürliche Darsteller in einem wunderbaren Film. DVD-Besprechung. 23.3.2006.
<http://www.splashmovies.de/html/auf_video_dvd/2006/die_weisse_massai_home.php> [6.4.2006].

<http://www.tvtoday.de/entertainment/kino/141840.html> [23.1.2006].

Vogel, Sabine: Schirmakazien ohne Sonnenuntergang. Berliner Zeitung. 13.9.2005.
<http://www.berlinonline.de/berlinderzeitung/archiv/.bin/dump.fcgi/2005/0915/berlinberlin/0003/index.html> [3.3.2006].

Zobl, Stefanie: Kuscheln im Busch. Fluter – Bundeszentrale für politische Bildung. 15.9.2005. http://www.fluter.de/look/article.tpl?IdLanguage=5&IdPublication [6.4.2006].

Internetadressen

Datenkorpus

amazon.customer:
<http://www.amazon.de/exec/obidos/tg/stores/detail/books/342661496   0/customer-reviews/qid%3D1141319573/sr%3D82/ref%3Dsr%5F8%5Fxs%5Fap%5Fi2%5Fxgl/028-1649717-1615709> [23.3.2006].

Forum: <www.massai-special.film.de/> „Gästebuch" [20.2.2006].

Weitere Foren

<http://www.bboard.de/foren-archiv/1/32000/31560/die-weisse-massai-36112009-1818-62330.html.> [20.10.2005]

<http://www.bol.de/shop/bde_bu_hg_startseite/suchartikel/die_weisse_massai_filmbuch/corinne_hofmann/ISBN3-426-61496-0/ID1567206.html> [23.11.2005]

<http://www.discussioncorner.de/catalogue/report,3426614960,2,0,Die_wei%DFe_Massai.html > [23.11.2005].

Websites zu Kenia, Samburu und Massai

ADAC. 2006: Länderinformationen: Kenia. Reise- und Sicherheitshinweis. <http://itp3-adac.adac.de/ReiseService/LandinfoDruck.asp?LandNr= > [5.6.2006].

RiskMap 2007: <http://onnachrichten.t-online.de/c/97/68/97/9768972.pdf> [30.11.2006].

http://www.auswaertiges-amt.de/diplo/de/Laenderinformationen/Kenia/Bilateral.html#t6 [20.9.2006].

http://www.hanka.de/ostafrika/kenya_samburu.html   [29.7.2006].

http://endor.hsutx.edu/~obiwan/profiles/samburu.html   [25.8.2006].

http://www.africa.de/kenia/ [25.8.2006].

http://www.kenia-facts.de/blog/posts/article/kenia-auf-der-itb-2006/2006/03/06/ [14.1.2006].

http://kenya.de/pages/resources_faq_de.html [5.6.2006].

http://www.kenyainfo.ch/bination/bination.htm [25.8.2006].

http://www.berlin.de/kultur-und-tickets/events/itb.html [24.9.2006].

http://www.ethnologue.com/show_country.asp?name=Kenya (25.8.2006)

http://de.wikipedia.org/wiki/Kenia#Geographie [26.4.2006].

http://www.maasai-infoline.org/welcome.html [22.10.2005].

https://www.cia.gov/cia/publications/factbook/geos/ke.html. [25.8.2006].

Websites zu Buch, Autorin und Film

FBW (Filmbewertungsstelle Wiesbaden). 2006: Beurteilungskriterien.
<http://www.fbw-filme.de/beurteilungskrit/kriterien.html> [11.4.2006].

http://www.djfl.de/entertainment/djfl/1120/112064produktionsnotizen.html [22.1.2006].

http://www.massai.ch/de/Erfolgsstory.asp [6.4.2006].

http://www.massai.ch/de/Biografie.asp [24.11.2005].

http://www.massai.ch/de/Erfolsstory.asp [1.8.2006].

http://www.kino-zeit.de/news/artikel/1199_constantin-film-verfilmt-corinne-hofmanns-bestseller-quotdie-weiszlige-massaiquot.html?PHPSESSID=dc07d55c853f03c25 2188ba8768368fc [22.10.2005].

http://de.wikipedia.org/wiki/Die_wei%C3%9Fe_Massai [5.2.2007].

http://www.3sat.de/specials/84423/index.html [6.4.2006].

http://www.merkur-online.de/nachrichten/kultur/film/art368,432730.html [6.4.2006].

http://www.kino.de/newsvoll.php4?nr=188258&PHPSESSID=185e [16.9.2005] und [3.8.2006].

http://kino.de/newsvoll.php4?nr=188258&PHPSESSID=185e [16.9.2005].

http://www.br-online.de/kultur-szene/film/kino/0411/04055/index.shtml [6.4.2006].

http://www.literaturschock.de/autorengefluester/000088 [22.9.2006].

http://www.spiegel.de/kultur/charts/0,1518,458992,00.html [26.2.2007].

Filmbilder und Plakat

http://outnow.ch/Media/Img/2005/WeisseMassai/ [6.4.2006].

Sonstige Websites

http://www.afropott.de/a_bt_sim/TdT.htm [18.10.2006].

http://www.werkstatt-der-kulturen.de/index2.htm [19.10.2006].

http://www.afrika-start.de/afrikanische-gastronomie.htm [19.10.2006].

http://www.medizin.uni-tuebingen.de/sportmedizin/forschung/p_mbt.htm [9.10.2006].

http://www.stern.de/magazin/heft/548714.html?nv=ma_ah [8.12.2006].

http://www.berlinonline.de/berlinerzeitung/archiv/.bin/dump.fcgi/2005/0915/berlinberlin/0003/index.html [19.10.2005].

http://www.stern.de/lifestyle/dating/:Sexappeal-Test--Wie-Sie-Frauen/500083.html [20.9.2008].

http://www.sexstudie-deutschland.de/http://impuls2008.wordpress.com/2008/06/10/wie-die-deutschen-lieben-sexstudie-deutschlandde/ [21.8.2008].

http://www.cosmopolitan.de/m,0300/Sex_und_Liebe/; [21.8.2008].

http://www.paradisi.de/Health_und_Ernaehrung/Sexualitaet/Lust/News/ [11.8.2008].

http://www.dgsmt.de/ [10.8.2008].

http://www.werner-hessel.de/Glossen/Schnackseln/schnackseln.html< [21.8.2008].

http://www.arte.tv/de/programm/242,date=9/9/2008.html [9.9.2008].

http://www.bild.de/BILD/unterhaltung/erotik/2008/08/19/der-perfekte-mann/frauen-wollen-echte-maenner.html [10.9.2008].

http://www.tvtoday.de/entertainment/kino/141840.html [23.1.2006].

http://www.schandmaennchen.de/impressum.html

http://www.lycos.de/royals/news.html [23.8.2008].

http://www.destatis.de/jetspeed/portal/cms/Sites/destatis/Internet/DE/Content/Publikationen/Querschnittsveroeffentlichungen/WirtschaftStatistik/Bevoelkerung/Eheschei dungen01,property=file.pdf [20.9.2008].

http://www.unigiessen.de/fb03/soziologie/personen/langfeldt/links/ws%200506/schei dung1.pdf [20.10.2008].

http://www.innovations-report.de/html/berichte/medizin_gesundheit/bericht-9954.html [10.10.2008].

http://www.tropenmedizin.de/vorsorge.htm [9.10.2008].

http://www.hexen.org/ [2.11.2008].

http://www.sungaya.de/schwarz/allmende/hexe.htm [2.11.2008].

http://www.zwischenwelt.ch/ [3.11.2008].

http://www.verhexte-kuenste.com/ [3.11.2008].

http://millus.kulando.de/post/2008/11/02/gleichberechtigung-der-frau-in-deutschland) [5.11.2008].

http://www.spiegel.de/kultur/gesellschaft/0,1518,561514,00.html [3.11.2008].

http://www.maennlichkeit-leben.de/news/1346/50-jahre-emanzipation/ [3.11.2008].

http://www.feminapolitica.de/inhalte/abstracts.php?heft=50_jahre_bundesrepublik_d eutschland [3.11.2008].

http://www.das-parlament.de/2004/33-34/Thema/002.html [6.11.2008].

www.dafi-berlib.org [6.11.2008].

http://www.gtz.de/de/weltweit/afrika/regionale-themen/9628.htm [30.11.2008].

http://www.rtl-television.de/index_gerichtssendungen.html< [18.6.2008].

http://www.lifeinfo.de/inh1./texte/aktuelle_news14.html [2.12.2008]

http://www.isdonline.de/modules.php?name=News&file=article&sid=147 [2.12.2008].

Kataloge, Zeitungen und Zeitschriften

Meier's Weltreisen, Katalog Afrika, Sommer 2006.

TUI-Katalog, Afrika, November 2005-April 2006.

Neckermann Fernreisen Sommer 2008

Mitteilungen der Deutschen Gesellschaft für Völkerkunde, Nr. 36. Mai 2006.

MERIAN Ostafrika. August 1987. Hamburg.

BUNTE Nr.36/2006.

FAZ vom 7.12.2002.

DER SPIEGEL 2/1999; 9/2001; 27/2005; 5/2006; 26/2008.

SPIEGEL special 7/1997.

SPIEGEL special Geschichte 2/2007; 5/2007; .

DIE ZEIT Nr.44 vom 23.10.2003; Nr.47 vom 17.11.2005; Nr. 25, 26, 27, 28 Juni/Juli 2006, Nr.1 vom 28.12.2006; Nr.43 vom 16.10.2008.

Stern 40/2008; .43/2008.

Stern Magazin, 38/1986: „Die Hexen kommen.

Offenburger Tageblatt vom 2.1.2006.

Unimagazin. 2007: Die Zeitschrift der Universität Zürich. 16. Jahrgang. Nummer1. Zürich.

FOCUS 41/2005

Apothekenumschau 11/2005; 1/2008.

Museum für Völkerkunde (heute: Museum der Weltkulturen). 1994: Anna im Fremdeland. Begleitbuch zur Ausstellung „Fremde. Die Herausforderung des Anderen". Frankfurt am Main.

Brigitte Women 10/2008.

ADACmotorwelt 7/2008.

Sendungen

26.8.2005 Aspekte ZDF.

16.1.2006 „Eckpunkt" im SWR 2: „Weiße Frauen suchen schwarze Männer".

24.8.2006 ARD: „Liebes-Safari in Kenia. Weiße Frau sucht schwarzen Mann".

13.9.2006 ARD-exclusiv

27.6.2008 Radio Ohr Offenburg. Vormittagssendung.

15.11.2008 3SAT: „HexenZauber"

Abbildungsverzeichnis

Abbildung 1:	Wahrnehmungslinien (eigene Grafik)	35
Abbildung 2:	Diskurskategorien 5-Sterne-Höchstbewertungen (eigene Grafik)	42
Abbildung 3:	Diskurskategorien 1-Stern-Niedrigstbewertungen (eigene Grafik)	43
Abbildung 4:	Kleine Übersichtskarte von Kenia	62
Abbildung 5:	Corinne Hofmann 1999 auf der Frankfurter Buchmesse	78
Abbildung 6:	Fotografien aus dem Buch „Die weiße Massai" (Hofmann 1999: 311)	80
Abbildung 7:	Stills – Hochzeitsbilder	86
Abbildung 8:	Kommentare und Kritiken in Printmedien	87
Abbildung 9:	235 Kundenrezensionen / Verteilung der Sterne, Zeitrahmen: 1998 - 2006 (Eigene Grafik)	89
Abbildung 10:	Buchcover der gebundenen Originalausgabe	99
Abbildung 11:	Fotografien aus dem Buch „Die weiße Massai" (Hofmann 1999: 311)	107
Abbildung 12:	Das Filmplakat	113
Abbildung 13:	Marienabbildungen	115
Abbildung 14:	Das Hochzeitsbild	121
Abbildung 15:	Carola als Braut inmitten von Samburufrauen	127
Abbildung 16:	Karikatur zu "Die weiße Massai"	131
Abbildung 17:	"Samburu warriors often paint their faces and wear elaborate hairdressings"	157
Abbildung 18:	Beliebtes Motiv: Schirmakazie vor Sonnenuntergang mit Kriegern	161

Unser Buchtipp!

Michaela Haug
Poverty an Decentralisation in East Kalimantan
The Impact of Regional Autonomy on Dayak Benuaq Wellbeing

Sozioökonomische Prozesse in Asien und Afrika, Band 13
1. Aufl. 2010, ca. 300 Seiten, br.,
ISBN 978-3-8255-0770-1, ca. 25,– €

With the implementation of regional autonomy Indonesia passed one of the most rigorous decentralisation reforms throughout Asia. These far reaching reforms generated a variety of new opportunities, but with high costs in the social and natural environments.

This book explores the impacts regional autonomy had on the wellbeing of the Dayak Benuaq – one of the diverse indigenous groups of East Kalimantan. It describes the Dayak Benuaq's own perceptions of poverty and wellbeing, documents processes of ongoing social, political and economic change and demonstrates how they are intertwined with decentralisation. The ethnographic case studies of three Dayak Benuaq villages show that decentralisation is not – as often assumed – automatically pro poor. Instead, it is the respective bargaining power of local actors which determines the outcomes of decentralisation.

Introducing a newly developed model to capture the multidimensionality of poverty and the trade-offs among the different aspects of wellbeing this study contributes to research on poverty and wellbeing. It further provides insights into the local dimensions of decentralisation and contributes to a better understanding of recent processes of socioeconomic change in Borneo.

> Weitere Informationen zu allen
> unseren Titeln finden Sie auch
> auf unserer Internetseite

www.centaurus-verlag.de

Sozioökonomische Prozesse in Asien und Afrika

⊃ *Strahl, Hildegard*
Pressure of Life - Pressure of Blood. Local Illness Experiences related to Hypertension in a Lower Middle Class Society of Dar es Salaam
Band 11, 2006, 248 S., ISBN 978-3-8255-0658-2, 25,90 €

Hypertension or high blood pressure is a primary risk factor of the epidemic occurrence of cardio-vascular diseases currently proliferating in many urban centers of low-income countries such as Tanzania. The study shows that people use the expressions "BP" or "presha" to refer to an illness that relates to, but is not identical, with the biomedical concept of hypertension. Apart from biomedical aspects of the illness, people understand the illness mainly as the result of a harsh life in the city, marked by economic degradation and the break-up of traditional family structures, resulting in social insecurity. Both sides of the illness, the somatic and social sides, are integral parts of the local illness understanding and are not distinguished as two different illness concepts. The results of the study call for a more comprehensive and interdisciplinary approach in combating newly emerging health problems.

⊃ *Schönberger, Irene*
Zur Entstehung kulturspezifischer Konsummuster in der städtischen Türkei. Istanbuler Konsum- und Einkaufswelten
Band 10, 2008, 320 S., ISBN 978-3-8255-0521-9, 25,– €

Die Arbeit beschäftigt sich aus ethnologisch-soziologischer Sicht mit den Konsummustern in der städtischen Türkei am Beispiel Istanbuls und zeigt, wie sich eine moderne Konsumgemeinschaft herausbildet.

⊃ *Verena Kremling*
Zu kalt um aufzustehen? Einflüsse von Identität und Weltbild auf die Entwicklungszusammenarbeit mit Fulbe-Viehhaltern im Liptako (Burkina Faso)
Band 9, 2004, 360 S., 29 Abb., ISBN 978-3-8255-0518-9, 27,90 €

Zu kalt um aufzustehen? Oder: Weshalb ist es so schwierig, die Fulbe im Norden von Burkina Faso zu motivieren, sich an Maßnahmen der Entwicklungszusammenarbeit zu beteiligen? Ausgehend von dieser zentralen Frage analysiert diese ethnologische Studie die ökologischen, historischen und kulturellen Entwicklungen im Emirat Liptako, welches in neuster Zeit zum Schauplatz intensiver externer Entwicklungsinterventionen wurde. Die Arbeit geht zudem auf die ideologische und politische Legitimierung dieser Interventionen ein und untersucht die Wahrnehmungen und Reaktionen der Betroffenen.

⊃ *Sibeth, Achim*
Vom Kultobjekt zur Massenware. Kulturhistorische und kunstethnologische Studie zur figürlichen Holzschnitzkunst der Batak in Nordsumatra/Indonesien
Band 8, 2003, 416 S., 59 s/w-Abb., ISBN 978-3-8255-0415-1, 29,90 €

Tiefgreifender Kulturwandel setzte bei den Batak ab Mitte des 19. Jahrhunderts ein und erfuhr seinen bisherigen Höhepunkt als Folge des Massentourismus seit den 1970er Jahren. Das Buch beschreibt die historischen Grundlagen, die traditionellen Formen und zeitgenössischen Schicksale religiöser Kultobjekte, die durch Kulturwandel aus dem Bewusstsein der heutigen Batak verschwunden sind und wegen des inzwischen weitgehend abgeschlossenen Ausverkaufs batakscher Kulturen nur noch in privaten und öffentlichen Sammlungen zu finden sind.